Praxiswissen Online-Marketing

Erwin Lammenett

Praxiswissen Online-Marketing

Affiliate-, Influencer-, Content- und E-Mail-Marketing, Google Ads, SEO, Social Media, Online- inklusive Facebook-Werbung

7., überarbeitete und erweiterte Auflage

Springer Gabler

Erwin Lammenett
Roetgen/Rott, Deutschland

ISBN 978-3-658-25134-5   ISBN 978-3-658-25135-2 (eBook)
https://doi.org/10.1007/978-3-658-25135-2

Die Deutsche Nationalbibliothek verzeichnet diese Publikation in der Deutschen Nationalbibliografie; detaillierte bibliografische Daten sind im Internet über http://dnb.d-nb.de abrufbar.

Springer Gabler
© Springer Fachmedien Wiesbaden GmbH, ein Teil von Springer Nature 2006, 2009, 2012, 2014, 2015, 2017, 2019
Das Werk einschließlich aller seiner Teile ist urheberrechtlich geschützt. Jede Verwertung, die nicht ausdrücklich vom Urheberrechtsgesetz zugelassen ist, bedarf der vorherigen Zustimmung des Verlags. Das gilt insbesondere für Vervielfältigungen, Bearbeitungen, Übersetzungen, Mikroverfilmungen und die Einspeicherung und Verarbeitung in elektronischen Systemen.
Die Wiedergabe von Gebrauchsnamen, Handelsnamen, Warenbezeichnungen usw. in diesem Werk berechtigt auch ohne besondere Kennzeichnung nicht zu der Annahme, dass solche Namen im Sinne der Warenzeichen- und Markenschutz-Gesetzgebung als frei zu betrachten wären und daher von jedermann benutzt werden dürften.
Der Verlag, die Autoren und die Herausgeber gehen davon aus, dass die Angaben und Informationen in diesem Werk zum Zeitpunkt der Veröffentlichung vollständig und korrekt sind. Weder der Verlag, noch die Autoren oder die Herausgeber übernehmen, ausdrücklich oder implizit, Gewähr für den Inhalt des Werkes, etwaige Fehler oder Äußerungen. Der Verlag bleibt im Hinblick auf geografische Zuordnungen und Gebietsbezeichnungen in veröffentlichten Karten und Institutionsadressen neutral.

Springer Gabler ist ein Imprint der eingetragenen Gesellschaft Springer Fachmedien Wiesbaden GmbH und ist ein Teil von Springer Nature
Die Anschrift der Gesellschaft ist: Abraham-Lincoln-Str. 46, 65189 Wiesbaden, Germany

Vorwort zur 7. Auflage

Aktuell gibt es kein anderes Buch am Markt, welches das Marketing so umfassend aus der Perspektive eines Praktikers behandelt. 2006 erschien die erste Auflage. Seither ist extrem viel passiert. Die Entwicklungszyklen werden immer kürzer. Wer dieses Buch aufmerksam liest, dem wird nicht nur jede Menge Praxiswissen vermittelt. In vielen Kapiteln wird auch auf die Entwicklungen der letzten Jahre eingegangen und damit eine Einordnung und ein tieferes Verständnis der Gesamtzusammenhänge ermöglicht. Denn, um es mit den Worten von Helmut Kohl zu sagen: „Wer die Vergangenheit nicht kennt, kann die Gegenwart nicht verstehen und die Zukunft nicht gestalten."

Die Pflege eines Buches, welches mittlerweile rund 600 Seiten hat, ist nicht einfach. Kurzzeitig habe ich mit dem Gedanken gespielt, die Inhalte auf zwei Bücher aufzuteilen in ein Buch mit eher wissenschaftlichem Hintergrund und ein reines Praxisbuch. Auf Anraten des Verlages habe ich diese Idee wieder verworfen. Daher ist mit der 7. Auflage ein umfassendes Kompendium entstanden, welches alle Teildisziplinen des Online-Marketings aus unterschiedlichen Blickwinkeln behandelt. Es sind neue Kapitel hinzugekommen, wie etwa das Influencer-Marketing, welches zum Zeitpunkt der Erstellung der 6. Auflage zwar schon ein Hype war – jedoch war damals noch unklar, ob dieser Hype Bestand haben wird. Zu oft waren in der Vergangenheit Themen gehypt worden, die sich dann später als Rohrkrepierer entpuppten. Daher hatte ich damals auf eine Integration verzichtet. Doch nun ist klar: Influencer-Marketing wird trotz aller Schwierigkeiten Bestand haben. Manche Kapitel sind sehr umfassend ergänzt worden, wie beispielsweise „Content-Marketing", in dem ich viele Hinweise für die praktische Arbeit und etliche neue Tipps implementiert habe. Andere Kapitel habe ich etwas gekürzt und Inhalte in Screencasts oder Servicelinks ausgelagert, weil diese sich auf der Detailebene zu schnell ändern. Beispielsweise habe ich die Abbildungen aus dem Abschnitt „Google Praxis: Schnelleinstieg" durch einen Screencast ersetzt. Einerseits dürfte das für die praktische Anwendung des vermittelten Wissens noch zielführender sein. Andererseits kann eine gedruckte Abbildung den immer kürzer werdenden Änderungszyklen von Google Ads (ehemals Google AdWords) ohnehin nicht mehr gerecht werden. Google ändert mittlerweile ständig Details, die ich nun von Zeit zu Zeit in einem neuen Screencast nacharbeiten kann. Geblieben sind also die dynamischen Inhalte in Form von Screencasts und Servicelinks, die ich ab der 6. Auflage eingeführt habe. Der große Vorteil dieser Elemente liegt auf der Hand: Auch zwischen den Auflagen kann ich so Inhalte aktualisieren und meinen Lesern zugänglich machen.

In diesem Sinne wünsche ich viel Spaß beim Lesen und viel Erfolg für Ihr Online-Marketing.

Aachen, März 2019   Dr. Erwin Lammenett

Vorwort zur 6. Auflage

Ich hatte schon zwei Monate an der 6. Auflage meines Buches gearbeitet. Dann habe ich alles über den Haufen geworfen und mit einer neuen Konzeptidee nochmal angefangen. Es hat sich vieles verändert in den letzten Jahren. Die Überarbeitung der 5. Auflage aus dem Jahr 2015 war bewusst moderat ausgefallen. Neuere und noch wenig etablierte Themen hatte ich nur angerissen. Zu oft waren in der Vergangenheit Themen gehypt worden, die sich dann später als Rohrkrepierer entpuppten. Doch die Entwicklung in den letzten beiden Jahren war extrem dynamisch. Alle Prognosen deuten darauf hin, dass sich Online-Marketing auch in den kommenden Jahren massiv verändern wird und dass ein gedrucktes Buch kaum Schritt halten kann mit dem ständigen Wandel der digitalen Welt. Die 6. Auflage meines Buches sollte daher radikal überarbeitet werden. Ich habe mein Buch um dynamische Inhalte erweitert. Diese dynamischen Inhalte kann ich jederzeit ändern und aktualisieren. Auf diese Weise kann ich eine höhere Halbwertszeit des Wissens, welches in diesem Buch steckt, erreichen. Sie finden diese dynamischen Inhalte hinter sogenannten Servicelinks, die auch über die abgedruckten QR-Codes aufgerufen werden können. Bei einem Servicelink handelt es sich um eine Umleitung auf ein Video, einen Blogbeitrag, einen Online-Artikel oder einen eigens von mir erstellen Screencast. Bei inhaltlichen Aktualisierungen einzelner Themenfelder kann ich nun also über die Servicelinks kurzfristig reagieren und muss nicht mehr unbedingt warten, bis die nächste Auflage gedruckt ist, um sie meinen Lesern zu kommunizieren. Hier ein Beispiel eines Servicelinks mit QR-Code:

> Servicelink: www.lammenett.de/POM1

In der 6. Auflage werden die Teildisziplinen des Online-Marketings nach wie vor beleuchtet. Es wird aber in jedem Kapitel auch die strategische Dimension der jeweiligen Teildisziplin in Bezug auf andere Disziplinen und jüngere Entwicklungen betrachtet. Auf diese Weise ist sichergestellt, dass sowohl die Grundlagen als auch die strategische Dimension betrachtet werden. Ferner wird so das Bewusstsein für ein kanalübergreifendes Handeln geschärft, was sicherlich zukünftig immer wichtiger wird. Demzufolge habe ich unter strategischen Gesichtspunkten ein Kapitel „Marketing-Automation" und ein Kapitel „Mobiles Internet und Online-Marketing" geschrieben. Denn in der hypervernetzten Welt von heute gehen wir nicht mehr online, sondern wir sind es permanent. Dieser Aspekt wird in den kommenden Jahren gravierende Veränderungen für das Marketing und insbesondere für das Online-Marketing mit sich bringen.

Online-Marketing hat sich in den vergangenen 20 Jahren sehr dynamisch und in Teilen sehr kontrovers entwickelt. Immer ausgefeiltere Methoden und immer komplexere Tools führten zu einer Granularisierung des Marketings und zu einem Expertentum auf der Ebene der Teil-Disziplinen des Online-Marketings. Früher gab es den Online-Marketing-

Experten. Dann gab es die Zeit, in der die steigende Komplexität der einzelnen Teil-Disziplinen dazu führte, dass Online-Marketing vermeintlich nur noch von Expertenteams sinnvoll durchgeführt werden konnte. Und aktuell scheint es so zu sein, dass sich Online-Marketing wieder an einem Scheideweg befindet. Es gibt Experten, die der Auffassung sind, dass das Online-Marketing der Zukunft ganz anders aussehen wird als das Online-Marketing der Gegenwart.

Tatsächlich spricht einiges dafür, dass Online-Marketing mehr und mehr zu einem Konvergenzmarkt wird. Die Grenzen zwischen den Marketingkanälen fallen. Die einzelnen Teil-Disziplinen verschmelzen zu ganzheitlichen Disziplinen. Indizien dafür sind die Trends, die sich auf großen Online-Marketing-Messen wie der dmexco abzeichnen. 2014 wurde dort nicht von einer weiteren Granularisierung des Marketings, sondern von Crossmedia und Kanalvernetzung gesprochen. Anstelle von neuen Wunderwerkzeugen und Features rückten Themen wie Marketing-Integration und kanalübergreifende Lösungen in den Vordergrund. Dieser Trend setzte sich 2015 und 2016 fort. Dies könnte darauf hindeuten, dass die Zukunft des Online-Marketings integrierten Lösungen wie Agenten, Marketing-Clouds (Marketing-Automation) und kanalübergreifenden Strategien gehört. Wenn das so kommt, wird dies unweigerlich zu einer Konsolidierung im Marketing-Sektor führen. Unternehmen benötigen zukünftig dann nicht mehr dutzende Experten aus unterschiedlichen Teildisziplinen, sondern nur noch einen, der alles kann oder zumindest Werkzeuge beherrscht, die alles können. Damit aber noch nicht genug. Es gibt auch schon Stimmen, die sagen, dass die Kommunikation und das Marketing, also On- und Offline, in Zeiten der digitalen Transformation keine singulären Einzeldisziplinen mehr sind. In der Industrie-4.0-Ära steigen die Berührungspunkte und Abhängigkeiten unterschiedlicher Abteilungen eines Unternehmens exponentiell an. Das wird auch die Unternehmenskommunikation im Allgemeinen und natürlich das Marketing inklusive Online-Marketing sowie den Vertrieb beeinflussen und verändern.

Doch keine Angst, auch in der 6. Auflage dieses Buches wird es nicht um Methoden und Trends gehen, die für Sie als Leser vielleicht erst in einigen Jahren relevant sein werden. Es geht auch in dieser Auflage nach wie vor um Praxis. Wohlgemerkt um Praxis im Sinne eines ganzheitlichen Überblicks und nicht im Sinne von Detailwissen zu den jeweiligen Teildisziplinen. Allerdings ist es empfehlenswert, die Entwicklungen in der Spitze im Auge zu behalten, um strategisch die richtigen Weichen zu stellen. Denn die Schere zwischen Unternehmen, die neue Möglichkeiten und Trends stark ausreizen, und den Unternehmen, die gerade erst damit beginnen, sich mit Online-Marketing zu beschäftigen, geht in Deutschland weit auseinander. Beispielsweise gibt es heute immer noch genügend Unternehmen, die ihre Webseite nicht für Suchmaschinen optimiert haben, obwohl das Thema Suchmaschinenoptimierung auch in Deutschland schon ein „alter Hut" ist. Es gibt auch Heerscharen von Unternehmen, die ohne jedwede strategische Vorüberlegung eine Facebook-Fanpage erstellt haben und sich wundern, dass Erfolge ausbleiben. Bevor diese Unternehmen sich mit Themen wie „Marketing-Automation" oder „kanalübergreifende Strategien" beschäftigen, müssen erst einmal die Grundlagen geschaffen werden, damit eine „kanalübergreifende Strategie" nicht ins Leere läuft.

Auch die 6. Auflage meines Buches ist daher praxisnah und bodenständig. Aus der Vogelperspektive betrachtet, sind für mich persönlich die jüngeren Entwicklungen im Online-Marketing sehr interessant. Denn vor zehn Jahren habe ich in der Erstauflage dieses Buches als erster Online-Marketing-Experte in Deutschland über das Beziehungsgeflecht einzelner Online-Marketing-Instrumente geschrieben. Wegen eben dieses Beziehungsgeflechts habe ich damals schon eine ganzheitliche Betrachtung des Online-Marketings angeregt. Nachdem der Trend zunächst für einige Jahre in eine andere Richtung ging, scheint es zehn Jahre später so zu sein, dass integrierten Lösungen und kanalübergreifenden Strategien, die ja eine ganzheitliche Betrachtung bedingen, eine rosige Zukunft vorausgesagt wird. Allerdings sehe ich diese Themen in den nächsten fünf bis acht Jahren noch nicht in der Breite. Dafür gibt es noch zu viele Unternehmen in Deutschland, die in Bezug auf Mobile-Marketing, sinnvolles Social-Media-Marketing oder gar Suchmaschinenmarketing starken Nachholbedarf haben. Schlussendlich sind Entwicklungen im Marketing auch immer eine Frage von Kapazitäten und Budgets in Unternehmen. Neuerungen brauchen Zeit, um sich bis an die Basis durchzusetzen.

Aachen, Oktober 2016   Dr. Erwin Lammenett

Vorwort zur 5. Auflage

Die Schere im Online-Marketing geht immer weiter auseinander. Zumindest in Deutschland. Als ich vor fast zehn Jahren die erste Auflage dieses Buches schrieb, war es eher so, dass die meisten Unternehmen in Deutschland Online-Marketing nur sehr bedingt eingesetzt haben. Heute ist es eher so, dass es auf der einen Seite Unternehmen gibt, die sehr intensiv und sehr erfolgreich Online-Marketing betreiben. Auf der anderen Seite gibt es aber auch nach fast zehn Jahren immer noch Heerscharen von Unternehmen, die kaum Notiz von den Möglichkeiten des Online-Marketings nehmen. Gleichzeitig wird Online-Marketing immer vielschichtiger und komplexer. Bei einer jeden Teildisziplin des Online-Marketings werden ständig Neuerungen implementiert, die sowohl Chancen als auch Risiken bieten. Hinzu kommt, dass in bestimmten Branchen das Social-Media-Marketing an Bedeutung gewinnt. Zwar ist das Social-Media-Marketing nach meinem Dafürhalten keine Teildisziplin des Online-Marketings. Dennoch gibt es natürlich Parallelen und Überschneidungen. Online-Marketing wird mehr und mehr zu einem Konvergenzmarkt: Die Grenzen zwischen Marketingkanälen fallen, sie verschmelzen zu ganzheitlichen Disziplinen. Diese Entwicklung bleibt nicht ohne Folgen für die Akteure. Schon länger prognostiziert beispielsweise iBusiness: *„Die Grenzen zwischen Social, Local, Mobile, SEO und SEA fallen – Fusionen zwischen Agenturen, der Erwerb neuer Kompetenzen sind die nötigen Folgen."*

Wen wundert es dabei, dass es mittlerweile eine neue Softwaregattung gibt: die Marketingsoftware Suites. Diese Software befasst sich mit Lösungen zum Thema Marketing Automation. Software zur Marketing Automation soll die Voraussetzungen dafür schaffen, die vielfältigen Kommunikationsbeziehungen und -möglichkeiten zu Interessenten und Kunden zu optimieren. Aktuelle ist Marketing Automation nur im High-End-Bereich ein Thema. Aber es wird sicherlich in den nächsten fünf Jahren auch in der Breite von Relevanz werden. Diese Entwicklung macht weder den Einstieg in das Thema Online-Marketing leichter noch verbessert sie die Chancen bei der Vielfalt der Möglichkeiten, den optimalen Online-Marketingmix zu erreichen.

Es ist daher heute einmal mehr von Bedeutung, sich dem Thema Online-Marketing in einer strukturierten Form zu nähern und nicht in blinden Aktionismus zu verfallen. Auch für Unternehmen, die bereits erfolgreich Online-Marketing betreiben, ist es sinnvoll, sich von Zeit zu Zeit in die Vogelperspektive zu begeben und alle Online-Marketingaktivitäten selbstkritisch zu überprüfen. Auch hierbei helfen eine fundierte Kenntnis aller Möglichkeiten und Optionen, die Kenntnis des Beziehungsgeflechtes der einzelnen Online-Marketingdisziplinen und strukturierte Lösungsansätze für die Erarbeitung eines optimalen Online-Marketingmixes. Die fünfte Auflage meines Buches ist ein hervorragender Startpunkt, um sich beiden Problemstellungen zu nähern. Bei der Überarbeitung der vorliegenden Auflage habe ich besonderen Wert gelegt auf die Bewertung neuer Entwicklungen.

Aachen, Mai 2015   Dr. Erwin Lammenett

Vorwort zur 4. Auflage

Das Spannende am Online-Marketing ist, dass es immer etwas Neues gibt. Es wird nie langweilig. Online-Marketing ist eine vergleichsweise junge Disziplin und unterliegt ständigen Veränderungsprozessen. Seit Erscheinen der dritten Auflage im Jahr 2012 hat sich wieder eine Menge getan. Man denke nur an die Veränderungen im Bereich Suchmaschinenmarketing durch mehrere Updates des Ranking-Algorithmus, an den Flopp der zunächst hochgelobten Facebook-Online-Shops, an die neuen Möglichkeiten der Werbung in Videos bzw. mit Videos und an die zahlreichen Neuerungen in Google AdWords. Als ich vor acht Jahren die erste Auflage dieses Buches schrieb, war mir nicht bewusst, dass ich alle zwei Jahre eine neue Auflage erstellen muss, um mein Buch aktuell zu halten. Für mich ist das Segen und Fluch zugleich. Einerseits bedeutet die Erstellung einer Neuauflage einen hohen Zeitaufwand, der sich bei isolierter Betrachtung nicht rechnet. Andererseits zwingt mich jede Neuauflage, mein Wissen kritisch zu überprüfen, zu aktualisieren und ggf. meine Einstellungen und Einschätzungen zu modifizieren. Insofern leistet der Zwang zur häufigen Aktualisierung indirekt auch einen Beitrag zur Qualitätssicherung meines Know-hows – was schlussendlich meinen Beratungskunden, den Teilnehmern meiner Seminare und auch Ihnen als Leser des Buches zugutekommt. Am Ende des Tages macht sich Qualität bezahlt.

In der vorliegenden vierten Auflage wurden zahlreiche Zahlen und Fakten aktualisiert, einige Kapitel vollständig überarbeitet und auch neue Kapitel ergänzt. Im Bezug auf die Aktualisierung der Zahlen und Fakten möchte ich an dieser Stelle meinem jungen Freund Stefan Schindler herzlich für seine Mitwirkung danken. Im Bezug auf die Neuerungen möchte ich besonders das ergänzte Kapitel „Social-Media-Marketing: Was viele falsch machen", hervorheben. Ich habe in den vergangenen zwei Jahren sehr viele Seminare zum Thema Online-Marketing und Social-Media-Marketing gegeben. Dabei habe ich viele Marketing-Verantwortliche getroffen, die mit Social-Media-Marketing nur sehr mäßigen bis gar keinen Erfolg hatten. Ich habe dies zum Anlass genommen, einen strukturierten Lösungsansatz für den erfolgreichen Einstieg in Social-Media-Marketing zu entwickeln. Denn warum sollten Sie, lieber Leser, die Fehler der anderen wiederholen?

Immer noch erfreuen sich die meisten Online-Marketing-Teildisziplinen stetiger Zuwachsraten. Eine treibende Kraft hierbei ist der E-Commerce. Im Business-to-Consumer, vor allen Dingen aber im Business-to-Business-Bereich ist das Ende der Fahnenstange noch lange nicht erreicht. Online-Marketing bleibt also weiterhin eine wachstumsorientierte und hochgradig spannende Marketingdisziplin. Neben den vielen technischen Neuerungen und dem Wachstumstreiber E-Commerce führt vor allen Dingen auch eine Veränderung des Kommunikationsverhaltens durch die neuen Möglichkeiten moderner Medientechnologie zu Wachstumsprognosen für das Online-Marketing. Ganz besonders bei der jungen Zielgruppe wird ein verändertes Kommunikationsverhalten sehr deutlich. Ein Beispiel gefällig: Im August letzten Jahres war ich auf Mallorca im Urlaub. Im Hotel gab es freien Wireless-Internetzugang. Allerdings nur in der Nähe der Rezeption. Abends saßen dort 20 Jugendliche. Jeder von ihnen tippte auf seinem Handy entweder in Facebook oder in WhatsApp Kurznachrichten an seine Freunde. Manchmal gleichzeitig an mehrere Freunde. Untereinander unterhielten sich die Jugendlichen jedoch zu keinem Zeitpunkt – nicht einmal mit einem Wort. Mit der Entwicklung neuer Technologien und Medien verändert sich auch das Kommunikationsverhalten. Somit muss sich zwangsläufig auch das Online-Marketing entwickeln und verändern. Wie eingangs gesagt: Es wird nie langweilig.

Aachen, Januar 2014   Dr. Erwin Lammenett

Vorwort zur 3. Auflage

Als ich vor sechs Jahren die erste Auflage dieses Buches schrieb, führte Online-Marketing im Gesamtmarketing-Mix der meisten Unternehmen ein Schattendasein. Doch dies hat sich gründlich geändert. Entwicklungen, die noch vor wenigen Jahren als Trend angepriesen wurden, sind heute längst State-of-the-Art und Mainstream geworden. Zwar gibt es die ewig Gestrigen weiterhin – doch ihre Anzahl nimmt stark ab.

Vor sechs Jahren noch waren die Mechanismen, Tools und Anwendungen aus dem Online-Marketing-Umfeld relativ leicht zu durchschauen. Doch wurden diese mit den Jahren immer ausgeklügelter, kleinteiliger, komplexer und schwieriger. Man denke nur an die vielen Neuerungen, die alleine Google jedes Quartal veröffentlicht, an die extreme Weiterentwicklung der Web-Controlling-Werkzeuge oder an den Einfluss von Social Media. Online-Marketing-Disziplinen, die man noch vor Jahren nach kurzem Selbststudium beherrschen konnte, erfordern heute eine intensive Beschäftigung oder das Engagement einer Online-Marketing-Agentur. Mit steigender Komplexität steigt die Vielzahl der Online-Marketing-Tools und -Anwendungen, was die Komplexität des Gesamtumfeldes wiederum erhöht. Diese rapide Entwicklung der letzten Jahre war getrieben von der späten Erkenntnis vieler Unternehmen, dass Online-Marketing gegenüber konventionellem Marketing durchaus Vorteile hat. Und wo eine Nachfrage ist, werden Angebote geschaffen – und permanent verbessert. Hinzu kamen Innovationen von Individualisten, wie beispielsweise Mark Zuckerberg, der mit einigen Kommilitonen Facebook erfand. Damals hatte er sicher nicht im Sinn, mit Facebook einmal Online-Marketing zu beeinflussen oder gar zu verändern. De facto tut Facebook dieses gleich in mehrerlei Hinsicht.

Diese Tendenz wird sich in den kommenden Jahren fortschreiben. Getragen von sozialen und technischen Rahmenbedingungen wird sich Online-Marketing rapide weiterentwickeln und verändern. Wohin genau, weiß heute niemand. Klar ist nur, dass Themen wie Social-Media-Marketing, semantische Suche, Mobile-Marketing oder Video über TCP/IP noch lange nicht ausgereizt sind. Alle diese Themen haben einen mehr oder minder starken Einfluss auf Online-Marketing.

Doch trotz oder gerade wegen der steigenden Komplexität und Kleinteiligkeit vieler Online-Marketing-Disziplinen wird auch die ganzheitliche Sichtweise auf Online-Marketing zunehmend wichtiger. Vor sechs Jahren war ich der erste Autor, der das Beziehungsgeflecht der Online-Marketing-Disziplinen untersucht und beschrieben hat. Heute ist es allgemein anerkannt, dass eine Verzahnung mehrerer Online-Marketing-Disziplinen in der Regel einen verbesserten ROI erwirtschaftet. Zukünftig wird es also nicht nur darauf ankommen, jede einzelne Online-Marketing-Disziplin optimal zu beherrschen und einzusetzen. Bei der Vielzahl der Neuerungen wird es auch wichtig, schnell zu erkennen, was werthaltig ist und was nicht, und insgesamt den richtigen, den optimalen Mix zu finden. Dazu ist eine fundierte, ganzheitliche Sichtweise auf das Online-Marketing unerlässlich.

Aachen, Januar 2012 Dr. Erwin Lammenett

Vorwort zur 2. Auflage

Die erste Auflage meines Buches war ein großer Erfolg. Ich habe sehr viele positive Zuschriften erhalten, auf verschiedensten Marktplätzen rangierte das Buch regelmäßig in Top-10-Positionen und in zwei renommierten Marketing-Magazinen wurde es zum „Buch des Monats" gewählt. Ein Hauptgrund für den Erfolg der ersten Auflage war sicherlich die kurze und prägnante Art, in der ich das eigentlich recht komplexe Thema Online-Marketing behandelt habe. Es war mir gelungen, auf rund 240 Seiten einen Überblick über die Mechanismen der einzelnen Online-Marketing-Disziplinen zu geben, deren Beziehungsgeflecht untereinander zu erläutern, die Parameter für erfolgreiches Online-Marketing zu beleuchten und gleichzeitig jede Menge Praxistipps einzubauen.

Die zweite Auflage soll im Wesentlichen den Charakter der ersten Auflage behalten. Gleichzeitig musste ich jedoch einen Weg finden, die umfangreichen Ergänzungen und Neuerungen, die sich in den vergangenen zwei Jahren ereignet haben, zu behandeln. Die zweite Auflage sollte höchstens 20 Seiten mehr haben als die erste. Ein schwieriges Unterfangen, denn in den vergangenen zwei Jahren haben sich viele interessante neue Aspekte und auch Möglichkeiten im Online-Marketing ergeben.

Um mein ambitioniertes Ziel zu erreichen, habe ich einige Kapitel grundlegend überarbeitet, neue Kapitel angefügt und teilweise Inhalte in meinen Blog ausgelagert. Zu einigen Sachverhalten habe ich sogenannte Screencasts erstellt. Screencasts sind Aufzeichnungen des Bildschirms als Filmsequenz.

Die zweite Auflage hat also ganz im Sinne des Buchtitels noch mehr Praxisrelevanz, ohne dabei den strukturierten und übersichtlichen Leitfadencharakter zu verlieren.

Aachen, Frühjahr 2009 Dr. Erwin Lammenett

Vorwort zur 1. Auflage

Es ist schon ironisch. Durchschnittlich nutzt jeder Deutsche 58 Minuten pro Tag das Internet, liest 26 Minuten Zeitung und 18 Minuten Zeitschriften. Gleichzeitig wird für Werbung im Internet nur rund 750 Millionen Euro im Jahr ausgegeben. Im Vergleich dazu in Zeitungen, Fach- und Publikumszeitschriften etwas mehr als 9.000 Millionen Euro. Ein eklatantes Missverhältnis also, welches eindrucksvoll aufzeigt, welches Potenzial und welche Chancen im Online-Marketing stecken. Viele Unternehmen und Institutionen lassen dieses Potenzial brach liegen, denn sie tun sich noch schwer mit den vergleichsweise jungen Marketing-Instrumentarien des Online-Marketings. Jedoch wird der Siegeszug des Online-Marketings mittelfristig nicht mehr aufzuhalten sein. Der Trend zu stark sinkenden Preisen für schnelle Online-Verbindungen, der Einzug des PCs in die Wohnzimmer und ein Generationenwechsel in den Chefetagen der Marketing-Abteilungen sind sichere Anzeichen dafür.

Selbst der TV-Werbung wird Online-Marketing bei einigen Zielgruppen langfristig den Rang ablaufen. Schon heute ist das Internet besonders relevant für Marketing, welches sich an ältere, besser gestellte Personen richtet. Diese Personengruppe hat einen überproportional hohen Zugang zum Internet und einen tendenziell eher geringen TV-Konsum. Langfristig werden Entwicklungen wie Payed-TV und der ad hoc Videobezug über Internet diese Tendenzen verstärken.

Es gibt also viele gute Gründe, dieses Buch zu lesen und Online-Marketing nicht mehr stiefmütterlich zu behandeln, sondern professionell anzugehen. Wirklich erfolgreiches Online-Marketing ist weder Zufall, noch basiert es auf Teilerfolgen in einer oder mehreren Einzeldisziplinen des Online-Marketings. Profitables Online-Marketing basiert auf einem methodischen und strukturierten Ansatz, bei dem die gesamte Palette der Online-Marketing-Instrumente geprüft und eingesetzt wird. „Praxiswissen Online-Marketing" ist das erste Werk, in dem Online-Marketing ganzheitlich behandelt wird. Nur so lässt sich ein maximaler Ertrag aus Ihrem Online-Marketing-Budget erzielen. Und dies sicherlich zu bedeutend besseren Kosten/Nutzen-Relationen, als dies mit anderen Marketing-Formen heute möglich ist.

Aachen, Herbst 2006 Dr. Erwin Lammenett

Der Autor

Dr. Erwin Lammenett beschäftigt sich seit 20 Jahren mit Online-Marketing. Als Gründer einer Internetagentur der ersten Stunde sah er sich seit 1995 mit Fragen seiner Kunden zur Vermarktung von Angeboten über das Internet konfrontiert. Seine Erfahrungen und Empfehlungen sind daher in hohem Maße praxisorientiert und basieren auf Erkenntnissen aus ganz unterschiedlichen Wirtschafts- und Branchenbereichen. 2014 verkaufte er seine Agentur und arbeitet seither als Berater für Online-Marketing und Online-Strategie (www.lammenett.de). Regelmäßig ist er auch als Referent oder Keynote-Speaker auf Konferenzen aktiv.

Erwin Lammenett war bis 2012 Mitglied im Bundesverband Deutscher Unternehmensberater e. V., wo er von 2000 bis Ende 2004 den Fachverband E-Business leitete. Von 2005 bis 2007 war er Lehrbeauftragter der Fachhochschule Aachen, von 2011 bis 2016 Mitglied des Praxisbeirats der Fachhochschule Düsseldorf, Fachbereich Medien.

Seit 2015 ist er Vorsitzender des Aufsichtsrats der +Pluswerk AG. Die +Pluswerk AG (www.pluswerk.ag) ist eine international agierende Internetagentur mit zehn Standorten in Deutschland und 130 Mitarbeitern. +Pluswerk bietet die Agilität und Flexibilität von inhabergeführten, kleineren Agenturen, gepaart mit der Kapazität und dem Know-how einer Großagentur.

Kontakt erhalten Sie per   E-Mail: lammenett@lammenett.de

WWW: www.lammenett.de

Inhaltsverzeichnis

Vorwort zur 7. Auflage 5

Vorwort zur 6. Auflage 6

Vorwort zur 5. Auflage 9

Vorwort zur 4. Auflage 10

Vorwort zur 3. Auflage 12

Vorwort zur 2. Auflage 13

Vorwort zur 1. Auflage 14

Der Autor 15

1	**Einführung: Definition, Begriffsabgrenzung und Entwicklung des Online-Marketings in den vergangenen 20 Jahren**	**29**
1.1	Was Sie von diesem Buch erwarten dürfen – und was nicht	31
1.2	Was sich in den letzten Jahren gravierend geändert hat	32
1.3	Definition und Abgrenzung	34
1.3.1	Der Begriff „Online-Marketing"	34
1.3.2	Der Blickwinkel der traditionellen Marketing-Autoren	35
1.3.3	Die Betrachtung verschiedener Autoren in den Jahren nach 2000	36
1.3.4	Die Betrachtung nach 2010	38
1.3.5	Ableitung und Definition bis 2018	39
1.3.6	Weshalb meine Definition aus 2006 nicht mehr lange Bestand haben kann	41
1.3.7	Weitere Begriffsabgrenzungen in Kurzform	43
1.3.8	Einordnung: Web 2.0, Social-Media-Marketing und Mobile-Marketing	44
1.4	Hintergrundwissen: Entwicklung des Online-Marketings in Zahlen	46
1.4.1	Affiliate-Marketing	48
1.4.2	E-Mail-Marketing	51
1.4.3	Keyword-Advertising	54
1.4.4	Online-Werbung	56
1.4.5	Suchmaschinenoptimierung	59
2	**Affiliate-Marketing: Hintergründe, Funktionsprinzipien und Formen des Affiliate-Marketings**	**61**
2.1	Definition und Begriffsabgrenzung	63
2.2	Funktionsprinzip	64
2.2.1	URL-Tracking	64
2.2.2	Cookie-Tracking	65
2.2.3	Session-Tracking	66
2.2.4	Datenbank-Tracking	67
2.2.5	Pixel-Tracking	67
2.2.6	Site-in-Site-Technologie	68

2.3	Unterschiedliche Formen des Affiliate-Marketings	68
2.4	Marktentwicklung in Zahlen	73
2.5	Affiliate-Marketing in der Praxis	73
2.6	Provisionsmodelle: Benötigt wird ein Anreiz	74
2.6.1	Pay per Sale	74
2.6.2	Pay per Lead	74
2.6.3	Pay per Click	75
2.6.4	Pay per E-Mail	75
2.6.5	Lifetime-Provision	75
2.6.6	Zwei- oder mehrstufige Vergütungsmodelle	76
2.6.7	Mischformen	77
2.7	Werbemittel	77
2.7.1	Text-Links	77
2.7.2	Banner und Buttons der verschiedensten Arten und Größen	78
2.7.3	Produktdatenbank als CSV-Datei	78
2.7.4	Produktdatenbank über XML-Schnittstelle	79
2.7.5	Smart Content	79
2.7.6	Formulare	79
2.7.7	Video-Ads	80
2.7.8	Page-Peel	80
2.7.9	Keywords	80
2.8	Affiliate-Marketing über Netzwerke	81
2.8.1	Welches Netzwerk ist das richtige?	83
2.8.2	Meta-Netzwerke	84
2.9	Affiliate-Marketing in Eigenregie	85
2.9.1	Partnerprogramm-Software	85
2.9.2	Juristische Aspekte	86
2.9.2.1	Vergütung und Zahlung	86
2.9.2.2	Umgang mit Eigenklicks	87
2.9.2.3	Werbliches Umfeld	87
2.9.2.4	Laufzeit und Kündigung	87
2.9.2.5	Haftung	87
2.9.2.6	Datenschutz	88
2.9.3	Praxisbeispiele für Vermarktung in Eigenregie	88
2.10	Vermarktungsstrategie für das Partnerprogramm	90
2.10.1	Anbieter von Partnerprogramm-Verzeichnissen	90
2.10.2	Konsolidierung auch bei deutschsprachigen Verzeichnissen	91
2.11	Strategische Dimension und Querverbindungen	91
2.12	Zusammenfassung	92
3	**E-Mail-Marketing: Hintergründe, Formen und Problemstellungen des E-Mail-Marketings**	**95**
3.1	Definition und Begriffsabgrenzung	97
3.1.1	Stand-Alone-Kampagne/E-Mailings	100
3.1.2	Newsletter	101

3.1.3	Newsletter-Sponsorship	101
3.1.4	Enhanced Newsletter	101
3.1.5	E-Mail-Responder	102
3.2	Problemstellungen des E-Mail-Marketings	102
3.2.1	Das Spamfilter- und Blacklist-Problem	102
3.2.1.1	Spamfilter	103
3.2.1.2	Blacklists	104
3.2.2	Inhaltliche und konzeptionelle Problemstellungen	106
3.2.3	Technische Problemstellungen	109
3.2.4	Juristische Problemstellungen	114
3.3	E-Mail-Marketing in der Praxis	117
3.3.1	Zielgruppengerechte Angebote (Content) mit Nutzen	118
3.3.2	Mobile-E-Mail-Marketing (responsives E-Mail-Design)	119
3.3.3	Gute konzeptionelle Gestaltung	120
3.3.4	Grundregeln der Gestaltung von grafischen E-Mailings	122
3.3.5	Checkliste zur E-Mail-Gestaltung	123
3.3.6	Gute Formulierungen	124
3.3.7	Interaktion	125
3.3.8	Anreize	126
3.3.9	Erlaubnis	127
3.3.10	E-Mail-Marketing-Software	128
3.3.11	E-Mail-Adressanbieter	128
3.3.12	Personalisierung	131
3.4	Versendetag und -frequenz	132
3.5	Besonderheiten des E-Mail-Marketings für Online-Shops	133
3.6	Dienstleister oder Eigenregie?	135
3.7	Strategische Dimension und Querverbindungen	136
3.8	Zusammenfassung E-Mail-Marketing	136
4	**Influencer-Marketing: Chancen, Potenziale, Risiken, Mechanismen, strukturierter Einstieg**	**139**
4.1	Hintergrundwissen	142
4.2	Versuch einer Abgrenzung und Definition	145
4.2.1	Testimonial vs. Influencer bzw. Influencer-Marketing	146
4.2.2	Advocate bzw. Advocacy-Marketing vs. Social Influencer bzw. Social-Influencer-Marketing	146
4.2.3	Empfehlungsmarketing, Word-of-Mouth-Marketing vs. Influencer-Marketing	147
4.3	Klassifizierung von Influencern	148
4.4	Die Vorteile von Social-Influencer-Marketing	151
4.4.1	Influencer-Marketing bricht mit dem Prinzip der Unterbrecherwerbung	152
4.4.2	Vertrauen	154
4.4.3	Mehr Optionen für die Einflussnahme im Kaufentscheidungsprozess	155
4.4.4	Frischer Wind für die Kreativabteilung	157
4.4.5	Langlebigkeit des Contents und doppelter Nutzen	158
4.4.6	Weitere Vorteile in Stichworten	158

4.5	Fallstricke und Risiken	159
4.5.1	Auf globaler Ebene	160
4.5.2	Auf der Detailebene	160
4.6	Wichtige Eckpunkte für die Entwicklung eines Influencer-Marketing-Konzeptes	163
4.6.1	Reflexion und Definition der Ziele	164
4.6.2	Genaue Definition der Zielgruppe	164
4.6.3	Reflexion der Kundenbedürfnisse	166
4.6.4	Was macht der Mitbewerber?	166
4.6.5	Grundsätzliche Stoßrichtung und das Budget	166
4.6.6	Quantitative und qualitative Attribute des Wunsch-Influencers	167
4.6.7	Influencer-Suche	168
4.6.8	Das Briefing für die Influencer	169
4.6.9	Kontakt und Contracting	170
4.7	Abwicklung und Controlling	171
5	**Suchmaschinenmarketing (SEM): Einordnung und strategische Aspekte**	**173**
5.1	Einordnung und der Blick zurück	175
5.2	Strategische Aspekte im Suchmaschinenmarketing	178
6	**Keyword-Advertising (SEA): Funktionsprinzip, juristische Problemstellungen, Keyword- und Anbieterauswahl, Controlling, Kennzahlen, Buchung, Praxisbeispiele und Tipps**	**181**
6.1	Definition und Funktionsprinzip	183
6.2	Vorteile von Keyword-Advertising	192
6.3	Juristische Aspekte	193
6.4	Marktentwicklung in Zahlen	194
6.5	Anbieterstruktur in Deutschland	195
6.6	Keyword-Advertising in der Praxis	195
6.6.1	Wo soll geschaltet werden?	195
6.6.2	Welche Keywords bringen Klicks, welche Umsatz?	197
6.6.3	Keyword-Advertising und Branding	201
6.6.4	Brand-Bidding auf die eigene Marke	201
6.6.5	Ohne Ziel kein Erfolg	202
6.6.6	Achtung: Klickbetrug	204
6.7	Tipps für den Einstieg	205
6.7.1	Achtung: Falle!	206
6.7.2	Grober Masterplan auf Papier	207
6.7.3	Kampagne erstellen	208
6.7.4	Keyword-Advertising: make or buy?	210
6.8	Zusammenfassung SEA	210

7	Suchmaschinenoptimierung (SEO): SEO im Wandel, Grundsätzliche Problemstellungen, Onsite- und Offsite, Besucherqualität und Controlling	213
7.1	Suchmaschinenoptimierung im Wandel	215
7.1.1	Universal Search	217
7.1.2	Klassische versus Post-Universal-Search	221
7.1.3	Personalisierte Suchergebnisseite	222
7.1.4	Auto-Vervollständigung	222
7.1.5	Wegfall der rechten Spalte	223
7.1.6	Mobile first, bei jeder Suche	223
7.2	Betriebswirtschaftliche Relevanz der Suchmaschinenoptimierung	224
7.2.1	Keyword-Advertising oder SEO?	226
7.2.2	Marktentwicklung und Anbieterstruktur	227
7.3	Grundsätzliche Problemstellungen	229
7.3.1	Ranking-Faktoren	232
7.3.2	Onsite- oder Offsite-Optimierung?	233
7.3.3	Steuerung und Controlling	234
7.3.3.1	Statistikprogramme zur Logfile-Analyse	235
7.3.3.2	Controlling der Link-Popularität	236
7.3.3.3	Positionsüberprüfung	236
7.3.3.4	Seitenbetrachtung mit dem Auge der Suchmaschine	236
7.3.3.5	Tote Links finden	236
7.3.3.6	SEO-Tool-Sammlungen und SEO Suites	237
7.3.4	Handwerk oder Wissenschaft?	240
7.3.5	Welche Suchworte bzw. Suchwortkombinationen?	241
7.3.6	Welche Suchmaschine?	243
7.4	Onsite-Optimierung	244
7.4.1	Optimierung des Textes	245
7.4.1.1	Eine Seite — ein Thema	246
7.4.1.2	Content is King	246
7.4.2	Struktur der Website und Sitemap	247
7.4.3	Optimierung des Programmcodes	247
7.4.3.1	Valider Code	248
7.4.3.2	Intelligente Aufbereitung des Codes	248
7.4.4	Ladezeit einer Website als Ranking-Faktor	252
7.4.5	Mobile-Optimierung als Ranking-Faktor	254
7.4.6	Die Sicherheit einer Website als Ranking-Faktor	255
7.5	Offsite-Optimierung	256
7.5.1	Offsite-Optimierung gestern, heute und morgen	256
7.5.2	Methoden des Linkaufbaus und kritische Bewertung	258
7.5.2.1	Grundsätzliche Erwägungen	258
7.5.2.2	Eintragung in Suchmaschinen und Verzeichnisse	259
7.5.2.3	Page-Rank	260
7.5.2.4	Weitere Methoden zur Erhöhung Ihrer Link-Popularität	261
7.5.2.5	Linkaufbau durch sogenanntes Linkbaiting	262

7.5.2.6	Linkaufbau durch gekaufte Backlinks	263
7.5.2.7	Linkaufbau durch Social Media	264
7.5.2.8	Linkaufbau und gute Platzierungen durch spezielle Services	265
7.5.2.9	Weitere Möglichkeiten mit zweifelhaften Erfolgschancen	265
7.5.2.10	Linkaufbau durch Content-Marketing	266
7.5.3	Backlinks prüfen und gegebenenfalls bereinigen	266
7.6	Überprüfung der Besucherqualität	270
7.7	Kosten-Nutzen-Betrachtung	271
7.8	Zusammenfassung klassische SEO	272
8	**Universal Search: Hintergründe, Elemente, Bedeutung für unterschiedliche Unternehmenstypen**	**275**
8.1	Elemente von Universal Search im Detail	277
8.2	Bedeutung für unterschiedliche Unternehmensformen	277
8.3	Google News	278
8.4	Google Video und YouTube	280
8.5	Google Bildersuche	282
8.6	Google Shopping, ehemals Google Base, ehemals Froggle	283
8.7	Google Maps und Google Business (ehemals Google Places)	290
9	**Amazon als Suchmaschine: Hintergründe und Einordnung, Optionen und Mechanismen, strategische Überlegungen**	**293**
9.1	Was genau ist Amazon?	295
9.2	Programme bei Amazon (Optionen)	297
9.2.1	Verkaufen bei Amazon	298
9.2.2	Versand durch Amazon (Fulfilment by Amazon, FBA)	299
9.2.3	Amazon Vendor Express	300
9.2.4	Amazon Vendor Central	300
9.2.5	Grundlegende Problematik der drei Programme aus Sicht unabhängiger Händler	301
9.3	Amazon-Marketing (Stellschrauben)	303
9.3.1	Grundsätzliche Handlungsparameter	304
9.3.2	Stellschrauben – Ein Überblick	304
9.3.2.1	Keyword-Analyse	304
9.3.2.2	Platzierung der Keywords und Optimierung der Texte	305
9.4	Strategische Überlegungen	306
10	**Preissuchmaschinen und Vergleichsportale: Funktionsprinzip und der Deutschland-Markt**	**309**
10.1	Funktionsprinzip und Kosten	312
10.2	Preisportale in Deutschland	312
10.3	Fazit: Preisportale und wirtschaftliche Überlegungen	314

11	**Content-Marketing: Hintergründe, Abgrenzung und Einordnung, Praxisbeispiele**	**315**
11.1	Definition und Abgrenzung	317
11.2	Aktuelle Entwicklungen	318
11.3	Content-Marketing und Suchmaschinenoptimierung	319
11.4	Content-Marketing und Ziele	320
11.5	Beispiele für Content-Marketing	321
11.6	Herausforderungen für Unternehmen/Organisationen	324
11.7	Softwareunterstütztes Content-Marketing	324
12	**Online-Werbung: Hintergründe, Funktionsprinzipien, Formen und Formate, Anbieterstruktur und Marktentwicklung**	**329**
12.1	Online-Werbung: Hintergrundwissen	331
12.2	Definition und Begriffsabgrenzung	332
12.3	Funktionsprinzipien und Abrechnungsmodelle	332
12.4	Marktentwicklung in Zahlen	336
12.5	Anbieterstruktur in Deutschland	336
12.5.1	Etablierte Online-Vermarkter	337
12.5.2	Google als Online-Werbevermarkter	338
12.5.3	Werbenetzwerke	345
12.5.4	Soziale Netzwerke	345
12.5.5	Eigenvermarktete Angebote	346
12.6	Online-Werbung in der Praxis	346
12.6.1	Wo werben?	346
12.6.2	Werbung in Facebook bzw. Werbung mit Facebook	347
12.6.3	Werbeformat und Werbebotschaft	347
12.6.3.1	Differenzierung nach Größen	348
12.6.3.2	Differenzierung nach Format und Form	349
12.6.3.3	Warum Rich Media?	352
12.6.3.4	Videowerbung im Internet	353
12.6.4	Controlling und Monitoring	353
12.7	Strategische Aspekte der Online-Werbung	357
12.8	Zusammenfassung	358
13	**Facebook: Werbung in Facebook, Werbung mit Facebook, Customer Audience, Facebook Business Manager**	**361**
13.1	Werbung in Facebook	364
13.1.1	Grundsätzliches Set-up	366
13.1.2	Unterschiedliche Kampagnentypen	367
13.1.3	Targeting – Zielgruppe	369
13.1.4	Wo werben im Facebook-Universum?	371
13.1.5	Werbeformate in Facebook	372
13.1.6	Werbebudget und Werbezeitplan festlegen	373
13.2	Custom Audience	374

13.3	Lookalike Audience	375
13.4	Facebook und der Atlas Server	376
14	**(Internet-)Video-Marketing: Social Video, virales Video, Werbung im Video, Werbung im Videoumfeld, Werbung mit Online-Videos**	**381**
14.1	Definition und Begriffsabgrenzung	383
14.2	Video-Marketing in den Bezug gesetzt	383
14.3	Entwicklung in Zahlen	385
14.4	Begünstigende Faktoren für den Video-Boom	389
14.5	Video-Ads: Targetingoptionen und Werbeformate	390
14.5.1	Targeting-Optionen	390
14.5.2	Textanzeigen	392
14.5.3	Display-Anzeigen	393
14.5.4	Videoanzeigenformate	393
14.5.4.1	Bumper-Anzeigen	394
14.5.4.2	TrueView-In-Stream-Videoanzeigen	394
14.5.4.3	TrueView-Discovery-Videoanzeigen	394
14.5.4.4	Out-Stream-Videoanzeigen	394
14.5.4.5	YouTube-Videoanzeigen für Performancemarketing	395
14.5.4.6	Den passenden Video-Creative finden	399
14.6	Videos als Wirt im Viral-Marketing	401
14.7	Videos im Inbound-Marketing bzw. Content-Marketing	404
14.8	SEO und Videos	405
14.9	Videos im E-Mail-Marketing	406
14.10	Videos im Einsatz auf Webseiten oder Online-Shops	407
14.11	Interessante Show-Cases	408
14.11.1	Emotional Storytelling als Erfolgsfaktor	408
14.11.2	Erfolgreiche Videos	409
14.11.3	Hoher Aufwand bedeutet nicht immer großen Erfolg	411
14.12	Tipps für Ihr Internet-Video-Marketing	411
15	**Online-PR: Online-Pressearbeit als Mosaikstein im Online-Marketing-Mix**	**413**
15.1	Definition und Begriffsabgrenzung	415
15.2	Online-Pressearbeit	416
15.2.1	Pressemeldung, die gedruckt werden soll	417
15.2.2	Pressemeldung, die der Unterstützung der Suchmaschinenoptimierung dient	419
15.2.3	Fachbeiträge	420
15.2.4	Online-Presseportale	421
15.3	Zusammenfassung	423
16	**Social-Media-Marketing, Web 2.0 und Co.: Einordnung und Hintergrundwissen sowie Details zu den wichtigsten Themen**	**425**
16.1	Einordnung, Definition und Begriffsabgrenzung	427
16.2	Web 2.0 und seine Relevanz für das Online-Marketing	428

16.3	SMM: Was viele Unternehmen falsch machen	429
16.4	Strukturierter Lösungsansatz für den Einstieg ins SMM	430
16.4.1	Schritt 1: Ziele definieren	430
16.4.2	Schritt 2: Zielgruppe definieren	431
16.4.3	Schritt 3: Analyse der Zielgruppe	432
16.4.4	Schritt 4: Abgleich schaffen	432
16.4.5	Schritt 5: Rahmenbedingungen schaffen	433
16.4.6	Schritt 6: Die Planungsebene	433
16.4.7	Schritt 7: Der Markteintritt	433
16.5	Wo Licht ist, ist Schatten, und wo Chancen sind, gibt es auch Risiken	434
16.6	Instrumente des Social-Media-Marketings	435
16.6.1	Blogs	435
16.6.2	Videoportale	439
16.6.3	Wikis	442
16.6.4	Social-Bookmark-Netzwerke	443
16.6.5	Soziale Netzwerke bzw. Communities	443
16.6.6	Online-Marketing über soziale Netzwerke	445
16.6.7	Facebook-Commerce ein Flopp	448
16.6.8	Facebook-Fanpages und Facebook-Gruppen	448
16.7	Google wollte was abhaben (hat nicht wirklich funktioniert)	452
16.8	Strategische Aspekte und Zusammenfassung	455
17	**Mobiles Internet und Mobile-Marketing: Einordnung, Entwicklung, Trends**	**457**
17.1	Definition und Begriffsabgrenzung	459
17.2	Zahlen und Fakten	460
17.3	Wie sich Unternehmen auf die Zukunft vorbereiten können	463
17.4	Technischer Hintergrund und Handlungsoptionen	464
17.4.1	Apps und ihre Vor- und Nachteile	465
17.4.2	Webanwendungen für Smartphones und Co.	466
17.5	Handlungsoptionen im Mobile-Marketing	469
18	**Erfolgsdeterminanten: Zusammenspiel und Beziehungen einzelner Online-Marketing-Instrumente**	**471**
18.1	Erfolgsdeterminanten: Definition und Begriffsabgrenzung	473
18.2	Beziehungsgeflecht der Online-Marketing-Instrumente	475
18.2.1	Affiliate unterstützt SEO	476
18.2.2	Affiliate unterstützt Online-Werbung	477
18.2.3	Unterstützung von Affiliate-Marketing durch parallele Maßnahmen	477
18.2.4	Affiliate nutzt E-Mail-Marketing	478
18.2.5	Affiliate nutzt SEO und Keyword-Advertising	478
18.2.6	E-Mail-Marketing unterstützt SEO	479
18.2.7	Erkenntnisse aus Keyword-Advertising unterstützen SEO	479
18.2.8	Keyword-Advertising und Online-Werbung unterstützen E-Mail-Marketing	480
18.2.9	Keyword-Advertising unterstützt Online-Werbung	481

18.2.10	Unterstützung von Online-Werbung durch andere parallele Maßnahmen	481
18.2.11	Online-Werbung unterstützt SEO	481
18.2.12	Online-Werbung unterstützt Keyword-Advertising	482
18.2.13	Suchmaschinenoptimierung ergänzt Keyword-Advertising	482
18.2.14	Social Media unterstützt SEO	482
18.3	Die Zielwebseite	483
18.4	Fünf Erfolgsfaktoren	485
18.4.1	Basissetup muss stimmen	485
18.4.2	Ohne Ziele kein Erfolg	486
18.4.3	Auf den richtigen Mix kommt es an	488
18.4.4	Die Guten ins Töpfchen, die Schlechten ins Kröpfchen	489
18.4.5	Immer am Ball bleiben!	492
18.5	Kennzahlen und Controlling	492
18.5.1	Kennzahlen	494
18.5.2	Marketing-Controlling versus Web-Controlling	496
18.5.2.1	Logfile-Analyse	497
18.5.2.2	Cookie-Messverfahren oder Cookie-Tracking	497
18.5.2.3	Pixel-Messverfahren oder Pixel-Tracking	498
18.5.3	Analyseprogramme	499
18.5.3.1	Google Analytics	500
18.5.3.2	Clicktracks/LYRIS HQ/Aurea	500
18.5.3.3	Coremetrics	501
18.5.3.4	Econda	501
18.5.3.5	Etracker	501
18.5.3.6	Instadia	502
18.5.3.7	Netstat/comScore	502
18.5.3.8	Omniture/Adobe	502
18.5.3.9	Opentracker	503
18.5.3.10	Websidestory	503
18.5.3.11	Webtrends	503
18.5.3.12	Weitere Analyseprogramme aus Deutschland	504
18.5.3.13	Webanalyse der besonderen Art	504
19	**Einstieg ins Online-Marketing: Grundsätzliche Erwägungen**	**505**
19.1	Grundsätzliche Erwägungen	507
19.2	Abhängigkeiten des Einstiegs von den definierten Zielen	509
19.3	Grobplanung einer Online-Kampagne	511
19.4	Überschlägige Ermittlung der Kosten/Nutzen	513
19.5	Do it yourself or buy?	518
20	**Das Online-Marketing von morgen: Marketing-Automation, Marketing-Suites und kanalübergreifende Strategien**	**521**
20.1	Online-Marketing im Wandel	523
20.2	Speziallösungen versus Marketing-Suites	524
20.3	Marketing-Automation – Ein neuer Trend?	524

20.4	Was genau ist Marketing-Automation?	525
20.5	Erfolgsfaktoren der Marketing-Automation	527
20.6	Ursprung von Marketing-Automation-Software	527
20.7	Datenschutz und Marketing-Automation	528
20.8	Grundsätzliche Funktionen von Marketing-Automation-Software	529
20.8.1	Analyse-Funktion	529
20.8.2	Targeting-Funktion	530
20.8.3	Kampagnen-Management-Funktionen	530
20.8.4	Social-Media-Management-Funktion	530
20.8.5	Datenaustausch und Schnittstellen	531
20.9	Softwarelösungen	531
20.9.1	High-End-Lösungen	531
20.9.2	Lösungen für kleine und mittlere Unternehmen	532
20.9.3	Noch mehr Marketing-Automation-Tools	536

Glossar ... 537

Abbildungsverzeichnis ... 549

Tabellenverzeichnis ... 555

Literaturverzeichnis ... 557

Stichwortverzeichnis ... 561

Einführung
Definition, Begriffsabgrenzung und Entwicklung des Online-Marketings in den vergangenen 20 Jahren

1 Einführung

1.1 Was Sie von diesem Buch erwarten dürfen - und was nicht

Wie der Titel des Buches schon sagt, geht es primär um Praxiswissen aus dem Bereich Online-Marketing. Seitdem ich 2014 meine Internetagentur verkauft habe, beschäftige ich mich ausschließlich mit Online-Marketing. Mein Wissen stammt primär aus realen Projekten und nicht aus Büchern. In diesem Buch geht um eine ganzheitliche Betrachtung von Online-Marketing und nicht um tiefes Detailwissen in Bezug auf einzelne Disziplinen. Neben der Erörterung der Funktionsprinzipien und -mechanismen der einzelnen Online-Marketing-Disziplinen finden Sie in diesem Buch Hintergrundinformationen, Zahlen und Fakten, Anbieter- und Produktverzeichnisse und natürlich Praxisbeispiele und Praxistipps. Das Beziehungsgeflecht der einzelnen Online-Marketing-Disziplinen wird erläutert und die Erfolgsdeterminanten für ein profitables Online-Marketing werden besprochen. Abschnitte, welche primär wissenschaftliche Inhalte oder historische Entwicklungen behandeln, sind durch eine vorangestellte kurze Zusammenfassung oder einen entsprechenden Hinweis gekennzeichnet. Leser, die ausschließlich am praktischen Nutzen interessiert sind, können das Buch so schneller durcharbeiten. Das vollständige Übergehen dieser Inhalte ist nicht empfehlenswert. Denn, um es mit einem Zitat von Helmut Kohl zu sagen: „Wer die Vergangenheit nicht kennt, kann die Gegenwart nicht verstehen und die Zukunft nicht gestalten."

Das Buch richtet sich an Marketing-Verantwortliche, die ihr Unternehmensmarketing stärker in Richtung Online-Medien entwickeln möchten, an Marketing-Agenturen, die das Buch als Nachschlagewerk im Unternehmen haben wollen, an Personen, die ihr Marketing in die eigenen Hände nehmen möchten, wie etwa Freiberufler oder Inhaber kleiner oder mittelständischer Unternehmen. Das Buch eignet sich ebenfalls für Studierende, die sich einen Überblick über die vielfältigen Möglichkeiten des Online-Marketings verschaffen wollen und die sich für die Einordnung des Online-Marketings in den Gesamtmarketing-Mix interessieren.

Nicht geeignet ist das Buch für „Freaks" jeder Ausprägung, z. B. SEO-Freaks oder typische Webmaster aus der Affiliate-Szene. In diesem Buch geht es um ganzheitliches Online-Marketing und nicht um tiefes Detailwissen in Bezug auf einzelne Disziplinen des Online-Marketings. Wer beispielsweise zu einem bestimmten Fachgebiet wie Affiliate-Marketing oder Keyword-Advertising sehr vertiefende Detailinformationen sucht, der sollte lieber zu einem Buch greifen, in dem es ausschließlich um das jeweilige Fachgebiet geht. Nur um Ihnen einmal einen groben Einblick in die Detailtiefe des Online-Marketings zu geben: Zu fast jeder Einzeldisziplin gibt es Literatur, die doppelt so viele Seiten enthält wie das vorliegende Werk.

Ein Hinweis zu sämtlichen Online-Quellen, die im Buch genannt sind: Sie wurden zum Zeitpunkt der Überarbeitung überprüft und aktualisiert. Trotzdem kann es vorkommen, dass sich URLs verändern oder Inhalte aus dem Netz genommen wurden. Fragen Sie in diesen Fällen bitte beim Anbieter nach.

1.2 Was sich in den letzten Jahren gravierend geändert hat

In den letzten 20 Jahren hat sich Online-Marketing immer wieder verändert. In den Anfangstagen war Online-Marketing relativ einfach und von einer Person, nämlich dem Online-Marketing-Experten, zu bewerkstelligen. Mit steigender wirtschaftlicher Bedeutung, flächendeckendem Breitband-Internetzugang und technologischem Fortschritt wurde Online-Marketing jedoch vielschichtiger und komplexer. Die Komplexität der Teildisziplinen des Online-Marketings war so hoch geworden, dass sie von einer Person nicht mehr bewerkstelligt werden konnte. Das war die Geburtsstunde der Experten für Teildisziplinen wie SEO, SEA, Affiliate, Online-Werbung etc. In der Folge entwickelten sich Spezialagenturen für die jeweiligen Teildisziplinen.

Ungefähr ab 2010 setzte ein weiter Entwicklungsschub ein, der zu einer erneuten Granularisierung des Online-Marketings führte. Das Thema Social-Media-Marketing entwickelte sich immer stärker und drang in Bereiche ein, die zuvor ausschließlich im klassischen Online-Marketing angesiedelt waren. Das Thema Mobile-Marketing entwickelte sich aufgrund des Siegeszuges der Smartphones immer stärker. Es entstanden Teildisziplinen wie Mobile-Advertising oder In-App-Advertising. Aufgrund der GPS-Fähigkeit von Smartphones und der immer besser werdenden Geo-Targetingmöglichkeiten großer Internetplayer wie Google entstand Local-Marketing. In der Folge entwickelten sich Spezialagenturen für Social-Media-Marketing, Local-Marketing oder Mobile-Marketing.

Weitere fünf Jahre später scheinen die Grenzen zwischen Social, Local, Mobile, SEO, SEA und anderen Teildisziplinen immer mehr zu verschwimmen. Immer öfter ist von Marketing-Integration, Marketing-Automation und kanalübergreifenden Strategien die Rede. Im Rahmen der Serie „Zukunftsforschung: Trends und Strategien zum Online-Marketing" hat der HighText Verlag im Online-Magazin iBusiness eine schöne Infografik veröffentlicht, die diese Entwicklung anschaulich beschreibt. Abbildung 1.1 illustriert die Entwicklung des interaktiven Marketings auf der Zeitachse.

Was sich in den letzten Jahren gravierend geändert hat 33

Abbildung 1.1 Der Stammbaum des interaktiven Marketings lt. HighText Verlag

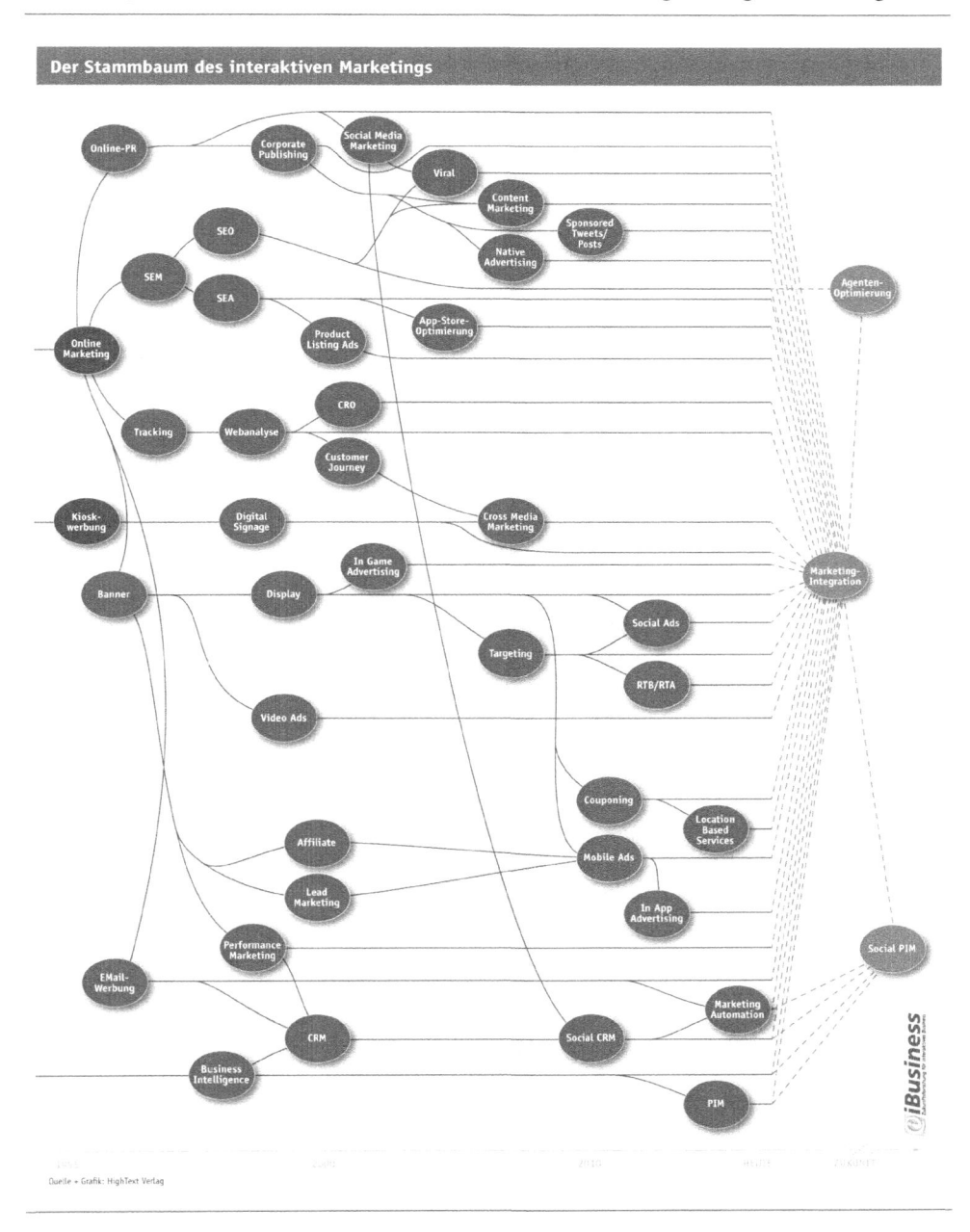

Quelle: HighText Verlag Graf und Treplin OHG, URL www.ibusiness.de/charts/ct/440550mni.html

Mitte der 1990er Jahre war der Begriff Online-Marketing noch relativ eng gefasst. Er umfasste die drei Unterdisziplinen Online-PR, Bannerwerbung und E-Mail-Marketing. Doch bald spalteten sich diese Unterdisziplinen des Online-Marketings mehr und mehr auf. Beispielsweise wurde aus der einfachen Bannerwerbung um die Jahrtausendwende die Display-Werbung, die durch Themen wie Targeting, Social Ads, Rich Media, Video-Ads und dergleichen mehr immer komplexer wurde. Im weiteren Verlauf kamen neue Disziplinen hinzu, andere verschmolzen miteinander. Beispielsweise entstand aufgrund des Siegeszuges der Smartphones das In-App-Advertising. In bestimmten Märkten verschmilzt das Customer-Relationship-Management mit dem Social Advertising zum Social CRM.

Was aber bedeutet dies für Ihre Online-Marketing-Arbeit heute? Im Grunde lässt sich diese Frage nicht allgemeingültig beantworten. Jedes Unternehmen und jede Institution hat eine andere Ausgangsbasis. Es gibt Unternehmen und Institutionen, die schon lange erfolgreich Online-Marketing betreiben und die demzufolge über die Jahre eine solide Basis für erfolgreiches Online-Marketing geschaffen haben. Es gibt aber auch in Deutschland immer noch viele Unternehmen und Institutionen, die sich bisher wenig mit Online-Marketing beschäftigt haben und denen demnach viele Grundlagen fehlen.

1.3 Definition und Abgrenzung

Die Inhalte in diesem Abschnitt richten sich primär an wissenschaftlich arbeitende Leser. Für Leser, die rein an dem praktischen Nutzwert des Buches interessiert sind, hier eine kurze Zusammenfassung:

Der Begriff des Online-Marketings ist im Grunde genommen bis heute weder eindeutig definiert noch klar von anderen Begriffen wie Internet-Marketing, Web-Marketing oder Digital-Marketing abgegrenzt. Eine klare Definition und Abgrenzung zu anderen Begrifflichkeiten hat es erstmalig 2006, in der ersten Auflage dieses Buches gegeben. Diese Definition lautet: „Online-Marketing umfasst Maßnahmen oder Maßnahmenbündel, die darauf abzielen, Besucher auf die eigene oder eine ganz bestimmte Internetpräsenz zu lenken, von wo aus dann direkt Geschäft gemacht oder angebahnt werden kann." Nach 2006 haben sich viele Autoren dieser Definition angeschlossen. Allerdings ist die Entwicklung im Online-Marketing sehr dynamisch. Spätestens ab 2015 verschwimmen die Grenzen zwischen Online-Marketing, Social-Media-Marketing und Mobile-Marketing immer mehr. Es ist daher fraglich, wie lange diese vom Grundsatz her klare Definition noch Bestand haben wird.

1.3.1 Der Begriff „Online-Marketing"

Der Begriff Online-Marketing wird von verschiedenen Marktteilnehmern immer noch sehr unterschiedlich belegt. Bis 2006 war der Terminus in der deutschsprachigen Literatur weder klar definiert noch klar abgegrenzt zum Begriff „Internet-Marketing". Auch

Begriffe wie „Online-Werbung", „Performance-Marketing", „Suchmaschinenmarketing" oder „Web-Marketing" wurden häufig mit „Online-Marketing" gleichgesetzt (vgl. Kapitel 1.3.5). Recherchiert man beispielsweise in google.de nach „Online-Marketing", so stößt man sehr häufig auf Anbieter aus dem Umfeld der Suchmaschinen-Optimierer oder der Online-Werbung, die ihre Dienstleistung als Online-Marketing bezeichnen. Web-Magazine wie beispielsweise http://www.omkt.de/online-marketing-magazin, nach eigener Aussage ein Magazin für Online-Marketing, oder http://www.ecin.de, laut eigenem Bekunden ein Electronic-Commerce-Info-Netz, befassen sich im Schwerpunkt mit Themen wie Suchmaschinenoptimierung, Keyword-Advertising, E-Mail-Marketing und Newsletter-Management.

Neben den Marktteilnehmern, die ihre individuelle Dienstleistung als Online-Marketing bezeichnen, sind im Internet verschiedenste, mehr oder minder skurrile Definitionsversuche zu finden wie beispielsweise „Schnittstelle zwischen klassischem Marketing und Möglichkeiten der Datennetznutzung, welche neues Customer-Care-Potenzial erschließt" oder „umfassender Begriff für alle Marketing-Aktivitäten in und um das Internet".

1.3.2 Der Blickwinkel der traditionellen Marketing-Autoren

In der einschlägigen traditionellen Marketing-Literatur herrschte ebenfalls lange Zeit keine Einigkeit darüber, was Online-Marketing ausmacht und kennzeichnet. Philip Kotler (2001, S. 1210 ff.) bezeichnet alles als Online-Marketing, was über ein Modem zum Online-Konsumenten gelangen kann, und nennt hier in der Hauptsache Dienste wie E-Mail, das WWW (Internetpräsentation) und Online-Dienste wie AOL etc. Andere Autoren bezeichnen Online-Marketing als eine Form der interaktiven Kommunikation, bei der mittels vernetzter Informationssysteme mit Individuen oder Massen kommuniziert wird und die klassischen Marketing-Instrumente mit den neuen Möglichkeiten des Internets verbunden werden. Becker (2001, S. 635), spricht eher von Internet-Marketing. Tiedtke (1998, S. 79) schreibt, dass mit dem Begriff des Online-Marketings kein neues Marketing-Verständnis kreiert wird, sondern lediglich ein neues Mittel zur bisherigen Zielerreichung eingesetzt wird. Meistens wurde das Internet als Baustein einer Gesamtmarketing-Konzeption gesehen und unter dem Aspekt der vier großen Ps (Product, Price, Place, Promotion) diskutiert. Moderne Online-Werbeformen wurden entweder nicht behandelt oder lückenhaft unter der großen Überschrift „Promotion" subsumiert. Einig sind sich die meisten traditionellen Autoren darüber, dass Internet- oder Online-Marketing nicht als Substitut zum klassischen Marketing gesehen werden darf. Zumeist wird empfohlen, das Online-Marketing am klassischen Marketing-Mix auszurichten, also den klassischen Marketing-Mix um die neuen Online-Marketing-Maßnahmen zu ergänzen.

Aus heutiger Sicht kann die Betrachtung der traditionellen Marketing-Autoren aus drei Gründen nicht mehr aufrechterhalten werden:

1. In vielen Fällen ist die Internetpräsenz Kernsäule des gesamten Geschäftsmodells, wie aktuelle Beispiele (eBay, Schreibbuero-24.com, mytaxi.com, Amazon.de u. v. m.) bele-

gen. Es ist in vielen Fällen deshalb nicht haltbar, die Internetpräsenz lediglich als Bestandteil einer übergreifenden Marketing-Konzeption zu betrachten.

2. Übersehen wird ebenfalls häufig, dass moderne Online-Werbeformen, welche in der klassischen Literatur häufig vernachlässigt werden, in der überwältigenden Mehrheit aller Fälle darauf abzielen, Besucher auf eine ganz bestimmte Internetpräsenz zu lenken. Moderne Online-Werbeformen stehen also nicht isoliert. So wäre beispielsweise eine Suchmaschinenoptimierung oder Keyword-Advertising ohne Internetpräsenz nicht sinnvoll. Gleiches gilt für die Schaltung eines Werbebanners auf einem Portal wie beispielsweise http://www.focus.de.

3. Die Differenzierung zwischen Internet-Marketing und Online-Marketing, bei der das Online-Marketing als weiter gefasst bezeichnet wird, weil es neben dem Internet auch die Online-Dienste (wie AOL, Compuserve, T-Online u. a.) umfasst, ist antiquiert und rückständig. Die Betrachtung der Online-Angebote von Compuserve, AOL etc. als separate Dienste stammt aus einer Zeit, in der die Anbieter mittels proprietärer Software (z. B. Compuserve Information Manager CIM) Informationen und Leistungen einem geschlossenen Mitgliederkreis anboten. Das Prinzip war vergleichbar mit dem in Deutschland bekannteren BTX. Diese geschlossenen, mittels proprietärer Software betriebenen Angebotsplattformen fanden Mitte der 1990er Jahre ihr Ende. BTX wurde eingestellt. Compuserve und AOL stellten ihr Angebot auf TCP/IP-basierte Technologie um und öffneten sich für bzw. erweiterten ihre Angebotspalette um Providerdienste. Technisch, inhaltlich und konzeptionell unterscheiden sich diese Angebote heute kaum noch von vielen anderen Angeboten, die im Internet zu finden sind.

1.3.3 Die Betrachtung verschiedener Autoren in den Jahren nach 2000

In der Marketing-Literatur nach 2000 wird gefordert, dass das Marketing mit dem technischen Fortschritt Schritt halten und sich anpassen bzw. weiterentwickeln muss, wenn es wesentlichen betriebswirtschaftlichen Nutzen bringen soll. Daher gelte der klassische Marketing-Mix im Internet nicht und ein neuer Marketing-Mix müsse bei Online-Medien und im Internet an dessen Stelle treten. Einen quasi neuen Ansatz definiert Kolibius (2001, S. 163). Er schreibt: *„Die herkömmlichen vier ‚P's' (Price, Product, Placement, Promotion) sind zwar weiterhin wichtige Steuergrößen, verlieren jedoch in der Internet-Ökonomie als alleinige Marketing-Variablen ihre Bedeutung. Traditionelle Marketing-Strategien müssen unter den Gesichtspunkten der digitalen Ökonomie entweder ergänzt oder zum Teil neu formuliert werden"* und entwickelt einen Online-Marketing-Mix, bei dem die „Ps" des klassischen Marketings zu den „Cs" (Content, Commerce/Convenience, Co-location, Communication/Community) des Online-Marketing-Mix werden.

Aber auch Kolibius (2001, S. 165) übersieht die am Anfang des Abschnitts erläuterten ersten beiden Aspekte, denn er schließt sich den traditionellen Autoren an. Er schreibt: *„Grundsätzlich ist bei der Ausgestaltung der vier Cs zu beachten, dass das Online-Marketing nie als Substitut zum klassischen Marketing gesehen werden darf. Ansonsten können die Synergien,* *die beiden Vertriebswege dem Management bieten, nicht voll ausgeschöpft werden. Vielmehr muss der Online-Marketing-Mix am klassischen Marketing-Mix ausgerichtet werden bzw. der klassische Marketing-Mix muss um die neuen Online-Marketing-Maßnahmen ergänzt werden."*

Auch Ulamec (2002, S. 32) schreibt zwar: *„Online-Marketing zwingt zur Auseinandersetzung mit klassischem Marketing-Denken und der Bereitschaft, eingefahrene Konventionen zu verlassen"*, stützt sich in seinem Werk aber im Wesentlichen auf die Autoren der klassischen Marketing-Literatur. Breyer-Mayländer (2004, S. 27 ff.) orientiert sich in seinem Werk „Online-Marketing für Buchprofis" ebenfalls stark an den 4 Ps und erläutert im Kapitel „Kommunikationspolitik im Internet" verschiedene Werbeformate, wobei er verschiedenste Bannerformate thematisch Affiliate-Programmen und Newsletter-Werbung gleichstellt. Auch Bertermann, Grünig, Hinz (2002, S. 27ff.) orientieren sich von ihren Denkmustern her stark am klassischen Marketing-Ansatz, obwohl ihr Werk erst 2002 erschienen ist und mit „Online-Marketing, Erfolgreiche Kommunikation im Internet" betitelt ist. Sie schreiben: *„Ausschließlich im Internet Werbung zu betreiben ist hinsichtlich der Unternehmen, die sich erst einen gewissen Bekanntheitsgrad aufbauen müssen, schlichtweg der falsche Weg."* Sie übersehen dabei, dass es durchaus auch Geschäftsmodelle gibt, deren Erfolg sich u. a. darauf begründet, dass sie ihr Werbebudget zu 100 Prozent im Internet eingesetzt haben. Bertermann, Grünig, Hinz verstehen unter Online-Marketing in erster Linie die Integration von Internetwerbung in den Kommunikationsmix.

Stolpmann (2000, S. 24 ff.), der sein Buch „Online-Marketing-Mix" 2000 geschrieben hat, definiert Online-Marketing eher ganzheitlich, orientiert sich jedoch auch am 4P-Modell. Er arbeitet die Unterschiede zwischen Online-Marketing und dem klassischem Marketing heraus, ohne jedoch eine klare Begriffsabgrenzung zu schaffen.

De Micheli (2004, S. 53 ff.) spricht in seinem Werk im Kapitel „Online-Marketing" das Suchmaschinenmarketing, die Möglichkeit des Linktauschs und die Website selbst an. Ferner kreiert er den Begriff „Webshop-Marketing" und subsumiert weitere Online-Marketing-Maßnahmen unter der Überschrift „Werbeformen im Internet".

Roddewig (2003, S. 52 ff.) befasst sich in seinem Werk „Website-Marketing" im Schwerpunkt mit Werbemitteln. Er beleuchtet die unterschiedlichen Formate, insbesondere Bannerformate, und geht auf deren Vor- und Nachteile ein. Affiliate-Marketing, E-Mail-Marketing und auch Suchmaschinenmarketing erwähnt er erstmals kurz im Kapitel „Spezielle Online-Marketing- und Werbeformen". Roddewigs Denkansatz kreist hauptsächlich um Werbemittel und Werbefläche. So ordnet er beispielsweise Affiliate-Marketing nicht etwa als Online-Marketing-Instrument ein, sondern behandelt es unter der Überschrift „Alternative Nutzungsformen freier Werbeflächen". Eine klare Abgrenzung zwischen Werbeformen und Online-Marketing-Maßnahmen bzw. -Instrumenten schafft er nicht.

Zusammengefasst lässt sich festhalten: Eine klare Unterscheidung zwischen den Begriffen Internet-Marketing, Website-Marketing und Online-Marketing war auch in der Marketing-Literatur nach 2000 nicht zu finden.

1.3.4 Die Betrachtung nach 2010

In der Marketing-Literatur, die nach 2010 erschienen ist, wird Online-Marketing zumeist als sehr breites Spektrum verschiedener Instrumente gesehen. Die meisten Autoren, die sich nach 2010 mit Online-Marketing befasst haben, betonen immer wieder die unterschiedlichen Facetten, die das Online-Marketing mit sich bringt. Nur wenige bemühen sich um präzise Abgrenzungen.

So schreibt beispielsweise Olaf Kolbrück in seinem 2013 erschienenen Werk „So werben Sie erfolgreich im Netz – E-Mail, Social Media, Mobile & Co. richtig nutzen", dass die eigene Website eine tragende Säule im Online-Marketing ist. Er betrachtet die Website auf einer Ebene mit Online-Marketing-Disziplinen wie E-Mail-Marketing oder Suchmaschinenoptimierung, nicht jedoch als schlussendliches Ziel.

Ralf T. Kreutzer verweist auch in der 2018 erschienenen, dritten Auflage seines Werkes „Praxisorientiertes Online-Marketing: Konzepte – Instrumente – Checklisten" ebenfalls auf die hohe Bedeutung der eigenen Webseite und bezeichnet sie als „virtuelle Eingangstür" des Unternehmens. Er definiert Online-Marketing jedoch wie folgt: *„Online-Marketing umfasst die Planung, Organisation, Durchführung und Kontrolle aller marktorientierten Aktivitäten, die sich mobiler und/oder stationärer Endgeräte mit Internet-Zugang zur Erreichung von Marketing-Zielen bedienen."* (Kreutzer 2014, S. 4) Kreutzer fasst mit dieser Definition das Online-Marketing sehr weit. Im Grunde sind per Kreutzers Definition auch viele Spielarten des Mobile-Marketings und des Social-Media-Marketings dem Online-Marketing unterzuordnen. Einfach ausgedrückt ist für ihn alles Online-Marketing, was über ein Internetprotokoll auf ein internetfähiges Endgerät transportiert werden kann und direkt oder indirekt ein Marketingziel befriedigen könnte. Insgesamt fehlt aber eine konsequente Strukturierung.

Auch im 2015 erschienenen Werk von Rainer Olbrich, Carsten Schulz und Christian Holsing, „Electronic Commerce und Online-Marketing", wird Online-Marketing sehr breit gefasst. Disziplinen wie Social-Media-Marketing und Mobile-Marketing werden unter dem Oberbegriff des Online-Marketings aufgeführt.

Eine etwas andere Meinung über die Vielseitigkeit des Online-Marketings vertreten Esther Düweke und Stefan Rabsch in ihrem 2012 erschienenen Werk. Auf Seite 71 ihres Buches „Erfolgreiche Websites: SEO, SEM, Online-Marketing, Usability" bringen sie Online-Marketing mit der sogenannten Banner-Werbung (eine Form der Online-Werbung) in einen sehr engen Zusammenhang. Ihren Ausführungen zufolge besteht Online-Marketing größtenteils aus Banner-Werbung. Dennoch nennen auch sie z. B. Affiliate-Marketing als einen weiteren Bestandteil des Online-Marketings.

Abschließend kann zusammengefasst werden: Auch in der Online-Marketing-Literatur, die nach 2010 erschien, fehlen häufig eine klare Abgrenzung und Systematik in Bezug auf die Bedeutung und die Einordnung unterschiedlicher Begriffe wie Internet-Marketing, Online-Marketing, Online-Werbung u. a.

1.3.5 Ableitung und Definition bis 2018

Erstmalig klar abgegrenzt wurde der Begriff Online-Marketing in der Erstauflage dieses Buches, welche 2006 erschien. Dieser Abgrenzung haben sich mittlerweile etliche Autoren angeschlossen. Sie basiert auf der Auffassung, dass letztendlich die Bedeutung der Internetpräsenz im Geschäftsmodell eines Unternehmens darüber entscheidet, welche Relevanz und welchen Grad der Eigenständigkeit Online-Marketing einnimmt. Die in der Marketing-Literatur häufig angezettelte Diskussion darüber, ob Online-Marketing eine eigenständige Disziplin ist oder unter das klassische Marketing subsummiert wird, ist daher müßig.

Auf Basis der zuvor getroffenen Aussagen lassen sich folgende Unterscheidungen und damit Definitionen der Begriffe Online-Marketing und Internet-Marketing treffen:

- Internet-Marketing ist die Marketing-Arbeit, das heißt die zielgerechte Nutzung der Internet-Dienste (WWW, E-Mail, Usenet, FTP etc.) für das Marketing. Hauptbestandteil des Internet-Marketing-Mix ist in der Regel die eigene oder eine ganz bestimmte Internetsite. Der Internet-Marketing-Mix ist im Idealfall integraler Bestandteil eines Gesamtmarketing-Mix.

- Online-Marketing umfasst Maßnahmen oder Maßnahmenbündel, die darauf abzielen, Besucher auf die eigene oder eine ganz bestimmte Internetpräsenz zu lenken, von wo aus dann direkt Geschäft gemacht oder angebahnt werden kann.

Der Begriff Internet-Marketing ist somit klar abgegrenzt vom Begriff Online-Marketing. Es ist naheliegend, dass Online-Marketing zumeist im Umfeld des Internets stattfindet. Der Vorteil ist, dass die Internetpräsenz, also das Ziel Nr. 1 von Online-Marketing, nur einen Klick entfernt ist. Per Definition sind aber auch Maßnahmen, die nicht im Umfeld des Internets stattfinden und dennoch darauf abzielen, Besucher auf eine ganz bestimmte Internetpräsenz zu lenken, dem Online-Marketing zuzuordnen. Dies wäre beispielsweise ein Flugzeug, welches ein Transparent hinter sich herzieht mit der Aufschrift: www.schreibbuero-24.com. Auch können manche Aktivitäten des Social-Media-Marketings als Online-Marketing aufgefasst werden. Dann nämlich, wenn sie primär dazu dienen, Besucher auf eine bestimmte Website oder einen Online-Shop zu lenken. Abbildung 1.2 und Abbildung 1.3 veranschaulichen den Zusammenhang.

> **Praxisbeispiele**
>
> Wenn eine Firma aus der Computerbranche per FTP Treiberdownloads anbietet, so ist diese Maßnahme Bestandteil des Internet-Marketing-Mix (grauer Kasten). Der Treiberdownload ist Bestandteil des Produktes, stellt also eine Produktverbesserung oder -erweiterung dar und ist somit ein Bestandteil der Produktpolitik im Gesamtmarketing-Mix. Hingegen ist der wöchentlich erscheinende Newsletter eine Maßnahme im Rahmen des Online-Marketing-Mix, da es das primäre Ziel dieses Instrumentes ist, Besucher über dort verankerte Links auf die Website zu lenken.

Abbildung 1.2   Online-Marketing im Gesamt-Marketing-Mix

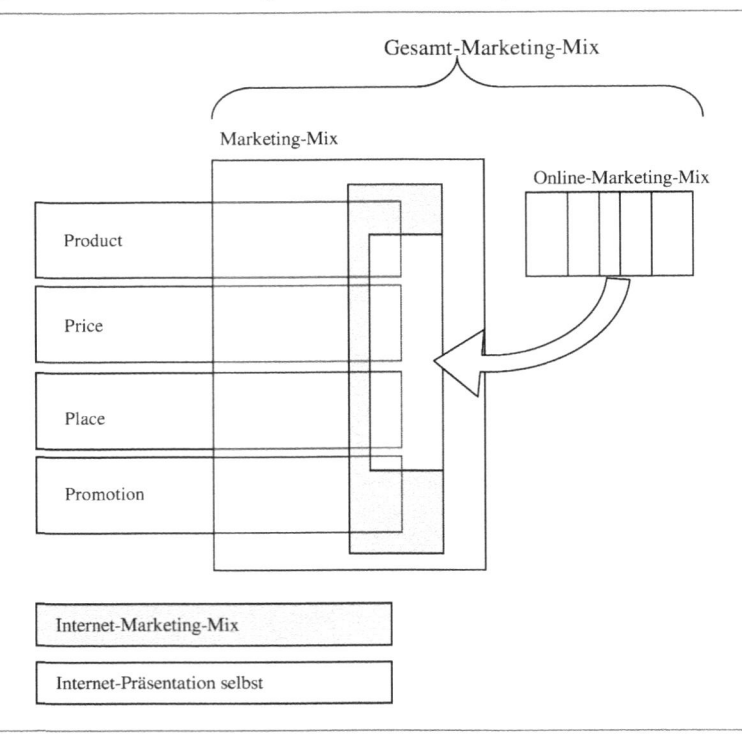

Ob diese Definition und die klare Abgrenzung noch lange Bestand haben, wird sich zeigen. Ich habe meine Zweifel und bin schon jetzt gespannt, wie ich zu diesem Thema in drei bis vier Jahren stehen werde. Denn die Grenzen zwischen Social, Local, Mobile, SEO, SEA und anderen Teildisziplinen scheinen immer mehr zu verschwimmen. Immer öfter ist von Marketing-Integration, Marketing-Automation und kanalübergreifenden Strategien die Rede. Die Abgrenzung wird immer schwieriger. Eine Anzeige, die innerhalb einer sogenannten App erscheint (In-App-Advertising) und die bei einem Klick den Browser des Smartphones öffnet und auf eine Webseite leitet, wäre per der genannten Definition ja noch leicht der Online-Werbung zuzuordnen. Obwohl viele Marktteilnehmer eine derartige Anzeige wohl eher dem Mobile-Marketing zuordnen würden. Was aber ist mit einem Preisalarm, der den Besitzer eines Smartphones darauf hinweist, dass nun der Preis eines von ihm beobachteten Artikels einen Schwellenwert unterschritten hat? Oder mit einer Anzeige, die einfach nur ein Video startet, wenn man darauf klickt? Oder mit einer Anzeige, die auf eine Fanpage bei Facebook führt? Oder mit einem Video, in dem ein Link nur angezeigt wird? Oder mit einer Anzeige, die eine Telefonnummer anzeigt, die der Besitzer des Smartphones durch einen Klick anrufen kann?

Abbildung 1.3 zeigt den Zusammenhang aus dem Blickwinkel der Online-Marketing-Instrumente. Ganz bewusst sind dabei das Social-Media-Marketing und das Mobile-Marketing nur zur Hälfte in dem grauen Kasten verankert worden, der die klassischen Teildisziplinen des Online-Marketings beherbergt. Hintergründe hierzu finden Sie im Kapitel 1.3.8.

Abbildung 1.3   Online-Marketing-Disziplinen

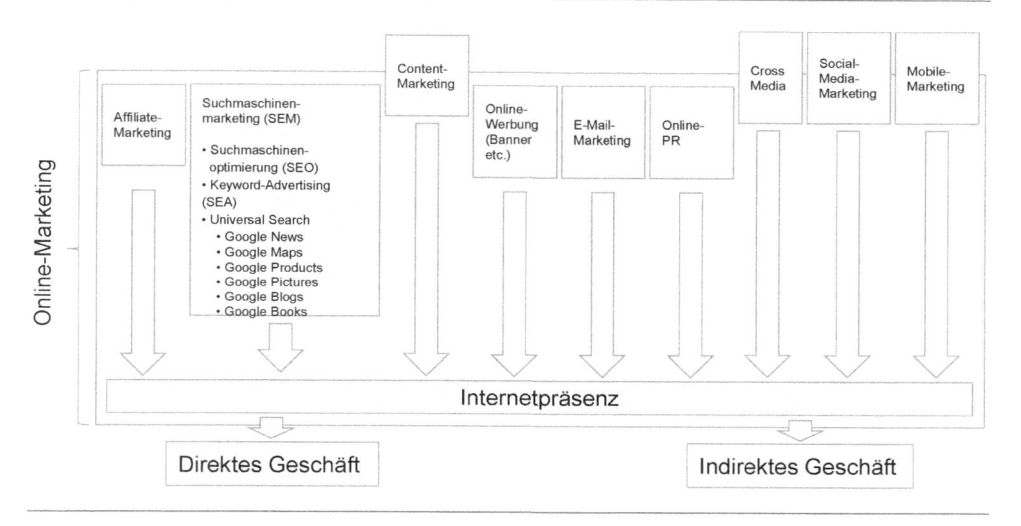

1.3.6   Weshalb meine Definition aus 2006 nicht mehr lange Bestand haben kann

Wie im Abschnitt 1.2 erläutert, verschwimmen die Grenzen zwischen den einzelnen Online-Marketing-Disziplinen immer mehr. Es stellt sich die Frage, ob die Grenzen zukünftig nicht vollständig fallen werden. Vier Beispiele sollen diesen Gedankengang verdeutlichen.

1. **Online-Werbung:** In den frühen Tagen des Online-Marketings bestand Online-Werbung primär aus der Schaltung von Bannern. Später kamen andere Werbemittel hinzu. Alle diese Werbemittel führten bei einem Klick auf eine ganz bestimmte Webseite. Damit war Online-Werbung klar und eindeutig als Teildisziplin des Online-Marketings per der entwickelten Definition aus Abschnitt 1.3.5 klassifiziert. In den letzten Jahren wurden jedoch Videos als Werbemittel immer beliebter. Das lag an unterschiedlichen Aspekten. Zum einen wurde die mobile Bandbreite immer erschwinglicher, zum zweiten lag es sicherlich auch am Siegeszug der Smartphones. Videos leiten aber nicht mehr zu einer bestimmten Webseite. Damit ist die Definition aus Abschnitt 1.3.5 ausgehebelt. Online-Werbung, die sich als Werbemittel einer Videoanzeige bedient, ist per ursprünglicher Definition kein Online-Marketing. Was aber ist sie dann? Sie erkennen mein Dilemma?

2. **Social-Media-Marketing:** Social-Media-Marketing wurde in den frühen Tagen von vielen Autoren als Teildisziplin des Online-Marketings gesehen. Selbst im Jahr 2018 habe ich noch ein im gleichen Jahr erschienenes Buch entdeckt, welches Social-Media-Marketing als Unterdisziplin des Online-Marketings verortet. Prof. Dr. Frank Deges schreibt in seinem Werk „Quick Guide Influencer Marketing" folgenden Satz: „Aus der Inhaltsperspektive ist das Influencer Marketing ein neuer Baustein des Online-Marketings und dort im Bereich des Social-Media-Marketings verortet." (Deges 2018, S. 35) Hieraus ergibt sich, dass Social-Media-Marketing laut Deges eine Teildisziplin des Online-Marketings ist. Heute führen jedoch viele Aktivitäten im Social-Media-Marketing gar nicht mehr zu einer bestimmten Webseite. Beispielsweise ist heute Instagram sehr beliebt. Diese Plattform erlaubt jedoch nicht die Verankerung eines Links pro Post, wie das beispielsweise Facebook zulässt. Mittlerweile haben viele soziale Medien auch eine solche Macht und derart hohe Benutzerzahlen, dass von einem eigenen kleinen Universum gesprochen werden kann. Häufig ist es gar nicht mehr notwendig, dieses kleine Universum zu verlassen, um eine adäquate Zielgruppe zu entsprechend konzipierten Botschaften zu führen. Vielmehr werden heute die Details zur Werbebotschaft gleich im jeweiligen Social-Media-Universum aufbereitet. Dies ist u. a. deshalb möglich, weil Plattformen wie Facebook deutlich aufgerüstet haben, was die Promotion individueller Posts und die Werbemittel angeht. Auch in Bezug auf die Integration unterschiedlicher Medien haben die Plattformen in den letzten Jahren aufgerüstet. Instagram erlaubte anfänglich nur Bilder. Videos folgten erst später. Seit 2018 erlaubt Instagram nun auch längere Videos. Bei Facebook war das ähnlich. Das Social-Media-Marketing und Online-Marketing verschwimmen demnach immer mehr.

3. **Google-Anzeige auf der SERP[1]:** Google zeigt immer mehr Inhalt direkt auf der SERP an. Damit der User die von ihm angefragten Informationen erhält, muss er nicht mehr auf einen Link klicken. Demnach wäre eine gute Optimierung, die entsprechende Botschaften gleich auf der SERP anzeigt, kein Online-Marketing mehr, weil diese nicht dazu führt, dass der User auf eine ganz bestimmte Webseite geleitet wird. Was aber ist es dann? Natürlich ist das nur eine rhetorische Frage.

4. **Mobile-Marketing:** Im Mobile-Marketing gibt es Spielarten wie In-App-Advertising oder In-Game-Advertising. Bei diesen Spielarten werden Werbebotschaften an geeigneter Stelle in Anwendungen oder gar Spielen integriert. Die Werbebotschaft steht für sich selbst und führt nicht über einen Link zu einer bestimmten Webseite. Das wäre bei Gamern auch vergleichsweise sinnlos. Ferner können durch die Ortungsfunktion eines Smartphones auch ortsabhängige Werbebeiträge auf das Handy gespielt werden. Beispielsweise wenn sich der Träger des Handys in der Nähe eines Ladenlokals befindet, in dem es gerade ein Sonderangebot zu einem Artikel gibt, den er sich vor einigen Tagen auf dem Handy angesehen hat. Die Botschaft würde in einem solchen Fall lauten: „In 50 Meter Entfernung ist der XYZ-Store. Dort finden Sie das Produkt XYZ gerade mit 20 Prozent rabattiert." Eine solche Maßnahme würde eindeutig dem

---

[1] Search Engine Result Page = Suchergebnis-Seite.

Mobile-Marketing zuzuordnen sein, nicht aber dem Online-Marketing, da es keine Webseite gibt, auf die verlinkt wird. Der User wird nun aufgefordert, in das Ladenlokal zu gehen, welches sich in der Nähe befindet.

1.3.7 Weitere Begriffsabgrenzungen in Kurzform

Zu vier der im Kapitel 1.3 angesprochenen Begriffe bin ich Ihnen noch eine Erläuterung schuldig: „Web-Marketing", „Performance-Marketing", „Suchmaschinenmarketing" und „Online-Werbung".

- Der Begriff **Web-Marketing** wird zumeist dem Online-Marketing gleichgesetzt. Eine klare Abgrenzung gibt es nicht. Er wird häufig in Bloggerkreisen verwendet.

- Im Vordergrund des **Performance-Marketings** steht die leistungsbezogene Honorierung der Medien im Rahmen erfolgsbasierter Modelle, wie es beispielsweise beim Keyword-Advertising oder im Affiliate-Marketing gang und gäbe ist. Als Leistung wird häufig ein Klick (Vermittlung eines Besuchers), ein Lead (z. B. Vermittlung eines Kunden oder Abonnenten) oder ein Umsatz (Sale) definiert. Die Vergütungsformen werden daher Pay per Click, Pay per Lead oder Pay per Sale genannt.

Die Fachgruppe **Performance-Marketing** im BVDW hat den Begriff 2009 wie folgt definiert: *„Performance-Marketing in den digitalen Medien ist ein Bestandteil des Mediamix und dient sowohl der Kundengewinnung als auch der Kundenbindung. Der Einsatz der verschiedenen Werbemedien verfolgt das Ziel, messbare Reaktionen und/oder Transaktionen mit dem Nutzer zu erzielen. Die Ansprache des Kunden beziehungsweise Interessenten erfolgt sehr gezielt, nach Möglichkeit individuell, um die größtmögliche Interaktion mit den Nutzern zu erreichen. Performance-Marketing versteht sich als integrierter Ansatz. Die Bestandteile sollen vernetzt zum Einsatz kommen, um so auf Handlungsweisen des Kunden beziehungsweise potenzieller Interessenten einwirken zu können."*[2]

- **Suchmaschinenmarketing** ist eine Teildisziplin des Online-Marketings und umfasst alle Maßnahmen zur Gewinnung von Besuchern für eine Webpräsenz über Websuchmaschinen. Suchmaschinenmarketing gliedert sich klassisch in die Teildisziplinen Suchmaschinenoptimierung (*Search Engine Optimization*, SEO) und Keyword-Advertising, oft *Paid Listing* oder *Search Engine Advertising*, SEA) genannt.

Suchmaschinenmarketing wird häufig mit SEM abgekürzt (*Search Engine Marketing*, SEM). Fälschlicherweise wird in Deutschland unter der Abkürzung SEM oft Keyword-Advertising verstanden.

Seit die in Deutschland bedeutendste Suchmaschine Google.de das Erscheinungsbild der Suchergebnisseite (*Search Engine Result Page*, SERP) deutlich verändert hat, ist ganzheitliches Suchmaschinenmarketing wesentlich komplexer geworden. Die Rede ist von Universal Search. Universal Search wurde 2007 in den USA eingeführt und

---

[2] http://www.bvdw.org, Abruf 28.06.2015.

wird in Deutschland seit 2010 heiß diskutiert. Universal Search bedeutet, dass Google auf den normalen Suchergebnisseiten Inhalte aus Google News, Google Bilder, Google Videos (oder YouTube), Google Maps, Google Products oder Google Bücher einblendet (vgl. Kapitel 8).

- Unter **Online-Werbung** wird im klassischen Sinne die Schaltung von Werbeanzeigen auf dritten Webseiten in Form von Bannern verstanden. Allerdings hat sich die Online-Werbung über die Jahre extrem weiterentwickelt. Heute werden nicht mehr nur einfache Banner geschaltet, sondern weit aufwändigere Werbemittel wie Layer-Ads, Interstitials, interaktive Werbemittel oder Videoanzeigen (vgl. Kapitel 12).

1.3.8 Einordnung: Web 2.0, Social-Media-Marketing und Mobile-Marketing

In der jüngeren Vergangenheit werden im Zusammenhang mit dem Terminus „Online-Marketing" auch Begriffe wie „Web 2.0", „Social-Media-Marketing" und „Mobile-Marketing" genannt. Welche Rolle spielen diese Schlagwörter in Bezug auf Online-Marketing?

Laut Wikipedia[3] ist **Web 2.0** ein Schlagwort, das für eine Reihe interaktiver und kollaborativer Elemente des Internets, speziell des World Wide Webs, verwendet wird. Der Begriff postuliert in Anlehnung an die Versionsnummern von Software-Produkten eine neue Generation des Webs und grenzt diese von früheren Nutzungsarten ab. Die Verwendung des Begriffs nimmt jedoch zugunsten des Begriffs Social Media ab.

Tim Berners-Lee, der Begründer des WWW, soll einmal vom Web 2.0 gesagt haben: *„Ich finde, dass Web 2.0 natürlich ein Jargonausdruck ist, niemand weiß wirklich, was er bedeutet."* Seit der Begriff 2004 von Tim O'Reilly geprägt wurde, entwickelte er sich zu einem Buzzword. Tatsächlich bezeichnet er keine spezielle Technik oder gar eine bestimmte Software-Gattung, sondern vielmehr das Zusammenwirken verschiedener Methoden und Werkzeuge und eine damit einhergehende soziale und wirtschaftliche Entwicklung. Ein wesentlicher Aspekt dabei ist, dass die Benutzer Inhalte selbst erstellen und bearbeiten. Neudeutsch wird das häufig „User-generated Content" genannt. Inhalte werden also nicht mehr nur zentralisiert von großen Medienunternehmen erstellt und über das Internet verbreitet, sondern auch von einer Vielzahl von Individuen, die sich mithilfe spezieller Software zusätzlich untereinander vernetzen. Typische Praxisbeispiele für Anwendungen, die vom Gedanken des Web 2.0 geprägt wurden, sind Wikis, Blogs, Foto- und Videoportale (z. B. Flickr oder YouTube), soziale Online-Netzwerke wie MySpace oder StudiVZ sowie Social-Bookmarking-Portale wie Mister Wong.

Angesichts der großen Popularität von Wikis, Blogs und Anwendungen wie YouTube gibt es so manchen Marketing-Experten, der durch die Web-2.0-Bewegung gravierende Änderungen im Marketing sieht. Diese Popularität ist neben der Vernetzung auch auf die einfache Bedienung der Anwendungen zurückzuführen.

---

[3] Vgl. http://de.wikipedia.org/wiki/Web_2.0, Abruf 30.06.2016.

Natürlich wird das sogenannte Web 2.0 das Marketing im Allgemeinen beeinflussen und in Teilen sogar stark verändern. Im Web 2.0 mischen sich Konsumenten in Kaufprozesse ein, reden über Produkte und geben Empfehlungen ab.[4] Dieser Trend kann weder aufgehalten noch verhindert werden. Sicherlich wird Web 2.0 auch das Online-Marketing stark beeinflussen.

In den frühen Tagen des **Social-Media-Marketings** (SMM) war dieses definiert als eine Form des Online-Marketings, die Branding- und Vertriebsziele durch ein Engagement in einem oder in verschiedenen sogenannten Social-Media-Angeboten erreichen will. Nachzulesen in der Wikipedia im Jahr 2012. Diese Sichtweise hat sich jedoch in den Folgejahren stark verändert. Bitte sehen Sie dazu unbedingt auch die Kapitel 16.3 und 16.4. Die Marktteilnehmer haben erkannt, dass SMM nicht primär ein Vertriebskanal ist. Viele Unternehmen haben in der Vergangenheit unreflektiert in SMM investiert und viel Geld verloren.

Grundsätzlich kann SMM verschiedenste Unternehmensziele sehr gut unterstützen oder gar vollständig befriedigen. Es kann zur Marktforschung, zum Customer-Relationship-Management, zur Kundenbindung oder im Bereich Human Resources eingesetzt werden, etwa zur Stärkung der Arbeitnehmermarke.

In den Anfangstagen des Social-Media-Marketings wurde diese Disziplin häufig als eigenständige Marketing-Disziplin aufgefasst und nicht als Teildisziplin des Online-Marketings gesehen. Im Jahr 2010 erschien in Deutschland gleich ein halbes Dutzend Bücher mit Titeln wie „Social-Media-Marketing" oder „Erfolgreiches Social-Media-Marketing mit Facebook, Twitter, XING und Co.". Mittlerweile gibt es sogar Literatur mit dem Titel „Facebook-Marketing". Weitere fünf Jahre später scheinen die Grenzen zwischen Social, Local, Mobile, SEO, SEA und anderen Teildisziplinen immer mehr zu verschwimmen. Einiges spricht dafür, dass die Grenzen zwischen den Marketingkanälen fallen und die einzelnen Teil-Disziplinen in den kommenden fünf bis zehn Jahren zu einer ganzheitlichen Disziplin verschmelzen.

Tatsächlich kommt es aber auch diesbezüglich auf die Ausprägung der Social-Media-Marketing-Aktivitäten an. Dient das Engagement dazu, Besucher auf eine Website zu locken, die außerhalb des sozialen Netzwerkes liegt, so ist Social-Media-Marketing per Definition aus Kapitel 1.3.5 eindeutig eine Teildisziplin des Online-Marketings. Dies ist beispielsweise der Fall, wenn in Facebook Werbung geschaltet wird, die zu einer externen, außerhalb von Facebook liegenden Seite führt. Genau genommen sind sogar Aktivitäten, die darauf abzielen, Besucher auf eine Fanpage innerhalb von Facebook zu lenken, Online-Marketing-Maßnahmen, wenn die Fanpage zum Ziel hat, direktes oder indirektes Geschäft anzubahnen. Denn eine Facebook-Fanpage ist eine ganz bestimmte Internetpräsenz und würde daher von der Definition aus Kapitel 1.3.5 erfasst werden: *„Online-Marketing umfasst Maßnahmen oder Maßnahmenbündel, die darauf abzielen, Besucher auf die*

---

[4] Vgl. Digital Influence Index Study, Welche Rolle spielt das Internet im Leben der Konsumenten in Deutschland, Großbritannien und Frankreich? Fleishman-Hillard & Harris Interactive, Juni 2008.

*eigene oder eine **ganz bestimmte Internetpräsenz** zu lenken, von wo aus dann direkt Geschäft gemacht oder angebahnt werden kann."* Social-Media-Marketing kann also sowohl als eigenständig als auch als Teildisziplin des Online-Marketings aufgefasst werden.

Mobile-Marketing ist die Umschreibung von Marketing-Maßnahmen unter Verwendung drahtloser Telekommunikation und mobiler Endgeräte. Zumeist handelt es sich bei den Endgeräten um Smartphones. In der Regel wird das Ziel verfolgt, Konsumenten möglichst direkt zu erreichen und zu einem bestimmten Verhalten zu führen. Tendenziell würde ich das Mobile-Marketing als eigenständige Marketing-Disziplin auffassen. Doch ähnlich wie das Social-Media-Marketing kann auch das Mobile-Marketing unter bestimmten Voraussetzungen als Teildisziplin des Online-Marketings aufgefasst werden. Dann nämlich, wenn es primär dazu dient, Besucher auf eine ganz bestimmte Internetpräsenz zu locken. Angesichts der technischen Möglichkeiten ist es heute auch kein Problem mehr, Internetseiten zu erstellen, die auf die Bildschirmauflösung mobiler Endgeräte optimiert sind.

Aufgrund der stetig steigenden Zahl von internetfähigen, mobilen Endgeräten wie Tablets und Smartphones wird Mobile-Marketing zukünftig an Bedeutung gewinnen. Die Entwicklungen von Disziplinen wie „In-App-Advertising" oder „Mobile-Advertising" deuten auf das große Marktpotenzial hin. Bestimmte Zielgruppen werden heute über das Smartphone viel eher erreicht als über einen PC. Aus Marketingsicht ist es daher sicherlich sinnvoll, die Entwicklungen im Bereich des mobilen Internets und die Möglichkeiten des Mobile-Marketings im Auge zu behalten. Bitte lesen Sie hierzu das Kapitel 17.

1.4 Hintergrundwissen: Entwicklung des Online-Marketings in Zahlen

Der Abschnitt 1.4 behandelt die Entstehungsgeschichte und die Entwicklung einzelner Online-Marketing-Disziplinen in Zahlen. Für die praktische Arbeit sind diese Informationen nicht zwingend erforderlich. Andererseits ist in einem Zeitalter, in dem immer mehr Budgets von konventionellen Medien in digitales Marketing verschoben werden, ein tiefes Verständnis auch kein Nachteil. Für Leser mit extrem engem Zeitbudget hier eine kurze Zusammenfassung:

Affiliate-Marketing
Im Affiliate-Marketing sind die goldenen Wachstumsjahre vorbei. Nachdem viele Jahre zweistellige Wachstumsraten erreicht wurden, kriselte das Affiliate-Marketing erstmalig 2014. Indizien dafür waren geringe Wachstumsraten und erstmalig in der Geschichte namhafter Affiliate-Netzwerke Personalentlassungen. Der Markt der Affiliate-Netzwerke konsolidiert sich nach 2014 immer schneller. Auch die Fusion der beiden größten deutschen Affiliate-Netzwerke, Awin (ehemals Zanox) und Affilinet im Herbst 2017 ist ein klares Signal für eine Konsolidierung des Marktes. Durch die Fusion ist nun auch die Marktführerschaft unter den Affiliate-Netzwerken in Deutschland eindeutig geregelt.

Unangefochtener Platzhirsch ist nun die Awin AG. Neben der Awin gibt es in Deutschland noch ca. 30 bis 40 weitere Affiliate-Netzwerke, darunter auch Spezialanbieter, die sich auf bestimmte Branchen fokussieren. Am Ende werden einige wenige große Player, die international agieren, und wenige Nischenanbieter übrig bleiben. Nordamerika und Europa werden wohl die Kernmärkte bleiben. Neben den bereits etablierten Märkten breitet sich Affiliate-Marketing aber auch zusehends nach Südamerika und in den asiatisch-pazifischen Raum aus.

E-Mail-Marketing
E-Mail Marketing gehört zu den älteren Disziplinen des Online-Marketings und hat bereits viele Höhen und Tiefen erlebt. Sowohl die Problematik von Spam-E-Mails als auch verschiedenste Gesetzesverschärfungen im Laufe der letzten zehn Jahre haben zu Turbulenzen beim E-Mail-Marketing geführt. Dennoch hat sich E-Mail-Marketing im Online-Marketing-Mix vieler Unternehmen als fester Bestandteil etabliert. Die Öffnungsraten und auch die Klickraten aus E-Mail-Marketingkampagnen sind zwar im Vergleich zu den Anfangstagen deutlich gesunken. Seit einigen Jahren sind sie jedoch vergleichsweise stabil. Auch die Anbieterseite von E-Mail-Marketingsoftware hat sich über die letzten 20 Jahre konsolidiert. In den letzten Jahren hat die Branche die Besonderheiten von mobilen Endgeräten adressiert. Das ist naheliegend, denn heute werden weltweit rund 2,6 Milliarden Smartphones genutzt. Bis 2021 soll diese Zahl auf über drei Milliarden wachsen. Schon jetzt ruft die Hälfte der Smartphone-Nutzer Nachrichten und E-Mails bevorzugt unterwegs ab.

Keyword-Advertising
Keyword-Advertising ist eine der schillerndsten Disziplinen des Online-Marketings. Die Wachstumsraten sind seit über zehn Jahren sehr stabil. Der Erfolg des Keyword-Advertisings lässt sich u. a. an den Umsätzen von Google ablesen. Google, bzw. die Mutter Alphabet, gehört heute zu den wertvollsten Firmen der Welt und generierte 2017 über 116 Milliarden US-Dollar Umsatz. Zehn Jahre zuvor waren es gerade mal 17 Milliarden. Der Löwenanteil davon dürfte aus dem Keyword-Advertising stammen.

Online-Werbung
Online-Werbung erfreut sich ebenfalls seit vielen Jahren eines stetigen Wachstums. Außer in den Jahren der Wirtschaftskrise wurden häufig auch zweistellige Wachstumsraten erreicht. Aufgrund des Smartphone-Booms und eines veränderten Nutzerverhaltens von Konsumenten profitiert Online-Werbung von der Verlagerung von Marketing-Budgets aus konventionellen Marketingkanälen (Print, TV, Radio) hin zu digitalen Medien. 2011 lag der Marktanteil von Online-Werbung noch unter 20 Prozent. 2016 lag er laut OVK-Online-Report bei rund 30 Prozent.

Suchmaschinenoptimierung
Suchmaschinenoptimierung ist eine sehr „bunte" Online-Marketing-Disziplin. Hier tummeln sich viele unseriöse Akteure. Dennoch haben auch viele seriöse Unternehmen die betriebswirtschaftliche Relevanz von gut optimierten Firmenwebseiten erkannt. Der Markt entwickelte sich daher in den vergangenen Jahren ebenfalls positiv. Ein Indiz da-

für ist die Entwicklung im Bereich der sogenannten SEO-Suits. Konkrete Zahlen liegen jedoch nicht vor.

Was vor über 20 Jahren mit einem Werbebanner begann, ist heute eine wichtige und effiziente Teildisziplin des Marketings. Die Geburtsstunde des Online-Marketings kam 1994 mit den ersten grafischen Browsern, denn mit ihnen kehrten auch die statischen Banner auf den Webseiten ein. Zu dem Zeitpunkt waren Banner eher noch grafische Links wie Logos oder Bilder, doch schon ein Jahr später wurden animierte Banner im GIF-Format gezielt als Werbung eingesetzt.

Heutzutage ist das Online-Marketing ein wichtiger Wirtschaftsfaktor und eine bedeutende Teildisziplin im Gesamtmarketing-Mix vieler Unternehmen. Das Online-Marketing wiederum umfasst mittlerweile mehrere unterschiedliche Disziplinen, dazu gehören u. a. das Suchmaschinenmarketing, das E-Mail-Marketing und das Affiliate-Marketing. Die Entwicklung dieser Teilgebiete, und damit des Online-Marketings an sich, werden im Folgenden beschrieben und anhand von Grafiken visualisiert.

1.4.1 Affiliate-Marketing

1997 entstand auf einer Cocktail-Party die Idee des Affiliate-Marketings (vgl. Kapitel 2). Dabei handelt es sich um eine internetbasierte Vertriebslösung, bei der ein Publisher (auch Affiliate genannt) Werbemittel eines Advertisers (auch Merchant genannt) auf seiner Website integriert und von dem Advertiser dafür erfolgsorientiert vergütet wird. Erfolgsorientiert bedeutet in diesem Kontext, dass der Publisher in der Regel nur dann eine Vergütung erhält, wenn der Advertiser etwas verkauft. Der Verkauf muss dabei natürlich auf den Publisher zurückzuführen sein. Der Publisher erhält also eine Art Vertriebsprovision. Der Kontakt zwischen einen Affiliate und einem Merchant wird in der Praxis häufig über ein Affiliate-Netzwerk hergestellt. Schon 1997 wurde das erste Affiliate-Netzwerk namens Affilinet.de in Deutschland gegründet. Weitere Informationen zu Affiliate-Netzwerken finden Sie im Abschnitt 2.8.

Der Erfolg des Affiliate-Marketings lässt sich am besten an den Umsatzzahlen der vergangenen Jahre darstellen, die der Bundesverband Digitale Wirtschaft (BVDW) jährlich veröffentlicht. Besonders im Jahr 2005 verbuchte das Affiliate-Marketing einen hohen Zuwachs von 75 Prozent im Vergleich zum Vorjahr. Der Jahresumsatz lag bei 105 Millionen Euro. 2012 erreichte das Affiliate-Marketing einen deutschlandweiten Jahresumsatz von 411 Millionen Euro[5] und für 2013 prognostizierte der Online-Vermarkterkreis (OVK) 440 Millionen Euro. Leider hat der OVK ab 2014 seine Werbestatistik geändert, sodass ab 2014 keine dezidierten Zahlen mehr aus dieser Quelle zur Verfügung stehen. Der OVK schrieb hierzu in seinem OVK Online-Report 2014: *„Gleichzeitig schärfen wir mit der neuen OVK-Werbestatistik das Profil des Online-Vermarkterkreis (OVK) im Bundesverband Digitale Wirtschaft (BVDW) e.V., da wir uns jetzt ausschließlich auf unser originäres Kerngebiet der*

---

5   Vgl. http://www.bvdw.org/presseserver/bvdw_ovk_online_report_2013_01/report_ovk_report_2013_01.pdf, Abruf 30.09.2018.

Hintergrundwissen: Entwicklung des Online-Marketings in Zahlen

Display-Werbung konzentrieren und auf die Darstellung von Search- und Affiliate-Umsätzen verzichten."[6]

Die Entwicklung des Affiliate-Marketings bis 2014 ist in Abbildung 1.4 dargestellt.

2014 und 2015 dürfte Affiliate-Marketing jedoch weniger stark gewachsen sein, was an zahlreichen Meldungen aus dem ersten Quartal 2014 abzulesen ist. Beispielsweise vermeldete das Affiliate-Netzwerk Tradedoubler im Januar 2014, 20 Prozent ihrer Belegschaft in Deutschland entlassen zu müssen. Wenig später meldete auch Zanox (heute Awin)[7], eines der größten Netzwerke in Deutschland und Europa, ebenfalls Mitarbeiter am Hauptsitz in Berlin zu entlassen. Auch die Fusion der beiden Platzhirsche Awin und Affilinet im Jahr 2017 deutet auf eine Sättigung des Marktes hin. Das Kartellamt genehmigte die Fusion der beiden größten deutschen Affiliate-Netzwerke im Spätsommer 2017.[8] Für viele Marktteilnehmer kam die Fusion überraschend.

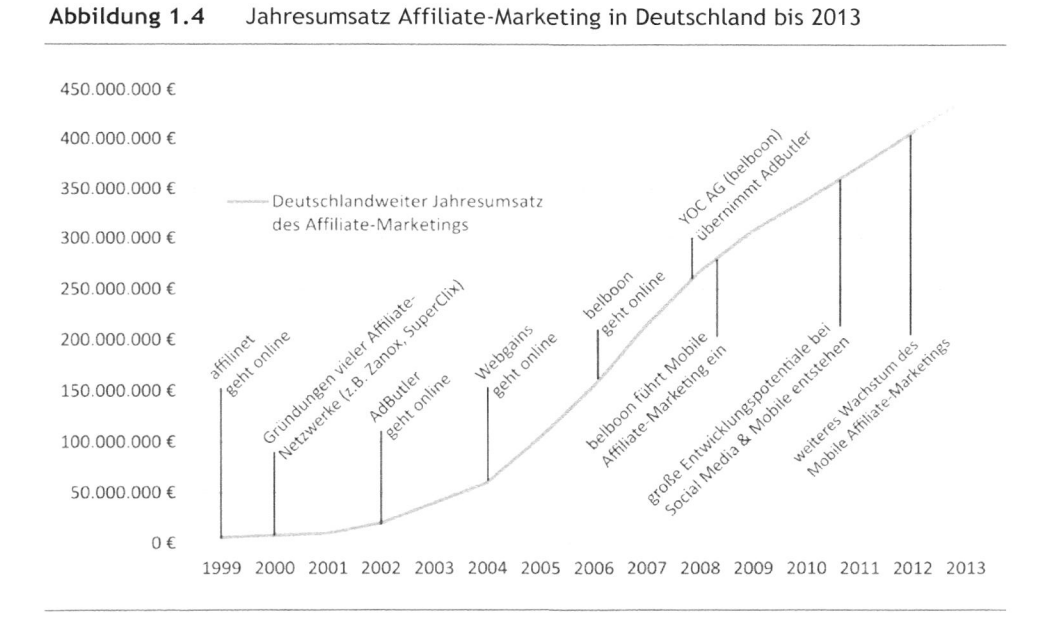

Abbildung 1.4   Jahresumsatz Affiliate-Marketing in Deutschland bis 2013

Die Entwicklung nach 2014 war dann wesentlich weniger dynamisch als vor dieser Zeit. Zwar liegen keine Vergleichszahlen über direkte Umsätze im Affiliate-Marketing mehr vor. Dennoch kann man diesen Rückschluss aus den vom BVDW veröffentlichten Zahlen

---

[6]   http://www.ovk.de/ovk/ovk-de/online-werbung/daten-fakten/downloads.html, Abruf 30.09.2018.
[7]   Die Affiliate Netzwerke Zanox und Affiliate Window wurden im Frühjahr 2017 zu Awin umbenannt, um einen global einheitlichen Markenauftritt zu schaffen.
[8]   Vgl. https://www.internetworld.de/onlinemarketing/affiliate-marketing/fusion-awin-affilinet-kartellamt-zustimmung-1385318.html, Zugriff 30.09.2018.

zum „Umsatz durch Affiliate-Marketing im Online-Handel" ziehen. Denn der eigentliche Umsatz im Affiliate-Marketing ist ja ein Provisionsumsatz. Daher besteht zwischen dem Online-Handelsumsatz, der durch Affiliate-Marketing herbeigeführt wird, und dem eigentlichen, vom Affiliate-Marketing erzieltem Umsatz ein direkter Zusammenhang. Für 2014 vermeldete der BVDW 6,24, für 2015 6,98 und für 2016 7,6 Milliarden Euro.[9] Die jeweiligen Steigerungsraten sind im Vergleich zu den Jahren vor 2014 sehr moderat.

Trotz der Krise 2014 und des sich abschwächenden Wachstums birgt das Affiliate-Marketing noch Wachstumschancen. Beispielsweise in Verbindung mit Social-Media-Netzwerken und den mobilen Endgeräten wie Smartphones und Tablets. Als Indiz für diese Aussage können wiederum Zahlen des BVDW herangezogen werden. Laut BVDW stieg der Umsatz durch Affiliate-Marketing im Online-Handel, der auf mobile Transaktionen zurückzuführen ist, in Deutschland von 0,68 Milliarden Euro im Jahr 2014 auf 0,88 Milliarden 2015 und 1,21 Milliarden 2016. Die folgenden beiden Tabellen stellen die jeweiligen Wachstumsraten einander gegenüber. Es wird deutlich, dass die Steigerungsraten auf Basis mobiler Transaktionen um ein vielfaches höher sind als die Gesamtsteigerung.

Tabelle 1.1   Umsatz durch Affiliate-Marketing im deutschen Online-Handel

Jahr	Mrd. Euro	Steigerung in % zum Vorjahr
2014	6,24	
2015	6,98	11,86 %
2016	7,6	8,88 %

Tabelle 1.2   Umsatz durch Affiliate-Marketing auf Basis mobiler Transaktionen im deutschen Online-Handel

Jahr	Mrd. Euro	Steigerung in % zum Vorjahr
2014	0,68	
2015	0,88	29,41 %
2016	1,21	37,50 %

---

[9]   Vgl. https://de.statista.com/statistik/daten/studie/741977/umfrage/umsatz-durch-affiliate-marketing-im-online-handel-in-deutschland/, Zugriff 30.09.2018.

1.4.2 E-Mail-Marketing

Ein ebenfalls effektives Werbemedium im Internet ist der Versand von Werbe-E-Mails. Durch die geringen Kosten und dessen Wirksamkeit ist dieses Online-Marketing-Instrument immer noch sehr beliebt. Doch die geringen Kosten der E-Mail-Versendung fördern bis heute das Problem der Spam-Mails. 1998 wurde das erste Konzept eines Spamfilters vorgestellt. Ein Problem bei diesen Filtern ist, dass bisweilen auch erwünschte E-Mails als Spam behandelt werden, was das Betreiben von seriösem E-Mail-Marketing erschwert. Damit die E-Mails nicht als Spam markiert werden, müssen viele Faktoren beachtet werden.

Doch trotz der Spamfilter gab es bereits 2003 mehr Spam-Mails als normale E-Mails, sodass sich der Gesetzgeber dieses Themas annahm. E-Mail-Marketing wurde erschwert und erfuhr einen Einbruch.

Einen weiteren Rückschlag erfuhr das E-Mail-Marketing mit der Veröffentlichung des weit verbreiteten E-Mail-Clients Outlook 2003.[10] In Outlook 2003 wurden Bilder eines HTML-Newsletters standardmäßig nicht mehr angezeigt, stattdessen ein Text, dass die Bilder geblockt seien. Neben der Tatsache, dass Newsletter und Werbe-E-Mails nun ohne Zutun des Empfängers nicht mehr vollständig angezeigt wurden, konnte auch das Zählpixel nicht mehr zuverlässig ausgewertet werden. Zudem verschärfte Outlook 2003 den Junkfilter, sodass in der schärfsten Einstellung nur noch E-Mails von Absendern angezeigt wurden, die auf einer persönlichen Whitelist standen. Mails von unbekannten Absendern wurden standardmäßig als Spam behandelt.

2004 wurde in Deutschland ein Gesetz verabschiedet, welches bestimmte Werbemaßnahmen nur nach erklärter oder mutmaßlicher Einwilligung zulässt. Um dieses Gesetz einzuhalten, nutzt man heute ein Opt-in-Verfahren, häufig das Double Opt-in, um falsche Angaben zu vermeiden.[11] Mittlerweile gibt es beim E-Mail-Marketing noch viele weitere gesetzliche Vorschriften, die beachtet werden müssen. 2009 wurde das Bundesdatenschutzgesetz (BDSG) umfassend geändert. Zu den Änderungen gehörten auch die Vorschriften für die werbliche Nutzung von Kundendaten. Im Kern wurde das sogenannte Listendatenprivileg, das die werbliche Nutzung bestimmter Daten ohne Einwilligung ermöglicht, weiter eingeschränkt. Die hierfür geltende Übergangsfrist endete am 31.08.2012. Am 01.09.2012 haben viele Unternehmen und Institutionen ihre alten E-Mail-Listen gelöscht. Der Bundesverband Digitale Wirtschaft e. V. gab anlässlich dieser erneuten Gesetzesverschärfung ein Whitepaper mit dem Titel „Handlungsempfehlung für rechtssicheres E-Mail-Marketing und Newsletter-Versand als PDF-Dokument" heraus. Eine Aktualisierte Fassung aus dem Jahr 2015 hält der BVDW immer noch als Download bereit.[12]

---

[10] Vgl. http://www.email-marketing-forum.de/Fachartikel/details/Outlook-2003-Auswirkungen-auf-das-E-Mail-Marketing, Abruf 30.09.2018.
[11] Vgl. http://de.wikipedia.org/wiki/Opt-in#Rechtslage, Abruf 30.09.2018.
[12] Vgl. https://www.bvdw.org/themen/publikationen/detail/artikel/whitepaper-rechtssicheres-e-mail-marketing/, Abruf 30.09.2018.

Trotzdem ist das E-Mail-Marketing auch für viele seriöse Unternehmen ein wichtiger Baustein im Online-Marketing-Mix. Im Jahr 2012 lag die Öffnungsrate von Werbe-E-Mails bei 24,4 Prozent. Die Klickrate lag dabei bei 9,1. 2009 öffneten nur 22,2 Prozent der deutschen Empfänger Werbe-E-Mails und gut sechs Prozent davon klicken auf einen Werbeträger oder Link in der Mail.[13] Dabei lag die Zustellungsrate konstant bei 94,1 Prozent. Zu beachten ist, dass die Zahlen je nach Branche sehr unterschiedlich ausfallen. Das hat sich bis heute nicht geändert. So ist beispielsweise in der Inxmail-Studie „E-Mail-Marketing-Benchmark 2018"[14] von einer Öffnungsrate von 41,1 Prozent in der Branche „Freizeit und Touristik" zu lesen. Im Sektor „Beauty & Drogerie" waren es nur 16,4 Prozent.

Ohne Zweifel haben sich die Zahlen in Deutschland nach dem Wegfall des Listendatenprivilegs per 1. September 2012 nicht mehr so positiv entwickelt wie zuvor. Laut einer Epsilon-Studie ist in Deutschland nach 2012 ein deutlich stärkerer Rückgang der Klickraten zu verzeichnen als in anderen Regionen. Beispielsweise sind die Klickraten in der EMEA-Region im vierten Quartal 2013 im Vergleich zum Vorjahresquartal um nur 20,4 Prozent von 8,9 Prozent auf nun 7,1 Prozent gesunken. In Deutschland sind sie im selben Zeitraum um 43,9 Prozent gesunken. Epsilon analysiert fortlaufend Milliarden von E-Mails hinsichtlich ihrer Zustell-, Öffnungs- und Klickraten, um in einer vierteljährlichen Trend- und Benchmark-Studie Kennzahlen zu präsentieren, die Aussagen über den Erfolg von E-Mail-Marketing-Kampagnen ermöglichen. Auch andere Studien kommen zu einem vergleichbaren Ergebnis. Nach 2013 hat sich die Klickrate weiter verschlechtert, wenn auch nicht mehr so dramatisch wie nach dem Ende der Übergangsfrist für das Listendatenprivileg. Abbildung 1.5 zeigt die Entwicklung der Klickrate laut der inxmail-Studie „E-Mail-Marketing-Benchmark 2018".

Ab 2013 ist ein neuer Trend im E-Mail-Marketing nicht zu übersehen. Die Öffnungsraten auf mobilen Endgeräten sind seit 2010 um 300 Prozent gestiegen. Dies wird in einer Studie des E-Mail-Intelligence-Anbieters Return Path aufgezeigt. Zudem wird dort angegeben, dass inzwischen 37 Prozent der E-Mail-Öffnungsraten auf das mobile Endgerät zurückzuführen sind. Somit übertrifft sie mittlerweile sogar die Öffnungsrate auf dem gewohnten Desktop-PC. Als Folge dieses Trends lässt sich feststellen, dass immer mehr Betreiber des E-Mail-Marketings sich zum Ziel gesetzt haben, ihre E-Mail-Kommunikation für mobile Endgeräte zu optimieren. Das erscheint logisch. Heute werden weltweit rund 2,6 Milliarden Smartphones genutzt. Bis 2021 soll diese Zahl auf über drei Milliarden wachsen.[15] An erster Stelle der mobilen Internetnutzung steht dabei das Lesen und Schreiben von E-Mails. Schon jetzt ruft die Hälfte der Smartphone-Nutzer Nachrichten bevorzugt unterwegs ab.

---

[13] Vgl. http://emailmarketingtipps.de/category/klickrate, Abruf 30.06.2016.
[14] Vgl. https://www.inxmail.de/files/files/de/downloads/Inxmail-Studie-E-Mail-Marketing-Benchmark-2018-DE.pdf, Zugriff 01.10.2018.
[15] Vgl. http://www.businessofapps.com/at-the-mwc-heres-what-you-need-to-know-about-the-mobile-advertising-market-in-2018/, Zugriff 01.10.2018.

Hintergrundwissen: Entwicklung des Online-Marketings in Zahlen

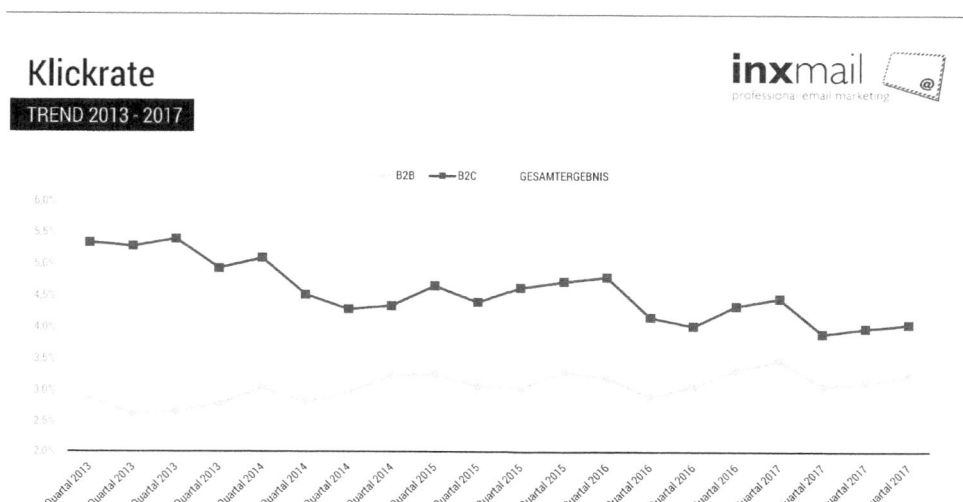

Abbildung 1.5 Entwicklung der Klickrate laut Inxmail ab 2013 bis 2017

Quelle: E-Mail-Marketing-Benchmark 2018, zitiert nach https://www.inxmail.de/files/files/de/downloads/Inxmail-Studie-E-Mail-Marketing-Benchmark-2018-DE.pdf, Abruf 25.11.2018.

Bei den Öffnungsraten von Werbe-E-Mails auf mobilen Endgeräten spielen, wie auch beim „gewöhnlichen" E-Mail-Marketing, verschiedene Faktoren eine Rolle. Neben der Branche sind bei dieser Form des E-Mail-Marketings auch das Endgerät und das Betriebssystem relevant für die Höhe der Öffnungsrate. Aber gleichgültig, welche Studie man auch bemüht, alle kommen zu dem Ergebnis, dass 2018 mehr als 50 Prozent der geöffneten E-Mails auf mobile Endgeräte zurückzuführen sind. Auch entwickelt sich E-Mail-Marketing auf mobilen Endgeräten dynamischer. Die Öffnungsraten sind laut einer Erhebung von Campaign Monitor im Jahr 2016 um 68 Prozent gestiegen. 2012 waren es nur 21 Prozent.

Ein großes Argument für das E-Mail-Marketing ist und bleibt die große Masse, die theoretisch erreicht werden kann. Über 70 Prozent der deutschen Bevölkerung nutzen regelmäßig das Internet[16] und jeder hat durchschnittlich 2,5 Postfächer bzw. E-Mail-Konten. Somit ergeben sich 105 Millionen Postfächer allein in Deutschland. Auch die Newsletter-Abonnements sind in Deutschland sehr verbreitet. Im Durchschnitt hatte bereits 2010 jeder deutsche Internetnutzer 6,3 Newsletter abonniert.[17] Diese Zahl dürfte seit 2010 ge-

---

[16] Vgl. http://www.ard-zdf-onlinestudie.de, Abruf 01.10.2018.
[17] Vgl. http://www.xtranews.de/2010/10/27/grosse-verbraucherstudie-zu-e-mail-nutzung, Abruf 01.10.2018.

stiegen sein. Denn laut einer Umfrage von Statista[18] aus dem Jahr 2017 erhalten 20 Prozent der Befragten bis zu zehn Newsletter pro Woche, elf Prozent bis zu 15 und gar 27 Prozent mehr als 20 Newsletter pro Woche. Das hebt den Gesamtdurchschnitt auf über 7,5.

Links zu aktuellen Zahlen habe ich hinter diesem Servicelink verankert:

| Servicelink: www.lammenett.de/POM1

1.4.3 Keyword-Advertising

Eine sehr erfolgreiche Teildisziplin des Online-Marketings ist das Keyword-Advertising: das Schalten bezahlter Anzeigen auf den Ergebnisseiten von Suchmaschinen. Erstmals versuchte sich Goto.com 1998 an solch einem Webservice. Später wurde Goto.com zu Overture, welches 2003 von Yahoo! übernommen wurde. Das Yahoo Search Marketing basierte noch lange auf dem ehemaligen Goto.com-Webservice.[19] 2009 wurde es dann komplett eingestellt. Yahoo nutzt seither Microsofts Bing.

Das Modell von Goto.com wurde von Google kopiert, verändert und verbessert und schon im Jahr 2002 startete Google mit Google AdWords (heute: Google Ads) den Verkauf bezahlter Anzeigen, womit Google den Grundstein für seinen Erfolg legte. Heute ist Google Ads in Deutschland das meist genutzte Tool für bezahlte Anzeigen auf Suchergebnisseiten. Es liegt weit vor Microsofts Bing und hat in Deutschland im Grunde eine Monopolstellung.

Einen Boom erlebte das Keyword-Advertising im Jahre 2005. Belegt wird dies durch die 259-prozentige Umsatzsteigerung die das Keyword-Advertising in diesem Jahr allein in Deutschland erfahren hat. Im Jahr 2004 erreichte der Jahresumsatz des Keyword-Advertisings eine Höhe von 110 Millionen Euro, im Jahr danach schon 395 Millionen Euro.[20] Die Umsatzzahlen sind seitdem weiter gestiegen. 2013 erreichte Google weltweit rund 55 Milliarden US-Dollar Umsatz und 2014 waren es gar 66 Milliarden. 2015 waren es über 74 Milliarden US-Dollar. Der Löwenanteil dieses Umsatzes wurde mit Googles Keyword-Advertising-Programm (AdWords) erwirtschaftet. Konkrete Zahlen für Deutschland werden selten veröffentlicht. Im Jahr 2011 lag das Bruttowerbevolumen des Keyword-Advertisings laut OVK Online-Report 2013-1 bei 2,076 Milliarden Euro. Für 2012 gab der OVK eine Steigerung von zehn Prozent an, sodass das Bruttowerbevolumen bei 2.284 Millionen Euro gelegen haben dürfte. In seiner Prognose geht der OVK davon aus, dass auch im Jahr 2013 eine Steigerung von zehn Prozent erreicht wird. Das Bruttowerbevolumen für

---

[18] Vgl. https://de.statista.com/statistik/daten/studie/711902/umfrage/umfrage-zur-anzahl-der-erhaltenen-e-mail-newsletter-in-deutschland/, Zugriff 05.11.2018.
[19] Vgl. http://certifiedknowledge.org/blog/goto-to-overture-to-ysm-timeline, Abruf 30.10.2018.
[20] Vgl. OVK Online-Report 2007/01.

Keyword-Advertising läge dann 2013 bei 2.512 Millionen Euro.[21] Leider hat der OVK ab 2014 die gesonderte Betrachtung der Zahlen für den Suchmarkt und den Affiliate-Markt eingestellt, sodass ab 2014 keine konkreten Zahlen für Deutschland mehr vorliegen.

Die Erfolgsgeschichte von Google ist fest verzahnt mit der des Keyword-Advertisings. 2007 bestand der Umsatz von Google fast ausschließlich aus dem Gewinn, den es aus dem Verkauf der Anzeigen erhielt. Google AdWords erwirtschaftete damals 97 Prozent des weltweiten Jahresumsatzes in Höhe von 16,6 Milliarden US-Dollar.[22] Heute ist dies anders. 2017 erzielte Google einen Umsatz von über 100 Milliarden-US-Dollar. Nur noch 86 Prozent dieser Umsätze wurden durch Werbung generiert.[23] Google bemüht sich demnach, die Werbeabhängigkeit seines Konzernumsatzes zu reduzieren. Abbildung 1.6 vergleicht den weltweiten Jahresumsatz mit dem Umsatz aus Keyword-Advertising.

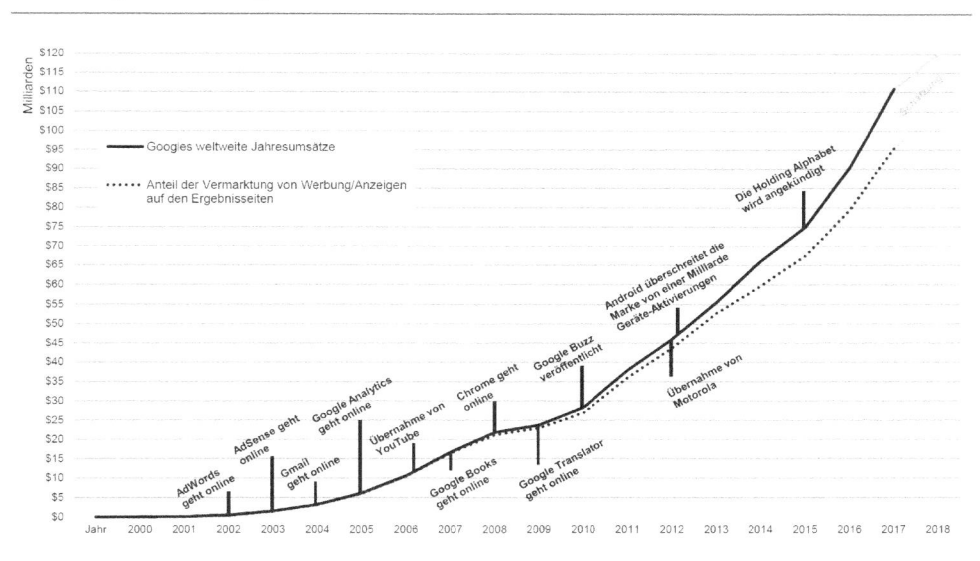

Abbildung 1.6 Googles weltweiter Jahresumsatz[24]

Ab 2103 basieren die Angaben für den „Anteil der Vermarktung von Werbung/Anzeigen auf den Ergebnisseiten" auf einer eigenen Schätzung. Zuvor wurden die Zahlen den Veröffentlichungen des OVK im BVDW entnommen.

---

21 Vgl. OVK Online-Report 2013/01.
22 Vgl. http://www.onlinekosten.de/news/artikel/31231/1/Eine-Erfolgsgeschichte-Zehn-Jahre-Google, Abruf 30.10.2018.
23 Vgl. Google reduziert Werbeabhängigkeit, https://de.statista.com/infografik/15747/google-umsatz-der-nicht-durch-werbung-generiert-wird/, Abruf 11.11.2018.
24 Vgl. http://royal.pingdom.com/2010/02/24/google-facts-and-figures-massive-infographic, https://abc.xyz/investor/, http://www.ovk.de/ovk/ovk-de/online-werbung/daten-fakten/downloads.html, Abruf 30.10.2018.

Es wird unmittelbar deutlich, dass Keyword-Advertising viele Jahre die einzig relevante Einnahmequelle für Google war und bis heute mit großem Abstand die bedeutendste ist. Alle anderen Aktivitäten von Google – und das sind nicht gerade wenig – erwirtschaften nicht annähernd den Umsatz des Keyword-Advertisings.

Links zu aktuellen Zahlen habe ich hinter diesem Servicelink verankert:

Servicelink: www.lammenett.de/POM1

1.4.4 Online-Werbung

Das wohl älteste Online-Marketing-Instrument ist die Online-Werbung. Was 1994 mit einem einfachen Banner anfing, ist heute ein gigantischer Markt, in dem auch Video-Werbung und verschiedenste Rich-Media-Formate immer mehr Möglichkeiten bieten. Abbildung 1.7 macht eindrucksvoll deutlich, wie steil der Umsatz der Online-Werbung und damit ihre Bedeutung in den letzten Jahren gestiegen sind.

Abbildung 1.7 Jahresumsatz der klassischen Online-Werbung in Deutschland

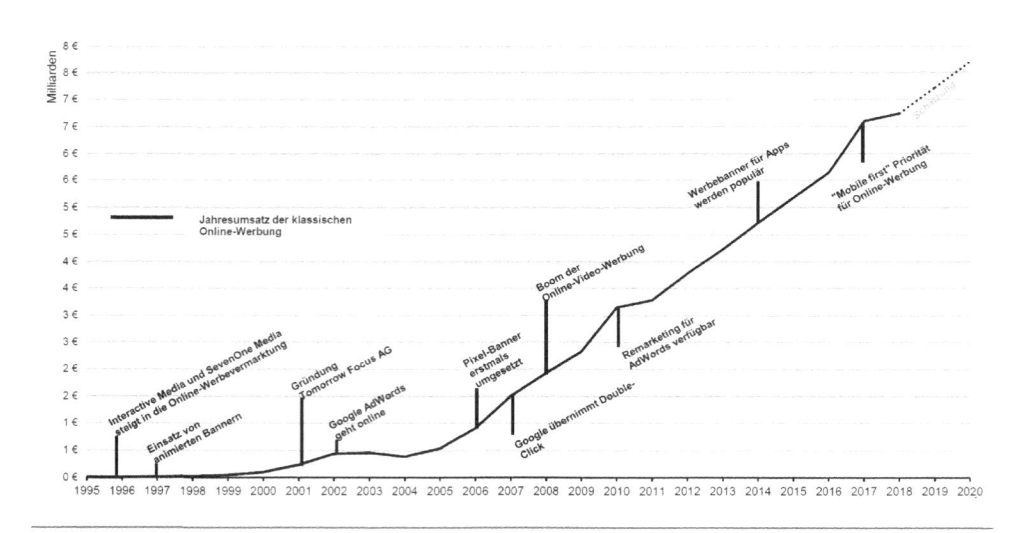

Im Jahr 2004 wurden laut Nielsen Media Research brutto 308 Millionen Euro für Online-Werbung ausgegeben. 2006 waren es laut dem Online-Vermarkterkreis (OVK) im BVDW schon 903,1 Millionen Euro. 2009 stiegen die Werbeumsätze des Mediums Online laut Nielsen im Vergleich zum Vorjahr um fast ein Zehntel (9,9 Prozent) auf 1,6 Milliarden Euro. Bereits 2010 wurden 2,4 Milliarden Euro Werbedruck durch Online-Werbung erzeugt. Das entspricht einer Steigerung von über 34 Prozent im Vergleich zum Vorjahr. Die vergleichsweise geringe Steigerung von 2008 auf 2009 war sicherlich der Wirtschaftskrise geschuldet. Laut OVK Online-Report 2013-1 entwickelte sich der Online-Werbemarkt nach der Wirtschaftskrise sehr positiv weiter. So wurden 2012 3,78 Milliarden Euro erreicht, was einer Steigerung von 15 Prozent gegenüber dem Vorjahr (3,29 Milliarden Euro) entspricht. Nach 2013 sind die Wachstumsraten gesunken. Ab 2016 stellte der OVK von einer Brutto- auf eine Nettobetrachtung um. Für 2016 gab der OVK für digitale Display-Werbung (Online und Mobile) einen Umsatz von 1,78 Milliarden, für 2017 1,93 Milliarden (+ 8 Prozent zum Vorjahr) an und 2018 soll das das Nettovolumen 2,063 Milliarden Euro betragen. Das entspricht einer Wachstumsrate von sieben Prozent im Vergleich zum Vorjahr.

Was den Marktanteil der Online-Werbung angeht, so steigt dieser seit Jahren. Im Jahr 2012 war Online-Werbung nach der TV-Werbung mit 21,8 Prozent Marktanteil das zweitgrößte Medium. Ein Jahr zuvor betrug der Wert noch 19,6 Prozent.[25] 2014 stieg der Marktanteil auf 25,5 Prozent[26] und 2017 waren es dann 32,3 Prozent[27].[28] Es findet also eine kontinuierliche Verschiebung der Werbebudgets von traditionellen Medien hin zu digitalen Medien statt. Diese Entwicklung ist noch nicht abgeschlossen. Für die kommenden Jahre erwarte ich eine weitere Verschiebung von Werbe- und Marketingbudgets.

Neben den vielen Möglichkeiten, Online-Werbung zu betreiben, boomt seit 2008 vor allem die Werbung mit Videos. Laut einem Bericht des Wall Street Journals flossen bereits 2008 bis zu 20 Prozent des Werbebudgets in Videos für das Internet. Schon 2009 belegte eine Studie, dass die Online-Video-Werbung von 70 Prozent der Internet-Nutzer akzeptiert wird, 40 Prozent der Nutzer diese sogar gerne ansehen. Auch bestätigte diese Studie, dass Online-Video-Werbung die Markenbekanntheit und die Markenerinnerung im Vergleich zu TV-Werbung oder Zeitschriften steigert.[29] Faktoren, die zu diesem Boom beitrugen, sind die steigende Internet-Bandbreite bei sinkenden Preisen und der Siegeszug der Smartphones. So können heute Internet-Videos in immer besserer Qualität ohne große Ladezeiten von immer mehr Internet-Nutzern zeit- und ortsunabhängig gesehen werden. Das Ende der Fahnenstange ist jedoch noch nicht erreicht. Laut dem Digital Market Outlook der Statista GmbH werden die Umsätze mit Desktop-Video-Werbung in Deutschland im Jahr 2018 bei rund 303 Millionen Euro liegen. Auch die Prognosen für die Folgejahre sind sehr gut. Besonders auf mobilen Endgeräten soll sich Video-Werbung sehr gut entwickeln, wie in Abbildung 1.8 abzulesen ist.

---

[25] Vgl. OVK-Online-Report 2013/01.
[26] Vgl. OVK-Online-Report 2014/02.
[27] Vgl. OVK-Online-Report 2018/02.
[28] Ab 2016 hat der OVK den Nettowerbekuchen veröffentlicht. Zuvor war es jeweils der Bruttowerbekuchen.
[29] Vgl. https://www.adzine.de/2009/06/online-video-werbung-wird-besser-akzeptiert-als-tv-werbung-video-advertising/, Abruf 30.09.2018.

Abbildung 1.8 Umsatz und Umsatzprognose für Videowerbung in Deutschland laut Statista

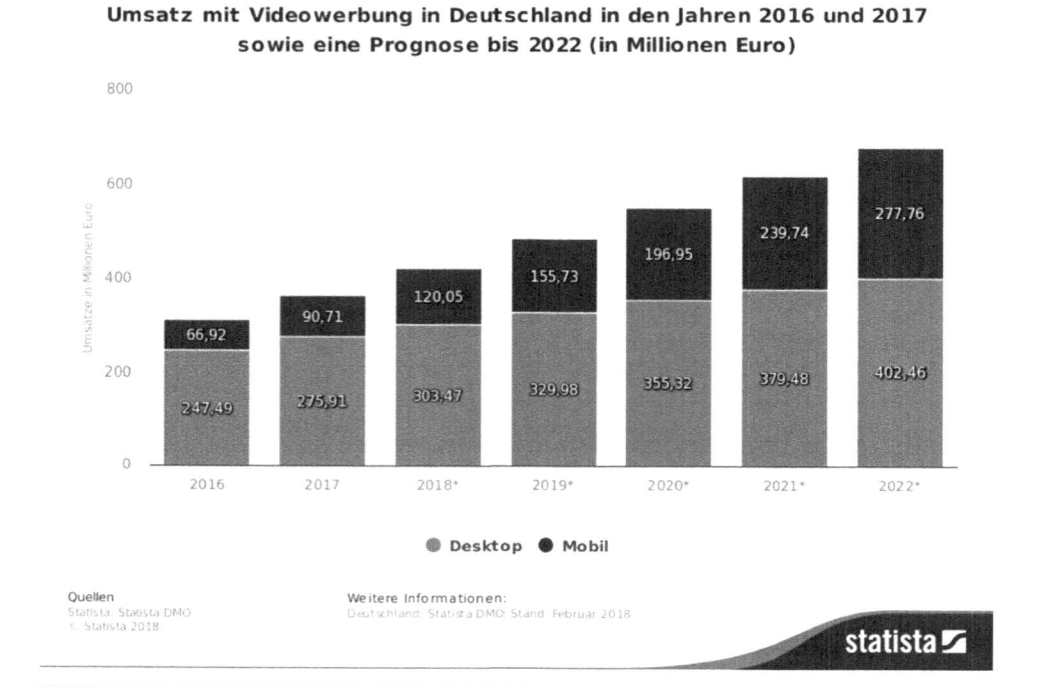

Umsatz mit Videowerbung in Deutschland in den Jahren 2016 und 2017 sowie eine Prognose bis 2022 (in Millionen Euro)

Jahr	Desktop	Mobil
2016	247,49	66,92
2017	275,91	90,71
2018*	303,47	120,05
2019*	329,98	155,73
2020*	355,32	196,95
2021*	379,48	239,74
2022*	402,46	277,76

Quellen: Statista, Statista DMO, © Statista 2018
Weitere Informationen: Deutschland; Statista DMO; Stand: Februar 2018

Quelle: https://de.statista.com/statistik/daten/studie/456182/umfrage/umsaetze-mit-videowerbung-in-deutschland/, Abruf 25.11.2018.

Obwohl sich der Anteil der Online-Werbung am Gesamtwerbekuchen in den letzten sechs Jahren kontinuierlich erhöht hat, ist dieser sicherlich noch steigerungsfähig. Nach wie vor entspricht er nicht der Bedeutung und dem Nutzungsumfang des Internets. Berücksichtigt man, dass laut einer Studie von Sevenone Media schon 2005 jeder Deutsche das Internet täglich 58 Minuten nutzte, jedoch nur 26 Minuten Zeitungen und 18 Minuten Zeitschriften las, so wird deutlich, dass Online-Werbung bei der Budgetallokation im Gesamtmarketing immer noch unterrepräsentiert ist. Hinzu kommt, dass die Entwicklung im Bereich des mobilen Internets zu einem veränderten Medienverhalten geführt hat. Heute hat fast jeder ein Smartphone. Konventionelle Mobiltelefone, wie wir sie vor zehn Jahren kannten, sind fast vollständig vom Markt verschwunden. Die technologische Entwicklung ist in den letzten Jahren geradezu davongaloppiert. Das Smartphone ist immer in der Nähe und griffbereit. Heute kann praktisch jedermann mittels Smartphone zu jeder Zeit Botschaften empfangen und senden. Egal wen man fragt – die mobile Internetnutzung nimmt weiterhin stark zu und wächst sehr dynamisch. Deutsche schauen im Schnitt 80-mal am Tag auf das Handy. Jugendliche checken alle sieben Minuten ihr Handy und konsumieren kaum noch konventionelle Medien wie TV oder Zeitungen und Zeitschriften.

Für die kommenden Jahre ist daher zu erwarten, dass die Relevanz von Online-Werbung weiter zunehmen wird. Innovative Technologien, weiter wachsende Bandbreiten und die nächste Generation großflächiger Werbeformate werden ihren Beitrag dazu leisten. Auch die Tatsache, dass Online-Werbung einen unmittelbaren Dialog mit den Konsumenten ohne Medienbruch zulässt, wird diese Tendenz fördern.

Links zu aktuellen Zahlen habe ich hinter diesem Servicelink verankert. In der Regel sind die Halbjahresberichte des Online Vermarkter Kreises im BVDW eine gute Quelle.

| Servicelink: www.lammenett.de/POM1

1.4.5 Suchmaschinenoptimierung

Die ersten Suchmaschinen fanden bereits 1994 ihren Weg ins Internet. Damals war es Glückssache, bei einem bestimmten Suchwort gerankt zu werden. Einzige Voraussetzung war, sich bei der Suchmaschine listen zu lassen.

Im Jahre 1997 begann die Arbeit an Mechanismen, die Webseiten automatisch zu listen. Durch die damit entwickelte schnelle Rückmeldung auf Veränderungen auf einer Website boomte die Suchmaschinenoptimierung erstmals. Zu dieser Zeit bestimmten noch rein inhaltliche Kriterien das Ranking. Durch einen hohen Missbrauch wurde jedoch die Aussagekraft der Suchergebnisse immer schlechter.[30] Mehr und mehr Webmaster verdienten Geld damit, Seiten zu manipulieren, um Besucherströme über die Suchmaschinen zu aggregieren. Über Affiliate-Links oder AdSense wurde der so aggregierte Besuchertraffic zu Geld gemacht.

Eine beliebte Methode eines solchen Missbrauchs waren sogenannte Doorway-Pages. Dies sind speziell für Suchmaschinen angefertigte HTML-Webseiten, die auf ein bestimmtes Keyword optimiert werden. Für den Nutzer sichtbar sind solche Seiten nicht. Sie dienen lediglich dazu, der Suchmaschine eine entsprechend große Website vorzugaukeln und so die Chancen auf ein gutes Ranking zu erhöhen. Aus der Perspektive der Suchmaschine hat eine große, themenfokussiere Website nämlich ein höheres Gewicht als eine kleine. Eine weitere beliebte Methode für derartigen Missbrauch ist versteckter Inhalt (z. B. weißer Text auf weißem Hintergrund). Hier wird der Text speziell auf ein Keyword optimiert und ist nur für Suchmaschinen lesbar. Zu dieser Art Missbrauch zählen auch sogenannte Content-Farmen. Sie sammeln fremde Inhalte und ziehen Ge-

---

[30] Vgl. http://www.searchenginehistory.com, Abruf 30.10.2018.

winne aus der Vermarktung von Werbeanzeigen, die durch das hohe Ranking und den daraus resultierendem hohen Traffic sogar recht hoch ausfallen.

Um dem Missbrauch entgegenzuwirken, wurden die Kriterien für eine gute Platzierung verschärft.[31] 1998 wurden erstmals der Page-Rank und auch Linktexte in Googles Bewertung einbezogen.[32] Ziel war es, dem User qualitativ hochwertige und einzigartige Suchergebnisse zu bieten.

Als alle Unternehmungen Googles nicht viel Erfolg brachten, unterzog Google seine Such- und Bewertungsalgorithmen 2003 recht drastischen Veränderungen. Nicht ohne Auswirkung. Viele Seiten, die zuvor „unsaubere" Mittel für das Ranking verwendet hatten, verloren über Nacht ihre Position und damit ihren Verdienst. Dieses gravierende Google-Update ist bis heute auch als Florida Update bekannt.[33]

Seitdem werden die Such- und Bewertungsalgorithmen fortwährend verbessert und bieten damit immer bessere und informativere Ergebnisse. Die hohe Qualität der Suchmaschinenergebnisse ist ein wichtiger Erfolgsfaktor für das Businesskonzept von Google und Co. Heute werden fast monatlich Updates implementiert. Die hohe Taktzahl bei den Updates des Google-Algorithmus macht es zunehmend schwierig, einzelne Wirkungszusammenhänge zu erkennen und zu erklären. Pessimisten der SEO-Szene befürchten daher schon schlimme Folgen für die SEO-Branche.

2007 erfolgte mit Einführung von „Google Universal Search" eine erneute radikale Veränderung. Auf der Suchergebnisseite werden seither häufig Ergebnisse aus der Bildersuche, Video-Suche, Blog-Suche, Produkt-Suche oder aus Google Maps eingeblendet. Ferner werden Index-Erweiterungen wie sogenannte „Sitelinks" oder „verwandte Suchvorgänge" eingeblendet.

Die steigende Popularität von Suchmaschinen als Informations- und Problemlösungsmedium und die damit zusammenhängende hohe betriebswirtschaftliche Relevanz eines guten Listings in Suchmaschinen machen die Suchmaschinenoptimierung zu einer sehr bedeutenden Teildisziplin des Online-Marketings. Genaue Zahlen über das Marktpotenzial der Suchmaschinenoptimierung können nicht genannt werden. Die betriebswirtschaftliche Bedeutung dürfte jedoch nicht geringer als die des Keyword-Advertisings sein.

---

[31] Vgl. http://www.webmasterworld.com/forum5/1008.htm, Abruf 30.10.2018.
[32] Vgl. http://www.greenlightdigital.com/blog/posts/the-history-and-evolution-of-seo/, Abruf 30.10.2018.
[33] Vgl. https://www.seo-kueche.de/lexikon/florida-update/, Abruf 30.10.2018.

Affiliate-Marketing

Hintergründe, Funktionsprinzipien und Formen des Affiliate-Marketings

2 Affiliate-Marketing

Die Geschichte des Affiliate-Marketings begann 1997 auf einer Cocktail-Party: Eine junge Frau sprach mit Amazon-Gründer Jeff Bezos über ihre Website und fragte ihn, ob sie dort Bücher gegen Provision vermarkten könnte. Die Idee des Affiliate-Marketings war geboren und ist bis heute mit ausschlaggebend für den Erfolg und die Bekanntheit von Amazon. Die Anzahl der Partner wuchs sehr schnell, im Juni 1998 waren es bereits 60.000. Heute sind es laut Amazon über eine Million.

Mittlerweile ist diese Idee vielfach kopiert worden. Zusätzlich haben sich Businessmodelle entwickelt, die eine ganze Reihe von erfolgreichen und profitabel arbeitenden Affiliate-Marketing-Dienstleistern hervorgebracht haben.

In diesem Kapitel finden Sie:

- eine Erläuterung des Funktionsprinzips mit Praxisbeispiel,
- Hintergrundinformationen zur Marktentwicklung inklusive Zahlenmaterial,
- eine Einführung in die technologische Problemstellung des Affiliate-Marketings,
- eine Sensibilisierung für juristische Problemstellungen des Affiliate-Marketings,
- Informationen zu den verschiedenen Vergütungssystemen,
- alles über Werbemittel für das Affiliate-Marketing,
- Informationen zu den Eckpfeilern einer erfolgreichen Vermarktungsstrategie und
- die wesentlichen Hintergrundinformationen zu Affiliate-Netzwerken, Partnerprogramm-Software und Partnerprogramm-Verzeichnissen.

2.1 Definition und Begriffsabgrenzung

Affiliate-Marketing ist im Grunde nichts Neues, sondern eine Rückbesinnung auf bewährte Vertriebsstrukturen, die im traditionellen Offline-Business seit Jahrhunderten üblich sind: das Prinzip der Vertriebs- oder Netzwerkpartner. Der Partner (Affiliate) bewirbt Produkte oder Dienstleistungen anderer Unternehmen (Merchants) auf seiner oder einer ganz bestimmten Website. Er erhält für jede Transaktion oder jeden Verkauf, der durch seine Werbemaßnahmen generiert wird, eine Provision. Art und Höhe der Provision sind zwischen Merchant und Affiliate individuell verhandelbar. Üblich ist die Provisionierung pro Klick (Pay per Click), pro Interessent/Abonnent/Adresse/Download (Pay per Lead) oder ein Prozentsatz vom Verkauf (Pay per Sale). Mischformen kommen ebenfalls vor, beispielsweise drei Cent pro Klick zuzüglich fünf Prozent vom Verkauf.

Aus Sicht des Anbieters ist Affiliate-Marketing eine echte Alternative zu kostenintensiven Werbemaßnahmen wie Bannerwerbung oder Keyword-Advertising. Anstatt Web-User mit solchen Werbemaßnahmen auf eine einzige Verkaufsplattform zu locken, präsentieren Partner die Produkte und Dienstleistungen des Programmanbieters im Extremfall über Tausende von Websites im Internet. Aus Sicht des Partners ist die Teilnahme an einem Affiliate-Programm nur mit Chancen verbunden, denn anders als bei traditionellen Reseller- oder Franchise-Programmen muss der Partner keine Anfangsinvestitionen tragen. Die Teilnahme an Affiliate-Programmen ist in der Regel kostenfrei und wird auf Erfolgsbasis vergütet.

2.2 Funktionsprinzip

Beim Affiliate-Marketing verdient der Affiliate dann, wenn es ihm gelingt, die Aufmerksamkeit der Besucher seiner Website auf die Angebote des Merchants zu lenken. Um dieses Ziel zu erreichen, erhält der Affiliate vom Merchant diverse Hilfen in Form von Werbemitteln. Es gibt viele unterschiedliche Arten und Formen von Werbemitteln. Sie alle haben eines gemeinsam: Alle werden mit einem ganz bestimmten individuellen Link verknüpft. Dieser enthält einen eindeutigen Partnercode. Gelangt ein Besucher der Website des Affiliates über diesen Link zur Website des Merchants und tätigt dort die gewünschte Handlung (Kauf, Hinterlassen seiner Adresse etc.), so erhält der Affiliate die vereinbarte Provision.

Technisch erfolgt die Zuordnung der Transaktionen über ein Tracking. Es können verschiedene Methoden unterschieden werden, die im Folgenden kurz erläutert werden.

Tracking-Methoden

Grundsätzlich gibt es verschiedene technische Möglichkeiten, die eben erläuterten Verfahren technisch abzubilden. Man unterscheidet URL-Tracking, Cookie-Tracking, Session-Tracking und Datenbank-Tracking. Bei der Einbeziehung eines Affiliate-Netzwerkbetreibers ist zusätzlich noch Pixel-Tracking relevant. Alle Methoden haben die gleiche Zielsetzung: die Identifikation und Zuordnung eines Besuchers und dessen Transaktionen zu einem bestimmten Partner. Natürlich hat jede Methode bestimmte Vor- und Nachteile. In der Praxis ist die Kenntnis hierüber jedoch nur dann von Vorteil, wenn man ein Partnerprogramm in Eigenregie programmieren (lassen) möchte. Nutzt man Affiliate-Netzwerkbetreiber, so ist man auf deren Technologie festgelegt. Darum werden die unterschiedlichen Methoden hier nur kurz umrissen.

2.2.1 URL-Tracking

URL-Tracking ist eine recht einfache Form des Trackings. Bei dieser Methode wird die ID des Affiliate-Partners direkt in den HTML-Code geschrieben, wenn ein Kunde die Website besucht. Die Partner-ID wird Teil der URL, die zu der Website des Anbieters führt, beispielsweise http://www.AnbieterDomain.de/Partner-ID32.

Der Vorteil dieser Methode ist, dass sie einen sicheren und durchgängigen Tracking-Prozess bietet und unabhängig von den Browser-Einstellungen des Users ist.

Der Nachteil ist, dass der Affiliate-Partner nur dann eine Vergütung erhält, wenn der Kunde direkt von der Partner-Website auf die Anbieter-Website gelenkt wird und die provisionierte Handlung (Kauf, Kontaktformular ausfüllen etc.) sofort ausführt. Wenn der Kunde also nicht sofort handelt, sondern erst zu einem späteren Zeitpunkt direkt auf die Seite des Anbieters geht und die gewünschte Handlung vollzieht, geht der Partner leer aus.

2.2.2 Cookie-Tracking

Das Cookie-Tracking ist die wahrscheinlich bekannteste und die am weitesten verbreitete Tracking-Methode, obwohl „Cookies" bisweilen kontrovers diskutiert werden. Wegen des Aspektes „Sicherheit und Cookies" hat es insbesondere der Microsoft-Browser Internet Explorer immer wieder in die Schlagzeilen geschafft. In der Praxis sind Cookies jedoch mittlerweile bei den meisten Internet-Usern akzeptiert; nur die wenigsten machen ihren Rechner tatsächlich zum Hochsicherheitstrakt.

Ein Cookie ist ein „Stück Information", welches beim Besuchen einer Website im Browser des Besuchers gespeichert wird – entweder permanent oder für eine bestimmte Zeit. In diesem Fall würde die ID des Affiliate-Partners dort gespeichert werden, um sie nach einem Kauf wieder auszulesen. Die meisten Browser verfügen über einen Cookie-Manager. Mit seiner Hilfe können verschiedenste Informationen zum Cookie eingesehen oder Cookies gelöscht werden.

Sobald ein Besucher eine Website erneut besucht, kann er anhand des auf seinem Rechner gespeicherten Cookies identifiziert werden. Auf diese Weise können auch Transaktionen, die zu einem späteren Zeitpunkt durchgeführt werden, einem Partner zugeordnet werden. Gleiches gilt für Wiederholungskäufe. Diese Form des Trackings ist also für den Affiliate sehr vorteilhaft, da viele Internet-User keine spontanen Kaufentscheidungen treffen. Die meisten Käufe im Internet werden erst beim dritten oder vierten Besuch einer Website getätigt.

In der Praxis wird in der Regel für ein Cookie eine bestimmte Laufzeit definiert (z. B. 20 Tage). In selteneren Fällen wird das Cookie dauerhaft definiert und für sogenannte „Lifetime-Provisionen" eingesetzt, die den Partner für alle Folgekäufe des Kunden vergüten.

Der Vorteil dieser Methode ist demnach, dass Partner auch für Transaktionen vergütet werden, die nicht spontan, sondern erst zu einem späteren Zeitpunkt getätigt werden.

Der Nachteil ist, dass diese Methode nicht funktioniert, wenn der Internet-User an seinem Browser die Verwendung von Cookies ausgeschaltet hat oder regelmäßig seine Cookies löscht.

Abbildung 2.1 Cookie-Verwaltung im Firefox 62.0

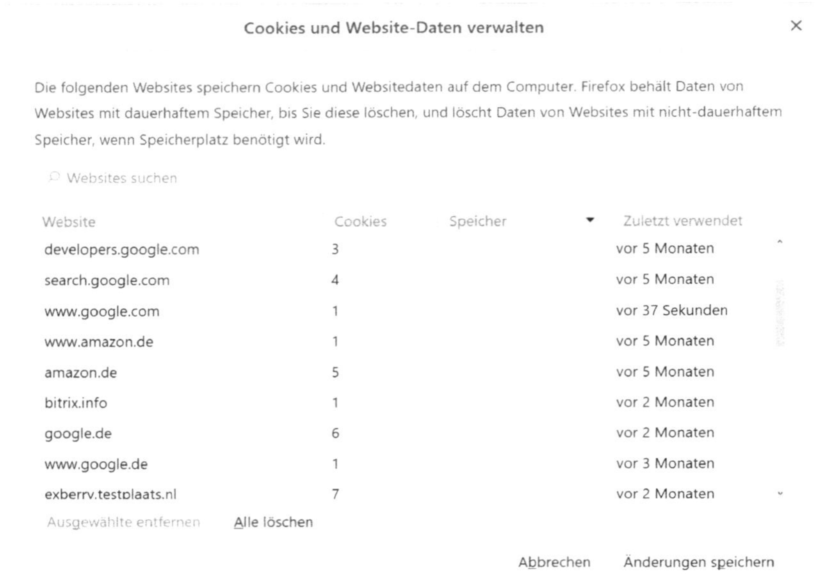
Cookies und Website-Daten verwalten
Die folgenden Websites speichern Cookies und Websitedaten auf dem Computer. Firefox behält Daten von Websites mit dauerhaftem Speicher, bis Sie diese löschen, und löscht Daten von Websites mit nicht-dauerhaftem Speicher, wenn Speicherplatz benötigt wird.
Websites suchen
Website
Cookies
Speicher
Zuletzt verwendet
developers.google.com 3 vor 5 Monaten
search.google.com 4 vor 5 Monaten
www.google.com 1 vor 37 Sekunden
www.amazon.de 1 vor 5 Monaten
amazon.de 5 vor 5 Monaten
bitrix.info 1 vor 2 Monaten
google.de 6 vor 2 Monaten
www.google.de 1 vor 3 Monaten
exberry.testplaats.nl 7 vor 2 Monaten
Ausgewählte entfernen
Alle löschen
Abbrechen
Änderungen speichern

Quelle: Firefox, Version 62.0

2.2.3 Session-Tracking

Beim Session-Tracking wird für den Besuch einer Website eine sogenannte Session geöffnet und Transaktionen werden auf Basis der Session-ID registriert. Die Session-ID wird an den Browser des Nutzers auf der ersten Seite eines Auftrittes übergeben. In der Session können diverse benutzerspezifische Details, beispielsweise die ID des Partners, gespeichert werden. Solange die Session aktiv ist (in der Regel, bis der Browser neu gestartet wird), können vom Webserver die benötigten Daten gespeichert und ausgelesen werden.

Der Vorteil ist, dass diese Methode auch funktioniert, wenn Cookies ausgeschaltet sind. Die Session-Verwaltung ist Sache des Webservers.

Der Nachteil ist allerdings, dass hiermit nur Spontan-Transaktionen erfasst werden können, da eine Session spätestens beim Neustart eines Computers geschlossen wird.

2.2.4 Datenbank-Tracking

Datenbank-Tracking ist eine relativ neue Methode, die technisch auf bestehenden Verfahren aufsetzt. Hierbei wird die Partner-ID aus der URL oder dem Cookie zusammen mit der Kunden-ID in einer Datenbank gespeichert. Auf diese Weise können Folgekäufe dieses Kunden eindeutig zugeordnet und bei der Provisionierung berücksichtigt werden.

Der Vorteil dieser Tracking-Form ist die zuverlässige Provisionierung von Folge-Transaktionen. Sie eignet sich daher vor allem dort, wo Spontan-Käufe bzw. -Transaktionen innerhalb kurzer Zeiträume (weniger als 60 Tage) sehr unwahrscheinlich sind. Für Affiliates hat dies den Vorteil, dass sie zur Generierung von Interessenten (Leads) auch Werbemedien einsetzen können, die langfristig wirken, wie z. B. Newsletter oder Gewinnspiele.

Auch „Lifetime-Provisionen" sind durch das Speichern der Kundendaten zusammen mit der Partner-ID deutlich zuverlässiger realisierbar, als dies mit der reinen Cookie-Methode möglich ist.

Der Nachteil ist, dass diese Methode zu einer Verzerrung der Wettbewerbssituation bei den Affiliates führen kann. Dann nämlich, wenn neue, sehr aktive Partner für ihre Arbeit nicht belohnt werden, weil Kunden bereits mit einer anderen Partner-ID gespeichert sind.

2.2.5 Pixel-Tracking

Pixel-Tracking wird häufig von Affiliate-Netzwerkbetreibern eingesetzt. Hintergrund ist die Notwendigkeit, dass neben dem Webserver des Anbieters außerdem noch der Server des Netzwerkbetreibers über eine Conversion benachrichtigt werden muss.

Beim Pixel-Tracking wird auf der Website des Anbieters ein für den Besucher unsichtbares Image in der Größe eines Pixels hinterlegt, das in einem Stück HTML-Code enthalten ist, dem sogenannten Transaction-Tracking-Code, der üblicherweise auf der Danke-Seite nach Abschluss eines Kaufvorgangs eingebettet ist. Wenn dieses Pixel vom Webserver des Netzwerkbetreibers angefordert wird, weiß er, dass eine Conversion (z. B. ein Kauf) stattgefunden hat, die dem Partner gutgeschrieben werden soll. Dabei können auch Parameter wie die Gesamtsumme zur Berechnung von prozentualen Provisionen übergeben werden.

Die Zuordnung zu einem bestimmten Partner erfolgt üblicherweise durch den Affiliate-Netzwerkbetreiber über Cookie-Tracking. Dafür führt der Link auf der Website des Partners nicht direkt auf die Seite des Affiliates, sondern wird über den Webserver des Affiliate-Netzwerkbetreibers umgeleitet. Dort wird dann der entsprechende Cookie gesetzt, der bei Aufruf des Transaction-Tracking-Codes wieder ausgelesen wird.

Der Vorteil dieser Methode ist, dass sie sehr einfach umzusetzen ist. Der Partner muss lediglich einen HTML-Schnipsel auf seine Website implementieren. Alle weiteren Aufgaben übernimmt der Affiliate-Netzwerkbetreiber.

Ein kleines Manko dieser Methode ist, dass sie nicht funktioniert, wenn Besucher an ihrem Browser die Anzeige von Bildern (Images) ausgeschaltet haben.

2.2.6 Site-in-Site-Technologie

Anfang 2000 wurde diese Technik von der Firma Sevenval AG entwickelt und patentiert. Den wirklichen Durchbruch hat sie jedoch nie geschafft. Im Prinzip wird die Website des Merchants in die des Affiliates integriert, zumeist in einen Frame. Der Besucher verlässt beim Kauf die Website des Affiliates nicht mehr, vielmehr werden die Produkte des Anbieters virtueller Bestandteil der Website des Affiliates. Der letzte, mir bekannte Anwender dieser Technik war das Sekretariatsportal www.sekretaria.de. Dort wurde diese Technik 2016 teilweise noch eingesetzt.

Der Vorteil ist, dass der Besucher nicht von der Website des Affiliates weggeführt wird.

Der Nachteil liegt in der Schwierigkeit, eine solche Lösung visuell ansprechend und technisch sauber umzusetzen.

2.3 Unterschiedliche Formen des Affiliate-Marketings

Grundsätzlich kann man Affiliate-Marketing über ein Partnernetzwerk wie Awin oder Belboon betreiben. Partnernetzwerke haben den Vorteil, dass dort bereits mehrere Hundert oder gar Tausende potenzielle Partner akkreditiert sind. Außerdem kann die Tracking-Technologie des Netzwerks verwendet werden. Die Alternative ist, das Partnerprogramm selbst zu vermarkten. Hierdurch spart der Merchant die Provision des Netzwerkbetreibers,[34] hat aber andererseits Aufwände für die Eigenvermarktung und den Betrieb einer Tracking- und Abrechnungstechnik.

Da die etablierten Netzwerke mittlerweile sehr selektiv geworden sind, was die Auswahl der akzeptierten Merchants angeht, werden immer häufiger Merchants abgelehnt. Nur Angebote, bei denen die Affiliate-Netzwerkbetreiber selbst auch ausreichende Verdienstmöglichkeiten sehen, werden aufgenommen. Häufig sind dies Produkte, die online gut verkauft werden, wie Bücher, Software, EDV-Hardware etc. Die Abbildung 2.2 zeigt, welche materiellen Güter laut einer Studie des Instituts für Wirtschaftspolitik und Wirtschaftsforschung der Universität Karlsruhe (TH) im Jahr 2006 häufig über das Internet gekauft wurden. Bei den immateriellen Gütern waren es Abonnements, Handyverträge,

---

[34] Netzwerkbetreiber finanzieren sich durch Provisionen an jeder erfolgreichen Transaktion. Die üblichen Provisionssätze liegen zwischen 20 und 30 Prozent. Diese sind zusätzlich zu den Provisionen an die Partner zu zahlen. Beispiel: Der Affiliate erhält vom Merchant 10 Euro für eine Transaktion. Dann erhält das Netzwerk 3 Euro vom Merchant (30 %) – quasi als Vergütung dafür, dass das Netzwerk die beiden zusammengebracht hat und das Tracking bereitstellt.

Unterschiedliche Formen des Affiliate-Marketings

Internet und DSL-Verträge und vor allem Reisen und Finanzdienstleistungen bzw. -produkte, die häufig über das Internet bezogen oder zumindest angebahnt (Lead) wurden.

Abbildung 2.2 Häufig über das Internet gekaufte Güter 1

2.3 Welche materiellen Güter haben Sie bereits über das Internet gekauft? N=12739, Angaben in vH der Teilnehmer, Mehrfachnennungen möglich									
	IZV8	G1	G2	Erf1	Erf2	Erf3	News-leser	Gewinn-spieler	IZV7
Bücher	87,6	89,1	85,9	72,4	86,2	90,8	86,5	80,5	87,9
Zeitschriften/Abonnements	41,4	42,5	40,2	25,8	37,6	47,1	42,8	28,3	43,6
Musik	67,8	69,7	65,8	49,7	65,3	72,9	66,9	60,3	65,6
Filme	55,8	52,7	59,2	31,5	49,4	64,4	63,9	50,7	51,6
Entwicklung digitaler Bilder	33,5	33,6	33,5	12,4	28,6	40,8	35,9	21,5	27,0
Software	61,1	58,5	64,0	37,9	55,5	69,0	69,8	44,1	62,9
Hardware/Zubehör	69,1	61,3	77,9	32,4	59,2	82,8	88,0	50,5	65,0
Unterhaltungselektronik	46,7	42,1	51,9	21,5	37,6	58,2	58,9	37,0	40,0
Kleidung, Sportartikel	58,3	63,7	52,2	57,8	60,0	57,1	50,2	59,0	53,3
Sonstige	18,1	20,0	16,0	24,3	19,7	16,7	15,2	13,4	20,0
Häufige Antworten „Sonstige" (freie Eingabe)	Alles Mögliche, Autoteile, Fahrkarten, Blumen, Büroartikel, Drogerieartikel, Einrichtungsgegenstände, Fahrradzubehör, Fotoartikel/-zubehör, Gartenbedarf, Geschenkartikel, Reinigungsmittel, Haushaltsartikel/-geräte, Lebensmittel, Medikamente, Kontaktlinsen, Kosmetikartikel, Küchengeräte, Möbel, Musikinstrumente, Reisen, Schmuck, Spielwaren, Tickets, Tierfutter, Waschmaschine, Wein, Werkzeug								

Quelle: Institut für Wirtschaftspolitik und Wirtschaftsforschung Universität Karlsruhe (TH), IZV 8, 2006

Als Vergleich hierzu dient die Abbildung 2.3. Sie zeigt, welche Produkte laut OVK bzw. AGOF im Jahr 2018 am häufigsten online gekauft wurden. Im Vergleich zu 2006 lassen sich nur in Bezug auf den Kauf von Apps gravierende Änderungen feststellen. Denn 2006 spielten App-Käufe noch keine Rolle. Ansonsten sind nur Verschiebungen zu verzeichnen. Bücher liegen immer noch auf Platz eins der Bestsellerliste. Nach wie vor hoch im Kurs liegt Kleidung (Damen- und Herrenbekleidung sowie Schuhe müssen für 2018 addiert werden), Reisen (Flugtickets und Hotel) sowie Musik.

Abbildung 2.3   Häufig über das Internet gekaufte Güter 2

Top 10 Produkte nach Conversion-Rates

AGOF

Sich online informieren und online kaufen – nicht nur bei Apps sondern auch bei vielen anderen Produkten findet der gesamte Entscheidungs- und Kaufprozess online statt. So weisen auch Damenbekleidung und Bücher eine Conversion Rate von 75% oder mehr auf, es haben also drei Viertel oder mehr derjenigen, die sich im Internet informiert haben, auch online gekauft.

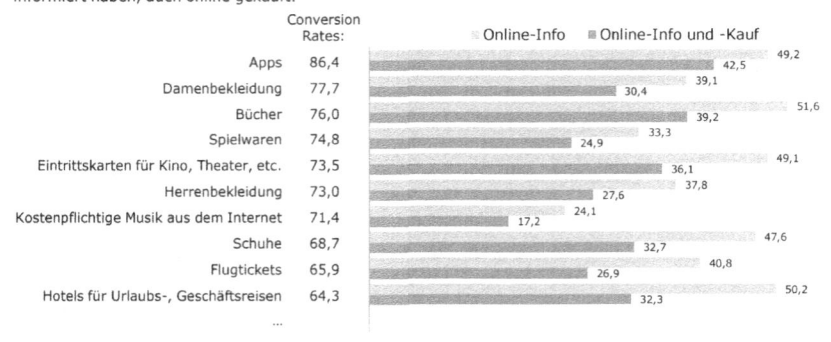

Produkt	Conversion Rates	Online-Info	Online-Info und -Kauf
Apps	86,4	49,2	42,5
Damenbekleidung	77,7	39,1	30,4
Bücher	76,0	51,6	39,2
Spielwaren	74,8	33,3	24,9
Eintrittskarten für Kino, Theater, etc.	73,5	49,1	36,1
Herrenbekleidung	73,0	37,8	27,6
Kostenpflichtige Musik aus dem Internet	71,4	24,1	17,2
Schuhe	68,7	47,6	32,7
Flugtickets	65,9	40,8	26,9
Hotels für Urlaubs-, Geschäftsreisen	64,3	50,2	32,3

Basis: n=141.271 Fälle (Nutzer stationäre u/o mobile Angebote letzte 3 Monate ab 14 Jahren) / „Zu welchen der folgenden Produkte haben Sie schon einmal Informationen im Internet gesucht?", „Haben Sie in den letzten 12 Monaten folgende Produkte über das Internet gekauft?"/ Darstellung der Top 10 von 61 Produkten / Angaben in Prozent / Quelle: AGOF e. V. / daily digital facts 02.01.2018 / Auswertungszeitraum: Dezember 2017

Seite 10

Quelle: AGOF e. V. / daily digital facts, 02.01.2018

Wenn ein Merchant abgelehnt wird oder die Margen so gering sind, dass die zusätzliche Provision des Netzwerkbetreibers nicht darstellbar ist, bleibt nur der Betrieb eines Partnerprogramms in Eigenregie. In einem solchen Fall wird eine Tracking-Software benötigt (vgl. Kapitel 2.9.1). Ferner werden eigene Verträge benötigt, die die Rechte und Pflichten der Vertragsparteien regeln (vgl. Kapitel 2.9.2). Die Tabelle 2.1 zeigt die wesentlichen Unterschiede im Überblick.

Tabelle 2.1 Die wesentlichen Unterschiede der beiden Formen des Affiliate-Marketings

Affiliate-Marketing über Netzwerk (Awin, Tradedoubler etc.)	Affiliate-Marketing in Eigenregie
Häufig Setup-Fee erforderlich, nicht selten ist das ein mittlerer vierstelliger Eurobetrag	Keine Setup-Fee
Tracking-Technik vorhanden	Tracking-Technik muss in Eigenregie implementiert werden, entweder durch Entwicklung oder Zukauf einer Drittsoftware
Verträge bereits juristisch geprüft und fertig einsetzbar	Vertragliche Basis muss selbst erstellt werden
Zusätzliche Provision für das Netzwerk wird erforderlich (ca. 30 Prozent der Provision, die die Affiliates erhalten)	Keine zusätzliche Provision
Kein Backlink für die eigene Seite, daher nicht relevant für Suchmaschinenoptimierung	Jeder Affiliate liefert auch einen Backlink zur eigenen Seite, was sich positiv auf die Suchmaschinenoptimierung auswirkt
Zugang zu großer Zahl von potenziellen Partnern über das Netzwerk. Mitarbeiter des Netzwerkes helfen bei der Akquisition von Partnern innerhalb des Netzwerkes (gilt nicht für alle Netzwerke)	Partner müssen in Eigenregie akquiriert werden. Dieser Prozess ist oft sehr arbeitsintensiv

Praxisbeispiel Affiliate-Marketing über Netzwerk

Gelangt ein Besucher der Seite www.lammenett.de über das dort verankerte Banner auf den Online-Shop von www.timezone-shop.de und erwirbt hier ein Produkt, so erhält der Affiliate (in dem Fall ich) elf Prozent Provision vom Verkaufspreis. Diese Provision wird als Pay-per-Sale-Provision bezeichnet. Die Verlinkung zur Zielseite erfolgt **nicht** direkt, sondern über einen speziellen Link des Affiliate-Netzwerkes, der einen Partnercode des Affiliates enthält. Hier ein Beispiel für einen solchen Link:

```
<a href="http://www.timezone-shop.de/fashion/?tt=11361_884416_148418_&amp;r=" target="_blank" rel="nofollow"><img src="http://track.affiliatenetzwerk.net/?c=11361&amp;m=884416&amp;a=148418&amp;r=&amp;t=html" width="468" height="60" border="0" alt="Merchant Osteraktion: 10% Gutscheincode" /></a>
```

Die Abbildung 2.4 verdeutlicht das Prinzip.

Abbildung 2.4   Beispiel Affiliate-Marketing mit redirect über Netzwerk-Tracking-Link

Praxisbeispiel Affiliate-Marketing ohne Netzwerk

Gelangt ein Besucher, ganz gleich wie, zur Website https://www.lammenett.de und klickt dort auf einen der Amazon-Banner am linken Bildschirmrand, gelangt er über einen Partnerlink direkt, also ohne redirect über ein Affiliate-Netzwerk, zur Website von Amazon:

http://www.amazon.de/dp/3834914800?tag=ironmanmanage-21&camp=1410&creative=6378&linkCode=as1&creativeASIN=3834914800&adid=1JND02GBZG9AFRS25HWB&

Der Affiliate mit der Kennung „ironmanmanage-21" (ich) erhält nun vom Merchant (Amazon) eine Provision für jeden Kauf, den der Besucher innerhalb eines definierten Zeitraums dort tätigt. Ausnahme: Er geht vorher zu einer anderen Website und gelangt von dort über einen anderen Partnerlink nochmals zu Amazon. Abbildung 2.5 verdeutlicht das Prinzip.

Abbildung 2.5   Beispiel Affiliate-Marketing ohne Netzwerk als Vermittler

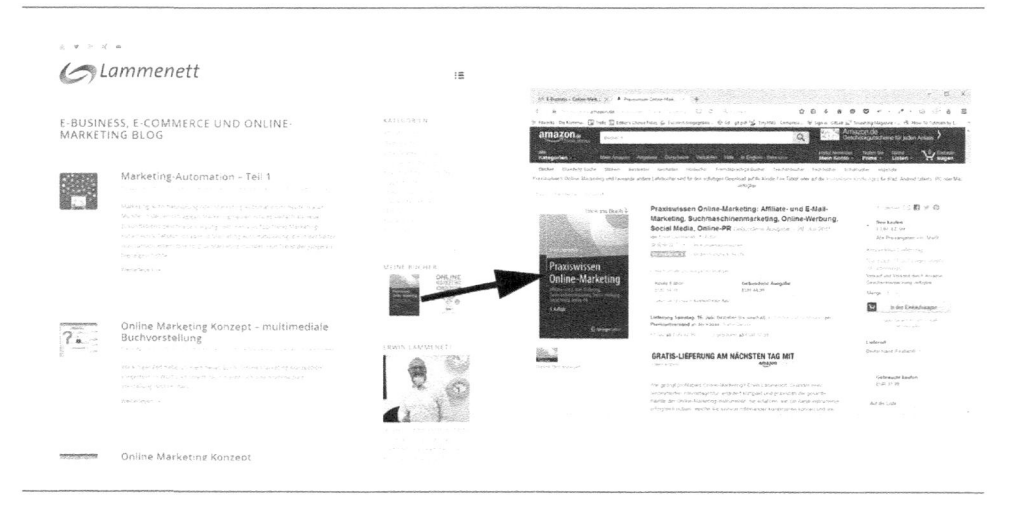

> **Tipp**
>
> Immer mehr Betreiber von Partnerprogrammen entscheiden sich für einen Parallelbetrieb; also für ein oder mehrere Netzwerke und eigene Partnerprogramm-Software. Die große Masse der Webmaster wird über Affiliate-Netzwerke erreicht, die Top-Partner werden in Eigenregie betreut.

2.4 Marktentwicklung in Zahlen

Affiliate-Marketing war auch in Deutschland stetig auf dem Vormarsch. Viele Jahre meldeten die Netzwerkbetreiber zweistellige Umsatzzuwächse. Doch 2014 stagnierten die Umsätze bei einigen Netzwerken, was daran abzulesen war, dass renommierte Netzwerke bis zu 20 Prozent ihrer Mitarbeiter entlassen mussten. 2017 fusionierten Awin (ehemals Zanox) und Affilinet, zwei der größten deutschen Netzwerke. Dies ist wiederum ein Indiz dafür, dass die goldenen Wachstumsjahre im Affiliate-Marketing vorbei sind. Zahlen und eine kurze Skizze der Entwicklung finden Sie im Kapitel 1.4.4.

2.5 Affiliate-Marketing in der Praxis

Möchte man seine Produkte oder seine Dienstleistung über Affiliate-Marketing an den Mann (oder die Frau) bringen, sind zunächst einige grundsätzliche Fragestellungen zu beantworten und diverse Anforderungen zu erfüllen. Zunächst stellt sich die Frage, ob das Partnerprogramm in Eigenregie (vgl. Kapitel 2.9) oder mithilfe eines Affiliate-Netzwerkes (vgl. Kapitel 2.8) betrieben werden soll. Im Verzeichnis 100Partnerprogramme.de waren 2016 von rund 6.000 gelisteten Programmen ca. 250 als „inhouse" gekennzeichnet. Das bedeutet, dass ca. vier Prozent der dort gelisteten Programme entweder nur in Eigenregie betrieben werden oder parallel zum Betrieb über ein Netzwerk auch in Eigenregie (vgl. Kapitel 2.9.3).

Für die Vermarktung durch einen Affiliate-Netzwerkbetreiber sprechen der geringere Aufwand und die damit verbundenen geringeren Anfangskosten. Der Netzwerkbetreiber stellt in der Regel das notwendige technologische Fundament, bietet Standardverträge, die die juristische Basis abdecken, vermittelt Partner und bewirbt die Programme innerhalb des Netzwerkes.

Gegen die Vermarktung über einen oder mehrere Affiliate-Netzwerkbetreiber spricht, dass diese die angesprochenen Leistungen natürlich nicht kostenlos erbringen und sich damit das Affiliate-Marketing verteuert. Je nach Anbieter wird eine mehr oder minder hohe „Set-up-Fee" fällig. In den meisten Fällen muss der Merchant eine Art Kaution hinterlegen, aus der später die Provisionen der Affiliates gezahlt werden. Zusätzlich erhält der Affiliate-Netzwerkbetreiber in der Regel einen bestimmten Anteil an der Provision (vgl. Tabelle 2.1).

Unabhängig davon, ob das Affiliate-Programm über ein Affiliate-Netzwerk oder in Eigenregie betrieben wird, werden ein Provisionsmodell und Werbemittel benötigt. Beim Betrieb in Eigenregie sind zusätzlich noch juristische Aspekte zu regeln (vgl. Kapitel 2.9.2) und es muss ein geeigneter Tracking-Mechanismus etabliert werden (vgl. Kapitel 2.9.1). Beim Betrieb des Partnerprogramms über ein Netzwerk sind die juristischen Aspekte durch die jeweiligen Verträge, die der Merchant und der Affiliate mit dem Netzwerk schließen, berücksichtigt und das Tracking wird durch die Technologie des Netzwerkbetreibers realisiert.

2.6 Provisionsmodelle: Benötigt wird ein Anreiz

Wie bereits im Kapitel 2.1 kurz angesprochen, gibt es eine Reihe gängiger Vergütungsmodelle, die dem Affiliate als Anreiz dienen, die Produkte oder Dienstleistungen des Merchants zu bewerben. Im Folgenden werden die gängigsten ausführlicher erläutert.

2.6.1 Pay per Sale

Die klassische Form der Vergütung im Affiliate-Marketing ist die sogenannte „Pay per Sale"-Vergütung. Bei „Pay per Sale" erhält der Partner für jeden Verkauf, der durch seine Werbeaktivität generiert wird, vom Merchant eine Provision. Die Höhe der Provision ist abhängig von der Art des verkauften Produktes bzw. der Zielsetzung des Merchants. Möchte ein Merchant ein neues Produkt schnell in den Markt einführen und schnell einen hohen Bekanntheitsgrad erlangen, so wird er eine überproportional hohe „Pay per Sale"-Provision anbieten, um möglichst schnell möglichst viele Affiliates zu gewinnen. Später wird er diese Provision sukzessive reduzieren.

Grundsätzlich lassen sich für bestimmte Produktbereiche typische Provisionssätze identifizieren. Bei Büchern, Nahrungsergänzungsmitteln, DVD-Versand/Verleih und vielen anderen Gütern liegen sie zwischen fünf und 15 Prozent. Reiseanbieter zahlen nur 2,5 bis fünf Prozent. Hingegen bieten einige Software-Anbieter bis zu 22 Prozent Provision.

2.6.2 Pay per Lead

Überall dort, wo nicht direkt über das Internet verkauft wird, weil die Produkte zu komplex oder zu erklärungsbedürftig sind (z. B. Versicherungen), weil die Produkte einen zu geringen Erstumsatz erbringen (z. B. Dating-Service, Zeitungsabonnement) oder weil die gewünschte Transaktion überhaupt keinen Umsatz erbringt (z. B. Kontoeröffnung bei einer Bank), wird häufig mit einer Vergütung pro Lead gearbeitet. Im klassischen Marketing wird unter dem Begriff „Lead" ein potenzieller Kunde verstanden. In der Affiliate-Praxis wird jedoch in vielen Fällen unter dem Begriff „Pay per Lead" nicht die Kontaktanbahnung zu einem potenziellen Kunden verstanden, sondern die Herbeiführung eines wie auch immer gearteten Abschlusses.

> **Praxisbeispiel**
>
> Wenn ein Versicherungsunternehmen für die Adresse eines Interessenten vier Euro zahlt, dann handelt es sich im engeren Sinne tatsächlich um eine „Pay per Lead"-Vergütung, da es noch zu keinem Vertragsverhältnis zwischen dem Merchant (der Versicherung) und dem Interessenten gekommen ist. Zahlt die Bank vier Euro für die Vermittlung einer Kontoeröffnung, dann hat das Verhältnis zwischen Merchant (Bank) und Interessent das Stadium des „Leads" bereits überschritten, da es bereits zu einem Vertragsverhältnis zwischen den beiden gekommen ist. In der Affiliate-Praxis werden dennoch beide Sachverhalte unter der Überschrift „Pay per Lead" geführt.

Je nach Konstellation schwanken die gezahlten Vergütungssätze pro Lead stark. Drei Beispiele verdeutlichen die Spannbreite: Im Oktober 2018 bietet der Lacoste Online-Shop 0,20 Euro pro Lead. Vergütet wurde eine Newsletteranmeldung. Zum gleichen Zeitpunkt bot ImmobilienScout24 bis zu 70 Euro pro Lead. Der Lead war definiert als Anzeigenabschluss. Besonders hohe Provisionen bieten aktuell die Firmen der Telekommunikations- und Mobilfunkbranche. Hier werden im Oktober 2018 bis zu 173 Euro für die Vermittlung eines Vertrages geboten. Aber es geht auch noch mehr. Für die Vermittlung von Seminarteilnehmern bietet Finmet im Oktober 2018 bis zu 950 Euro.

2.6.3 Pay per Click

„Pay per Click" bedeutet, dass der Affiliate für jeden Besucher, der auf ein Banner oder einen Textlink auf seiner Website klickt und so zur Website des Merchants gelangt, eine Vergütung erhält.

Die Vergütung hierfür liegt in der Regel zwischen 0,03 und 0,25 Euro.

Diese Form der Vergütung ist beim Affiliate-Marketing eher selten anzutreffen. Merchants scheuen den Einsatz, weil sie leicht manipulierbar ist und ihr Erfolg in Zeiten zunehmender Popularität von Pop-up-Blockern fragwürdig ist.

2.6.4 Pay per E-Mail

Bei „Pay per E-Mail" erfolgt eine Vergütung für jeden Online-Besucher, der seine E-Mail-Adresse hinterlässt, z. B. über die Eintragung in eine E-Mail-Verteilerliste oder das Abonnieren eines Newsletters. Eigentlich handelt es sich um eine Variante des „Pay per Lead"-Modells. In manchen Affiliate-Netzwerken wird diese Methode jedoch gesondert behandelt, weshalb sie hier auch gesondert erwähnt wird.

2.6.5 Lifetime-Provision

Bei einer Lifetime-Provision erhält der Affiliate für alle Folgekäufe eines einmal vermittelten Kunden eine Provision. Je nach Tracking-Verfahren (vgl. Kapitel 2.2) wird beim

Erstkauf die Partner-ID des Affiliates in der Kundendatenbank des Merchants gespeichert oder ein Cookie ohne Ablaufdatum gesetzt. Im ersten Fall kann so sichergestellt werden, dass bei allen Folgekäufen eine eindeutige Zuordnung zum Affiliate-Partner erreicht wird. Im zweiten Fall wird die Zuordnung zumindest so lange möglich sein, wie sich der Cookie auf dem Rechner des Besuchers befindet. Wird der Cookie gelöscht, etwa weil der Besucher alle Cookies im Browser löscht oder einen neuen PC bekommt und die alten Daten nicht migriert, so ist die Zuordnung nicht mehr möglich.

Das Verfahren ist in der Affiliate-Szene umstritten. Hat ein Partnerprogramm mit Lifetime-Provision viele Partner, so wird es für neue Partner wenig lukrativ sein, sich dort zu engagieren. Grund ist die Gefahr, durch ihre Aktivitäten „schlummernde Kunden" zu reaktivieren und dennoch leer auszugehen, weil ein Altpartner ein Anrecht auf eine Lifetime-Provision für den reaktivierten Kunden hat.

In der Praxis kommt es daher immer darauf an, wie Lifetime-Provisionen im Detail vergeben werden. Bei Programmen, die einen hohen Aufwand für die Interessentengewinnung erfordern, dann aber langfristige Profite erzielen, ist diese Form der Vergütung sinnvoll. Bei Programmen mit weniger hohem Werbeaufwand und hoher Dynamik der Zielgruppe führt dieses Vergütungsmodell tendenziell eher nicht zum Erfolg. Die Werbebemühungen von neuen, möglicherweise dynamischeren und aktiveren Websitebetreibern würden teilweise ins Leere laufen und schlussendlich eingestellt. Denn Affiliate-Marketing funktioniert langfristig nur, wenn alle Seiten profitieren.

2.6.6 Zwei- oder mehrstufige Vergütungsmodelle

Bei zweistufigen Vergütungsmodellen erhält ein Vermittler dafür eine Provision, dass er einen Affiliate-Partner gewinnt. Die Provision besteht in der Regel aus einem kleinen Anteil an der Provision des Affiliate-Partners. Im Grunde handelt es sich hierbei um die Umsetzung des Vergütungsmodells eines Strukturvertriebes, wie er in der Finanzberatung gang und gäbe ist. Das Modell lässt sich auch mehrstufig aufbauen. Häufig wird dann von Multi-Level-Marketing gesprochen.

> **Praxisbeispiel**
>
> Der Betreiber eines Partnerprogramm-Verzeichnisses erhält ein Prozent des Umsatzes, den ein von ihm vermittelter Affiliate-Partner für einen Merchant erzielt. Der Affiliate-Partner erhält vom Merchant zehn Prozent per Sale. Erzielt der Affiliate-Partner nun für den Merchant einen Umsatz von 1.000 Euro, so erhält er eine Provision von 100 Euro. Der Betreiber des Partnerprogramm-Verzeichnisses erhält zehn Euro.

2.6.7 Mischformen

Die bisher genannten Vergütungsmodelle werden in der Praxis je nach Zielsetzung auch häufig kombiniert. Die folgenden Beispiele zeigen einige wenige Kombinationsmöglichkeiten und verdeutlichen das Prinzip. Der Kreativität sind kaum Grenzen gesetzt.

> **Praxisbeispiele**
>
> Auto Scout 24, Europas größter Online-Automarkt, bietet im September 2018 0,02 Euro pro Click und 5,00 Euro pro Lead; wobei ein Lead als Expressverkauf-Registrierung definiert ist. Ferner bietet Auto Scout 24 noch eine Provision von fünf Prozent pro Sale für einen Werkstatttermin. Raddiscount.de bietet 0,21 Euro pro Lead und bis zu 15 Prozent per Sale. Die 0,21 Euro werden für das Abonnement eines Newsletters gezahlt.

2.7 Werbemittel

Grundsätzlich kann ein Merchant einem Affiliate-Partner Werbemittel der verschiedensten Art zur Verfügung stellen. Je mehr, desto besser, denn wenn der Affiliate eine größere Auswahl hat, ist die Chance wesentlich höher, dass er ein entsprechendes Werbemittel auf seiner Website installiert und damit Erfolg hat. Gängig sind mindestens die im Folgenden erläuterten Formen und Formate. Darüber hinaus gibt es noch weit mehr Formate und technische Umsetzungsformen.

2.7.1 Text-Links

Bei einem Text-Link handelt es sich um einen vorformulierten Text, der auf eine Website integriert werden kann. Dieser ist mit dem entsprechenden Partner-Link des jeweiligen Affiliate-Partners verknüpft.

> **Praxisbeispiel**
>
> Beispiel für den Code eines Text-Links aus dem Partnerprogramm von http://www.bike24.de:
>
> ```
> <!-- BEGIN PARTNER PROGRAM - DO NOT CHANGE THE PARAMETERS OF THE HYPER-
> LINK -->
>
> <a
> href="http://partners.webmasterplan.com/click.asp?ref=179946&site=2287&t
> ype=text&tnb=1" target="_blank">
>
> Der Internetshop für Rennrad, Trekking und Mountainbike.</a><br><img
> src="http://banners.webmasterplan.com/view.asp?ref=179946&site=2287&type
> =text&tnb=1&js=1" BORDER="0" WIDTH="1" HEIGHT="1"><BR>
> ```

```
<!-- END PARTNER PROGRAM -->
```
Quelle: http://www.affili.net (Zum Zeitpunkt der Erstellung der 7. Auflage lief gerade der Merger von Awin und Affilinet. Affilinet wurde ab Herbst 2018 in Awin integriert. Daher wird dieser Code vermutlich ab 2019 leicht anders aussehen. Das Grundprinzip wird aber nicht berührt.

2.7.2 Banner und Buttons der verschiedensten Arten und Größen

Sowohl die Vielfalt der Bannerformate als auch die technischen Umsetzungsmöglichkeiten sind enorm (vgl. Kapitel 12.6.3). Neben Standard-Bannern, wie etwa dem Full-Size-Banner, welches eine Breite von 468 Pixeln und eine Höhe von 60 Pixeln hat, werden häufig auch Half-Size-Banner (234 x 60 Pixel) und Skyscraper (120 x 600 Pixel) angeboten. Nicht selten stehen seitens des Merchants auch Sonderformate zur Auswahl, die eine beliebige Breite und Höhe haben können.

Grundsätzlich werden diese Werbebanner häufig als HTML-Version und/oder als reine Grafikversion angeboten. Als Grafikversion wird zumeist das GIF-Format eingesetzt.

2.7.3 Produktdatenbank als CSV-Datei

Bei dieser Methode, die seit 2005 populär und ebenso erfolgreich ist, wird auf der Website des Affiliates nicht nur ein Werbemittel installiert, sondern gleich eine komplette Produktseite, die sich im Wesentlichen automatisch aus der vom Merchant bereitgestellten CSV-Datei generiert. So kann ein Affiliate quasi einen eigenen Shop unter seiner URL bereitstellen, ohne jedoch rechtliche Konsequenzen, die damit normalerweise verbunden sind, berücksichtigen zu müssen. Klickt der Besucher auf eines der angezeigten Produkte, so gelangt er unmittelbar zur Detailansicht auf der Seite des anbietenden Merchants.

Findige Affiliate-Netzwerkbetreiber haben diesen Trend aufgenommen und weiterentwickelt. Sie bieten die Möglichkeit, Produkte verschiedener Anbieter zu einem Themenbereich zu bündeln. Dies geschieht in Form von Produktlisten.

In den Anfangstagen dieser Entwicklung konnten diese Produktlisten nur über eine Art Widget in die eigene Website eingebunden werden. Dies hatte den Nachteil, dass die Einbindung über einen sogenannten iFrame erfolgte. Damit war der Content der Produkte im Sinne von Suchmaschinenoptimierung aber nicht relevant. Auch hat die Einbindung als iFrame für die Darstellung auf mobilen Endgeräten Nachteile. Heute werden die Produktlisten über Scripte oder andere Werkzeuge in bestehende CMS- oder Shop-Systeme importiert und anschließend entsprechend dargestellt. Findige Netzwerkbetreiber geben ihren Affiliates im Servicebereich auch Hilfestellungen und Hinweise auf derartige Scripte und Werkzeuge. Affilinet schreibt hierzu auf seiner Website: *„Um Ihr Affiliate Marketing noch effizienter und einfacher zu machen, haben wir eine Lösung für Sie entwickelt, die wichtige Features des Performance Marketing in Ihre gewohnte OXID- bzw. Magento-*

Umgebung integriert. Shopbetreiber wünschen sich eine ökonomische Arbeitsoberfläche, die optimal mit ihrem Shopsystem interagiert. Nach Installation des affilinet Moduls müssen Sie sich nicht mehr auf der affilinet Plattform einloggen, um durch Affiliate Marketing generierte Bestellungen zu managen. Mit Hilfe des affilinet eCommerce Moduls können Sie innerhalb Ihres eShops erprobte Funktionalitäten wie Basket Tracking oder Retargeting nutzen, die Ihnen einfach und effizient helfen, Ihre Conversion Rate zu steigern."[35]

Ein weiterer Vorteil derartiger Werbemittel ist, dass sie sich automatisch aktualisieren und der Affiliate sie nicht pflegen muss. Ist der Code einmal auf der Website des Affiliates installiert, aktualisieren sich die Angebote entsprechend der vom Merchant bereitgestellten Datenbank.

2.7.4 Produktdatenbank über XML-Schnittstelle

Der ursprüngliche Gedanke, durch die Distribution von Produktdaten mit dazugehörigem Affiliate-Link den Bau eigener Seiten innerhalb dritter Websites zu fördern, wurde von einigen Netzwerbetreibern weiterentwickelt. So entstanden XML-Schnittstellen, mit deren Hilfe versierte Affiliates eigene, dynamische Shops aufbauen können. Dynamisch in diesem Sinne heißt, dass die XML-Daten und damit auch die Produkte regelmäßig automatisch ausgetauscht werden. Auf diese Weise werden Bestands- und Preisänderungen automatisch berücksichtigt. Affilinet schreibt hierzu auf seiner Website: *„Ein wichtiger Anwendungszweck ist die Produkt-Datenbankabfrage zum Zweck der automatisierten Integration von Produkten in die eigene Webseite. Affilinet Product Webservices bieten den großen Vorteil, dass sich Produktdaten auf der eigenen Website automatisch aktualisieren (wenn der Advertiser sie updatet). Eine manuelle Pflege ist nicht mehr nötig."* Im September 2018 wurde Affilinet in Awin (ehemals Zanox) integriert.

2.7.5 Smart Content

Unter dem Begriff Smart Content wird in der Regel ein dynamisches Werbemittel verstanden, welches in einer Art Aktionsbox auf der Website des Affiliates angeboten wird. Dynamischer Content bedeutet hier, dass aktuelle Angebote automatisch eingespeist werden. Für den Affiliate ist dieses Werbemittel sehr interessant, da hier periodisch und ohne weiteres Zutun seitens des Affiliates neue Angebote angepriesen werden.

2.7.6 Formulare

Bei diesem Typus Werbemittel handelt es sich zumeist um ein kleines Suchformular wie in Abbildung 2.6. Gibt der Benutzer ein Suchwort in das Formular ein und drückt auf die „Suchen"-Schaltfläche, so wird auf der Seite des Merchants eine entsprechende Produktdatenbank durchsucht und Ergebnisse, je nach Art der Programmierung, in der Website

---

[35] Aufgrund einer Fusion wurde Affilinet im September 2018 in Awin (ehemals Zanox) integriert.

des Affiliates oder des Merchants angezeigt. Klickt der Besucher dann auf einen der angezeigten Links, so gelangt er auf das Produktangebot in der Detailansicht. Zumeist befindet sich dieses auf der Website des Merchants.

Abbildung 2.6 Suchformular als Werbemittel

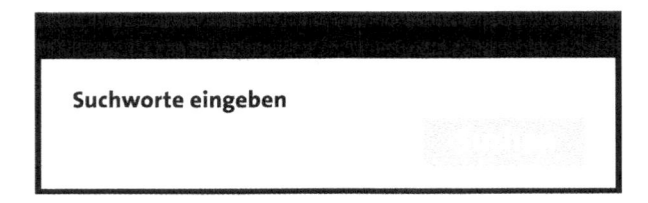

Suchworte eingeben

2.7.7 Video-Ads

Im März 2007 führte Affilinet als erstes deutsches Affiliate-Netzwerk das „Video-Ad" ein. Damals war noch unklar, ob sich diese Idee durchsetzen wird. Es gab zwar Umfragen zu Zukunftstrends im Affiliate-Marketing, die den Video-Formaten sowie thematisch passenden Inhalten eine rosige Zukunft voraussagten, doch es gab auch Zweifler. Doch heute steht fest: Videos als Werbemittel werden immer bedeutender. Der Markt für dieses zeitgemäße Werbemittel wächst rasant. So rechnet Statista Digital Market Outlook in den USA fast mit einer Verdreifachung der Ausgaben für Video-Ads von 2016 bis 2022.[36] Mehr zu diesem Thema in Kapitel 14.

Der große Vorteil dieses Werbemittels ist, dass crossmediale Effekte aus der Fernsehwerbung optimal genutzt werden können und dass es automatisch vom Online-Video-Boom profitiert.

2.7.8 Page-Peel

Ein „Page-Peel" ist ein dynamisches Werbemittel, das zumeist in der oberen rechten Ecke ein „Eselsohr" hat. Fährt man mit der Maus über dieses Eselsohr, blättert die Seite auf und die Werbebotschaft wird sichtbar.

2.7.9 Keywords

Einige Merchants sind auch dazu übergegangen, ihren Affiliates Keyword-Datenbanken in Form von CSV-Dateien zur Verfügung zu stellen. Mithilfe dieser vom Merchant gelieferten Keywords kann ein Affiliate seine Website so aufbereiten, dass diese von den Such-

---

[36] Vgl. https://www.statista.com/statistics/456180/digital-video-advertising-revenue-device-digital-market-outlook-usa/, Zugriff 10.10.2018.

maschinen unter Berücksichtigung bestimmter Keywords besser gefunden wird. Der Merchant leistet also in diesem Kontext eine Art Servicebeitrag zur Suchmaschinenoptimierung auf der Seite des Affiliates. Hintergrundgedanke des Merchants ist, dass eine für Suchmaschinen optimierte Seite des Affiliates eher dazu führt, Nachfrage auf die Seite des Merchants zu lenken, als eine nicht-optimierte Seite das vermag. Grundsätzlich ist diese Vorstellung sicherlich richtig. In der Praxis ist ihr Erfolg jedoch ausgesprochen fragwürdig.

2.8 Affiliate-Marketing über Netzwerke

Viele Jahre hat das Affiliate-Urgestein Karsten Windfelder von 100partnerprogramme.de die wichtigsten deutschsprachigen Affiliate-Netzwerke ermittelt und beurteilte diese nach verschiedenen Kriterien. Letztmalig hat Herr Windfelder 2014 ein solches Ranking erstellt. Seit Februar 2015 gehört 100partnerprogramme.de nun zur Super Affiliate Network GmbH.[37] Leider wurde das Ranking der Top Affiliate-Netzwerke anschließend nicht weiter fortgeführt. Dieses Vakuum wurde später durch das Affiliate-Netzwerk-Ranking von iBusiness gefüllt. Mit Stand Herbst 2018 wird das Ranking wohl sehr zeitnah aktualisiert. Ich war jedenfalls erstaunt, dass kurz nach Bekanntwerden der Fusion von Awin und Affilinet die Zahlen bereits aktualisiert waren. Hier geht es zum Ranking: https://www.ibusiness.de/affiliate-ranking. Tabelle 2.2 zeigt einen Auszug der Top 8 nach Anzahl der Publisher.

Tabelle 2.2 Affiliate-Netzwerke Top-8-Ranking, Oktober 2018

Anbieter	Anzahl Publisher	Anzahl Aktive Merchants	Werbereichweite in Mio.
Awin AG	7.1968	4.292	35,64
financeAds	25.500	1.500	6.250
Tradedoubler GmbH	31.280	1.400	2.476
Belboon GmbH	61.000	830	1.694,52
ADCELL / Firstlead GmbH	11.6000	1.100	k. A.
Digistore24	49.000	1.000	k. A.
digidip GmbH	173	5.062	245
Conversant Deutschland GmbH / CJ Affiliate*	20.000	320	k. A.

*Hochrechnung

---

[37] Vgl. https://www.affiliate-deals.de/100partnerprogramme-de-und-affiliate-deals-fusionieren/, Abruf 10.10.2018.

Der Markt der Affiliate-Netzwerke hat sich über die letzten fünf Jahre konsolidiert. Über viele Jahre haben sich die Top 5 den Löwenanteil des deutschen Marktes geteilt. Nach der Fusion von Awin (ehemals Zanox) und Affilinet im Herbst 2018 dürften die Kräfteverhältnisse in Deutschland relativ einseitig verteilt sein.

Awin AG, ehemals Zanox.de AG, Website: http://www.awin.com
Im März 2018 wurden die beiden Unternehmen Zanox und das Tochterunternehmen Affiliate Window zu Awin umbenannt. Bereits seit 2010 arbeiteten die beiden Unternehmen eng zusammen. Zanox war seit Anbeginn mit starkem Europa-Fokus in Deutschland, der Schweiz, Spanien, Frankreich, Italien, Polen, Skandinavien, den Niederlanden und Brasilien tätig, wohingegen Affiliate Window sich auf den UK- und US-Markt konzentrierte. Im Herbst 2018 fusionierte Awin mit Affilinet, dem bis dato zweitgrößten Affiliate-Netzwerk in Deutschland. Die Zanox.de AG wurde 2000 gegründet. Am 22. Mai 2007 wurde die Zanox AG durch die Axel Springer AG und die PubliGroupe AG übernommen. Der Kaufpreis von 214,9 Millionen Euro zuzüglich einer erfolgsabhängigen Zahlung wurde zu 60 Prozent durch die Axel Springer AG und zu 40 Prozent durch die PubliGroupe getragen.

Technisch ist das System sehr ausgereift. Es wurde mehrfach prämiert. Schon im Jahr 2007 erhielt Zanox beispielsweise für die Vermarktungslösung zanoxXS sowie für sein dynamisches Wachstum das „European Seal of E-Excellence". Diese Auszeichnung erhalten Unternehmen, die sich durch besonders dynamisches Wachstum und zukunftsweisende Technologien auszeichnen. Der Nachteile bei Zanox waren immer die relativ hohe Setup-Fee und die monatlichen Betreuungskosten. Es bleibt abzuwarten, wie sich dies nach der Fusion mit Affilinet entwickelt.

Affilinet (fusionierte 2018 mit Awin)
Affilinet feierte 2007 sein zehnjähriges Bestehen. 2005 wurde das Unternehmen von der AdLINK Internet Media übernommen. Lange Zeit war Affilinet mit einem Marktanteil von rund 30 Prozent das erfolgreichste Affiliate-Netzwerk im deutschsprachigen Raum. Im Oktober 2006 übernahm Affilinet das französische Netzwerk CibleClick. 2008 setzte Affilinet den europäischen Expansionskurs mit Blickrichtung Niederlande und Spanien fort. 2018 fusionierte Affilinet mit der Awin AG.

Superclix, Website: http://www.superclix.de
Superclix ist seit 1997 auf dem Markt aktiv und wird in Deutschland von der DMK-Internet e. K. betrieben. Mit Stand 2010 waren dort rund 400.000 aktive Websites und ca. 800 Partnerprogramme registriert. Acht Jahre später scheint Superclix ausgemistet zu haben. Zählt man heute die akkreditierten Programme, so kommt man nur noch auf einige hundert. Superclix konzentriert sich auf die Märkte Deutschland, Österreich, Schweiz und Russland.

Tradedoubler, Website: http://www.tradedoubler.com/de-de
Tradedoubler wurde 1999 in Schweden gegründet und verfügt mittlerweile über 18 Büros in ganz Europa. Heute ist Tradedoubler nach eigenem Bekunden das größte europäische Netzwerk – wobei sich das nach der Fusion von Awin und Affilinet auch geändert

haben kann. Im Juli 2007 kaufte Tradedoubler mit „The Search Works" und deren Tochterfirma „The Technology Works" den größten britischen Suchmaschinenmarketing-Dienstleister. Der Kaufpreis betrug 84 Millionen Euro. Neben dem Affiliate-Netzwerk betreibt Tradedoubler weitere Netzwerke und Dienstleistungen, wie ein Ad-Netzwerk, Adserver oder Kampagnen-Controlling-Werkzeuge.

Belboon/AdButler.de, Website: http://www.belboon.de
Die AdButler GmbH ist seit Mai 2001 auf dem Markt. Das inhabergeführte Unternehmen galt als kundennah und flexibel. Im März 2008 wurde AdButler durch das Berliner Affiliate-Netzwerk balboon, welches zur YOC AG gehört, zu 100 Prozent übernommen. Damit wurde das neue Konstrukt damals hinter Affilinet und Zanox mit einem Schlag zur Nummer drei auf dem deutschen Markt.

Weitere Netzwerkbetreiber
Neben den „großen" aufgezählten Partnernetzwerken gibt es natürlich auch noch eine Reihe mittlerer und kleiner Netzwerke und Betreiber, die sich teilweise auf einzelne Branchen oder auf Nischenmärkte spezialisiert haben. Beispiele sind http://www.travelan.de, das sich auf die Reisebranche spezialisiert hat, oder https://www.mycommerce.com, ehemals http://www.shareit.com, welches den Fokus auf Software gerichtet hat. Hier einige Beispiele für kleinere Netzwerke, die teilweise weder in Rankings noch in Auflistungen zu finden sind:

- http://www.power-vertrieb.org/
- http://www.affili4u.de
- http://www.affiliwelt.de
- http://www.topaffili.de

Eine Liste mit ca. 40 weiteren Netzwerken finden Sie unter: https://www.100partnerprogramme.de/affiliate-netzwerke/.

2.8.1 Welches Netzwerk ist das richtige?

In der Praxis ist das Engagement mit oder bei einem Affiliate-Netzwerkbetreiber nur dann sinnvoll, wenn es das „richtige Netzwerk" ist. Grundsätzlich gilt zwar: Je mehr Partner ein Netzwerk hat, desto größer ist die Chance auf eine gute Marktdurchdringung durch Affiliate-Marketing. Doch haben viele Netzwerke eine thematische Ausrichtung oder zumindest historisch gewachsene thematische Schwerpunkte. Beispielsweise kommen bei www.adcell.de 50 Prozent der angebotenen Programme aus nur vier Rubriken. Bei www.mycommerce.com geht es ausschließlich um Software. Und www.travelan.de konzentriert sich komplett auf Reiseanbieter. Dort sind dann in der Regel hauptsächlich Partner akkreditiert, die Angebote aus dem jeweiligen Hauptthemenbereich suchen. Angebote aus themenfremden Bereichen würden hier nicht angenommen oder hätten es sehr schwer, Fuß zu fassen.

> **Tipp**
>
> Überprüfen Sie bei der Auswahl möglicher Netzwerkpartner, ob deren Themenschwerpunkte zu Ihrem Angebot passen. Achten Sie außerdem darauf, dass dort eine große Zahl von Partnern akkreditiert ist. Gute Netzwerkbetreiber geben hierüber bereitwillig Auskunft.

2.8.2 Meta-Netzwerke

Meta-Netzwerke sind eine vergleichsweise junge Spielart im Affiliate-Marketing. In Deutschland zählt adgoal[38] zu den bekanntesten Vertretern. Das Netzwerk ist seit 2009 im Markt. International ist skimlinks[39] sehr bekannt. Skimlinks wurde 2008 veröffentlicht. Dass die Idee der Meta-Netzwerke auch in Deutschland durchaus Potenzial hat, belegen die Nachahmer von adgoal und Co. Ebenfalls 2008 und im Jahr 2011 wurden die Meta-Netzwerke bee5[40] und linkwash[41] veröffentlicht.

Das Funktionsprinzip

Im Affiliate-Marketing gibt es grundsätzlich zwei Modelle, die im Kapitel 2.3 erläutert wurden: die Durchführung in Eigenregie, wobei es dann lediglich eine Beziehung zwischen Merchant und Affiliate gibt, sowie die Durchführung mithilfe eines Affiliate-Netzwerkes. Im letztgenannten Fall gibt es eine „**Merchant<->Affiliate-Netzwerk<->Affiliate**"-Beziehung. Meta-Netzwerke positionieren sich zwischen dem Netzwerk und dem Affiliate, sodass nunmehr ein „**Merchant<->Affiliate-Netzwerk<->Meta-Netzwerk<->Affiliate**"-Konstrukt entsteht. Meta-Netzwerke bewerben sich bei klassischen Affiliate-Netzwerken um die dort registrierten Affiliate-Programme. Wird der Zugriff gewährt, so gibt das Meta-Netzwerk diesen an seine registrierten Affiliates, die sogenannten Meta-Publisher, weiter. Der Vorteil aus Sicht der Meta-Publisher ist, dass sie sich nicht mehr für jedes Affiliate-Programm einzeln bewerben müssen, sondern direkt auf alle Ressourcen aus dem Meta-Netzwerk zugreifen können. Die Zeit für verschiedene Anmeldeprozesse kann eingespart werden.

Es gibt aber noch weitere Vorteile für Affiliates. Durch die automatische Umwandlung natürlicher Links in Affiliate-Links wird die Handhabung deutlich erleichtert, denn die aufwändige Integration verschiedener Werbemittel oder Deep-Links einzelner Affiliate-Programme entfällt. Das spart Zeit und damit Geld. Meta-Publisher müssen sich lediglich einmalig anmelden und ein einziges Code-Schnipsel auf der eigenen Seite implementieren.

---

[38] http://www.adgoal.de, Abruf 01.10.2018.
[39] http://www.skimlinks.com, Abruf 01.10.2018.
[40] http://www.bee5.de, Abruf 01.07.2016.
[41] http://www.linkwash.de, Abruf 01.10.2018.

Diese Arbeitserleichterung lassen sich die Meta-Netzwerke natürlich bezahlen. Sie nehmen in der Regel eine Provision in Höhe von 20 bis 30 Prozent der Provisionszahlung, die ein Affiliate vom Affiliate-Netzwerk erhält.

Aus Sicht eines Merchants kann es durchaus sinnvoll sein, Meta-Netzwerke als Affiliate zuzulassen. Insbesondere da keine zusätzlichen Netzwerkkosten für den Merchant entstehen. Durch die Vielzahl der angeschlossenen Meta-Publisher können die Reichweite und die Performance eines Affiliate-Programms durchaus nennenswert erhöht werden.

Ein weiterer Vorteil für den Merchant entsteht durch den Einsatz „natürlicher Links", was sich positiv auf die SEO-Aktivitäten eines Merchants auswirken kann (vgl. Kapitel 5, 6 und vgl. 7.5).

Kontroll- und Einflussmöglichkeiten auf einzelne Affiliates gibt der Merchant allerdings aus der Hand. Er hat keinen Einfluss auf die Auswahl der Meta-Publisher und kann diese in der Regel auch nicht gruppieren oder gar kontaktieren. Für Affiliate-Programme mit stark reglementierter Partnerauswahl kommen Meta-Netzwerke daher wohl nicht in Frage. Es ist jedoch absehbar, dass sich die Betreiber von Meta-Netzwerken zu dieser Problemstellung noch eine Lösung einfallen lassen. Schließlich sind Meta-Netzwerke in einem noch sehr frühen Entwicklungsstadium.

2.9 Affiliate-Marketing in Eigenregie

Wenn Sie Ihr Affiliate-Programm in Eigenregie betreiben möchten, benötigen Sie eine Tracking-Software. Ferner wird eine Vertragsgrundlage zwischen dem Shop-Betreiber und seinen Affiliates benötigt (vgl. Kapitel 2.9.2). Natürlich werden ebenfalls Werbemittel und ein Provisionsmodell benötigt (vgl. Kapitel 2.6 und 2.7).

Die Tracking-Software sollten Sie jedoch nicht selbst programmieren. Es ist ein enormes Know-how erforderlich, um ein perfektes Tracking sicherzustellen. Zweckmäßiger ist es, auf eine fertige Partnerprogramm-Software zuzugreifen, die genau darauf spezialisiert ist.

2.9.1 Partnerprogramm-Software

Es gibt verschiedene Anbieter von Partnerprogramm-Software. Diese Software lässt sich sowohl für normale Webseiten nutzen, die nur wenige Produkte verkaufen (z. B. ein Stromanbieter, der drei Tarife verkauft), als auch für Online-Shops mit mehreren zehntausend Produkten.

Hier einige Beispiele für derartige Software:

Post Affiliate Pro, Website: https://www.postaffiliatepro.com
Sehr umfangreiche Software des US-amerikanischen Herstellers QualityUnit. Die Software basiert auf MySQL/PHP und wird international vertrieben. Es gibt auch eine deutsche Website.

QualityClick, Website: http://www.netslave.de
Die deutsche Software „QualityClick" des Anbieters NetSlave bietet alle wichtigen Funktionen zum Betrieb eines Partnerprogramms. Das Layout der Software lässt sich an das Design der eigenen Seite anpassen.

Ultimate Affiliate, Website: http://www.groundbreak.com
Die US-amerikanische Software „Ultimate Affiliate" von Groundbreak.com bietet alle Möglichkeiten einer flexiblen Anpassung. Sämtliche Daten werden sicher in einer Datenbank gespeichert. Sogar grafische Statistiken für die Partner werden geboten.

Für manche Shops gibt es mittlerweile auch integrierte Tracking-Module. Die Vorteile einer solchen vollständig integrierten Lösung gegenüber einer Drittsoftware liegen auf der Hand:

- Es muss keine Drittsoftware gewartet und gepflegt werden. Die Wartungs- und Pflegekosten sind daher geringer.

- Die Lernkurve für die Shop-Manager ist geringer, da kein neues Interface erlernt werden muss.

- Der Tracking-Code installiert sich quasi automatisch. Fehlerquellen werden reduziert. Bei der Verwendung einer Drittsoftware geht die Integration unter Umständen mit großem Aufwand einher, da ein Großteil der Seiten dynamisch zur Laufzeit generiert wird und eine IT-Kompetenz für die Integration vom Anwender erforderlich ist.

- Es fallen in der Regel keine laufenden Lizenzkosten an, so wie bei mancher Drittsoftware.

2.9.2 Juristische Aspekte

Möchte ein Unternehmen seine Produkte und/oder Dienstleistungen über Affiliate-Marketing vertreiben und nutzt hierzu ein Affiliate-Netzwerk, so werden die vertraglichen Aspekte in der Regel vom Netzwerkbetreiber geregelt. Die Netzwerkbetreiber haben Standardverträge, die mit Merchants und Affiliates abgeschlossen werden. Diese sind vielfach erprobt und haben in der Regel keine Lücken.

Möchte ein Unternehmen hingegen kein Affiliate-Netzwerk nutzen, sondern sein Partnerprogramm in Eigenregie betreiben und direkt vermarkten, so wird ein Vertrag benötigt, der mindestens die nachfolgend beschriebenen Aspekte regeln sollte.

2.9.2.1 Vergütung und Zahlung

Es muss festgeschrieben werden, welches Ereignis zu einer Vergütung führt und wie hoch diese Vergütung ist. In manchen Fällen kann auch der Einbau einer Staffel in das Vergütungssystem sinnvoll sein. Ferner sollten feste Zahlungstermine vereinbart werden. Auch die Auszahlung ab einer bestimmten Mindestsumme ist weit verbreitet und dient der Reduzierung des administrativen Aufwandes. Dort, wo es relevant ist, muss eine

Regelung integriert sein, die das 14-tägige Widerrufsrecht bei Fernabsatzgeschäften berücksichtigt.

Eine möglichst exakte Protokollierung der Ereignisse, welche die Provision auslösen, sollte selbstverständlich sein.

2.9.2.2 Umgang mit Eigenklicks

Wird nicht ein Umsatz oder ein Lead provisioniert, sondern der Klick, so ist eine Regelung zu integrieren, wie mit Eigenklicks umgegangen werden soll.

2.9.2.3 Werbliches Umfeld

Wichtig sind sicherlich auch Regelungen, die das werbliche Umfeld betreffen. Zwar kann ein Merchant einen Affiliate auch ablehnen, weil dessen Website nicht in das werbliche Umfeld passt. Aber ist der Affiliate erst einmal angenommen, kann dieser die vom Merchant bereitgestellten Werbemittel überall dort einsetzen, wo er einen Zugang hat, zumindest aus technischer Sicht. Sicherlich würde es ein seriöser Händler von Damenoberbekleidung nicht imagefördernd finden, wenn seine Werbemittel plötzlich auf Adult-Websites auftauchen. Es empfehlen sich daher entsprechende vertragliche Regelungen.

2.9.2.4 Laufzeit und Kündigung

Häufig anzutreffen sind Verträge, die auf unbestimmte Zeit geschlossen werden und jederzeit kündbar sind. Beiden Seiten sollte die Möglichkeit eingeräumt werden, sich bei außergewöhnlichen Gründen vorzeitig vom Vertrag zu lösen. Bei schwerwiegenden Vertragsverletzungen (z. B. Eigenklicks durch Missbrauch von Skripten oder Platzierung der Banner in imageschädigenden Umfeldern) sollte der Merchant stets ein Recht auf Sonderkündigung haben. Bei leichten Verstößen ist nach aktueller Rechtsprechung zunächst eine Abmahnung ratsam, in welcher der Teilnehmer darauf hingewiesen wird, dass im Wiederholungsfall eine Kündigung erfolgt.

2.9.2.5 Haftung

Haftung beim Affiliate-Marketing ist ein heikles Thema. Haftet etwa ein Affiliate, wenn der Merchant nicht über das Widerrufsrecht informiert? Oder wenn der Merchant Banner zur Verfügung stellt, die gegen das Markenrecht verstoßen und der Affiliate diese in gutem Glauben einsetzt? Haftet der Merchant, wenn der Affiliate Keyword-Anzeigen schaltet und dort Markennamen von Konkurrenzprodukten verwendet? In der Tat sind wettbewerbswidrige Angebote, Verstöße gegen Markenrecht oder Urheberrechtsverletzung nur die Spitze des Eisbergs.

Die Vertragsbedingungen des Affiliate-Programms sollten für diese Fragen und Problemstellungen Regelungen enthalten. Es versteht sich von selbst, dass der eigentliche Vertragstext entweder von einem Juristen erstellt werden oder zumindest abschließend geprüft werden sollte.

2.9.2.6 Datenschutz

Sofern personenbezogene Daten gespeichert und/oder genutzt werden, sollten auch datenschutzrechtliche Aspekte im Vertragswerk Berücksichtigung finden.

In der Praxis empfiehlt es sich, einen versierten Anwalt einzuschalten oder anwaltlich geprüfte Vertragsmuster als Grundlage zu verwenden.

2.9.3 Praxisbeispiele für Vermarktung in Eigenregie

Die nachfolgenden Praxisbeispiele zeigen, dass Affiliate-Marketing in Eigenregie durchaus für Marktteilnehmer verschiedenster Größe und Couleur eine echte Option ist.

Praxisbeispiel 1

Tarifcheck.de betreibt sein Affiliate-Programm in Eigenregie und über das Netzwerk Awin.

Praxisbeispiel 2

Auch wenn Ihr Markt klein ist und nicht in die Kategorie der häufig im Internet gekauften Produkte fällt, kann Affiliate-Marketing erfolgreich eingesetzt werden, wie das folgende Praxisbeispiel zeigt. Hammergel.de war rund zehn Jahre erfolgreich im deutschen Markt, bevor der Vertrieb im Jahr 2015 an den Distributor aus England vergeben wurde. Hier die Erfolgsgeschichte:

Der Anbieter http://www.hammergel.de trat Ende 2005 in den Markt ein. Einziges Produkt war ein Energiegel, welches primär für Ausdauersportler relevant ist. Das Gel wird bei Trainingseinheiten zwischen ein und sechs Stunden und in Wettkämpfen konsumiert. Es soll eine konstante Energiezufuhr sicherstellen.

Der Markt für ein derartiges Produkt ist relativ klein. Zielgruppe sind Triathleten, Marathonläufer, ambitionierte Radsportler und andere Extremsportler. Das Angebot wurde bei Affilinet.de abgelehnt. AdButler.de äußerte große Vorbehalte, was die Erfolgschancen angeht, und war nur bereit, das Programm gegen eine gesonderte Setup-Fee aufzunehmen. Zanox.de erteilte noch nicht einmal eine Antwort und CJ verlangte 2.500 Euro Setup-Fee, was für den kleinen Anbieter hammergel.de entschieden zu viel war.

Die Lösung aus diesem Dilemma war der Einstieg ins Affiliate-Geschäft in Eigenregie.

In einem ersten Schritt wurde die technische Basis geschaffen. Der Open-Source-E-Commerce-Shop wurde um eine Tracking-Komponente erweitert.

Im zweiten Schritt wurde ein Vertrag entworfen, der jedem Partner angeboten werden sollte.

Parallel wurden Werbemittel erstellt und auf einer Internetseite verankert.

Anschließend wurden eine Seite zur Bewerbung des Partnerprogramms erstellt und verschiedenste Website-Betreiber direkt per E-Mail oder Telefon kontaktiert. Ferner wurde das Programm in das Partnerprogramm-Verzeichnis von 100Partnerprogramme.de eingetragen.

Im Ergebnis wurden in den ersten drei Monaten nach Initiierung des Programms 30 Partner geworben. Rund 40 Prozent erzielen ansehnliche Umsätze.

Um die Basis der Partner zu verbreitern, wurde vier Monate nach Initiierung des eigenen Partnerprogramms zusätzlich die Mitgliedschaft im Affiliate-Netzwerk http://www.superclix.de angestrebt. Eine zwischenzeitlich fertiggestellte Analyse ergab, dass dieses Netzwerk über sehr viele Programme aus dem Umfeld Sport verfügt, was Anlass zur Hoffnung gab, dass Hammergel auch bei diesem vergleichsweise kleinen Anbieter geeignete Partner finden würde. Tatsächlich stellten sich auch hier bereits nach zwei Monaten beachtliche Erfolge ein.

Praxisbeispiel 3

Die Travelplus Group GmbH aus Münster vermarktet über mehrere Websites[42] Sprachreisen, Auslandspraktika und Schüleraustauschprogramme. Das Unternehmen versteht sich in diesem Segment laut Website als Marktführer. Für die unterschiedlichen Sparten wurde jeweils ein Affiliate-Programm entwickelt. Die Programme werden in Eigenregie betrieben. Entsprechende Detailinformationen sind unter der URL http://www.e-traffix.de/programme.php zu finden.

Offensichtlich hat das Unternehmen unter der URL http://www.e-traffix.de alle Informationen zu den Programmen gebündelt. Man findet dort auch Ansprechpartner, die Bedingungen (AGBs), die Werbemittel und das Partner-Log-in. Selbstverständlich ist das Bewerbungsformular ebenfalls dort verankert. Interessierten Affiliates ist es möglich, sich gleichzeitig für mehrere Programme des Unternehmens anzumelden.

Tipp

Wenn Sie unsicher sind, ob ein Affiliate-Programm in Eigenregie die Kosten für die technische Umsetzung rechtfertigt, dann nutzen Sie zunächst die Technologie eines kleineren, günstigen Affiliate-Netzwerkbetreibers. Auch wenn über dessen Netzwerk keine Partner anwerben werden und Sie diese selbst akquirieren müssen, so sparen Sie doch zumindest die Kosten für die Erstellung eines eigenen Tracking- und Verwaltungsprogramms. Dies können Sie später immer noch erstellen.

---

[42] http://www.carpe.de, http://www.travelworks.de, http://www.schueleraustausch-international.de, Abruf 02.10.2018.

2.10 Vermarktungsstrategie für das Partnerprogramm

Um heute mit Affiliate-Marketing erfolgreich zu sein, müssen einige wesentliche Faktoren berücksichtigt werden. Wenn sich die Strategie auf das bloße Einstellen eines Partnerprogramms in ein Affiliate-Netzwerk reduziert, wird sich in den seltensten Fällen ein Erfolg einstellen, denn es gibt heute eine Unmenge von Affiliate-Programmen. Mittlerweile sind die großen Netzwerkbetreiber sogar ausgesprochen selektiv bei der Annahme weiterer Partner. Deshalb müssen erfolgreiche Affiliate-Programme aus der Masse herausragen. Folgende Aspekte sollten mindestens Berücksichtigung finden:

- Affiliate-Marketing ist eine 24/7-Aufgabe. Beobachten Sie das Umfeld und die Mitbewerber. Achten Sie auf Missbrauch und Verstöße gegen getroffene Vereinbarungen.
- Suchen Sie proaktiv nach geeigneten Partnern. Manchmal führen wenige „Quality-Partner" zu mehr Umsatz als viele „Quantity-Partner". Sprechen Sie geeignete Webseitenbetreiber per Telefon oder E-Mail direkt an.
- Versuchen Sie außerdem, Ihr Partnerprogramm über andere Kanäle publik zu machen, beispielsweise über Pressetexte oder Postings in Foren.
- Pflegen Sie Ihre Affiliates gut, besonders die umsatzstärksten. Die Pflicht ist eine regelmäßige Kommunikation und ein guter Hotline-Support (E-Mail oder Telefon, je nach Größe). Die Kür ist, die Top-Affiliates von Zeit zu Zeit aktiv zu kontaktieren.
- Arbeiten Sie regelmäßig an Ihren Werbemitteln. Erstellen Sie neue Werbemittel mit verkaufsförderndem Charakter. Nicht das Branding interessiert den Affiliate, sondern die Transaktion. Kommunizieren Sie den Affiliates, welche Werbemittel die besten Klickraten und die besten Conversions erzielen. Spornen Sie so Ihre Affiliates an, öfter mal die Werbemittel auszutauschen und zu experimentieren.
- Bieten Sie eine attraktive und transparente, einfach zu berechnende Vergütung.

2.10.1 Anbieter von Partnerprogramm-Verzeichnissen

Ähnlich wie Affiliate-Netzwerkbetreiber bringen auch die Anbieter von Partnerprogramm-Verzeichnissen die Merchants mit den Affiliates zusammen. Der wesentliche Unterschied jedoch ist, dass die Verzeichnisanbieter keine Technologie bereitstellen und keine operativen Dienstleistungen erbringen. Die Verzeichnisanbieter listen lediglich Partnerprogramme und bieten verschiedene Differenzierungs- und Suchmöglichkeiten an, um dem Besucher eine gezielte Auswahl zu ermöglichen. Dabei ist es egal, ob die gelisteten Programme in Eigenregie, über ein Netzwerk oder über beides vermarktet werden. Partnerprogramm-Verzeichnisse haben also eine reine Vermittlerfunktion. In vielen Fällen fließt für diese Vermittlung eine Provision.

> **Praxisbeispiel**
>
> Beim Partnerprogramm-Verzeichnis http://www.100partnerprogramme.de sind nach eigenen Aussagen im September 2018 über 10.500 Partnerprogramme gelistet. Rund 550 Programme werden in Eigenregie bzw. über eines oder mehrere Netzwerke und in Eigenregie betrieben. Beispiele für Partnerprogramme, die mit Stand Oktober 2018 ausschließlich in Eigenregie vermarktet werden, sind: dress-for-less, https://www.100partnerprogramme.de/p/dress-for-less-de-1365/, eBay Partnernetwork, https://www.100partnerprogramme.de/p/ebay-de-1433/ oder creditmaxx.eu, https://www.100partnerprogramme.de/p/credimaxx-de-1029/.

2.10.2 Konsolidierung auch bei deutschsprachigen Verzeichnissen

Ähnlich wie bei den Affiliate-Netzwerken ist es auch bei den Partnerprogramm-Verzeichnissen in den letzten drei Jahren zu einer Konsolidierung gekommen. Zumindest in Deutschland. Partnerprogramme.de, welches bereits 1999 gegründet wurde, war eines der ersten deutschsprachigen Internetportale für Partnerprogramme. Heute führt die Domain partnerprogramme.de zu 100partnerprogramme.de. Partnerprogramme.com, welches Ende 1998 online ging und somit ebenfalls zu den ersten deutschsprachigen Partnerprogramm-Verzeichnissen zählte, gibt es nicht mehr. Das Verzeichnis umfasste im Mai 2015 noch über 1.775 handverlesene Programme. Auch Partnerprogramm24.de, welches ebenfalls bereits seit 1998 bestand und eine Mischung ausgewählter Programme aus verschiedenen Rubriken beinhaltete, gibt es heute nicht mehr.

In Deutschland ist mit Stand 2018 100Partnerprogramme.de der unangefochtene Platzhirsch unter den Partnerprogramm-Verzeichnissen. 100Partnerprogramme.de gibt es seit 2002 und sollte zunächst eine reine Auflistung von interessanten Partnerprogrammen werden. Inzwischen ist das Angebot zum umfassenden Portal gewachsen und bietet zahlreiche Filter- und Suchfunktionen. Gegründet wurde das Portal von Karsten Windfelder, einem Pionier der Affiliate-Marketing-Szene in Deutschland. Mit Wirkung zum 1. Februar 2015 übernahm die SUPER AFFILIATE NETWORK GmbH das Portal.

2.11 Strategische Dimension und Querverbindungen

Zwar weist Affiliate-Marketing zahlreiche Querverbindungen zu und Abhängigkeiten von anderen Online-Marketing-Disziplinen auf. Bitte lesen Sie hierzu das Kapitel **Fehler! Verweisquelle konnte nicht gefunden werden.**. Eine hohe strategische Relevanz dürfte Affiliate-Marketing jedoch nur in wenigen Fällen aufweisen. In den vergangenen drei Jahren ist der Markt eher schwieriger geworden. Große Netzwerke nehmen lange nicht mehr jedes Angebot in ihr Portfolio auf. Teilweise sind die Märkte verteilt. Newcomer, die ohne bekannte Markennamen bestehen müssen, haben es demzufolge schwer.

Überall dort, wo Margen sehr gering sind, verschmälert die Provision, die Affiliate-Netzwerke für ihre Dienstleistung nehmen, den Gewinn der Unternehmen zusätzlich. Es ist daher nicht verwunderlich, dass sich in den vergangenen Jahren etliche größere Unternehmen aus den Affiliate-Netzwerken zurückgezogen haben. Manche von ihnen betreiben nur noch ein Affiliate-Programm in Eigenregie. Andere betreiben gar kein Affiliate-Marketing mehr.

Kleinere und mittelgroße Anbieter haben es in den großen Netzwerken ohnehin schwer. Ein großes Netzwerk verdient nur dann etwas, wenn auch verkauft wird. Das Gleiche gilt für den Affiliate. Produkte mit einer geringen Bekanntheit verkaufen sich aber deutlich schlechter als Produkte, die einen klingenden Markennamen haben. Ohne klingenden Markennamen helfen oft nur extrem attraktive Provisionen. Die aber drücken auf die Marge. Strategisch ist Affiliate-Marketing daher nicht mehr unbedingt ein Zukunftsthema.

Nichtsdestotrotz kann Affiliate-Marketing für bestimmte Unternehmenstypen von Bedeutung sein. Hat ein Unternehmen ein gutes Produkt, aber geringe Marketing-Budgets, so kann es versuchen, seine Vermarktung über Affiliates zu betreiben. In einem solchen Fall wäre es dann sinnvoll, bei der Ausgestaltung des Affiliate-Programms auch Suchmaschinenoptimierung und Keyword-Advertising zu erlauben. Das wird jedoch nur dann von Erfolg gekrönt sein, wenn der Affiliate eine entsprechende Verdienstmöglichkeit hat. Die Provision muss demnach vielversprechend ausgestaltet sein, damit ein Affiliate auch auf sein Risiko in Keyword-Advertising oder andere Aktivitäten investiert. Unternehmen, die über entsprechende Budgets verfügen oder gar einen klingenden Markennamen haben, tendieren heute immer mehr dazu, dieses Geschäft selbst zu machen.

2.12 Zusammenfassung

Der Charme des Affiliate-Marketings ist, dass nur im Erfolgsfall eine Vergütung in Form einer Provision fällig wird. In den meisten Fällen ist der Erfolgsfall als ein Kauf definiert und die Provision als Prozentsatz vom Umsatz. Der Aufwand und die Kosten für den Betrieb eines Affiliate-Programms dürfen jedoch nicht unterschätzt werden. Möchte man Affiliate-Marketing über ein Netzwerk betreiben, so fallen zumindest bei den großen Netzwerken sogenannte Setup-Gebühren an. Diese betragen zwischen 2.000 und 5.000 Euro. Die Erstellung der initial benötigten Werbemittel schlägt noch einmal mit dem gleichen Betrag zu Buche. Hinzu kommen die Personalkosten für die Betreuung des Programms. Anfragen müssen beantwortet, Beschwerden bearbeitet, Provisionsansprüche geprüft und freigegeben werden, und in vielen Fällen ist auch die aktive Akquisition von potenziellen Affiliates ein wichtiger Tätigkeitsbereich im Management eines Affiliate-Programms. Viele Unternehmen übernehmen diese Aufgaben nicht in Eigenregie, sondern lagern sie an Spezialagenturen aus.

Zusammenfassung

Die genannten Zahlen machen deutlich, dass Affiliate-Marketing über große und etablierte Netzwerke für kleine Angebote oder Nischenmärkte nur bedingt sinnvoll ist. Für mittelgroße und große Angebote ist es jedoch fast schon Pflicht. Affiliate-Marketing kann einen beträchtlichen Beitrag zum Branding leisten. Auch wenn die Werbebanner eines Merchants nur angezeigt werden, entsteht ein Wert: Die Marke des Merchants wird bekannter. Gezahlt werden muss aber zunächst nichts. Der Merchant erhält durch Affiliate-Marketing also nicht nur zusätzliche Umsätze, sondern auch ein quasi kostenloses Branding. Daneben erfolgt in der Regel nur dann eine Vergütung, wenn ein Verkauf getätigt wurde.

Merchants mit schmalem Budget müssen sich aber von den Kosten nicht abschrecken lassen. Es gibt auch Affiliate-Netzwerke, die keine Setup-Gebühren verlangen. Das sind kleinere Netzwerke, die lange nicht so viele Partner haben wie die Großen. Aber wie sagt der Volksmund: Kleinvieh macht auch Mist. Und wer weiß — häufig generieren fünf bis zehn Affiliates 80 Prozent des Umsatzes, der über Affiliate-Marketing entsteht. Es reichen also oft zwei oder drei wirklich gute Affiliates, um den Umsatz substanziell zu steigern.

Merchants mit wenig Budget und viel Zeit können Affiliate-Marketing auch in Eigenregie betreiben. Das spart die zusätzliche Provision für das Affiliate-Marketing-Netzwerk. Diese liegt in der Regel bei 30 Prozent dessen, was der Shop-Betreiber an die Affiliates zahlt. Der Arbeitsaufwand ist natürlich höher, weil die Affiliates in mühevoller Kleinarbeit selbst akquiriert werden müssen.

Die Ausführungen in diesem Kapitel haben gezeigt, dass Affiliate-Marketing ein großes Chancenpotenzial bietet — für die Affiliates, die Netzwerkbetreiber und die Merchants. Das Basisprinzip des Affiliate-Marketings ist, dass es sich für alle Beteiligten lohnen muss. Ist dies der Fall, so kann mit relativ kleinem Budget recht viel erreicht werden.

Doch wie in anderen Marketing-Disziplinen auch entscheiden viele Details über den Erfolg oder den Misserfolg eines Engagements in Affiliate-Marketing. Die Goldgräberzeiten im Affiliate-Marketing sind vorbei. Es gibt mittlerweile Hunderte, ja Tausende Affiliate-Programme. Heute habe diejenigen Erfolg, die eine gute Vermarktungsstrategie haben und diese auch mit Konsequenz und Disziplin umsetzen. Affiliate-Marketing ist ein 24/7-Geschäft. Die Konkurrenz schläft nie. Hohe Anreize durch attraktive Konditionen, guter Service, proaktive Kommunikation mit den Partnern und erstklassige Werbemittel sind heute Pflicht, wenn man mit Affiliate-Marketing Erfolg haben will.

E-Mail-Marketing

Hintergründe, Formen und Problemstellungen des E-Mail-Marketings

3 E-Mail-Marketing

E-Mail-Marketing entwickelt sich zu einem Standardinstrument im Marketing-Konzept vieler Unternehmen. Zahlreiche Studien belegen dies immer wieder. Trotzdem verschenken viele Unternehmen noch Potenzial durch den semiprofessionellen Umgang mit E-Mail-Marketing.

In diesem Kapitel finden Sie:

- relevante Hintergrundinformationen und Marktzahlen,
- eine Erörterung relevanter Problemstellungen des E-Mail-Marketings aus technischer, juristischer und inhaltlicher Sicht,
- Hinweise zu Gestaltungs- und zu Konzeptionsfragen,
- Hinweise für den Kauf von E-Mail-Adressen,
- Hinweise auf die wichtigsten Faktoren für ein erfolgreiches E-Mail-Marketing,
- bewährte Tipps und Checklisten sowie
- anschauliche Praxisbeispiele aus verschiedenen Bereichen.

3.1 Definition und Begriffsabgrenzung

E-Mail-Marketing ist eine Form des Direktmarketings per E-Mail. Ähnlich wie die anderen Marketing-Instrumente im Online-Marketing-Mix dient auch E-Mail-Marketing primär dazu, den Benutzer auf die unternehmens- oder organisationseigene bzw. auf eine ganz bestimmte Website zu führen oder ihn zu einer bestimmten Transaktion zu bewegen. Der Absender schickt hierzu eine E-Mail – die im Idealfall personalisiert ist – an verschiedene Mitglieder seiner Zielgruppe. Im klassischen Fall besteht eine solche E-Mail aus einer Kopfzeile mit dem Firmenlogo des Absenders, einem Inhaltsverzeichnis, einem Editorial und einzelnen Meldungen. Diese wiederum enthalten im Normalfall einen kurzen, einführenden Text (Teaser) und einen Link, der zu weiterführenden Informationen auf die Ziel-Website führt. Die Ziel-Website kann die unternehmens- bzw. organisationseigene Website sein, es kann sich aber auch um eine eigens für eine bestimmte Kampagne eingerichtete Seite handeln (Landing-Page). Die Abbildung 3.1 zeigt eine solche E-Mail.

Abbildung 3.1   Beispiel für den klassischen Aufbau eines E-Mailings

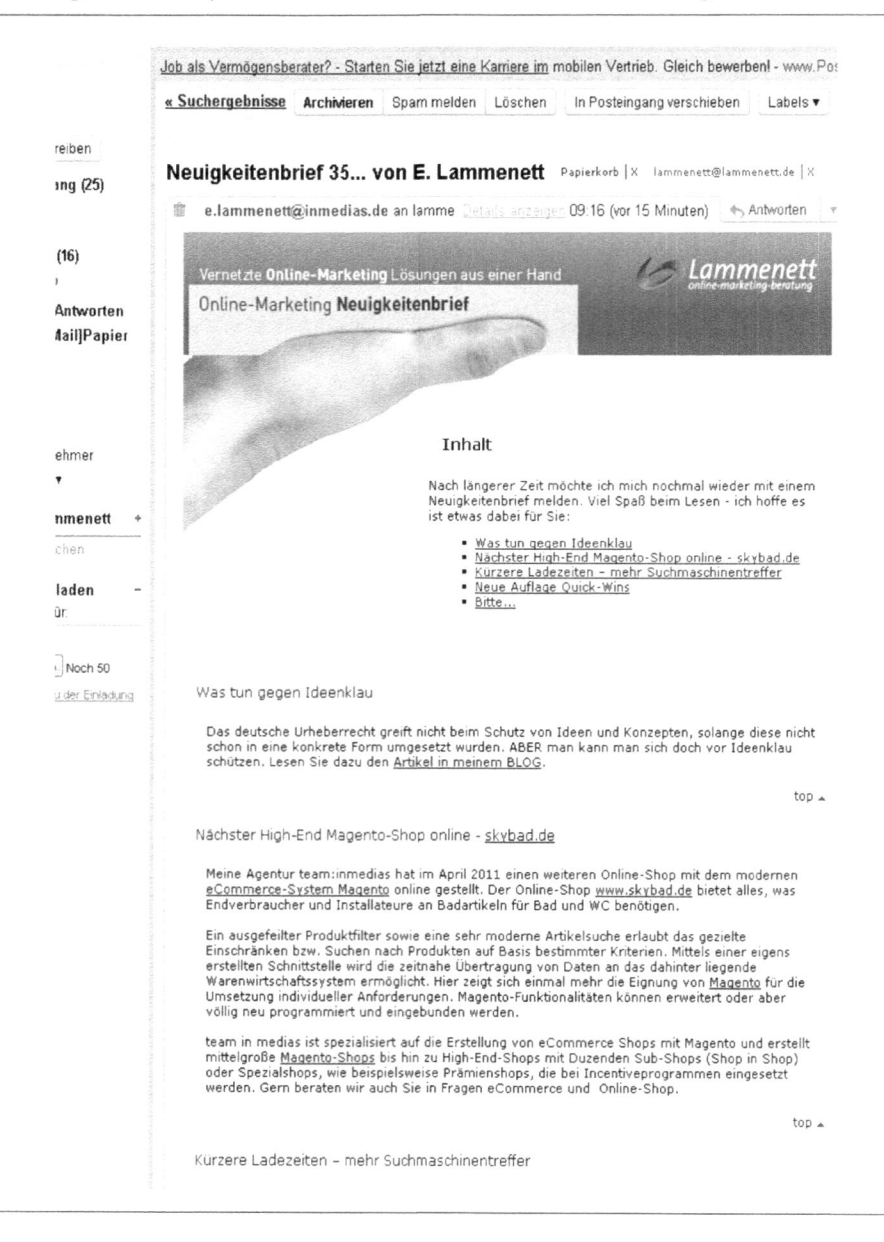

Durch die steigende Bandbreite wird ein anderer E-Mailing-Typus immer populärer. Hierbei werden immer großflächigere Bilder im E-Mailing eingesetzt, getreu dem Motto: Ein Bild sagt mehr als 1.000 Worte. Abbildung 3.2 zeigt ein Beispiel für ein Werbe-E-Mailing. Im Mailing wurden mehrere Angebote beworben und ein Rabatt in Höhe von 35 Prozent offeriert. Auch die Verwendung von Gutscheincodes in E-Mailings kann ein spannendes Mittel sein, um die Attraktivität eines E-Mailings zu erhöhen. Ein Beispiel finden Sie in der Abbildung 3.3.

Abbildung 3.2   Beispiel für den Aufbau eines E-Mailings mit großflächigem Bild

Abbildung 3.3   Beispiel für den Aufbau eines E-Mailings mit großflächigem Bild und Gutscheincode

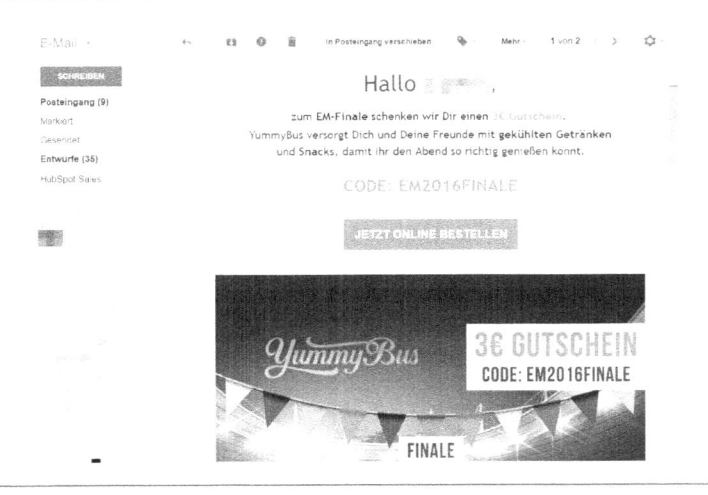

Bei der Gestaltung von Massen-E-Mails sind der Phantasie kaum Grenzen gesetzt. Häufig werden auch E-Mailings versendet, die in der Anmutung einer normalen E-Mail ähneln (mit und ohne Anhang), so wie im Beispiel in Abbildung 3.4.

Abbildung 3.4 Massen-E-Mailing in der Anmutung einer „normalen" E-Mail

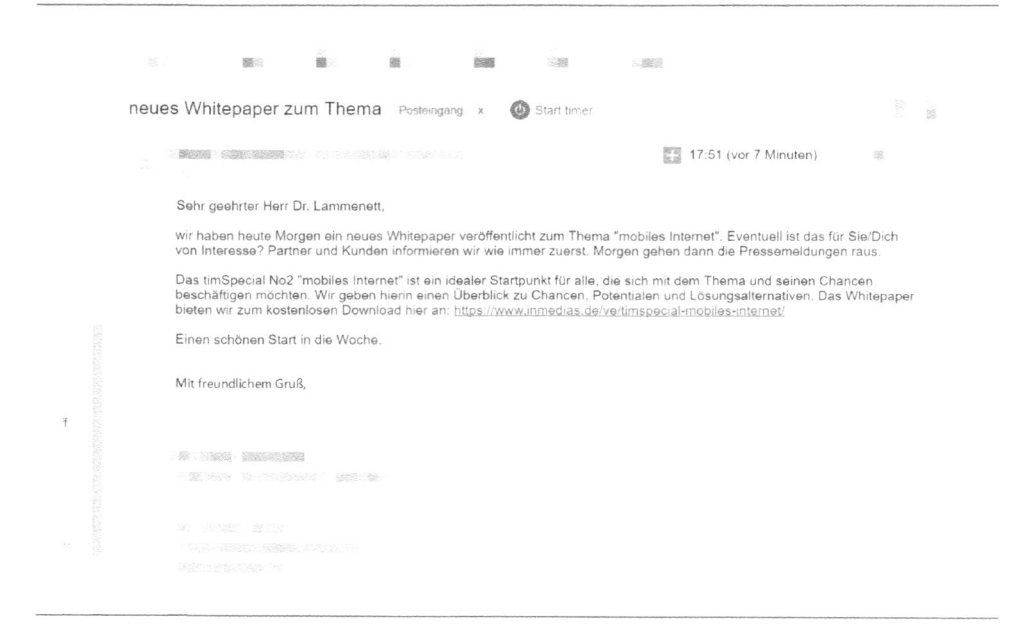

Grundsätzlich existieren innerhalb des E-Mail-Marketings unterschiedliche Ausprägungen. Am häufigsten werden derzeit die Stand-Alone-Kampagne, der Newsletter und das Newsletter-Sponsorship eingesetzt. Einen kurzen Überblick über die einzelnen Formen des E-Mail-Marketings geben die folgenden Kapitel.

3.1.1 Stand-Alone-Kampagne/E-Mailings

Die Stand-Alone-Kampagne – auch E-Mailing genannt – hat üblicherweise eine beschränkte Laufzeit. Sie dient dazu, ein Produkt, eine Dienstleistung oder ein Unternehmen einer zuvor definierten Zielgruppe näherzubringen. Häufig werden Stand-Alone-Kampagnen im Rahmen von Markteinführungen eingesetzt. Nicht selten ist auch die verstärkte Bewerbung von saisonabhängigen Produkten oder Dienstleistungen Gegenstand einer Stand-Alone-Kampagne. Als elektronisches Pendant zu traditionellen Direktmailings – also postalisch zugestellten Briefen – besteht die Stand-Alone-Kampagne in der Regel aus einer oder mehreren Aussendungen zu einem Thema.

Tabelle 3.1   Beispiel Stand-Alone-Kampagne

Beispiel: Stand-Alone Kampagne für einen Energieversorger an vier Millionen Empfänger	
Angebot: Günstiger, umweltfreundlicher Strom	
Anzahl der Aussendungen: 4	
Zeitpunkt der Aussendung	**Tenor der Aussendung**
Mai	Fokus: Warum empfiehlt xyz Trianel-Energie.de?
Juni	Produkt: 100 % Ökostrom, und das auch noch günstig.
September	Incentive: Begrüßungsgeschenk Stromspar-Detektiv.
Oktober	Impuls: Was können Sie tun? Vergleichen Sie doch mal.

3.1.2 Newsletter

Newsletter erscheinen regelmäßig und dienen meist der Bindung von Kunden und Interessenten über die Bereitstellung von für sie nützlichen Inhalten. Häufig werden Newsletter auch genutzt, um immer wieder Kommunikationsanlässe zu schaffen und der Zielgruppe neue Angebote zu unterbreiten. Manche Unternehmen oder Organisationen bieten ihren Abonnenten diese Zusammenstellung redaktionell aufbereiteter Inhalte sogar täglich an. Häufig handelt es sich hierbei aber um Zeitschriften oder Nachrichtenagenturen, die ohnehin über ausreichend redaktionelle Inhalte verfügen. Üblich sind wöchentlich, zweiwöchentlich oder monatlich erscheinende Newsletter. Diese Form des E-Mail-Marketings ist vergleichsweise aufwändig. Sie bedingt in der Regel den Einsatz eines professionellen E-Mail-Marketing-Tools (vgl. hierzu auch Kapitel 3.2.3) und erfordert einen regelmäßigen redaktionellen Aufwand.

3.1.3 Newsletter-Sponsorship

Im Gegensatz zum eigenen Newsletter können Unternehmen und Organisationen beim Newsletter-Sponsorship ihre Werbebotschaft und den Link auf die entsprechende Seite im Newsletter eines anderen Unternehmens oder eines kommerziellen Anbieters unterbringen. Häufig nutzen sie dabei einen gekauften Werbeplatz in einem etablierten Newsletter mit bekannter Zielgruppe. Diese Form des E-Mail-Marketings erfordert keine eigene technische Infrastruktur und keinen eigenen Adressbestand. Die Durchführung erfolgt nach Bedarf und kommt daher je nach Ausführungshäufigkeit entweder dem klassischen Newsletter oder der Stand-Alone-Kampagne nahe.

3.1.4 Enhanced Newsletter

Hierbei handelt es sich um eine vom Autor entwickelte Newsletter-Form. Der Enhanced Newsletter beinhaltet Informationen von mehreren Unternehmen. Für jedes einzelne dieser Unternehmen ist der Aufwand für den Betrieb eines regelmäßigen Newsletters zu hoch und/oder zu teuer. Schließen sich jedoch mehrere Unternehmen zusammen, um einen Newsletter zu etablieren, verteilen sich die Kosten entsprechend und der Nutzwert steigt. Die Unternehmen sollten dabei nicht in Konkurrenz zueinander stehen und trotzdem die gleiche Zielgruppe ansprechen. Auf diese Weise kann ein sehr interessanter News-Mix entstehen, der zu einer hohen Akzeptanz des Newsletters und zu hohen Klickraten führt. Ein weiterer Vorteil dieses E-Mail-Marketing-Typs ist, dass er eine deutliche Verbreiterung der Empfängerbasis mit sich bringt.

3.1.5 E-Mail-Responder

Bei dieser Form des E-Mailings handelt es sich um eine automatisierte Übermittlung angeforderter Informationen. Die Initiative geht dabei vom Kunden bzw. Interessenten aus – ähnlich wie z. B. bei einem Faxabruf. Der Kunde bzw. Interessent hinterlässt seine E-Mail-Adresse in einem Anforderungsformular im Internet und erhält innerhalb weniger Minuten die gewünschte Information. Gibt der Kunde bzw. Interessent sein Einverständnis, so kann der Anbieter des E-Mail-Responders die angegebene E-Mail-Adresse für weitere Anschreiben nutzen.

3.2 Problemstellungen des E-Mail-Marketings

E-Mail-Marketing bringt grundsätzlich eine Reihe von Problem- und Fragestellungen mit sich. Neben inhaltlichen bzw. konzeptionellen und juristischen Aspekten, auf die im Folgenden noch gesondert eingegangen wird, ist die Beschaffung von E-Mail-Adressen ein zentraler Punkt. Hat ein Unternehmen keinen eigenen E-Mail-Adressbestand, so bleiben ihm letztlich nur die Möglichkeiten des Kaufs oder der Anmietung geeigneter Adressen. Ähnlich wie beim klassischen Direktmarketing gibt es zahlreiche Dienstleister und Adress- bzw. Listbroker, die Adressen zum Kauf oder zur Miete anbieten. Die Qualitätsunterschiede des angebotenen Adressmaterials sind jedoch sehr groß, weshalb Unternehmen gut damit beraten sind, eine große Sorgfalt bei der Lieferanten- bzw. Partnerwahl walten zu lassen. Bitte lesen Sie hierzu auch den Exkurs „Formatauswahl" auf den folgenden Seiten.

3.2.1 Das Spamfilter- und Blacklist-Problem

Damit die Zielpersonen über die E-Mail auf die Ziel-Website oder eine eigens entwickelte Landing-Page gelangen, müssen mehrere Hürden genommen werden. Zunächst muss die E-Mail im Postfach des Empfängers ankommen. Dies können Firewalls, Blacklists und Spamfilter verhindern.

Der Versand von unerwünschter E-Mail-Werbung hat in den letzten Jahren erheblich zugenommen. Daran haben auch die verschärften Gesetze nicht viel geändert (vgl. Kapitel 3.2.4). Der US-Filterspezialist Message Labs, mittlerweile von der Firma Symantec übernommen, ging noch im Jahr 2008 davon aus, dass über die Hälfte aller weltweit versendeten E-Mails Spam sind. Im Juni 2008 verkündete das Unternehmen die höchste Spam-Quote seit 15 Monaten. Zwei Jahre später, im März 2010, meldete Message Labs einen Anstieg der Quote auf sagenhafte 89,4 Prozent. Das Unternehmen Alt-N gab in seinem „E-Mail Threat Trend Report" vom ersten Quartal 2012 an, dass pro Tag rund 94 Milliarden Spam-Mails verschickt werden. Dieser Wert machte etwa 80 Prozent aller weltweit versendeten E-Mails aus.[43] Noch alarmierender ist jedoch der Umstand, dass die Zahl der durch E-Mails verbreiteten Schadprogramme um das Hundertfache gestiegen ist. Es ist daher kein Wunder, dass Internet-Service-Provider (ISP) und Hersteller von E-Mail-Clients ihre Kunden mit Spamfiltern und anderen Methoden vor dem unerwünschten Werbemüll schützen. Doch trotz vehementer Bemühungen vieler Akteure bleibt die Spam-Quote hoch. Eine Statistik der Entwicklung des Anteils an Spam-Mails in Unternehmen weltweit von April 2017 bis Juli 2018 zeigt immer noch Werte deutlich über 50 Prozent.[44] Im privaten Sektor ist es noch schlimmer. Laut „Strategien gegen die Geiselhaft durch Schadsoftware"[45] waren 2018 88 Prozent des gesamten E-Mail-Verkehrs Spam.

3.2.1.1 Spamfilter

Spamfilter überprüfen den Inhalt einer E-Mail nach bestimmten Kriterien und Ausdrücken bzw. Stichworten. Ist das Kriterium bzw. der Ausdruck in der E-Mail enthalten, wird die E-Mail aussortiert. Manche Spamfilter überprüfen auch, ob der Versender der E-Mail auf einer sogenannten Blacklist (vgl. Kapitel 3.2.1.2) steht. Ist dies der Fall, wird die E-Mail ebenfalls aussortiert.

Die Spamfilter werden jedoch zunehmend auch für seriöse E-Mail-Marketer zum Problem. Immer häufiger fallen erwünschte Newsletter den Filtern zum Opfer. In den USA wurden laut einer Studie des Unternehmens ReturnPath alarmierende 17 Prozent der erwünschten Newsletter geblockt. Aus Deutschland sind mir Fälle bekannt, bei denen sogar 50 Prozent der versendeten Newsletter in Spamfiltern der Internet Service Provider hängen bleiben. Es ist daher nicht verwunderlich, dass die durchschnittlichen Öffnungsraten von E-Mails und Newslettern stark rückläufig sind. So berichtet emarsys im „E-Mail Benchmark Report 2010", dass die Öffnungsrate von 56,48 Prozent im Jahr 2003 auf nur noch 29,29 Prozent in 2009 gefallen ist. Drei Jahre später, im Jahr 2012, lag die Öffnungsrate von Werbe-E-Mails bei 24,4 Prozent. Sie sank damit im Vergleich zum Vorjahr (26,3 Prozent) um 1,9 Prozent. Die Klickrate lag bei 9,1 Prozent und sank damit im Vergleich zum Vorjahr (11,8 Prozent) ebenfalls ab.[46] 2013 und 2014 sank die Öffnungs-

---

[43] Vgl. http://blog.ebertlang.com/2012/09/12/mailserver-belastung-94-milliarden-spam-mails-pro-tag, Abruf 22.11.2018.
[44] Vgl. http://de.statista.com/statistik/daten/studie/446308/umfrage/spam-anteil-weltweit-in-unternehmen, Abruf 22.11.2018.
[45] https://www.springerprofessional.de/schadsoftware/datensicherheit/zahl-der-hacker-angriffe-steigt/15351190, Zugriff 22.11.2018.
[46] Vgl. http://www.newsletter-blog.de/auswertung/zustell-oeffnungs-und-klickrate-in-deutschland-012012-2, Abruf 10.11.2018.

rate weiter. In unseren Regionen darf man 2018 im Durchschnitt mit einer Öffnungsrate von rund 20 bis 25 Prozent rechnen. Die Öffnungsrate schwankt in Abhängigkeit der Branche. So ist beispielsweise in der Inxmail-Studie „E-Mail-Marketing-Benchmark 2018"[47] von einer Öffnungsrate von 41,1 Prozent in der Branche „Freizeit und Touristik" zu lesen. Im Sektor „Beauty & Drogerie" waren es nur 16,4 Prozent. Die Klickrate liegt 2018 im Durchschnitt bei knapp unter vier Prozent.

Tipp

Moderne E-Mail-Marketing-Tools bieten hier Lösungsansätze und ermitteln beispielsweise die Wahrscheinlichkeit, mit der eine E-Mail als Spam klassifiziert wird. Ist diese Wahrscheinlichkeit zu hoch, muss der Absender die E-Mail entsprechend verändern, bis eine geringere Wahrscheinlichkeit des Scheiterns an Firewalls oder Spamfiltern erreicht ist. So erhöht der Absender die Erfolgschancen seiner E-Mail-Marketing-Aktion deutlich.

3.2.1.2 Blacklists

Eine weitere Problemstellung, die E-Mail-Marketer lösen müssen, ist der Umgang mit „schwarzen Listen" (engl. Blacklists) und auch sogenannten Greylists. Auf einer Blacklist stehen Server, die in Bezug auf E-Mail-Kommunikation negativ aufgefallen sind. Es werden von verschiedensten Gruppen Blacklists veröffentlicht. Dabei werden verschiedene Verfahren eingesetzt, auf die ich im Detail hier nicht eingehen werde. Internet Service Provider und E-Mail-Clients nutzen solche Blacklists, um E-Mails, die von auf derartigen Blacklists stehenden Servern kommen, als Spam auszusortieren oder zurückzuweisen.

Praxisbeispiele: Betreiber von Blacklists

- **APEWS:** Anonymous Postmaster Early Warning System ist ein anonymer Service, der spamverdächtige IP-Adressen und Domainnamen auflistet und in Form einer Blacklist bereitstellt. Angeblich wurde dieser Service von den Machern der SPEWS-Liste (Spam Prevention Early Warning System) ins Leben gerufen.

- **iX:** Das Magazin für professionelle Informationstechnik generiert seit 2003 zum Schutz der eigenen Infrastruktur eine Liste von Spamquellen, von denen vorübergehend keine E-Mails angenommen werden. Die Blacklist steht als Download zur Verfügung und wird viertelstündlich aktualisiert.

- **Spamhaus:** Spamhaus ist eine Non-Profit-Organisation, die es sich zur Aufgabe gemacht hat, Spam-Gangs zu bekämpfen und wirkungsvolle Anti-Spam-Methoden zu entwickeln. Schon im Juli 2008 waren bei Spamhouse rund 3.600 Server gelistet, davon 182 aus Deutschland. Aktuell sind es in Deutschland über 300. Spamhouse listet insgesamt über 100 professionelle Spam-Organisationen, die zusammen für geschätzte 80 Prozent des weltweiten Spams verantwortlich sind. Täglich blockiert

---

47 Vgl. https://www.inxmail.de/files/files/de/downloads/Inxmail-Studie-E-Mail-Marketing-Benchmark-2018-DE.pdf, Zugriff 01.10.2018.

Spamhouse 80 Milliarden Spam-Mails, was einem Wert von einer Million Spam-Mails pro Sekunde entspricht. Durch die Spamhaus-Listen werden mehrere Milliarden E-Mail-Nutzer vor Spam-Mails geschützt.

- **SURBL:** SURBL ist eine von einer Community gepflegte Blacklist, die schon viele Jahre im Einsatz ist.
- **URIBL:** Neben einer Blacklist werden bei URIBL auch Greylists und Whitelists betrieben.

Die unterschiedlichen Betreiber zeichnen sich durch mehr oder weniger aggressives Führen ihrer Listen aus. Es kann daher durchaus vorkommen, dass E-Mail-Versender aus Unwissenheit oder Unachtsamkeit auf eine Blacklist geraten. Beispielsweise weil der versendende Mailserver falsch konfiguriert wurde, weil der Mailserver von Hackern für die Versendung von Spam eingesetzt wurde oder weil einer von mehreren Benutzern eines Mailservers Spam versendet.

Ist man auf eine solche Blacklist geraten, muss zunächst die Ursache dafür identifiziert und abgestellt werden. Anschließend sollte ein Antrag auf Streichung beim jeweiligen Betreiber der Liste gestellt werden.

Tipp

Wenn Sie den Verdacht haben, auf eine oder mehrere Blacklists geraten zu sein, weil Ihre E-Mails nicht mehr ankommen, dann können Sie in der Regel bei den jeweiligen Betreibern der Listen nachsehen, ob Ihr Mailserver auf der Liste steht (z. B. http://lookup.uribl.com). Anstatt die Blacklists manuell zu durchsuchen, können Sie auch einen Monitorservice verwenden, der Sie regelmäßig darüber informiert, ob Ihr Mailserver auf eine Blacklist geraten ist oder nicht (z. B. http://www.blacklistmonitoring.com oder http://www.ipstuff.com/de). Das spart Zeit und erhöht die Sicherheit.

Zusätzlich zu den genannten öffentlich zugänglichen Blacklists führen einige Internet Service Provider (ISP) wie AOL oder T-Online mit hoher Wahrscheinlichkeit eigene Blacklists. Diese sind in der Regel nicht öffentlich zugänglich. Wenn Sie professionelles E-Mail-Marketing im B2C-Bereich betreiben, empfiehlt es sich daher, ein gesondertes Monitoring für die Auslieferung von E-Mails an die großen ISPs zu betreiben. Dieses kann manuell durchgeführt werden. Viel eleganter ist aber die Verwendung eines entsprechenden Dienstes, wie er heute in professioneller E-Mail-Marketingsoftware zu finden ist. Massenversender können die Zustellung ihrer E-Mails durch den Beitritt zu Whitelists positiv beeinflussen. Eine solche Whitelist ist quasi das Gegenteil einer Blacklist und wird beispielsweise von der Certified Senders Alliance (https://certified-senders.org) betreiben. Hier heißt es: *„Mailboxprovider wollen höchste Nutzerzufriedenheit erreichen, stehen dabei jedoch vor einer Herausforderung: Sie müssen ihre Nutzer vor unerwünschten E-Mails schützen und gleichzeitig garantieren, dass erwünschte E-Mails ankommen. Um ihre Nutzer vor Spam zu schützen, stellen Mailboxprovider ihre Filter scharf ein. Das kann jedoch auch dazu führen, dass erwünschte Nachrichten diese Filter nicht passieren, sondern fälschlicherweise als Spam gekennzeichnet werden und somit nicht beim Empfänger an-*

> kommen. Da die IP-Adressen von CSA zertifizierten Versendern auf der CSA Whitelist stehen und Mailboxprovider auf diese Whitelist zugreifen, werden diese als seriöse E-Mail Versender erkannt. Dadurch werden sie bei teilnehmenden Mailboxprovidern besser zugestellt. Eine Teilnahme an der Certified Senders Alliance bedeutet, dass serverseitige Spam-Filterungen in der Regel nicht greifen und eine Filterung, die eine Zustellung von Mails listengeführter Massenversender verhindert, ausschließlich durch individuelle Nutzereinstellungen erfolgen kann."[48]
> Der Beitritt ist allerdings kostenpflichtig. Die namhaftesten Deutschen ISPs, die an dieser Initiative teilnehmen, sind Web.de, Gmx.de, Lycos Europe, Freenet, Arcor und 1&1. Weitere Listen oder Authentifizierungsmaßnahmen dieser Art sind die AOL Extended Whitelist[49] oder die Absenderzertifizierung von ReturnPath[50].

3.2.2 Inhaltliche und konzeptionelle Problemstellungen

Ist die E-Mail im Postfach der Zielperson angekommen, bedeutet dies noch lange nicht, dass der Empfänger sie auch liest. Ausschlaggebend dafür, ob eine E-Mail gelesen wird oder nicht, ist die Überschrift bzw. der Betreff, der im E-Mail-Client sichtbar ist. Ist der Betreff schlecht gewählt, ist die Chance gering, dass der Empfänger die E-Mail öffnet. Erschwerend kommt hinzu, dass verschiedene E-Mail-Clients die Betreffzeile unterschiedlich darstellen. Moderne, professionelle E-Mail-Marketing-Systeme bieten hier die Möglichkeit, in einer Art Preview vorab zu prüfen, wie die Betreffzeile bei den verschiedenen E-Mail-Clients (von GMX über Outlook bis Lotus Notes) aussieht. Ferner können moderne E-Mail-Marketing-Systeme Testkampagnen mit unterschiedlichen Überschriften generieren und die Erfolgsquote – also die Öffnungsquote – ermitteln. Hat man beispielsweise eine Gesamtheit von 50.000 Aussendungen, so kann man zunächst eine Testkampagne mit fünf unterschiedlichen Überschriften an jeweils 250 Zielpersonen aussenden. Abhängig vom Ergebnis der Testkampagne wählt man dann die erfolgreichste Überschrift für die Versendung der E-Mail an die verbleibenden 48.750 Empfänger.

Hat der Empfänger die E-Mail geöffnet, ist eine der wichtigsten Hürden genommen. Nun gilt es, das nächste Ziel zu erreichen: dass die Zielperson die geöffnete E-Mail liest und auf einen oder mehrere der in der E-Mail verankerten Links klickt. Entscheidend hierfür ist nicht etwa die Nutzung einer technischen Finesse, sondern schlicht und einfach die Art der Aufbereitung der in der E-Mail vermittelten Information. Es gilt die Maxime: „Online-Writing ist nicht gleich Offline-Writing". Wichtig ist – neben der professionellen Textkreation – die Gestaltung der E-Mail unter Usability-Aspekten. Letzteres gewinnt an Relevanz, wenn die Zielperson eine HTML-E-Mail empfangen kann.

HTML- versus Text-Mail

Im Jahr 2007 präsentierten Hotmail und AOL neue Versionen ihrer Webmail-Applikationen. Eine ihrer wichtigsten Neuerungen war die automatische Blockade der Darstel-

---

[48] https://certified-senders.org/de/about-csa/, Abruf 10.10.2018.
[49] http://postmaster.aol.com/Postmaster.Whitelist.php, Abruf 05.10.2018.
[50] https://returnpath.com/de/losungen/email-optimization/ip-certification/, Abruf 05.10.2018.

lung von Bildern in HTML-E-Mails. Damit folgten die beiden Provider einem Trend, den fast alle wichtigen E-Mail-Clients, allen voran Outlook 2007, eingeführt haben. Bilder einer HTML-E-Mail werden automatisch unterdrückt. Erst nachdem der Empfänger zugestimmt hat, werden die Bilder angezeigt. Die Methode der Zustimmung hängt vom E-Mail-Client bzw. der Webmail-Applikation ab.

Mit der Blockade von Bildern wurde auch die Messung der Öffnungsrate schwieriger. Die meisten E-Mail-Marketing-Systeme verwenden zur Messung der Öffnungsrate ein sogenanntes Zählpixel. Schlussendlich ist ein Zählpixel aber nichts anderes als ein Bild, welches Breite und Höhe von einem Pixel hat. Wenn dieses blockiert wird, kommt es zu ungenauen Messdaten. Tatsächlich erfolgte im Jahr 2007 eine deutliche Reduzierung der Öffnungsrate von E-Mails. Diese ist zu einem nennenswerten Anteil auf die automatische Bildblockade der E-Mail-Clients und Webmail-Applikationen zurückzuführen.

Grundsätzlich haben HTML-E-Mails jedoch gegenüber textbasierten E-Mails einige Vorteile. Einer der wesentlichen ist die höhere Response-Rate – also die Tatsache, dass HTML-E-Mails im Allgemeinen eher zu der gewünschten Transaktion führen. Auch sind die Erfolgschancen für das Branding, also die Kommunikation der Absendermarke, durch die Möglichkeit der Integration von Logos und Bildern bzw. Grafiken wesentlich besser. Weitere Vorteile sind die besseren Auswertungsmöglichkeiten und die Chance zur Interaktion – denn einfach ausgedrückt ist eine HTML-E-Mail technologisch nichts anderes als eine HTML-Seite.

Die Darstellung von HTML-E-Mails hängt im Wesentlichen vom E-Mail-Client ab, den der Empfänger einsetzt. Jedoch stellen nicht alle E-Mail-Clients die HTML-E-Mail gleich dar. Selbst unterschiedliche Versionen desselben E-Mail-Clients bilden eine HTML-E-Mail unter Umständen unterschiedlich ab. Genau hier liegt das Problem.

Proprietäre E-Mail-Clients wie Lotus Notes oder AOL Mail haben wiederholt Probleme mit der Darstellung von HTML-E-Mails. Häufig liegt das auch an der speziellen Konfiguration des Groupware-Servers.

Manche Webmail-Applikationen schneiden den Header aus dem HTML-Code und entfernen somit die dort enthaltene Information zu Stylesheets, also zu Form und Aussehen der E-Mail. Einige Webmail-Applikationen, z. B. Web.de und Yahoo, lassen keine lokalen Links zu (wie die Verlinkung eines Inhaltsverzeichnisses mit einem in der E-Mail befindlichen Artikel). Sie öffnen stattdessen bei Klick auf einen solchen Link ein externes Browserfenster.

> **Tipp**
>
> Setzen Sie Bilder in E-Mails nur begrenzt ein und verwenden Sie wenig CSS. Versuchen Sie, so viel Inhalt/Design-Elemente wie möglich aus reinem HTML zu erstellen. Prüfen Sie in einer Art Testumgebung, ob Ihre Mailings bei den wichtigsten E-Mail-Clients und -Applikationen so dargestellt werden, wie Sie es wünschen.

Wenn Sie die Möglichkeit haben, Empfänger, die eine bestimmte Webmail-Applikation verwenden (z. B. AOL) gesondert anzumailen, dann integrieren Sie in Ihre Aussendung eine automatische Anpassung der „Ins Adressbuch"-Aufforderung.

Moderne E-Mail-Marketing-Software bietet den automatischen Versand von HTML- und Text-E-Mails an. Je nach Möglichkeit der Darstellung, die der E-Mail-Klient des Empfängers bietet, wird der HTML-Teil oder der Text-Teil der E-Mail dargestellt (MIME-Multipart-Format). Das MIME-Multipart-Format löst aber das Darstellungsproblem nicht in allen Fällen. Um den mehr als 25 am Markt befindlichen E-Mail-Klienten gerecht zu werden, benötigt man im optimalen Fall für jeden E-Mail-Klienten eine eigene HTML-E-Mail, die sich den jeweiligen Darstellungsmöglichkeiten anpasst. Derartige Lösungsansätze bieten jedoch nur absolute High-End-E-Mail-Marketing-Systeme.

Trotz der hier geschilderten Darstellungsprobleme überwiegen die Vorteile von HTML-E-Mails. Ihr Erscheinungsbild kann auch manuell für die wichtigsten Clients getestet und angepasst werden. Ferner besteht als letzter Ausweg aus dem Darstellungsdilemma die Option, einem Empfänger auf eigenen Wunsch zukünftig nur noch Text-E-Mails zu senden. Diese Funktionalität muss das E-Mail-Marketing-System natürlich unterstützen.

Exkurs Formatauswahl

- **HTML-E-Mail:** Grafische Elemente werden direkt in der E-Mail verankert. Dies bietet gestalterisch wesentlich mehr Möglichkeiten, birgt aber das Risiko, dass der Mail-Client des Empfängers keine HTML-E-Mails empfangen kann.
- **Optional:** Es werden zwei E-Mails bereitgestellt (Text und HTML). Der Empfänger entscheidet, welches Format er erhält. Diese Möglichkeit wird nur von modernen E-Mail-Marketing-Systemen unterstützt.
- **Multipart:** Es wird eine E-Mail im MIME-Multipart-Format versendet. Diese E-Mail beinhaltet eine Text-E-Mail und eine HTML-E-Mail. Der Empfänger merkt nicht, dass er im Grunde zwei E-Mails erhält. Je nachdem, welchen E-Mail-Client der Empfänger benutzt, wird die entsprechende Version angezeigt.
- **Video-E-Mail:** Eine noch wenig verbreitete Form der E-Mail, die aber laut Trendforschung zukünftig häufiger werden soll. Die Botschaft wird nicht mehr als Text, sondern als Video gesendet, welches über den Browser in Kombination mit einem geeigneten Player abgespielt werden kann.
- **Web-E-Mail:** Die eigentliche E-Mail wird im Internet hinterlegt. Der Empfänger erhält lediglich eine Benachrichtigungsmail im reinen Textformat (z. B. „Ihr persönlicher XYZ-Newsletter ist nun hier für Sie bereitgestellt http://xzy/persoenlich/mueller"). Der Empfänger betrachtet diese mit dem Browser und nicht mehr mit seinem E-Mail-Client (z. B. Outlook). Mit diesem Format sollen die in jüngerer Zeit durch die Filtertechniken moderner E-Mail-Clients auftretenden Probleme verringert werden.

3.2.3 Technische Problemstellungen

Im Vordergrund des Themenbereiches „technische Problemstellungen" steht die Frage, mit welchem Softwareprogramm die E-Mails verschickt werden sollen. Grundsätzlich gibt es hier die Möglichkeit, ein konventionelles E-Mail-Programm wie Outlook zu verwenden. Häufig bieten auch CRM-Lösungen Schnittstellen bzw. Module für E-Mail-Marketing. Für professionelles E-Mail-Marketing eignen sich diese Alternativen in der Regel jedoch nicht, da ihnen eine Reihe von Funktionen und Möglichkeiten fehlen, die letztlich über den Erfolg einer E-Mail-Marketing-Kampagne entscheiden.

Im Folgenden werden einige wesentliche Funktionen moderner E-Mail-Marketing-Software in Kurzform skizziert. Im Rahmen der Statuserhebung steht außerdem eine Marktübersicht zur Verfügung, die Sie gerne von meiner Website herunterladen dürfen:

| Servicelink: www.lammenett.de/POM2

Konkurrenz bekommt die Gattung der E-Mail-Marketing-Software von den Marketing-Automation-Tools, die langsam auch in Deutschland an Popularität gewinnen. Bitte lesen Sie dazu das Kapitel 20.4.

Falls Sie sich für Marketing-Automation-Tools interessieren, habe ich eine klickbare Linkliste hinter diesem Servicelink für Sie hinterlegt:

| Servicelink: www.lammenett.de/5855[51]

Entscheidende Funktionen professioneller E-Mail-Marketing-Software sind:

- **Spam-Checker**

    Ob eine E-Mail ihren Adressaten erreicht und gelesen wird, hängt von vielen Faktoren ab. Eine der ersten Hürden sind Spam-Filter, die heute standardmäßig von fast allen Unternehmen und Institutionen eingesetzt werden. Diese Filter analysieren eingehende E-Mails auf Basis bestimmter Kriterien und kennzeichnen entweder die Betreffzeile einer eingehenden E-Mail mit dem Wort SPAM oder leiten eine als Spam klassifizierte E-Mail direkt in ein ganz bestimmtes Postfach. In der Regel werden als Spam klassifizierte E-Mails nicht gelesen.

    Moderne E-Mail-Marketing-Programme verfügen über Funktionen, mit deren Hilfe sie die Wahrscheinlichkeit der Klassifizierung als Spam prognostizieren können. Ist

---

[51] Die Inhalte des Artikels und der Linkliste stammen aus meinem Buch „Lammenett, E. (2018). Online-Marketing-Konzeption – 2018. O.O.: CreateSpace Independent Publishing Platforms".

die Wahrscheinlichkeit zu hoch, so muss der Absender die E-Mail so lange modifizieren, bis eine akzeptable Wahrscheinlichkeit erreicht ist.

- **Preview der Betreffzeile für verschiedene E-Mail-Clients**

Der Betreffzeile kommt im E-Mail-Marketing eine besonders hohe Bedeutung zu. Usability-Guru Nielsen geht davon aus, dass die Betreffzeile maßgeblich darüber entscheidet, ob eine E-Mail gelesen wird oder nicht.

Moderne E-Mail-Marketing-Software verfügt daher über eine Funktion, mit der man vor Versendung der E-Mail überprüfen kann, wie die Betreffzeile in verschiedenen E-Mail-Clients (Outlook, Lotus Notes, GMX, Web.de etc.) aussieht. Manche E-Mail-Clients stellen nur eine sehr geringe Anzahl von Zeichen in der Betreffzeile dar, weshalb es unter Umständen zu unsinnigen Betreffzeilen kommen kann.

- **Möglichkeit der Personalisierung**

Nachweislich haben personalisierte E-Mails eine wesentlich höhere Chance, vollständig gelesen zu werden – damit verfügen sie auch über eine höhere positive Response-Rate. Bei moderner E-Mail-Marketing-Software beschränkt sich die Personalisierung nicht nur darauf, in der E-Mail eine persönliche Anrede (beispielsweise „Sehr geehrter Herr Lammenett, ...") zu verankern. Vielmehr bietet sie auch folgende Personalisierungsmöglichkeiten:

- Erstellung einer individuellen Anrede in Abhängigkeit bestimmter Kriterien.

  Beispiel: Abhängig von der Postleitzahl wird als Anrede für den PLZ-Bereich 8, „Grüß Gott, Herr ... " festgelegt und für alle anderen PLZ-Bereiche, „Sehr geehrter Herr XYZ ...".

- Integration der Anrede in der Betreffzeile.

  Diese Funktion ermöglicht beispielsweise Betreffzeilen wie „Herr Lammenett – wir haben wieder etwas für Sie!" Derartige Betreffzeilen, die den Namen des Empfängers zusätzlich zur Anrede, die natürlich auch personalisiert ist, einsetzen, haben je nach Inhalt und Sachlage höhere Erfolgschancen.

- Integration spezieller Inhaltsblöcke abhängig von bestimmten Kriterien

  Beispiel: Bei einem monatlich erscheinenden Newsletter, der im Kern aus vier Meldungen besteht, erhalten nur Empfänger aus dem PLZ-Bereich 52 einen zusätzlichen Inhaltsblock mit dem Hinweis auf eine regionalen Messe. Empfänger, deren Telefonnummer mit 040 beginnt, erhalten einen zusätzlichen Inhaltsblock mit dem Hinweis auf eine Sonderaktion, die in allen Hamburger Filialen durchgeführt wird.

- **Testaussendungen und Darstellungstests**

Mithilfe dieser Funktion kann die erstellte E-Mail an eine ganz bestimmte E-Mail-Adresse (in den meisten Fällen die des Redakteurs) gesendet werden. So kann der Redakteur beurteilen, wie die E-Mail beim Empfänger ankommt.

Moderne Systeme verfügen außerdem über die Funktion, diese Testaussendung an verschiedene E-Mail-Konten zu senden, damit geprüft werden kann, wie die E-Mail beispielsweise bei GMX, bei Lotus Notes, Outlook und anderen gängigen E-Mail-Clients ankommt. High-End-Systeme verfügen über eine integrierte Möglichkeit, Darstellungstests für unterschiedliche E-Mail-Clients durchzuführen. Je nach Zielgruppe können Darstellungstests ausgesprochen wichtig sein, denn die einzelnen Provider lesen den HTML-Code teilweise unterschiedlich aus. Dadurch wird die Designkonformität gefährdet. In manchen Fällen wird das Design sogar völlig verunstaltet. Regelmäßige Darstellungstests helfen, E-Mailings den sich verändernden Techniken der Provider anzupassen.

Abbildung 3.5 Darstellungstest in rapidmail

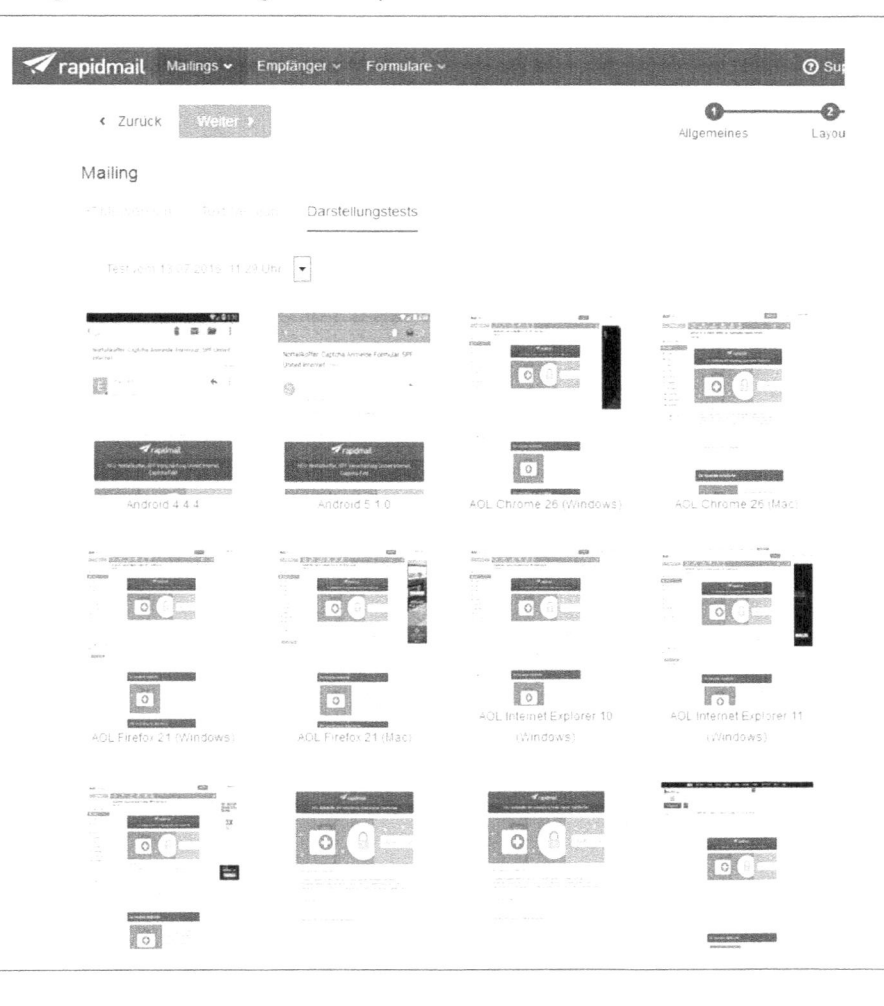

In Abbildung 3.5 sehen Sie einen Darstellungstest aus rapidmail für einen Newsletter. Die Übersicht zeigt die Darstellung für mehrere Dutzend E-Mail-Clients. Klickt man auf ein Bild, so wechselt die Darstellung in die Einzelansicht. Auf diese Weise kann der Redakteur leicht eine Überprüfung für viele verschiedene E-Mail-Clients durchführen.

- **Testkampagnen-Funktion**

  Die Funktion der Testkampagne ermöglicht es, verschiedene Versionen einer E-Mail mit unterschiedlichen Betreffzeilen an einen kleinen, aber repräsentativen Kreis der Gesamtheit der Empfänger zu versenden. Anschließend wird die Response-Rate der unterschiedlichen Testaussendungen gemessen. Die Testmail mit den höchsten Response-Raten wird anschließend an den gesamten verbliebenen Verteiler gesendet. Selbstverständlich erhalten Empfänger der Test-Gruppen die E-Mail nicht zum zweiten Mal. Dieses Verfahren wird auch A/B-Test oder A/B-Splittest genannt.

- **Automatische Behandlung von Rückläufern**

  Wenn E-Mails an einen kleinen Verteilerkreis von wenigen Hundert Empfängern gesendet werden, können Rückläufer – sogenannte Bounces – mit einem vertretbaren Aufwand manuell bearbeitet werden. Bei größeren Aussendungen ist dies nicht mehr möglich. Grundsätzlich wird zwischen zwei verschiedenen Arten von Rückläufern unterschieden: Hardbounces und Softbounces. Ein Hardbounce ist ein Rückläufer dann, wenn die E-Mail-Adresse des Empfängers vom E-Mail-Server des Empfängers zurückgewiesen wurde. In der Regel ist das der Fall, wenn die E-Mail-Adresse nicht mehr gültig ist, weil der Empfänger beispielsweise nicht mehr in dem angeschriebenen Unternehmen arbeitet. Die E-Mail-Adresse ist damit wertlos geworden und es gibt keinen Grund, sie zukünftig weiter anzuschreiben. Als Softbounce werden Rückläufer bezeichnet, die der E-Mail-Server des Empfängers ebenfalls automatisch generiert, die jedoch darauf hindeuten, dass der Empfänger nur temporär nicht erreichbar ist. Das gilt beispielsweise für Fälle, in denen als Rückläufer eine Urlaubsbenachrichtigung eingeht.

  Moderne E-Mail-Marketing-Systeme automatisieren das Handling derartiger Rückläufer. Der Grad der Automatisierung und die Behandlung der Rückläufer im Einzelnen sind dabei häufig individuell einstellbar. Beispiel: Im Falle eines Hardbounces kann es sein, dass der E-Mail-Server des Empfängers aufgrund eines technischen Problems nicht erreichbar war bzw. die E-Mail nicht ausliefern konnte. Würde der Empfänger nun automatisch aus der Datenbank gelöscht, wäre dies sicherlich verfrüht, denn nach Behebung der technischen Probleme wäre die E-Mail-Adresse wieder erreichbar. Bei modernen Systemen kann man deshalb einstellen, nach wie vielen erfolglosen Aussendungsversuchen ein Empfänger aus der Empfängerliste gelöscht werden soll.

- **Automatische Behandlung der Format-Auswahl**

  Bei regelmäßigen Aussendungen – wie einem monatlich erscheinenden Newsletter – ist es sinnvoll, dem Empfänger die Wahl zu ermöglichen, ob er einen rein textbasierten oder einen HTML-Newsletter erhalten möchte. Moderne E-Mail-Marketing-

Systeme können teilautomatisiert zwei Versionen eines Newsletters erstellen und je nach Empfängerpräferenz die jeweils gewünschte aussenden. Dieses Verfahren ist nicht zu verwechseln mit der Aussendung einer E-Mail im MIME-Multipart-Format, bei dem mit einer E-Mail beide Versionen des Newsletters verschickt werden, jedoch nur eine in Abhängigkeit des vom Empfänger verwendeten E-Mail-Clients angezeigt wird. Das rein optionale Verfahren ist deshalb zu bevorzugen, weil einerseits die versendete Datenmenge kleiner und andererseits die Fehleranfälligkeit deutlich geringer ist. Welche Art der E-Mail der Empfänger erhält, wird in der Empfängerdatenbank festgehalten. Der Empfänger kann die Einstellung jederzeit ändern. In der Regel steht am Ende eines Newsletters ein entsprechender Textvermerk, beispielsweise: „Wenn Sie zukünftig unseren Newsletter im HTML-Format erhalten wollen, klicken Sie bitte hier." Klickt der Empfänger auf den angegebenen Link, so wird in der Empfängerdatenbank das entsprechende Merkmal umgestellt. Ab der folgenden Aussendung erhält der Empfänger in diesem Falle die HTML-Version des Newsletters.

- **Reporting und Analyse**

Grundsätzlich gibt es beim Direkt-Marketing – sei es bei Direkt-Marketing per Brief (postalische Zustellung) oder bei der Nutzung eines einfachen E-Mail-Werkzeuges (Aussendung der E-Mail beispielsweise mit Outlook) – zwei mögliche Antwortformen: eine automatisierte Antwort (Hard- oder Softbounce im Falle einer E-Mail und Rücksendung des Briefes, weil Empfänger verzogen) oder eine persönliche Antwort des Empfängers. Analysen und Auswertungen in Bezug darauf, welche Themen im Empfängerkreis Aufmerksamkeit erlangt haben und welche eher als uninteressant empfunden wurden, sind hierbei nicht möglich. Das ist im Falle des Einsatzes professioneller E-Mail-Marketing-Systeme anders. Diese Systeme verfügen über ein automatisiertes Reporting, das verschiedenste statistische Auswertungen zur Verfügung stellt. Ersichtlich ist in der Regel, wie viele E-Mails ihre Empfänger erreicht haben und wie viele davon geöffnet wurden. Je nach Art und Aufbereitung der E-Mail ist sogar überprüfbar, zu welchen Themen weitere Detailinformationen abgerufen wurden. Es gibt Software, die festhalten kann, wer durch Klick auf den entsprechenden Link im E-Mail-Newsletter Detailinformationen zu einem bestimmten Themenfeld angefordert hat.

Der Wert derartiger Informationen für ein weiteres gezieltes und bedarfsorientiertes Marketing ist ausgesprochen hoch. Sind Informationen der zuvor beschriebenen Art vorhanden, können weitere Aussendungen inhaltlich am Bedarf der Empfänger ausgerichtet werden. Außerdem kann der Absender weitere Aussendungen in Teilen so personalisieren, dass er dem zuvor vom Empfänger durch Klick bekundeten Interesse entspricht. In Einzelfällen kann es sicherlich auch lohnenswert sein, Empfänger durch ein individuell formuliertes Follow-up anzusprechen.

Abbildung 3.6 zeigt einen Bericht zur Klickreaktion für eine Aussendung. Gemessen wird die Klickreaktion, das heißt, wie häufig auf welchen in der Aussendung verankerten Link geklickt wurde. Interessanterweise kann diese Auswertung nach Zielgruppen differenziert werden, womit eine noch bessere Steuerung möglicher Follow-up-Mailings ermöglicht wird.

Abbildung 3.6 Bericht zur Klickreaktion eines Newsletters in rapidmail

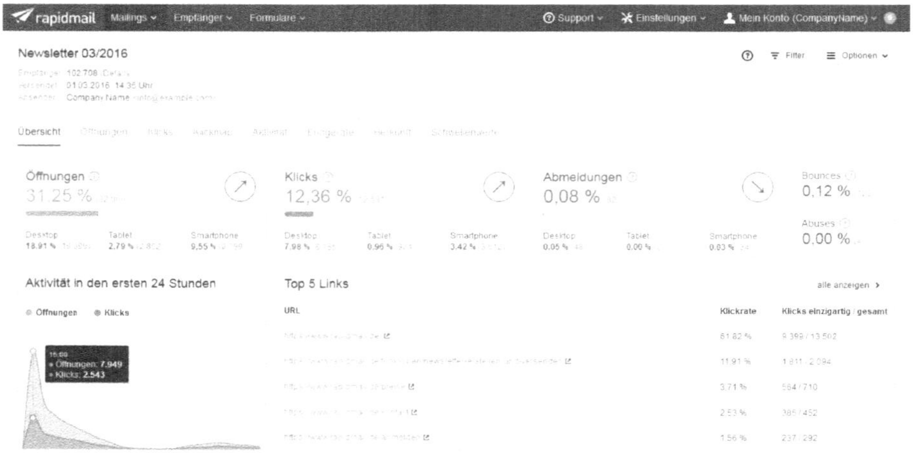

- **Mobile-E-Mail-Marketing und Responsives E-Mail-Design**

Heute hat fast jeder ein Smartphone. Konventionelle Mobiltelefone, wie wir sie vor zehn Jahren kannten, sind fast vollständig vom Markt verschwunden. Die technologische Entwicklung ist in den letzten Jahren geradezu davongaloppiert. Egal, wen man fragt – die mobile Internetnutzung nimmt weiterhin stark zu und wächst extrem dynamisch. Laut einer Studie von Cisco Systems[52] lag das Datenvolumen des mobilen Internet-Traffics in Westeuropa im Jahr 2014 bei 341.399 Terabyte. 2021 sollen es 4.189.615 Terabyte sein. Selbstverständlich verändert die vermehrte Nutzung des Smartphones auch die Anforderungen an modernes E-Mail-Marketing. Denn natürlich lesen die Menschen ihre E-Mail mehr und mehr auf dem Smartphone. Bitte sehen Sie hierzu Kapitel 3.3.2.

3.2.4 Juristische Problemstellungen

Grundsätzlich wird E-Mail-Marketing in Deutschland von folgenden Gesetzen geregelt:

- Bürgerliches Gesetzbuch (BGB)
- Gesetz gegen den unlauteren Wettbewerb (UWG)
- Telemediengesetz (TMG)
- Datenschutzgrundverordnung (EU-DSGVO)

---

[52] Vgl. https://www.cisco.com/c/en/us/solutions/collateral/service-provider/visual-networking-index-vni/mobile-white-paper-c11-520862.pdf, Zugriff 21.10.2018.

Mit der Reform des Wettbewerbsrechts (UWG) in der Fassung vom 8. Juli 2004 war nach längerer Diskussion auf verschiedenen politischen Ebenen die Rechtslage auch für die Betreiber von E-Mail-Marketing eindeutig geregelt. Nur wer die elektronische Adresse eines Kunden oder Interessenten im Zusammenhang mit dem Verkauf einer Ware oder Dienstleistung erhalten hat, darf diese Adresse zur Direktwerbung für eigene ähnliche Waren oder Dienstleistungen nutzen. Dabei muss der Empfänger jederzeit die Möglichkeit haben, die weitere Nutzung seiner Adresse zu untersagen. Dies sieht § 7 des Gesetzes gegen den unlauteren Wettbewerb (UWG) in seiner neuen Fassung vom 8. Juli 2004 vor. Gleiches geht aus § 13, Absatz 2 des am 1. März 2007 in Kraft getretenen Telemediengesetzes hervor, welches die Pflichten von Diensteanbietern verschärft.

Demnach ist die unverlangte Zusendung von Werbung per E-Mail grundsätzlich unzulässig, es sei denn, der Empfänger hat dies ausdrücklich gestattet oder der Absender kann aufgrund tatsächlicher sachlicher Umstände ein Interesse des Empfängers vermuten. Letzteres muss der Werbende im Streitfall beweisen können. Die Nachweispflicht für eine Erlaubnis trifft nach der Grundsatzentscheidung des Bundesgerichtshofs (BGH) vom 11. März 2004 (Az. I ZR 81/01) den Versender der Werbe-E-Mail.

Um diesem Anspruch gerecht zu werden, empfiehlt es sich, den Nutzer die Anmeldung für einen Newsletter noch einmal ausdrücklich im Rahmen einer zweiten E-Mail bestätigen zu lassen. Hierbei ist zu beachten, dass die Bestätigungs-E-Mail ihrerseits keine ausufernde Werbung enthalten darf – dies haben einige Gerichte bereits als „Spam" bewertet. Dieses Verfahren wird „Double-Opt-in" genannt. In der Praxis ist aber auch das sogenannte „Confirmed-Opt-in"-Verfahren sehr verbreitet. Bei diesem Verfahren wird nach der Registrierung sofort eine automatische Bestätigungsnachricht versendet oder im Internetbrowser angezeigt. Der Nachteil ist, dass auch andere Personen als der Empfänger selbst auf diese Weise einen E-Mail-Newsletter oder einen anderen elektronischen Dienst anfordern können. Der Empfänger muss also in jedem Fall einen Aufwand betreiben, um sich wieder aus dem Verteiler entfernen zu lassen. So können dem Anbieter durch Beschwerden oder juristische Schritte verärgerter Empfänger personelle und finanzielle Aufwände entstehen.

Mit dem ab dem 01.03.2007 gültigen „Gesetz zur Vereinheitlichung von Vorschriften über bestimmte elektronische Informations- und Kommunikationsdienste (Elektronischer-Geschäftsverkehr-Vereinheitlichungsgesetz – ElGVG)"[53] traten das Teledienstegesetz, das Teledienstedatenschutzgesetz und der Mediendienstestaatsvertrag außer Kraft. In dem im ElGVG verankerten Telemediengesetz (TMG)[54] gibt es nun mit § 6 sogar eine Regelung, nach der Werbe-E-Mails schon vor dem Öffnen als solche erkennbar sein müssen. Bei Verstoß droht nach § 16 ein Bußgeld von bis zu 50.000 Euro.

In der Folge gab es weitere Gesetze und Vorschriften, die eine Auswirkung auf E-Mail-Marketing haben und die beachtet werden müssen. 2009 wurde das Bundesdatenschutz-

---

[53] Vgl. http://www.buzer.de/gesetz/7617/index.htm, Abruf 01.10.2018.
[54] Vgl. http://www.gesetze-im-internet.de/tmg, Abruf 01.10.2018.

gesetz (BDSG) umfassend geändert. Zu den Änderungen gehörten auch die Vorschriften für die werbliche Nutzung von Kundendaten. Im Kern wurde das sogenannte Listendatenprivileg, das die werbliche Nutzung bestimmter Daten ohne Einwilligung ermöglicht, weiter eingeschränkt. Die hierfür geltende Übergangsfrist endete am 31.08.2012. Am 01.09.2012 haben viele Unternehmen und Institutionen ihre alten E-Mail-Listen gelöscht.

Im Mai 2018 trat dann die neue EU Datenschutz-Grundverordnung (EU-DSGVO) in Kraft. Diese hat auch direkte Auswirkungen auf sämtliche (Online-)Marketing-Disziplinen inklusive das E-Mail-Marketing. Seit dem 25. Mai 2018 gelten für alle Versender verbindliche Bestimmungen. Bei Rechtsverstößen drohen den E-Mail-Versendern nicht nur Reputationsschäden, sondern auch Bußgelder in Millionenhöhe.

Trotz aller Kritik am E-Mail-Marketing wegen Spam-Mails oder der Verbreitung von Computerviren durch Kriminelle ist seriöses E-Mail-Marketing nach wie vor ein wichtiger Baustein im Gesamtmarketing-Mix vieler Unternehmen. Aufgrund der Vorteile von E-Mail-Marketing und der Tatsache, dass immer mehr Menschen in Deutschland Internetzugang haben, ist seit Anfang 2000 ein kontinuierlicher Aufwärtstrend im Bereich E-Mail-Marketing zu verzeichnen. Der Anteil der Personen, die das Internet privat, bei der Arbeit oder der Ausbildung regelmäßig nutzen – das heißt mindestens einmal pro Woche – lag in Deutschland schon im Jahr 2004 bei 50 Prozent. Damit lag Deutschland leicht über dem EU-Durchschnitt, der im gleichen Jahr 43 Prozent betrug. Bis 2015 stieg dieser Wert laut AGOF auf 75,5 Prozent an[55] und 2017 nutzten in Deutschland 84 Prozent der Bevölkerung E-Mails.[56] Die Nutzung des Internets ist heute aus dem gesellschaftlichen Leben kaum noch wegzudenken. Unter den vielen Möglichkeiten, die das Internet heute bietet, steht die E-Mail auf der Beliebtheitsskala der Menschen ganz oben.

Auch im geschäftlichen Alltag spielt die E-Mail und damit das E-Mail-Marketing eine wichtige Rolle. Laut einer Studie von Jupiter Research aus dem Jahr 2008 sollten sich bis 2012 die E-Mail-Marketing-Budgets international nahezu verdoppeln, was auch eintrat. Lediglich nach der erneuten Verschärfung der Gesetze im September 2012 herrschte in Deutschland zunächst für eine Weile Katerstimmung. Doch das erwartete Desaster für die deutsche E-Mail-Marketing-Branche blieb aus.

Die Studie „Online Dialogmarketing im Retail 2016"[57] beschäftigt sich mit dem aktuellen Einsatz und künftigen Entwicklungen von Online-Dialogmarketing in Handelsunternehmen sowie den Einschätzungen der Befragten zu Trendthemen wie Mobile und Big Data. Laut dieser Studie planten 61 Prozent der befragten Unternehmen eine Erhöhung ihrer E-Mail-Marketing-Budgets für 2016. Es wurden 662 Unternehmens- und Marketingverantwortliche aus Handelsunternehmen innerhalb Deutschlands befragt. Unter den Unternehmen befanden sich sowohl solche, die im Business-to-Business(B2B)-, als auch solche, die im Business-to-Consumer(B2C)-Bereich tätig sind. International ist E-Mail-

---

[55] Vgl. Studie „AGOF internet facts 2015-03".
[56] Vgl. https://de.statista.com/statistik/daten/studie/240154/umfrage/nutzung-von-e-mail-in-europa-nach-laendern/, Zugriff 11.10.2018.
[57] Vgl. https://www.artegic.de/retailstudie, Abruf 07.07.2016.

Marketing noch stärker im Fokus der Marketeers. Wohl auch, weil es international weniger Gesetzeshürden gibt. Oder aber, weil es die Hürden zwar formal gibt, diese real aber wenig Beachtung finden. So prognostiziert beispielsweise Forrester Research einen Anstieg der Ausgaben für E-Mail-Marketing in den USA von 2.067 Millionen US-Dollar in 2014 auf 3.067 US-Dollar bis 2019.

Weitere Zahlen und eine kurze Skizze der Entwicklung finden Sie im Kapitel 1.4.

Auf der Anbieterseite ist der Markt vielschichtig. Es tummeln sich viele Anbieter wie Berater, die sich auf E-Mail-Marketing spezialisiert haben, Agenturen, die Komplettlösungen für E-Mail-Marketing anbieten (Kreation, Redaktion, E-Mail-Adressbeschaffung, Versendung, Monitoring und Controlling), E-Mail-Adressanbieter, E-Mail-Adressmakler und Anbieter von E-Mail-Marketing-Software. Laut dem Handelsblatt[58] gab es alleine in Deutschland schon 2007 rund 3.200 Anbieter von E-Mail-Diensten. Einen Überblick über einige der am Markt bestehenden Angebote geben die folgenden Kapitel.

3.3 E-Mail-Marketing in der Praxis

In der Praxis stellt sich E-Mail-Marketing recht paradox dar. Einerseits liegen die Vorteile auf der Hand und der Markt boomt, andererseits wird sehr viel Schindluder durch unerlaubte oder gar kriminelle Aktivitäten getrieben. Einerseits gibt es hoch professionelle Methoden und Software zur Versendung und Auswertung von E-Mailings, andererseits machen immer noch sehr viele Unternehmen enorme Anfängerfehler. Vor allem KMUs, aber auch öffentliche oder Non-Profit-Institutionen haben sich anfänglich schwergetan und wertvolles Potenzial vergeben, wie verschiedene Studien aus den Jahren 2006,[59] 2008[60] und 2010[61] belegen. 2018 zeichnet sich nach meiner Beobachtung ein gespaltenes Bild ab. Die Schere geht weit auseinander. Während es mittlerweile Marktteilnehmer gibt, die ihre Hausaufgaben gemacht haben und aus den Fehlern der Vergangenheit ihre Lehren gezogen haben, gibt es immer noch Heerscharen von Unternehmen, die das Potenzial von gut gemachtem E-Mail-Marketing nicht annähernd ausreizen. Noch immer unterlaufen den Verantwortlichen im E-Mail-Marketing viele Fehler, noch immer senken Methoden anno 1998 den Erfolg von E-Mail-Marketing.

Professionelles E-Mail-Marketing bedeutet wesentlich mehr als die Versendung von Massenmails mit Outlook. Der Erfolg von professionell durchgeführtem E-Mail-Marketing ist ungleich größer, wie zahlreiche Studien belegen. In diesem Kapitel erhalten Sie die wichtigsten Praxishinweise für ein erfolgreiches E-Mail-Marketing.

---

[58] Milliardenumsatz mit E-Mails, Handelsblatt, 5. Dezember 2007.
[59] Vgl. https://www.lammenett.de/wp-content/uploads/2015/02/Studie_OnlineMarketing_2006.pdf, Abruf 05.10.2018.
[60] Vgl. http://www.ecin.de/news/2008/01/22/11542, Abruf 05.10.2018.
[61] Vgl. http://www.computerwoche.de/software/crm/1927068, Abruf 10.10.2018.

Was wird für professionelles E-Mail-Marketing benötigt?

Gleichgültig, welche Zielsetzungen verfolgt werden, sind die Grundanforderungen für ein erfolgreiches E-Mail-Marketing immer gleich. Guter Content, webtaugliche Formulierungen, eine medien- und zielgruppengerechte Gestaltung sowie relevantes E-Mail-Adressmaterial bilden die Basis. Interaktions- und Response-Möglichkeiten, Anreize und der Einsatz professioneller E-Mail-Marketing-Software setzen das i-Tüpfelchen auf Ihre E-Mail-Marketing-Aktivitäten. Details zu diesen Punkten finden Sie auf den folgenden Seiten.

Doch am Anfang einer jeden erfolgreichen Marketing-Aktion steht das Ziel. Warum sollte dies beim E-Mail-Marketing anders sein als bei anderen Marketing-Instrumenten? Ohne Ziel können keine klare Ausrichtung und keine Erfolgsmessung erfolgen. Ohne Erfolgsmessung wird kein permanenter Verbesserungsprozess initiiert werden können.

> **Tipp**
>
> Setzen Sie professionelle E-Mail-Marketing-Software ein, damit Sie die Erreichung Ihrer Ziele zeitnah überprüfen können und wertvolle Erkenntnisse für die Initiierung eines Verbesserungsprozesses gewinnen.

Grundsätzlich kann E-Mail-Marketing mit verschiedensten Zielsetzungen eingesetzt werden. Beispielsweise zur Kundenbindung als Kunden-Newsletter, zur Neukundengewinnung mit gekauftem Adressmaterial, zur Unterstützung einer Branding-Kampagne im Newsletter eines bekannten Magazins, zum direkten Verkauf über einen E-Commerce-Shop oder zur Lead-Generierung.

> **Tipp**
>
> Definieren Sie quantifizierbare Ziele für Ihr E-Mail-Marketing. Einen Newsletter je Monat an die Abonnenten zu versenden, ist kein quantifizierbares Ziel. Besser wäre: „Die Abonnentenzahl von 1.000 auf 2.500 im Jahre X steigern bei gleichzeitiger Steigerung der Öffnungsrate von 13 auf 19 Prozent."
>
> Oder: „Gewinnung von 1.000 Neukunden im Jahre X zu maximal 25 Euro Cost per Customer" anstatt „Einsatz von Budget X zur Neukundengewinnung durch E-Mail-Marketing".

3.3.1 Zielgruppengerechte Angebote (Content) mit Nutzen

Grundstein für erfolgreiches E-Mail-Marketing ist die Attraktivität des eigentlichen Angebotes. Gleichgültig, ob es sich hierbei um ein Produkt, ein Dienstleistungsangebot oder aber ein Informationsangebot handelt. Getreu dem Motto des Marketing-Gurus Philip Kotler, nach dem man immer nur Nutzen „verkauft", nicht aber ein Produkt oder eine Dienstleistung, sollte auch beim E-Mail-Marketing für den Empfänger der Mailings ein Nutzen erkennbar bzw. erreichbar sein.

E-Mails haben grundsätzlich eine höhere Chance auf Erfolg, wenn diese zielgruppengerecht gestaltet und formuliert sind. Dies gilt sowohl für E-Mail-Kampagnen als auch für regelmäßig erscheinende Newsletter. Das im Kapitel 3.3.3 erörterte Praxisbeispiel ist ein klarer Beleg dafür, dass die zielgruppengerechte Gestaltung und Formulierung von E-Mail-Marketing-Aussendungen ein wesentliches Erfolgskriterium ist. Für die im Praxisbeispiel genannte Zielgruppe der Personalentwickler war eine textbasierte E-Mail ohne grafische Elemente mit wenig, aber prägnantem Text genau richtig. Bei einer anderen Zielgruppe hätte man mit einer derart schlichten E-Mail-Gestaltung rein gar nichts erreicht.

Bei der Gestaltung von E-Mailings ist es also nicht nur wichtig, kritisch zu hinterfragen, welche Aktion das Mailing eigentlich auslösen soll, sondern vor allen Dingen steht die Frage, welche Präferenzen, Gewohnheiten und Wünsche die Zielgruppe hat. In der einschlägigen Literatur zum Thema E-Mail-Marketing wird dieser Aspekt sehr häufig übersehen. Allzu schnell werden allgemeingültige Hinweise im Format „Tun Sie dies oder tun Sie das nicht" gegeben. Natürlich kann man allgemeingültige Regeln und Empfehlungen formulieren. Diese können aber nur bis zu einem bestimmten Grad auf unterschiedliche Zielgruppen angewandt werden. Wirklich professionelles E-Mail-Marketing orientiert sich in erster Linie am Bedarf und an den Präferenzen der Zielgruppe.

Moderne E-Mail-Marketing-Software unterstützt die Werbetreibenden dabei, das für ihre Zielgruppe optimale E-Mail-Marketing-Setup iterativ zu eruieren. Durch die Möglichkeit, Testkampagnen mit unterschiedlichen Designs und unterschiedlichen Betreffzeilen zu fahren, können wertvolle Informationen über die Präferenzen und Verhaltensmuster einer jeweiligen Zielgruppe herausgefunden werden. Bitte lesen Sie hierzu auch das Kapitel 3.2.3.

3.3.2 Mobile-E-Mail-Marketing (responsives E-Mail-Design)

Immer mehr Menschen lesen ihre E-Mails auf dem Smartphone. Diese Entwicklung hat natürlich einen Einfluss auf die technische Gestaltung von E-Mails bzw. Newslettern. Damit Newsletter auf mobilen Endgeräten optimal dargestellt werden können, ist ein responsives E-Mail-Design notwendig. Das Newsletter-Template sollte also responsiv sein. Responsiv gestaltete Newsletter-Vorlagen passen sich dynamisch an die Darstellungsmöglichkeiten des jeweiligen Endgerätes an. So werden beispielsweise Bilder vergrößert oder verkleinert, Links besser dargestellt oder ein mehrspaltiges Layout in ein einspaltiges Layout umgewandelt. Außerdem werden die Schriftgröße und die Schriftart optimiert, um eine bessere Lesbarkeit auf kleinen Geräten zu gewährleisten.

Viele Anbieter von E-Mail-Marketing-Software haben auf diese Anforderungen reagiert und bieten heute vorgefertigte, responsive Newsletter-Templates.

Wer selbst ein völlig individuelles responsives Newsletter-Template erstellen möchte, wird nicht selten schlaflose Nächte haben. Aber keine Angst. Ich werde jetzt nicht in die Tiefen der technischen Programmierung von responsivem Design einsteigen. Dafür biete ich am Ende des Abschnitts einen Servicelink an. Nur so viel sei gesagt: Es sollten Tables statt Divs verwendet werden, semantisches HTML sollte vermieden werden, CSS gehört in das Template-File und sollte nicht ausgelagert werden, Tables sollten mit display:block und nicht mit float gestaltet werden. Mehr zum Thema finden Sie hinter dem folgenden Link.

Servicelink: www.lammenett.de/POM3

Abschließend noch ein Tipp für das Testing des eigenen Templates. Wenn man keine E-Mail-Marketing-Software einsetzt, die bereits ein integriertes Testmodul hat, kann auch auf externe Testsoftware ausgewichen werden. Ein Beispiel für eine solche Software ist Litmus.[62] Man überspielt an Litmus den HTML-Quelltext der E-Mail, die man testen möchte, und erhält nach ca. zehn Minuten Screenshots davon, wie die E-Mail auf einer Vielzahl von Clients dargestellt wird. Auf diese Weise kann bequem überprüft werden, wie die E-Mail bei unterschiedlichen E-Mail-Clients und Endgeräten ankommt und aussieht.

3.3.3 Gute konzeptionelle Gestaltung

Für den ersten Eindruck gibt es keine zweite Chance. Deshalb ist die professionelle Gestaltung von E-Mail-Marketing-Aussendungen ein wesentlicher Erfolgsbaustein. Wann aber ist die Gestaltung einer E-Mail professionell? Zumeist wird dieses Thema in der Literatur anhand der Newsletter-Gestaltung besprochen und diskutiert. Die Grundzüge und die Vorteile einer professionellen E-Mail- bzw. Newsletter-Gestaltung werden auch in diesem Kapitel angesprochen. Doch nicht immer sind es die häufig beschriebenen und gepriesenen Methoden, die zum Erfolg führen. Auch abseits eingetretener Pfade lässt sich mit E-Mail-Marketing ein beachtlicher Erfolg erzielen, wenn die wichtigsten Grundregeln eingehalten werden. Das folgende Praxisbeispiel ist der beste Beleg dafür.

Praxisbeispiel

Mit einer einfachen, schlichten und sehr kurzen Text-E-Mail habe ich 984 Personalleiter und -entwickler in großen deutschen Unternehmen um die Erlaubnis gebeten, ihnen zukünftig gelegentlich Informationen zu meinen Management-Seminaren zuzusenden. Die E-Mail-Adressen hatte ich von einem Adressbroker erworben. Hier der Originaltext des kurzen E-Mail-Anschreibens:

Sehr geehrte Frau xxxx,

darf ich Ihnen gelegentlich per E-Mail Informationen zum Thema Führungskräfteseminare, Mitarbeiterfitness und -motivation zukommen lassen?

Meine Seminare basieren auf ungewöhnlichen Praxiserfahrungen, die ich u. a. in meinem jüngsten Buch „Der 29-Stunden-Tag des Ironman-Managers" festgehalten habe.

---

[62] Vgl. https://litmus.com, Abruf 08.10.2018.

Freundlich grüßt

Erwin Lammenett

www.ironman-manager.de

Von 984 E-Mail-Empfängern haben über 600 meine Anfrage positiv beantwortet. Einige haben sich sogar ausdrücklich dafür bedankt, dass ich nicht ungefragt Werbe-E-Mails versende. Hier ein Beispiel für einen Rückläufer:

Sehr geehrter Herr Lammenett,

herzlichen Dank für Ihre Information. Ich finde es sehr ansprechend, dass Sie mich befragen, bevor ich E-Mails zugesandt erhalte. Sie können sich vorstellen, dass ich damit überhäuft werde und entsprechend verfahren muss, um meine Mailbox nicht zu blockieren.

Sofern es nur gelegentlich Informationen von Ihrer Seite gibt, bin ich dafür dankbar.

Mit freundlichen Grüßen / Kind regards / Veuillez agréer nos salutations

Nach kurzer Zeit erhielten diejenigen, die dem Empfang weiterer E-Mails zugestimmt hatten, wiederum eine textbasierte und mit geringem Aufwand erstellte E-Mail, in der ein Link zu dem eigentlichen Angebot in Form eines PDF-Dokumentes enthalten war. Dies wiederholte ich in unregelmäßigen Abständen mit jeweils unterschiedlichen Angeboten. Hier der Originaltext der ersten Aussendung:

Sehr geehrte Frau xxxx,

herzlichen Dank für Ihre Antwort und das entgegengebrachte Interesse.

Bitte finden Sie den Seminarflyer (PDF) für mein aktuelles Seminar bzw. Firmenworkshop hier:

http://www.ironman-manager.de/fileadmin/PDFs/SeminarFitness_v1el.pdf.

Das Seminar mache ich gemeinsam mit Olaf Sabatschus, einem weltklasse Triathleten und Ernährungswissenschaftler. Unser Workshop ist in der angebotenen Kombination eher ungewöhnlich, aber gerade das macht ihn auch zu etwas ganz Besonderem. Ich würde mich freuen, wenn das für Ihr Haus von Interesse wäre.

Über ein kurzes Feedback würde ich mich sehr freuen.

Beste Grüße

Erwin Lammenett

www.ironman-manager.de

Bereits im ersten Mailing öffneten über 400 Empfänger das PDF-Dokument. Dies entspricht einer Öffnungsrate von über 60 Prozent. Schon das erste Mailing führte zu vier Neukunden, deren Kundenwert (Customer Lifetime Value) die Kosten des E-Mail-Adresseinkaufes und der Durchführung der E-Mailing-Aktion um mehrere Tausend Prozent überstieg. Die Gesamtaktion war also ausgesprochen profitabel.

Das Praxisbeispiel zeigt, dass auch unkonventionelle und in der Literatur wenig beschriebene Methoden zu außerordentlichem Erfolg führen können, wenn sie professionell durchgeführt werden, in das Umfeld passen und die Grundregeln für professionelles E-Mail-Marketing Beachtung finden. Leider ist das geschilderte Vorgehen nicht mehr konform mit der deutschen Rechtsprechung. Bereits die erste E-Mail dürfte heute als unaufgeforderte Werbung gewertet werden und wäre demnach nicht erlaubt. In internationalen Gefilden habe ich dieses Vorgehen für unterschiedliche Kundenprojekte aber mehrfach sehr erfolgreich wiederholt.

In der Praxis haben jedoch grafisch gestaltete E-Mailings in der Regel Vorteile, wenn bestimmte erprobte Vorgehensmuster beachtet werden. Diese werden im Folgenden beschrieben.

3.3.4 Grundregeln der Gestaltung von grafischen E-Mailings

Gut gestaltete E-Mailings oder Newsletter zeichnen sich durch eine klare, übersichtliche Gliederung aus. Der Text ist kurz und prägnant formuliert. Die Kernbotschaften müssen ohne viel Scrollen auf kleinstem Raum präsentiert werden. Bei Aussendungen mit vielen Inhalten empfiehlt sich ein Inhaltsverzeichnis. Abbildung 3.7 zeigt zwei typische Grundschemata und ihre Bausteine.

Abbildung 3.7 Darstellung zweier Grundschemata für den Newsletter-Aufbau

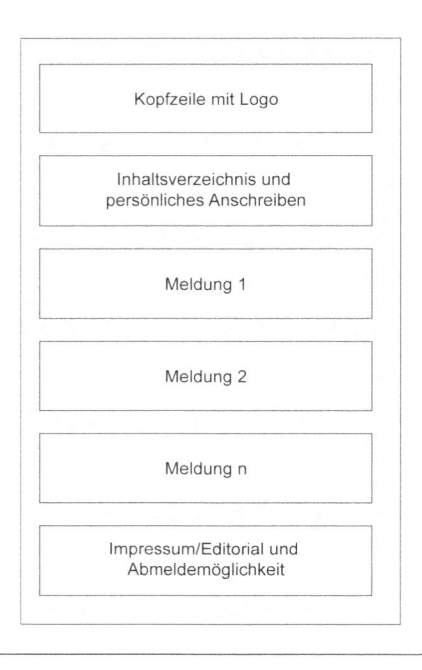

3.3.5 Checkliste zur E-Mail-Gestaltung

- Verschwenden Sie nicht viel Platz im oberen Bereich. Je mehr von Ihrem Mailing im Vorschaufenster zu sehen ist, desto besser.
- Kommen Sie schnell zum Punkt. Wichtigstes Erfolgskriterium bei Layout und Gestaltung ist die schnelle Erkennbarkeit des Lesernutzens. Vermeiden Sie lange und ausführliche Einleitungen.
- Beachten Sie responsives E-Mail-Design. Heute lesen viele Menschen ihre E-Mail auf dem Tablet oder dem Smartphone (s. Kapitel 3.3.2).
- Verwenden Sie eine serifenlose Schrift mit einer Schriftgröße von mindestens zehn Punkt, besser elf oder zwölf.
- Verwenden Sie Bilder, denn diese erhöhen nachweislich die Klickrate. Abbildung 3.8 zeigt ein Beispiel.

Abbildung 3.8 Beispiel eines Newsletters mit Bildern der Marit AG

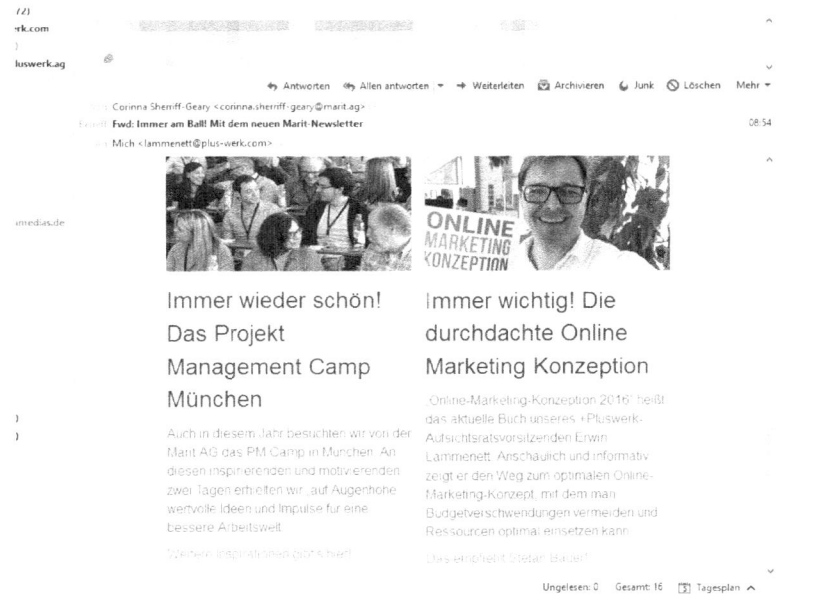

- Das Inhaltsverzeichnis sollte verlinkt sein, sodass eine schnelle Navigation im E-Mailing/Newsletter möglich ist.
- Abbestellfunktion sollte unbedingt enthalten und leicht handhabbar sein.
- Persönliche Ansprache nach Möglichkeit integrieren.

- Impressum mit Kontaktdaten (evtl. auch Telefon) nicht vergessen.
- Halten Sie die Beiträge kurz. Details bieten Sie am besten auf einer verlinkten Webseite oder einer eigens erstellte Landing-Page an.
- Sprechen Sie den Nutzen im ersten Satz einer jeweiligen Meldung an.
- Testen Sie verschiedene Betreffzeilen in kleinen Teilaussendungen und verwenden Sie die mit der besten Öffnungsrate für die Hauptaussendung.

3.3.6 Gute Formulierungen

Ein weiterer Baustein für professionelles E-Mail-Marketing sind gute und mediengerechte Formulierungen. Dies gilt insbesondere für die Betreffzeile und natürlich auch für den eigentlichen Text in der E-Mail. Was aber ist eine gute Formulierung? Hierzu müssen Beurteilungskriterien herangezogen werden. Diese stehen natürlich in einem unmittelbaren Zusammenhang mit der jeweils individuellen Zielsetzung eines Mailings. Eine Formulierung, die in einem ganz bestimmten Fall zielführend und erfolgversprechend ist, kann in einem anderen Fall kontraproduktiv sein und im Extremfall nachhaltig negative Auswirkungen haben. Das folgende Praxisbeispiel verdeutlicht diese Aussage.

> **Praxisbeispiel**
>
> Für einen Reisediscounter kann die Formulierung in der Betreffzeile *„Alles muss raus – 25 Prozent Rabatt"* durchaus zielführend sein und zu einer hohen Öffnungsrate führen. Die Formulierung offeriert einen Nutzen, der sich sogar in einer quantifizierbaren Zahl von 25 Prozent Rabatt ausdrückt. Von einem Reisediscounter würde man derart aggressive Formulierungen durchaus erwarten.
>
> Ein Reiseanbieter, der nicht in erster Linie über preispolitische Instrumentarien, sondern vielmehr über präferenzpolitische Marketing-Strategien verkauft, würde sich mit einer derart aggressiven Formulierung nichts Gutes tun. Auch wenn ein solcher Anbieter de facto ähnlich hohe Rabatte anzubieten hätte, wären Formulierungen wie „Jetzt Frühbucherrabatt sichern" oder „Kundensonderaktion: Jetzt Treuerabatt sichern" zielführender.

Darüber hinaus gibt es bei der Erstellung von Formulierungen für E-Mailings und Landing-Pages grundsätzliche Prinzipien zu beachten, die im Wesentlichen darauf basieren, dass Texterstellung für das Umfeld Internet anders angegangen werden muss als für Printwerke. Lesen am Bildschirm ist schwieriger als in einem Buch.

- Schreiben Sie so kurz wie möglich und verwenden Sie kurze, prägnante Sätze.
- Setzen Sie aussagekräftige Überschriften ein.
- Auch der Teaser sollte kurz sein und die Neugierde wecken oder Nutzen anbieten.
- Lassen Sie unwichtigen Text weg und streichen Sie überflüssige Wörter. Floskeln wie „Wir wünschen Ihnen nun viel Spaß auf unseren Seiten" oder „Willkommen auf un-

serer Landing-Page, die wir eigens ..." sind in den meisten Fällen eher kontraproduktiv.

- Personalisieren Sie nach Möglichkeit. Anstatt „Wir bieten Ihnen diese Woche ..." lieber „Herr Schröder, diese Woche haben wir wieder etwas ganz Besonderes für Sie."
- Sind Ihnen die Leser nicht bekannt, sprechen Sie diese zumindest direkt an. Also anstatt „Man könnte so x Prozent der Kosten einsparen" lieber „Sie können so x Prozent Ihrer Kosten einsparen."
- Verwenden Sie Bilder zur Auflockerung. Das erhöht in der Regel die Klickrate.
- Verwenden Sie nur gut bekannte Abkürzungen und gängige Fachausdrücke.
- Verwenden Sie den Pyramidenstil (Überschrift – Teaser oder Kurzzusammenfassung – Haupttext mit Unterpunkten). Dieser unterstützt durch seinen Aufbau die Gewohnheit der allermeisten Online-Leser, die in der Regel nicht einen gesamten Artikel lesen, sondern diesen scannen, um möglichst schnell die für sie relevanten Informationen zu erhalten.

Auch, was die Betreffzeilen angeht, gibt es eine Reihe allgemeingültiger Empfehlungen, deren Einhaltung in den meisten (nicht in allen) Fällen vorteilhaft ist.

- Machen Sie bereits im Betreff deutlich, worum es genau geht. Formulierungen wie „Ihre Kfz-Prämie" sind nicht so deutlich wie „25 Prozent Kfz-Prämie sparen".
- Vermeiden Sie Zeichen, die von Spamfiltern gerne aussortiert werden. Ein Betreff wie „$$$ Super Angebote im Mai" hat bei Spam-Filtern schlechte Chancen. Auch „Sexy neue Unterwäsche eingetroffen" würde es schwer haben, Spamfilter zu überwinden; auch wenn das Angebot selbst hochgradig seriös ist.
- Integrieren Sie ab und zu auch in der Betreffzeile eine persönliche Anrede, beispielsweise „Herr Lammenett – 15 Prozent Rabatt, wie wäre es?"
- Nutzen Sie im Betreff punktuell Reizwörter wie „kostenlos", „gratis", „geschenkt", „kostenlos testen" etc. Die Verwendung solcher Wörter führt erfahrungsgemäß zu höheren Öffnungsraten. Vermeiden Sie aber eine inflationäre Verwendung.

3.3.7 Interaktion

Je nach Zielsetzung kann der Einbau von Interaktionsmöglichkeiten in der E-Mail selbst die Erfolgsrate deutlich steigern. Beispielsweise kann eine Interaktionsmöglichkeit aus einem kleinen Formular bestehen, in das der Empfänger nur ein Datum und eine Uhrzeit zwecks Terminvereinbarung eintragen und anschließend auf den „Absenden"-Knopf drücken muss. Alle anderen relevanten Daten sind bereits voreingestellt. Derartige in eine E-Mail eingebettete Formulare finden u. a. Anwendung, um die Besucherzahl einer Haus- oder einer Fachmesse zu erhöhen.

Solche Interaktionsmöglichkeiten lassen sich nur bei HTML-E-Mails realisieren. Technisch ist eine HTML-E-Mail nichts anderes als eine Webseite. Theoretisch ist also jede

Interaktionsform, die im Internet möglich ist, auch in einer E-Mail möglich. Für die Nutzung interaktiver Elemente in E-Mailings kommt es also weniger auf die Technik an, sondern vielmehr auf die Kreativität derjenigen, die die E-Mail-Marketing-Kampagne oder den Newsletter konzipieren und umsetzen.

3.3.8 Anreize

Anreize (neudeutsch: Incentives) mit konkretem Nutzen können die Response-Rate von E-Mailings beträchtlich erhöhen. Wichtig bei der Gestaltung von E-Mailings ist, dass der Anreiz nicht „versteckt" wird, sondern durchaus im Vordergrund steht. Natürlich muss der Anreiz für die Zielgruppe interessant und relevant sein. Dabei kommt es nicht unbedingt darauf an, dass der gebotene Anreiz teuer und kostspielig ist. Im Vordergrund steht der Nutzen für die jeweilige Zielgruppe. Nutzen kann beispielsweise auch in der kostenlosen Bereitstellung einer bestimmten Information (etwa in Form eines PDFs zum Download), eines Preisnachlasses oder eines Naturalrabattes bestehen.

Es hängt vom jeweiligen Einzelfall ab, wie stark und in welcher Form bei einer E-Mail-Kampagne oder einem regelmäßig erscheinenden Newsletter mit Anreizen zur Erhöhung der Akzeptanz oder der Conversion-Rate gearbeitet werden kann. Der Betreiber eines Online-Shops kann in seinem wöchentlichen Newsletter das „Produkt der Woche" mit einem Preisnachlass von x Prozent anbieten und so das Thema Anreiz quasi institutionalisieren. Aber was macht der Großhändler, der nicht an Endabnehmer verkauft? Oder das Assekuranzunternehmen, welches sich der strengen Gesetzgebung des Rabattgesetzes unterwerfen muss? Das Beratungsunternehmen, welches einfach nur neue Abonnenten für seinen fachspezifischen Monatsnewsletter gewinnen möchte? Oder der Online-Marketing-Experte, der Unternehmer und leitende Angestellte (Marketing-Leiter) dazu bewegen möchte, seinen 40 Fragen starken Fragebogen auszufüllen? Auf diese Fragen gibt es keine eindeutige und uneingeschränkt richtige Antwort. Hier sind Kreativität und Einfallsreichtum gefordert. Das folgende Praxisbeispiel belegt, dass auch mit kleinen Anreizen Großes erreicht werden kann.

> **Praxisbeispiel**
>
> Meine Studie „Online-Marketing: Erfahrungen und Erfolgsdeterminanten aus Sicht deutscher Unternehmer und Marketing-Verantwortlicher (Marketing-Leiter)" war ein voller Erfolg. Insgesamt haben 129 Unternehmer, Marketing-Leiter oder Online-Marketing-Leiter an der Umfrage teilgenommen. Dies entspricht einer Teilnehmerquote von 10,2 Prozent. Diese Zahl ist aus zweierlei Gründen bemerkenswert. Zum einem war der Fragebogen mit rund 40 Fragen nicht gerade klein. Zum anderen bestand die angeschriebene Zielgruppe aus Unternehmern und leitenden Angestellten, die in der Regel häufig unter Zeitdruck stehen und mit Anfragen der verschiedensten Art bombardiert werden. Die übliche Teilnehmerrate bei derartigen Umfragen liegt in dieser Zielgruppe bei unter ein Prozent.
>
> Der außerordentlich große Erfolg, der sich in der Antwortrate von 10,2 Prozent dokumentiert, ist auf eine dreistufige E-Mail-Aktion zurückzuführen, bei der den Teilneh-

mern sehr deutlich und bereits im zweiten Satz des ersten E-Mail-Anschreibens ein Anreiz für die Teilnahme geboten wurde. Hier der Originaltext des ersten E-Mailings:

Sehr geehrter Herr xxxx,

Heute wende ich mich mit einem besonderen Anliegen an Sie.

Zuerst die guten News. Als Dankeschön für Ihre Hilfe übersende ich Ihnen gerne mein aktuelles Buch und außerdem die Online-Marketing-Studie, an der ich gerade arbeite. Ersteres wäre sofort erhältlich (wenn Sie einverstanden sind) und Letzteres nach Fertigstellung im Februar kommenden Jahres.

Zum Kern: Ich arbeite an einer Studie zum Thema Online-Marketing. Ein Teilaspekt der Studie ist eine Untersuchung über Online-Marketing in Deutschland. Hierzu habe ich einen Online-Fragebogen entwickelt, den Sie in circa 15 Minuten ausgefüllt haben. Ich möchte Sie hiermit bitten, ob Sie sich diese 15 Minuten nehmen könnten, um den Fragebogen auszufüllen. Selbstverständlich werden alle Daten streng vertraulich behandelt.

Hier die Links:

1. Link zum Buch, welches ich Ihnen sofort als Dankeschön übersende: www.ironman-manager.de

2. Link zum Fragebogen – www.lammenett.de/umfrage.html

Freundlich grüßt

Erwin Lammenett
Geschäftsführer team in medias GmbH
Lehrbeauftragter der Fachhochschule Aachen
****

3.3.9 Erlaubnis

Wie bereits im Kapitel 3.2.4 erörtert, ist es heute aus juristischer Sicht äußerst kritisch, E-Mail-Aussendungen ohne die vorherige Erlaubnis der Empfänger durchzuführen. Doch nicht nur aus dieser Perspektive ist das Einholen einer Erlaubnis ein weiteres Werkzeug im Erfolgsbaukasten von professionell durchgeführtem E-Mail-Marketing. Trotz eindeutiger Gesetzgebung gibt es immer noch sehr viele Spam-Mailings. Je nachdem, wie lange eine E-Mail-Adresse schon im Einsatz ist, kann diese mehrere Hundert Spam-E-Mails am Tag empfangen. Zwar gibt es mittlerweile wirkungsvolle Spamfilter, dennoch ist die Verärgerung über die unerwünschte und unaufgeforderte Zusendung von Werbe-E-Mails mittlerweile bei sehr vielen E-Mail-Nutzern ausgesprochen hoch. Wie das vorangegangene Praxisbeispiel zeigt, sind E-Mail-Nutzer durchaus dankbar und positiv eingestellt, wenn sie vor Versendung von Werbe-E-Mails oder Aufnahme in einen Newsletter-Verteiler gefragt werden. Es ist deshalb nicht nur aus juristischer Sicht, sondern auch aus Gründen der Akzeptanzerhöhung von Vorteil, die Erlaubnis der Empfänger einzuholen. Nach neuerlicher Rechtsprechung ist es sogar so, dass in einem Streitfall der Versender der E-Mail nachweisen muss, dass er die Erlaubnis zur Versendung einer

Werbemail an den Empfänger hat. Daher haben viele Versender nach September 2012 ihre E-Mail-Listen nicht mehr eingesetzt. Ihnen fehlte der Nachweis in Form des Double-Opt-ins.

3.3.10 E-Mail-Marketing-Software

Ihren Umzug machen Sie mit einem Lkw oder zumindest mit einem Kleintransporter und nicht mit einem VW-Käfer oder einem Porsche. Oder Sie beauftragen gleich ein Umzugsunternehmen – richtig? Dann ist Ihnen sicherlich klar, warum Sie für Ihr professionelles E-Mail-Marketing auch eine entsprechende Software einsetzen sollten und keinen gewöhnlichen E-Mail-Client (z. B. Outlook) oder Ihr CRM-System.

Doch wer die Wahl hat, hat die Qual. Insgesamt gibt es weltweit mehrere Hundert Produkte, die im engeren oder weiteren Sinne E-Mail-Marketing-Aufgaben erfüllen. Allein zum Suchwort „E-Mail-Marketing-Software" findet Google im Dezember 2018 über 1.600.000.000 Einträge. Angesichts der Vielzahl möglicher Lösungen empfiehlt sich ein strukturierter Softwareauswahlprozess, wie er bei anderen Softwaregattungen (z. B. ERP-Systemen oder Content-Management-Systemen) üblich ist.[63]

Hinter diesem Servicelink finden Sie eine Übersicht über gängige E-Mail-Marketing-Systeme und Links zu deren Webseiten:

Servicelink: www.lammenett.de/POM2

3.3.11 E-Mail-Adressanbieter

Seit dem Inkrafttreten der neuen Datenschutzgrundverordnung (EU-DSGVO) im Mai 2018 ist das Geschäftsmodell vieler Adressanbieter extrem schwierig geworden. International gibt es zwar immer noch eine Reihe verschiedener Anbietertypen, die E-Mail-Adressen verkaufen oder für ein- oder mehrmalige Versendungen vermieten. In Deutschland hat sich das Angebot jedoch stark reduziert. Eine E-Mail ist personenbezogen. Laut EU-DSGVO dürfen personenbezogene Daten nur erhoben, verarbeitet und gespeichert werden, wenn die Person zustimmt. Dabei muss der genaue und konkrete Zweck der Verarbeitung angegeben werden. Kein Anbieter hat aber bei der Erhebung der E-Mail einer Person den Zweck „zur Vermietung oder zum Verkauf zwecks Zusendung von Werbung Dritter" eingeholt. Welche Person würde einem derartigen Zweck auch zustimmen? Bei gravierenden Verstößen gegen die EU-DSGVO beträgt der Bußgeldrahmen bis zu 20 Millionen Euro. Wenn der Verstoß durch ein Unternehmen erfolgt, können auch bis zu vier Prozent des gesamten weltweit erzielten Jahresumsatzes im vorangegangenen Geschäftsjahr

---

[63] Vgl. Lammenett, ERP Auswahl im Zeitalter der Digitalen Transformation, 2016, https://www.lammenett.de/wp-content/uploads/2018/09/timSpecialNo4_ERP-Auswahl-Beratung.pdf, Abruf 20.10.2018.

als Bußgeld festgelegt werden, je nachdem, welcher Wert der höhere ist. Auch der Katalog von weniger gravierenden Verstößen führt zu Geldbußen von bis zu zehn Millionen Euro – bzw. im Fall eines Unternehmens von bis zu zwei Prozent seines gesamten weltweit erzielten Jahresumsatzes des vorangegangenen Geschäftsjahrs, je nachdem, welcher Betrag höher ist.

Für manche Anbieter ist diese Dienstleistung das Hauptbetätigungsfeld, andere nutzen das Geschäftsfeld als zusätzliche Einnahmequelle. Folgende Anbietertypen lassen sich unterscheiden:

- **Newsletter-Plattformen**

Newsletter-Plattformen sind spezialisiert auf die Vermarktung von Newslettern und E-Mail-Adressen. Sie verfügen meist über riesige Portfolios von mehreren Millionen E-Mail-Adressen. Die Preise für die Nutzung der E-Mail-Adressen schwanken stark, je nach Qualität und Zielgenauigkeit der Empfängeradressen. Die Versendung von ca. 20.000 E-Mails an Sportler kann mit Stand 2016 einmalig 0,35 Cent pro Adresse kosten. Sollen die Adressen auf einen engeren Empfängerkreis – z. B. Ausdauersportler – eingegrenzt werden, so steigt in der Regel die Werthaltigkeit der Adressen – und damit auch ihr Preis. Aufgrund der eingangs geschilderten Gesetzeslage haben in Deutschland alle mir bekannten Newsletter-Plattformen das Handtuch geworfen. Beispielseise sind Domeus.de oder Newsmarketing.de vom Markt verschwunden. International gibt es diese Gattung Anbieter aber noch.

- **Content-Anbieter**

Content-Anbieter wie RTL Newmedia (seit 2005 RTL interactive GmbH), Bahn.de oder Hotel.de nutzten früher den Umstand, dass sie über die Jahre ein nennenswertes Volumen an E-Mail-Adressen generiert haben, um mit der Vermietung der Adressen ein ebenso nennenswertes Zusatzgeschäft zu machen. In Europa hat die im Mai 2018 in Kraft getretene EU-DSGVO dieser Art Zweitnutzung einen Riegel vorgeschoben. Aufgrund der empfindlichen Strafen ist auch das Risiko einer Zuwiderhandlung heute viel zu hoch. Außerhalb Europas gibt es derartige Angebote noch.

- **Free-Mailer und Provider**

Es ist offensichtlich, dass kostenlose E-Mail-Anbieter wie gmx.de, yahoo.de oder web.de über sehr viele E-Mail-Adressen verfügen. Meistens fragen diese Free-Mail-Anbieter das Einverständnis der Nutzer in Bezug auf die Zusendung von Werbemails bereits bei der Registrierung ab. Das liest sich dann beispielsweise so: *„WEB.Cent Bonusprogramm: Kostenlose und unverbindliche TOP-Angebote, attraktive Gutscheine und Sonderaktionen. Bitte halten Sie mich mit dem WEB.Cent Newsletter immer auf dem Laufenden. Diese Benachrichtigung kann jederzeit abbestellt werden."* Für den Kunden, der E-Mail-Adressen dieser Anbieter mieten möchte, sind die Möglichkeiten der Profilierung – also der Zuspitzung auf die eigene Zielgruppe – allerdings begrenzt. Die Preise schwanken stark.

- **Permission-Marketing-Anbieter**

Adressen von Permission-Marketing-Anbietern (AdRom, Schober, Claritas) sind hingegen deutlich besser profiliert. Dieser Anbietertyp ist der richtige, wenn man eine genaue Vorstellung von seiner Zielgruppe hat, also beispielsweise E-Mail-Adressen von Läufern über 40 Jahre sucht, die in einer Stadt mit mehr als 200.000 Einwohnern leben. Aber auch bei diesem Anbietertypus gibt es große Preis- und Qualitätsunterschiede. Der Anbietertypus „Permission-Marketing-Anbieter" wurde weniger hart von den Änderungen der EU-DSGVO getroffen als andere. Eben weil sie schon vor Inkrafttreten der EU-DSGVO die ausdrückliche Erlaubnis für die Zusendung von Werbe-E-Mails von den jeweiligen Personen eingeholt haben. So schreibt beispielsweise AdRom im Oktober 2018 auf seiner Internetseite:[64] *„E-Mail-Adressen mieten. Permission E-Mail Adressen mit überzeugender Reichweite und Qualität. Mit 85 Millionen E-Mail Datensätzen sind wir der größte Anbieter von E-Mail Permission-Adressen im deutschsprachigen Raum. Wir generieren durchschnittlich 15.000 neue Leads pro Tag, wodurch eine hohe Aktualität unserer Datensätze gewährleistet ist. Alle Adressdaten werden fortwährend über unsere Systeme bereinigt und auf Affinität aktualisiert. Sie erhalten Werbekontakte mit hoher Profiltiefe und exzellenter Datenqualität.*

Alle unsere E-Mail-Adressen werden im Double-Opt-In Verfahren gewonnen. Das bedeutet, dass alle Personen ausdrücklich Ihr Einverständnis gegeben haben, gezielte Werbe-E-Mails zu Ihrem Interessensprofil zu erhalten. Sie mieten Adress-Daten, deren Qualität weit über den gesetzlichen Vorschriften liegt.

Als Gründungsmitglied des DDV Ehrenkodex legen wir besonderen Wert auf die Umsetzung von sauberem Permission E-Mail-Marketing und garantieren volle Rechtssicherheit."

- **Gewinnspiel-Portale**

In der Regel verfügen Gewinnspiel-Portale auch über die postalische Adresse ihrer registrierten Mitspieler. Eine Anreicherung der E-Mail-Adresse um geografische Informationen ist also möglich. Allerdings ist die Kaufbereitschaft dieser Zielklientel nicht unbedingt als hoch einzustufen. Ehemals bedeutende Player wie Misslucky.de, Planet 49 oder Geizmaus.de sind vom Markt verschwunden.

- **Weitere Vermarkter von E-Mail-Adressen**

Neben den zuvor genannten E-Mail-Adressanbietern gibt es auch noch sogenannte Listbroker und klassische Adressvermarkter, die ihr Kerngeschäft um den Handel mit E-Mail-Adressen erweitert haben. Geben Sie beispielsweise in Google die Suchwörter „E-Mail-Adressen kaufen" ein, so erhalten Sie zahlreiche Anbieter dieser Art. Allerdings sind diese aufgrund der mehrfach angesprochenen Gesetzeslage meistens im Ausland ansässig. Früher gab es auch viele solcher Listbroker in Deutschland. In Deutschland findet man heute noch Listbroker, die sich auf das B2B-Segment spezialisieren, beispielsweise AdressMonser.de. Diese schreiben im Oktober 2018 auf ihrer

---

[64] Vgl. https://www.adrom.net/adressvermietung/email-adressen.html, Zugriff 01.10.2018.

Webseite:[65] *„Die DSGVO regelt seit dem 25.05.2018 den Umgang mit personenbezogenen Daten von EU-Bürgern. Juristische Personen sind grundsätzlich von der Verordnung nicht betroffen, jedoch fragen sich unsere Kunden wie es mit den personenbezogenen Daten von Einzelunternehmen aussieht. Wir bei AdressMonster erheben und speichern lediglich die personenbezogene Daten, die die betroffene Person offensichtlich öffentlich gemacht hat. Somit bieten wir lt. Artikel 9 Abs. 2 DSGVO konforme Daten zu Kauf an."*

3.3.12 Personalisierung

Personalisierte E-Mails haben eine wesentlich höhere Chance, vollständig gelesen zu werden, und verfügen damit über eine höhere positive Response-Rate. Doch Personalisierung bedeutet wesentlich mehr als die bloße Integration einer persönlichen Anrede wie „Liebe Frau Maier". Komplexe Personalisierung bedeutet die Lieferung von individualisierten Inhalten an die Empfänger. Im Kapitel 3.2.3 sind die Möglichkeiten bei Verwendung einer professionellen E-Mail-Marketing-Software aus technischer Sicht erörtert worden. Um diese Möglichkeiten nutzen zu können und so eine höhere Response-Rate zu erreichen, müssen jedoch hinreichende Daten über die Empfänger vorhanden sein. Sind lediglich der Name und die E-Mail-Adresse bekannt, so ist eine Personalisierung ausschließlich an der Oberfläche möglich. Es ist daher immer von Vorteil, mehr als nur den Namen und die E-Mail-Adressen der Empfänger zu kennen.

Besteht der Empfängerkreis aus Kunden, so liegen in der Regel weitere demografische Daten vor, die zur Personalisierung genutzt werden können. So könnte ein Unternehmen beispielsweise unterschiedliche Inhalte und Angebote je Bundesland, Altersgruppe oder Geschlecht versenden.

Liegen keine weiteren Daten über die Empfänger vor, so kann nur eine Quasi-Personalisierung anhand des Klickverhaltens durchgeführt werden. Voraussetzung ist wiederum, dass eine entsprechende Software eingesetzt wird, die dies unterstützt. Das folgende Beispiel veranschaulicht die Systematik:

> **Praxisbeispiel**
>
> Ein deutsches Unternehmen aus dem IT-Hardware-Umfeld schreibt neue Newsletter-Abonnenten grundsätzlich zunächst mit einem Head-Newsletter an, der verschiedene Themenbereiche behandelt. Pro Themenbereich (Router, Voice-Over-IP und Wireless) ist eine Nachricht im E-Mailing enthalten. Empfänger, die einen Themenbereich regelmäßig anklicken, andere Themenbereiche jedoch nicht, erhalten ab einem bestimmten Zeitpunkt einen anderen Newsletter, der im Schwerpunkt Nachrichten aus dem häufig angeklickten Themengebiet enthält.

---

[65] Vgl. https://adressmonster.de/, Zugriff 01.10.2018.

3.4 Versendetag und -frequenz

Über den idealen Versendetag für E-Mailings oder Newsletter gibt es in der Praxis verschiedene Anschauungen und Philosophien. Einigkeit herrscht weitestgehend darüber, dass der Montag ein recht schlechter Zeitpunkt für die Versendung von E-Mailings ist. Insbesondere am Montagmorgen ist das E-Mail-Postfach voll mit E-Mails, die sich über das Wochenende angesammelt haben. Das kann dazu führen, dass E-Mails weniger gründlich oder gar nicht gescannt werden, weil die Flut einfach zu groß ist. Auch der Freitag gilt bei den E-Mail-Marketing-Experten als schlechte Wahl für eine Versendung. Insbesondere im B2B-Bereich besteht eine erhöhte Gefahr, dass eine am Freitag ausgesendete E-Mail in die „Wochenend-E-Mail" rutscht und erst am Montag gelesen wird.

Im Gegensatz dazu kommt die Studie „Newsmarketing E-Mail-Studie 2009: optimaler Versandzeitpunkt" zu dem Ergebnis, dass Sonntag der beste und Donnerstag der schlechteste Versandtag ist. Diese Aussage kann sich aber nur auf das B2C-Segment beziehen, da erfahrungsgemäß an Sonntagen die wenigsten Büros besetzt sind.

Schlussendlich gibt es jedoch keine goldene Regel und keinen einzig richtigen Versendungszeitpunkt. Es ist deshalb empfehlenswert, verschiedene Wochentage zu testen und die finale Festlegung vom Ergebnis (Lesequote und Response-Rate) abhängig zu machen. Natürlich stellt sich die Frage des Versendetages nur, wenn die Versendung nicht täglich erfolgen soll, womit wir beim Thema „Frequenz" angelangt sind.

Abbildung 3.9 Schematische Darstellung der Response-Rate in Abhängigkeit von Versandfrequenz und Inhaltsqualität

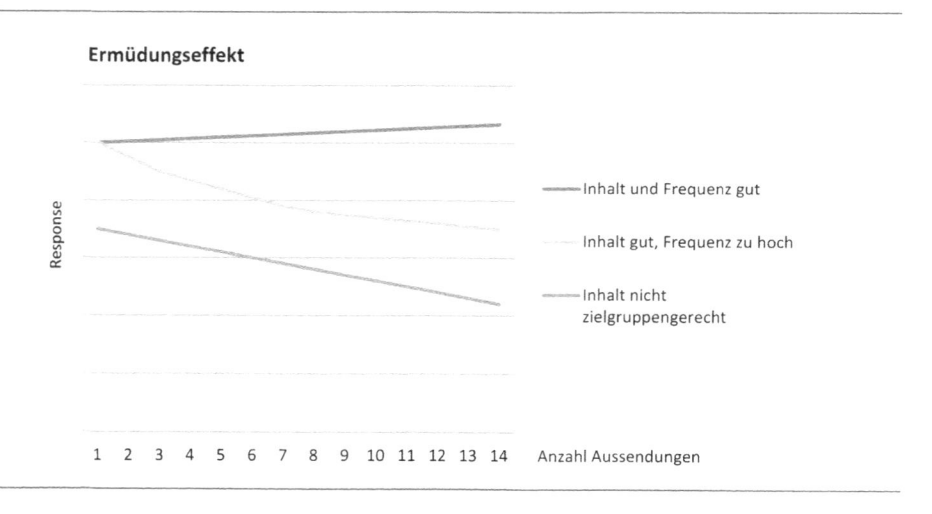

Hat ein Unternehmen oder eine Institution nicht genügend Inhalte, um sinnvoll einen täglichen Newsletter oder ein anders geartetes Mailing durchführen zu können, was in den meisten Fällen so sein wird, so stellt sich die Frage nach der Erscheinungshäufigkeit

bzw. Frequenz. Zwischen der Öffnungsrate und der Response-Rate sowie der Qualität und Relevanz des Inhaltes einerseits und der Frequenz andererseits besteht ein kausaler Zusammenhang. Ist der Inhalt eines Mailings nicht zielgruppenrelevant, so wird der Erfolg gering sein und bei weiteren Aussendungen gegen null tendieren. Wenn der Inhalt qualitativ hochwertig ist und den Präferenzen und Bedürfnissen der Zielgruppe gerecht wird, die Frequenz jedoch zu hoch ist, so wird sich zwar ein anfänglicher Erfolg einstellen, jedoch aufgrund der zu hohen Frequenz ein Ermüdungseffekt eintreten, der dazu führt, dass sich immer mehr Empfänger als Abonnenten abmelden. Nur wenn Inhalt *und* Frequenz gut sind, wird ein nachhaltiger Erfolg erzielt werden können. Abbildung 3.9 veranschaulicht diese Aussagen.

> **Praxisbeispiel**
>
> Der Newsletter einer deutschen Werbeagentur wurde ursprünglich jede Woche an rund 6.000 Empfänger versendet. Die Öffnungsrate sank über zwei Jahre auf unter vier Prozent. Die Umstellung der Versendungsfrequenz auf zweimal im Monat führte zu einer Erhöhung der Öffnungsrate auf zehn Prozent. Dies entspricht einer Steigerung von 25 Prozent je Monat (6.000 x 4 x 4 % vs. 6.000 x 2 x 10 %).

3.5 Besonderheiten des E-Mail-Marketings für Online-Shops

Für manche Shop-Systeme existieren Schnittstellen zu E-Mail-Marketing-Systemen. So gibt es beispielsweise für Magento Anbindungen an Systeme wie MailChimp[66] oder Copernica[67]. Diese Systeme sind primär auf den US-Markt zugeschnitten – was aber nicht bedeutet, dass man sie nicht auch für den deutschen Markt einsetzen kann. Die beiden **Hauptvorteile dieser Systeme** sind:

- Sie können Listen, also Kundensegmente, in Abhängigkeit aller im Shop zur Verfügung stehenden Daten erstellen. Jedem Kundensegment kann dann ein individuell angepasster Newsletter gesendet werden. Die Devise bei dieser Vorgehensweise lautet also: Nicht mehr ein Newsletter für alle, sondern unterschiedliche Newsletter für unterschiedliche Kundensegmente oder -profile. Einige Beispiele aus Sicht eines Shop-Betreibers für Sportartikel verdeutlichen das Prinzip:
    - Liste aller Käufer, die in den letzten zwölf Monaten einen Ball gekauft haben
      → Zweck: Angebot Ballpumpe
    - Liste aller Käufer, die eine CD aus der Kategorie „Aerobic Dance" gekauft haben
      → Zweck: NL Sonderangebot Aerobic-CDs

---

[66] https://marketplace.magento.com/mailchimp-mc-magento2.html, Abruf 15.10.2018.
[67] https://www.copernica.com, Abruf 15.10.2018.

- Liste aller Käufer, die im PLZ-Bereich 8 wohnen und im vergangenen Monat für mehr als 1.000 Euro Waren gekauft haben → Zweck: Testlauf für Sonderaktion Dankeschön-Bonusgutschein
- Liste aller Käufer, die vor zwei Monaten Kohlehydratgel (Verbrauchsgut) gekauft haben → Zweck: Erinnerung an Nachbestellung

■ Der zweite wesentliche Vorteil der Verwendung von E-Mail-Marketing-Software mit Shop-Schnittstelle ist die Möglichkeit, mit wenigen Mausklicks beliebige Produkte aus dem Shop im Newsletter zu integrieren. Das ist ganz besonders hilfreich, um Angebote im Newsletter auf ansprechende Art verankern zu können. Die Produktangebote sind verlinkt und können sofort gekauft werden.

Abbildung 3.10 und Abbildung 3.11 verdeutlichen das Prinzip. Gezeigt werden ein Newsletter, in den Produkte automatisch integriert wurden, und eine regelbasierte Empfängerauswahl mit dem Newsletter-Tool Rapidmail. Rapidmail ist eine E-Mail-Marketing-Software, welche über eine Programmierschnittstellt Daten aus dem Shop bezieht und verarbeitet. Im Feld Empfänger ist definiert: Produktgruppe A, Bestellung größer 100 Euro aus (Kunden). Es erhalten also nur Kunden das Mailing, welche mindestens einmal aus Produktgruppe A eine Bestellung getätigt haben und deren Umsatz größer als 100 Euro war.

Abbildung 3.10 Newsletter mit automatisch integrierten Produkten

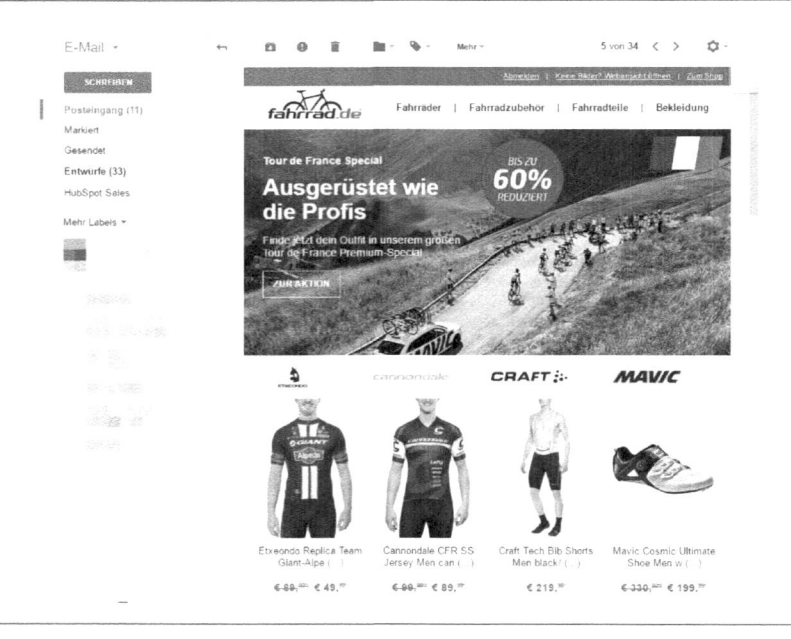

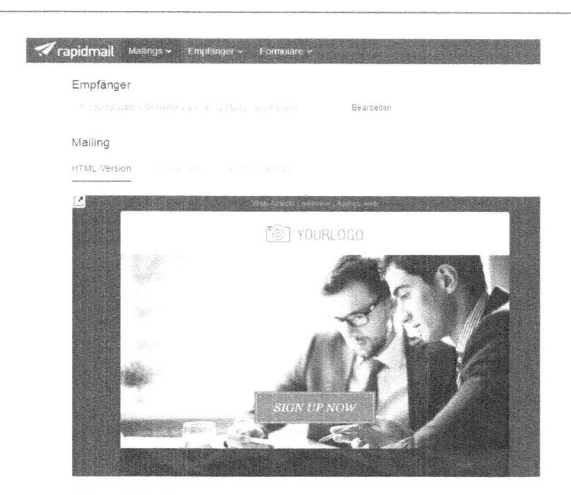

Abbildung 3.11 Regelbasierter Auswahlfilter in StoreMail

3.6 Dienstleister oder Eigenregie?

Wie in vielen Bereichen des Marketings kann sich auch beim E-Mail-Marketing die Frage nach dem „make or buy" stellen. Für kleine und mittlere Unternehmen lohnen häufig der interne Aufbau der notwendigen Kompetenzen und die Anschaffung der notwendigen Software nicht. Auch sind die Ausfallrisiken zu hoch, wenn die Kompetenzen sich auf eine einzige Person vereinigen. Eine Vergabe der E-Mail-Marketing-Aktivitäten an eine Agentur wird in den meisten Fällen die bessere Wahl sein. Diese Aussage gilt für professionelles E-Mail-Marketing und unter Betrachtung der Kosten-Nutzen-Relation. Viele Unternehmen machen den Fehler, bei der Evaluation der Alternativen „make or buy" nur die Kosten gegenüberzustellen. Sie übersehen dabei, dass eine betriebswirtschaftlich korrekte Betrachtung auch die Nutzen- bzw. Ertragsseite betrachten muss. Gleichzeitig unterstellen sie, dass der Nutzen bei „make" und „buy" identisch ist. Diese Rechnung geht in den allermeisten Fällen alleine schon deswegen nicht auf, weil professionelles E-Mail-Marketing komplex ist und ein entsprechendes Know-how erfordert, welches in den Unternehmen nicht vorliegt.

In großen Unternehmen ist die Durchführung in Eigenregie dann sinnvoll, wenn die Frequenz der Aussendungen hoch ist oder wenn es auf Schnelligkeit ankommt: beispielsweise wenn das Eintreffen neuer Ware schnell kommuniziert werden muss, weil die Ware einem starken Preisverfall unterliegt. Hierbei spielt häufig auch die Anbindung an Shopsysteme oder ERP-Systeme eine Rolle.

Ironischerweise wird E-Mail-Marketing in der Praxis von großen Unternehmen häufig an Agenturen vergeben und von KMUs in Eigenregie durchgeführt.

3.7 Strategische Dimension und Querverbindungen

E-Mail-Marketing weist nicht unbedingt viele Querverbindungen zu und Abhängigkeiten von anderen Online-Marketing-Disziplinen auf. Bitte lesen Sie hierzu das Kapitel **Fehler! Verweisquelle konnte nicht gefunden werden.**. Langfristig wird sich das jedoch ändern. In Zeiten der digitalen Transformation werden unterschiedlichste Datenströme zusammengeführt und natürlich auch für das E-Mail-Marketing nutzbar.

Aus strategischer Sicht bringt auch das mobile Internet Bewegung in das Thema E-Mail-Marketing. Heute hat jeder zweite Deutsche ein Smartphone. Marketer sollten deshalb davon ausgehen, dass ein Großteil der Empfänger – zumindest teilweise – Newsletter und Kampagnenmails unterwegs öffnet. Zukünftig wird es also verstärkt darauf ankommen, Inhalte so aufzubereiten, dass sie unabhängig von der Größe oder dem Betriebssystem eines Empfangsgerätes nutzerfreundlich und gut lesbar daherkommen. Das Stichwort hierzu lautet: responsives Design. Technisch basiert das responsive E-Mail-Design auf sogenannten CSS3 Media Queries. Damit ist es möglich, bestimmte Endgeräte mitsamt den maßgeblichen Geräteeigenschaften gezielt anzusprechen.

Sicherlich wird auch der Boom im Online-Video-Segment das E-Mail-Marketing beeinflussen. Durch die systematische Einbindung von interessanten Bildern und Videos steigt die Attraktivität von E-Mail-Botschaften. Weitere Erfolgsfaktoren sind personalisierte Inhalte oder vorausgefüllte Response-Felder – all dies ist heute bereits möglich, wird aber noch zu wenig genutzt. Das wird sich langfristig jedoch ändern.

Zukünftig wird auch die Einbeziehung von Daten aus anderen Datenquellen das E-Mail-Marketing stärker beeinflussen. Daten aus einem Shop-System, einem CRM-System, Retargeting-Daten oder gar die Nutzung einer Marketing-Suite werden das E-Mail-Marketing revolutionieren. Langfristig werden intelligente, automatisierte und multivariate Verfahren den einfachen A/B-Test oder das einfache Betreffzeilen-Testing ersetzen. Dabei können zigtausend Variationen einbezogen und bislang ungehobene Optimierungspotenziale erschlossen werden.

3.8 Zusammenfassung E-Mail-Marketing

Die Betrachtung des Themenbereichs zeigt, dass E-Mail-Marketing hochinteressante Möglichkeiten bietet, über die vergleichbare konventionelle Marketing-Instrumente nicht verfügen. Trends wie Video-Mails und interaktive E-Mails werden die Möglichkeiten und Chancen noch erhöhen, und das zu hervorragenden Kosten-Nutzen-Relationen. Es wird aber auch deutlich, dass Personalisierung wesentlich mehr ist als die Integration einer individuellen Anrede und dass professionelles E-Mail-Marketing wesentlich mehr bedeutet, als regelmäßig einen Newsletter oder eine anders bezeichnete E-Mail an einen bestimmten Empfängerkreis zu versenden. Wesentliche Erfolgskriterien sind:

- relevante und zielgruppengerechte Inhalte,
- Einbeziehung von Bild- und Videodaten,
- die „richtige" Frequenz bei der Aussendung,
- intelligente Integration von Anreizen,
- Einsatz einer professionellen E-Mail-Marketing-Software,
- Personalisierungsmöglichkeiten (Anrede, Betreff und Inhalt),
- Erfolgskontrolle durch detailliertes Reporting,
- Follow-up-Möglichkeiten in Abhängigkeit von den gelesenen Beiträgen,
- professionell gestaltete HTML-Newsletter-Vorlagen – im Hinblick auf Usability und werbliche Aspekte unter Berücksichtigung von responsivem E-Mail-Design,
- ein professionelles Controlling zur Erfolgsmessung,
- qualitativ hochwertige HTML-E-Mail-Newsletter-Vorlagen – mit Hinblick auf die geschilderte Darstellungsproblematik bei verschiedenen E-Mail-Clients,
- rechtskonforme elektronische Einwilligung und Widerspruchsmöglichkeit sowie
- hohe Profilierung mit Einwilligung der Empfänger beim Kauf von Adressen.

Auf der Kostenseite lässt sich die 80:20-Faustregel formulieren. Bei konventionellen Mailings per Post gilt: 80 Prozent Produktionskosten (Grafik, Druck, Versand etc.) und 20 Prozent Kreation. Bei E-Mail-Marketing ist das Verhältnis tendenziell eher umgekehrt. Hier betragen die Produktionskosten im Schnitt lediglich 20 Prozent, während 80 Prozent des Budgets für Kreation und Controlling eingesetzt werden. Auch dieses Argument spricht für E-Mail-Marketing – insbesondere wenn man berücksichtigt, dass dabei die Gesamtkosten deutlich geringer sind als im Printbereich.

Influencer-Marketing
Chancen, Potenziale, Risiken, Mechanismen, strukturierter Einstieg

4 Influencer-Marketing[68]

Influencer-Marketing wurde in Deutschland im Laufe der Jahre 2016 und 2017 zu einem Hype-Thema. In den Medien wurde diese Marketing-Disziplin extrem kontrovers diskutiert. Mal wurde das Platzen der Blase prognostiziert und über die Fake-Follower gewettert. Wenige Tage später wurde Influencer-Marketing wieder gehypt und von Top-Agenturen berichtet, die sehr erfolgreich Influencer-Kampagnen für Top-Marken durchführen. Ich habe mir einmal den Spaß gemacht, einige Presseartikel aus den Zeiträumen Q4 2017 bis Q3 2018 zu sammeln. Man findet dort Überschriften und Statements wie:

- Ohne Streuverluste direkt zur Zielgruppe
- Warum die Consumer Influencer immer wichtiger werden
- So profitiert Dein Unternehmen von der Marketing-Wunderwaffe

Aber eben auch Statements wie:

- Die große Instagram-Lüge: So einfach verdienen Fake-Influencer Geld
- Fake-Influencer mit 80 Prozent falschen Fans
- Das Platzen der Blase scheint vorprogrammiert

Die medial sehr kontroverse und bisweilen reißerische Berichterstattung hat den sachlichen und seriösen Umgang mit „der Chance Influencer-Marketing" nicht gefördert. Bei verschiedenen Marktteilnehmern sind Unsicherheiten und Zweifel entstanden, was nur allzu verständlich ist. Ferner wurden mit Schlagzeilen wie „Trend-Beruf Influencer: Mit diesem Job lassen sich über 100.000 Euro verdienen – pro Posting" oder „So viel verdient ein Influencer mit nur einem Post" Begehrlichkeiten und falsche Hoffnungen geweckt.

Trotz aller Unkenrufe – Fakt ist, dass gut gemachtes Influencer-Marketing funktioniert und hervorragende Ergebnisse liefert. Influencer-Marketing hat sich hervorragend entwickelt und wird auch bestehen bleiben. In diesem Kapitel finden Sie:

- Eine klare Abgrenzung und Definition sowie Hintergrundinformationen
- Eine Darlegung der grundsätzlichen Vorteile im Vergleich zu konventionellen Marketingmethoden
- Hinweise auf Fallstricke und Risiken
- Erste Ansätze für die Entwicklung eines Konzeptes für die Arbeit mit Influencern

---

[68] Die Inhalte dieses Kapitels stammen aus meinem Buch „Lammenett, E. (2018). Influencer Marketing: Chancen, Potenziale, Risiken, Mechanismen, strukturierter Einstieg, Softwareübersicht Taschenbuch. CreateSpace Independent Publishing Platforms" und sind nicht exklusiver Bestandteil des vorliegenden Werkes.

4.1 Hintergrundwissen

In Deutschland war das Jahr 2016 das Jahr des Influencer-Marketings. Der Blick in das Tool „Google Trends" lässt daran keinen Zweifel. Die Anzahl der Suchanfragen nach „Influencer-Marketing" ist insbesondere im Jahr 2016 deutlich gestiegen und wird, wenn sich der Trend fortschreibt, bald das Niveau von Content-Marketing erreichen. Abbildung 4.1 zeigt einige Online-Marketing-Disziplinen im Vergleich zu Influencer-Marketing im November 2018. Man erkennt deutlich, wie Influencer-Marketing im Laufe des Jahres 2016 Themen wie „Video-Marketing" oder „Display Advertising" überflügelt und sich an das Niveau von Content-Marketing herantastet.

Abbildung 4.1 Influencer-Marketing im Vergleich zu anderen Online-Marketing-Disziplinen

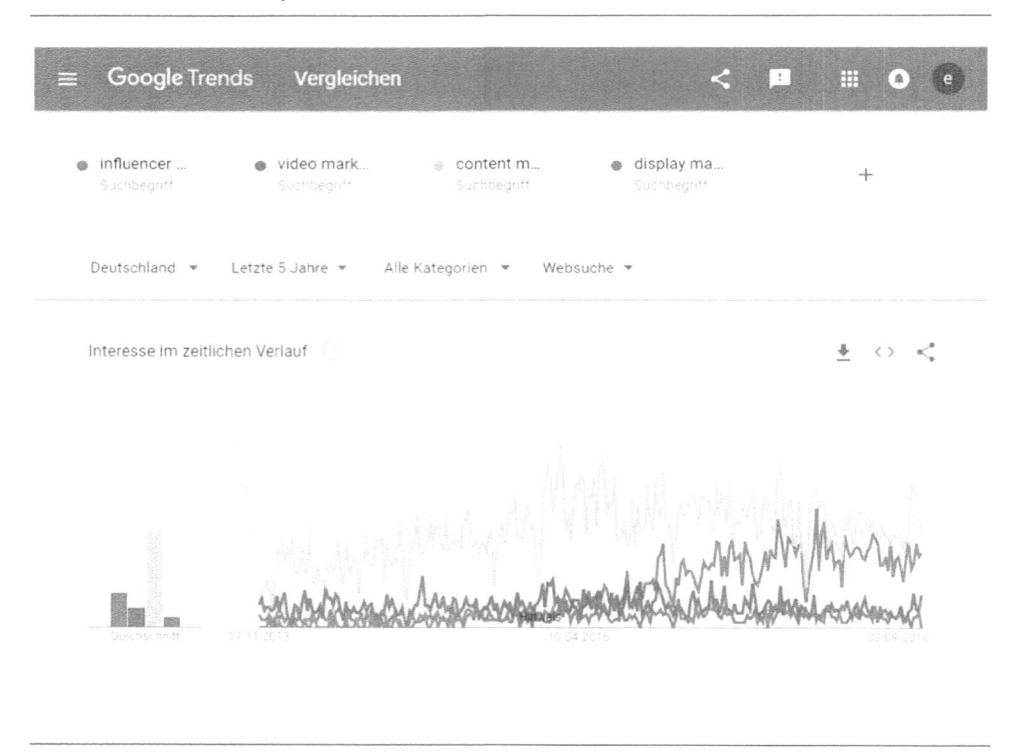

Quelle: Google Trends, November 2018

Im Kern geht es beim Influencer-Marketing darum, vertrauenswürdige, authentische und glaubwürdige Dritte dazu zu bewegen, öffentlich positive Aussagen über ein Unternehmen oder eine Marke zu tätigen. Im Idealfall passen diese Personen zur jeweiligen Marke, damit dem Aspekt der Glaubwürdigkeit Genüge getan wird. Dieses Vorgehen ist uralt. Es geht darum, Menschen mit Einfluss und Ansehen für Unternehmenszwecke einzuspannen. Persönlichen Empfehlungen vertrauen Konsumenten generell mehr als stumpfen Werbebotschaften. Das hat sich seit Jahrhunderten nicht geändert und ist vielfach wissenschaftlich belegt. Beispielsweise warb die Firma Oliver schon vor 100 Jahren mit dem guten Namen von Henry Ford, der in den USA als sehr angesehene Persönlichkeit galt. Abbildung 4.2 zeigt ein Werbeplakat aus dem Jahr 1918, bei dem die Firma Oliver Henry Ford als Testimonial einsetzt. Man benötigt nur zwei Minuten, um mithilfe von Google aktuelle Studien mit Statements zu finden wie:

- Nielsen-Studie: Empfehlungen und Online-Konsumentenbewertungen sind weltweit die vertrauenswürdigsten Werbeformen
- Studie zeigt: Empfehlungen sind die wirksamsten Kaufauslöser
- Nielsen: Empfehlungsmarketing gehört an die erste Stelle im Businessplan.

Auch wenn man sich heutzutage Fernsehwerbung anschaut, findet man haufenweise Unternehmen, die ihr Produkt mit Stars aus verschiedensten Bereichen (Sport, Show, Musik, Entertainment usw.) bewerben. In diesem Kontext werden die Influencer eher Testimonials genannt. Laut dem Gabler Wirtschaftslexikon wird „Testimonial" wie folgt definiert: *„Auftreten von bekannten Persönlichkeiten in den Medien zum Zweck der Werbung für ein Produkt. Die Personen geben vor, das Produkt zu benutzen und damit zufrieden zu sein. Entscheidend für einen positiven Imagetransfer sind die Übereinstimmung des Produktimages mit den gegebenen oder auch vermeintlichen Eigenschaften des Prominenten und die Glaubwürdigkeit der Werbebotschaft."*[69]

Teilweise wird die Abgrenzung zwischen einem Testimonial und einem Celebrity-Influencer sehr schwierig. Dazu aber in den nachfolgenden Abschnitten mehr, wenn es darum geht, einmal einige Begriffe aus dieser vergleichsweise jungen Marketing-Disziplin genauer zu definieren.

Im Zeitalter der benutzergenerierten Inhalte ist die Nutzung von Meinungsführern wesentlich erschwinglicher geworden. Es muss kein Sebastian Schweinsteiger oder keine Serena Williams mehr sein. Auch wenn die Reichweite einiger Celebrity-Influencer gigantisch ist, so erreicht beispielsweise Mario Götze mit einem Post bei Instagram mehr Menschen als die Kanzlerin mit ihrer Neujahrsansprache im TV. Auch mit weniger bekannten YouTubern oder Instagrammern lassen sich heute Erfolge erzielen. Nach wie vor ist jedoch wichtig, dass die Zuschauer bzw. Follower der Influencer zur Zielgruppe des Unternehmens passen.

---

[69] http://wirtschaftslexikon.gabler.de/Archiv/81531/testimonial-v6.html, Abruf 11.11.2018.

Abbildung 4.2   Firma Oliver nutzte Henry Ford im Jahr 1918 als Testimonial

Quelle: © Flickr / Don O'Brien, URL https://www.flickr.com/photos/dok1/4487114438/, Zugriff 19.11.2018.

Zudem gibt es heute viele „Influencer-Stars", die ihre Reichweite selbst aufgebaut haben und die nicht aus Bereichen wie Sport, TV oder Musik bekannt sind. Diese Influencer sind erfolgreich, weil sie als Personen echt, authentisch und unterhaltsam sind. Beispiele solcher Influencer sind Bibi[70], Gronkh[71] oder Pamela Reif[72]. Sie haben es geschafft, sich aus eigener Kraft zur „Marke" zu machen. Manche von ihnen erreichen plattformübergreifend tagtäglich Millionen von Nutzern. So hat beispielsweise der YouTube-Kanal „BibisBeautyPalace" rund 5,4 Millionen Abonnenten (Stand November 2018). Auf Insta-

---

[70] Vgl. https://de.wikipedia.org/wiki/Bianca_Heinicke, Zugriff 22.03.2018.
[71] Vgl. https://de.wikipedia.org/wiki/Gronkh, Zugriff 22.03.2018.
[72] Vgl. https://de.wikipedia.org/wiki/Pamela_Reif, Zugriff 22.03.2018.

gram folgen ihr über fünf Millionen User. Von diesen Reichweiten träumt so manches TV-Format.

Der Begriff „Influencer" (von engl. „to influence": beeinflussen) entstand um das Jahr 2007. Er bezeichnet Personen, die in einem oder mehreren sozialen Netzwerken eine starke Präsenz haben und ein hohes Ansehen genießen. Zumeist wird die Stärke ihrer Präsenz an der Anzahl ihrer Follower oder Abonnenten gemessen. Influencer-Marketing bezeichnet die kommerzielle Nutzung dieser Personen und deren Reichweite. Häufig wird auch der Begriff „Social-Influencer-Marketing" verwendet. Aus Sicht eines Unternehmens geht es beim Influencer-Marketing darum, geeignete Influencer zu identifizieren und zu gewinnen, um sie dann als Multiplikatoren für seine Werbebotschaft zu nutzen.

Die Wurzeln des Social-Influencer-Marketings liegen in der Blogger-Szene in den USA. Hier sind die sogenannten „Mummy-Blogs" besonders zu erwähnen. Diese Bloggerinnen widmen sich vor allem praktischen Tipps für Mütter. Es geht um Rezepte, DIY-Tutorials, Produkttests oder Tipps für die Organisation einer Kinderparty. Findige Marketers entdeckten das Potenzial dieser Bewegung und fanden Wege, ihre eigenen Produkte durch die Blog-Betreiberinnen präsentieren, besprechen bzw. empfehlen zu lassen.

Neben den Begriffen „Influencer-Marketing" oder „Social-Influencer-Marketing" kursieren weitere Begriffe in der Szene, die recht nah am Thema sind. Beispielsweise „Advocacy-Marketing" oder „Word-of-Mouth-Marketing". In Deutschland sind diese Begriffe weniger bekannt. Sie werden häufig unter dem Begriff „Empfehlungsmarketing" subsumiert. In der englischsprachigen Literatur sind „Advocacy-Marketing" und „Word-of-Mouth-Marketing" stärker abgegrenzt. Beide Themen können zumindest in einigen Bereichen Parallelen zum „Influencer-Marketing" aufweisen. Mehr zur klaren Abgrenzung der Begrifflichkeiten finden Sie im folgenden Abschnitt.

In den USA ist „Word-of-Mouth-Marketing" weit verbreitet. Es gibt sogar eine Organisation in Chicago, die sich um die Einhaltung ethischer Grundsätze, um Know-how-Transfer und um die professionelle Weiterentwicklung dieser Marketing-Disziplin kümmert. Die „Word of Mouth Marketing Association"[73] (WOMMA) finanziert sich durch Mitgliederbeiträge und Spenden. Ihr gehören namhafte Unternehmen an wie Google, Burger King, Coca-Cola, IBM, Honda, Philips und viele andere mehr.

4.2 Versuch einer Abgrenzung und Definition

Ohne mich zu wiederholen, möchte ich einmal den Versuch einer klaren Abgrenzung und Definition der unterschiedlichen Begrifflichkeiten unternehmen. Im Online-Marketing kursieren viele Buzzwords und oft werden Begriffe unscharf oder gar falsch verwendet. Das macht die Kommunikation unterschiedlicher Marktteilnehmer nicht einfacher. Daher bin ich ein Fan von klar definierten Begrifflichkeiten.

---

[73] Vgl. www.womma.org, Zugriff 22.11.2018.

4.2.1 Testimonial vs. Influencer bzw. Influencer-Marketing

Der Begriff „Influencer-Marketing" ist nicht trennscharf und birgt Potenzial für Missverständnisse. Hingegen ist der Begriff „Social-Influencer-Marketing" eher geeignet, um eine klare Abgrenzung und damit ein eindeutiges Verständnis zu erreichen. Denn vom Grundsatz her ist ein Testimonial auch ein Influencer, allerdings nicht zwingend ein Social Influencer.

> **Dazu ein Beispiel:**
>
> Bewirbt ein prominenter Fußballer wie Sebastian Schweinsteiger im TV ein Produkt, so ist diese Maßnahme zunächst lediglich eine konventionelle TV-Werbung mit dem Testimonial Sebastian Schweinsteiger. Natürlich ist Sebastian Schweinsteiger auch ein Influencer. Man könnte daher auf die Idee kommen, diese Maßnahme als Influencer-Marketing zu bezeichnen. Allerdings stellt der Begriff „Influencer" ja auf Personen ab, die in einem oder mehreren sozialen Netzwerken eine starke Präsenz und Reichweite haben. Der Kanal „TV" ist aber ganz eindeutig kein soziales Netzwerk. Daher wäre diese Maßnahme sicher nicht dem Influencer-Marketing zuzuordnen. Offensichtlicher würde diese Argumentationskette, wenn man anstatt des Begriffs „Influencer-Marketing" den Begriff „Social-Influencer-Marketing" verwenden würde. Vor diesem Hintergrund erscheinen mir die Begriffe „Social-Influencer-Marketing" und „Social Influencer" deutlich geeigneter und trennschärfer als die Begriffe „Influencer-Marketing" und „Influencer".
>
> Bewirbt Herr Schweinsteiger dasselbe Produkt über seine Facebook-Fanpage, so wäre die Maßnahme eindeutig dem „Social-Influencer-Marketing" zuzuordnen.

4.2.2 Advocate bzw. Advocacy-Marketing vs. Social Influencer bzw. Social-Influencer-Marketing

Ein Advocate ist eine Person, die in keiner formalen Beziehung zum werbetreibenden Unternehmen steht und die auch keine Vergütung, weder in monetärer noch in sachlicher Form, vom Unternehmen erhält. Für Unternehmen haben echte Advocates einen hohen Wert, da sie authentisch sind und in der Regel ein sehr hohes Vertrauen genießen. Ein Social Influencer erhält meist eine Vergütung in Geld- oder Sachwerten für seine Mitwirkung. Damit ist Advocacy-Marketing vom Social-Influencer-Marketing klar abgegrenzt.

Typischerweise werden in der englischsprachigen Literatur drei Kategorien voneinander unterschieden:

- Consumer Advocates,
- Employee Advocates und
- Social Advocates.

Consumer Advocates sind im Grunde Fans einer Marke, die sich in besonderem Maße mit einer Marke identifizieren. Sie sprechen nicht nur positiv im Kreise von Freunden, Familie oder einer Community über die Marke, bisweilen stehen sie sogar auf emotionale Weise für die Marke ein.

Employee Advocates sind Angestellte des Unternehmens, die sich in hohem Maße mit dem Unternehmen oder einer Marke des Unternehmens identifizieren und dieses auch öffentlich vertreten. In den USA haben größere Unternehmen spezielle Programme, mit denen sie versuchen, Arbeitnehmer zu Advocates zu machen.

Social Advocates bezeichnet Personen, die sich in hohem Maße mit sozialen Aspekten im Umfeld eines Unternehmens oder einer Marke identifizieren und ihre positive Einstellung verbreiten. Wenn sich beispielsweise ein Unternehmen in besonderem Maße für hungernde Kinder engagiert, so kann es Social Advocates gewinnen, die aber nicht zwingend gleichzeitig auch Kunden, also Consumer Advocates, sind.

4.2.3 Empfehlungsmarketing, Word-of-Mouth-Marketing vs. Influencer-Marketing

In der deutschen Marketing-Literatur ist der Begriff „Empfehlungsmarketing" sehr weit gefasst und beinhaltet Elemente, die in der englischsprachigen Literatur unter unterschiedlichen Begriffen zu finden sind. Empfehlungsmarketing wird häufig auch Mundpropaganda genannt und als Word-of-Mouth-Marketing (WoMM) übersetzt. In Deutschland beinhaltet es auch Elemente des Advocacy-Marketings, was sehr schnell deutlich wird, wenn man sich beispielsweise die Definition aus der deutschen Wikipedia vor Augen führt: *„Unter Empfehlungsmarketing (auch Mundpropaganda, engl. Word of Mouth) bezeichnet, ist ein Instrument der Neukundengewinnung zu verstehen, das durch Mundpropaganda, Bewertungen und Referenzen von Kunden erfolgt. Voraussetzung ist in der Regel, dass der Kunde mit den Leistungen des Anbieters zufrieden ist. Insofern sind eine adäquate Bestandskundenpflege und ein dementsprechendes Loyalitätsmarketing dem Empfehlungsmarketing vorgelagert."*[74]

Neben den Kunden eines Unternehmens kommen auch andere Marktteilnehmer als Empfehlende in Betracht. Dies können z. B. Mitarbeiter oder Netzwerkpartner des Unternehmens sein. Die Gewinnung der eigenen Mitarbeiter als positiv Empfehlende ist der Dreh- und Angelpunkt des Empfehlungsmarketings. Netzwerkpartner sind ebenfalls geeignete Empfehler. Sie müssen nicht zwangsläufig selbst eine Erfahrung mit dem Produkt haben, aber von der Leistungsfähigkeit des Anbieters überzeugt sein, also z. B. beratende Ingenieure, Architekten usw.

Im Gegensatz zum Social-Influencer-Marketing muss das Empfehlungsmarketing nicht zwingend über einen Social-Media-Kanal erfolgen. So ist beispielsweise die Arbeit mit

---

[74] Vgl. https://de.wikipedia.org/wiki/Empfehlungsmarketing, Stand März 2018, Zugriff am 12.03.2018.

den Möglichkeiten eines Gütesiegels auch dem Empfehlungsmarketing zuzuordnen. Natürlich sind Empfehler auch Influencer. Sicherlich tummeln sich Empfehler auch in sozialen Medien und posten dort. Beispielsweise fördern viele Anbieter von Gütesiegeln auch das Posten von Empfehlungen in sozialen Netzwerken. Aber Empfehler erhalten in der Regel keine Vergütung, weshalb eine klare Abgrenzung zum Social-Influencer-Marketing gegeben ist.

> **Meine Definition lautet daher:**
>
> Social-Influencer-Marketing umfasst Maßnahmen, die sich grundsätzlich eines Kanals bedienen, der den sozialen Medien zuzuordnen ist, und die eine Vergütung des Social Influencers für seine Unterstützung/Mitwirkung bedingen. Damit ist Social-Influencer-Marketing klar abgegrenzt von Empfehlungsmarketing, WoMM oder der Werbung mit Testimonials.

4.3 Klassifizierung von Influencern

Das Feld der möglichen Social Influencer ist gigantisch. Möchte man in das Thema „Social-Influencer-Marketing" einsteigen, so ist es sinnvoll, die Influencer nach verschiedenen Kriterien zu segmentieren. Denn nicht jeder Social Influencer wird für jeden Zweck der richtige Partner sein. Spätestens wenn man sich auf die Suche nach geeigneten Influencern für eine Influencer-Marketing-Kampagne begibt, muss klar sein, wonach man eigentlich sucht. Denn für eine erfolgreiche Influencer-Marketing-Kampagne bedarf es einer genau definierten, starken Strategie, in der möglichst genau und logisch festgelegt wird, welche unterschiedlichen Arten von Influencern einbezogen werden sollen.

Die Unterschiede zwischen den Typen von Influencern verschwimmen bisweilen. Eine einheitliche Typisierung gibt es in Deutschland noch nicht. Mal findet man Unterteilungen wie:

- Blogger & Creator,
- Stars im klassischen Sinne,
- Meinungsführer und Experten sowie
- Micro-Influencer.

In anderen Abhandlungen wird typisiert nach:

- Lifestyler
- Entertainer
- Aktivist
- Experte
- Künstler.

Wesentlich interessanter für die Entwicklung einer Strategie finde ich die Segmentierung möglicher Influencer nach:

- Interesse/Thema, z. B. Lifestyle, Beauty, Fashion, Gaming, Politik, Technologie, Musik, Film etc.,
- Social-Media-Kanal, z. B. Blog, YouTube, Facebook, Snapchat, Instagram etc.,
- Demografie der Follower: Geschlecht, Altersgruppen, Orte etc. und/oder
- Reichweite.

Bezogen auf die Reichweite, also die Anzahl der Follower oder Abonnenten, gibt es in Deutschland noch keine allgemein anerkannte Kategorisierung. Gerne wird unterschieden zwischen Social-Media-Stars mit mehr als einer Million Followern, Influencern zwischen 20.000 und einer Million Followern und den sogenannten Micro-Influencern, die weniger als 20.000 Follower haben.

In der englischsprachigen Literatur findet man in Bezug auf die Reichweite häufig folgende Untergliederung:

- Micro-Influencer,
- Mid-Level- oder Power-Influencer,
- Top-Tier-Influencer und
- Celebrity-Influencer.

Als Micro-Influencer werden dort Personen bezeichnet, die zwischen 1000 und 25.000 Follower haben. Mid-Level-Influencer haben zwischen 25.000 und 100.000 Follower. Top-Tier-Influencer haben mehr als 100.000 Follower und verfügen über eine hohe Bekanntheit. Ein Celebrity-Influencer ist ein aus anderen Medien bekannter Star. Celebrity-Influencer haben mehrere hunderttausend Follower.

Für die Konzeption einer Influencer-Marketing-Kampagne ist die Untergliederung nach Reichweite nicht ganz unerheblich, da sich die Preise, welche Influencer für ihre Mitwirkung fordern, oft an der Reichweite orientieren. Klar ist auch: Es gibt wesentlich mehr Micro-Influencer als Top-Tier-Influencer. Es ist also viel aufwändiger, aus dem gigantischen Pool von Micro-Influencern die wirklich passenden Partner zu identifizieren. Je nach Zielsetzung und Konzeption kann es aber im Sinne der Vermeidung von Streuverlusten durchaus sinnvoll sein, sein Budget auf eine größere Anzahl von kleineren, exakt passenden Influencern zu verteilen. In Tabelle 4.1 werden die vier Influencer-Arten einander gegenübergestellt.

Tabelle 4.1 Klassifizierung von Influencern

	Micro-Influencer	Mid-Level-Influencer	Top-Tier-Influencer	Celebrity-Influencer
Typische Reichweite	1000–25.000	25.000–100.000	100.000+	500.000+
Kosten	Gering, manchmal auch gegen Produktgeschenk	Moderat, in manchen Nischen auch gegen Produktgeschenk	Hochpreisig	Sehr hochpreisig
Content	Geringer Produktionswert	Guter User-generated Content von semi-professioneller Qualität	Guter User-generated Content von semi-professioneller bis professioneller Qualität	Guter User-generated Content von professioneller Qualität
Aufwand für Suche	Hoch wegen großer Anzahl – softwareunterstützte Suche dringend empfohlen	Hoch bis mittel – softwareunterstützte Suche empfohlen	Gering – häufig auch durch Agenturen vertreten, softwareunterstützte Suche hilfreich	Gering – häufig auch durch Agenturen vertreten
Relevanzfeld	Sehr vertrauenswürdig innerhalb eines kleinen, aber feinen Bekanntenkreises	Digitale Persönlichkeit, genießt Vertrauen bei den Followern und hat oft eine hohe Engagementrate	Digitale Persönlichkeit, genießt Vertrauen bei den Followern und hat oft eine hohe Engagementrate	Echter Celebrity mit allen Vor- und Nachteilen in Bezug auf werbende Kommunikation

Einen sehr guten Typisierungsversuch habe ich im Buch „Quick Guide Influencer Marketing: Wie Sie durch Multiplikatoren mehr Reichweite und Umsatz erzielen" von Prof. Dr. Frank Deges gefunden. Er typisiert nach sechs Merkmalen. Abbildung 4.3 zeigt seinen Ansatz.

Abbildung 4.3 Typisierung von Influencern nach Deges (2018)

Social-Media-Kanal	Reichweite	Themenspektrum
• Blogger/Vlogger • YouTuber • Instagrammer • Snapchatter • Tweeter	• Macro Influencer • Micro Influencer • Key Influencer • Local Influencer • Potential Influencer	• Fashion • Food • Lifestyle • Beauty • Travel

Typisierungen der Influencer

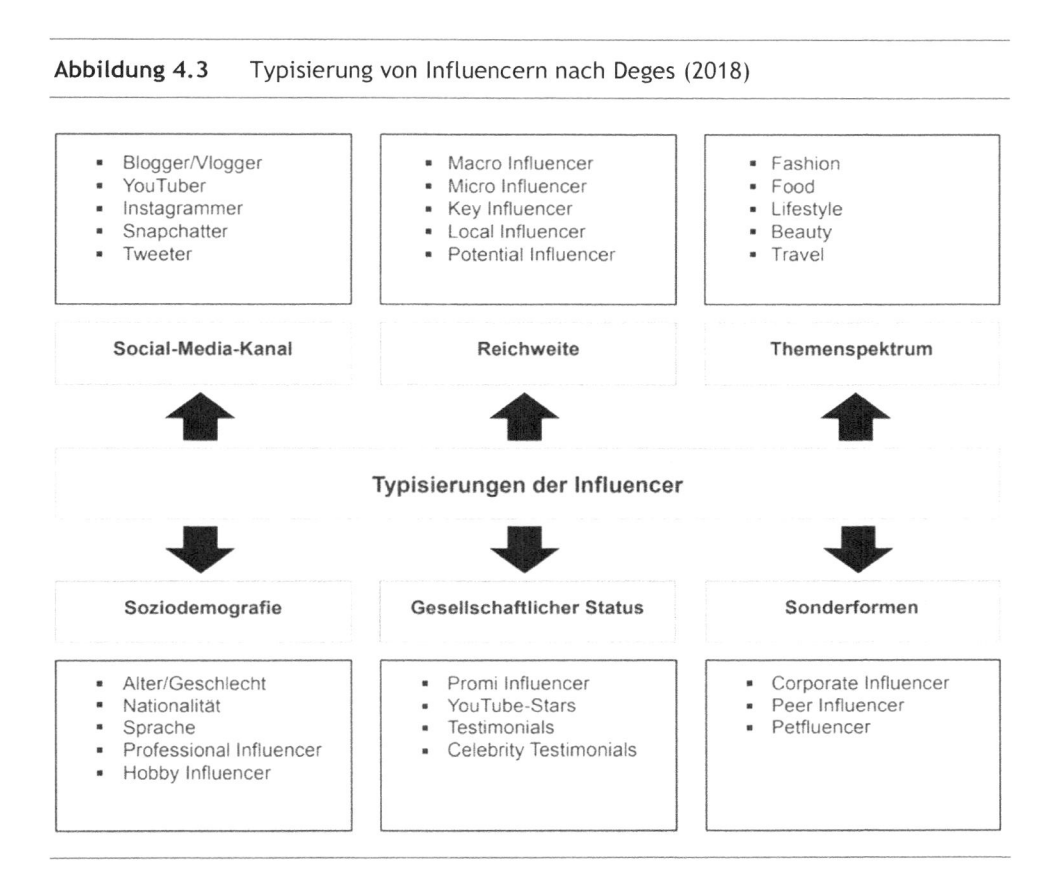

Soziodemografie	Gesellschaftlicher Status	Sonderformen
• Alter/Geschlecht • Nationalität • Sprache • Professional Influencer • Hobby Influencer	• Promi Influencer • YouTube-Stars • Testimonials • Celebrity Testimonials	• Corporate Influencer • Peer Influencer • Petfluencer

Quelle: Deges (2018), S. 22. Reprinted with permission from Springer Gabler.

4.4 Die Vorteile von Social-Influencer-Marketing

In der Theorie sind die Vorteile von Social-Influencer-Marketing gegenüber konventionellen Marketing- bzw. Werbeformen überwältigend. In der Praxis muss man mittlerweile jedoch sehr genau hinsehen, wie im nächsten Abschnitt deutlich wird. Doch trotz der vielen Probleme, die mit einem schnellen Wachstum und einem Hype einhergehen, hat Social-Influencer-Marketing auf der rein sachlichen Ebene etliche Vorzüge und klare Vorteile gegenüber vielen anderen Werbe- und Marketing-Formen vorzuweisen. Die folgende Liste erhebt keinen Anspruch auf Vollständigkeit.

4.4.1 Influencer-Marketing bricht mit dem Prinzip der Unterbrecherwerbung

Unter vielen Mediennutzern hat sich eine Art Werbemüdigkeit entwickelt – und zwar gleich in zweierlei Hinsicht. Zum einen gibt es die Mediennutzer, die technisch gegen Werbung vorgehen und diese durch sogenannte „Ad-Blocker" herausfiltern lassen (vgl. Abbildung 4.4).

Abbildung 4.4 Ad-Blocker in Deutschland

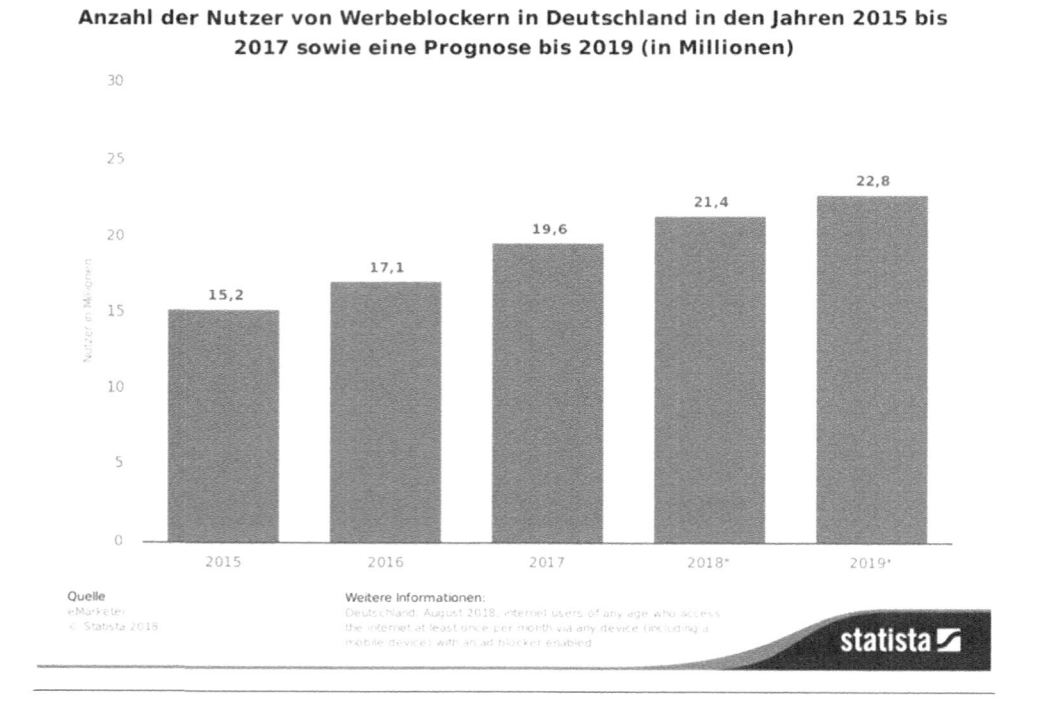

Anzahl der Nutzer von Werbeblockern in Deutschland in den Jahren 2015 bis 2017 sowie eine Prognose bis 2019 (in Millionen)

- 2015: 15,2
- 2016: 17,1
- 2017: 19,6
- 2018*: 21,4
- 2019*: 22,8

Quelle: https://de.statista.com/statistik/daten/studie/911962/umfrage/anzahl-der-nutzer-von-adblockern-in-deutschland/, Abruf 12.11.2018.

Zum anderen gibt es mittlerweile viele Nutzer, die die herkömmliche Online-Werbung mental ausblenden. Die Ursachen für dieses mentale Ausblenden ist die allgegenwärtige Penetranz. Wer heute vier Stunden im Internet verbringt, bekommt zwei- bis dreitausend Werbeeinblendungen zu sehen. Demzufolge stellt sich ein starker Abstumpfungseffekt beim Nutzer ein; Werbung wird nicht mehr aktiv wahrgenommen, das Gehirn ist darauf geeicht, Online-Werbung zu ignorieren. Emanzipierte Mediennutzer im Zeitalter des Web 2.0 sind anspruchsvoller geworden und finden kaum noch Gefallen an konventionellen Werbeformen oder 08/15-Werbebotschaften. Beispielsweise liegt heute die durchschnittliche CTR von Bannerwerbung unter 0,1 Prozent. Ich erinnere mich noch an Zeiten, da lag die durchschnittliche CTR bei zwei bis drei Prozent. Das Standardbanner 468x60 wird im Durchschnitt heute gar nur noch von 0,03 Prozent der Nutzer geklickt. Voraussichtlich werden diese Werte noch weiter sinken. **Social-Influencer-Marketing könnte ein Weg aus dem Dilemma dieser Werbemüdigkeit sein.**

Bereits 2015 nutzten 25 Prozent der deutschen Onliner Ad-Blocker. Laut einer Befragung vom Reuters Institute for the Study of Journalism ist der Wert bis Januar 2017[75] auf 28 Prozent gestiegen. Die meisten werden von den Nutzern selbst installiert. Es ist damit zu rechnen, dass die Zahl der Ad-Blocker weiter steigen wird, da unterschiedliche Marktteilnehmer wie Internet-Provider, Browser- oder gar Hardware-Hersteller (Stichwort Ad-Blocker im Router) das Thema Ad-Blocker für sich entdeckt haben und entsprechende Services entwickeln, um ihren Kunden einen Mehrwert zu liefern. So hat beispielsweise Samsung im Q4 2017 seinen neuen Android-Internetbrowser mit einem vorinstallierten Blocker für Tracking und Werbung ausgeliefert. Samsung reagiert mit dieser zusätzlichen Funktion auf Nutzerwünsche. Die Block-Funktionen sind in den Voreinstellungen nicht standardmäßig aktiviert – der Nutzer muss proaktiv tätig werden und die entsprechenden Funktionen eigenständig aktivieren. Daher ist es sicherlich kein Zufall, dass die Ad-Blocker-Rate auf mobilen Android-Endgeräten zuletzt signifikant angestiegen ist (vgl. Abbildung 4.5).

Abbildung 4.5 Mobile Ad-Blocker auf dem Vormarsch

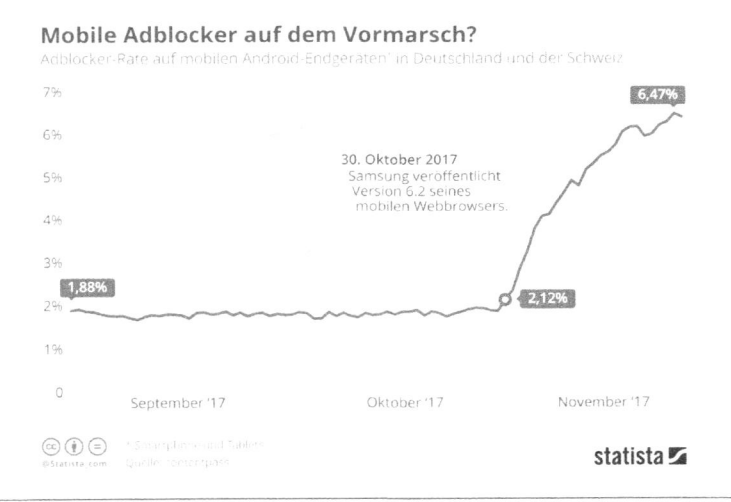

Quelle: https://de.statista.com/infografik/11992/adblocker-rate-schnellt-nach-oben/, Abruf 12.11.2018.

---

[75] Vgl. https://de.statista.com/infografik/5043/onliner-die-einen-adblocker-nutzen/, Zugriff 15.02.2018.

Ein weiteres Beispiel ist Google. Seit dem 15. Februar 2018 blockiert der beliebte Chrome-Browser[76] alle Ads, die nicht dem „Better-Ads-Standards"[77] entsprechen. Und zwar auch ohne eine bewusste Handlung des Nutzers.

4.4.2 Vertrauen

Die Empfehlungen von Dritten sind im Kaufentscheidungsprozess wichtiger und werthaltiger als die Werbebotschaften des Anbieters (vgl. Abbildung 4.6).

Abbildung 4.6   Vertrauen der Deutschen in verschiedene Werbeformen

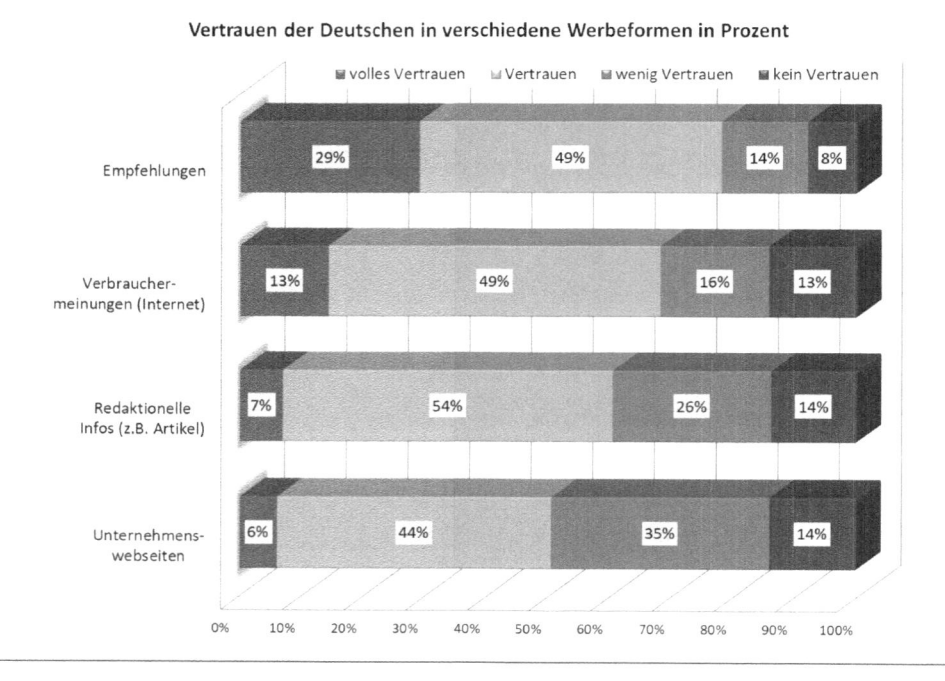

Vertrauen der Deutschen in verschiedene Werbeformen in Prozent

■ volles Vertrauen   ■ Vertrauen   ■ wenig Vertrauen   ■ kein Vertrauen

Werbeform	volles Vertrauen	Vertrauen	wenig Vertrauen	kein Vertrauen
Empfehlungen	29%	49%	14%	8%
Verbrauchermeinungen (Internet)	13%	49%	16%	13%
Redaktionelle Infos (z.B. Artikel)	7%	54%	26%	14%
Unternehmenswebseiten	6%	44%	35%	14%

Laut der Nielsen-Studie „Global Trust in Advertising Survey"[78] vertrauen weltweit 92 Prozent der Konsumenten Empfehlungen anderer Menschen, selbst wenn sie diese nicht kennen. 70 Prozent vertrauen Online-Bewertungen mehr als der Werbeaussage vom Anbieter. Eine Nielsen-Studie aus dem Jahr 2015 kommt für Deutschland zu vergleichba-

---

[76]   Vgl. https://onetoone.de/de/artikel/was-googles-adblocker-f%C3%BCr-chrome-f%C3%BCr-das-marketing-bedeutet, Zugriff 15.02.2018.
[77]   Vgl. https://www.betterads.org/, Zugriff 17.02.2018.
[78]   Vgl. http://www.nielsen.com/us/en/insights/news/2012/consumer-trust-in-online-social-and-mobile-advertising-grows.html, Zugriff 18.02.2018.

ren Ergebnissen.[79] Zwar ist ein Social Influencer nicht mit einem Empfehler gleichzusetzen – genauso wenig ist Social-Influencer-Marketing mit Empfehlungsmarketing gleichzusetzen. Aber es gibt natürlich Parallelen. **Gut gemachtes Influencer-Marketing kann an die Qualität von echtem und gut gemachtem Empfehlungsmarketing heranreichen.** Daran hat auch die gesetzliche Regelung zur Auszeichnungspflicht von Influencer-Posts als Werbung aus dem Jahr 2017 nichts geändert.

4.4.3 Mehr Optionen für die Einflussnahme im Kaufentscheidungsprozess

Influencer-Marketing hat gegenüber anderen Marketingdisziplinen einen weiteren gravierenden Vorteil, denn es bietet vielfältige Optionen der Einflussnahme im Kaufentscheidungsprozess. Diese gehen über das bekannte AIDA-Modell hinaus. Die Einflussnahme anderer Marketingmaßnahmen endet häufig bei der Bedarfsweckung (Desire).

„AIDA ist ein Akronym für ein Werbewirkungsprinzip. Es steht für die englischen Begriffe Attention (Aufmerksamkeit), Interest (Interesse), Desire (Verlangen/Bedarf) und Action (Handlung).

Gemäß dem AIDA-Prinzip ist die erste Aufgabe der Werbung, Aufmerksamkeit zu erzeugen. Das Werbemedium soll die Zielgruppe anziehen, um ihr Bewusstsein insoweit zu beeinflussen, als dass sie sich für den Werbegegenstand interessiert. Das Interesse für Produkte oder Dienstleistungen zu wecken, ist die zweite Aufgabe. Hieraus soll der Wunsch entstehen, das Produkt oder die Dienstleistung haben zu müssen. Dies wiederum soll zum Ziel führen, die gewünschte Kaufhandlung zu erreichen."[80]

Das klassische Aida-Modell wird in vielen Marketingbüchern zitiert. Analysiert man den Kaufentscheidungsprozess detaillierter, so stellt man jedoch fest, dass nach der Bedarfsweckung die Entscheidung für den Kauf eines bestimmten Produktes/einer Dienstleistung noch lange nicht gefallen ist. Besonders bei höherwertigeren, kostenintensiveren oder erklärungsbedürftigeren Produkten schließt sich an die eigentliche Phase der Bedarfsweckung (Desire) die Suche nach entsprechenden Lösungen/Produkten an. Nur selten kommt es bei höherwertigeren, kostenintensiveren oder erklärungsbedürftigeren Produkten zu Spontankäufen. Sind mehrere Lösungen/Produkte, die zur Bedarfsbefriedigung geeignet sind, identifiziert, so tritt der Kaufentscheidungsprozess in die Phase der alternativen Bewertung. Es werden Testberichte gelesen, Freunde befragt und ggf. aktuelle Verwender des infrage kommenden Produktes identifiziert und interviewt. Insofern klafft beim klassischen AIDA-Modell bei bestimmten Produkten (höherwertigere, kostenintensivere oder erklärungsbedürftige Produkte) häufig eine Lücke zwischen der Stufe „Desire" und „Action".

---

[79] Vgl. http://www.nielsen.com/de/de/insights/reports/2015/Trust-in-Advertising.html, Zugriff 22.02.2018.
[80] Quelle: https://de.wikipedia.org/wiki/AIDA-Modell, Zugriff 15.03.2018.

Influencer können sich an fast allen Punkten im Kaufentscheidungsprozess einbringen und Einfluss nehmen – und zwar unmittelbar oder mittelbar. Dabei ist deren Einflussnahme nicht auf die Phase der „Bedarfsweckung" beschränkt, wie aus Abbildung 4.7 deutlich wird.

Abbildung 4.7 Influencer-Marketing im Kaufentscheidungsprozess

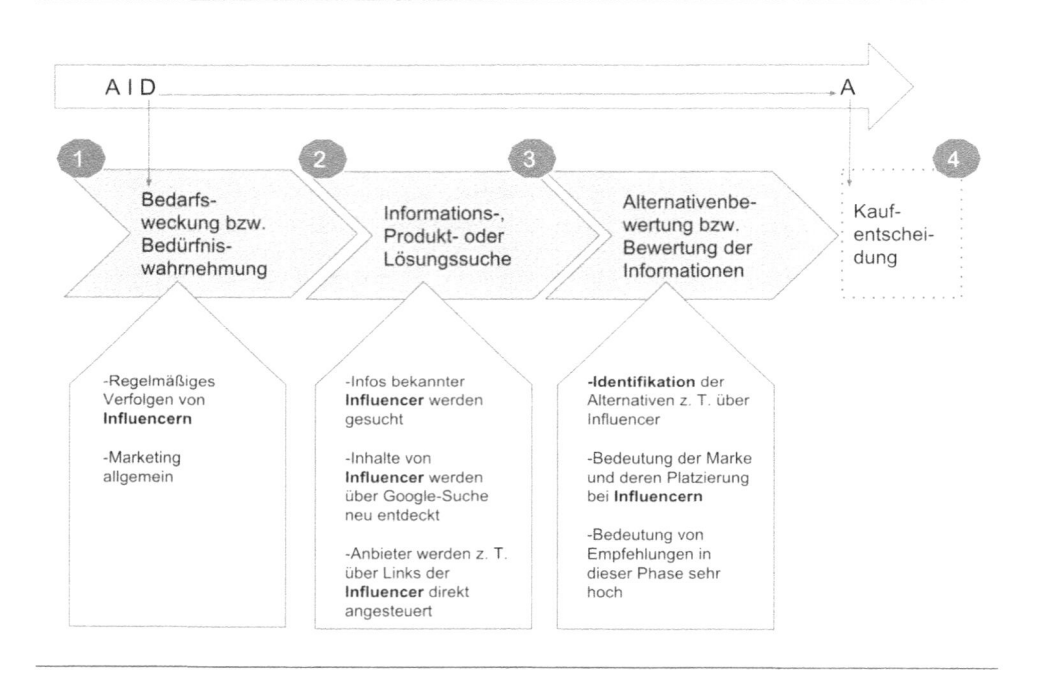

```
A I D ......................................................................A

   1                    2                    3                     4
Bedarfs-          Informations-,       Alternativenbe-        Kauf-
weckung bzw.      Produkt- oder        wertung bzw.           entschei-
Bedürfnis-        Lösungssuche         Bewertung der          dung
wahrnehmung                            Informationen

-Regelmäßiges     -Infos bekannter     -Identifikation der
 Verfolgen von     Influencer werden    Alternativen z. T. über
 Influencern       gesucht              Influencer

-Marketing        -Inhalte von         -Bedeutung der Marke
 allgemein         Influencer werden    und deren Platzierung
                   über Google-Suche    bei Influencern
                   neu entdeckt
                                       -Bedeutung von
                  -Anbieter werden z. T. Empfehlungen in
                   über Links der       dieser Phase sehr
                   Influencer direkt    hoch
                   angesteuert
```

In der Phase der „Informations- und Produktsuche" werden die Kanäle bekannter Influencer nicht selten von Konsumenten konsultiert. Eine im November 2017 veröffentlichte Studie des Bundesverbandes digitale Wirtschaft (BVDW) besagt, dass heute bereits jeder sechste Konsument im Rahmen der Informations- und Produktsuche bei Influencern fündig wird.

Auch indirekt ist eine Einflussnahme von Influencern in dieser Phase möglich. Die von Influencern generierten Inhalte werden natürlich auch von der Suchmaschine, allen voran Google, erfasst. Wenn Konsumenten in der Phase der Informations- und Produktsuche über die Suchmaschinen auf die Inhalte von Influencern stoßen, erfolgt natürlich auch eine Einflussnahme. Beinhalten die Inhalte des Influencers dann auch noch Links zu den unmittelbaren Angeboten des Werbetreibenden, kann die Einflussnahme im Rahmen des Kaufentscheidungsprozesses besonders groß sein.

Die Vorteile von Social-Influencer-Marketing

Abbildung 4.8 Beeinflussung durch Influencer bei der Produktsuche

Jeder sechste Internetnutzer wird bei der Suche nach Informationen über Produkte und Services online bei Influencern fündig

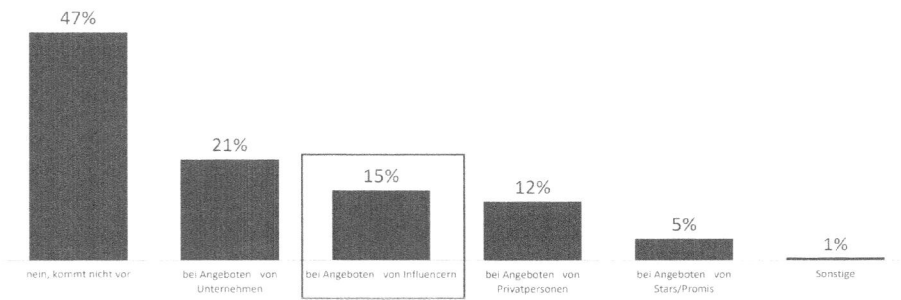

BVDW
Wir sind das Netz

- 47% nein, kommt nicht vor
- 21% bei Angeboten von Unternehmen
- 15% bei Angeboten von Influencern
- 12% bei Angeboten von Privatpersonen
- 5% bei Angeboten von Stars/Promis
- 1% Sonstige

Frage: „Kommt es vor, dass Sie Produktinformationen auf sozialen Netzwerken wie Facebook oder Video-Plattformen wie YouTube suchen? Wenn ja, wo werden Sie am häufigsten fündig?"
Bezug: Suche von Produktinformationen auf sozialen Netzwerken wie Facebook oder Video-Plattformen wie YouTube, 04/2017, in Prozent
Quelle: Goldmedia Befragung von deutschen Online-Usern ab 14 Jahre (n = 1.604), April 2017; Basis: Social Media-affine Online-User (n=1.103)

Quelle: BVDW / INFLURY 2017, https://www.bvdw.org/fileadmin/bvdw/upload/studien/171128_IM-Studie_final-draft-bvdw_low.pdf, Zugriff April 2018

Auch in der Phase der „Alternativenbewertung" kann der Einfluss von Influencern schlussendlich das Pendel für oder gegen den Kauf eines ganz bestimmten Produktes ausschlagen lassen. Die Bedeutung von Empfehlungen im Rahmen von Kaufentscheidungsprozessen dürfte unstrittig sein. Influencer können natürlich nicht nur Alternativen aufzeigen, sondern auch Empfehlungen aussprechen. Auch kann alleine schon die Tatsache, dass sich ein bekannter und beliebter Influencer klar zu einer bestimmten Marke bekennt, im Rahmen der Alternativenbewertung den Kaufprozess zu Gunsten dieser Marke beeinflussen.

4.4.4   Frischer Wind für die Kreativabteilung

Im Gegensatz zu klassischer Werbung wird der gesamte Kreativprozess an die Influencer ausgelagert. Der Werbetreibende erstellt lediglich ein Briefing. Der eigentliche Content wird vom Influencer erstellt. In manchen Modellen hat der Werbetreibende auch noch einen gewissen Einfluss auf den Kreativprozess. In anderen Modellen muss er dem Influencer vertrauen und sich überraschen lassen, was sich manchmal sehr lohnen kann. Bisweilen kann das günstiger sein, als den Kreativprozess an eine Werbeagentur auszulagern oder selbst zu versuchen, kreativ zu sein; was in vielen Fällen nicht sehr fruchtbar ist.

Die Auslagerung des Kreativprozesses an eine Vielzahl „echter Menschen" bringt noch eine weitere spannende Facette mit sich: Influencer können in einer Sprache über Unternehmen und Produkte sprechen, die ein Marketer niemals benutzen würde. Zum einen führt das dazu, dass eine Botschaft weniger als Werbung wahrgenommen wird, was sicherlich positive Effekte hat. Zum anderen sind Influencer sprachlich näher an der Zielgruppe, was das Verständnis und die Akzeptanz der Botschaft wiederum erhöhen dürfte. Es ist daher in vielen Fällen auch nicht empfehlenswert, den kreativen Erstellungsprozess des Influencers durch zu starke Vorgaben zu sehr einzuengen.

4.4.5 Langlebigkeit des Contents und doppelter Nutzen

Der Content, der durch Influencer erstellt und veröffentlicht wird, hat eine gewisse Langlebigkeit. Er bleibt dauerhaft im Netz und ist auch dauerhaft auffindbar, beispielsweise über Suchmaschinen oder Suchmechanismen innerhalb der Plattformen (z. B. die Videosuche innerhalb von YouTube). Diese Langlebigkeit können viele konventionelle Werbeformen nicht bieten.

Ferner kann in vielen Fällen der so entstehende Content auch im Sinne von Content-Marketing auf eigenen Seiten „zweitverwertet" werden. Es entsteht also ein doppelter Nutzen. Natürlich muss dies gleich zu Beginn bei den Vertragsverhandlungen mit den Influencern berücksichtigt und verhandelt werden. Aber grundsätzlich spricht nichts gegen eine doppelte Nutzung.

4.4.6 Weitere Vorteile in Stichworten

- Durch die Nutzung von sozialen Medien kann ein viraler Effekt entstehen. Die Reichweite des Influencers kann um ein Vielfaches multipliziert werden. Gegebenenfalls kann die Botschaft so auch auf andere soziale Kanäle gelangen als die ursprünglich vom Influencer bespielten.
- Als positiver Nebeneffekt besteht immer die Möglichkeit, durch Influencer auch Fans oder Abonnenten für die eigenen sozialen Unternehmensplattformen zu gewinnen. Passen die Influencer gut zum eigenen Unternehmen, dürften die gewonnenen Fans bzw. Abonnenten qualitativ hochwertig sein.
- Es gibt heute schon Zielgruppen, die über konventionelle Medien kaum noch zu erreichen sind und/oder die der klassischen Geschäftswelt und den klassischen Werbemethoden extrem skeptisch gegenüberstehen. Auch diesbezüglich kann Social-Influencer-Marketing ein Ausweg sein, denn digitale Meinungsführer sind mit einem Vertrauensvorschuss ihrer Abonnenten gesegnet.
- In der konventionellen Werbung wird oft viel Geld ausgegeben für Maßnahmen, die zwar eine wahnsinnige Reichweite besitzen, aber leider auch einen hohen Streuverlust haben. Beispielsweise erreicht ein 30-Sekunden-Werbeclip beim Super Bowl über 100 Millionen Zuschauer. Dafür kostet die Maßnahme aber auch fünf Millionen US-

Dollar und die Gefahr eines beachtlichen Streuverlustes lässt sich nicht wegdiskutieren. Mit einem Zehntel dieses Betrages kann man über Social-Influencer-Marketing u. U. wesentlich effektiver Personen innerhalb der Zielgruppe erreichen. Denn Influencer sprechen meist eine sehr homogene Zielgruppe an. Durch die Nutzung geeigneter Software können zur eigentlichen Zielgruppe passende Influencer sehr passgenau identifiziert werden. Auf diese Weise können Streuverluste minimiert werden. Die eigentliche Zielgruppe ist also vergleichsweise genau ansteuerbar, wenn man „die richtigen" Influencer findet. Natürlich kommt es auch auf die Ausgestaltung der Kampagne an. Eine Influencer-Kampagne mit einem oder wenigen Celebrity-Influencern wird im Zweifel mehr Streuverluste haben als eine Kampagne mit 100 Mid-Level-Influencern. Es kommt jedoch immer auf die eigentliche Zielsetzung der Kampagne an; denn sicherlich haben auch Kampagnen mit Celebritys ihre Vorzüge und Daseinsberechtigung.

- Die große Stärke des Online-Marketings im Vergleich zu konventionellem Marketing ist, dass sich Erfolg relativ präzise und sehr kurzfristig messen lässt. Dadurch ist es möglich, noch im laufenden Prozess Verbesserungen zu initiieren. In der Spitze sollte Online-Marketing einem permanenten Verbesserungsprozess unterzogen werden. Dieser Aspekt gilt auch für das Influencer-Marketing, denn es ist eine Teildisziplin des Online-Marketings. Der Erfolg einer Influencer-Marketing-Kampagne ist relativ leicht messbar, je nach Konzeption sogar bis auf die Transaktionsebene. Durch den schnellen Rückkanal, z. B. über die Kommentare, erhält der Werbetreibende ein unmittelbares Feedback, welches ggf. noch während der Laufzeit der Kampagne genutzt werden kann, um Verfeinerungen und Optimierungen durchzuführen.

4.5 Fallstricke und Risiken

Wo Licht ist, ist auch Schatten. Influencer von heute sind wie die Superstars von gestern. Jedoch ist ihr Publikum kleiner, ihr Einfluss in den Nischen aber keineswegs. Der Markt ist allerdings noch sehr jung, zersplittert und noch lange nicht professionalisiert. Gleichzeitig gewinnt er aber rasant an Bedeutung. Dieser Mix birgt Gefahren. Zahlreiche Agenturen, Software-Anbieter und Online-Marktplätze, die Influencer und Werbewirtschaft zusammenbringen möchten, buhlen um einen Anteil vom vermeintlich großen Werbekuchen. Transparenz und etablierte Standards gibt es nicht. Daher ist es auch nicht verwunderlich, dass der Einstieg in das Thema „Social-Influencer-Marketing" viele Fallstricke und Risiken birgt. Unternehmen, die aktionistisch in Social-Influencer-Marketing investieren und dabei die Mechanismen, Gepflogenheiten, und Vorgehensmodelle nicht wirklich kennen, werden nicht nur umsonst Geld ausgeben, sondern fügen ggf. auch ihrem Marken-Image im Netz auf unterschiedlichen Ebenen Schaden zu.

4.5.1 Auf globaler Ebene

- Aufgrund der Komplexität und Vielschichtigkeit sind Kompetenzen und Erfahrungen im Social-Media-Umfeld wichtig. Ferner sind Erfahrungen in Bezug auf das Social-Influencer-Marketing selbst von Vorteil, damit zum einen eine Erfolg versprechende Konzeption erstellt werden kann und zum anderen den Risiken auf den Detailebenen ausgewichen werden kann.

- In einer immer komplexer werdenden Welt sind Ad-hoc-Aktionen immer seltener von Erfolg gekrönt. Leider kommt es in der Praxis aber häufig vor, dass Unternehmen ohne eine klar formulierte Digital-Marketing-Strategie Dinge ausprobieren und sich dann wundern, dass sie entweder nicht funktionieren oder gar Schaden anrichten.

- Bisweilen fehlt sogar ein Online-Marketing-Konzept, in das Social-Influencer-Marketing eingebettet werden könnte. So kommt es erst gar nicht zu Synergie- oder Multiplikator-Effekten. Ein Online-Marketing-Konzept ist ein durchdachter Fahrplan. Dieser ermöglicht den optimalen Einsatz von Marketing-Budgets vor dem Hintergrund zuvor definierter Ziele. In meinem Buch „Online-Marketing-Konzeption – 2018"[81] gehe ich detailliert auf Methoden der Konzeption und unterschiedliche Ansätze ein.

- Auch eine unzureichende oder gar keine Abstimmung mit der Gesamt-Marketing-Strategie kann zum Problem werden. In vielen Unternehmen gibt es heute noch eine Werbe- oder Marketing-Abteilung und die Online-Abteilung. Die Kommunikation dieser Abteilungen läuft jedoch häufig nicht reibungslos. Zu unterschiedlich sind die Welten. Eine gemeinsam erarbeitete und verabschiedete Gesamtstrategie gibt es oft gar nicht. Demzufolge werden auch hier kaum Synergien geborgen und kaum crossmediale Effekte erreicht.

4.5.2 Auf der Detailebene

- Mittlerweile gibt es auch in Deutschland Personen, die das Dasein als Influencer als Beruf auffassen; sicherlich auch inspiriert von Influencern wie Pamela Reif, die mittlerweile über vier Millionen Follower auf Instagram hat. Pamela hat ihre Reichweite aus Instagram heraus aufgebaut. Sie war vorher unbekannt und hatte auch keine anderen, reichweitenstarken Social-Media-Kanäle. Laut InfluencerDB[82] liegt Pamela Reifs „Media-Wert per Post" bei rund 17.000 US-Dollar. Das schafft Begehrlichkeit; und so ist es nicht verwunderlich, dass es auch Influencer gibt, die mit der Unterstützung von Bots eine scheinbar große Reichweite auf Instagram oder anderen Kanälen erlangen, um diese dann teuer zu verkaufen. Das wiederum schafft Unsicherheiten und wirft Fragen auf: Wer ist überhaupt noch „echt"? Wer war noch nie „echt"?

---

[81] Vgl. Lammenett: Online-Marketing-Konzeption – 2018: Der Weg zum optimalen Online-Marketing-Konzept. Roetgen, 2018.
[82] Vgl. https://www.influencerdb.net/insights/be84f52b-4350-4c3a-a4e8-348580a05e24/, Zugriff 11.02.2018.

Follower-Bots und automatisierte Likes sind vielen Instagrammern und Unternehmen ein Dorn im Auge. Dennoch – wo so viel Geld im Spiel ist, wird es auch immer Betrüger geben, die die Zahlen künstlich nach oben treiben. Fallen Werbetreibende auf solche herein, haben sie mit Zitronen gehandelt.

- Auch organisierte Methoden der gegenseitigen Kommentierung von Posts oder Fotos stellen im Grunde eine Verfälschung des tatsächlichen „Marktwertes" eines Influencers dar. Der Algorithmus dankt es dem Influencer mit einer besseren Sichtbarkeit. Dies bringt wiederum weitere Interaktionen mit sich. Mit echtem Nutzerinteresse hat das allerdings wenig zu tun. Derartige Kommentare und Likes sind für den Werbetreibenden wertlos.

- Man muss schon genau hinsehen und über ein gewisses Know-how verfügen, möchte man die kleinen und großen Manipulationen der Influencer erkennen. Je nach Konzeption einer Influencer-Marketing-Kampagne kann der Schaden eines Nichterkennens immens sein.

- Inspiriert durch Positivbeispiele wie Pamela Reif und andere zeigt die Zahl der Nachahmer eine inflationäre Entwicklung. Die Authentizität hat dadurch etwas gelitten. Es hat sich eine gewisse Art der Beliebigkeit entwickelt. Zu viele „Berufsinfluencer" machen auf ihren Kanälen genau das Gleiche wie alle anderen. Als Werbetreibender muss man daher mittlerweile ziemlich genau hinsehen. Hier und da bleibt der USP bei so viel Austauschbarkeit auf der Strecke. Das genaue Hinsehen lohnt sich aber alleine schon deshalb, weil die Preise in den oberen Marktsegmenten deutlich angezogen haben. Die Influencer haben sich professionalisiert, egal ob Instagrammer, Blogger, YouTuber oder sonstige. So nennt beispielsweise Forbes[83] in einem Artikel zu Influencer-Marketing-Trends einen Lifestyle-Blogger, der seinen Preis für einen Blogpost von 1500 US-Dollar im Jahr 2015 auf 5000 US-Dollar vervielfacht hat. Im selben Artikel ist von Top-Tier-Influencern die Rede, die 15.000 und 20.000 US-Dollar für einen Post verlangen. Zugegeben, diese Beispiele stammen aus den USA. Doch meiner Erfahrung nach sind wir in Deutschland nicht mehr meilenweit von solchen Honorarforderungen entfernt. 16.000 Euro sind mir auch schon bei einem Kundenprojekt angeboten worden.

- Die Auswahl geeigneter Influencer und das genaue Hinsehen werden also zunehmend wichtiger. Doch laut einer Studie von A.T. Kearney aus Oktober 2016 begehen Markenunternehmen oft den Fehler, ohne differenzierte Auswahlkriterien viel Geld in die Stars der Szene zu investieren. Die entsprechenden Posts werden dann zwar von den Nutzern häufig angeklickt, ihren Produktempfehlungen fehlt aber oft die nötige Authentizität. Damit verpufft ein Teil der angestrebten Wirkung.

- In Deutschland muss bezahlte Werbung auch als solche kenntlich gemacht werden. In Zusammenhang mit Social-Influencer-Marketing fällt in jüngerer Zeit das Wort „Schleichwerbung" immer häufiger. Schleichwerbung ist in Deutschland verboten. In

---

[83] Vgl. https://www.forbes.com/sites/onmarketing/2017/01/05/the-influencer-marketing-trend-brands-shouldnt-ignore/, Zugriff 12.02.2018.

den USA gehen Verbraucherverbände diesbezüglich bereits vereinzelt gegen Influencer und Unternehmen vor. In Deutschland hat es mittlerweile eindeutige Urteile zu diesem Thema gegeben. Bei der Konzeption sollte dies beachtet werden.

- Das Preisgefüge für die Mitwirkung von Influencern ist sehr uneinheitlich und unübersichtlich. Im Grunde gibt es keine etablierten Standards. Bisweilen geht die Spanne der aufgerufenen Preise sehr weit auseinander. Man weiß eigentlich nie genau, ob man für einen Post zu viel bezahlt oder nicht. In den USA gibt es Erhebungen über durchschnittliche Kosten, beispielsweise von Adweek[84] aus Februar 2017. Da der Markt aber ständig in Bewegung ist, stellt sich die Frage, ob derartige Erhebungen zurzeit überhaupt sinnvoll sind.

- Die angegebenen Reichweiten stimmen bisweilen nicht und führen in die Irre. Bei einigen Anbietern[85] wird Reichweite mit der Anzahl der Fans gleichgesetzt. Viele soziale Netzwerke, allen voran Facebook, spielen aber Posts nur noch an einen Bruchteil der Fanbase einer Fanpage aus. Facebook hat gar kein Interesse daran, jedem Fan einer Fanpage alle darauf veröffentlichten Nachrichten anzuzeigen. Denn Facebook finanziert sich primär über Werbung und möchte die Betreiber von Fanpages ja dazu animieren, die Reichweite ihrer Beiträge durch den Kauf von Werbung zu erhöhen. Ein Beispiel: Wenn ein Influencer 90.000 Follower hat, so werden seine Posts nicht allen 90.000 Followern angezeigt. Mit Glück wird ein Post bei 4500 Followern auf der FB-Startseite angezeigt. Alle anderen müssen schon wissentlich auf die FB-Fanpage des Influencers klicken, um den Post zu sehen. Das aber wird nur sehr bedingt geschehen. Um die Reichweite innerhalb der Fanbase zu erhöhen, müsste der Influencer schon eine Facebook-Werbekampagne starten, die nur auf seine Fanbase ausgerichtet ist. Das wird er aber im Normalfall nicht tun, da er hierzu an Facebook ein entsprechendes Entgelt zahlen müsste.

Influencer sind keine Testimonials. Sie lassen sich in der Regel nichts vorschreiben und erzählen ihre eigene Geschichte. Der Werbetreibende hat also nur bedingt eine Kontrolle über die Details. Das muss aber kein Nachteil sein. Schlussendlich möchte man als Werbetreibender ja auch die Kreativität der Influencer „anzapfen". Aber es kann bisweilen auch negative Auswirkungen haben. Oder glauben Sie, der Post in Abbildung 4.9 hat Appetit auf Milka-Schokolade gemacht? Im Januar 2018 machte Milka Schlagzeilen mit Titeln wie „Mit der Milka auf dem Klo: Nutzer veralbern die fragwürdige Instagram-Kampagne der Schokoladen-Marke"[86] oder „Peinliche Milka-Kampagne: So albern kann Werbung für Schokolade sein"[87].

---

[84] Vgl. http://www.adweek.com/digital/what-is-the-real-cost-of-instagram-influence-infographics/, Zugriff 14.02.2018.
[85] Das gilt für Influencer und auch für Marktplätze, die unter dem Begriff „Reichweite" auch die Anzahl der Follower proklamieren.
[86] Vgl. http://meedia.de/2018/01/29/mit-der-milka-auf-dem-klo-nutzer-veralbern-fragwuerdige-instagram-kampagne-der-schokoladen-marke/, Zugriff 03.03.2018.
[87] Vgl. https://www.stern.de/neon/vorankommen/das-ging-daneben--milka-und-die-peinliche-instagram-kampagne-7842438.html, Zugriff 03.03.2018.

Abbildung 4.9 Milka macht mobil mit Influencer-Kampagne. (Quelle: https://www.instagram.com/p/BeYgZksFDzG/, Abruf 29.12.2018)

4.6 Wichtige Eckpunkte für die Entwicklung eines Influencer-Marketing-Konzeptes

Influencer-Marketing ist eine Online-Marketing-Disziplin wie viele andere auch. Sie unterliegt zwar eigenen Gesetzmäßigkeiten und Mechanismen, im Idealfall ist sie jedoch ein integraler Bestandteil eines ganzheitlichen Online-Marketing-Konzeptes. Nur so kommt es zu Synergien und Multiplikator-Effekten. Im allerbesten Fall ist Influencer-Marketing auch noch eingebettet in eine Gesamt-Marketing-Strategie, um auch crossmediale Effekte zu erzeugen und so das Optimum aus dem Marketing-Budget herauszuholen. Laut einer Studie[88] von A. T. Kearney aus Oktober 2016 ist dies derzeit aber selten der Fall, was die Berater von A. T. Kearney Beratern als größten Fehler bezeichnen. Ausgehend von diesem Gedanken ist ein Influencer-Marketing-Konzept ein Subkonzept

---

[88] Vgl. https://www.atkearney.de/studien/-/asset_publisher/Rv2vNmilj1Kf/content/id/9544361, Zugriff 20.06.2017.

eines ganzheitlichen Online-Marketing-Konzeptes. Wie jedes gute Online-Marketing-Konzept fängt es mit der Definition von Zielen an. In diesem Abschnitt werde ich die einzelnen Schritte einer Konzeption kurz beleuchten. Detailinformationen und ein Verzeichnis für unterstützende Software finden Sie in meinen Buch „Influencer Marketing: Chancen, Potenziale, Risiken, Mechanismen, strukturierter Einstieg, Softwareübersicht Taschenbuch. CreateSpace Independent Publishing Platforms (2018)".

4.6.1 Reflexion und Definition der Ziele

Angesprochen auf das Thema „mögliche Ziele" denken die meisten Marketer zunächst an Umsatz und Gewinn. Bei börsennotierten Unternehmen spielt oft der sogenannte Shareholder-Value eine übergeordnete Rolle. Sicher geht es am Ende des Tages bei kommerziell agierenden Unternehmen immer um Umsatz und Gewinn. Insofern könnte man diese als Primärziel definieren. Spätestens jedoch auf der zweiten Ebene der Zielpyramide wird es jedoch deutlich vielschichtiger. Beispielsweise sind dort üblicherweise Ziele zu finden wie:

- Markenaufbau/Branding
- Mitarbeitergewinnung/Unternehmermarke
- Imagebildung/Reputation
- Verkaufsförderung/Leads
- Engagement
- Markterweiterung/Diversifikation.

Das Ziel jeder Influencer-Marketing-Kampagne sollte klar definiert sein. Bei der Konzeption ist es wichtig, ein klares Bild von dem oder den angestrebten Ziel(en) zu haben. Die Ziele sollten:

- relevant sein,
- unter objektiven Gesichtspunkten erreichbar sein,
- konform mit übergeordneten Marketing-Zielen, insbesondere mit den Zielen der Online-Marketing-Konzeption, sein,
- messbar sein.

4.6.2 Genaue Definition der Zielgruppe

In der frühen Phase der Konzeption ist es lohnenswert, über die Zielgruppe der Social-Influencer-Marketing-Aktivitäten nachzudenken und diese sehr genau zu beschreiben. Für die passgenaue Selektion der Social Influencer und der Social-Media-Kanäle kann dies sehr wichtig werden. Einige Beispiele machen deutlich, weshalb:

- Teenager haben heute einen anderen Medienkonsum als ältere Semester. Das Handy und der Konsum von Medien über das Handy spielen bei Teenagern eine große Rolle. Eine Influencer-Marketing-Kampagne, die primär Teenager erreichen soll, würde zwingend den „Mobile-First"-Ansatz berücksichtigen müssen. Bei der Wahl der Kanäle würde man sicherlich YouTube, Snapchat und Instagram sehr genau prüfen, da diese Kanäle bei Teenagern besonders beliebt sind.

- Für Hilfsorganisationen sind ältere Menschen eine interessante Zielgruppe. In der Regel sind ältere Menschen spendenaffiner als jüngere. Ältere Menschen sind aber auch gegenüber vielen Entwicklungen rund um das Internet sehr skeptisch. In einer Influencer-Marketing-Konzeption, der sich primär an ältere Menschen richtet, würden tendenziell länger etablierte soziale Kanäle begünstigt werden, z. B. Blogs.

- Sind Hobbys oder bestimmte Vorlieben zur Eingrenzung der Zielgruppe bekannt, so ist es hilfreich, diese möglichst genau zu beschreiben – je spezifischer, umso besser. Beispielsweise wäre die Beschreibung nach Interesse/Thema, z. B. Lifestyle, Beauty, Fashion, Technologie, Film oder Sport, schon ein Anfang. Allerdings ist jedes dieser Themen/Interessengebiete noch sehr breit gefächert. Beispielsweise könnte das Interesse „Sport" noch weiter heruntergebrochen werden in Ballsport, Reitsport, Wassersport usw. Selbst an dieser Stelle könnte noch weiter differenziert werden, um die Zielgruppe möglichst genau zu beschreiben. Beispielsweise sind im Reitsport die Springreiter mit hoher Wahrscheinlichkeit über andere Social Influencer zu erreichen als die Westernreiter. An dieser Stelle wird deutlich, weshalb die exakte Beschreibung der Zielgruppe so wichtig ist.

In der Praxis sind Zielgruppenbeschreibungen bisweilen sehr spezifisch. Hier einige Beispiele aus meiner Beraterpraxis:

- Junge Menschen aus ganz Deutschland zwischen 16 und 18 Jahren mit Haupt- oder Realschulabschluss und Affinität zur Natur (Berufsverband, der für seine Mitglieder Auszubildende für einen handwerklichen Beruf begeistern möchte).

- Damen im Alter zwischen 39 und 50 Jahren, die in die Wechseljahre gekommen sind, mit Haarausfall oder dünner werdendem Haar zu kämpfen haben und die in Großbritannien leben (Kosmetikbranche).

- Männer und Frauen zwischen 30 und 50 Jahren, preis- und qualitätsbewusst, lifestyleorientiert, mittleres Einkommen (Modehersteller).

- Deutsche Elektriker und Einzelhändler aus dem Segment Elektrohandel (Elektrogroßhändler).

- Reiter und Pferdebesitzer aus der DACH-Region (Betreiber eines Onlineshops für Reitsportbedarf).

4.6.3 Reflexion der Kundenbedürfnisse

Auch für das spätere Briefing kann es sehr von Vorteil sein, wenn man die eigentlichen Bedürfnisse der Kunden einmal reflektiert und der Frage nachgeht, welche Probleme die eigenen Produkte eigentlich lösen. Informationen dazu können den Social Influencern helfen, tolle Posts zu Ihren Produkten zu entwickeln. Schlussendlich hat Social-Influencer-Marketing ja auch ein kreatives Potenzial. Diese Kreativität muss aber in die richtige Richtung kanalisiert werden. Versuchen Sie also einmal, sich in Ihre Kunde hineinzuversetzen, oder ergründen Sie die Beweggründe und Bedürfnisse Ihrer Kunden, die zum Kauf Ihres Produktes geführt haben, beispielsweise über Interviews oder eine Online-Umfrage. Die so erhobenen Informationen können und sollten auch in das Briefing für die Influencer-Kampagne Eingang finden.

4.6.4 Was macht der Mitbewerber?

Auch ein Blick auf den oder die Mitbewerber kann nicht schaden. Zum einen ist es immer gut zu wissen, was der Mitbewerber tut, und zum anderen kann man dort vielleicht Positiv- oder Negativbeispiele einsehen und davon lernen. Stellen Sie sich in Bezug auf den Mitbewerber und das Influencer-Marketing doch einmal folgende Fragen:

- Welche Mitbewerber gibt es?
- Wie stark sind diese Mitbewerber in der Online-Welt?
- Welche Aktivitäten unternehmen die Mitbewerber?
- Betreiben Mitbewerber bereits Social-Influencer-Marketing? Wenn ja, mit welchen Influencern?
- Wie genau sieht das Influencer-Profil aus, welches der Mitbewerber einsetzt?
- Welche Aktivitäten und Aktionen entfaltet der Mitbewerber in den sozialen Medien? Welche davon sind durch Social-Influencer-Marketing getrieben?

Keinesfalls sollten Sie meine Anregung in Bezug auf die Mitbewerber missverstehen und alles genau so machen wie Ihr Mitbewerber. Kreativität und Einzigartigkeit werden auch beim Social-Influencer-Marketing belohnt und erhöhen die Chance, dass die Posts der Social Influencer einen viralen Effekt erzielen.

4.6.5 Grundsätzliche Stoßrichtung und das Budget

Von elementarer Bedeutung ist natürlich das zur Verfügung stehende Budget. In der Praxis ist das Budget häufig ein stark limitierender Faktor. Unternehmen wie Zalando, die über mehr als fünf Jahre sehr viel Geld in Marketing investiert haben, ohne Gewinne zu machen, sind eher eine Ausnahme. Vor der Entwicklung eines Influencer-Marketing-Konzeptes sollte zumindest eine grobe Vorstellung darüber existieren, wie viel Budget pro Jahr zur Verfügung steht. Denn mittlerweile nähern sich in einigen Bereichen die

Honorare der Influencer immer mehr den Honoraren von klassischen Werbetestimonials an. Hinzu kommen ggf. Aufwände für Reisekosten, Unterbringung oder die Bereitstellung von höherwertigen Produkten zu Test- und Bewertungszwecken. Der Preis für ein Posting, etwa für eine Produktplatzierung, hängt in der Regel von verschiedenen Faktoren wie Reichweite, Dauer der Produkteinbindung und dem Aufwand des jeweiligen Influencers für die Erstellung der Inhalte ab. Dabei variieren die Preise beim Influencer-Marketing aktuell noch sehr stark. Genaues Hinsehen und Nachverhandeln kann sich sehr lohnen. Wenn die Influencer-Marketing-Kampagne eher auf die direkte Förderung des Verkaufs abzielt als auf Markenbildung oder Markenbekanntheit, dann kann es zusätzlich sehr hilfreich sein, eine Vorstellung davon zu haben, was ein Kunde wert ist. Meine Beraterpraxis hat gezeigt, dass die wenigsten Unternehmen die Frage nach dem Kundenlebenszyklus und dem Kundenwert beantworten können. Gerade bei der Planung von Marketing-Aktivitäten wäre aber das Wissen um diesen Wert von großem Vorteil, weil man dann bei der Beurteilung des Erfolges von Kampagnen zu ganz anderen Ergebnissen kommt. Das gilt natürlich nicht nur für Social-Influencer-Marketing-Kampagnen, sondern für alle Online-Marketing-Aktivitäten.

4.6.6 Quantitative und qualitative Attribute des Wunsch-Influencers

Wie genau sieht der „Wunsch-Influencer" für die jeweils individuelle Zielsetzung der Kampagne oder der dauerhaften Zusammenarbeit aus? Welches Profil hat er? Die Beantwortung dieser Fragen kann elementar für den Erfolg von Social-Influencer-Marketing sein. Denn nur wenn der/die Influencer und das zu bewerbende Produkt zueinander passen, werden die gemeinsamen Aktionen eine authentische, glaubwürdige und emotionale Wirkung entfalten.

Zunächst ist von Bedeutung, wie man mit dem/den Influencer(n) zusammenarbeiten möchte. Geht es nur um eine Kampagne, die einen Anfang und ein Ende hat? Oder geht es um eine dauerhafte Zusammenarbeit? Manche Berater empfehlen mittlerweile den Aufbau einer langfristigen Beziehung zu ausgewählten Influencern. Vor allem in Nischenmärkten kann das sehr interessant sein, da hier auch Influencer mit 10.000 Followern einen nennenswerten Impact erreichen können, wenn sie sich mit der Marke und dem Produkt identifizieren.

Natürlich haben das Thema und die zu transportierenden Inhalte auch einen Einfluss auf die Attribute der bzw. des „Wunsch-Influencer(s)". Bestimmte Inhalte/Themen lassen sich viel besser mit einem Bewegtbild transportieren als andere. In manchen Fällen mag ein gut geschriebener Blog-Beitrag das Mittel der Wahl sein.

Das Profil des „Wunsch-Influencers" setzt sich in jedem Fall aus qualitativen und quantitativen Kriterien zusammen. Folgende Fragen sollten Sie sich in diesem Zusammenhang mindestens stellen:

- Auf welchem Kanal soll er primär aktiv sein?
- Wie viele Follower sollte er haben?
- Wie ist die Entwicklung der Follower-Zahlen? Gibt es dort unnatürliche Sprünge, die auf unlautere Maßnahmen hindeuten?
- Bei Videos: Wie häufig wird sein Video im Durchschnitt aufgerufen?
- Wie oft postet der Influencer in der Regel?
- Welche durchschnittliche Engagement-Rate sollte belegbar vorliegen?
- Sind die Werte des Influencers plausibel? Kann Manipulation ausgeschlossen werden? Passt beispielsweise das Verhältnis von Followern und Likes bzw. Kommentaren? Kann ausgeschlossen werden, dass ein Like-Bot im Spiel ist?
- Können die Leistungsdaten des Influencer-Kanals mit unabhängigen Tools wie https://socialblade.com oder https://www.influencerdb.net verifiziert werden?

In Bezug auf die quantitativen Kriterien ist natürlich die angestrebte Gesamtreichweite der Kampagne und in bestimmten Fällen auch die Engagement-Rate zu bedenken. Zumindest auf Instagram ist laut einer Erhebung von influence.co aus dem Jahr 2017 die Engagement-Rate bei Influencern mit weniger Followern deutlich höher als bei Influencern mit sehr vielen Followern. Wenn zum Erreichen des Gesamtziels einer Kampagne aber eine hohe Gesamtreichweite benötigt wird, ist es wahrscheinlich dennoch wenig kosteneffizient, mit extrem vielen kleinen Influencern zu arbeiten; obwohl diese die bessere Engagement-Rate liefern. Hier muss man genau abwägen.

4.6.7 Influencer-Suche

In den frühen Tagen des Social-Influencer-Marketings waren es die Suchmaschinen, die den Unternehmen/Marken oder den Agenturen dienten, um passende Influencer zu finden. In Kanälen wie YouTube konnte man auch die YouTube-eigene Suche einsetzen, um geeignete Influencer zu finden – allerdings mit einem gewissen Mut zur Lücke. Denn wenn die Videos nicht erstklassig verschlagwortet sind, führt die kanaleigene Suche nicht immer zum gewünschten Erfolg. Anschließend mussten die Profile der infrage kommenden Influencer im jeweiligen Kanal manuell gescannt und geprüft werden. Dieser Prozess ist allerdings umständlich und zeitintensiv. Ferner muss man sich mit den Filteroptionen der Suchmaschine gut auskennen.

Auch heute noch gibt es Kampagnen, zu denen die Influencer quasi handverlesen werden, was in vielen Fällen auch eine gewisse Bekanntheit der Influencer voraussetzt.

Allerdings ist die Zahl der Influencer und auch die Anzahl der Kanäle, die heute von Influencern zur „Eigenvermarktung" eingesetzt werden, in den letzten fünf Jahren explodiert. Heute gibt es hunderttausende Influencer, was die Suche nach dem oder den „richtigen" Influencer/n nicht einfacher macht, vor allem nicht, wenn einige dieser Influencer für ein geringes Entgelt ihre Zahlen durch Bots oder andere Aktivitäten „aufhübschen".

Genau hier kommt Influencer-Marketing-Software ins Spiel. Eines der wichtigsten Aufgabenfelder dieser Software-Gattung ist die Unterstützung bei der Suche nach geeigneten Influencern. Je nach Software sind die Suchoptionen und -möglichkeiten unterschiedlich. Manche Systeme bieten nur Basisfilter, andere ermöglichen eine differenzierte Suche nach unterschiedlichen Aspekten wie Kanal, Geschlecht des Influencers, Land, Alter des Influencers, Altersstruktur der Follower, Geschlecht der Follower, Kernthema (Vertical) und dergleichen mehr.

4.6.8 Das Briefing für die Influencer

Die Zusammenarbeit mit Influencern lässt sich auf vielfältige Weise realisieren. Unabhängig davon, wie man genau mit Influencern arbeiten möchte, hilft ein möglichst detailliertes Briefing, Mehraufwände, Ärger und Frustration zu vermeiden. Je genauer das Briefing ist, desto zielkonformer sind die Vorschläge/Beiträge/Posts des/der Influencer(s). Durch die Erstellung eines soliden Briefings können Unternehmen vermeiden, dass Influencer „in die falsche Richtung arbeiten" und erst beim nachfolgenden Review der produzierten Inhalte festgestellt wird, dass beide Parteien unterschiedliche Zielvorstellungen hatten. Folgende Aspekte sollten in einem Briefing mindestens enthalten bzw. benannt sein:

- Das Ziel der Kampagne bzw. der Kooperation sollte festgehalten werden.
- Allgemeine Informationen zum Unternehmen und dem/den Produkt/en und ggf. Weblinks zur Orientierung sollten verfügbar sein.
- Falls ein Influencer mehrere Zielgruppen anspricht, sollte die Zielgruppe auch im Briefing noch einmal klar benannt werden.
- Plattform: Viele Influencer bespielen mehrere Social-Media-Kanäle. Es sollte klar definiert sein, welche Plattform erste Priorität hat, auch wenn die Inhalte über alle Plattformen eines Influencers ausgeliefert werden.
- Timing: Aussagen darüber, bis wann ein erster Vorschlag für einen Beitrag vorliegen soll und bis wann der finale Post getätigt werden soll, gehören ebenfalls in ein Briefing.
- Anreize/Incentives: Falls Anreize oder Incentives eingesetzt werden sollen, wie beispielsweise ein Gutscheincode oder Link für einen kostenlosen Download, sollten diese natürlich unbedingt im Briefing Erwähnung finden. Falls es in diesem Zusammenhang konkrete Vorstellungen für einen Call-to-Action gibt, sollten dazu ebenfalls Hinweise verankert werden.
- Hashtags und Co.: Falls spezielle Hashtags oder Links vom Influencer genannt werden sollen, müssten diese ebenfalls im Briefing erwähnt werden.

- Bei längeren Videos: Gegebenenfalls festlegen, bis wo spätestens der Kunden- oder Produktname gefallen sein sollte. Lange Videos werden oft nicht bis zum Ende angesehen. Auch die Art des Calls-to-Action sollte ggf. angesprochen werden.
- Dezidierte Materialien: Falls im Rahmen der Kampagne seitens des Werbetreibenden Materialien oder Produkte bereitgestellt werden sollen/müssen, muss die postalische Adresse des Influencers erfragt werden, um die Produkte zusenden zu können.
- Content Review: Falls die erstellten Inhalte vor der finalen Veröffentlichung vom Werbetreibenden abgenommen werden sollen, sollte dies im Briefing klar kommuniziert werden.
- Erfolgsmessung: Es schadet sicher nicht, wenn Sie dem Influencer eine Information darüber geben, wie Sie den Erfolg der Kampagne bewerten bzw. tracken. Gegebenenfalls arbeiten Sie mit einer speziellen Landingpage oder einen Trackinglink. Influencer haben ja auch ein Interesse daran, erfolgreich zu sein und Folgeaufträge zu erhalten. Transparenz bezüglich der klar definierten Erfolgsparameter wird sicherlich einige Influencer besonders anspornen.
- Ein Hinweis auf Kennzeichnungspflicht sollte gegeben werden.

4.6.9 Kontakt und Contracting

Im Grunde verhält es sich mit der Kontaktanbahnung und dem Contracting wie beim Affiliate-Marketing. Dort gilt: Wird ein Netzwerk oder ein Marktplatz genutzt, werden sowohl die Kontaktanbahnung als auch die vertraglichen Angelegenheiten über das jeweilige Netzwerk abgewickelt. In Sachen Vertragswerk wird dies für beide über die AGB des Netzwerkes geregelt. Bei Affiliate-Programmen, die in Eigenregie durchgeführt werden, müssen die vertraglichen Angelegenheiten über einen eigens zu erstellenden Vertrag geregelt werden.

Beim Social-Influencer-Marketing ist das nicht anders. Wird eine IM-Suite oder Marktplatz-Software eingesetzt, so besteht zwischen dem Betreiber der Softwareplattform und dem Influencer sowie dem Betreiber und dem Werbetreibenden über die jeweilige Zustimmung zu den AGB ein vertraglich geregeltes, juristisches Verhältnis. Einer gesonderten Vereinbarung zwischen dem Influencer und dem Werbetreibenden bedarf es dann in der Regel nicht mehr. Nutzt man eine derartige Software nicht, muss man sich selbst um ein Vertragswerk kümmern bzw. einen Anwalt bemühen. Auch wenn das Social-Influencer-Marketing eine vergleichsweise junge Marketing-Disziplin ist, sind die rechtlichen Berührungspunkte der Vertragspartner nicht neu. Geregelt werden sollten grundlegende Festlegungen über den konkreten Tätigkeits- und Leistungsumfang, die Vergütung, die Beschreibung des Umfangs von Incentives oder Prämien und ggf. die Einräumung von Nutzungs- und Verwertungsrechten. Daneben stellt sich unter bestimmten Bedingungen noch die Frage nach der Verantwortung, wenn geltendes Recht verletzt wird. Besonders häufig wird im Zusammenhang mit Social-Influencer-Marketing das

Wettbewerbsrecht thematisiert. Aber auch das Mediengesetz oder das Jugendschutzgesetz können von Kampagnen tangiert werden.

Das alles sind wichtige Themen, die es sinnvoll erscheinen lassen, einen Juristen hinzuzuziehen, um einen schriftlichen Vertrag mit hoher Rechtssicherheit ausarbeiten zu lassen. Hierdurch lässt sich für den Werbetreibenden, aber auch für den Influencer, das Risiko einer kostenpflichtigen Abmahnung wegen Urheber-, Wettbewerbs- oder Persönlichkeitsrechtsverletzungen erheblich minimieren.

4.7 Abwicklung und Controlling

Die Abwicklung und das Controlling von Social-Influencer-Marketing unterscheiden sich vom Grundsatz her nicht von der/dem anderer Marketing-Maßnahmen. In Bezug auf das Controlling lassen sich viele Marktteilnehmer jedoch in die Irre führen. Die Kernfrage des Controllings ist immer, inwieweit die durchgeführten Maßnahmen einen Beitrag zum eigentlichen Ziel der Kampagne oder der dauerhaften Zusammenarbeit mit Social-Influencern geleistet haben. Anstatt Follower, Views und verwendete Hashtags als Ziel einer Influencer-Kampagne zu definieren, sollten vielmehr relevante Marketing-Ziele definiert und angestrebt werden. Natürlich hat die Anzahl der verwendeten Hashtags und Shares Einfluss auf die Reichweite der Kampagne und ggf. auch auf die Steigerung der Markenbekanntheit in den relevanten Zielgruppen. Doch was nützt eine große Reichweite, wenn trotzdem nicht mehr Produkte verkauft werden? Viele Unternehmen betrachten das Thema „Controlling" nur von der operativen Seite und vernachlässigen strategische Aspekte.

Die meisten Kennzahlen, die im Zusammenhang mit der Social-Media-Erfolgsmessung in der Literatur oder im Internet zu finden sind, haben operativen Charakter. Das ist auch beim Social-Influencer-Marketing so. Sie basieren auf Metriken, die eher auf der operativen Ebene zum Einsatz kommen. Eine solche Kennzahl ist beispielsweise „Reichweite". Nur wenige Unternehmen formulieren in ihrer Social-Media-Strategie auch konkrete Ziele für die mittlere und obere Ebene der Zielpyramide. Daraus resultiert im Grunde, dass in vielen Fällen kein konkreter Zusammenhang zwischen Social-Media-Aktivitäten und deren Wertschöpfungsbeitrag zur Erreichung der Unternehmensziele (Gewinn erhöhen, Kosten senken oder Umsatz steigern) hergestellt ist. Im Idealfall gilt es, dies zu vermeiden. Für Leser, die sich für das Thema Controlling im Online-Marketing interessieren, habe ich noch einen Buchtipp: In meinem Werk „Online-Marketing-Konzeption – 2018" gehe ich detailliert auf das Thema „Das Controlling-Konzept als Bestandteil der Online-Marketing-Konzeption" ein.

Suchmaschinenmarketing (SEM)
Einordnung und strategische Aspekte

5 Suchmaschinenmarketing (SEM)

Um es vorweg klar zu sagen: Suchmaschinenmarketing (engl. Search Engine Marketing [SEM]) ist der Oberbegriff für Online-Marketing-Maßnahmen in Bezug auf Suchmaschinen. Ergo fallen Teildisziplinen des Online-Marketings wie Keyword-Advertising (engl. Search Engine Advertising [SEA]) und Suchmaschinenoptimierung (engl. Search Engine Optimization [SEO]) darunter. Genau genommen fallen auch Themen wie „Preissuchmaschinen" oder „Amazon als Suchmaschine" und „Universal Search" auch unter diesen Begriff. Der einzige Grund, weshalb ich diese Inhalte nicht als Unterkapitel, sondern als eigenes Kapitel in meinem Buch verankert habe, ist die größere Übersichtlichkeit.

5.1 Einordnung und der Blick zurück

Suchmaschinenmarketing (SEM) hat in den letzten zehn Jahren zunehmend an betriebswirtschaftlicher Bedeutung gewonnen hat. Bereits im Jahr 2008 belegte eine repräsentative Studie von INTERNET WORLD Business,[89] dass 45,9 Prozent der Befragten über eine Suchmaschine zu einem neuen Online-Shop gelangten. Laut einer W3B-Studie von Fittkau & Maaß aus dem Herbst 2010 fanden rund 30 Prozent der Befragten über eine Suchmaschine zum Online-Shop-Angebot. Befragt wurden immerhin rund 103.000 deutschsprachige Internetnutzer. Bei einer Studie aus dem Jahr 2013 kamen sogar noch höhere Prozentzahlen heraus. Auf der aus den USA stammenden Analyse-Plattform Custora[90] wurde mittels des Customer Lifetime Values (CLV) u. a. ermittelt, auf welche Weise Online-Shops die gewinnbringendsten Kunden generieren. Der CLV beschreibt, wie viel Umsatz der Kunde einem Unternehmen auf lange Sicht einbringen wird. Insgesamt wurde das Kaufverhalten von über 72 Millionen Kunden von 86 US-amerikanischen Online-Shops untersucht. Als Resultat wurde von Custora herausgestellt, dass Suchmaschinen das wichtigste Instrument zur Gewinnung der Neukunden sind. Der CLV der organischen Suche liegt um 54 Prozent höher als der Durchschnitts-CLV der anderen Instrumente. Der Anteil der Kunden, die in den letzten drei Jahren durch die organische Suche gewonnen wurden, lag in diesem Zeitraum bei 16 Prozent.

Aber auch ohne Online-Shop hat Suchmaschinenmarketing eine sehr hohe Bedeutung. Denn viele Menschen informieren sich heute im Internet, kaufen jedoch im stationären Handel. Schon 2007 belegte eine Studie von INNOFACT,[91] dass 66 Prozent der Internetnutzer Suchmaschinen als Informationsquelle vor einem Kauf von Consumer-Electronic-

---

[89] Vgl. INTERNET WORLD BUSINESS, 7. Juli 2008, S. 14.
[90] Vgl. http://www.haufe.de/marketing-vertrieb/online-marketing/e-commerce-suchmaschinen-bringen-die-wertvollsten-kunden_132_188678.html, Abruf 15.10.2018.
[91] Vgl. INNOFACT AG, Düsseldorf, „Die Rolle des Internets beim Kauf von Produkten aus dem Bereich Consumer Electronics".

Produkten nutzten. Diese Zahl dürfte seit 2007 deutlich gestiegen sein. Ähnliche Zahlen können auch beim Verhalten von Käufern anderer Branchen aufgezeigt werden. Eine repräsentative Studie der Gesellschaft für Konsumforschung (GfK) im Auftrag von Obi und Google[92] aus dem Jahr 2013 zeigt, dass bei 28 Prozent der Käufe von Elektrowerkzeugen im stationären Handel das Internet als Informationsquelle dient. Heute dürfte dieser Wert noch höher liegen. So kam beispielsweise eine Statista-Umfrage (Global Consumer Survey) aus dem Jahr 2017[93] zur Informationssuche vor einem Produktkauf zu dem Ergebnis, dass 66 Prozent der Befragten ihren Informationshunger mithilfe einer Suchmaschine stillen. Eine vergleichbare Studie kam für Österreich sogar zu einem Wert von 85 Prozent. Auch aus den USA gibt es jüngere Zahlen, welche die hohe Bedeutung von Suchmaschinen für die Informationsgewinnung im Kaufentscheidungsprozess bestätigen. Die Forrester-Studie[94] „Why Search + Social = Success For Brands. The Role Of Search And Social In The Customer Life Cycle" aus dem Jahr 2016 kam für Suchmaschinen auf einen Wert von über 70 Prozent. Untersucht wurde der Einfluss von Suchmaschinen und Social Media auf den Kaufprozess in Bezug auf Produktsuche, Information, Markenbindung und Vertrauen.

Insgesamt ist von einer Wechselwirkung in Milliardenhöhe zwischen online und offline auszugehen. Abbildung 5.1 veranschaulicht diese Aussage.

Abbildung 5.1   Wechselwirkung bei Kaufentscheidung durch das Internet

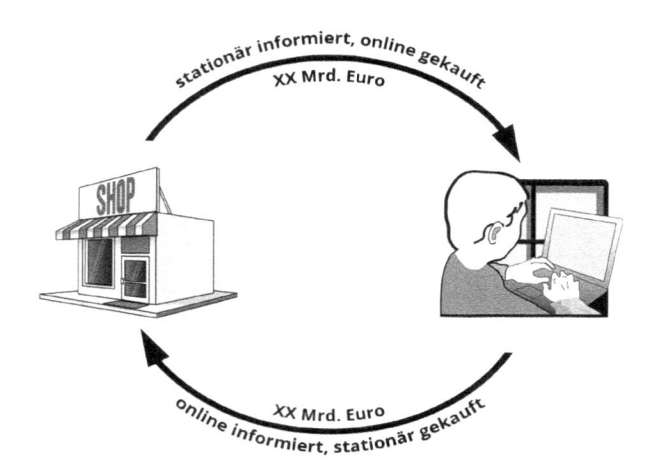

---

[92] Vgl. https://www.gabot.de/nc/ansicht/news/detail/News/gfk-studie-das-internet-als-informationsquelle-231594.html, Abruf 15.10.2018.
[93] Vgl. https://de.statista.com/prognosen/810001/umfrage-in-deutschland-zur-informationssuche-vor-einem-produktkauf, 16.10.2018.
[94] Vgl. https://www.catalystdigital.com/wp-content/uploads/WhySearchPlusSocialEqualsSuccess-Catalyst.pdf, Abruf 10.11.2018.

Im Wesentlichen unterteilt sich Suchmaschinenmarketing in die Teildisziplinen Suchmaschinenoptimierung, Keyword-Advertising und das Marketing über Preissuchmaschinen oder Preisvergleichsportale. In jüngerer Zeit hat sich für Produktsuchen der Marktplatz Amazon auch als „Quasi"-Suchmaschine entwickelt. Laut einer Studie von bloomreach[95] aus dem Jahr 2016 suchen heute sogar 55 Prozent der Konsumenten in den USA zunächst bei Amazon, auch wenn sie später woanders kaufen. Laut dieser Studie bevorzugen aber nicht nur Verbraucher, die sich bereits in der Phase der Kaufentscheidung befinden, die Amazon-Suchmaschine. Auch potenzielle Kunden, die gerade erst in die Phase der Informationssuche eingetreten sind, bemühen oft Amazon. Diese Erkenntnis stellt die bisher geltende Annahme, Google werde hauptsächlich zur Produktrecherche genutzt, in Frage. Wegen der strategisch hohen Bedeutung dieser Entwicklung habe ich dem Thema „Amazon als Suchmaschine" ein eigenes Kapitel (Kapitel 9) gewidmet.

Die klassische Suchmaschinenoptimierung bezeichnet Maßnahmen zur gezielten Herbeiführung einer guten Platzierung im redaktionellen Bereich der Suchergebnisseite von Google, welche oft auch als SERP bezeichnet wird. SERP steht für „Search Engine Result Page". Keyword-Advertising bezeichnet die entgeltliche Schaltung von Werbeanzeigen auf der SERP einer Suchmaschine. Aufgrund der Marktmacht von Google ist Keyword-Advertising in Deutschland fast gleichzusetzen mit Google Ads. In Deutschland wird der Begriff Keyword-Advertising sehr häufig mit SEM abgekürzt. Das ist schlicht falsch. SEM steht für Search Engine Marketing und ist der Oberbegriff. Keyword-Advertising ist gleichzusetzen mit Search Enginge Advertising und würde daher eher mit SEA abzukürzen sein.

Das Marketing über Preissuchmaschinen nimmt eine Sonderstellung ein. Hierbei geht es primär um die gezielte Nutzung von Preisvergleichsportalen zur Kundenakquisition. Die technischen Mechanismen sind zwar völlig anders als bei einer klassischen Suchmaschine wie Google.de, doch aus begrifflicher Sicht kann das Marketing über Preissuchmaschinen dem Suchmaschinenmarketing zugeordnet werden.

Neben der klassischen Suchmaschinenoptimierung und Google Ads gibt es seit „Universal Search" noch weitere Wege auf die SERP. Wenn Sie die Suchergebnisseite heute betrachten, so werden Sie in den meisten Fällen dort auch Einträge finden, die aus Google News stammen, aus Google Images, aus Google Video oder YouTube; Sie finden dort in manchen Fällen auch Einträge aus Blogs und ganz besonders bei regional motivierten Suchanfragen auch Einträge aus Google Maps. Damit aber noch nicht genug – wenn Sie nach einem bestimmten Produkt suchen, kommt es heute sehr häufig vor, dass Sie auf der Suchergebnisseite auch Einträge aus Google Shopping (ehemals Google Products, ehemals Google Base, ehemals Froggle) finden. Die Suche ist also quasi „universal" geworden, daher rührt der Begriff „Universal Search" (vgl. auch Kapitel 7.1.1).

---

[95] Vgl. http://go.bloomreach.com/rs/243-XLW-551/images/state-of-amazon-2016-report.pdf, Abruf 11.11.2018.

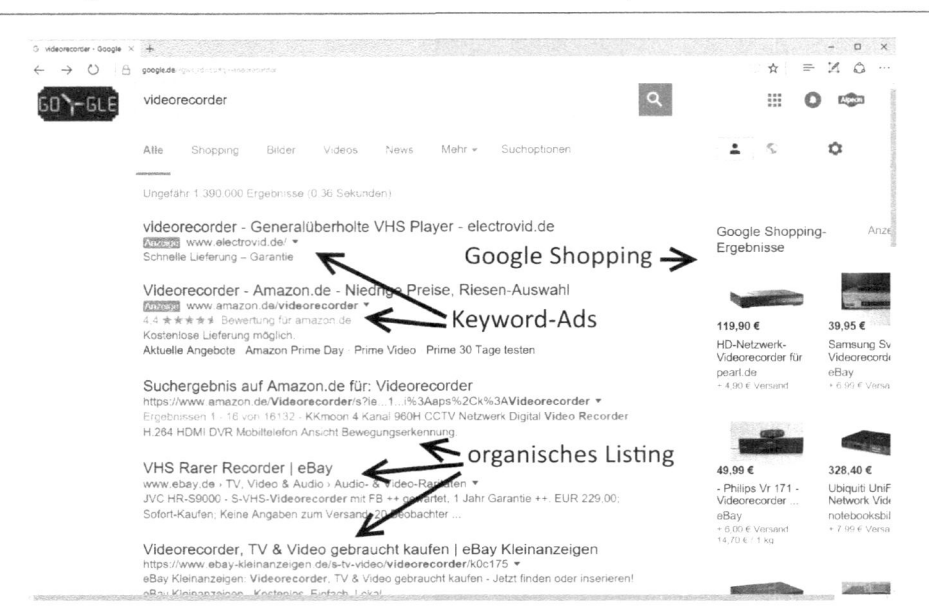

Abbildung 5.2 SERP mit unterschiedlichen Informationsquellen

5.2 Strategische Aspekte im Suchmaschinenmarketing

Im Suchmaschinenmarketing gibt es viel Bewegung. Es ist wahrscheinlich aktuell die Teildisziplin des Online-Marketings, die mit den meisten Neuerungen und Veränderungen aufwartet. Seit drei Jahren erleben wir die Renaissance des aus den 1990er Jahren bekannten SEO-Mottos „Content is King" – nur dass das Ganze heute unter dem Begriff „Content-Marketing" firmiert und weitreichender ist. Das mobile Internet bringt neue Aspekte ein. 2013 kündigte Google an, dass Webseiten, die eine schlechte mobile Ansicht liefern, bald im Ranking nach unten rutschen werden. Seit 2014 wurde auch in Deutschland die Bedeutung von Backlinks stark in Frage gestellt. In den USA setzte ein Umdenken in Bezug auf Backlinks bereits etwas früher ein. 2015 hat Google die Videoanzeigen in das klassische AdWords integriert. 2016 wurde die rechte Spalte mit AdWords auf der SERP entfernt. 2017 hat Google unter dem Motto „Mobile First" bei Google Ads (ehemals Google AdWords) zahlreiche Features, Funktionen und Änderungen gelauncht. 2018 hat Google nach eineinhalb Jahren Tests den Roll-out-Prozess für seinen Mobile-First-Index der organischen Suche offiziell gestartet. Googles Mobile-First-Index bewertet mobile Version einer Webseite. Dieser Index wird zukünftig auch für Desktop-Suchergebnisse herangezogen. Das bedeutet, dass Seitenbetreiber sich spätestens ab 2018 zwingend um eine optimale mobile Version ihrer Seite kümmern müssen, wenn sie mittelfristig im

Ranking keine negativen Effekte erleben möchten. Im Suchmaschinenmarketing gibt es quasi jedes Jahr Veränderungen mit weitreichenden Folgen.

2015 verzeichnete Google erstmalig mehr Anfragen von mobilen Endgeräten als von Desktop-PCs. Durch das mobile Internet kommen ein verändertes Benutzerverhalten und eine veränderte Benutzererwartung hinzu, die sich besonders auf das Suchmaschinenmarketing auswirken. Immer häufiger nutzen Konsumenten ihr Handy für die Suche nach Problemlösungen, Produkten oder Dienstleistungen. Diese Entwicklung ist noch nicht abgeschlossen. Aus strategischer Sicht bleibt daher abzuwarten, welche weiteren Veränderungen das Suchmaschinenmarketing wegen der Entwicklung im mobilen Internet erfahren wird.

Zukünftig ist auch damit zu rechnen, dass die Bewertung von Nutzersignalen beim Ranking stärker berücksichtigt wird. Es gibt sogar Experten, die davon überzeugt sind, dass diesbezüglich eine ganz neue Optimierungskultur entstehen wird. Die Berücksichtigung von Absprungraten und Verweildauer im Ranking-Algorithmus ist erst der Anfang.

Weitere Veränderungen sind durch den Versuch von Google, Inhalte wirklich zu verstehen, statt sie nur statistisch auszuwerten, zu erwarten. Die Forschung in diesem Bereich macht Fortschritte und geht weit über WDF*IDF[96] hinaus.

Ebenfalls von strategischer Relevanz ist die Entwicklung bei der Produktsuche. Amazon hat sich in den letzten zehn Jahren vom Online-Buchhändler zu einem Marktplatz für eine recht breite Produktpalette entwickelt. Tatsächlich habe ich Kunden, die mittlerweile mehr Produkte über Amazon verkaufen als über eBay und den eigenen Online-Shop zusammen. Das liegt daran, dass heute viele Menschen, die nach einem Produkt suchen, die Suche nicht mehr bei Google beginnen, sondern gleich bei Amazon. Amazon wird in Teilbereichen zur Suchmaschine. Im Grunde haben die positiven Entwicklungen bei einigen Preissuchmaschinen und Vergleichsportalen einen ähnlichen Effekt. Die Konsumenten beginnen ihre Suche nicht mehr bei Google, sondern gehen direkt zur Preissuchmaschine. Derartige Entwicklungen werden das Suchmaschinenmarketing ebenfalls verändern. Die Frage wird sein, wie Google darauf reagieren wird.

Auch die Entwicklung von Facebook als Werbevermarkter wird das Suchmaschinenmarketing verändern, denn Facebook hat in den USA mittlerweile Google überholt. Google wird die Marktführerschaft nicht kampflos Facebook überlassen. Im April 2007 erwarb Google die Firma DoubleClick für 3,1 Milliarden US-Dollar. DoubleClick bot Technologien und Dienstleistungen zur Schaltung von interaktiven Werbekampagnen an. Konkret ging es um das, was Google heute Display-Werbung nennt. Also digitale Werbung, vom einfachen Banner bis hin zu komplexen Richmedia-Werbeformaten. Die DoubleClick-Technologie integrierte Google in sein AdWords-Programm und verkaufte fortan auch Display-Werbung. Eben in dieses Geschäftsfeld stößt Facebook seit einigen Jahren sehr erfolgreich vor. In den USA kommt Facebook beim digitalen Display-Werbevolumen auf

---

[96] Vgl. https://de.ryte.com/wiki/WDF*IDF, Abruf 10.10.2018 (WDF = Within Document Frequency; IDF = Inverse Document Frequency).

einen Marktanteil von 35 Prozent (2016). Damit liegt Facebook nunmehr vor Google. Google erreichte 2016 lediglich einen Marktanteil von 14 Prozent. Diese Entwicklung könnte aus strategischer Sicht zu weiteren Änderungen im Segment Suchmaschinenmarketing führen. Erfolg weckt Begehrlichkeiten und Konkurrenz spornt an.

Ohnehin dürfte das Zusammenspiel zwischen Search und Social aus strategischer Sicht spannend werden. Auch wenn zwischenzeitlich in den einschlägigen Ranking Reports die sogenannten Social Signals als überbewertet gesehen wurden, so muss man sich mittel- bis langfristig sicher darauf einstellen, dass sich die Zusammenarbeit der beiden Disziplinen SEO und SMM künftig nicht mehr vermeiden lässt, wenn Unternehmen in einer von beiden Erfolg haben wollen. Denn ab 2017 waren in einigen Ranking-Reports auch wieder solche Sätze zu lesen: „Die Korrelation zwischen Social Signals und Ranking-Position ist extrem hoch; so hoch wie bei keinem anderen Ranking-Faktor."

Auch die gezielte Entwicklung und konsequente Führung einer digitalen Marke werden strategisch immer bedeutender. In vielen Branchen standen jahrelang Elemente des Performance-Marketings im Zentrum des Online-Marketing-Mix. Im Klartext waren das Affiliate-Marketing und Keyword-Advertising. Ich erinnere mich noch gut an die Zeiten, in denen ich einen Klick auf „Rechtschutzversicherung" für 50 Cent einkaufen konnte. Heute geht der Klick in Richtung fünf Euro und mehr. Heute ist in fast jeder der von mir betreuten Ads-Kampagnen der Markenname das „beste Keyword im Stall". Unternehmen, die in der Vergangenheit nur auf Performance-Marketing gesetzt haben und Branding außer Acht gelassen haben, sind heute in vielen Bereichen im Nachteil. Zukünftig werden solche Unternehmen noch mehr Probleme bekommen, sich überhaupt noch behaupten zu können. Denn die Luft im Performance-Marketing wird immer dünner. Über die Jahre ist der Wettbewerbsdruck im Performance-Marketing auf breiter Ebene gestiegen. Affiliate-Marketing krankt. Und Google Ads und Co. sind schon heute für viele Marktteilnehmer nicht mehr rentabel.

Suchmaschinenmarketing ist in den vergangenen Jahren deutlich vielfältiger und komplexer geworden. Das kann Segen und Fluch zugleich sein. Doch egal, wie man es auch wendet – Suchmaschinen liefern in der Regel immer noch den conversionstärksten Besuchertraffic überhaupt. Bei allem Gerede über Social Media, Facebook und Co. sollte nicht vergessen werden, dass Personen, die in einer Suchmaschine aktiv sind, ein latentes Bedürfnis haben, welches befriedigt werden will. Egal, ob dies ein Informations- oder ein Kaufbedürfnis ist. Nirgends im Netz kann kauf- und transaktionsaffiner Besuchertraffic so effizient abgegriffen werden wie über eine Suchmaschine. Darum wird Suchmaschinenmarketing, gleich in welcher Form, noch lange eine exponierte Stellung im Marketing-Portfolio vieler Unternehmen haben.

Keyword-Advertising (SEA)

Funktionsprinzip, juristische Problemstellungen, Keyword- und Anbieterauswahl, Controlling, Kennzahlen, Buchung, Praxisbeispiele und Tipps

6 Keyword-Advertising (SEA)

Keyword-Advertising ist mittlerweile eine etablierte Online-Marketing-Disziplin. Zu Beginn wurde es sehr skeptisch gesehen. Gerade bei Google-Fans war der anfängliche Unmut über die verpönte Werbung auf den Ergebnisseiten groß. Heute ist Keyword-Advertising von den Ergebnisseiten der Suchmaschinen nicht mehr wegzudenken. Selbst urkonservative Unternehmen entdecken es mittlerweile für sich und lassen sich mehr und mehr von den Vorteilen dieser Werbeform überzeugen. Es verwundert daher nicht, dass der Marktführer Google.de heute über 90 Prozent seines Umsatzes aus Werbeeinnahmen des Keyword-Advertisings bestreitet. 2010 waren es über 20 Milliarden US-Dollar, 2015 knapp 70 Milliarden und 2017 mehr als 110 Milliarden (vgl. Kapitel 1.4.3).

In diesem Kapitel finden Sie:

- eine Erläuterung des Funktionsprinzips,
- eine Besprechung der Vorteile dieser Werbeform,
- Hintergrundinformationen zur Marktentwicklung inklusive Zahlenmaterial,
- eine Sensibilisierung für die juristischen Problemstellungen des Keyword-Advertisings,
- praktische Hinweise zu Keyword-Auswahl und Anbieterauswahl,
- Anregungen für das Controlling von Kampagnen,
- Hinweise auf wichtige Kennzahlen,
- einen strukturierten Ansatz für das erfolgreiche Buchen von Keyword-Anzeigen sowie
- jede Menge Praxisbeispiele und Tipps.

6.1 Definition und Funktionsprinzip

Als Keyword-Advertising bezeichnet man die entgeltliche Platzierung von kommerziellen Anzeigen zumeist in Form einer kurzen Textbeschreibung. Diese Form der Werbung wird auch „Paid Placement", „Sponsored Links" oder „Performance-Marketing" genannt.

Jede dieser Anzeigen ist mit einem Link zu einer bestimmten Website oder zu einer bestimmten Seite auf einer bestimmten Website (Landing-Page) verknüpft. Ferner ist die Anzeige bzw. eine aus mehreren Anzeigen bestehende Kampagne mit speziellen Suchworten, sogenannten Keywords, verknüpft. Die Anzeige erscheint nur, wenn eine Suchanfrage mit dem festgelegten Keyword in Zusammenhang steht. Viele Jahre erschienen diese Anzeigen nur auf der rechten Seite der Suchergebnisseite. Später platzierte Google seine Anzeigen auf Desktop-PCs sowohl rechts als auch oberhalb der organischen Suchergebnisse. Abbildung 6.1 veranschaulicht den Stand vor Februar 2016. Als Ergebnis der Suchabfrage „Magento" (mit „1" gekennzeichnet) werden Anzeigen im Kopfbereich der Seite (mit „2" bezeichnet) und im Seitenbereich (mit „3" bezeichnet) angezeigt.

Abbildung 6.1   Keyword-Advertising bei Google.de

Quelle: Google.de, Abruf Februar 2016

Ende Februar 2016 hat Google auch in Deutschland das Erscheinungsbild der Suchergebnisseite (SERP) für die Auslieferung auf Desktop-PCs verändert. Auf der rechten Seite erscheinen nun keine Anzeigen mehr. Stattdessen werden oberhalb der organischen Suchergebnisse bis zu vier Anzeigen angezeigt. Zuvor standen hier maximal drei. Bei Suchanfragen zu Produkten, die in Google Shopping gelistet sind, werden zusätzlich auch noch die Shopping-Ergebnisse mit den bekannten Bildern in der rechten oberen Ecke oder teilweise auch noch über den Top-Textanzeigen ausgeliefert (s. Abbildung 5.2).

Diese Änderung von Google wurde in Fachkreisen teilweise negativ aufgenommen. Die Dezimierung der Werbeanzeigen führt natürlich zu einem verschärften Wettbewerb zwischen Werbetreibenden. Profitieren wird wohl in erster Linie Google selbst. Doch genau genommen ist die Änderung von Google sinnvoll, da sie in Teilen auch eine Antwort auf das veränderte Medienverhalten der Menschen und die stärkere Nutzung von Smartphones bei der Suche ist. In der mobilen Suche erschien die rechte Anzeigenspalte in Folge der beschränkten Platzverhältnisse ohnehin nicht. Durch die Entfernung der entsprechenden Werbeplätze sorgt Google damit für ein einheitliches Layout. Ferner nehmen die Anzeigen aus Google Shopping eine immer größere Bedeutung in der Werbestrategie von Google ein. Nach der Änderung kann nun der Platz auf der rechten Seite für die Anzeige von Produkten aus Google Shopping genutzt werden.

Grundsätzlich ist der Hauptvorteil dieser Werbeform gegenüber herkömmlicher Bannerwerbung, dass die Anzeigen in der Regel nur dann eingeblendet werden, wenn die Suchanfrage in einem Zusammenhang mit dem Inhalt der Anzeige steht. Auf diese Weise wird eine Verbindung zwischen dem Bedarf des Suchenden und dem Angebot hergestellt. Salopp ausgedrückt: Der Kunde/Interessent wird dort abgeholt, wo er wartet. Mit Keyword-Advertising lassen sich deshalb deutlich höhere Klickraten erzielen als mit Bannerwerbung. Die Tabelle 6.1 macht dies eindrucksvoll deutlich. Es wurden 19 Google-AdWords-Kampagnen über einen Zeitraum von sechs Monaten analysiert. Die Kampagnen wurden für Unternehmen aus diversen Branchen entwickelt. Insgesamt wurden im Untersuchungszeitraum 4,8 Millionen Anzeigen ausgeliefert, die 71.685-mal geklickt wurden. Im Durchschnitt lag die erreichte Klickrate bei 1,49 Prozent. Der erreichte Spitzenwert lag bei 17,9 Prozent. Bereinigt man die Kampagnen um die beiden Massenkampagnen, so liegt die durchschnittliche Klickrate bei 3,54 Prozent. Immerhin haben acht von 19 Kampagnen Klickraten von über drei Prozent erreicht.

Tabelle 6.1 Keyword-Advertising: Auswertung verschiedener Kampagnen über sechs Monate

Klicks	Impressions	Klickrate
37.822	551.029	6,86 %
5.620	435.536	1,29 %
4.546	150.120	3,03 %
4.239	1.717.648	0,25 %
1.932	10.760	17,96 %
1.249	30.967	4,03 %

Klicks	Impressions	Klickrate
851	9.203	9,25 %
715	12.430	5,75 %
377	71.412	0,53 %
8.284	1.450.785	0,57 %
2.664	202.181	1,32 %
1.606	65.674	2,45 %
406	28.306	1,43 %
121	53.579	0,23 %
106	2.467	4,30 %
20	3.734	0,54 %
16	2.000	0,80 %
5	8.786	0,06 %
1.106	8.848	12,50 %
71.685	4.815.465	1,49 %

Zum Vergleich: Bei klassischer Bannerwerbung mit GIF- oder JPG-Bannern werden typischerweise Klickraten zwischen 0,01 und 0,1 Prozent erreicht.

Bei anderen Suchmaschinen ist die Klickrate häufig noch höher als bei Google, weil die Anzeigen dort visuell nicht so offensichtlich von den eigentlichen Suchergebnissen getrennt sind, wie dies bei Google der Fall ist.

Ein weiteres Differenzierungskriterium zur klassischen Online-Werbung besteht im Abrechnungsmodus dieses Anzeigentypus. Abgerechnet wird nicht die Anzahl der eingeblendeten Anzeigen (Impressions), wie dies bei Bannerwerbung üblich ist, sondern die Anzahl der tatsächlich geklickten Anzeigen (Cost per Click). Deshalb wird diese Werbeform auch gelegentlich als „Performance-Marketing" bezeichnet.

Die Position der Anzeige auf der jeweiligen Ergebnisseite wird von einer Art Auktionsmodell bestimmt, was sich bei den einzelnen Anbietern in Nuancen unterscheidet. Höhere Gebote stehen weiter oben, wo die Klickraten in der Regel höher sind. Google berücksichtigt bei der Positionierung der Anzeigen auch noch deren Klickrate, weshalb mit einer sorgfältig aufgesetzten und durchdachten Anzeigengestaltung höhere Platzierungen zu erreichen sind.

Der Gebotspreis je Keyword bzw. je Kampagne ist unter Beachtung von Mindestgeboten grundsätzlich frei wählbar. Wegen des Auktionscharakters hängt der tatsächlich zu zahlende Preis pro Klick stark vom Wettbewerb um das jeweilige Keyword ab. Keywords aus Branchen mit vielen Anbietern oder aus umkämpften Branchen mit hohen Margen, die stark in Suchmaschinenmarketing investieren, sind dementsprechend teurer. Beispielsweise kostete schon im Sommer 2011 eine Platzierung des Keywords „günstiger Stromanbieter" auf der ersten Seite bei Google.de über vier Euro. Hingegen kostete zum

Definition und Funktionsprinzip

gleichen Zeitpunkt das Keyword „Kinderreiterferien Eifel" nur 15 Cent. Im Oktober 2018 buchte ich für einen Kunden das Keyword „Industrie-PC" für acht Euro. Hingegen kostete das Keyword „Modelleisenbahn", welches ich für einen anderen Kunden im gleichen Zeitraum buchte, nur 39 Cent. Um die Kosten kontrollieren zu können, können in der Regel Tages- oder Monatslimits definiert werden.

Die Reichweite einer Keyword-Advertising-Kampagne beschränkt sich nicht auf die jeweilige Suchmaschine. Einerseits arbeiten die einzelnen Anbieter mit anderen Suchmaschinen zusammen. Abbildung 6.2 zeigt die Homepage von Web.de. Dort ist im Suchfeld deutlich zu lesen: „Suchen mit Google". Tabelle 6.2 zeigt eine Übersicht der Partnerverhältnisse aus dem Jahr 2018.

Andererseits wird die Reichweite der Keyword-Advertising-Kampagnen noch verstärkt durch Einblendungen von Keyword-Anzeigen in weiteren, oft auch privaten Websites oder Portalen. Abbildung 6.3 veranschaulicht das Prinzip.

Abbildung 6.2 Googles Suchergebnisse in Web.de

Quelle: Web.de. Bilder wurden unkenntlich gemacht, um Bildrechte von Dritten nicht zu verletzen.

Tabelle 6.2 Keyword-Advertising-Anbieter und ihre Partner (Stand November 2018)

Anbieter	Ergebnisse werden u. a. eingeblendet bei		
Bing Ads	Bing-, Yahoo- und MSN-Suche		
Oath (u. a. Yahoo!)	ABC News AOL.de Astrology.com/iVillage autoblog.com Blastro.com Blip.tv buildseries.com Cars.com CNBC CNN CollegeHumor.com Dailymotion Ebaumsworld.com Ehow.com engadget.com flurry.com Fox News Gametrailers.com Good Morning America Guardian News	Healthline huffingtonpost.co.uk Hulu kanvas makers.com Match.com Metacafe MetaGer Metatube.com microsoft.com Monster Inc. msn.com Myspace.com NBC NFL Nokia Maps Orbitz PBS PriceGrabber Shopzilla	Spotify Team Fan Shop TechCrunch Tenor TripAdvisor TrueCar tumblr. Turner Ustream Vast (Autos) verozin Vevo Videobash.com Vimeo Washington Post Worldstarhiphop.com xbox.com Yahoo! YouTube Zillow
Google Ads	10Best 9gag.com ab-in-den-urlaub.de Accuweather.com AskMen.com Blogger.com boersennews.de Breitbart.com BroadwayWorld.com cdkitchen.com DemocraticUnderground.com Dogster.com Drake & Cavendish Drugs.com eBay Epicurious Fashion TV faz.net	fluege.de FlyerTalk.com gardenguides.com Gayot.com Google+ health24 horoscope.com HotAir.com Hotelreservierung.de Kids-in-mind.com kurz-mal-weg.de linkotheek.nl Lockergnome.com lovetoknow.com nettz.de news.de nine.com.au Oxygen Magazine	PlanetWare.com PollStar RawStory.com Scout.com searchengine.com Seeking Alpha Shopping.de spiegel.de stylehive.com t3n.de Taste of Home The AHL ThirdAge.com Travel24 Uncrate.com urlaubsguru.de Web.de YouTube

Quelle: Danke an die Agentur GRÜN alpha GmbH für die Unterstützung bei den Arbeiten für die 7. Auflage meines Buches.

Abbildung 6.3 Integration von Google-Anzeigen auf der Seite eines deutschlandweit arbeitenden virtuellen Schreib- und Übersetzungsbüros

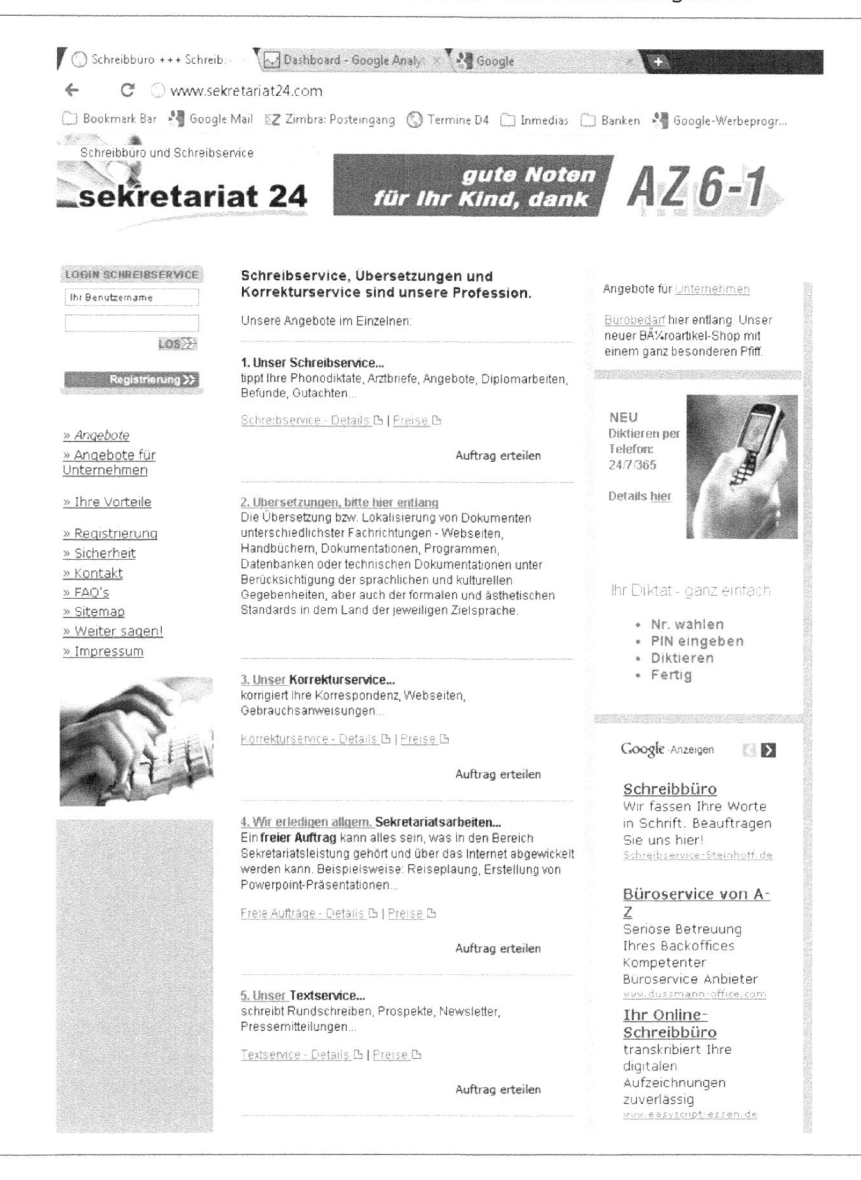

Bei diesem Verfahren wird der Betreiber der Website an den von Google erzielten Umsätzen, die durch die Klicks auf die Anzeigen entstehen, beteiligt. Das entsprechende Programm heißt bei Google „AdSense". Google schreibt hierzu: *„Mithilfe von Google AdSense können Websiteinhaber Einnahmen mit ihrem Onlinecontent erzielen. Auf Ihrer Website*

werden über AdSense Text- und Displayanzeigen bereitgestellt, die auf Ihren Content und Ihre Besucher abgestimmt sind. Die Anzeigen werden von Werbetreibenden erstellt und bezahlt, die für ihre Produkte werben möchten." (https://support.google.com/adsense/answer/6242051, Abruf 22.09.2018)

Ob die Anzeige in anderen Websites oder Portalen eingeblendet wird, entscheidet der Kunde selbst durch Auswahl der entsprechenden Voreinstellung oder durch Klick der entsprechenden Checkbox bei den Kampagneneinstellungen (vgl. Abbildung 6.4).

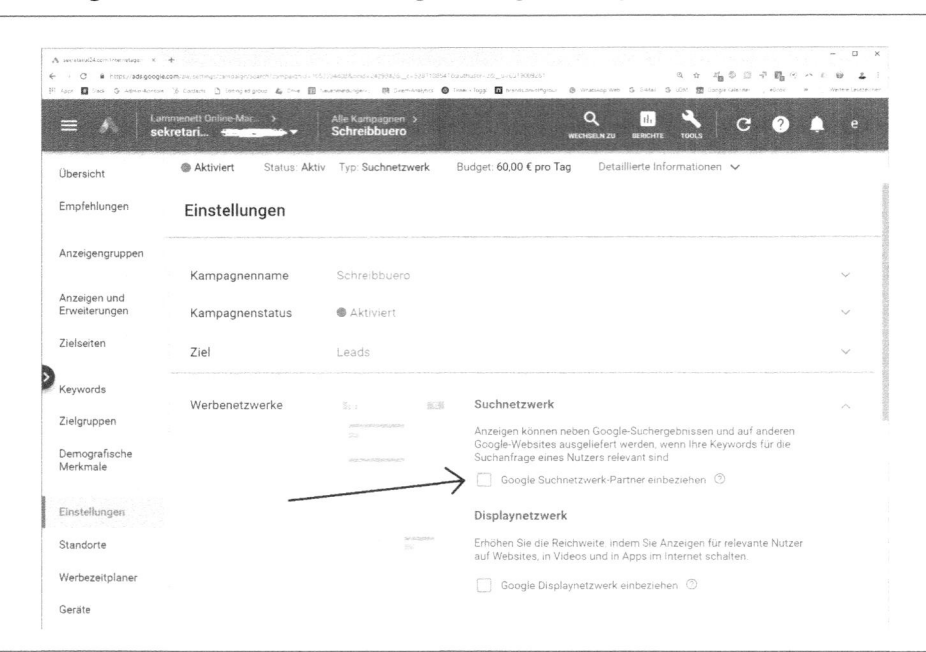

Abbildung 6.4 Variable Reichweitengestaltung bei Google.de

Quelle: Google Ads (ehemals Google AdWords), Abruf November 2018

Ob es sinnvoll ist, die Reichweite durch Zubuchung der Option „Display-Netzwerk" zu erweitern, ist fraglich und sollte mittels geeigneter Hilfsmittel, die Aufschluss über die Conversion-Rate geben, analysiert werden. Schließlich sind die Betrachter der Anzeige auf einer Website im „Surf-Modus", während die Betrachter der Anzeige auf einer Suchmaschine im „Such-Modus" sind, weshalb dort grundsätzlich eine höhere Handlungsbereitschaft unterstellt werden darf. Aus diesem Grund erstelle ich selbst fast immer getrennte Kampagnen für Suchnetzwerk und Display-Netzwerk.

Innerhalb des Display-Netzwerkes können sowohl Textanzeigen, wie aus dem Google-Suchnetzwerk bekannt, als auch Banner geschaltet werden. Google akzeptiert HTML-5-Banner und Gif-Banner. Ferner stellt Google einen eigenen Banner-Generator zur Verfügung, der mehr oder minder gute Werbemittel automatisiert erstellt. Werbung innerhalb des Display-Netzwerkes kann auf verschiedene Weise ausgesteuert werden. Google bietet hier die Optionen Keyword, Zielgruppen, demografische Merkmale, Themen und Placement. Im Einzelnen bedeutet das:

- **Keyword:** Der Werbetreibende gibt Google ein oder mehrere Keywords vor und Google sucht automatisch passende Partnerseiten, um die Werbemittel des Werbetreibenden dort zu platzieren
- **Zielgruppen:** Zielgruppen sind Gruppen von Nutzern mit von Google geschätzten oder ermittelten Interessen oder Absichten. Sucht beispielsweise ein Besucher von google.de dort nach „günstige Autoversicherung", so erkennt und unterstellt Google auf Basis dieser Suchwortkombination die Absicht, in naher Zukunft eine Autoversicherung abzuschließen. Google „markiert" diesen Nutzer anonym. Der Werbetreibende wählt aus einer Liste Interessengebiete aus, z. B. Auto/Versicherung, oder gibt eine Remarketingliste an und lässt Google nach Personen suchen, die ein ähnliches Profil haben, wie die auf der Remarketingliste. Google sucht automatisch passende Partnerseiten.
- **Demografische Merkmale:** Alle genannten Ausrichtungsmethoden können auch kombiniert werden (was nicht immer sinnvoll ist). Der Werbetreibende kann zusätzlich noch demografische Merkmale wie Alter oder Geschlecht angeben.
- **Thema:** Der Werbetreibende wählt aus einer Liste Themen aus. Google sucht automatisch passende Partnerseiten.
- **Placement:** Der Werbetreibende wählt explizit aus einer Liste von Partnerwebseiten diejenigen aus, auf denen er gerne seine Werbemittel schalten möchte.

Bis Oktober 2007 wurde bei dieser Art der Werbung der Preis nicht als Cost per Click ermittelt, sondern als Preis pro 1.000 Impressionen. Der Werbetreibende legte den Preis fest, den er für eine Anzeige auf der ausgewählten Website pro 1.000 Impressionen zu zahlen bereit ist. Es wurde also immer eine Vergütung fällig, sobald die Anzeige einem Nutzer angezeigt wurde. Ab November 2007 konnten Kunden bei Display-Kampagnen wählen, ob sie die Abrechnungsart „pro Klick (CPC-Gebot)" oder „pro Impression (CPM-Gebot)" bevorzugen. Die Abrechnungsart „pro Impression (CPM-Gebot)" ist fast identisch mit dem Vergütungsmodell, welches typischerweise bei der Online-Werbung eingesetzt wird – mit dem einzigen Unterschied, dass die Preise bei den websitebezogenen Kampagnen als Gebot abgegeben werden und die Höhe des Gebotes unter Berücksichtigung der Konkurrenzgebote darüber entscheidet, ob und wie häufig eine Anzeige gezeigt wird. Aus finanzieller Sicht kann es sehr interessant sein, über Google zu buchen, da die Preise oft weit günstiger sind als die Werbeschaltung über andere Anbieter.

Wenn Conversion-Ziele eingerichtet sind, kann Displaywerbung auch nach dem Cost-per-Action-Modus ausgesteuert werden. Das heißt, der Webetreibende gibt an, wie viel er für eine Conversion zu zahlen bereit ist. Google richtet dann die Kampagne automatisch an diesem Ziel aus.

Bezogen auf die unterschiedlichen Vergütungsmodelle macht Google in Abhängigkeit des Zieles einer Display-Kampagne konkrete Vorschläge. Beim Anlegen einer Kampagne muss der Werbetreibende zunächst angeben, welches Ziel seine Kampagne verfolgt. Von der Zielfestlegung hängt dann das vorgeschlagene Vergütungsmodell ab. Als Ziel können mit Stand November 2018 definiert werden: Umsätze, Leads, Zugriffe auf die Website, Produkt- und Markenkaufbereitschaft und Markenbekanntheit und Reichweite. Angebotene Vergütungsmodelle sind: Ziel-CPA, Ziel-ROAS, Pay per Klick (Klicks maximieren), Sichtbare CPM, manueller CPC und Cost per Engagement (nur bei Produkt- und Markenkaufbereitschaft).

6.2 Vorteile von Keyword-Advertising

Aufgrund der Prinzipien und Regelungen, denen Keyword-Advertising unterliegt, hat diese Werbeform gegenüber Online-Werbung einige Vorteile, die im Folgenden kurz erläutert werden. Die Ausführungen in diesem Kapitel beziehen sich auf das klassische Keyword-Advertising, also auf die Werbung im Suchnetzwerk und nicht auf die Werbung im Display-Netzwerk. Bitte vergleichen Sie hierzu auch das Kapitel 7.2.1.

Die Vorteile im Einzelnen:

1. Die Vergütung erfolgt erfolgsorientiert. Das heißt, es werden nur „Klicks" vergütet und keine „Impressions". Es ist also unerheblich, wie häufig die Anzeige gezeigt wird. Entscheidend für den Preis sind die getätigten Klicks. Jeder Klick bedeutet in der Regel einen neuen Besucher für die Zielwebsite.

2. Die Position der Anzeige auf der Ergebnisseite der Suchmaschine ist über den Preis steuerbar. Zusätzlich ist zwar auch die Klickrate der Anzeige ein Kriterium für die Position, jedoch hat der Preis die höhere Bedeutung. Google bietet sogar ein Tool (Anzeigendiagnose-Ergebnisse), mit dessen Hilfe die Anzeigenergebnisse einzelner Keywords überprüft werden können. Ist das Gebot nicht hoch genug, so erscheint folgender Hinweis: *„Obwohl Ihre Anzeige erscheint, ist ihr Rang nicht hoch genug, um auf der ersten Seite der Suchergebnisse geschaltet zu werden. Aufgrund der begrenzten Anzahl an Anzeigenpositionen auf jeder Seite (pro Seite können bis zu zehn Anzeigen erscheinen) konnte Ihre Anzeige nicht in die erste Seite der Suchergebnisse aufgenommen werden."*

3. Keyword-Anzeigen sind in der Regel sehr kurzfristig buchbar und innerhalb von wenigen Stunden einsatzbereit.

4. Kampagnen sind bis zu einem gewissen Grad skalierbar. Möchte man ein bestimmtes Budget über einen gesetzten Zeitraum einsetzen, so kann über die Reduzierung/Erhöhung des eingesetzten Tagesbudgets in Kombination mit dem Gebot für einen Klick in einem beschränkten Maße die gewünschte Skalierung vorgenommen werden.

5. Keyword-Kampagnen können ausgesprochen flexibel gestaltet werden. Im Extremfall kann für jedes einzelne Keyword eine eigene Anzeige geschaltet werden.

6. Wird eine Anzeige nicht geklickt, sondern lediglich angezeigt, so erhält der Werbetreibende mindestens ein „kostenloses Branding" durch reine Einblendung des Werbemittels.

7. Zur optimalen Kampagnensteuerung können Echtzeit-Auswertungen der Besucherzahlen, die durch das Keyword-Advertising generiert werden, erzeugt werden. Auch ergebnisorientierte Auswertungen (Conversion-Tracking) sind heute Standard. Es können sogar Aussagen über die Verkaufskraft einzelner Keywords und den ROI einzelner Kampagnenbausteine in Echtzeit getätigt werden. Keyword-Advertising verfügt somit über Möglichkeiten der Werbewirksamkeitsmessung, die in der klassischen Werbung nie erreicht werden.

6.3 Juristische Aspekte

Dass Keyword-Advertising juristisch problematisch werden kann, leuchtet ein: dann nämlich, wenn Marken- oder Urheberrechte Dritter verletzt werden oder wenn wissentlich oder unwissentlich gegen das „Gesetz gegen den unlauteren Wettbewerb" verstoßen wird.

In der Praxis war und ist es sehr tatsächlich sehr beliebt, als Keywords die Markennamen der Mitbewerber zu buchen. Nicht selten bringen diese Keywords die meisten Klicks und oft auch die meisten Conversions. Offiziell war dies laut Geschäftsbedingungen der Keyword-Advertising-Betreiber verboten. Die Rechtslage in Deutschland war lange Zeit unklar. Das Oberlandesgericht Frankfurt a. M. hatte am 26. Februar 2008 entschieden, dass die Buchung der Marke eines Dritten als Keyword im Google-AdWords-System in dem vom Gericht zu entscheidenden Fall rechtlich zulässig war. Die Entscheidung des OLG Frankfurt a. M. war seinerzeit die fünfte veröffentlichte Entscheidung eines Oberlandesgerichts, die sich mit der Frage beschäftigt, ob eine solche Einbuchung eine Rechtsverletzung darstellt. Auch die Oberlandesgerichte Köln und Düsseldorf hatten damals wie das OLG Frankfurt entschieden, dass in der Buchung eines Keywords, das markenrechtlich geschützt war, keine Rechtsverletzung liegt. Die Oberlandesgerichte Braunschweig und Stuttgart waren jedoch anderer Auffassung und bejahten eine Markenrechtsverletzung. Am OLG Dresden wurden 2005 ebenfalls Urteile gefällt, die die Buchung eines Markennamens durch Dritte als Markenrechtsverletzung ansahen. Die Hoffnung der Branche ruhte seinerzeit auf dem Bundesgerichtshof. Doch dieser hatte, zum Ärger vieler, an den Europäischen Gerichtshof (EuGH) verwiesen.

Am 23. und 25. März 2010 hat der Europäische Gerichtshof (EuGH) endlich über die Verwendung von fremden Markennamen bei eigenen Google-AdWords-Kampagnen entschieden. Unter bestimmten Bedingungen ist es nunmehr möglich, auch fremde Markennamen als Suchwort in Google Ads zu buchen.

Im August 2010 erschien eine Änderung der Google-AdWords-Markenrichtlinien, die per 14. September 2010 in Kraft trat. Dort heißt es: *„Heute präsentieren wir eine wichtige Änderung der Google-Markenrichtlinie für AdWords. Ein Unternehmen, das bei Google in Europa*

Anzeigen schaltet, kann jetzt geschützte Begriffe als Keywords verwenden. Wenn ein Nutzer zum Beispiel den Markennamen eines Herstellers von Fernsehgeräten eingibt, kann er ab sofort relevante und hilfreiche Anzeigen von Wiederverkäufern, Informationswebseiten und Gebrauchtartikelhändlern finden sowie Inserate anderer Produzenten überprüfen."[97]

Dennoch ist Vorsicht geboten bei der Nutzung fremder Marken. Unternehmen können bei Google immer noch Markenbeschwerden anzeigen. Die Verwendung von fremden Markennamen in Anzeigentexten ist weiterhin verboten und Google hält sich nach wie vor den Rücken frei. Google schreib hierzu auf seiner Website: *„Google ist sich der Bedeutung des Schutzes von Marken bewusst. Laut den AdWords-Nutzungsbedingungen ist AdWords-Kunden die Verletzung von Rechten am geistigen Eigentum Dritter untersagt. Unsere Kunden sind für die Keywords, die sie zur Schaltung von Anzeigen verwenden, und für die in ihren Anzeigen enthaltenen Texte selbst verantwortlich."*[98] Im PSI Journal 7-8/2010 erschien ein interessanter Artikel, der die Details zum Urteil beleuchtet.[99]

6.4 Marktentwicklung in Zahlen

Im Jahr 2011 konnten nach einer Erhebung des Interactive Advertising Bureau (IAB) mittels Werbung auf Suchmaschinen bereits rund 16 Milliarden US-Dollar in den USA eingenommen werden. Damit hat sie sich zum umsatzträchtigsten Segment der Online-Werbung entwickelt. Im Jahr 2015 wurden noch 47 Prozent[100] der gesamten US-amerikanischen Budgets für Online-Werbung in Suchmaschinen platziert. Im Jahr 2014 waren es nur noch 39 Prozent.[101]

Für Deutschland schätzte der OVK das Gesamtvolumen 2013 auf über 2.500 Millionen Euro.[102] Leider gab der OVK seit 2014 die gesonderte Betrachtung des Suchmaschinenmarketings und des Affiliate-Marketings auf, sodass seit 2014 keine gesonderten Zahlen mehr vorliegen. Der OVK konzentriert sich in seiner Werbestatistik mit einer veränderten Darstellung der Werbeinvestitionen auf digitale Display-Werbung (Online und Mobile). Die Darstellung von Search- und Affiliate-Umsätzen wurde aufgegeben.

Suchmaschinenmarketing gilt schon seit einigen Jahren als Motor der Online-Werbung. Werbende sind in der Lage, den Konsumenten exakt diejenigen Angebote anzuzeigen, an denen bereits konkretes Interesse besteht und bei denen deshalb von erhöhter Kauf- bzw.

---

[97] http://adwords-de.blogspot.de/2010/08/anderungen-der-google-markenrichtlinie.html, Abruf 10.08.2016.
[98] https://support.google.com/adwordspolicy/answer/2562124?hl=de, Abruf 26.07.2016.
[99] Vgl. www.lammenett.de/keyword-advertising/keyword-advertising-mit-fremden-marken.html, Abruf 26.07.2016.
[100] Vgl. https://www.cmocouncil.org/facts-stats-categories.php?view=all&category=marketing-spend, Abruf 16.07.2016.
[101] Vgl. www.iab.net/media/file/IAB_Internet_Advertising_Revenue_Report_HY_2014_PDF.pdf, Abruf 16.07.2016.
[102] Vgl. OVK Online-Report 2013/01.

Handlungsbereitschaft ausgegangen werden kann. So ist es nicht verwunderlich, dass Marktführer Google.de, der mit Keyword-Advertising im Herbst 2000 startete, seinen weltweiten Umsatz kontinuierlich steigern konnte. 2012 knackte Google erstmalig die Umsatzgrenze von 50-Milliarden-US-Dollar.[103] 2017 erzielte Google einen Umsatz von über 100 Milliarden-US-Dollar. 86 Prozent dieser Umsätze wurden durch Werbung generiert. 2010 lag der Anteil des werbeabhängigen Umsatzes von Google noch bei 96,3 Prozent. Google bemüht sich demnach, die Werbeabhängigkeit seines Konzernumsatzes zu reduzieren. Nach Meinung vieler Analysten entfällt der Löwenanteil der Umsätze von Google auf Keyword-Advertising.

In Deutschland dominiert Google den Markt. Weltweit gibt es noch andere Player. Wer sich diesbezüglich für Details interessiert, der findet Zahlen und Marktanteile unter dieser URL: http://gs.statcounter.com/search-engine-market-share. Weitere Zahlen und eine kurze Skizze der Entwicklung finden Sie im Kapitel 1.4.

6.5 Anbieterstruktur in Deutschland

Mit Stand 2018 gibt es neben dem Marktführer Google mit seinem Programm „Google Ads", vormals Google AdWords, eigentlich nur noch Bing Ads (ehemals AdCenter). Im Mai 2006 hat Microsoft sein eigenes System „AdCenter" (heute Bing Ads) in den USA veröffentlicht. Es wurde von der Fachwelt als erster ernst zu nehmender Versuch gewertet, Google anzugreifen und einen größeren Anteil der Keyword-Werbemilliarden selbst zu verdienen. AdCenter wurde im Juni 2006 offiziell in Betrieb genommen, konnte jedoch bis heute die Vormachtstellung von Google in Deutschland nicht gefährden. Der Marktanteil von Google lag in Deutschland im Jahr 2018 bei über 90 Prozent. Bei der Mobile-Suche sogar bei mehr als 98 Prozent. Bing Ads kam bei der Desktop-Suche auf rund zehn Prozent, spielt aber aktuell bei der Mobile-Suche keine Rolle. Andere Suchmaschinen wie T-Online, ask.com und Abaco (ehemals Yahoo Search Marketing, ehemals Overture) haben angesichts der Marktmacht von Google und Bing in Deutschland kaum noch Bedeutung.

6.6 Keyword-Advertising in der Praxis

6.6.1 Wo soll geschaltet werden?

Angesichts der im vorherigen Kapitel dargelegten Anbieterstruktur in Deutschland wird deutlich, dass die Möglichkeiten zur Schaltung von Keyword-Anzeigen zunächst auf sehr wenige Anbieter begrenzt sind. Berücksichtigt man, dass Google in Deutschland einen Marktanteil zwischen 90 und 95 Prozent hat, wird sehr schnell klar, dass Wahlentschei-

---

[103] Vgl. http://de.statista.com/statistik/daten/studie/74364/umfrage/umsatz-von-google-seit-2002, Abruf 16.07.2016.

dungen bei der Beantwortung dieser Frage nicht besonders vielfältig sind. In der Praxis werden Keyword-Anzeigen tatsächlich sehr häufig nur bei Google geschaltet, weil der Aufwand des Kampagnenmanagements bei einem geringen Suchvolumen zu hoch ist. Einerseits ist das etwas ironisch, da schlussendlich nur gezahlt werden muss, wenn auch ein Klick erfolgt. Es ist also im Wesentlichen gleichgültig, woher der Klick kommt; es sei denn, die Klicks des einen Anbieters sind wesentlich preisgünstiger oder teurer als die Klicks eines anderen Anbieters. Existieren zwischen den Anbietern größere Preisunterschiede, was bei einzelnen Keywords durchaus vorkommen kann, so kann es rentabel sein, Anzeigen nur bei dem günstigeren Anbieter zu schalten. Allerdings spielen bei dieser Betrachtung das Budget und der administrative Aufwand für die Kampagnenbetreuung eine entscheidende Rolle. Ist das Budget gering, so lohnt es oft nicht, den administrativen Aufwand für die Pflege einer Kampagne in mehreren Netzwerken auf sich zu nehmen.

Wie bereits erörtert, arbeiten die verschiedenen Anbieter auch mit Content-Partnern und Suchmaschinenpartnern zusammen. Das heißt, die Anzeige eines Werbetreibenden erscheint auf Wunsch nicht nur in der Suchmaschine des Keyword-Advertising-Anbieters, sondern auch auf Partner-Websites und auf Suchergebnisseiten anderer Suchmaschinen, die diese Anzeigen gegen Entgelt einblenden. In der Regel kann ein Werbetreibender bei der Buchung der Keyword-Advertising-Anzeigen festlegen, ob seine Anzeige auch auf Websites von Werbepartnern angezeigt werden soll oder nicht. Gleiches gilt für die Anzeige bei Partner-Suchmaschinen.

Soll eine hohe Marktdurchdringung erreicht werden und ein Branding, etwa bei Neueinführung eines Produktes, unterstützt werden, so kann es durchaus empfehlenswert sein, auch Anzeigen auf Partner-Websites der jeweiligen Anbieter zuzulassen. Schlussendlich hängt die Beantwortung der Frage, ob die Hinzubuchung von Partner-Websites sinnvoll ist oder nicht, jedoch von der individuellen Zielsetzung einer Kampagne und auch von der Leistung (Klickrate und Conversion-Rate) der individuellen Partner-Websites ab. Soll beispielsweise eine Keyword-Kampagne initiiert werden, die sich primär an Interessenten auf dem deutschen Markt richtet und die gleichzeitig eine hohe Marktabdeckung erreichen soll, so wird der Werbetreibende in jedem Fall bei Google schalten müssen und kann dann überlegen, ob zur weiteren Marktabdeckung zusätzlich Anzeigen bei Partner-Websites von Google und anderen Anbietern wie Bing, Miva und QualiGo geschaltet werden sollen. Letzteres ist jedoch nur dann rentabel, wenn die Mindestumsatzmenge erreicht wird.

Zu einem möglicherweise ganz anderen Ergebnis gelangt man, wenn man Kampagnen für den internationalen Markt erstellen möchte. Grund hierfür sind die Rahmenbedingungen. So sind beispielsweise in den USA aufgrund der hohen Popularität von Keyword-Anzeigen die Preise höher als in Deutschland. Und in Russland, Tschechien und China haben die Internetnutzer eine andere Suchmaschinenpräferenz. Hier hat Google teilweise deutlich geringere Marktanteile, was in jedem Fall bedeutet, dass bei der Zielsetzung einer möglichst breit gefächerten und den gesamten Markt abdeckenden Kampagne andere Anbieter hinzugezogen werden müssen. Insgesamt gilt auch hier, dass die Beantwortung der Frage, wo geschaltet werden soll, von der individuellen Zielsetzung und dem Preisgefüge abhängt.

6.6.2 Welche Keywords bringen Klicks, welche Umsatz?

Die Frage, welche Keywords Klicks bringen und wie viele, lässt sich im Prinzip einfach beantworten. Jeder Anbieter von Keyword-Advertising bietet entsprechende Berichte, aus denen „klick-genau" hervorgeht, welche Keywords wie oft nachgefragt und angeklickt werden. Mehr noch: Die Anbieter bieten dem Werbetreibenden Werkzeuge an, die aufgrund der vorliegenden empirischen Daten alternative Vorschläge zu den vom Werbetreibenden eingegebenen Schlüsselsuchbegriffen anbieten.

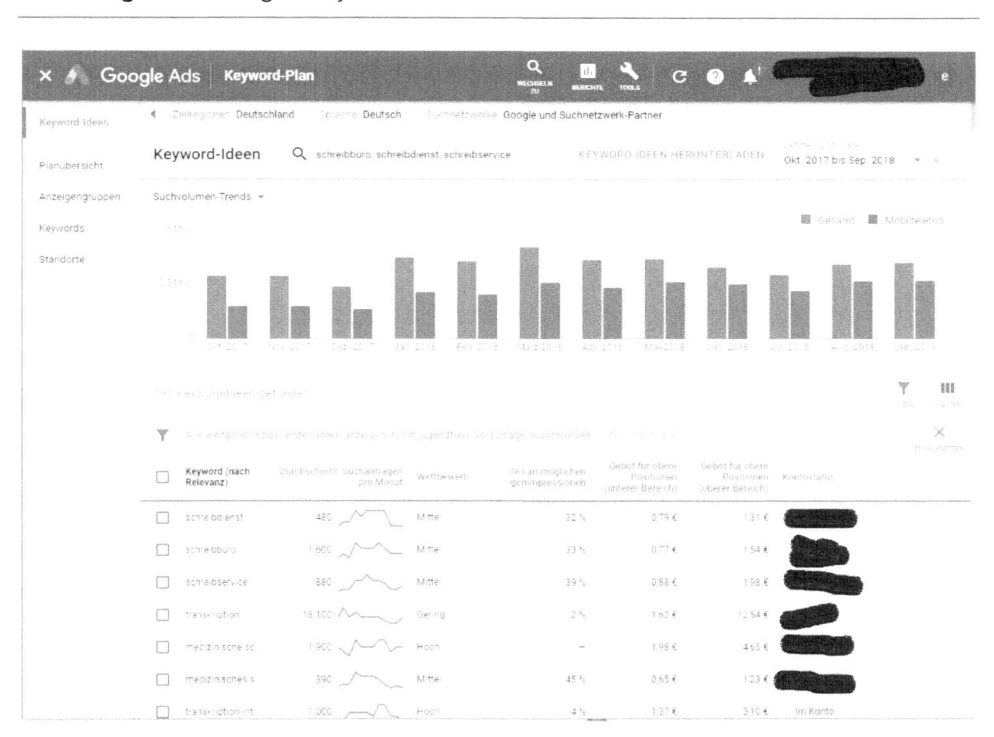

Abbildung 6.5 Googles Keyword-Plan

Quelle: Google Ads (ehemals Google AdWords), Abruf November 2018

Abbildung 6.5 zeigt derartige Alternativvorschläge für den Suchbegriff „Schreibbüro", die mittels des entsprechenden Programms des Anbieters Google ermittelt worden sind (Keyword-Plan aus Google Ads). Vor 2018 bot Google dazu den sogenannten „Keyword-Planner" an. Der Keyword-Planner löste 2013 das „Keyword-Tool" und den „Traffic-Estimator" ab, mit dem vor 2013 die Aufgabenstellung der Keyword-Recherche erledigt werden konnte. Mit der Ablösung der beiden Tools durch den Keyword-Planner wurde

2013 auch der sogenannte External-Traffic-Estimator eingestellt. Damit ist eine Recherche ohne Anmeldung bei Google nicht mehr möglich.

Die Frage, welche Keywords wie viele Klicks bringen, hängt jedoch nicht nur davon ab, wie häufig die Suchbegriffe in den Suchmaschinen gesucht werden. Der zweite wesentliche und wichtige Aspekt, um einen Suchenden über eine Keyword-Anzeige zu der Ziel-Website zu führen, ist die Gestaltung der Keyword-Anzeige selbst. Grundsätzlich kann durch eine geschickte Gestaltung der Keyword-Anzeige die Klickrate außerordentlich beeinflusst werden. Die folgenden beiden Beispiele machen den Zusammenhang deutlich: Abbildung 6.6 zeigt zwei Keyword-Anzeigen, bei denen die erste eine um über 300 Prozent höhere Klickrate erbringt als die zweite. Bei der Abbildung 6.7 ist der Unterschied immerhin noch 100 Prozent. Beide Beispiele stammen aus 2018.

Abbildung 6.6 Keyword-Anzeigen mit deutlich unterschiedlichem Erfolg in Bezug auf die Klickrate von www.lanzarote-individual.de

Anzeige	Impr.	CTR
Ferienhäuser direkt am Meer | von Lanzarote-Individual.de www.lanzarote-individual.de Ferienhäuser und -Wohnungen abseits Massentourismus im Norden der Insel.	2.998	19,31 %
Lanzarote, Sonne und Meer | Ferienhäuser direkt am Meer www.lanzarote-individual.de Ferienhäuser und -Wohnungen abseits Massentourismus im Norden der Insel.	560	5,00 %

Abbildung 6.7 Keyword-Anzeigen mit deutlich unterschiedlichem Erfolg in Bezug auf die Klickrate von www.schreibbuero-24.com

Anzeige	Impr.	↓ CTR
Medizinischer Schreibdienst-24 | schnell, zuverlässig, günstig. schreibbuero-24.com/Schreibdienst 4-Stunden-, 24-Stunden und 48- Stunden Service. Seit 2001. Erfahrung pur.	149	12,75 %
Medizinischer Schreibdienst | 4, 24, od. 48 Std. Service. schreibbuero-24.com/Schreibservice/Schrei... Ihr kompetenter Schreibdienst für Ärzte, Psychologen, Kliniken und Krankenhäuser	858	5,83 %

Quelle: Google Ads (ehemals Google AdWords), Abruf November 2018

Als Fazit lässt sich also festhalten, dass nicht nur die Wahl der richtigen Suchbegriffe für die Keyword-Advertising-Kampagne entscheidend ist, sondern auch die Gestaltung der Anzeige. Damit aber immer noch nicht genug. Google Ads bietet auch die Möglichkeit, eine Anzeige durch sogenannte Anzeigenerweiterungen zu ergänzen. Google schreibt hierzu auf seiner Supportseite: *„Mit Erweiterungen können Sie Ihre Anzeigen um nützliche Informationen ergänzen und den Nutzern mehr Anreize geben, darauf zu klicken. Dazu zählen beispielsweise Informationen zu Standorten, zusätzliche Links oder Preise. Aus diesem Grund werden Erweiterungen für nahezu jeden Google-Werbetreibenden empfohlen, der Textanzeigen auf Suchergebnisseiten schaltet."*[104] Wer keine Lust zu lesen hat, kann sich zum Thema „Anzeigenerweiterungen" auch dieses Video von Google ansehen:

Link: https://youtu.be/46tP-pRqsBM

Viel wichtiger für den Erfolg von Keyword-Advertising ist jedoch nicht, welche Keywords in Kombination mit welcher Anzeige die meisten Klicks bringen. Entscheidend ist schlussendlich die Frage, welche Keyword-/Anzeigen-Kombination Umsatz und/oder Leads bringt. Umgekehrt könnte man auch fragen, welche Keywords nur Klicks, aber keinen Umsatz bringen.

Die Tatsache, dass eine Keyword-Advertising-Kampagne viele Besucher auf eine Ziel-Website lenken kann, bedeutet noch lange nicht, dass die Besucher dort auch die vom Werbetreibenden gewünschte Handlung vollziehen. Letztlich verfolgt der Werbetreibende mit der Schaltung einer Keyword-Anzeige ein bestimmtes Ziel. Dieses besteht in der Regel darin, Interessenten zu gewinnen, einen Lead zu generieren oder einen Umsatz zu erzielen. Im Sinne einer betriebswirtschaftlich sinnvollen Ausgestaltung einer Keyword-Advertising-Kampagne sollte also nicht die Frage im Vordergrund stehen, welche Keywords wie viele Klicks bringen, sondern vielmehr die Frage, welche Keywords zu Umsatz oder zu einem Lead führen.

Um diese Frage beantworten zu können, werden in der Praxis sogenannte Conversion-Tracking-Werkzeuge eingesetzt. Mithilfe dieser Werkzeuge kann nachverfolgt werden, welcher Kampagnenbaustein, sogar welches Keyword, zu welchem Umsatz oder zu welcher Anzahl von Leads geführt hat. Auf diese Weise kann eine sehr effiziente Kampagnensteuerung, ausgerichtet am eigentlichen Ertragswert des Kampagnenbausteins oder des Keywords, durchgeführt werden. Sowohl Google als auch Bing bieten ein Conversion-Tracking für deren Anzeigen. Google offeriert sogar ein channelübergreifendes Tracking, was nichts anderes bedeutet, als dass auch Anzeigen bei anderen Anbietern oder Banneranzeigen ausgewertet werden können.

---

[104] Vgl. https://support.google.com/google-ads/answer/7332837, Abruf 12.11.2018.

> **Tipp**
>
> Nur Klicks bringen nix. Es kommt beim Keyword-Advertising in den meisten Fällen nicht darauf an, die Keywords zu buchen, die die meisten Besucher bringen, sondern diejenigen, die die richtigen Besucher im Sinne der Zieldefinition bringen (vgl. Kapitel 6.6.5).

Das Tracking-Werkzeug von Google hatte einige Jahre einen gravierenden Nachteil. Auf der Webseite, auf der das Conversion-Tracking-Werkzeug eingesetzt wird, wurde den Kunden, die über eine „getrackte" Anzeige kommen, ein kleiner verlinkter Textblock „Google-Website-Statistik" angezeigt. Durch Anzeige dieses Textes erhalten Besucher einerseits Informationen zum Tracking-Vorgang selbst und können andererseits durch Klick auf den Link ihre eigenen Erfahrungen mitteilen. Der Text musste lange Zeit unverändert erscheinen und durfte keinesfalls entfernt werden. Heute ist dieser Textblock optional. Durch die umfassende Informationspflicht, welche im Rahmen der Erneuerung der Datenschutz-Grundverordnung (DSGVO) eingeführt wurde, müssen Besucher heute im Vorfeld über derartige Methoden per Datenschutzerklärung informiert werden.

Ob man seine Besucher derart deutlich über den Tracking-Vorgang informieren möchte oder nicht, muss jedes Unternehmen selbst entscheiden. Auch die Frage, ob man den Besuchern die Möglichkeit geben möchte, sich gegenüber Google mitzuteilen, kann nicht allgemeingültig beantwortet werden, sondern muss vom individuellen Einzelfall abhängig gemacht werden. In der Praxis entscheiden sich manche Unternehmen gegen ein Tracking nach dem Google-Ads-Muster und setzen alternative Werkzeuge ein.

Abbildung 6.8 Welche Keywords bringen Umsatz?

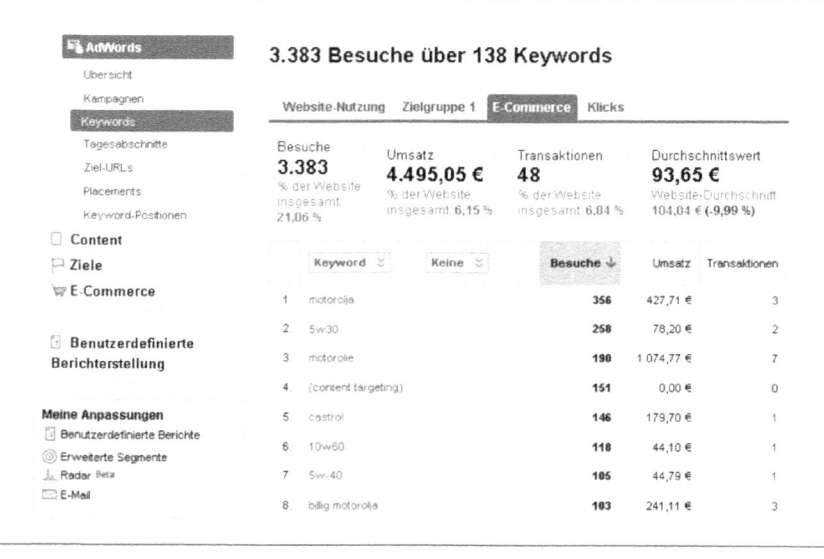

Quelle: Google Analytics, Abruf Februar 2016

Eine häufig gewählte Möglichkeit, um Aussagen über die Umsatzstärke einzelner Keywords zu erhalten, liegt in der Verknüpfung des Google-Ads-Kontos mit einem Google-Analytics-Konto. Sind die Konten ordnungsgemäß eingerichtet und ist der Google-Analytics-Code auf der Website korrekt eingebaut, so überträgt Google Ads die Leistungsdaten an Google Analytics. Im Google-Analytics-Account erhält man dann erweiterte Auswertungsmöglichkeiten, bis hin zur Beantwortung der Frage, welche Keywords wie viel Umsatz oder Leads bringen. Abbildung 6.8 verdeutlicht diese Aussage.

6.6.3 Keyword-Advertising und Branding

Sicherlich ist Keyword-Advertising nicht primär zur Unterstützung eines Produkt- oder Company-Brandings entwickelt worden. Das Vergütungsmodell, vor allem aber die in der Regel fehlende Möglichkeit der grafischen Ausgestaltung der Anzeigen, lassen Keyword-Advertising nicht als ideales Instrument zur Unterstützung einer Branding-Kampagne erscheinen. Denn häufig muss beim Branding nicht nur der Name, sondern auch ein visueller Eindruck, ein Logo oder ein Bild transportiert werden. Dies kann Keyword-Advertising in der Regel nicht leisten.

Dennoch: In einem eingeschränkten Maße kann Keyword-Advertising auch für das Branding interessant werden. Setzt man beispielsweise den maximalen Cost per Click sehr niedrig an und gestaltet die Anzeige so, dass der neue Produktname zweimal im Anzeigentext vorkommt, so kann unter Umständen ein ausgesprochen interessanter Effekt erreicht werden: Die Anzeige wird häufig gezeigt, aber selten geklickt. Entsprechend niedrig sind die Kosten. Und schlussendlich ist jede gelesene, aber nicht geklickte Anzeige aus Sicht des Werbetreibenden ein „kostenloses" Branding, zumindest beim Keyword-Advertising.

6.6.4 Brand-Bidding auf die eigene Marke

Nicht selten wird das Buchen des eigenen Markennamens bei Google Ads in Unternehmen kontrovers diskutiert. Die einen vertreten die Auffassung, dass es völlig ausreicht, beim organischen Listing auf Position eins zu stehen und man nicht auch noch Geld ausgeben muss, um im bezahlten Ranking oben zu stehen. Diese Einstellung wird verstärkt vertreten, wenn parallel ein guter Google-Business-Eintrag oder eine gut gefüllte Infobox erscheint. Die anderen vertreten die Meinung, dass die Schaltung von Keyword-Anzeigen beim eigenen Markennamen eine vertrauensbildende Maßnahme ist, die zudem wenig Geld kostet, weil man als Markeninhaber preisliche Vorteile im Bieterverfahren bei Google hat. Zudem wird von den Befürwortern gerne die bessere Gestaltungsmöglichkeit einer bezahlten Anzeige, im Vergleich zum durch Google gestalteten organischen Listing, hervorgehoben. Auch die Erhöhung der grundsätzlichen Sichtbarkeit auf der SERP ist für die Befürworter ein Vorteilsargument.

Ein pauschales Richtig oder Falsch in Bezug auf das Brand-Bidding auf den eigenen Markennamen gibt es meiner Einschätzung nach nicht. Es kommt immer auf den Einzelfall an. Daher möchte ich einmal einige Fälle schildern, die eine Entscheidung leichter machen.

- Bucht ein Mitbewerber Ihren Markennamen, so kann das Pendel schnell für die Buchung der eigenen Brand ausschlagen. Das Buchen Ihres Markennamens durch den Mitbewerber ist nicht verboten, solange er Ihren Markennamen nicht in der eigentlichen Anzeige verwendet, sondern nur als Keyword, welches seine Anzeige auslöst. Ein solcher Fall würde dafür sprechen, in das Brand-Bidding um den eigenen Markennamen einzutreten. Ansonsten würde der Mitbewerber Ihre Kunden mit Ihrem Markennamen abwerben. In der Praxis ist dieser Fall übrigens nicht selten.

- Der Handel bucht Ihren Markennamen, was Sie weder verhindern können noch wollen. Allerdings tut der Handel dieses in einer Art und Weise, die nicht zu den Prinzipien Ihrer Markenführung passt. Sie entschließen sich daher für ein Brand-Bidding auf den eigenen Markennamen.

- Ihr Markenname steht in Konkurrenz mit einem bekannten Begriff oder einer Abkürzung, weshalb Ihr Unternehmen nie auf Platz eins bei Google auftaucht. Häufig ist das der Fall, wenn der Markenname aus einer Abkürzung besteht wie beispielsweise GBM. GBM steht für die Gesellschaft für Biochemie und Molekularbiologie (GBM e.V.), für gbm – Gesellschaft für Baugeologie und -meßtechnik mbH und für gbm – Gesellschaft für Bildanalyse und Messwerterfassung mbH. GBM steht ferner als Abkürzung für Gesamtschule Buer-Mitte, für Game Boy Micro, für Gemeindebrandmeister (Dienstgrad bei der Freiwilligen Feuerwehr) u. v. a. m. Zumindest die identifizierten GmbHs könnten jeweils ein wirtschaftliches Interesse daran haben, mit dem Suchwort „GBM" bei Google an erster Stelle zu stehen, was angesichts der Gesamtlage schwierig ist und ggf. zu Konflikten führen könnte.

6.6.5 Ohne Ziel kein Erfolg

beim Keyword-Advertising gilt: Nur wenn ein operatives Ziel definiert wird, kann Erfolg auch bewertet und ein permanenter Verbesserungsprozess initiiert werden. Ein operatives Ziel hat immer eine qualitative und eine quantitative Dimension. Beispielsweise handelt es sich bei der Zielformulierung „Viele Besucher auf die Website bringen" nicht um ein operatives Ziel. Hingegen ist die Formulierung „Mit maximal 20 Cent Kosten pro Klick (CPC) möglichst viele Besucher auf die Website bringen" ein klares operatives Ziel.

Einige Beispiele aus der Praxis:

- Möglichst viele Besucher zu maximal X Euro CPC.

- Mindestens X Leads mit einem Budget von Y Euro erzielen.

- Mit maximalen Kosten von X Euro je Bestellung möglichst viele Neukunden gewinnen (Cost per Order).

- X neue Abonnenten für den Newsletter zu maximal Y Euro je Abonnent gewinnen.

Je nach Ziel werden andere Kennzahlen relevant oder die Priorität der Kennzahlen ändert sich. Beispielsweise ist im erstgenannten Fall die Kennzahl CPC entscheidend. Jedes sinnvolle Keyword, welches günstiger als der maximale CPC zu haben ist, wird gebucht. Eine derartige Zielsetzung kommt in der Praxis bei Einführungskampagnen vor, wenn es gilt, ein neues Produkt, eine neue Marke oder eine neue Firma bekannt zu machen. Im zweitgenannten Fall rücken andere Kennzahlen in den Vordergrund. Da hier das Budget auf Y Euro limitiert ist, würde man verstärkt auf die „Kosten pro Conversion" achten. In diesem Fall wäre ein Lead gleichzusetzen mit einer Conversion. Die maximalen Kosten pro Conversion ergeben sich durch die Rechnung Y / X. Alle Keywords, deren Kosten pro Conversion den Wert Y / X unterschreiten, würden beibehalten, teurere würden aus der Kampagne entfernt.

Wie aber kann ein Unternehmen operative Ziele definieren, wenn keinerlei Erfahrungswerte vorliegen? Auf diese Frage gibt es eigentlich nur zwei mögliche Antworten. Entweder es wird eine Testkampagne initiiert, die mit einem ausreichenden Budget ausgestattet ist, um genügend Daten und zielrelevante Erkenntnisse zu gewinnen. Oder es wird eine professionelle Agentur eingeschaltet.

In der Praxis gibt es eine Reihe relevanter Kennzahlen, aus denen operative Ziele entwickelt werden können. Die wichtigsten werden im Folgenden aufgeführt:

- Anzahl der Einblendungen der Keyword-Anzeige (Impressions).
- Kosten pro 1.000 Impressions.
- Anzahl der Besucher, die durch die Kampagne, einen Kampagnenbaustein oder ein einzelnes Keyword generiert werden (Klicks).
- Kosten pro Klick (CPC): Kosten der Kampagne, des Kampagnenbausteins oder des Keywords, dividiert durch die Anzahl der Klicks.
- Anzahl der Transaktionen (Leads, Anfragen, Bestellungen etc.), die eindeutig auf Keyword-Advertising zurückzuführen sind (Conversion).
- Anzahl der Transaktionen, die nicht beim Erstbesuch, sondern zu einem späteren Zeitpunkt getätigt werden (Late Conversion).
- Conversion-Rate (CR): Anteil der Besucher (Klicks), die die gewünschte Transaktion (Kauf, Anmeldung, Registrierung, Anforderung von Informationen etc.) durchführen.
- Kosten je Bestellung (Cost per Order CPO): Kosten der Kampagne, eines Bausteins oder eines Keywords, dividiert durch die Anzahl der Bestellungen, die diese generiert hat.
- Umsatz, der eindeutig auf Keyword-Advertising zurückzuführen ist.
- Return on Investment (ROI) der Kampagne, eines Bausteins oder eines einzelnen Keywords: Umsatz dividiert durch Kosten.
- Umsatz plus Kundenwert: Umsatz beim Erstkauf zuzüglich des Werts eines Neukunden gemessen an seinen zukünftigen Umsätzen (Customer Lifetime Value).

- ROI 2: (Umsatz + Kundenwert) / Kosten.
- Kundentreue: Anzahl der generierten Kunden, die erneut bestellen.

> **Tipp**
>
> In meinem Blog habe ich einen sehr ausführlichen Artikel zum Thema „Erfolgreiche Kampagnensteuerung trotz immer höherer Kosten" verankert (https://www.lammenett.de/onlinemarketing/marketing-controlling-im-keyword-advertising.html). Dieser befasst sich mit dem Kundenwert (Customer-Lifetime-Value) als Steuerungsgröße für das Keyword-Advertising. Anhand von zwei Beispielen und konkreten Zahlen wird erläutert, warum die in Deutschland noch vernachlässigte Kennzahl „Kundenwert" schlussendlich erste Wahl sein sollte.

6.6.6 Achtung: Klickbetrug

Bereits im Jahre 2004 hat die renommierte Computerzeitschrift c't auf die Manipulationsmöglichkeiten von Keyword-Advertising-Kampagnen durch Konkurrenten hingewiesen. Im Artikel heißt es: *„Für AdWords gilt Ähnliches wie für die regulären Treffer bei Google: Je höher die Position in der Anzeigenspalte, desto größer auch der Werbeeffekt. Die beiden erstplatzierten Anzeigen rutschen außerdem unter Umständen auf die heiß begehrten, farblich hervorgehobenen Plätze über die regulären Google-Treffer. Um viele AdWords herrscht daher ein reger Wettbewerb. Zum Begriff ‚AdWords' selbst beispielsweise finden sich Dutzende Anzeigen. Die Top-Positionen einzelner AdWords-Anzeigen kosten einen zweistelligen Eurobetrag – pro Klick. Es verwundert daher nicht, dass einige Werbetreibende versuchen, mit unsauberen Tricks ihre Anzeigen nach vorne zu mogeln.*

Beim sogenannten Click Fraud oder Click Spamming machen die Trickser nichts anderes, als auf die Anzeigen ihrer Konkurrenten zu klicken. Das kostet diese Geld, denn sie zahlen ja pro Klick. Ist das Tagesbudget ausgeschöpft, zeigt Google die Anzeige nicht weiter an – der Mogler hat seine Anzeige für einen Tag um einen Platz nach oben geschummelt. Längst kursieren Skripte, die die Klickerei automatisieren. Wird eine Anzeige, die fünf Euro pro Klick kostet, nur zehnmal pro Tag anklickt, entsteht ein Schaden von 1500 Euro im Monat."[105]

Derartiger Missbrauch betrifft aber nicht nur Google, sondern kann grundsätzlich alle Werbeformen betreffen, bei denen die Vergütung auf Pay per Click basiert. Das Bedauerliche an diesem Sachverhalt ist, dass es kaum eine wirksame Maßnahme gibt, derartige unlautere Machenschaften zu unterbinden. Insbesondere dann nicht, wenn sich der böswillige Mitbewerber ständig über eine neue Leitung einwählt oder aus dem Ausland attackiert.

Zwar versprechen die Anbieter von Keyword-Advertising, jeden Klick zu untersuchen und automatisch von Skripten generierte Klicks herauszufiltern. Beispielsweise schreibt

---

[105] Gerangel an der Bande, Google AdWords – Werbung mit Risiken, c't, Ausgabe 13/2004, S. 170.

Google hierzu auf seiner Website: *"Ungültige Klicks. Dies sind von Google als nicht legitim eingestufte Klicks auf Anzeigen, wie beispielsweise unbeabsichtigte Klicks oder Klicks, die durch Malware hervorgerufen werden.*

Beispiele für ungültige Klicks nach Ermessen von Google:

- *Manuelle Klicks mit dem Ziel der Erhöhung Ihrer Werbekosten oder der Gewinnsteigerung für Inhaber von Websites, auf denen Ihre Anzeigen gehostet werden*
- *Klicks durch automatisierte Klick-Tools, Roboterprogramme und andere Software für betrügerische Zwecke*
- *Irrelevante Klicks, die für den Werbetreibenden keinen Wert haben (z. B. der zweite Klick eines Doppelklicks)*

Jeder Klick auf eine Anzeige wird von unserem System untersucht. Google setzt fortschrittliche Systeme ein, um ungültige Klicks und Impressionen zu erkennen und diese aus Ihren Kontodaten zu entfernen. Wenn Google feststellt, dass Klicks ungültig sind, wird versucht, diese automatisch aus Ihren Berichten und Zahlungen herauszufiltern, sodass Ihnen diese Klicks nicht in Rechnung gestellt werden. Sollten wir feststellen, dass ungültige Klicks durch die automatische Erkennung nicht erfasst wurden, können Sie eine Gutschrift für diese Klicks erhalten. Solche Gutschriften werden als Korrektur wegen "ungültiger Aktivität" bezeichnet."[106]

Leider hat der Werbende keinerlei Möglichkeit, selbst zu überprüfen, ob seine Kampagne störungsfrei läuft bzw. ob Klickbetrug vorliegt.

> **Tipp**
>
> Prüfen Sie täglich Ihre Kampagne, um ungewöhnliche Veränderungen bei den Klickraten zu entdecken. Prüfen Sie auch wochenweise und monatsweise, damit Sie schleichende Veränderungsprozesse entdecken können. Überwachen Sie vor allem die „Conversion-Rate". Wenn die Klicks durch Missbrauch überproportional steigen, wird die CR sinken.

6.7 Tipps für den Einstieg

Stellvertretend für alle Anbieter von Keyword-Advertising wird im Folgenden ein strukturierter Ansatz für das Buchen von Keyword-Anzeigen bei Google Ads beschrieben. **Aber** – wie in diesem Buch schon mehrfach erörtert – dieses Buch erhebt nicht den Anspruch, vollständiges Detailwissen zu den einzelnen Disziplinen des Online-Marketings zu vermitteln. Es geht um einen Überblick, einen ersten Einblick und eine Einordnung in den Gesamtkontext des Online-Marketings. Mittlerweile ist Google Ads so komplex, dass es Bücher darüber gibt, die alleine 750 Seiten umfassen. Nach dem Studium der folgen-

---

[106] https://support.google.com/google-ads/answer/42995?hl=de, Abruf 15.11.2018.

den Seiten sind Sie also noch kein Google-Ads-Experte. Sie können eine einfache Kampagne erstellen und Sie verstehen die Mechanismen, Prinzipien und den Gesamtkontext. Eine umfassende Erörterung aller Möglichkeiten und Tools von Google sowie die ausführliche Behandlung von Themen wie Bieterstrategie, Anzeigengestaltung, Landing-Page-Gestaltung würde den Rahmen dieses Buches sprengen. Gleiches gilt für einen vergleichbaren Ansatz für alle anderen Anbieter.

> **Tipp**
>
> In mehreren Artikeln habe ich die Bedeutung einer guten Landing-Page für den Erfolg im Keyword-Advertising erörtert. Ein Blick in diese Artikel und die dort verankerten Videos lohnt sicher. Sie sind schon einige Jahre alt – aber die Grundideen und Prinzipien gelten heute mehr denn je. Denn die Preise für Klicks sind in den letzten zehn Jahren sehr deutlich gestiegen.
>
> https://www.lammenett.de/Online-Marketing/der-kurze-weg-zur-optimalen-landingpage.html
>
> https://www.lammenett.de/keyword-advertising/landingpage-versus-homepage.html
>
> https://www.lammenett.de/keyword-advertising/landingpage-optimierung.html
>
> Ebenfalls interessant im Zusammenhang mit der Optimierung von Landing-Pages sind A/B-Tests. Google bot schon früh ein Tool an, mit dem man A/B-Tests komfortabel gestalten konnte. Die Rede ist vom Google Website-Optimizer. Von Mai 2008 bis August 2012 war der Website-Optimizer frei zugänglich und nicht nur Google-Kunden vorbehalten. Im August 2102 wurde der Website-Optimizer in Google Analytics integriert. Zu finden war der Website-Optimizer im Reiter: Berichte → Verhalten → Tests. Er firmierte ab 2012 unter dem Begriff „Content Experiments". Ein englischsprachiges Video erläutert den Nutzen sehr anschaulich:
>
> https://www.YouTube.com/watch?v=TGrujIh2H0I
>
> Im Laufe des Jahres 2017 stellte Google dann erneut um. „Content Experiments" wurde eingestellt und „Optimize" wurde im Rahmen der „Google Marketing Platform" vorgestellt. Optimize ist hervorragend in Google Analytics und Google Ads integriert und erlaubt einem Marketeer, auch ohne Programmierkenntnisse recht komfortabel A/B-Tests und auch Mehrvarianten-Tests zu erstellen. Ein sehr gelungenes Tool. Hier der Link:
>
> https://marketingplatform.google.com/about/optimize/

6.7.1 Achtung: Falle!

Prinzipiell kann sich jeder bei Google, Bing und Co. anmelden und Keyword-Anzeigen schalten. Viele Unternehmen und Organisationen, ja sogar einzelne Webmaster tun dies auch. Google und Co. ermutigen Unternehmen und andere Organisationen überdies, das Buchen von Keyword-Anzeigen in Eigenregie durchzuführen, und fördern hierzu auch

Veranstaltungen über Multiplikatoren wie Marketing-Clubs oder IHKs. Mit gutem Grund. Denn obwohl Keyword-Advertising vordergründig trivial erscheint, ist es bei genauerem Hinsehen eher komplex. Gerade in den letzten Jahren ist die Komplexität noch deutlich gestiegen. Daher besteht durchaus die Gefahr, durch ein suboptimales Setup insgesamt mehr für Keyword-Advertising auszugeben, als dies bei professioneller Ausgestaltung der Kampagne notwendig wäre. Ferner besteht die Gefahr, die Preise unnötig in die Höhe zu treiben. Hierüber freuen sich natürlich nur die Anbieter. Salopp ausgedrückt: Je mehr „Halbwissende" Keyword-Ads buchen, desto mehr verdienen Google und Co.

> **Tipp**
>
> Tappen Sie nicht in die Google-Falle. Wenn Sie größere Budgets in Keyword-Advertising investieren möchten, lohnt es sich auf jeden Fall, eine professionelle Agentur oder einen erfahrenen Freelancer einzuschalten.

6.7.2 Grober Masterplan auf Papier

Bevor Sie loslegen und Keywords buchen, Regionen festlegen, Anzeigen gestalten, Tagesbudgets und maximale Costs per Click festlegen, sollten Sie einen groben Masterplan für Ihre Kampagne auf Papier anfertigen. Bei größeren Kampagnen spart diese vorab durchgeführte Denkarbeit viel Zeit.

Eine Kampagne besteht in der Regel aus mehreren Anzeigengruppen. Jede Anzeigengruppe befasst sich mit einem Themengebiet.

> **Praxisbeispiel**
>
> – **Beispiel 1:** Die Kampagne für einen Anbieter von Kohlenhydratgel könnte sich gliedern in die Anzeigengruppen Marathon, Triathlon, Radsport, Ausdauersport und Sporternährung.
> – **Beispiel 2:** Die Kampagne für einen Modeproduzenten mit einem starken Jeans-Segment könnte sich gliedern in die Anzeigengruppen Marke, Marken-Jeans, Damen-Jeans, Herren-Jeans, Generic T-Shirt und andere mehr.
> – **Beispiel 3:** Die Kampagne für einen Anbieter von Energie könnte sich gliedern in die Anzeigengruppen günstiger Strom, Strom aus erneuerbaren Energien, Spezialtarife, günstig Gas, Gas Spezialtarife.

Diese Vorgehensweise hat gleich mehrere Vorteile:

- Für jede Anzeigengruppe können relevante Keywords gesucht werden, die zum Oberthema passen. Auf diese Weise erhält man später Erkenntnisse darüber, welche Themen (Themen können Zielgruppen, Produktgruppen etc. sein) am besten „verkaufen".
- Es wird möglich, für jedes Themengebiet speziell abgestimmte Anzeigen zu gestalten. Bezogen auf das erstgenannte Beispiel bedeutet dies, dass einem Marathonläufer eine

andere Anzeige gezeigt wird als einem Radsportler. Durch die Abstimmung der Anzeigentexte auf die Suchworte wird eine deutlich höhere Conversion erreicht.

- Die Anzeigen unterschiedlicher Anzeigengruppen können leichter auf unterschiedliche Landing-Pages geleitet werden, was wiederum einen positiven Effekt auf die Conversion-Rate hat.
- Für jede Anzeigengruppe kann eine getrennte Gebotsstrategie entwickelt werden.

Der Masterplan sollte also Antworten auf die folgenden Fragen liefern:

- Welche Gruppierungen sind sinnvoll?
- Welche Keywords sind für die jeweiligen Gruppen relevant?
- Welche Alleinstellungsmerkmale können je Gruppierung im Anzeigentext hervorgehoben werden?
- Wie soll die Landing-Page für jede Gruppierung aussehen? Was soll dort textlich und visuell hervorgehoben werden? Welche Handlungsaufforderungen sollen verankert werden?

6.7.3 Kampagne erstellen

Ist der Masterplan fertig und die Anmeldung in Google vollzogen, so wird als Erstes eine Kampagne angelegt. An dieser Stelle hatte ich in den vorangegangenen Auflagen eine ausführliche Erläuterung in Text- und Bildform. Da die Änderungszyklen bei Google aber in den letzten Jahren so kurz geworden sind, habe ich das Thema „Kampagne erstellen" nun ausgelagert in einen Screencast. Diesen kann ich auch zwischen den Auflagen meines Buches aktualisieren. Der Screencast ist als Schnelleinstieg zu verstehen. Natürlich kann dieser Schnelleinstig nur ein erster Schritt in die Welt des Keyword-Advertisings sein. Wenn Sie Zeit und Interesse haben, sehen Sie sich gerne den Screencast einmal an.

Servicelink zum Screencast: www.lammenett.de/POM5

Wenn Sie danach richtig „Blut geleckt" haben, dann empfehle ich Ihnen das 839 Seiten starke Buch „Google AdWords: Das umfassende Handbuch" von Guido Pelzer und Dagmar Gerigk, welches im Februar 2018 in der 2. Auflage erschienen ist.

Abschließend noch einige Hinweise zum Thema „Conversions" und einige Tipps. Damit die Spreu vom Weizen getrennt werden kann, sollten Sie auf jeden Fall das Conversion-Tracking von Google installieren. Unter dem Menüpunkt „Tools->Messung" finden Sie die Option „Conversions". Hier können Sie einen Conversion-Tracking-Code definieren und abrufen. Diesen Code müssen Sie lediglich auf eine entsprechende Seite in Ihrem

Webauftritt installieren. Zumeist handelt es sich um eine „Feedback"- oder „Danke"-Seite, die auf einen Kauf oder eine Kontaktaufnahme mittels Formular folgt.

Ist das Conversion-Tracking installiert, so erhalten Sie in der Übersichtsseite zusätzliche Spalten wie „Conversion-Rate" und „Conversions". Auf diese Weise kann für jedes einzelne Keyword überwacht werden, welchen Beitrag es zu welchem Preis für den Erfolg der Anzeigengruppe und damit für die Kampagne leistet. Mittelfristig können Sie nun Keywords sukzessive optimieren. Sie werden merken:

- Nicht immer sind es die klickstärksten Keywords, die die meisten Umsätze oder Leads bringen.
- Der Preis für ein einzelnes Keyword spielt eigentlich keine Rolle, solange der ROI positiv ist. Sind die Kosten pro Conversion akzeptabel, so kann der Preis für das Keyword durchaus hoch sein.
- Ein Conversion-Tracking lässt sich auch über Google Analytics (GA) implementieren. Wenn das GA-Konto mit dem Google-Ads-Konto verknüpft ist, können die Conversions von GA an Ads übertragen und in gleicher Weise genutzt werden.

Weitere Tipps im Kurzüberblick

- Überschriften von Anzeigen sollten Aufmerksamkeit erregen und die jeweilige Zielgruppe ansprechen.
- Integrieren Sie auch Wortkombinationen. Diese haben oft eine hohe Klickrate zu günstigen Kosten.
- Prüfen Sie, ob es gegenwärtig öffentlich stark diskutierte Themen gibt, die neue Suchworte ergeben könnten. Beispielsweise kann es für Hilfsorganisationen sehr interessant sein, Suchworte zu aktuell in den Medien behandelten Katastrophen zu buchen, um das Spendenaufkommen zu erhöhen.
- Erwecken Sie in Ihrer Anzeige keine falschen Erwartungen. Das kostet nur Geld und bringt kaum Transaktionen.
- Erstellen Sie für wichtige Suchworte eigene Textanzeigen, sodass das Suchwort auf jeden Fall in der Anzeige selbst erscheint.
- Bedenken Sie bei der Festlegung der Suchworte, dass Anwender sowohl in der Einzahl als auch in der Mehrzahl suchen.
- Prüfen Sie, welche Suchbegriffe Ihr Mitbewerber gebucht hat, und verfahren Sie entsprechend.
- Testen Sie unterschiedliche Textvarianten und erstellen Sie regelmäßig neue. Löschen oder pausieren Sie weniger erfolgreiche Textvarianten.
- Erstellen Sie regelmäßig leicht modifizierte Versionen der besten Textvarianten und prüfen Sie, ob diese das Ergebnis noch verbessern können.

- Verwenden Sie für jede Anzeigengruppe eine eigene Landing-Page, auf der in kurzer und prägnanter Form das Angebot konkretisiert wird. Wiederholen Sie auf dieser Landing-Page die Suchworte, nach denen der Anwender gesucht hat.
- Verwenden Sie als Suchworte auch sogenannte Fehlschreibungen, beispielsweise „Schreibüro" anstatt „Schreibbüro". Manchmal sind die Preise sehr niedrig bei gleichzeitig hoher Conversion-Rate.
- Überschlagen Sie, wie viel Ihnen ein neuer Kunde/Interessent wert ist, und richten Sie Ihr Tagesbudget und die „maximalen Kosten per Klick" daran aus.
- Richten Sie ein Conversion-Tracking ein, damit die „Kosten je Conversion" mit der Zeit bekannt werden. Orientieren Sie sich bei der Ausrichtung Ihrer Kampagne an den „maximal akzeptablen Kosten für eine Conversion". Löschen Sie Suchworte, die zu teuer sind, aus Ihrer Kampagne.
- Beobachten Sie die Preisentwicklung und passen Sie Ihre „maximalen Kosten per Klick" daran an.

6.7.4 Keyword-Advertising: make or buy?

Die Frage, ob Unternehmen heute Keyword-Advertising selbst betreiben oder lieber eine Agentur damit beauftragen sollten, ist nicht leicht zu beantworten. Keyword-Advertising ist vordergründig eine einfache Sache. Doch steckt der Teufel im Detail. In den letzten Jahren ist Keyword-Advertising sehr komplex geworden. Ständig kommen Neuerungen und weitere Funktionen und Optionen hinzu. Gleichzeitig wird die Konkurrenzlage aufgrund des Eintritts weiterer Marktteilnehmer immer enger. Die Preise steigen. Somit steigt auch das Risiko, durch einen suboptimalen Betrieb von Keyword-Advertising-Kampagnen Geld zu verlieren. Mittlerweile zahlen einige meiner Kunden sogar an die zehn Euro für einen Klick. Vor fünf Jahren reichte noch ein Euro, um einen Klick einzukaufen. Heute ist Keyword-Advertising daher nichts mehr, was Unternehmen „nebenbei" machen sollten. Wenn es im Unternehmen eine Stelle gibt, die sich primär mit Online-Marketing beschäftigt und ein substanzielles Zeitkontingent vorhanden ist, sich um Keyword-Advertising zu kümmern, dann spricht nichts gegen die interne Betreuung einer Keyword-Advertising-Kampagne. Ist dem nicht so, dann würde ich mittlerweile dringend die Auslagerung an einen externen Experten oder eine Agentur empfehlen.

6.8 Zusammenfassung SEA

Sicherlich sind die betriebswirtschaftliche Relevanz von Keyword-Advertising, seine Chancen und die Vorteile deutlich geworden. Kaum ein anderes Werbeinstrument ermöglicht eine derart bedarfsorientierte Einblendung von Anzeigen wie Keyword-Advertising. Der Suchende offenbart durch seinen Suchbegriff seinen aktuellen Bedarf bzw. seine aktuelle Interessenlage und erhält auf der Ergebnisseite dazu passende Anzeigen. Ein einfaches und wegen seines hohen Wirkungsgrades geniales Prinzip. Gleichzeitig sind die Möglichkeiten der Erfolgsmessung hervorragend. Im Zweifel kann der Erfolgsbeitrag jedes einzelnen Keywords gemessen werden. Ein Kriterium, von dem man in der klassischen Werbung nur träumen kann.

Es ist aber auch deutlich geworden, dass Keyword-Advertising aus dem Anfangsstadium herausgewachsen ist. Durch die fast monatlich erscheinenden neuen Werkzeuge oder Erweiterungen der Optimierungsprogramme ist aus dem ursprünglich einfachen Marketing-Instrument ein durchaus vielfältiger Baukasten geworden, der beherrscht werden will, möchte man einen optimalen ROI erzielen. Die rapide Entwicklung deutet darauf hin, dass Keyword-Advertising mittelfristig nichts mehr für Hobbybucher ist, sondern professionelles Know-how für die effiziente und gewinnbringende Kampagnenplanung und -durchführung notwendig sein wird. Zumal die Entwicklung des Keyword-Advertisings noch lange nicht abgeschlossen ist. Themen wie „Geo-Targeting", „Behavioural Targeting" und „Demographic-Targeting" machen das Thema noch komplexer.

Beim „Geo-Targeting" wird an der Verbesserung der Anzeige in Abhängigkeit von der geografischen Lokation des Servers gearbeitet. Entwicklungen, die unter dieser Überschrift firmieren, sind die Buchung von Werbeanzeigen auf Google Maps oder das sogenannte „Pay-per-Call-Prinzip". Hierbei wird anstatt eines Links eine Telefonnummer eingeblendet. Meist nur auf mobilen Endgeräten. Bei dieser Variante von keywordgesteuerten Anzeigen erscheint die Anzeige ohne Link zur Website, dafür aber mit einer kostenfreien Telefonnummer. Abgerechnet wird nicht der Klick, sondern jeder Anruf, denn die Telefonnummer führt auf ein entsprechendes System der jeweiligen Anbieter.

Eine weitere interessante und technisch bereits machbare Erweiterung ist das „Behavioural Targeting". Hierbei werden Anzeigen auf Basis des Nutzerverhaltens optimiert. Google hat 2012 bis 2014 die Funktionen „Zielgruppen mit gemeinsamen Interessen" und „Kaufbereite Zielgruppen" eingeführt. Zunächst standen diese nur für Anzeigen im Displaynetzwerk zur Verfügung. Seit 2017 können sie aber auch im Suchnetzwerk genutzt werden. Mit diesen Funktionen können Werbetreibende gezielt Nutzer über Google Ads ansprechen, die mit hoher Wahrscheinlichkeit Interesse an der jeweiligen Werbebotschaft haben. Sucht beispielsweise jemand in Google nach „Oldtimer von Mercedes", so kann unterstellt werden dass der Suchende ein Autoliebhaber ist. Zukünftig kann an diese Person, bzw. das anonymisierte Profil dieser Person, dann Werbung ausgespielt werden, die um das Thema Auto und Oldtimer rankt. Durch das Behavioural Targeting können die Daten des Besuchers automatisch und in Realtime analysiert werden. So kann eine permanente Kampagnenoptimierung durchgeführt werden.

Seit Anfang 2006 gibt es in den USA die Möglichkeit, Keyword-Anzeigen auf Basis von demografischen Daten zu schalten. Heute können auch in Deutschland Display-Kampagnen und seit 2016 auch Search Kampagnen anhand demografischer Daten ausgerichtet werden. Google schreibt hierzu in der Hilfe: *„Mithilfe der demografischen Ausrichtung in AdWords erreichen Sie Ihre Zielgruppe leichter. Wenn Ihr Unternehmen beispielsweise einen* *bestimmten Kundenkreis mit einem bestimmten Alter, Geschlecht oder Elternstatus beliefert, können Sie die Schaltung Ihrer Anzeigen entsprechend ausrichten."*[107]

In Deutschland wird demografisches Targeting sehr kontrovers diskutiert. Es wird befürchtet, dass auch personenbezogene Daten zum Einsatz kommen. Google verfügt derzeit von ca. 20 Prozent seiner Nutzer über demografische Daten. Bei Facebook dürfte dieser Prozentsatz übrigens deutlich höher liegen. Gleichgültig, wie sich diese Diskussion entwickeln wird, zeigen die hier gemachten Ausführungen, dass Keyword-Advertising trotz des bereits großen Erfolges noch lange nicht seinen Höhepunkt erreicht hat.

---

[107] https://support.google.com/adwords/answer/2580282?hl=de, Abruf 09.11.2018.

Suchmaschinenoptimierung (SEO)

SEO im Wandel, Grundsätzliche Problemstellungen, Onsite- und Offsite, Besucherqualität und Controlling

7 Suchmaschinenoptimierung (SEO)

Der betriebswirtschaftliche Nutzen von Top-Positionen in relevanten Suchmaschinen wird heute kaum noch in Frage gestellt. Schon vor zehn Jahren war der Nutzen klar erkennbar, wie meine im Februar 2006 fertiggestellte Studie über die Erfolgsdeterminanten des Online-Marketings aus Sicht deutscher Unternehmer und Marketing-Verantwortlicher bestätigt.[108] Seither ist die wirtschaftliche Relevanz von Jahr zu Jahr gestiegen. Angesichts phänomenaler Wachstumsraten und Gewinne der Suchmaschinenanbieter (vgl. Kapitel 6.4) und stetig steigender Nutzerzahlen ist dies nicht verwunderlich.

In diesem Kapitel finden Sie:

- alle wichtigen Hintergrundinformationen zur Suchmaschinenoptimierung und zum Wandel durch Veränderungen der jüngeren Zeit,
- fundierte Studien und Untersuchungen zur Verdeutlichung des betriebswirtschaftlichen Nutzens,
- die grundlegende Problematik inklusive erläuternder Beispiele,
- Vor- und Nachteile gegenüber Keyword-Advertising,
- praktische Hinweise zur Verbesserung der Position Ihrer Website, sowohl für eine Onsite- als auch eine Offsite-Optimierung,
- Hilfen zur Kosten-Nutzen-Analyse,
- Anregungen für die Steuerung und das Controlling Ihrer Suchmaschinenoptimierungsaktivitäten sowie
- anschauliche Praxisbeispiele zu allen Themenbereichen.

7.1 Suchmaschinenoptimierung im Wandel

Die Landschaft der Suchmaschinen hat sich in den vergangenen 15 Jahren in Deutschland stark verändert. In den frühen Tagen des Internets gab es viele verschiedene Suchmaschinen, die um die Gunst der Suchenden buhlten. Dies waren sowohl international aufgestellte Suchmaschinen (Beispiel: Lycos) als auch auf den deutschen Markt spezialisierte Angebote (Beispiel: Web.de). Heute sind sie in Deutschland bedeutungslos. Google.de hält mittlerweile in Deutschland einen Marktanteil, der über 95 Prozent liegen dürfte. Auch zahlreiche Großangriffe des Top-Konkurrenten Microsoft, der zuletzt mit der Suchmaschine Bing.de versuchte, Googles Vormachtstellung zu brechen, konnten hieran nichts ändern.

---

[108] Vgl. https://www.lammenett.de/wp-content/uploads/2015/02/Studie_OnlineMarketing_2006.pdf, Abruf 16.11.2018.

Das Erfolgsrezept von Google wurde lange Zeit nicht verändert. Über viele Jahre konzentrierte sich Google auf eine permanente Verbesserung des Suchalgorithmus im Hintergrund, während das Erscheinungsbild der eigentlichen Suchergebnisseite jedoch gleich blieb. Das änderte sich im zweiten Halbjahr 2007 mit der Einführung von Universal Search. In der Folge gab es weitere Neuerungen wie die Einführung von Link-Vorschlägen und die automatische Vervollständigung bei der Eingabe von Suchbegriffen.

Aber auch nach Universal Search macht der Wandel bei der Suchmaschinenoptimierung nicht halt. SEO wird immer mehr als Bestandteil einer ganzheitlichen Strategie gesehen und nicht mehr nur als Einzeldisziplin. Die fortschreitende Marketingkonvergenz fordert vom Suchmaschinenoptimierer in zunehmendem Maße ein immer größeres Fachwissen in unterschiedlichen Kontaktdisziplinen.

Hinzu kommen weitere Faktoren wie die hohe Taktzahl bei den Updates des Google-Algorithmus. Mittlerweile macht Google fast jeden Monat mehrere Updates.[109] Diese ständigen Updates machen es zunehmend schwierig, einzelne Wirkungszusammenhänge von SEO-Maßnahmen zu erkennen und in ein produktives Ergebnis umzusetzen. Auch die Vielfalt unterschiedlicher Kanäle und Endgeräte macht eine Analyse von Ursache und Wirkung immer schwieriger.

Ferner wird der Aspekt, dass Google zunehmend selbst zum Anbieter von Informationen wird und diese direkt auf einer Google-Oberfläche anzeigt, anstatt per Link auf eine Webseite weiterzuleiten, die Suchmaschinenoptimierung weiter verändern.

Eine weitere gravierende Veränderung setzte ab 2013 ein. Laut den Analysen renommierter Häuser wie SEOmoz oder Searchmetrics nimmt die Bedeutung von Backlinks für das Ranking langsam ab. Die Bedeutung von gutem Content steigt. Bitte lesen Sie hierzu die Kapitel 7.5 und 11.

Auch 2016 gab es gravierende Veränderungen, die einen Einfluss auf die Suchmaschinenoptimierung haben. Im Februar begann Google mit seiner Anpassung der Desktop-Suchergebnisse an die mobilen Seiten und eliminierte die Keyword-Ads auf der rechten Leiste. Ausnahme sind Shopping Ads. Dafür wurde aber im oberen Bereich ein vierter Anzeigenplatz eingerichtet. Mit dieser Änderung rutschen die organischen Listings auf der Search Engine Result Page alle einen Platz nach unten.

2018 vollzog Google dann einen Epochenwechsel. Wurde bisher die Desktop-Version einer URL als Hauptindikation für die Evaluation von Webseiten und die Ermittlung von Rankings verwendet, erfolgt dies seit September 2018 nun auf Grundlage der mobilen Version einer Seite. Einfach ausgedrückt bedeutet das, dass Google nun für die Platzierung von Ergebnissen auf der Suchergebnisseite (SERP) den sogenannten Mobile-Index anwendet – und zwar für alle Endgeräte. Bereits sehr bald werden also auch Suchergebnisseiten auf dem normalen PC vom Mobile-Index abhängen. Webseiten, die nicht für mobile Endgeräte optimiert sind, werden dann chancenlos sein bei der Schlacht um die

---

[109] Vgl. z. B. https://www.sistrix.de/google-updates/, Abruf 14.11.2018.

vorderen Plätze. Mit diesem Schritt trägt Google dem Umstand Rechnung, dass bereits 2015 mehr Suchanfragen von mobilen Endgeräten stammten als von Desktop-PCs und Laptops.

In den folgenden Kapiteln wird das Thema Suchmaschinenoptimierung vor dem Hintergrund dieser gravierenden Veränderungen beleuchtet. Die klassische Suchmaschinenoptimierung, so wie sie vor 2007 verstanden wurde, ist heute im Grunde genommen nur noch ein Teilbereich einer ganzheitlichen, sich ständig im Wandel befindlichen universellen Optimierung.

7.1.1 Universal Search

Mit Sicherheit ist Ihnen nicht entgangen, wie sehr sich die Suchergebnisseite bei Google in den vergangenen Jahren verändert hat. Vor nicht allzu langer Zeit gab es dort nur zwei Ergebnistypen, nämlich die bezahlten Keyword-Textanzeigen aus Google Ads (ehemals AdWords) und die organischen Suchmaschinenlistings. Wenn Sie die erste Suchergebnisseite heute betrachten, so werden Sie in den meisten Fällen dort auch Einträge finden, die aus Google News stammen, aus Google Images, aus Google Video oder YouTube; Sie finden dort in manchen Fällen auch Einträge aus Blogs und ganz besonders bei regional motivierten Suchanfragen auch Einträge aus Google Maps. Damit aber noch nicht genug: Wenn Sie bestimmte Produkte suchen, kommt es heute sehr häufig vor, dass Sie auf der ersten Suchergebnisseite auch Einträge aus dem Google Merchant Center, ehemals Froggle, finden.

Mit anderen Worten: Es gibt heute wesentlich mehr Möglichkeiten, auf die erste Suchergebnisseite zu gelangen, als noch vor zehn Jahren. Natürlich werden diese Elemente nie alle gleichzeitig dargestellt. Je nach Ausgabegerät ist deren Position auch anders. So werden Google-Shopping-Ergebnisse mittlerweile auf dem Desktop oben rechts dargestellt. Früher war deren Position im Zentrum, zwischen den organischen Suchergebnissen. Einspielungen aus Google Pictures werden manchmal im oberen Bereich und manchmal ganz unten gezeigt. Google News findet man oft mittig. In manchen Fällen aber auch ganz oben.

Wenn man so will, hat die klassische Suchmaschinenoptimierung eine enorme Konkurrenz bekommen. Diese Veränderung, die als „Universal Search" bezeichnet wird, reduziert natürlich auf der einen Seite die Chance, mit klassischer Suchmaschinenoptimierung auf die erste Suchergebnisseite zu gelangen, denn dort ist der Platz enger geworden – zumindest nach subjektiver Wahrnehmung. Andererseits bergen diese Veränderungen natürlich auch Chancen, wozu Sie mehr im Kapitel 8 lesen können.

Abbildung 7.1 zeigt am Beispiel des Suchwortes „Lammenett" einige Elemente von Universal Search. Sie sehen dort Elemente aus Google Shopping (oben links), aus Google Books (rechts mittig), aus Google Ads (oben links, unterhalb Google Shopping), aus der Wikipedia (Google Graph, oben rechts), aus Google Video bzw. YouTube (links mittig) und natürlich Einträge aus der klassischen organischen Suche.

Abbildung 7.1 SERP aus verschiedenen Quellen beim Suchwort „Lammenett"

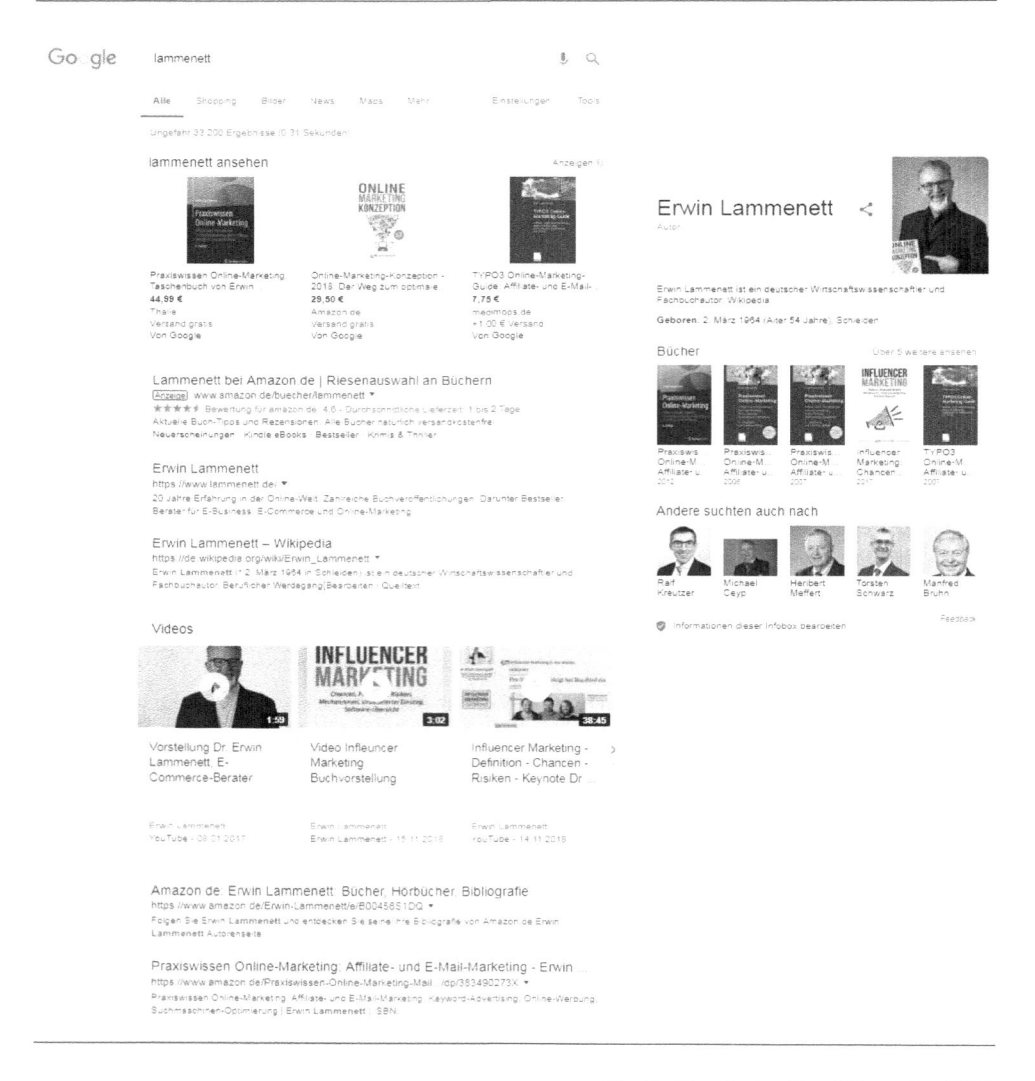

Quelle: Google.de, Abruf Dezember 2018

Neben den veränderten Platzverhältnissen auf der SERP kommt hinzu, dass sich durch „Universal Search" die Wahrnehmung der SERP[110] verändert hat. In einer Studie[111] aus

---
[110] SERP = Search Engine Result Page, Suchergebnisseite.
[111] Vgl. http://www.usability.de/publikationen/studien/goodbye-golden-triangle.html, Abruf 16.07.2016.

Suchmaschinenoptimierung im Wandel

dem Jahr 2009 wurde die Veränderung der Wahrnehmung der Suchergebnisseite nach Einführung von Universal Search untersucht. Es wurde eine Eye-Tracking-Untersuchung mit 30 Probanden im Usability-Labor durchgeführt. Die Studie ist mit „Goodbye Golden Triangle" überschrieben und macht deutlich, dass seit der Einführung von Universal Search die Bedeutung einer Präsenz im oberen, linken Bildschirmbereich abgenommen hat. Abbildung 7.2 und Abbildung 7.3 verdeutlichen die Wahrnehmung der SERP vor und nach Einführung von Universal Search. Abbildung 7.2 stammt ursprünglich aus einer 2005 durchgeführten Studie von Enquiro, Did-it und Eyetools, also aus einer Zeit vor Universal Search. Die ersten drei Plätze in den Suchergebnissen werden von 100 Prozent aller Suchenden gelesen, der zehnte Platz hingegen nur noch von 20 Prozent der Besucher (vgl. Tabelle 7.1).

Abbildung 7.2   Golden Triangle – Eye-Tracking-Studie von 2005

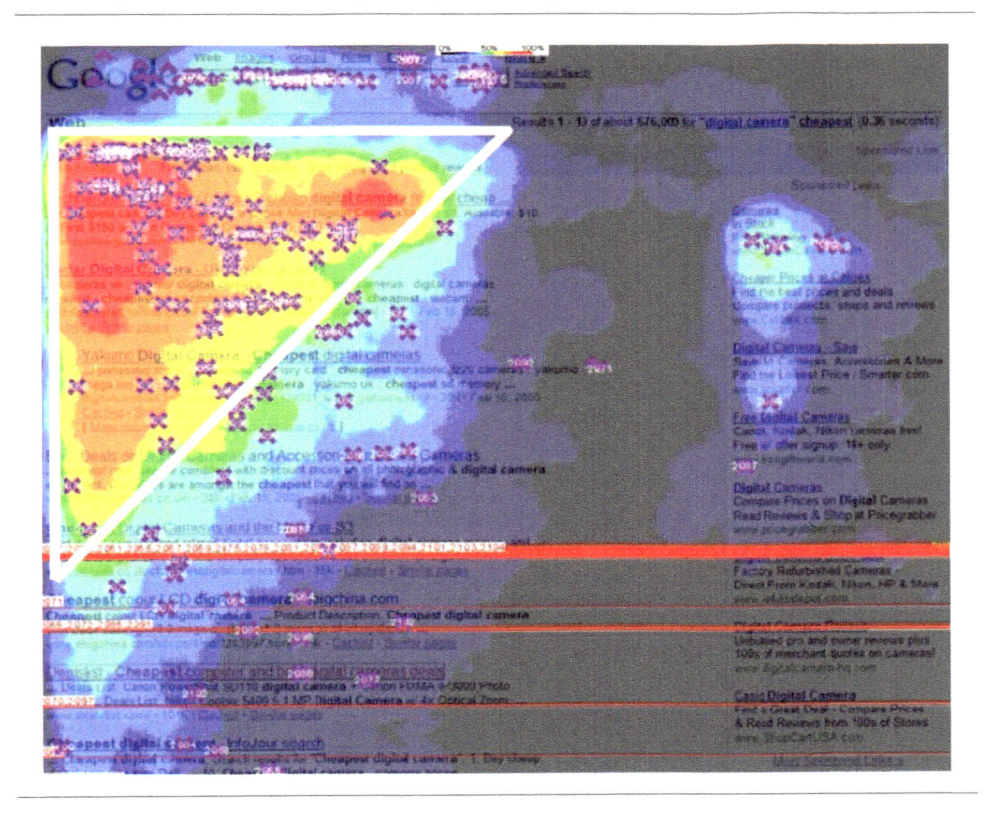

Abbildung 7.3 Goodbye Golden Triangle – Eye-Tracking-Studie von 2009

Tabelle 7.1 Organic Ranking Visibility (shown in a percentage of participants looking at a listing in this location)

Position (Rank)	Wahrnehmung in %
Rank 1	100
Rank 2	100
Rank 3	100
Rank 4	85
Rank 5	60
Rank 6	50
Rank 7	50
Rank 8	30
Rank 9	30
Rank 10	20

Quelle: http://www.prweb.com/releases/2005/3/prweb213516.htm, Abruf 16.07.2016

Die rechts platzierten Werbeanzeigen hatten einen noch schwereren Stand: Nur 50 Prozent aller Suchenden lasen die erste Anzeige, ab dem fünften Platz waren es nur noch zehn Prozent. Unter der naheliegenden Annahme, dass nur gelesene Einträge geklickt werden, war die Schlussfolgerung zulässig, dass die links oben stehenden Platzierungen eine höhere Klickrate und damit eine höhere betriebswirtschaftliche Relevanz hatten als die unten und die rechts stehenden Platzierungen. Diese Betrachtung hat sich aber im Februar 2016 erledigt, da Google seit dem 22. Februar 2016 in Deutschland auf der rechten Seite keine Anzeigen mehr anzeigt. Google schaltet jetzt bis zu fünf Anzeigen oberhalb der organischen Ergebnisse und drei weitere Anzeigen unterhalb. Auf der rechten Seite werden seit Februar 2016 Informationen aus dem Google Knowledge-Graph, aus Google Shopping oder in Einzelfällen auch Direktbuchungsmöglichkeiten angezeigt.

Vor der Einführung von Universal Search und vor den Änderungen aus Februar 2016 konnte man ruhigen Gewissens sagen, dass die redaktionellen Suchmaschinenergebnisse eins und zwei – bzw. falls keine Anzeigen im oberen Bildschirmbereich angezeigt werden, die Suchmaschinenergebnisse eins bis fünf – eine deutlich höhere Erfolgschance als die bezahlten Ergebnisse auf der rechten Seite des Bildschirms hatten.

Vergleicht man nun Abbildung 7.2 mit Abbildung 7.3, die von usability.de im Rahmen ihrer 2009 durchgeführten Studie erstellt worden ist, so wird deutlich, dass nun häufiger auch Einträge in das Blickfeld der Betrachter fallen, die nicht im oberen, linken Bereich der SERP angesiedelt sind. Diese Erkenntnis legt nahe, sich mit den Möglichkeiten von Universal Search näher zu beschäftigen, was ich in Kapitel 8 tue.

7.1.2   Klassische versus Post-Universal-Search

Unter Suchmaschinenoptimierung (Search Engine Optimization, SEO) versteht man traditionell alle Maßnahmen, die dazu geeignet sind, eine bessere Platzierung in den redaktionellen Ergebnisseiten von Suchmaschinen zu erreichen. Diese Maßnahmen gliedern sich in der Regel in sogenannte Offsite- und Onsite-Optimierung.

Nach der Einführung von Universal Search muss man diese Definition jedoch erweitern: Unter Suchmaschinenoptimierung versteht man alle Maßnahmen, die dazu geeignet sind, eine bessere Platzierung auf den Sucherergebnisseiten von Google.de zu erreichen – egal ob diese Platzierung über redaktionelle Ergebnisse oder über eines der Universal-Search-Elemente erzielt wird.

Die quasi neue Definition der Suchmaschinenoptimierung macht deutlich, wie stark dieses Feld gewachsen ist. Im Grunde kann man festhalten, dass es aufgrund der extrem gestiegenen Komplexität wohl kaum noch einen klassischen SEO-Experten gibt, der sich in allen Bereichen der heutigen Suchmaschinenoptimierung erstklassig auskennt. Betrachtet man Suchmaschinenoptimierung ganzheitlich im Sinne dieser neuen Definition, so wird man nicht umhin kommen, ein Expertenteam einzusetzen, möchte man das Optimum für seine Website erreichen.

7.1.3 Personalisierte Suchergebnisseite

Ende 2009 führte Google die personalisierte Suche auch für nicht eingeloggte Nutzer ein.[112] Damit wurden zwei Aspekte klar: Google schlägt einen neuen Weg ein und SEO wird zukünftig deutlich schwieriger oder gar unberechenbar.

Seit 2009 verfolgt Google konsequent die Idee der personalisierten Suchergebnisseite weiter. Schlug der Versuch mit den Sternen zum Favorisieren von Suchergebnissen noch fehl, ist spätestens seit der Einführung des +1-Buttons klar, wohin die Reise gehen soll. Der Erfolg des sozialen Netzwerks Google+ war in der ersten Zeit nach Einführung im Sommer 2011 enorm. Die Konsequenz daraus aus SEO-Sicht ist: Googles Suchergebnislisten werden neben den „klassischen" Ranking-Faktoren zusätzlich von drei weiteren beeinflusst. Diese stehen allerdings nicht mehr im direkten Einfluss der Suchmaschinenoptimierer bzw. Website-Besitzer. Vielmehr basieren sie auf dem Nutzerverhalten von Personen, die ein Google-Konto bzw. Google+ benutzen. Folgende Einflussfaktoren sind gemeint:

- Wonach hat die jeweilige Person früher gesucht? Was hat sie dabei angeklickt oder gar mit „+1" gekennzeichnet?

- Was weiß Google außerdem noch über die jeweilige Person, beispielsweise über ihre Interessen, Alter, Gesellschaftsschicht usw.?

- Was haben Leute aus dem Umfeld (Circle) der jeweiligen Person auf Google gesucht, angeklickt oder mit „+1" gekennzeichnet?

Als Konsequenz aus der personalisierten Suche wird deutlich, dass man als Suchmaschinenoptimierer oder Website-Besitzer bestenfalls noch grob einordnen kann, auf welcher Platzierung eine Seite auf der Google-Suchergebnisseite steht. Konkrete Platzierungen können nur noch bedingt angegeben werden, da mehr und mehr User eine personalisierte Suchergebnisseite erhalten.

7.1.4 Auto-Vervollständigung

Unter dem Namen „Google Suggest" führte Google im April 2009 auch in Deutschland eine automatische Vervollständigung des Suchwortes ein. Bereits beim Eintippen macht Google Vorschläge für Suchworte bzw. Suchwortkombinationen.

Durch diese neue Technik werden zwar einerseits Fehler bei der Eingabe von Suchbegriffen (beispielsweise Tippfehler) vermieden und der Suchprozess dadurch beschleunigt, andererseits steuert Google auf eine gewisse Weise die Suchanfragen durch die Unterbreitung von Vorschlägen. Hierdurch kann es durchaus dazu kommen, dass der sogenannte Longtail immer kürzer wird. Als Longtail bezeichnet man Besuchertraffic, der auf Basis von Keyword-Kombinationen zu einer Website gelangt, die fernab von häufig ge-

---

[112] Vgl. http://t3n.de/news/personalisierte-suche-googles-radikaler-schritt-kaum-262672, Abruf 16.11.2018.

suchten Begriffen liegen. Bei manchen Webseiten ist der Besuchertraffic, der über den sogenannten Longtail generiert werden kann, um ein Vielfaches höher als der, der über die wenigen Top-Keywords generiert wird. Daher wird die Einführung von Google Suggest von vielen SEO-Experten sehr kritisch gesehen.[113]

Auch die mit Google Suggest eingeführten Suchvorschläge am Ende der Suchergebnisseite werden sicherlich eine Implikation für die Suchmaschinenoptimierung haben.

Eine weitere spannende Neuerung war „Google Instant", welches im Herbst 2010 eingeführte wurde. 2017 wurde „Google Instant" wieder eingestellt. Bereits während des Eintippens eines Suchwortes veränderte sich die Suchergebnisseite. Google versuchte, nicht nur während der Benutzer tippt zu erraten, was er tatsächlich finden möchte, sondern liefert bereits während des Tippvorgangs Suchergebnisseiten als Vorschlag aus. Laut Google sollte damit die Suchabfragezeit verkürzt werden. Die ehemalige Google-Produktmanagerin Marissa Mayer sprach bei der Einführung von durchschnittlichen Verkürzungszeiten von zwei bis fünf Sekunden je Suchabfrage. Zeitweilig wurde es für SEOs also nochmals schwieriger, gezielt ganz bestimmte Keywords auf der SERP nach oben zu bringen. Die Einstellung 2017 hatte primär mit dem immer größeren Anteil der mobilen Suchen zu tun. Das Suchverhalten auf mobilen Endgeräten ist anders und eine Vorschaufunktion im Sinne von „Google Instant" ist auf einem kleinen Display, auf dem ohnehin gescrollt werden muss, eher uninteressant.

7.1.5 Wegfall der rechten Spalte

Wie bereits in den vorangegangenen Abschnitten erwähnt, entfernte Google im Februar 2016 die rechte Spalte, die bis dato mit Google-AdWords-Anzeigen gefüllt war. Mit diesem Schritt trägt Google der extrem dynamischen Entwicklung im Bereich des mobilen Internets Rechenschaft. Die Desktop-Suchergebnisse werden an die Seitendarstellung für mobile Endgeräte angepasst. Google geht damit ein Stück weit in Richtung „Mobile-first-Strategie". Künftig erscheinen weltweit in der Seitenleiste neben den Suchergebnissen also keine Werbeanzeigen mehr. In den meisten Fällen soll die rechte Seite komplett leer bleiben. Zu den wenigen Ausnahmen gehören Product Listing Ads aus Google Shopping, die auch weiterhin dort platziert werden.

7.1.6 Mobile first, bei jeder Suche

Wie bereits in der Einleitung dieses Kapitels (Abschnitt 7.1 auf Seite 215) erwähnt, vollzog Google im Jahr 2018 einen Epochenwechsel. Wurden bisher die Desktop-Versionen einer URL als Hauptindex von Google für die Evaluation von Webseiten und die Ermittlung von Rankings verwendet, erfolgt dies seit September 2018 nun durch die mobile

---

[113] Vgl. https://www.sistrix.de/news/auswirkungen-von-google-suggest, http://blogs-optimieren.de/1106/google-suggest-suchvorschlaege-massive-auswirkungen, http://blog.seo-ambulance.de/suchmaschinenoptimierung/auswirkungen-von-google-suggest, Abruf 16.11.2018.

Version einer Seite. Für die Suchmaschinenoptimierung bedeutet dies, dass bald Webseiten, die nicht für mobile Endgeräte optimiert sind, chancenlos sein werden im Kampf um die vorderen Plätze auf der SERP. SEO-Experten müssen also umdenken und die Optimierung der mobilen Webseiten in den Vordergrund stellen. Was das konkret bedeutet, möchte ich anhand eines Beispiels erläutern: Ohne Frage ist die sogenannte User Experience (UX)[114] ein Rankingfaktor. Die User Experience drückt aus, als wie komfortabel der Besucher die Bedienung einer Webseite empfindet und in welchem Maße ihm die Webseite insgesamt gefällt. Rückschlüsse darauf geben u. a. die Verweildauer, die Anzahl der angeklickten Seiten und die Anzahl der Conversions. Eine Webseite mit einer guten User Experience auf Desktop-Geräten und einer schlechten auf mobilen Endgeräten wird zukünftig im Nachteil sein. SEOs müssen daher primär versuchen, die User-Experience der mobilen Version einer Website zu optimieren.

Der im Beispiel genannte Aspekt ist nur einer von vielen, die durch die Umstellung des Hauptindex die SEO-Arbeit verändern. Wie kaum eine andere Online-Marketing-Disziplin befindet sich die Suchmaschinenoptimierung eben in einem ständigen Wandel.

7.2 Betriebswirtschaftliche Relevanz der Suchmaschinenoptimierung

Über die letzten fünfzehn Jahre ist das Internet als Entscheidungshilfe für Kaufprozesse immer wichtiger geworden. Damit stieg auch die betriebswirtschaftliche Relevanz von Suchmaschinenoptimierung von Jahr zu Jahr. Bereits 2005 wurde durch eine Studie von Nielsen/NetRatings nachgewiesen, dass 79 Prozent aller Internetnutzer Suchmaschinen als den ersten und wichtigsten Anlaufpunkt ansehen, wenn es um eine Kaufentscheidung geht. Aus demselben Jahr stammt eine Studie der Firma DoubleClick, die ebenfalls die hohe Relevanz von Suchmaschineneinträgen für Kaufentscheidungsprozesse belegt. Laut dieser Studie spielen bei etwa 50 Prozent aller Online-Käufe Suchvorgänge eine Rolle.[115] Eine Studie von INNOFACT[116] aus dem Jahr 2007 belegt, dass 66 Prozent der Internetnutzer Suchmaschinen als Informationsquelle vor einem Kauf von Consumer-Electronic-Produkten nutzen. Studien aus dem Jahr 2010 bestätigen die Größenordnung von rund 70 Prozent. In der Studie heißt es: *„Innerhalb der verfügbaren digitalen Medien sind Suchmaschinen nach wie vor Top-Anlaufstelle bei der Recherche im Web: Beim Kauf eines Elektrogeräts etwa, bei der Auswahl einer Krankenversicherung oder der Wahl eines Telekommunikati-*

---

[114] Zum Thema UX empfehle ich Ihnen folgenden Artikel auf T3N:
https://t3n.de/magazin/methoden-tipps-messung-user-experience-verstehen-messen-233346/, Abruf 15.11.2018.
[115] Vgl. DoubleClick, Suchaktivitäten der Online-Käufer,
https://www.lammenett.de/fileadmin/PDFs/DE_search_0502_rv2.pdf, Abruf 15.11.2018.
[116] Vgl. INNOFACT AG, Düsseldorf, „Die Rolle des Internets beim Kauf von Produkten aus dem Bereich Consumer Electronics".

ons-Anbieters kommen Google und Co. bei über 70 Prozent der deutschen Onliner zum Einsatz."[117]

In den Folgejahren ist diese Zahl weiter gestiegen, womit auch die Relevanz der Suchmaschinenoptimierung weiter anstieg. So lautet beispielsweise ein Ergebnis des „Digital Influence Index 2012"[118] von Fleishman-Hillard und Harris Interactive, dass für 75 Prozent der 4.600 befragten Internetnutzer das Internet die wichtigste Entscheidungshilfe vor einer Kaufentscheidung ist. Nur Familie und Freunde sind für die Befragten noch wichtiger. Für 91 Prozent der Befragten, die sich online vor einem Kauf informieren, sind Suchmaschinen die erste Anlaufstelle. Im Jahr 2013 kommt eine Studie von Nielsen[119] zu dem Ergebnis, dass in Kategorien wie Elektronik, Haushaltsgeräte, Bücher oder Musik rund 70 bis 80 Prozent der Befragten für den Entscheidungsprozess Informationen aus dem Internet als besonders wichtig und relevant empfunden haben. Die hohe Relevanz von Suchmaschinen bei einer Kaufentscheidung von Konsumenten hat sich seither kaum verändert. Denn auch jüngere Untersuchungen attestieren der Suchmaschine eine hohe Bedeutung im Kaufentscheidungsprozess. Laut einer Statista-Umfrage aus dem Jahr 2017[120] zur Informationssuche vor einem Produktkauf gaben 66 Prozent der Befragten an, ihren Informationshunger mithilfe einer Suchmaschine stillen. Eine vergleichbare Studie kam für Österreich sogar zu einem Wert von 85 Prozent. Auch aus den USA gibt es jüngere Zahlen. Die Forrester-Studie[121] „Why Search + Social = Success For Brands" aus dem Jahr 2016 kam auf einen Wert von über 70 Prozent in Bezug auf den Einfluss von Suchmaschinen im Kaufprozess.

Auch für den direkten Verkauf über das Internet sind Suchmaschinen eine wichtige Informationsquelle. Eine repräsentative Studie von Internet World Business[122] aus dem Jahre 2008 besagte bereits, dass 45,9 Prozent der Befragten über eine Suchmaschine zu einem neuen Online-Shop gelangten. Spätere Studien kommen zu vergleichbaren Ergebnissen.[123] Betrachtet man den Anteil des Suchmaschinen-Traffics von Online-Shops, so erscheint diese Zahl logisch. In Deutschland lag dieser 2014 bei 81,66 Prozent.[124] Bis 2016 stieg der Anteil auf 85 Prozent. 2018 lag er immer noch bei 81 Prozent[125], was die hohe Bedeutung von organischem Suchtraffic für Online-Shops untermauert. Die hohe Bedeu-

---

[117] Fleishman-Hillard und Harris Interactive, Digital Influence Index. Juli 2010.
[118] https://fleishmanhillard.de/2012/03/digital-influence-index-2012-nach-freunden-und-familie-ist-das-internet-wichtigste-entscheidungshilfe-der-deutschen/, Abruf 15.11.2018.
[119] Vgl. Nielsen, Every breakthrough product needs an audience, www.nielsen.com/content/dam/corporate/au/en/NielsenGlobalNewProductsReportFINAL.pdf, Abruf 15.11.2018.
[120] Vgl. https://de.statista.com/prognosen/810001/umfrage-in-deutschland-zur-informationssuche-vor-einem-produktkauf, 16.10.2018.
[121] Vgl. https://www.catalystdigital.com/wp-content/uploads/WhySearchPlusSocialEqualsSuccess-Catalyst.pdf, Abruf 10.11.2018.
[122] Vgl. Internet World Business, 7. Juli 2008, S. 14.
[123] Vgl. https://www.internetworld.de/e-commerce/internet/online-pure-player-beleben-geschaeft-285869.html, Abruf 10.08.2016.
[124] Vgl. http://de.statista.com/statistik/daten/studie/188770/umfrage-verteilung-des-suchmaschinen-traffics-bei-online-shops-in-deutschland, Abruf 10.11.2018.
[125] Vgl. https://www.aufgesang.de/e-commerce-studie-2018, Abruf 15.11.2018.

tung von Suchmaschinen im Kaufprozess hat sich demnach mit der Zeit klar bestätigt. Mit Stand 2018 hat auch die Nutzung von Amazon als Produktsuchmaschine nichts gravierend verändert (vgl. Kapitel 9 ab Seite 295). Jedenfalls nicht aus dem Blickwinkel von Online-Shops.

Eine Differenzierung zwischen redaktionellen Sucheinträgen, bezahlten Sucheinträgen oder Universal-Search-Einblendungen wurde bei den Studien jedoch nicht vorgenommen. Deshalb kann die betriebswirtschaftliche Relevanz von Suchmaschinenoptimierung nur näherungsweise ermittelt werden.

Auch bleibt zunächst noch offen, welchen Einfluss die Entwicklungen im mobilen Internet, im Social-Media-Umfeld und die Entwicklung von Amazon als Produktsuchmaschine auf die Bedeutung der klassischen Suchmaschine in Bezug auf die Customer Journey hat. Bitte sehen Sie hierzu die Kapitel 9 und 17.

7.2.1 Keyword-Advertising oder SEO?

Der Wert von Top-Platzierungen im redaktionellen Listing von Suchmaschinen wird bisweilen kontrovers diskutiert. Es gibt ältere Studien, die belegen, dass redaktionelle Listings eine höhere betriebswirtschaftliche Relevanz als bezahlte Listings haben. So kommt z. B. eine 2007 von B. Jansen und M. Resnick durchgeführte Studie[126] zu dem Ergebnis, dass Nutzer von Suchmaschinen oft skeptisch und misstrauisch gegenüber Keyword-Ads sind und deren Relevanz häufig geringer einschätzen. Demzufolge kommt es zu einer Konzentration auf organische Resultate. Allerdings wurde diese Studie mit nur 56 Probanden im Alter zwischen 18 und 29 durchgeführt. Um die Relevanz organischer Resultate im Vergleich zu Keyword-Ads genauer einschätzen zu können, sind sicherlich größer angelegte Untersuchungen erforderlich.

Andererseits gibt es auch Studien, die genau das Gegenteil nachweisen, z. B. von iProspect. Zwar attestiert auch diese Studie Keyword-Advertising eine immer größer werdende Bedeutung. Immerhin sehen laut Studie inzwischen 43,1 Prozent der weiblichen und 34,6 Prozent der männlichen Internet-Nutzer die bezahlten Suchergebnisse bei Suchmaschinen als relevanteste Ergebnisse an. Trotzdem werden reguläre, also redaktionelle Suchergebnisse noch deutlich häufiger angeklickt als bezahlte.[127] Allerdings variiert das Nutzerverhalten in Abhängigkeit von der genutzten Suchmaschine. Laut Studie klicken die Nutzer bei MSN bevorzugt auf bezahlte Suchergebnisse (71,2 Prozent). Bei Google ist dies genau umgekehrt. Hier klicken 72,3 Prozent der Nutzer bevorzugt auf redaktionelle, organische Links. Bei Yahoo sind es immerhin noch 60,8 Prozent, die die redaktionellen Links den gekauften Keyword-Ads vorziehen.

---

[126] Vgl. Jansen, E., & Resnick, M. (2006). An Examination of Searchers´s Perceptions of Nonsponsored and Sponsored Links During Ecommerce Web Searching. Journal of the American Society for Information and Technology, 57(14), 1949–1961.
[127] Vgl. iProspect Search Engine User Attitudes, iProspect, London, 2006.

Beide Studien sind mittlerweile veraltet. Neuere Studien zu diesem Thema gibt es nicht. Meiner persönlichen Beobachtung nach hat sich der Sachverhalt jedoch nicht grundlegend geändert. Es gibt immer noch Menschen, die partout keine Google Ads (vormals AdWords) anklicken. Andererseits gibt es auch die Klientel, die lieber gleich Google Ads anklicken, weil die organischen Einträge manchmal qualitativ minderwertig sind. Allerdings hat sich das Klickverhalten bei der Suchmaschine Google sicherlich durch Universal Search auch geändert. Bitte sehen Sie hierzu das Kapitel 7.1.1.

Obwohl es ganz klare Indizien dafür gibt, dass Suchmaschinenoptimierung mindestens die gleiche betriebswirtschaftliche Relevanz hat wie Keyword-Advertising, investieren meiner Beobachtung nach viele Unternehmen in Deutschland eher in Keyword-Advertising als in Suchmaschinenoptimierung. Das mag daran liegen, dass der Markt für Suchmaschinenoptimierung undurchsichtig ist und sich dort viele Scharlatane tummeln. Doch es gibt auch seriöse Anbieter. Und natürlich besteht die Möglichkeit, Suchmaschinenoptimierung in Eigenregie zu erbringen, weshalb diese interessante Online-Marketing-Disziplin nicht vernachlässigt werden sollte.

Suchmaschinenoptimierung hat gegenüber Keyword-Advertising eine völlig andere Kosten-Nutzen-Auswirkung. Beim Keyword-Advertising verursacht jeder Klick Kosten. Bei einem durch Suchmaschinenoptimierung erreichten Klick ist dies nicht der Fall.

Ein weiterer Vorteil der Suchmaschinenoptimierung liegt in der deutlichen Erhöhung des Chancenpotenzials, wie die angesprochenen Studien eindeutig belegen.

Dem gegenüber steht der Nachteil, dass die Früchte der Arbeit von Suchmaschinenoptimierung häufig erst Monate nach deren Durchführung zu einem Ergebnis führen; hingegen können Keyword-Anzeigen innerhalb von Stunden platziert werden.

Die Frage, ob Suchmaschinenoptimierung kostengünstiger ist als Keyword-Advertising, kann nicht pauschal beantwortet werden. Dies hängt von der Konkurrenzlage bei den relevanten Suchbegriffen und dem damit zusammenhängenden Aufwand für eine Optimierung ab sowie von den Preisen, die für Keyword-Anzeigen zu zahlen sind.

Einen optimalen Output können Unternehmen erreichen, wenn sie sowohl Suchmaschinenoptimierung als auch Keyword-Advertising betreiben. Aufgrund der in den folgenden Kapiteln angesprochenen Spamming- und Affiliate-Problematik gibt es mittlerweile viele Nutzer von Suchmaschinen, die grundsätzlich zunächst auf die bezahlte Platzierung klicken, da sie hierdurch schneller zu einem relevanten Ergebnis gelangen. Andererseits gibt es immer noch Heerscharen von Internetnutzern, die das Anklicken von Keyword-Anzeigen nach Möglichkeit vermeiden und organische Links bevorzugen.

7.2.2 Marktentwicklung und Anbieterstruktur

Im Gegensatz zum Keyword-Advertising, für das es aufgrund der Bilanzierungspflicht der Suchmaschinenbetreiber relativ genaue Angaben über Marktgröße und Marktwachstum gibt, sind die Aussagen über die Marktentwicklung in Bezug auf Suchmaschinenoptimierung ausgesprochen schwierig. Es gibt kaum repräsentative Studien, der Markt ist zersplittert.

Das Marktpotenzial ist mit an Sicherheit grenzender Wahrscheinlichkeit jedoch noch sehr hoch. Zwar gab es bereits 2008 Studien, nach denen 50 Prozent der befragten Unternehmen bereits seit Jahren Keyword-Advertising und Suchmaschinenoptimierung einsetzen, doch stellt sich hier eher die Frage nach dem „Wie". Meiner Beobachtung nach haben viele Unternehmen in Deutschland immer noch viel Verbesserungspotenzial bei der Suchmaschinenoptimierung. Daran ändert auch die Tatsache nichts, dass laut einer Umfrage aus dem Jahr 2013[128] rund 37 Prozent der befragten Unternehmen zwischen 1.001 und 5.000 Euro pro Monat für Suchmaschinenoptimierung ausgeben. Elf Prozent geben zwischen 5.001 und 10.000 Euro pro Monat aus, und zwölf Prozent geben sogar bis zu 20.000 Euro pro Monat für Suchmaschinenoptimierung aus. Bei der Umfrage wurden SEO-Verantwortliche und Online-Marketing-Manager von führenden Unternehmen der Online-Welt befragt. Viele Unternehmen, die nicht der Gruppe der „führenden Unternehmen der Online-Welt" angehören, tun immer noch sehr wenig für ihre Suchmaschinenoptimierung. Die Schere geht hier in Deutschland sehr weit auseinander.

Aussagen über die aktuelle Marktgröße können mit Stand November 2018 nicht gemacht werden, da entsprechende Untersuchungen nicht vorliegen.

Aufgrund der stark gestiegenen betriebswirtschaftlichen Relevanz von Top-Positionen in marktführenden Suchmaschinen ist es nicht verwunderlich, dass in den vergangenen Jahren in Deutschland unzählige Anbieter für Suchmaschinenoptimierung und Keyword-Advertising entstanden sind und weitere entstehen. Es gibt Anbieter, die sich nur auf Suchmaschinenoptimierung spezialisiert haben, Anbieter, die Suchmaschinenmarketing (Keyword-Advertising und Suchmaschinenoptimierung) betreiben, Anbieter, die die gesamte Online-Marketing-Palette abdecken, und Internetagenturen, die neben der Erstellung von Internetseiten auch Online-Marketing inklusive Suchmaschinenoptimierung anbieten. Welcher Typus Anbieter für eine individuelle Problemstellung die beste Wahl ist, hängt vom Einzelfall ab. Schließlich ist nicht nur die Hinführung des Besuchers auf eine Website wichtig, sondern vor allem auch die Herbeiführung der gewünschten Handlung auf der Website (Conversion). Diesbezüglich haben Internetagenturen sicherlich eine gute Ausgangsbasis, denn dies war und ist schlussendlich das Kerngeschäft einer Internetagentur. Dennoch belegt die inflationäre Entwicklung von Spezialanbietern, dass auch ohne tiefgehende Kenntnis der technischen und inhaltlichen Gegebenheiten einer Website mit Suchmaschinenoptimierung Geld zu verdienen ist. Eine Suche in Google.de nach den Wörtern „Suchmaschinenoptimierung", „Web-Ranking" oder „Web-Promotion" ist der beste Beleg.

Zweifelhaft sind Angebote von sogenannten Eintragsdiensten. Diese Dienstleister versprechen die Eintragung von Webseiten in Hunderte oder gar Tausende von Suchma-

---

[128] Vgl. http://de.statista.com/statistik/daten/studie/222943/umfrage/monatliches-budget-von-unternehmen-fuer-seo/, Abruf 15.07.2016.

schinen und Verzeichnissen, in der Regel für 25 bis wenige Hundert Euro. Zweifelhaft sind solche Angebote deshalb, weil die Relevanz und der Nutzen der Eintragungen angesichts der in den vorangegangenen Kapiteln erörterten Marktmacht von Google.de gegen null gehen dürften. Ferner sind sie zweifelhaft, weil die Gewichtung von Backlinks als Ranking-Faktor tendenziell eher abnimmt (vgl. hierzu Abschnitt 7.3.2).

7.3 Grundsätzliche Problemstellungen

Die grundsätzliche Problemstellung der Suchmaschinenoptimierung wird sehr schnell deutlich, wenn man sich Studienergebnisse zum Verhalten der Internetnutzer bei der Suche vergegenwärtigt. Eine Studie der Firma iProspect zeigt, dass 81 Prozent der Internetnutzer eine neue Suche starten, wenn sie keine zufriedenstellenden Ergebnisse auf den ersten drei Ergebnisseiten einer Suchmaschine finden. Die vierte Ergebnisseite wird also im besten Fall von 19 Prozent der Internetnutzer gelesen. Laut einer älteren Studie des Georgia Institute of Technology sind es sogar nur zehn Prozent der Internetnutzer.

Demnach ist der betriebswirtschaftliche Nutzen von Platzierungen jenseits der Top 30 entschieden geringer ist als Platzierungen unter den Top 30. Platzierungen jenseits der Top 40 sind mit an Sicherheit grenzender Wahrscheinlichkeit betriebswirtschaftlich fast irrelevant. Ziel der Suchmaschinenoptimierung muss es also sein, Platzierungen innerhalb der Top-20-Ergebniseinträge einer Suchmaschine zu erreichen. Da jeder Eintrag in einer Suchmaschine einen potenziellen Mitbewerber um einen der Top-20-Plätze darstellt, kann die Konkurrenzlage je nach Suchbegriff ausgesprochen hoch sein. Bei manchen Suchbegriffen sind dies mehrere Millionen Einträge. **Diese Kernaussage verdeutlicht das Dilemma der Suchmaschinenoptimierung: Es gibt Millionen Einträge, aber nur die ersten 30 sind betriebswirtschaftlich relevant und *jeder* möchte, dass sein Eintrag dort erscheint.**

Die Konkurrenzlage wird verschärft durch das sogenannte Index-Spamming, die Pay-per-Click-Problematik und die Affiliate-Problematik.

Beim Index-Spamming führen viele der Ergebniseinträge direkt zum gleichen Anbieter. Dies kann bewusst oder unbewusst herbeigeführt worden sein. Manche Suchmaschinenoptimierer wenden ganz bewusst unlautere Praktiken an, um ihre Chancen auf einen Platz unter den Top 20 zu erhöhen. Dies führt dazu, dass Suchmaschinen mit haufenweise nutzlosen Einträgen überflutet werden.

> **Praxisbeispiele**
>
> Beispiele für solche Websites sind www.sushilinks.com oder www.kfz.net. Diese Websites sind gespickt mit Google Ads. Viele Jahre verfügten sie selbst über keine Angebote oder nur über Inhalte, die von Benutzern generiert bzw. vom Inhaber eigens für die Suchmaschine produziert wurden. Der aggregierte Traffic wurde über AdSense

oder Affiliate-Links quasi weiterverkauft. Beispielsweise hatte sushilinks.com über mehrere Jahre einen SEO-Visibility-Index von über 1.000. Über 100 interessante Keywords waren in den Top 10 bei Google, darunter „Sushi", „Sushi wrapper" oder „Sushi recipes". Ende 2012 wurde die Website dann von einem Google-Update getroffen und stürzte ab in die Bedeutungslosigkeit. Im Anschluss wurde offenbar versucht, die Site mit eigenen Inhalten anzureichern und zu retten, was noch zu retten war. Allerdings mit durchwachsenem Erfolg. Abbildung 7.4 zeigt den Sichtbarkeitsindex der Website über die letzten Jahre. Zur Ermittlung wurde die Sistrix-Toolbox eingesetzt. Kfz.net ging es ein Jahr später ähnlich. Nach dem Hummingbird Update im August 2013 sank deren Sichtbarkeitsindex um den Faktor zehn. Derartige Webseiten generierten bis zu ihrem „Ableben" hohe sechsstellige Umsätze. Auch heute noch funktioniert dieses Prinzip der „Trafficvermittlung".

Abbildung 7.4 Entwicklung Sichtbarkeitsindex der Domain sushilinks.com in Google für die USA

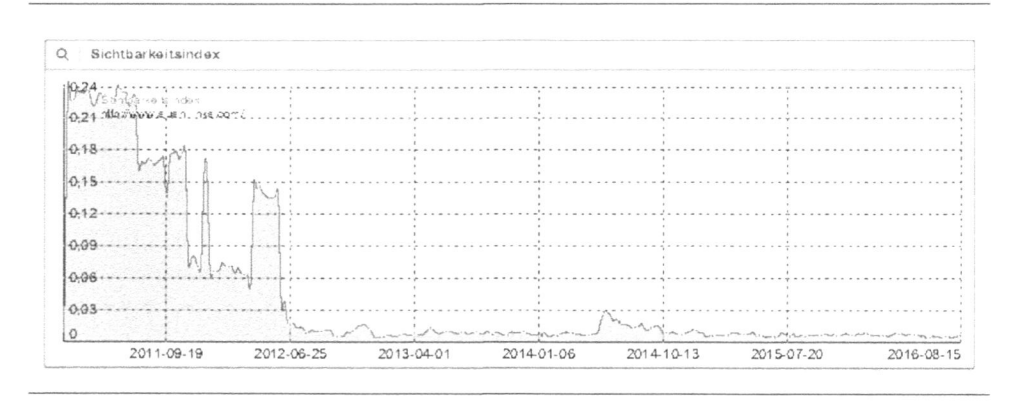

Quelle: Sistirx.de, Abruf August 2016

Auch die Pay-per-Click-Programme der Suchmaschinenanbieter selbst verschärfen ironischerweise die Konkurrenzlage bei den organischen Links. Durch Partnerprogramme wie AdSense[129] können Website-Betreiber ein Zubrot verdienen, indem sie Keyword-Anzeigen in ihre Webseiten integrieren. Diese Möglichkeit hat dazu geführt, dass findige Webmaster themenorientiert Websites oder gar Webportale aufbauen, deren einziger Zweck es ist, über die Pay-Per-Click-Programme von Suchmaschinenanbietern zu verdienen.

Affiliate-Marketing hat schlussendlich ebenfalls zu einer Verzerrung der Konkurrenzlage bei Suchmaschinenrankings geführt. Auch hier haben findige Webmaster themenorientiert ganze Webportale entwickelt, deren einziger Zweck es ist, Suchmaschinentraffic abzugrei-

---

[129] Vgl. https://www.google.com/adsense/afc-online-overview, Abruf 10.11.2018.

fen und diesen über Affiliate-Programme an echte Anbieter weiterzuleiten, um über die Pay-per-Click- oder Pay-per-Sale-Vergütung zu verdienen. Diese Portale sind nicht selten mit diversen redaktionellen Inhalten garniert, die in manchen Fällen inhaltlich von Bedeutung sind; in vielen Fällen jedoch lediglich Textfragmente darstellen, deren einziger Zweck es ist, in Suchmaschinen ein höheres Ranking zu erreichen. Besonders beliebt sind diese Praktiken in der Erotikbranche. Mit steigender Popularität des Affiliate-Marketings in Deutschland haben sie sich jedoch in sehr vielen Branchen etabliert.

Praxisbeispiele

Ein gutes Beispiel ist die Seite www.kopfhoerer.com. Bei dieser Seite geht es ausschließlich um Tests und Empfehlungen von Kopfhörern. Die Seite ist im November 2018 mit über 5.000 Suchbegriffen bei Google gerankt. Davon rund 750 auf Seite eins. Die Kopfhörer werden wie in einem Online-Shop präsentiert. Man kann jedoch keine Kopfhörer vom Anbieter der Seite kaufen. Der Kauf erfolgt mit Stand November 2018 über Amazon, Otto oder eBay. Hierbei wird ein Affiliate-Link vom jeweiligen Partner eingesetzt. Im Klartext: Der Betreiber der Seite partizipiert über das jeweilige Affiliate-Programm des Partners am Verkauf in Form einer Provision.

Auch das Portal www.songtext.net, bei dem es vordergründig um Liedtexte und Musik ging, ist ein interessantes Beispiel. Die Site war gespickt mit Anzeigen von Klingeltonanbietern und AdSense. 2015 wurde die Site vom Netz genommen. Sie war viele Jahre sehr erfolgreich. Wer möchte, kann sich die Site inklusive der Historie auf Archive.org ansehen: https://web.archive.org/web/20050615020048/http://www.songtext.net/.

Auch nicht schlecht: http://telekom.dsl-flatrate-angebote.de. Bei diesem Angebot geht es ausschließlich um Telekom-Produkte. Allerdings stammt die Website nicht von der Telekom, sondern von der telekommunikation-online Gutsch & Co. OHG. Die meisten Links zu Angeboten führten 2018 über eine Weiterleitung auf den Telekom-Online-Shop oder ein Anforderungsformular. 2015 waren dort auch noch Bestellformulare als PDF hinterlegt.

Die folgende Darstellung veranschaulicht das Prinzip bzw. die hier geschilderten Fälle.

Weiterleitungsproblematik

- **Fall 1:** Ergebnisseite Suchmaschine → Seite des Anbieters
- **Fall 2:** Ergebnisseite Suchmaschine → suchmaschinenoptimierte Zwischenseite mit Partnerlink → Seite des Anbieters
- **Fall 3:** Ergebnisseite Suchmaschine → suchmaschinenoptimierte Zwischenseite mit Partnerlink → Zählseite des Affiliate-Netzwerkbetreibers mit Weiterleitung → Seite des Anbieters

Es wird deutlich, dass die geschilderten Entwicklungen die Aussichten auf ein gutes Ranking eines einzelnen Anbieters deutlich erschweren. Diese Problematik betrifft auch traditionell konservative Wirtschaftsbereiche. In vielen Branchen wird mittlerweile mit harten Bandagen gekämpft. Folgendes Beispiel veranschaulicht dies:

Praxisbeispiel

Im Januar 2006 war bei Google.de beim Suchbegriff „Rechtsschutzversicherung" lediglich die R+V-Versicherung unter den Top 20 gelistet. Die gleiche Analyse ergab im Juli 2008 eine deutliche Verbesserung. Es wurden immerhin sechs Rechtsschutzversicherer unter den ersten 20 Einträgen gefunden, allen voran die zu diesem Zeitpunkt von mir betreute Advocard-Rechtsschutzversicherung. Im Juli 2011 waren unter den Top 20 wieder nur zwei Rechtsschutzversicherer zu finden: Advocard und Arag. Im September 2013 waren es vier: Advocard, R+V, Gothaer und D.A.S. Die Mehrheit der Ergebnisse in den Top 20 stammte im Jahr 2013 aber wieder von Vergleichsseiten, Portalseiten der zuvor beschriebenen Art oder hochgradig und zum Teil mit unlauteren Mitteln optimierten Seiten von Maklern. Im März 2015 waren wieder sieben Anbieter unter den Top 20. Auf der ersten Seite waren im März 2015 die Advocard, die HUK und die R+V zu finden. Auf der zweiten Seite die Allianz, die Gothaer, die Arag und die Örag. Im Juli 2016 waren es immerhin acht. Aber nur die Advocard und die HUK waren auf Seite eins. Anfang Januar 2019 waren dann die Allianz und die HUK noch auf Seite eins. Dafür wurden aber sieben Google Ads angezeigt, vier oberhalb der organischen Suchergebnisse und drei unterhalb. Dort annoncierten die Advocard, die DEVK, die R+V und Roland. Offenbar kompensieren einige Versicherer das Absinken in den organischen Listings mit bezahlten Google-Ads-Anzeigen.

Dieses Beispiel zeigt, dass Google sich darum bemüht, seine organischen Resultate zu verbessern. Im Grunde ist dies ein Katz-und-Maus-Spiel. Google bemüht sich mit jedem Update des Ranking-Algorithmus, die Qualität der Einträge auf der Suchergebnisseite zu verbessern. Die SEO-Experten der Unternehmen bemühen sich, immer wieder neue Mittel und Wege zu finden, ihre Seite auf die vorderen Plätze zu bekommen – egal wie. Besonders die Betreiber von Preissuchmaschinen und Vergleichsportalen sind sehr um vordere Plätze bemüht, da ihr Geschäftsmodell häufig auf Provisionsbasis aufgebaut ist (vgl. hierzu Kapitel 10).

7.3.1 Ranking-Faktoren

In der klassischen Suchmaschinenoptimierung differenzierte man viele Jahre nach den Bereichen Offsite-Optimierung und Onsite-Optimierung. Die Onsite-Optimierung betraf viele Kleinigkeiten und Details auf der eigentlichen Webseite selbst. Heute gibt es Stimmen, die davon ausgehen, dass Google mittlerweile intelligent genug ist, um auch ohne die Berücksichtigung dieser Details den Sinn, den Zweck und den Gehalt einer jeweiligen Internetseite zu identifizieren und zu beurteilen. Ferner gehen einige SEO-Experten davon aus, dass bei unterschiedlichen Branchen in Bezug auf das Ranking von Google auch unterschiedliche Maßstäbe angelegt werden. Ein Indiz für diese Aussage ist die konzeptionelle Änderung der Ranking-Faktoren-Studie der Firma Searchmetrics. Letztmalig erhob Searchmetrics die allgemeine Ranking-Faktoren-Studie im Jahr 2016. Ab 2017 veröffentlicht Searchmetrics für unterschiedliche Branchen unterschiedliche Rankingfaktoren. Aus diesen Branchen-Studien sind dann solche Details wie „Keyword kommt in H1-Tag vor" verschwunden. In anderen Studien sind derartige Details aber immer noch zu finden. Auch im Jahr 2018. Sie werden sich nun wahrscheinlich fragen, weshalb ich diesen Umstand hier aufführe. Nun, die Antwort ist einfach. Einig ist sich die Fachwelt darüber, dass Google ca. 200 bis 400 Ranking-Faktoren zur Beurteilung der Bedeutung einer Seite in Bezug auf ein bestimmtes Keyword heranzieht. Welcher dieser Faktoren jedoch wie stark gewichtet wird, weiß nur Google. Hinzu kommt, dass – wenn man dieser Aussage von Matt Cutts von Google glauben darf – es für jeden Faktor über 50 verschiedene Variationen gibt. Das bedeutet dann, dass es sogar über 10.000 verschiedene Ranking-Faktoren geben kann.

Unabhängig davon, wie viele Ranking-Faktoren es letzten Endes gibt, müssen wir Markeeters ja mit irgendetwas arbeiten. Wir brauchen Referenzwerte, auf die wir uns bei der SEO-Arbeit fokussieren können. Etliche der sogenannten Ranking-Faktoren sind belegt, manche werden kontrovers diskutiert und manche wiederum sind nicht belegt und somit reine Spekulation. Es ist daher nicht verwunderlich, dass unterschiedliche SEO-Experten auf Basis individueller Beobachtungen oder individuell durchgeführter empirischer Untersuchungen bisweilen zu anders gelagerten Ergebnissen kommen. Bei den wichtigsten Ranking-Faktoren sind sich die Experten im Regelfall einig. Doch bei einer sehr engen Konkurrenzlage sind es eben häufig die vermeintlich weniger wichtigen Faktoren, die einen Ausschlag darüber geben, wo eine jeweilige Seite bei Google im Suchindex rangiert.

Bekannte Studien zum Thema Ranking-Faktoren stammen u. a. von Searchmetrics (https://www.searchmetrics.com/de/knowledge-base/ranking-faktoren/), von SEOmoz (https://moz.com/search-ranking-factors), oder von Netmark (https://www.netmark.com/google-ranking-factors).

7.3.2 Onsite- oder Offsite-Optimierung?

Bisweilen werde ich gefragt, welche der beiden Maßnahmen Onsite- oder Offsite-Optimierung die bessere ist.

> Als **Onsite-Optimierung** werden alle Maßnahmen bezeichnet, die auf der zu optimierenden Website selbst durchgeführt werden. Dies ist in der Regel eine Optimierung des Textes, der Struktur und des Programmiercodes der Website.
>
> Als **Offsite-Optimierung** werden Maßnahmen bezeichnet, die auf fremden Websites durchgeführt oder initiiert werden.

Diese Frage lässt sich nicht eindeutig beantworten. Bei Webseiten mit weniger hart umkämpften Begriffen reicht häufig eine gute Onsite-Optimierung, um attraktive Platzierungen zu erreichen. Bei hart umkämpften Begriffen muss sicherlich sowohl onsite als auch offsite optimiert werden. In den vergangenen Jahren kam dabei der Offsite-Optimierung eine bedeutende Rolle zu. Doch zukünftig werden wohl Fälle wie das folgende Praxisbeispiel Seltenheitswert haben. Aktuell befindet sich die Bedeutung der Offsite-Optimierung in einer Art Schwebezustand. Im Kapitel 7.5.1 gehe ich näher auf die aktuelle Situation ein. Das bedeutet aber nicht, dass sie irrelevant ist oder wird. Es bedeutet, dass sie zukünftig mit einem anderen Ansatz betrieben werden muss als noch vor wenigen Jahren.

> **Praxisbeispiele**
>
> Die Seite www.softservecom.de war auf die Themenstellung Offshore-Software-Development optimiert. Für das Keyword „Offshore Software Development" betrug die Keyword-Density der Seite www.softservecom.de/offshore-softwareentwicklung.html 7,4 Prozent. Die Seite wurde 2006 bei Google, MSN und Yahoo unter den Top 10 gelistet; und das bei einer Konkurrenzlage von 1,9 Millionen Gegentreffern. Trotz handwerklich guter Machart war die Seite aber viel zu klein, um alleine aufgrund von Onsite-Optimierung gut gelistet zu werden. Den Linkaufbau hatte ich seinerzeit zugekauft. Nachdem die Links sukzessive wieder weggefallen sind, fiel auch die Seite bei Google in die Bedeutungslosigkeit. 2011 wurde die Seite dann vom Netz genommen. Heute würde es mir wahrscheinlich nicht mehr gelingen, eine Website fast ausschließlich auf der Grundlage von Offsite-Optimierung in die Top 10 zu bringen.
>
> Im Gegensatz dazu ist der Schreibservice meiner Frau (http://www.schreibbuero-24.com) bei dem Suchwort „Schreibdienst" schon seit Jahren auf Seite eins bei Google und Co – ohne jedwede Offsite-Optimierung.

Die Frage Onsite- oder Offsite-Optimierung stellt sich heute in dieser Form nicht mehr. Heute ist eine hervorragende Onsite-Optimierung Pflicht. Ferner sind gute, einzigartige Inhalte Pflicht. In vielen Fällen wird eine qualitativ hochwerte Offsite-Optimierung dann die Kür sein. Eine differenzierte Betrachtung finden Sie im Kapitel 7.5.1.

7.3.3 Steuerung und Controlling

Um den Erfolg von Suchmaschinenoptimierungsmaßnahmen überhaupt beurteilen zu können, müssen eine effiziente Steuerung aller Aktivitäten und ein entsprechendes Controlling installiert sein. Allem voran sollte die Definition von quantifizierbaren Zielen stehen. Sicherlich sind die ersten Ziele, die sinnvollerweise im Rahmen von Suchmaschinenoptimierung gesteckt werden, die Definition von Suchbegriffen oder Suchbegriffspaaren und eine dazu gehörige Zielposition auf der Ergebnisseite relevanter Suchmaschinen. Jedoch kann dies aus betriebswirtschaftlicher Sicht nur der Beginn eines permanenten Verbesserungsprozesses sein. Schlussendlich kommt es nicht darauf an, welche Suchbegriffe oder Suchbegriffkombinationen die meisten Besucher auf eine bestimmte Website bringen, sondern darauf, welche Suchbegriffe bzw. Suchbegriffkombinationen diejenigen Besucher auf die Website bringen, die den höchsten Umsatz tätigen oder die meisten Kontaktformulare (Lead) ausfüllen bzw. eine andere vom Betreiber der Website gewünschte Handlung vollziehen. Im Folgenden werden einige Werkzeuge und Programme erläutert, die dabei helfen können, ein entsprechend zielgerichtetes Controlling und eine effiziente Steuerung der Suchmaschinenoptimierungsarbeit zu erreichen.

7.3.3.1 Statistikprogramme zur Logfile-Analyse

Jeder Webserver schreibt in der Regel einen Logfile. Je nachdem, wie dieser Logfile konfiguriert ist, das heißt welche Informationen im Logfile weggeschrieben werden, können Statistikprogramme interessante Auskünfte über den Erfolg der initiierten Suchmaschinenoptimierungsmaßnahmen generieren. Programme zur Logfile-Analyse sind beispielsweise SEO Log File Analyser[130] oder Apache Log Analyzer[131]. Neben den üblichen Besucherzahlen werden auch die Suchbegriffe ausgewertet, die Besucher auf die jeweilige Website geführt haben.

Damit die Auswertungen der Logfile-Analyse nicht zu Fehlentscheidungen führen, sollten unerwünschte Web-Crawler durch entsprechende Einträge in _htaccess und Robots.txt davon abgehalten werden, die Website zu durchsuchen.

> **Ausschluss ungewünschter Crawler**
>
> **Beispiele für entsprechende Einträge in Robots.txt**
>
> User-agent: grub-client
>
> Disallow: /
>
> User-agent: grub
>
> Disallow: /
>
> User-agent: looksmart
>
> Disallow: /
>
> **Beispiele für Einträge in _htaccess**
>
> RewriteEngine On
>
> RewriteBase /
>
> RewriteCond %{HTTP_USER_AGENT} ^Alexibot [OR]
>
> RewriteCond %{HTTP_USER_AGENT} ^asterias [OR]
>
> RewriteCond %{HTTP_USER_AGENT} ^BackDoorBot [OR]
>
> usw.

Details zu den genannten Dateien Robots.txt und _htaccess sind zuhauf im Internet zu finden, beispielsweise unter:

- http://www.bjoernsworld.de/suchmaschinen/robots-txt.html
- https://wiki.selfhtml.org/wiki/Webserver/htaccess

---

[130] https://www.screamingfrog.co.uk/log-file-analyser/, Abruf 24.11.2018.
[131] https://logz.io, Abruf 24.11.2018.

7.3.3.2 Controlling der Link-Popularität

Grundsätzlich lässt sich die Link-Popularität recht einfach ermitteln. Entweder man benutzt eines der vielen Online-Werkzeuge, die sich anbieten, wenn man in Google die Suchwortkombination „kostenlos Link-Popularität prüfen" eingibt. Beispielsweise sind dies Werkzeuge wie „ahrefs"[132] oder „OpenLinkProfiler"[133], die zumeist für kleinere Analysen kostenlos erhältlich sind. Oder aber man prüft die Link-Popularität manuell. Dies wird beispielsweise bei Google bewerkstelligt, indem in das Suchfeld das Wort „link:", gefolgt von der Webadresse, für die die Linkpopularität ermittelt werden soll, eingegeben wird (z.B. link: www.lammenett.de).

7.3.3.3 Positionsüberprüfung

Sobald man die Entwicklung der Position von mehreren Dutzend oder gar mehreren Hundert Begriffen oder Begriffspaaren in Suchmaschinen beobachten möchte, ist eine manuelle Analyse ungeeignet. Aus diesem Grund wird zur Positionsanalyse in der Regel eine entsprechende Software eingesetzt. „CleverStat"[134] ist ein kleines, kostenloses Freeware-Tool, mit dessen Hilfe man für beliebig viele Domains beliebig viele Keywords und deren Entwicklung in der Suchmaschine Google beobachten kann. Das Programm ist zwar etwas in die Jahre gekommen. Dennoch erfüllt es immer noch seinen Zweck.

Natürlich wird die Aufgabe der Positionsüberprüfung auch von einer Reihe kostenpflichtiger Werkzeuge durchgeführt, wie beispielsweise dem „Internet Business Promoter" von Axandra, AdvancedWebRanking[135] oder STAT Search Analytics[136]. Ferner bieten sogenannte SEO-Suites (vgl. Abschnitt 7.3.3.6) ebenfalls Module zur Positionsüberprüfung.

7.3.3.4 Seitenbetrachtung mit dem Auge der Suchmaschine

Im Rahmen der Suchmaschinenoptimierung ist es empfehlenswert, die optimierte Seite mit dem Lynx-Browser zu testen. Lynx ist ein Text-Browser, der die Seiten so darstellt, wie Suchmaschinen sie anzeigen bzw. „sehen". Lynx kann von der Seite https://lynx.browser.org/ heruntergeladen werden. Einen Online-Lynx-Viewer finden Sie auf der Seite der K&K AG: https://www.kk-software.de/produkte/22/tools.

7.3.3.5 Tote Links finden

Eine Webseite mit vielen sogenannten „toten Links", das heißt mit Links, die zu internen oder externen Seiten führen, die es nicht mehr gibt, wirken eher negativ auf das Ranking einer Site in Suchmaschinen. Mit dem Xenu's Link Sleuth™[137] Linkchecker können Sie in

---

[132] https://ahrefs.com, Abruf 16.11.2018.
[133] https://www.openlinkprofiler.org/, Abruf 16.11.2018.
[134] http://www.cleverstat.com, Abruf 16.11.2018.
[135] https://www.advancedwebranking.com, Abruf 23.11.2018.
[136] https://getstat.com, Abruf 23.11.2018.
[137] http://home.snafu.de/tilman/xenulink.html, Abruf 15.11.2018.

relativ kurzer Zeit Ihre Website auf tote Links überprüfen, um diese anschließend zu korrigieren oder zu entfernen.

7.3.3.6 SEO-Tool-Sammlungen und SEO Suites

Mit steigender betriebswirtschaftlicher Bedeutung einer guten Suchmaschinenoptimierung kamen auch immer mehr SEO-Tools auf den Markt. Grundsätzlich kann man heute zwischen Software unterscheiden, die gekauft werden muss und dann auf dem PC installiert wird, und browserbasierten Mietlösungen, die nach dem Modell „Software as a Service" (SaaS) vermarktet werden. Im Internet gibt es wahrscheinlich Hunderte Webseiten, die SEO-Tools verschiedenster Machart anpreisen. Daneben gibt es Werkzeugsammlungen, die im Grunde unter einer Oberfläche alles enthalten, was man zur Effizienzsteigerung seiner SEO-Arbeit braucht. Wer in Deutschland nach professionellen Tools für SEO sucht, wird schnell über die Searchmetrics-Suite,[138] die Sistrix-Toolbox[139] und die XOVI-Suite[140] stolpern. Sistrix wurde 2004 gegründet und war in Deutschland Trendsetter und Innovator für webbasierte SEO-Software. Searchmetrics wurde 2007 von Marcus Tober zusammen mit dem Holtzbrinck eLAB als SEOmetrie GmbH gegründet. 2008 erfolgte die Umbenennung in Searchmetrics. Das Unternehmen hat mehrfach Venture Capital erhalten und bezeichnet sich selbst heute als Marktführer. XOVI wurde 2009 gegründet und war zunächst ein Me-too-Produkt, welches primär über den Preis in den Markt drängte. Doch spätestens seit dem Relaunch der neuen XOVI-Version 3.0 im Jahr 2014 hat sich das Unternehmen unter den SEO-Tools etablieren können. Die Version 3.0 wartet mit einer sehr guten Usability und etlichen innovativen Ideen auf und wurde mehrfach zum Preis-Leistungs-Sieger im Bereich Tool-Anbieter gekrönt.

Im Folgenden werden einige SEO-Werkzeuge kurz beschrieben. Eine gekürzte Version einer Liste mit weiteren Werkzeugen wird in tabellarischer Form am Ende dieses Kapitels aufgeführt. Die komplette Übersicht ist über einen Servicelink am Ende dieses Abschnitts erreichbar.

- http://www.ranks.nl

  Die Toolsammlung ranks.nl wurde von der niederländischen Firma 1steKeuze BV. entwickelt. Sie basiert auf Pearl und einer My-SQL-Datenbank. Die Toolbox bietet einen Keyword-Density-Analyzer, einen Generator, um Keyword-Listen zu entwickeln, ein Werkzeug, mit dem zwei Webseiten miteinander verglichen werden können, einen Link-Validator und einiges andere mehr.

- http://www.url-monitor.com und https://www.testomato.com

  Bei URL Monitor und Testomato geht es darum, Änderungen an einer Website zu monitoren und zu erkennen. Das ist besonders dann relevant, wenn mehrere Parteien an einer Website arbeiten. Bei großen Webseiten ist das nicht selten der Fall. Kommt

---

[138] http://www.searchmetrics.com/de, Abruf 15.11.2018.
[139] http://www.sistrix.de, Abruf 15.11.2018.
[140] http://www.XOVI.de, Abruf 15.11.2018.

es zu plötzlichen Ranking-Verlusten, gestaltet sich die Ursachenforschung oft sehr schwer. Programme wie URL Monitor oder Testomato schaffen Abhilfe.

- **https://de.majestic.com, https://ahrefs.com/de/, https://moz.com**

  Majestic, Ahrefs und Moz waren ursprünglich primär für das Management und die Analyse von Backlinks entwickelt worden. Gerne werden derartige Tools auch zur Analyse von Wettbewerber-Seiten genutzt. Fragen wie „Wer verlinkt bereits auf meine Konkurrenten? Kann ich aus den Link-Strategien anderer Unternehmen etwas ableiten?" können mit diesen Tools besonders gut beantwortet werden. Auch die Qualität des eigenen Linkprofils kann mit den Tools hervorragend untersucht werden. Mittlerweile haben sich zumindest zwei dieser Tools auch in andere Bereiche weiterentwickelt. Ahrefs bietet beispielsweise mit dem ContentExplorer ein Werkzeug zur Analyse und Bewertung von Content.

- **https://www.buzzstream.com oder https://de.contentbird.io**

  Buzzstream und Contentbird (ehemals Linkbird) sind primär Tools zum Management und Aufbau von Backlinks und Kontakten, die potenziell Backlinklieferanten werden könnten. Nach der Abwertung von Backlinks als Rankingfaktor hat sich Linkbird zu Contentbird umbenannt und das Leistungsspektrum in Richtung Content-Marketing geändert. Auch Buzzstream befindet sich aktuell im Wandel.

- **https://buzzsumo.com**

  Buzzsumo ist primär ein Tool zur Content-Analyse. Es geht hauptsächlich darum, herauszufinden, welcher Content zu einem bestimmten Zeitpunkt gut funktioniert. Es werden beispielsweise Fragen beantwortet wie: Über welchen Content wird aktuell gesprochen? Welche Themen meines Wettbewerbers funktionieren gut und bringen voraussichtlich Traffic? Contentbird und der ContentExplorer von Ahrefs gehen in Teilen in eine ähnliche Richtung. Bei Buzzsumo spielt zusätzlich das Thema Brand-Monitoring eine wichtige Rolle.

- **https://de.ryte.com, ehemals OnPage.org**

  Ryte befasste sich ursprünglich nur mit dem Thema Onpage-Analyse. Bis Juli 2017 hieß das Programm OnPage.org. Im Ursprung ging es um die Identifikation und Beseitigung von Fehlern auf der eigenen Webseite. Mittlerweile bietet Ryte auch ein Modul für das Content-Management und die Rankingüberwachung bzw. -analyse.

- **https://sitebulb.com, https://www.screamingfrog.co.uk/seo-spider/**

  SiteBlub und Screaming Frog SEO Spider sind sehr spannende Exoten. Exoten deshalb, weil beide Programme lokal installiert werden müssen. Im Kern geht es bei beiden um Webseiten-Analyse, also das Auffinden von Fehlern, die das Ranking negativ beeinflussen können.

- **Searchmetrics-Suite, http://www.searchmetrics.com/de**

  Die Searchmetrics-Suite richtet sich primär an professionelle Suchmaschinenmarketer wie Agenturen oder große Unternehmen, die die hohe betriebswirtschaftliche Rele-

vanz von Top-Platzierungen in den Suchmaschinen erkannt haben und über entsprechende Budgets verfügen.

- **XOVI-Suite, http://www.XOVI.de**
  Die XOVI-Suite existiert seit 2009. Im Jahr 2014 hat die Software mit dem Release der Version 3 einen riesigen Entwicklungsschritt vollzogen. Das Interface der Software wurde völlig neu gestaltet und genügt heute modernsten Ansprüchen. Ferner wurde sowohl das Monitoring als auch die Onpage-Analyse stark verbessert. Ein Highlight der Software ist das besonders flexible Reporting.

Abbildung 7.5 Übersicht weiterer SEO-Tools

Anbieter	Kernausrichtung	Datenbasis Suchbegriffe	Datenbasis Links	Suchmaschinen	Ranking Monitoring	Backlink Monitoring	Keyword Research	Link Research	Link-building-plan	PPC Research
Advanced WebRanking	Ranking, Monitoring	projektabhängig	-	Google, Yahoo, Bing, Yandex, Baidu & mehr	+	−	+	−	−	−
SEOProfiler von Axandra	universell	249 Mio.	250 Mio.	Google, Yahoo, Bing	+	+	+	+	+	+
Contentbird ehemals Linkbird	Content-Marketing	−	−	unzutreffend	+	+	+	+	+	+
LinkResearch-Tools	Linkanalyse, -building und Monitoring	−	Zusammenführung aus 25 Quellen	unzutreffend	−	+	+	+	+	−
Majestic SEO	Link-Intelligence, OnPage	−	483 Mrd.	−	−	+	+	+	−	−
Ryte ehemals OnPage.org	Onpage-Analyse, Content, SEO	Google Datenbank	Google Datenbank	Google	+	−	+	−	−	−
SEO Spider Screaming Frog	Site-Analyse	−	−	unzutreffend	−	−	−	−	−	−
Searchmetrics	universell	100 Mio. (international)	über 150 Mrd. Links	Google, Yahoo, Bing, Yandex, Baidu, Naver, Seznam	+	+	+	−	−	+
SEMRush	SEM Monitoring	8.3 Mrd. (international)	450 Mio. Domains (international)	Google, Bing	+	+	+	−	+	+
Sistrix	universell	1 Mio. histor. / 30 Mio. aktuelle	300 Mrd. + 150 Mrd. von Majestic	Google, Bing, Yahoo, Yandex	+	+	+	+	+	+
XOVI	universell	25 Mio.	500 Mrd.	Google (de, at, ch, it, es, fr, uk, com) Bing.de	+	+	+	+	+	+

Die hier gezeigte Übersicht ist eine gekürzte Fassung. Die komplette Übersicht inkl. Preisen finden Sie hinter dem folgenden Servicelink:

| Servicelink: www.lammenett.de/POM6

Neben den genannten Tools bieten auch die Suchmaschinen selbst Informationen und Hilfe für die Optimierung an. Die Rede ist von Bings Webmastertools, zu erreichen über https://www.bing.com/toolbox/webmaster und Googles Search Console (ehem. Google Webmastertools), zu erreichen über https://search.google.com/search-console/about/.

Beide Tools ermöglichen Einblicke in das Suchverhalten und beantworten Fragen wie: „Was wird gesucht? Wo erscheint meine Website in den Suchergebnissen? Mit welcher Klickrate bekomme ich wie viele Klicks?" Ferner werden Hilfestellungen für die Problemanalyse gegeben. Beispielsweise bietet die Google Search Console die Funktion „Abruf wie durch Google", um überprüfen zu können, wie Google eine bestimmte Seite einer Website wahrnimmt. Auch die Option, eine XML-Sitemaps an die Suchmaschine zu übertragen mit wirklich allen Seiten einer Website, ist eine wertvolle Hilfestellung.

7.3.4 Handwerk oder Wissenschaft?

Die klassische Suchmaschinenoptimierung ist Handwerk und Wissenschaft zugleich. Dort, wo die Konkurrenzlage nicht so groß ist, beispielsweise bei der Suchwortkombination „Kinderreiten Eifel" (220.000 Einträge bei Google.de am 12.11.2018) oder „Schichtdickenmessgerät" (110.000 Einträge bei Google.de am 12.11.2018), ist Suchmaschinenoptimierung eher Handwerk. Das heißt, durch handwerklich saubere Programmierung der Website in Kombination mit intelligenten, suchmaschinenfreundlichen Texten lässt sich eine Top-Position erreichen.

Bei Suchworten oder Suchwortkombinationen mit sehr enger Konkurrenzlage, z. B. „Rechtsschutzversicherung" (3,4 Millionen) oder „Magento" (121 Millionen), ist Suchmaschinenoptimierung schon eher Wissenschaft als Handwerk. Bei einer derart angespannten Konkurrenzlage sollten Sie alle in diesem Kapitel beschriebenen handwerklichen Kniffe der Suchmaschinenoptimierung beherzigen und das Consulting eines professionellen Suchmaschinenoptimierers in Anspruch nehmen, um eine Top-20-Position bei wichtigen Suchmaschinen zu erreichen.

In jedem Fall ist Suchmaschinenoptimierung Permanentgeschäft. Es ist keine Einmalaktion, sondern ein andauernder Prozess. Einerseits liegt das an der Komplexität der Materie und andererseits auch daran, dass die Suchmaschinen in unregelmäßigen Abständen die Kriterien für die Bewertung von Einträgen ändern, was zur Folge hat, dass sich einzelne Positionen deutlich verändern können. Beispielsweise sperrte Google.de ab 2006 Seiten, die eine bessere Position durch die Integration von versteckten Suchwörtern

(z. B. hinter einem als DIV-Layer definiertem Bild)[141] erschwindeln. Prominentes Opfer war im Februar 2006 die BMW AG. Auf http://www.stern.de hieß es dazu: *„Google schmeißt BMW raus – BMW hat offenbar versucht, sein deutsches Angebot im Index der Suchmaschine nach oben zu ‚schwindeln'. Google reagierte drastisch: Einige Seiten des Automobilbauers sind nun nicht mehr über den Dienst zu finden."*[142] Die im Frühjahr 2011 unter dem Namen „Panda-Update" durchgeführten Änderungen von Google sind ein weiteres Beispiel. Mit dem Panda-Update machte Google insbesondere Jagd auf Content-Farmen und auf Webseiten mit schlechter Content-Qualität. Angeblich waren rund zwölf Prozent der Suchanfragen von dem Update betroffen. Googles Ziel ist es, die Content-Qualität der Suchergebnisse zu verbessern und die Google-Qualitätskriterien zu stärken. Dem Panda-Update folgten 2012 und 2013 das sogenannte „Penguin Update". Mit dem Penguin-Update wurde das Ziel verfolgt, Webspam in den Suchergebnissen weiter und vor allem radikaler einzudämmen. Mittlerweile hat Google im Bemühen um qualitativ gute Ergebnisse auf der SERP die Taktzahl der kleineren und größeren Updates deutlich erhöht. Wurden im Jahr 2009 noch vier Updates eingeführt, so waren es im Jahr 2014 stattliche 15[143] und 2018 waren es mit Stand November auch schon 13. Diese Zahlen zeigen einerseits, wie ernst Google die Verbesserung der Ergebnisqualität nimmt. Sie deutet aber andererseits auch darauf hin, wie schwierig und komplex die Suchmaschinenoptimierung zukünftig wird.

Gleichgültig, ob eine Suchmaschinenoptimierung in Ihrem Fall eher Handwerk oder eher Wissenschaft ist, sind alle zu ergreifenden Maßnahmen in Onsite- und Offsite-Optimierung zu differenzieren. Vor der eigentlichen Onsite- und Offsite-Optimierung stehen in der Praxis folgende Fragen:

- Welche Suchwörter bzw. Suchwortkombinationen sind überhaupt relevant und sollen optimiert werden?

- Für welche Suchmaschinen soll das geschehen?

7.3.5 Welche Suchworte bzw. Suchwortkombinationen?

Eine zentrale Frage der Suchmaschinenoptimierung ist, welche Suchworte bzw. Suchwortkombinationen in den Vordergrund gestellt werden sollen. Die Wahl der für ein jeweiliges Unternehmen richtigen Suchworte ist von elementarer Bedeutung. Zum einen muss die Optimierung für Suchworte durchgeführt werden, die in den Suchmaschinen auch nachgefragt werden. Keine Optimierung wird eine betriebswirtschaftliche Relevanz haben, wenn nach den Begriffen, für welche die Website optimiert wurde, in den Suchmaschinen nicht gesucht wird. Zum anderen müssen das Suchwort bzw. die Suchwort-

---

[141] Vgl. https://www.heise.de/newsticker/meldung/69230, Abruf 15.11.2018.
[142] https://www.stern.de/digital/online/manipulationsversuch-google-schmeisst-bmw-raus-3493424.html, Abruf 15.11.2018.
[143] Vgl. https://moz.com/google-algorithm-change#2014, Abruf 15.11.2016.

kombination so ausgewählt werden, dass sie eine hohe Relevanz für das jeweilige Internetangebot haben.

> **Praxisbeispiel**
>
> Ein regional tätiges Fahrradgeschäft in Aachen würde ein relativ hohes Budget einsetzen oder sehr viel Zeit investieren müssen, um bei dem Suchwort „Fahrrad" in der Suchmaschine Google.de eine Top-Platzierung zu erreichen. Die Besucher, die über dieses Keyword zu dem entsprechenden Webangebot gelangen, kämen aus dem gesamten deutschsprachigen Raum. Nur ein Bruchteil dieser Besucher würde aber nach Aachen reisen, um ein Fahrrad zu kaufen. Das Beispiel macht deutlich, dass das Suchwort „Fahrrad" zwar sehr viele Besucher auf die Website bringt, diese jedoch zum überwältigenden Anteil nicht relevant für den Fahrradhändler aus Aachen sind. Laut Googles Keyword Planner wird das Wort „Fahrrad" deutschlandweit rund 185.000 Mal pro Monat gesucht. Im Radius von 100 Kilometern um Aachen aber nur 2.900 Mal.

Es ist also wichtig und wesentlich für die erfolgreiche Optimierung einer Website, diese nicht nur für nachgefragte, sondern auch für relevante Suchworte zu optimieren. Im genannten Beispiel wären Suchwortkombinationen wie „Fahrrad Aachen", „Fahrradladen Aachen", „Rennradgeschäft Aachen", „Fahrradgeschäft Euregio" etc. wesentlich zielführender als das Suchwort „Fahrrad".

Bei der Auswahl von geeigneten Suchworten kann man auf Keyword-Datenbanken zugreifen, die teilweise von unabhängigen Anbietern, aber auch von den Suchmaschinenbetreibern selbst angeboten werden. Ursprünglich sind diese Keyword-Datenbanken entwickelt worden, um Keyword-Advertising-Anzeigenkunden bei der Suche nach geeigneten Keywords zu unterstützen. Da in Deutschland die Suchmaschine Google.de im Jahr 2018 einen Marktanteil von über 90 Prozent hat – bei der Mobile-Suche sogar mehr als 98 Prozent –, ist es sicherlich ratsam, in jedem Fall die Google-Datenbank abzufragen. Im Kapitel 6.6.2 finden Sie Informationen zu den betreffenden Google-Tools.

Neben dem Google-Tool gibt es weitere Keyword-Datenbanken. Schlussendlich stellt sich aber die Frage nach deren Relevanz. Überall, wo Google einen Marktanteil von 95 Prozent oder mehr hat, dürften die Daten von Google das Maß der Dinge sein.

> **Links zu verschiedenen Keyword-Datenbanken**
>
> - https://de.seodiver.com/keyword-recherche-tool (kostenpflichtig)
> - https://www.wordtracker.com (kostenpflichtig)
> - http://www.keyworddiscovery.com (kostenpflichtig)
> - https://keywordtool.io
> - https://www.hypersuggest.com (kostenpflichtig)

Nicht selten liefern die Keyword-Datenbanken unterschiedliche Ergebnisse. Auch ist ein häufig gesuchtes Keyword noch kein Garant dafür, dass Besucher, die über dieses

Keyword zu Ihrer Website kommen, auch die von Ihnen gewünschte Handlung (Kauf oder Kontaktaufnahme per Formular oder Telefon) durchführen. Deshalb stelle ich mir immer die Frage: Welche Suchworte sind meine „Gewinnbringer"? Zur Beantwortung habe ich einen strukturierten Ansatz entwickelt, der in der folgenden Checkliste skizziert wird.

Nicht jeder Suchbegriff, der Besucher über die Ergebnisseite einer Suchmaschine auf eine ganz bestimmte Website bringt, ist zielführend. Mehr Besucher auf der Website bedeutet noch lange nicht mehr Umsatz, mehr ausgefüllte Kontaktformulare (Leads) oder mehr Abonnenten. Es müssen „die richtigen Besucher" sein. Im Folgenden wird ein Ansatz skizziert, der dabei hilft, die gewinnbringenden Suchbegriffe zu identifizieren.

Checkliste

- Erstellen Sie eine Liste mit Suchbegriffen, die aus Ihrer Sicht relevant sind.
- Prüfen Sie, welche Suchbegriffe von Mitbewerbern eingesetzt werden, z. B. Keyword-Tag im Quelltext.
- Prüfen Sie, welche alternativen Suchbegriffe Ihnen von den zuvor genannten Keyword-Datenbanken genannt werden.
- Geben Sie gute Alternativen ebenfalls in die Keyword-Datenbank ein, um zu sehen, ob diese wiederum interessante Alternativen hervorbringen.
- Erstellen Sie eine übersichtliche Tabelle (Excel) aller Suchbegriffe und von deren Suchhäufigkeit und halten Sie auch die Konkurrenzlage in der wichtigsten Suchmaschine Google.de fest.
- Fahren Sie bei Google.de eine Keyword-Advertising-Testkampagne (mindestens drei Monate) mit allen Suchbegriffen aus der Tabelle und setzen Sie das Conversion-Tracking-Tool von Google.de ein. Falls Sie den gelben Sticker des Google-Tools nicht für opportun halten, setzen Sie ein alternatives Controlling-Werkzeug ein.
- Entscheiden Sie anhand der Ergebnisse des Conversion-Trackings, für welche Suchbegriffe Sie Ihre Website optimieren wollen.

7.3.6 Welche Suchmaschine?

In der Regel sind nur Suchmaschinen, die häufig genutzt werden, betriebswirtschaftlich interessant. Die Frage, in welcher Suchmaschine eine Position unter den Top 20 erstrebenswert ist, lässt sich aufgrund aktueller Studien im nationalen Umfeld eindeutig beantworten. Die in Deutschland wichtigste Suchmaschine mit der größten Reichweite ist Google. In Deutschland hat Google im Jahr 2018 einen Marktanteil von über 90 Prozent, bei mobilen Suchen sind es sogar 98 Prozent. Danach folgen Bing, das Yahoo-Netzwerk und T-Online. Im deutschsprachigen Raum sind ferner die Suchmaschinen bzw. Verzeichnisse Fireball.de, Web.de, Abacho, AllesKlar, Dino-Online, Sharelook und die vor allem in der Schweiz sehr populäre Suchmaschine search.ch bekannt. Eine gezielte Suchmaschinenoptimierung im Hinblick auf diese Suchmaschinen dürfte in der Regel *nicht* lohnenswert sein, da deren Marktanteil und Reichweite gering sind und ohnehin davon auszugehen ist, dass Optimierungsmaßnahmen, die für Google durchgeführt werden, auch positive Auswirkungen auf das Ranking bei kleineren Suchmaschinen haben. Suchmaschinenoptimierung in Deutschland bedeutet daher fast immer eine Konzentration auf Google.

International ist die Dominanz von Google nicht ganz so stark. Eine Erhebung von Luna Park aus dem Jahr 2017[144] bescheinigt Google international einen Marktanteil von rund 92 Prozent. Insgesamt ist die weltweite Dominanz von Google jedoch seit fast zehn Jahren ungebrochen. Der Marktanteil liegt seit 2010 immer über 90 Prozent.

Je nachdem, für welchen Markt man Suchmaschinenoptimierung betreiben möchte, muss man sich jedoch mit ganz anderen Suchmaschinen beschäftigen. Einige Beispiele: In Russland dominiert die Suchmaschine Yandex den Markt mit einem Marktanteil von rund 60 Prozent. Google kommt in Russland nur auf 29 Prozent. In Korea hält die Suchmaschine Naver einen Marktanteil von 77 Prozent. Google hat in diesem Markt keine Bedeutung. In China halten die Suchmaschinen Baidu und Qihoo 360 gemeinsam rund 85 Prozent Marktanteil.

7.4 Onsite-Optimierung

Die Onsite-Optimierung bezieht sich in der Regel auf alle Maßnahmen, die auf der zu optimierenden Website selbst durchgeführt werden. Dies betrifft die Optimierung des Textes, der Struktur und des Programmiercodes der Website.

Die in diesem Kapitel aufgeführten Sachverhalte stellen die Grundlage für eine solide Onsite-Optimierung dar. Im Abschnitt 7.3.1 auf Seite 232 habe ich dargelegt, weshalb ich eine solide Onsite-Optimierung und die Berücksichtigung der in den folgenden Abschnitten angesprochenen Aspekte auch im Jahr 2019 noch für wichtig erachte. Dazu zählt auch, es nicht dem Zufall zu überlassen, ob die Intelligenz von Google ausreicht, den Sinn und Zweck einer jeweiligen Seite zweifelsfrei zu bewerten. Aus meiner Sicht ist es auch 2019 noch sinnvoll, Texte mit den Suchworten zu versehen, unter denen man auch gefunden werden möchte, einen Text auf einer Seite semantisch korrekt auszuzeichnen oder ein wichtiges Suchwort in der Überschrift einer Seite zu verwenden. Vor dem Hintergrund dieser Aussage sind die folgenden Ausführungen zu lesen. In der Spitze geht Suchmaschinenoptimierung jedoch noch weiter. Möchten Sie zum Top-SEO-Experten werden, empfehle ich Ihnen das Studium von entsprechender Spezialliteratur.

---

[144] Vgl. https://www.luna-park.de/blog/9907-suchmaschinen-marktanteile-weltweit-2014/, Abruf 15.11.2018.

7.4.1 Optimierung des Textes

Suchmaschinen arbeiten primär textorientiert. Grafiken, Bilder oder Flashanwendungen können nicht bzw. nur bedingt indiziert werden. Deshalb hat der Text auf einer Website für die Suchmaschinenoptimierung eine elementare Bedeutung. Im Folgenden werden die wesentlichen Ansatzpunkte für eine erfolgreiche Textoptimierung erläutert und anhand praktischer Beispiele belegt.

Das Schreiben von guten, webtauglichen Texten alleine ist bereits ein häufig diskutiertes Thema. Im Internet sind hierzu zahlreiche Abhandlungen unter der Überschrift „Writing for the Web" zu finden. Es unterscheidet sich grundlegend vom Schreiben für Printwerke. Das Schreiben von webtauglichen Texten, die darüber hinaus auch suchmaschinentauglich sind, ist noch einmal schwieriger. Insbesondere, wenn man davon ausgeht, dass mehr als 60 Prozent der Suchenden ein mobiles Endgerät verwenden. Ein wichtiger Ranking-Faktor (vgl. Abschnitt 7.3.1 auf Seite 232) der Vergangenheit war die sogenannte Keyword-Density. Hierbei kommt es darauf an, den Text so zu verfassen, dass die Suchwortdichte (Keyword-Density) der zuvor identifizierten relevanten Suchworte hoch ist. Wie hoch, darüber haben sich die SEO-Experten jahrelang gestritten. Ich habe gute Erfahrungen mit Werten zwischen vier und acht Prozent gemacht. In jüngerer Zeit mehren sich die Stimmen, die besagen, dass Density weniger wichtig wird für ein gutes Ranking. Der semantische Gesamtkontext soll die Bedeutung der Keyword-Density übernehmen. Meiner Einschätzung nach ist es aber auch heute noch kein Nachteil, wenn auf einer Seite das Keyword, zu dem die Seite gefunden werden soll, häufiger vorkommt. Wer heute eine Webseite optimiert, der muss sich mit dem Thema Keyword-Density befassen. Salopp ausgedrückt: Wer erwartet, dass seine Webseite bei dem Suchwort „Flugzeugabsturz" auf Seite eins erscheint, obwohl im Text ständig das Wort „Flugzeugunglück" genutzt wird und nicht ein einziges Mal das Wort „Flugzeugabsturz", der wird wohl auch 2019 noch arg enttäuscht werden. Zumindest bei enger Konkurrenzlage – und mal ehrlich: Wo ist die Konkurrenzlage heute nicht eng?

Gleichzeitig muss der Text für den normalen Besucher jedoch gut verständlich und leicht lesbar sein. Außerdem sollte er nicht aufgrund der Optimierung für eine Suchmaschine merkwürdig erscheinen. Das folgende Beispiel verdeutlicht diese Aussage.

> **Praxisbeispiel**
>
> Die Firma A.S.T. Computertechnik GmbH stand über acht Jahre mit der Suchwortkombination „Hardware Recycling" bei Google.de auf den Plätzen eins bis drei – und das gegen eine Konkurrenz von 25 Millionen Einträgen. Die Keyword-Dichte der optimierten Seite betrug 6,54 Prozent. Dennoch las sich der Text gut und flüssig. Er wurde eigens für diesen Zweck erstellt. Für mich ist diese Seite ein Paradebeispiel dafür, was man mit gutem Text und der Berücksichtigung relevanter Tags erreichen kann, zumal so gut wie **keine** Offsite-Optimierung eingesetzt wurde. Die Firma wurde leider 2014 aufgelöst, sonst würde die Seite wahrscheinlich immer noch ganz oben stehen bei Google.de. Wer möchte, kann sich die Seite und den Text aber noch beim Webarchiv

ansehen. Hier der Link: https://web.archive.org/web/20100329080656/http://www.ast-computertechnik.de/.

Tipp

Um die Keyword-Density einer Website zu überprüfen, können Sie beispielsweise folgende Tools einsetzen:

- https://www.ranks.nl oder
- https://www.axandra.de bzw. https://www.ibusinesspromoter.de oder andere.

7.4.1.1 Eine Seite – ein Thema

Eine bis dato immer noch gültige goldene Regel der Textoptimierung für Suchmaschinen lautet, auf einer Internetseite immer nur ein bestimmtes Thema oder ein Set von Suchmaschinenworten zu promoten. Optimierungsansätze, die darauf abzielen, eine Webseite bei zehn oder mehr Suchworten bzw. Suchwortkombinationen in die Top 20 von relevanten Suchmaschinen zu bringen, sind in den allerseltensten Fällen von Erfolg gekrönt.

Praxisbeispiel

Die Seite https://www.schreibbuero-24.com/schreibservice/medizinischer-schreibdienst/ ist für die Suchwortkombination „medizinischer Schreibdienst" optimiert.

Die Seite https://www.schreibbuero-24.com/schreibservice/juristischer-schreibdienst/ ist für die Suchwortkombination „juristischer Schreibdienst" optimiert.

Bei einer Prüfung werden Sie feststellen, dass die jeweiligen Seiten unter der angegebenen Suchwortkombination auf der ersten Seite bei Google erscheinen. Die Beispiele sprechen eindeutig für die Einhaltung der goldenen Regel „Eine Seite – ein Thema".

7.4.1.2 Content is King

Bei der Suchmaschinenoptimierung gilt dieser aus alten Internettagen bekannte Spruch wieder. Wie eingangs erörtert, orientieren sich Suchmaschinen primär am Text. Websites mit vielen Inhalten werden daher von Suchmaschinen als groß und bedeutungsvoll eingestuft. Findige Suchmaschinenoptimierer haben daher Größe durch die Erstellung sogenannter Brückenseiten (Doorway-Pages) simuliert. Diese Technik funktionierte bis Ende 2005 noch hervorragend in Deutschland, war jedoch in den USA bereits 2005 durch Entfernen der URL aus dem Index einer Suchmaschine geahndet worden. Seit Anfang des Jahres 2006 bestraft zumindest Google derartige Techniken nun auch in Deutschland durch die Entfernung der modifizierten Seiten aus dem Suchmaschinenindex. Prominentes Beispiel war zu Anfang des Jahres 2006 die BMW AG, München (vgl. hierzu auch Abschnitt 7.3.4).

Jüngere Veränderungen, die ab 2014 auch verstärkt in Deutschland zum Tragen kommen, belegen, dass guter Content immer wichtiger wird. Denn schlussendlich ist es das, was Google seinen Nutzern präsentieren will: guten, relevanten Content. Außerdem

Onsite-Optimierung

helfen attraktive Inhalte dabei, Links und Erwähnungen aufzubauen. Ich habe daher seit der 6. Auflage ein Kapitel „Content-Marketing" integriert (s. Kapitel 11).

7.4.2 Struktur der Website und Sitemap

Ein weiterer Bestandteil der Optimierung einer Website ist die Optimierung der Struktur einer Website. Nicht umsonst hat Google Ende 2005 die Google-Sitemap eingeführt, die im Wesentlichen eine Übersendung einer eigens für Google angefertigten Sitemap mit der Struktur der Website ist. Diese Sitemap kann bei Google über die sogenannte Search Console,[145] ehemals Google Webmaster Tools, eingereicht werden.

Abbildung 7.6   Link-Struktur einer Website

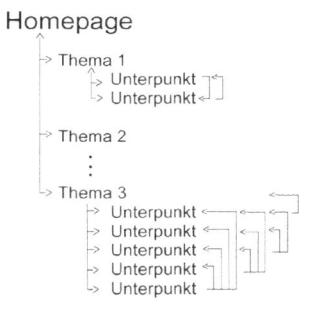

```
            Homepage
              ↑
            ↳ Thema 1
                ↳ Unterpunkt ↰
                ↳ Unterpunkt ↲
            ↳ Thema 2
                ⋮
            ↳ Thema 3
                ↳ Unterpunkt ←
                ↳ Unterpunkt ←
                ↳ Unterpunkt ←
                ↳ Unterpunkt ←
                ↳ Unterpunkt
```

Neben der Integration einer konventionellen Sitemap, die schlussendlich dem Besucher zur Orientierung dient, die aber auch häufig von Suchmaschinen als Hilfsmittel genutzt wird, um alle Seiten einer Website zu indizieren, sind die sinnvoll strukturierte Aufbereitung von Inhalten und eine intelligente Link-Struktur weitere Mosaiksteine bei der erfolgreichen Suchmaschinenoptimierung. Die Link-Struktur einer Website sollte nicht willkürlich gewählt werden. Insbesondere dann, wenn eine Website verschiedene Themenbereiche hat, empfiehlt es sich, die Seiten eines Themenbereiches untereinander entsprechend zu verlinken und nur wenige punktuelle Links auf Seiten anderer Themenbereiche zu setzen. Abbildung 7.6 verdeutlicht das Prinzip.

7.4.3 Optimierung des Programmcodes

Mit einer Optimierung des Programmcodes bzw. einer intelligenten Gestaltung des Programmcodes können bereits beachtliche Ergebnisse erzielt werden. In diesem Kapitel lernen Sie die aktuell wichtigsten „Stellschrauben" kennen.

---

[145] Vgl. https://www.google.com/webmasters/tools/home?hl=de, Abruf 05.08.2016.

7.4.3.1 Valider Code

Heute bereits wichtig, zukünftig jedoch elementar für eine erfolgreiche Suchmaschinenoptimierung wird die Erstellung eines validen HTML-Codes sein. In der Vergangenheit haben viele Browser Unzulänglichkeiten im Programmiercode „verziehen". Auch gab es Streitigkeiten über gültige Standards zwischen den führenden Browser-Anbietern. Das führte zu Millionen von Websites, die vordergründig gut aussahen, aber auf ungültigem Code basierten. Dies wird sicherlich auch weiterhin der Fall sein. Viele Suchmaschinenprofis stellen sich jedoch schon heute darauf ein, dass zukünftig ein valider HTML-Code bedeutend höhere Platzierungen in Suchmaschinen erreichen wird als ein ungültiger Code. Themen wie barrierefreies Webdesign, welches in den USA bei öffentlichen Websites bereits heute Pflicht ist und in Deutschland immer bedeutender im öffentlichen Bereich wird, rücken weiter in den Vordergrund und senden klare Signale auch an die Suchmaschinenoptimierer aus. Es ist deshalb ausgesprochen empfehlenswert, den Code einer Website auf Einhaltung der Standards des W3C zu prüfen.

Tipp

Nutzen Sie hierzu die Code-Validatoren auf der Website des W3C:
https://validator.w3.org

7.4.3.2 Intelligente Aufbereitung des Codes

Unabhängig von der hohen Bedeutung eines „suchmaschinentauglichen" Textes und eines validen Codes sind es viele Kleinigkeiten bei der Aufbereitung des Programmcodes selbst, die über Erfolg oder Misserfolg entscheiden. Manche haben eine hohe Bedeutung, andere sind nur bei extrem enger Konkurrenzlage das „Zünglein an der Waage". Im Folgenden werden die wichtigsten Code-Elemente angesprochen.

Title-Tag
Der Webseitentitel ist der Text zwischen den <title>…</title>-Tags im HTML-Quelltext Ihrer Webseite. Bei MSN hat dieser Code-Teil bis heute eine hohe Bedeutung. Bei Google war dies nicht so. Meiner Beobachtung nach und durch die SEO-Expertenbefragung von SEOmoz bestätigt hat sich das jedoch seit 2009 geändert. SEOmoz bittet alle zwei Jahre weltweit anerkannte SEO-Experten darum, eine Liste mit Faktoren, welche die Platzierung von Webseiten in Suchmaschinen beeinflussen, hinsichtlich ihrer Relevanz zu gewichten. Daraus entsteht dann das „Ranking-Faktor-Ranking". Im Juni 2011[146] lag der Ranking-Faktor für „Suchbegriff kommt im Titel (Title Tag) der Seite vor" mit 94,4 Prozent sehr hoch. Auch im Jahr 2015 kommen sowohl die SEOmoz-Studie als auch Studien aus dem Hause Searchmetrics und Netmark[147] zu einem vergleichsweise hohen Wert. Auch 2018 gibt es noch viele SEO-Experten, die die Integration von wichtigen Keywords in den Title-Tag empfehlen.

---

[146] Vgl. https://moz.com/article/search-ranking-factors#metrics, Abruf 11.11.2018.
[147] Vgl. https://www.netmark.com/google-ranking-factors, Abruf 15.11.2018.

> **Tipp (aus Sicht einer Internetagentur mit Sitz in Köln, Hamburg, Berlin)**
>
> Nicht <title>Willkommen auf unserer Homepage</title>, stattdessen <title>Internetagentur und Webdesign-Agentur in Köln, Hamburg und Berlin"</title>

Meta-Description-Tag
Das Meta-Description-Tag beschreibt eine Webseite in ein bis zwei markanten Sätzen. Für die eigentliche Position auf der Ergebnisseite einer Suchmaschine hat dieser Tag heute nur eine untergeordnete Bedeutung. Allerdings gibt es einen sehr wesentlichen Aspekt, weshalb die intensive Beschäftigung mit der Meta-Description ratsam ist. So sieht das Meta-Description-Tag aus: *<meta name="description" content="Dieser Satz beschreibt den Inhalt Ihrer Website.">*

Der Grund, warum die intensive Arbeit mit dem sogenannten Title-Tag und der Meta-Description empfehlenswert ist, lautet, dass in vielen Fällen Google den Title-Tag und die Meta-Description zur Anzeige auf der SERP nutzt (vgl. Abbildung 7.7). Es ist also möglich, die Anzeige eines Eintrags auf der SERP über die Gestaltung der beiden Tags zu beeinflussen. Die Gestaltung beider Tags bietet daher die Chance, die Klickrate positiv zu beeinflussen. Beide Tags sollen im Idealfall Interesse wecken, Kompetenz signalisieren und Lust auf den Klick machen. Gegebenenfalls sollte sie auffällig gestaltet sein. In manchen Fällen/Branchen kann die Verwendung von Sonderzeichen oder die Integration einer Handlungsaufforderung sinnvoll sein (vgl. Abbildung 7.8).

Sowohl für den Title-Tag als auch für die Meta-Description wird eine maximale Länge empfohlen, da Google sonst die verankerte Textpassage einfach abschneidet. In den vergangenen beiden Jahren hat sich die empfohlene Maximallänge mehrfach geändert. Primär hatte dies damit zu tun, dass Google die Einträge auf mobilen Endgeräten anders darstellt als auf Desktopgeräten. Mit Stand November 2018 werden von den meisten SEO-Experten für den Title-Tag 412 Pixel (ca. 70 Zeichen) und für die Meta-Description ca. 160 Zeichen empfohlen.

> **Beispiel**
>
> Statt <meta name="description" content="Wir sind ein mittelständischer Anbieter von Erzeugnissen aus Wellpappe. Wir produzieren Displays aus Wellpappe, Wellpappenverpackungen und Transportverpackungen zu hervorragenden Konditionen. Wir liefern in ganz Deutschland."> lieber <meta name="description" content="Hersteller von Displays aus Wellpappe, Wellpappenverpackungen und Transportverpackungen. Hervorragende Preis- und Lieferkonditionen.">. So laufen Sie nicht Gefahr, dass auf der Ergebnisseite der Suchmaschine durch Abschneiden des Textes die wichtigsten Begriffe nicht angezeigt werden.

In der Vergangenheit wurden manchmal, wenn eine Webseite in das DMOZ aufgenommen wurde, die eigenen Titel und Beschreibungen der Webseite aus dem <head>-Bereich ignoriert und aus dem DMOZ herausgelesen. Wenn man das vermeiden wollte, musste man das sogenannte „noodp"-Tag in den <head>-Bereich eintragen, damit in jedem Fall eigene Titel und Beschreibungen verwendet wurden. Beispiel: <meta name="robots"

content="index, follow, noodp"/> Mit der Schließung von DMOZ am 17. März 2017 ist das Meta-Element „noodp"-Tag ohne Relevanz und muss nicht mehr integriert werden.

Abbildung 7.7 Title-Tag und Meta-Description als Gestaltungselement auf der SERP

Berater für E-Business, E-Commerce und Online-Marketing
https://www.lammenett.de/
20 Jahre Erfahrung in der Online-Welt. Zahlreiche Buchveröffentlichungen. Darunter Bestselle
Berater für E-Business, E-Commerce und **Online-Marketing**.

<title>Berater für E-Business, E-Commerce und Online-Marketing</title>

<meta name="description" content="20 Jahre Erfahrung in der Online-Welt. Zahlreiche Buchveröffentlichungen. Darunter Bestseller. Berater für E-Business, E-Commerce und Online-Marketing." />

Abbildung 7.8 Verwendung von Sonderzeichen und Handlungsaufforderung in Title-Tag und Meta-Description am Beispiel von timezone-shop.de

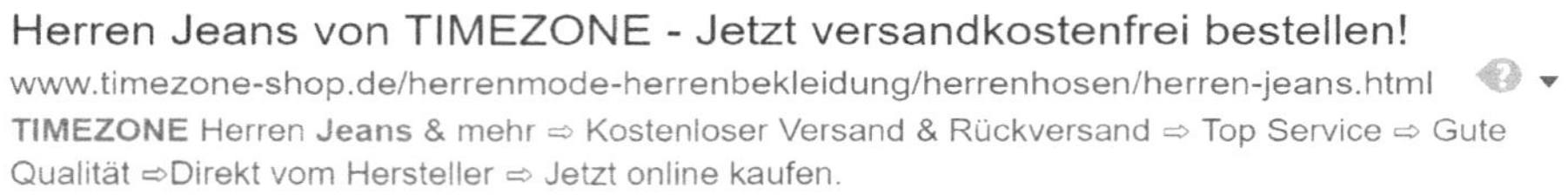

Herren Jeans von TIMEZONE - Jetzt versandkostenfrei bestellen!
www.timezone-shop.de/herrenmode-herrenbekleidung/herrenhosen/herren-jeans.html
TIMEZONE Herren **Jeans** & mehr ⇨ Kostenloser Versand & Rückversand ⇨ Top Service ⇨ Gute Qualität ⇨ Direkt vom Hersteller ⇨ Jetzt online kaufen.

Quelle: Google Ads (ehemals Google AdWords, August 2018

Meta-Keywords-Tag

Das Meta-Keywords-Tag ermöglicht die gezielte Definition von relevanten Suchbegriffen. Seine Bedeutung für das Ranking wird heute als sehr gering eingeschätzt. Dennoch hilft es, die Keyword-Density zu beeinflussen. Es wird nicht im Browser angezeigt, sondern nur im Quelltext und sollte zwischen den <head>...</head>-Tags im HTML-Quelltext Ihrer Webseite hinzugefügt werden. Das Meta-Keyword-Tag eines Schreibbüros würde z. B. so aussehen: <meta name="keywords" content="Schreibbüro, Schreibdienst, Schreibservice">

Tipp

Integrieren Sie ein unterschiedliches Meta-Keyword-Tag für jede Seite und benennen Sie zwei bis maximal drei Keywords pro Seite. So wissen Sie auch noch nach einem längeren Zeitraum, wofür Sie eine jeweilige Seite ursprünglich optimiert haben. Schädlich ist das Keyword-Tag nicht. Sie machen also nichts falsch.

Erster Satz auf der Website
Der erste Satz der Website ist der erste Satz nach dem <body>-Tag im HTML-Quelltext. Manche Suchmaschinen schenken Suchbegriffen mehr Beachtung, wenn sie im ersten Satz auftreten oder zumindest im oberen Bereich einer Seite. Andere Suchmaschinen benutzen den ersten Satz als Beschreibung der Webseite auf der Suchergebnisseite.

Tipp

Durch geschickte HTML-Programmierung können wichtige Textinhalte zuerst integriert werden, ohne das visuelle Erscheinungsbild der Website zu beeinträchtigen.

H1-Überschrift oder/und H2-Überschriften
Die H1- bzw. H2-Überschriften sind der Text, der zwischen den <h1>…</h1>-Tags im HTML-Quelltext einer Webseite steht. Einige Suchmaschinen schenken Suchbegriffen besondere Beachtung, wenn sie in H1- bzw. H2-Überschriften genannt werden. Lange Zeit wurden daher wichtige Keywords bewusst in der H1- oder H2-Überschrift platziert. Die SEO-Expertenbefragung von SEOmoz bestätigt dies. Auch in der Studie „Ranking-Faktoren-Studie 2015" von Searchmetrics wird der Platzierung von wichtigen Keywords im H1- und H2-Tag eine hohe Bedeutung zugemessen. In jüngerer Zeit hat die Integration von Keywords in den H-Tags an Bedeutung verloren. Angeblich erkennt Google auch ohne derartige Maßnahmen, worum es bei einem Text geht und welche Keywords wichtig sind. Meine Erfahrungen aus 2018 decken sich nicht mit diesen Aussagen, weshalb ich immer noch sehr gerne wichtige Keywords in den H-Tags platziere und es auch 2019 tun werde.

Praxisbeispiel

Die Website http://www.typo3-macher.de ist für das Begriffspaar „Typo3 Agentur" optimiert und verwendet u. a. das Tag <h2 class="bodytext">Typo3 Agentur und OpenSource Agentur</h2>. Die Site erscheint bei den großen Drei (Google.de, Bing und Yahoo) mit Stand März 2016 in den Top 10 bis Top 20 und im November 2018 bei Google und Bing auf Platz 1.

URL bzw. „sprechende Links"
Die URL ist die Adresse einer Webseite, z. B. „http://www.domain.de/index.htm". Manche Suchmaschinen messen dieser eine Bedeutung bei. In vielen Fällen ist eine Diskussion über die Wahl der URL jedoch müßig. Ein Unternehmen, das bereits einen etablierten Namen hat, wird seinen Webauftritt nicht auf einer völlig namensfremden URL platzieren. Es spricht jedoch nichts dagegen, die HTML-Dateien entsprechend den zu optimierenden Suchbegriffen zu benennen. Der Ranking-Faktor „Suchwort kommt in URL vor" wurde 2013 noch recht hoch bewertet. Doch jüngere Studien zeigen, dass die Bedeutung ab 2016 stark gesunken ist. Ich verwende dennoch sprechende Links. Denn Kleinvieh macht auch Mist, um es einmal mit einer alten Redensart auszudrücken.

> **Tipp**
>
> http://www.sekretariat24.com/schreibservice-preistabelle.html anstatt
> http://www.sekretariat24.com/preistabelle.html

Linktexte bzw. Ankertext

Linktexte sind Wörter und Sätze, die für Links verwendet werden, gleichgültig, ob die Links auf eine interne Seite oder auf eine externe Webseite verweisen. Für manche Suchmaschinen ist der Linktext von Bedeutung für das Ranking. Zum Beispiel ist im folgenden Code-Fragment das Wort „Kontaktinformationen" der Linktext:
<a href="kontakt.htm">Kontaktinformationen</a>

> **Tipp aus Sicht eines Schreibservices**
>
> Statt <a href="kontakt.htm">Kontaktinformationen</a> lieber <a href="Schreibservice-kontakt.htm">Schreibservice-Kontakt</a>. So erhöhen Sie die Chance auf ein gutes Ranking beim Suchbegriff „Schreibservice".

Benennung von Bilddateien

Fast jede moderne Website verwendet Bilder. Die Benennung der Bilder und die Nutzung eines alternativen Textes für die Bilder können das Erreichen einer guten Position beim Ranking fördern. Das <img alt>-Attribut definiert einen alternativen Text für ein Bild, falls der Anwender einen Text-Browser benutzt oder wenn der Anwender das Anzeigen von Bildern in seinem Web-Browser ausgeschaltet hat.

> **Beispiel**
>
> Nicht <img src="logo.gif" width="250" height="85">, sondern <img src="Schreibdienst-logo.gif" width="250" height="85" alt="Schreibdienst und Schreibservice">

Die Verwendung von Keywords bei der Benennung von Bilddateien und im Umfeld von Bilddateien hat auch positive Auswirkungen auf das Ranking in der Google-Bildersuche. 2018 gibt es Webseiten, die über 20 Prozent ihres Traffics aus der Google-Bildersuche beziehen. Interessanterweise optimiert aber auch 2018 kaum jemand für die Google-Bildersuche. Mehr zu diesem Thema im Kapitel 8 ab Seite 277.

7.4.4 Ladezeit einer Website als Ranking-Faktor[148]

Seit dem Jahr 2010 bezieht Google die Ladegeschwindigkeit einer Webseite in den Ranking-Algorithmus ein. Wie bei sehr vielen Faktoren ist jedoch unklar, welchen Stellenwert die Ladegeschwindigkeit im Set der rund 200 Ranking-Faktoren hat. Zu Anfang sollte sie wohl lediglich im englischsprachigen Raum, also auf Google.com, von Bedeutung sein. Es waren zunächst weniger als ein Prozent der Webseiten von der Ergänzung

---

[148] Die Inhalte dieses Abschnitts stammen aus dem Blogbeitrag
https://www.lammenett.de/suchmaschinenoptimierung/seo-geschwindigkeit-als-rankingfaktor.html und sind nicht exklusiver Bestandteil dieses Buches.

der Ladegeschwindigkeit als Ranking-Faktor betroffen. Doch wirklich präzise Informationen gibt es – wie immer eigentlich – nicht. Doch spätestens seit Juli 2018 hat das Thema Ladezeit nochmal an Bedeutung gewonnen. Denn nun verwendet Google den mobilen Index als Hauptindex. Google verwendet also nun auch die Ladezeit für die mobile Suche als Rankingfaktor. Unabhängig davon stellen sich folgende Fragen: Wann ist eine Website schnell genug für Google? Was bedeutet überhaupt schnell? Eine kurze Ladezeit, niedrige Response-Time, Größe der Seite oder Download-Geschwindigkeit? Wie kann Geschwindigkeit gemessen und beeinflusst werden?

Grundsätzlich weiß man heute, dass eine schnelle Webseite die sogenannte User-Experience positiv beeinflusst. Eine ordentliche Geschwindigkeit hat also im Grunde einen dreifachen Wert. Zum einen ist sie ein Ranking-Faktor per se. Zum anderen erhöht Geschwindigkeit die User-Experience, was wiederum ein Ranking-Faktor ist. Und schlussendlich beeinflusst eine gute Geschwindigkeit nachweislich die Umsatzzahlen des Online-Shops oder die Transaktionsrate einer Website positiv.

Sinnvollerweise unterscheidet man zwei Arten von Geschwindigkeit: einerseits die sogenannte Time To First Byte (TTFB), also die Zeit, die der Server braucht, um überhaupt zu antworten, und andererseits die Zeit bis zum vollständigen Laden der Seite aus funktionaler Sicht. Möchte man wissen, was als schnell bezeichnet wird, so hilft ein Blick auf die Top-Seiten. Eine Studie der Firma Searchmetrics hat 2015 die durchschnittliche Ladezeit in den mobilen Top 30 mit 0,80 Sekunden und in den Desktop-Top-30 mit 0,87 Sekunden angegeben. Damit wäre zunächst einmal die Frage „Was ist schnell?" beantwortet.

Nun zu der Frage, wie die Geschwindigkeit gemessen und beeinflusst werden kann. Die Antwortzeit des Servers liegt primär an der Serverleistung beim Provider, an der Anbindung und an der Seitenarchitektur. Als Faustregel kann formuliert werden: Je früher der Browser gesagt bekommt, welche Daten er laden soll, desto früher kann er anfangen, dies zu tun.

Die Geschwindigkeit bis zum vollständigen Laden der funktionsfähigen Seite wird von vielen Faktoren beeinflusst. Natürlich spielen wiederum der Server und seine Leistungsfähigkeit eine Rolle. Aber es gibt etliche weitere Faktoren wie die Anbindung des Servers, die Qualität des Codes, die Bildgrößen und deren Komprimierung, die Komprimierung und Zusammenfassung von Script-Code, den Einsatz von Caching und dergleichen mehr.

> **Tipp**
>
> Prüfen Sie die Geschwindigkeit Ihrer Webseite mit http://www.webpagetest.org/ oder vergleichbaren Tools.
>
> Ein guter Startpunkt, um Erkenntnisse über Verbesserungspotenzial in Bezug auf die Geschwindigkeit Ihrer Website zu erhalten, ist sicherlich der Pagespeed-Test von Google. Details und Einzelheiten finden Sie unter https://developers.google.com/speed/.

7.4.5 Mobile-Optimierung als Ranking-Faktor[149]

Im Februar 2015 kündigte Google an, dass ab April 2015 die Mobilfreundlichkeit einer Webseite ein Ranking-Faktor wird. Mit „Mobilfreundlichkeit" ist die Nutzbarkeit einer Website auf Smartphones gemeint. Im Klartext bedeutet dies, dass Inhalte einer Domain, die **nicht** für den Zugriff von Mobilgeräten optimiert sind, bei der Suche über ein Smartphone benachteiligt werden. Ferner kennzeichnete Google für einige Zeit die Mobilfreundlichkeit einer URL auf den Suchergebnisseiten und warnte so indirekt den mobil suchenden Nutzer vor nicht optimierten Inhalten. Abbildung 7.9 zeigt eine solche Kennzeichnung aus dem Jahr 2015.

Abbildung 7.9 Kennzeichnung der Mobilfähigkeit einer Website auf Smartphones durch Google im Jahr 2015

Quelle: Google.de, Abruf mit Mobiltelefon im Jahr 2015

---

[149] Die Inhalte dieses Abschnitts stammen aus dem Blogbeitrag https://www.lammenett.de/suchmaschinenoptimierung/seo-geschwindigkeit-als-rankingfaktor.html und sind nicht exklusiver Bestandteil dieses Buches.

Bedenkt man nun, dass Google 2015 erstmals mehr Abfragen von mobilen Endgeräten als von Desktop-PCs verzeichnete, so wird klar, weshalb für viele Unternehmen auch das Ranking auf mobilen Endgeräten von Bedeutung ist. Bitte lesen Sie hierzu auch die Zahlen und Hintergrundinformationen im Kapitel 17.

Worum es Google bei der Begünstigung von mobilfähigen Seiten vorrangig ging, wurde Ende 2015 deutlich, als das „Accelerated Mobile Pages Project"[150] öffentlich wurde. Im Kern ging es um die Geschwindigkeit der Auslieferung und damit um die übertragene Datenmenge. Denn bei dem Projekt stand vor allem die Kompression und Datenoptimierung von Webseiten im Vordergrund. Einerseits ist dies zwar etwas paradox, da heute beinahe jeder User über eine schnelle mobile Datenverbindung verfügt. Andererseits gibt es jedoch auch Regionen auf dieser Welt, in denen schnelle mobile Datenverbindungen noch nicht erschwinglich oder schlicht nicht vorhanden sind. Und Google ist nun mal ein Weltkonzern. Google geht es anscheinend darum, die Verfügbarkeit von schnell abrufbaren Informationen zu belohnen. In diesem Kontext nützt ein responsives Design nichts, wenn die dabei übertragene Datenmenge der einer Desktop-Seite nahekommt.

Spätestens seit Juli bzw. September 2018 hat die Mobile-Optimierung dann nochmal eine neue Dimension bekommen. Google hat nach eineinhalb Jahren Tests den Roll-out-Prozess für seinen Mobile-First-Index der organischen Suche offiziell gestartet. Bitte lesen Sie dazu den Abschnitt 7.1.6 „Mobile first, bei jeder Suche" ab Seite 223.

7.4.6 Die Sicherheit einer Website als Ranking-Faktor

Im August 2014 kündigte Google an, das Übertragungsprotokoll HTTPS als Ranking-Faktor zu werten. Die Übertragung von Daten über HTTPS garantiert eine abhör- und manipulationssichere Verbindung zwischen Webbrowser und Server. Dies war das erste Mal überhaupt, dass Google etwas ausdrücklich und in aller Deutlichkeit als Ranking-Faktor bezeichnet hat. Das bedeutet, dass eine Website, die ausschließlich auf das HTTPS-Protokoll setzt, einen kleinen Bonus bei der Bewertung durch Google erhält. Aktuell wird HTTPS lediglich als ein schwach gewichteter Ranking-Faktor gesehen. Doch das muss nicht so bleiben.

Weshalb interessiert sich Google für Sicherheit? Im Grunde aus purem Eigennutz. Google liegt viel daran, seine Nutzer nicht auf Seiten zu schicken, die ihm schaden könnten. Das würde dem ureigensten Geschäftsmodell von Google schaden. Die Reputation von Google würde leiden. Nutzer würden sich abwenden. Google ist daher sogar dazu übergegangen, zweifelhafte Webseiten als potenzielle Bedrohung zu markieren.

Im Zeitalter der digitalen Transformation verlagert sich natürlich auch die Kriminalität in den digitalen Raum. Der Diebstahl von Konto- und Adressdaten oder die Schadensverursachung durch Bot-Netzwerke und schadhafte Downloads sind heute an der Tages-

---

[150] Vgl. https://googleblog.blogspot.de/2015/10/introducing-accelerated-mobile-pages.html, Abruf 20.11.2018.

ordnung. Einzelne Regierungen und auch Institutionen wie Google unternehmen Anstrengungen, um die daraus resultierenden Gefahren zu verringern. So versucht Google, potenziell gefährliche Seiten zu identifizieren und zu markieren. Dazu zählt die Prüfung im eigenen Browser, aber auch die sichtbare Warnung innerhalb der Suchergebnisseite.

Das HTTPS-Protokoll wurde in der Vergangenheit nur sehr selten für die verschlüsselte Übertragung von kompletten Webseiten eingesetzt, da es die Übertragung deutlich verlangsamte. So setzten viele Online-Shops das HTTPS-Protokoll erst ab dem Bestellprozess ein, also ab dem Punkt, an dem kundenindividuelle Daten übertragen wurden. Da aus technischer Sicht seit der Verabschiedung von HTTP/2 die Voraussetzungen für eine schnelle verschlüsselte Übertragung gegeben sind, spricht nun nichts mehr dagegen, eine komplette Website über HTTPS abzusichern. Es ist daher damit zu rechnen, dass Google diesen Faktor mit der Zeit stärker gewichten wird. Webseitenbetreiber sollten daher auf Webserver setzen, die das neue Protokoll unterstützen und sämtliche Daten über gesicherte Kanäle übertragen.

7.5 Offsite-Optimierung

Als Offsite-Optimierung werden Maßnahmen bezeichnet, die nicht auf der eigenen, sondern auf dritten Websites durchgeführt oder initiiert werden. Hintergrund einer solchen Optimierungsarbeit ist die Tatsache, dass Suchmaschinen Websites höher bewerten, wenn häufig auf diese verwiesen wird (Link-Popularität). Für Google und Co. ist ein Link eine Art Empfehlung. Eine Website, die häufig empfohlen wird, hat im Licht der Suchmaschine eine höhere Qualität als eine selten empfohlene Website. Die Suchmaschinen unterstellen also bei einer häufig verlinkten Website eine hohe Relevanz. Neudeutsch gesprochen geht es um Backlinks.

7.5.1 Offsite-Optimierung gestern, heute und morgen[151]

Jahrelang waren Backlinks jedweder Art eine enorm wichtige Größe bei der Suchmaschinenoptimierung. Doch seit 2013 wird über die zukünftige Bedeutung von Backlinks extrem kontrovers diskutiert. Das Gerücht, Google werde eines Tages die Links überflüssig machen, macht die Runde. Schon im März 2014 begann die russische Suchmaschine Yandex damit, Backlinks als Rankingsignal im Großraum Moskau strategisch zu entwerten. Yandex legte für kommerzielle Seiten rund 50 von 150 linkbasierten Gewichtungskriterien still. Weltmarktführer Google hatte sich vorher testweise in eine ähnliche Richtung bewegt. Anfang 2014 erklärte Google, SEO-Links aus Fachartikeln, die eigens geschrieben werden, um Backlinks zu erzeugen, massiv abzukanzeln.

---

[151] Die Inhalte dieses Kapitels stammen aus meinem gleichnamigen Whitepaper und sind nicht exklusiver Bestandteil des vorliegenden Werkes. Quelle https://www.lammenett.de/wp-content/uploads/2018/09/timSpecialNo3_Offsite-Optimierung.pdf /, Abruf 15.11.2018.

Seit dieser Zeit geistert immer wieder die Fragestellung durch die SEO-Blogs, wann die Bedeutung des Backlinks für das Ranking völlig erlischt. Viele SEOs sagen regelmäßig den Tod des Linkaufbaus voraus. Anderseits ergab eine Befragung von 150 bekannten Online-Marketing-Experten anlässlich der Erstellung der Analyse „Search Engine Ranking Factors 2015" der Firma SEOmoz, dass Links nach wie vor als wichtig angesehen werden. Wie passt das zusammen?

Die Auflösung ist recht einfach. 2015 waren Backlings noch von Bedeutung. Zu diesem Ergebnis kam auch die Studie „Ranking Faktoren 2015" der Firma Searchmetrics. Searchmetics schrieb hierzu im Oktober 2015 auf seiner Website: *„Auch wenn Backlinks noch immer ein Faktor sind, der statistisch mit guten Rankings korreliert, sind nicht nur die Zeiten des „unnatürlichen" Linkbuildings vorbei. Vielmehr könnten Links im Allgemeinen in naher Zukunft – nicht zuletzt seit Disavow – weiter Relevanz verlieren, da andere Faktoren einfach wichtiger sind. Denn stattdessen geht es heute um reales Link-Earning durch Content, der so gut ist, dass User ihn gern verlinken möchten. Dementsprechend ist der Anteil von Backlinks zur Homepage der analysierten URLs zurückgegangen – Backlinks verweisen häufiger auf spezifische Landing Pages. Ebenso rückläufig ist der Anteil von Backlinks, die das Keyword im Anchortext tragen – Backlinks haben die Domain häufiger im Anchor. Auch bedingt durch die Nutzung von Social-Kanälen und Mobilgeräten wird die Relevanz von Backlinks künftig zugunsten anderer Faktoren weiter in den Hintergrund treten."*[152]

Man achte jedoch auf den Konjunktiv bei dieser Aussage. 2015 war nicht klar, ob es dazu kommt, und wenn ja, wann das sein wird. Im Kern kommt sowohl die SEOmoz- als auch die Searchmetrics-Analyse zu dem Ergebnis, dass die Zeiten des „klassischen" Linkaufbaus, so wie er noch vor einigen Jahren betrieben wurde, wohl vorbei sind. Bis 2018 hat sich die Praxis des Linkaufbaus dann tatsächlich auch stark verändert. Handelsplattformen für den Linkkauf sind fast vollständig verschwunden. Plattformen für die Verwaltung und das Management von Backlinks, wie beispielsweise Linkbird es war, sind verschwunden. Linkbird hat sich 2018 zu Contentbird umbenannt und befasst sich nun im Schwerpunkt mit dem Thema Content-Management.

Heute geht es also nicht mehr darum, einfach nur möglichst viele Links aufzubauen, sondern vielmehr darum, thematisch passende, hochqualitative Verlinkungen von Autoritäten zu etablieren. Backlinks aus sozialen Medien, also sogenannte „Social Signals" sind strittig und wohl aktuell eher überschätzt. Strategisch sind sie dennoch interessant.

Fazit
- Wir werden auch in Zukunft kein völlig linkfreies SEO erleben. Ein relevanter Link ist und bleibt eine Empfehlung, die Rückschlüsse auf die Relevanz der Zielseite zu einem bestimmten Themenbereich zulässt. Warum sollte diese wichtige Information im Ranking-Algorithmus nicht mehr bedacht werden? Stand heute würde ich daher nach wie vor eine Offsite-Optimierung als wichtigen Baustein im Gesamtkontext einer Suchmaschinenoptimierung sehen.

---

[152] http://www.searchmetrics.com/de/knowledge-base/ranking-faktoren, Abruf 09.11.2018.

- Qualitativ minderwertige Links werden zukünftig für das Ranking keine Bedeutung mehr haben. Ich habe daher seit der 6. Auflage ein Kapitel „Backlinks prüfen und gegebenenfalls bereinigen" (Kapitel 7.5.3) integriert.

- Die Branche wird sich wohl ein wenig mehr in Richtung Content-Marketing bewegen, denn attraktive Inhalte helfen dabei, Links und Erwähnungen aufzubauen. Ich habe daher seit der 6. Auflage auch ein Kapitel „Content-Marketing" (Kapitel 11) integriert.

Im Folgenden werden einige Möglichkeiten der Offsite-Optimierung, also des Linkaufbaus, angesprochen und näher beleuchtet. Diese erheben keinen Anspruch auf Vollständigkeit.

7.5.2 Methoden des Linkaufbaus und kritische Bewertung

7.5.2.1 Grundsätzliche Erwägungen

Aus den zuvor genannten Gründen empfiehlt es sich, anders als in vergangenen Jahren auf die Qualität von Backlinks im Sinne von Relevanz zu achten. Neben der Frage, wo ein Backlink herkommt, ist auch von Bedeutung, wie der Link auf der verweisenden Webseite verankert wurde und wie das gesamte Linkprofil aussieht.

Früher wurde relativ stringent das zu optimierende Keyword in den Linktext (auch Anchor-Text genannt) integriert. Wurde häufig der gleiche Text verwendet, so stiegen die Chancen auf eine gute Position auf den Google-Ergebnisseiten. Das sah dann beispielsweise so aus:

<a href="http://www.Firma-xyz.de" target="_blank" alt="Internetagentur">Internetagentur</a>

Doch in der jüngeren Zeit wird immer mehr empfohlen, weniger „harte" Backlinks zu verwenden. Dass diese Empfehlung immer häufiger zu hören ist, überrascht nicht, denn Google hat seit geraumer Zeit dem „unnatürlichen" Linkbuilding den Kampf angesagt. Dieses wurde 2014 vor allem durch die Verhängung von Penaltys gegen Link-Netzwerke[153] und deren Kunden sowie den Roll-out von Penguin 3.0 deutlich. „Harte" Backlinks sind häufig in unlauteren Umfeldern zu finden.

Ferner sollte man beim Aufbau von Links auf ein natürliches Linkprofil achten. Das Linkprofil beschreibt die Zusammensetzung der Backlinks. Bei einem natürlichen Linkaufbau wird man zunächst Links mit einem niedrigen Page-Rank (0–3) erhalten. In der Regel erhält man erst mit der Zeit auch Backlinks von starken Seiten (Page-Rank 4–7). Die Idee, gleich zu Beginn des Linkaufbaus starke Backlinks einzukaufen, ist also eher negativ zu bewerten. Abbildung 7.10 zeigt ein Backlink-Profil mit natürlich gewachsenem Linkaufbau.

---

[153] Vgl. http://t3n.de/news/google-deutsche-linknetzwerke-534629/, Abruf 15.11.2018.

Tipp

Themennahe Backlinks sind Backlinks mit starkem Page-Rank zu bevorzugen. Beispiel: Betreiben Sie einen Shop für Motorradequipment, so ist ein Backlink aus einem Motorradforum oder einem Motorradmagazin einem Link aus einem Portal für Heimwerker mit stärkerem Page-Rank vorzuziehen.

Abbildung 7.10 Beispiel für ein natürlich gewachsenes Linkprofil

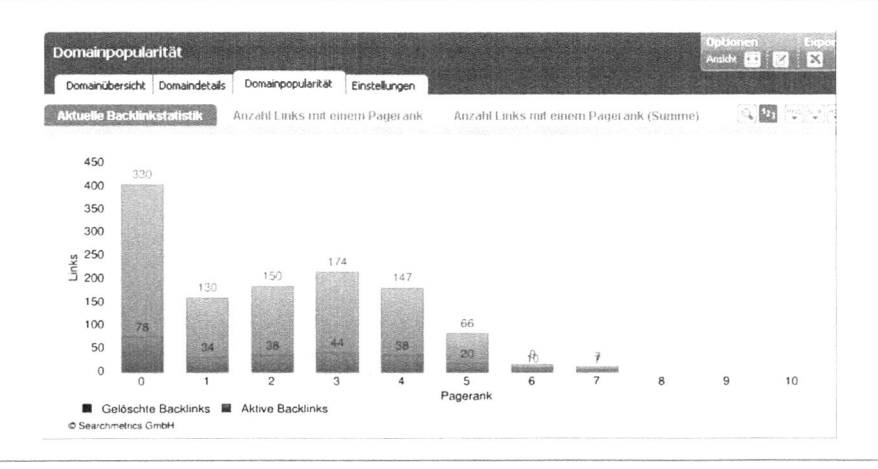

Quelle: Searchmetrics-Suite, http://www.searchmetrics.com

7.5.2.2 Eintragung in Suchmaschinen und Verzeichnisse

Auch wenn in Deutschland über 90 Prozent der im Internet Suchenden Google verwenden, so kann vor dem Hintergrund der Erhöhung der Link-Popularität eine Eintragung in andere Verzeichnisse und andere Suchmaschinen dennoch hilfreich sein. Jahrelang war es gang und gäbe, Webseiten in Webverzeichnisse einzutragen, um zunächst einmal Backlinks mit geringem Page-Rank aufzubauen. Ab 2014, so etwa mit dem Roll-out des Panda-Updates 4.0 in Deutschland, werden Backlinks aus solchen Umfeldern kritischer gesehen. Einen hohen Stellenwert haben solche Backlinks nicht mehr. Eine vorsichtige Beimischung halte ich jedoch für statthaft, denn warum sollte ein Unternehmen nicht in anderen Verzeichnissen werben? Das ist weder unnatürlich noch unlauter. Zudem besteht trotz der Marktmacht von Google natürlich auch die Möglichkeit, von einer anderen Suchmaschine Besucher zu erhalten – auch wenn deren Marktanteile nur bei zehn Prozent liegen.

Keinesfalls jedoch sollte der Aufbau der Link-Popularität zu drastisch vorangetrieben werden. Suchmaschinen können bisweilen sehr skeptisch auf eine sprunghaft ansteigende Link-Popularität reagieren und Websites temporär aus dem Index nehmen oder auf andere Weise „bestrafen".

In älteren Auflagen dieses Buches hatte ich an dieser Stelle Dutzende Verzeichnisse aufgeführt. Wegen der stark gesunkenen Relevanz führe ich nunmehr nur noch einige wenige Beispiele auf. Die sinkende Relevanz macht sich auch dadurch bemerkbar, dass viele dieser großen und ehemals bekannten Verzeichnisse ihren Dienst eingestellt haben. Auch dazu einige wenige Beispiele:

Verzeichnisse
- Alexana.de — http://www.alexana.de (noch am Markt, Neuanmeldungen aber nicht mehr möglich).
- Ebelio.de — http://www.ebelio.de/new_site2.php
- Fixx.de — http://www.fixx.de (noch am Markt, Neuanmeldungen aber nicht mehr möglich).
- Go-FindYou.de — http://www.go-findyou.de/add.html

Suchmaschinen
- Axxasearch.com — http://www.axxasearch.com (eingestellt)
- Bellnet.de — http://bellnet.de/suchen/anmeldungsseite.html
- InfoTiger.com — http://www.infotiger.com/addurl.html
- MSN.de (Bing) — http://www.bing.com/toolbox/submit-site-url (Anmeldung von URLs wurde eingestellt)

7.5.2.3 Page-Rank

Kontrovers gesehen wird heute die Bedeutung des sogenannten Page-Ranks. Viele SEO-Experten messen dem Page-Rank kaum noch Bedeutung zu. Ironischerweise wird der Wert für einen gekauften Backlink jedoch immer noch sehr stark an den Page-Rank gekoppelt.

Im Prinzip ist der Page-Rank verwandt mit der Link-Popularität (vgl. folgende Erläuterung). Jedoch wird beim Page-Rank die Verlinkung von einer Seite mit einem hohen Page-Rank anders gewertet als die Verlinkung von einer Seite mit einem niedrigen oder gar keinem Page-Rank. Links von Websites mit hohem Page-Rank sind deshalb als wertvoller einzustufen. Weniger bekannt ist auch der Umstand, dass sich der Page-Rank vererben kann. Allerdings vererben nicht alle Websites ihren Page-Rank. Findige Suchmaschinenoptimierer bieten daher kostenpflichtig die Verlinkung von Websites mit einem hohen Page-Rank an oder integrieren derartige Verfahrensweisen in ein Gesamtoptimierungskonzept.

Page-Rank

Page-Rank (nach einem seiner Erfinder, Lawrence Page, und von engl. *rank* – Rang) ist das von der Suchmaschine Google genutzte System für die Bewertung der gelisteten Seiten. Es geht ursprünglich auf den von den Google-Gründern erstmalig für Webseiten eingesetzten Page-Rank-Algorithmus zurück.

Das Grundprinzip lautet: Je mehr Links auf eine Seite verweisen, umso wichtiger ist sie. Je wichtiger wiederum die verweisenden Seiten sind, desto größer ist der Effekt. Der Page-Rank-Algorithmus versucht dabei, einen zufällig durch das Netz surfenden User nachzubilden. Die Wahrscheinlichkeit, mit der dieser auf eine Webseite stößt, korreliert mit dem Page-Rank. Der von Google angezeigte Page-Rank liegt zwischen 0 und 10. Normale Webseiten haben einen Rank von 1 bis 5. Wichtige oder speziell optimierte Seiten erreichen Werte von 5 bis 7. Seiten mit einem Page-Rank von 8 und höher sind sehr selten, beispielsweise die des Weißen Hauses, die Firmenseite von Microsoft oder Wikipedia. Früher hatte ein hoher Page-Rank eine deutlich gehobene Positionierung in den Suchergebnissen bei Google zur Folge. Nach dem Jahreswechsel 2003/2004 ist nach einigen Änderungen dieser Effekt nicht mehr so stark zu spüren. Es ist eher eine Stabilisierung der Position von hoch bewerteten Seiten in der Trefferliste zu vermerken. Dennoch bringt ein hoher Page-Rank Vorteile für eine Webseite. So spidert Google z. B. Webseiten mit einem hohen Page-Rank öfter und tiefer.[154]

Tipp

Verschaffen Sie sich einen Überblick über den Page-Rank Ihrer eigenen Seite (z. B. mit dem Google-Toolbar http://www.google.com/intl/de/toolbar/ie/index.html) und über die Anzahl der Backlinks auf Ihre Seiten mit einer SEO-Suite.

7.5.2.4 Weitere Methoden zur Erhöhung Ihrer Link-Popularität

- Wenn Sie mehrere Websites betreiben, empfiehlt es sich, diese miteinander zu verlinken.
- Wenn Sie Zeit haben, nehmen Sie an **Diskussionsforen, Blogs und Newsgroups** teil und fügen Sie Ihrem Beitrag eine kurze Signatur mit einem Link zu Ihrer Website hinzu.
- Vor Jahren noch sehr beliebt – heute jedoch eher schädlich: das Schreiben und veröffentlichen von Artikeln auf sogenannten Content-Farmen. Das sind Webseiten, die als Online-Magazin, sogenannte Artikelseiten oder Presseportale fungieren, jedoch wenig auf die Qualität des Contents achten. Google versprach im Januar 2011, etwas gegen Content-Farmen zu unternehmen. Es war Google ein Dorn im Auge, dass Content-Farmen mit ihren qualitativ minderwertigen Inhalten sehr gute Rankings erzielten und somit andere, für die User womöglich nützlichere Webseiten auf die hinteren Plätze verwiesen. Als Google im Februar 2011 sein Versprechen hielt und die heute

---

[154] Vgl. https://de.wikipedia.org/wiki/PageRank, Abruf 10.11.2018.

unter dem Namen „Panda" bekannte Algorithmus-Änderung einführte, ging es diesem Typus Website an den Kragen. Mit dem Roll-out des Panda-Updates 4.0 in Deutschland im Jahr 2014 wurden Backlinks von Content-Farmen auch in Deutschland uninteressant. Eine ausführliche Auflistung deutscher Artikelseiten finden Sie unter http://www.nxplorer.net/Artikelverzeichnisse.html.

- Bemühen Sie sich um **Partnerlinks** bzw. Link-Tausch. Erstellen Sie hierzu ein Link-Verzeichnis, auf dem Sie Partnern, Freunden und anderen Website-Betreibern einen Link auf Gegenseitigkeit anbieten. Sehen Sie sich ruhig einmal in Link-Tauschforen um.

- Im Zeitalter des Web 2.0 und der Blog-Generation werden **Social Bookmarks** wichtiger und finden bei der Website-Bewertung der Suchspider mehr und mehr Beachtung. Bemühen Sie sich um Social Bookmarks und bieten Sie ggf. auf Ihrer Seite Social Bookmarking an. Auch wenn in den Ranking-Reports ab 2015 die Social Bookmarks als überschätzt angesehen werden, so haben sie strategisch möglicherweise eine Relevanz.

- Auch die Veröffentlichung von Pressemeldungen in Pressediensten und Presseportalen bringt Backlinks. Es gibt viele kostenlose Portale. Da der Wert solcher Backlinks mittlerweile fraglich ist, sollten Sie sich nicht die Arbeit machen, Artikel ausschließlich vor dem SEO-Hintergrund zu schreiben und zu veröffentlichen. Früher war das gang und gäbe. Heute ist das ehr kontraproduktiv. Natürlich ist es nicht falsch und nicht verboten, eine echte Pressemeldung über ein seriöses Presseportal zu verteilen und darin einen Link zu Ihrem Unternehmen zu verankern.

- Wenn Sie ein Affiliate-Programm in Eigenregie betreiben, dann hosten Sie die Tracking-Engine auf der URL, die auch promotet werden soll. Jeder Partnerlink wird so zum Backlink.

7.5.2.5 Linkaufbau durch sogenanntes Linkbaiting

Linkbaits (Bait = Köder) gelten als Königsweg des Linkaufbaus. Es gibt Parallelen zu dem Thema Content-Marketing. Daher empfehle ich Ihnen, auch das Kapitel 11 zu lesen. Linkbaits sind Offpage-SEO-Maßnahmen, die Links zur Zielseite „ködern". Im Vergleich zu anderen Linkaufbaumaßnahmen genießt das Linkbaiting erst seit relativ kurzer Zeit größere Aufmerksamkeit in der SEO-Szene. Dafür gibt es mehrere Ursachen. Einerseits ist die Kosten-Nutzen-Relation häufig sehr gut. Auch die Art der Zusammensetzung der „geköderten" Links ist oft sehr vorteilhaft. Andererseits ist die Aversion von Google gegen gekaufte Links sicherlich auch ein Grund für die steigende Popularität dieser Methode.

Im Kern geht es beim Linkbaiting darum, etwas auf seiner Website zu hinterlegen, was für andere interessant genug ist, um darauf zu verlinken. Linkbaiting muss Aufmerksamkeit generieren, dann kommen die Links bei entsprechend guten Inhalten fast wie von selbst. Das können witzige oder skurrile Inhalte sein, aber auch Nützliches wird oft verlinkt. Bei den Inhalten kann es sich um Tabellen, Checklisten, Artikel, Online-Rechner, Bilder oder Videos handeln. Hier zwei Beispiele für Linkbaiting:

> **Praxisbeispiel**
>
> Unter der ULR http://www.inmedias.de/P/Magento/online-shopsoftware-magento-xt-commerce-vergleich.html habe ich ein kostenloses, 42 Seiten starkes Whitepaper zum Thema Shop-Software und Online-Marketing verankert. Die Seite erfüllt ihren Zweck und wird häufig verlinkt.
>
> Auch diese Seite erfüllt ihren Zweck: https://www.lammenett.de/onlinemarketing/break-even-kosten-online-shop-guetesiegel.html. Am Ende der Seite befindet sich ein Rechenmodell in Form einer Excel-Tabelle zum (fast) kostenlosen Download.

7.5.2.6 Linkaufbau durch gekaufte Backlinks

Es ist schon ironisch: Google selbst schreibt in seinen Webmaster-Richtlinien: *„Stellen Sie sicher, dass andere Websites Links zu Ihrer Website herstellen."* Doch gleichzeitig unternimmt Google allerhand, um dieses „Sicherstellen" zu erschweren. Seit 2007 gibt es auch in Deutschland Link-Händler. Hier können Website-Betreiber, deren Website einen hohen Page-Rank hat, einen Backlink zum Kauf anbieten. Backlinks mit einem Page-Rank von 7 werden heute mit bis zu 200 Euro je Monat gehandelt. PR6-Backlinks haben einen Marktwert von bis zu 150 Euro je Monat. Ein lukratives Geschäft also für die Anbieter und die Link-Händler (Marktplätze). Im Herbst 2007 kündigte Google dann an, gegen solche Link-Händler bzw. -Marktplätze vorzugehen.[155] Sogar einen Service hat Google eingerichtet, bei dem man gekaufte Links melden kann.

Im Anschluss an die Ankündigung von Google ist in Deutschland eine ausgesprochen kontroverse Diskussion über „gekaufte Backlinks" entbrannt. Link-Händler wie http://www.teliad.de sehen gekaufte Backlinks als legitim an. Logisch, denn deren Geschäftsmodell basiert schließlich darauf. In einem Newsletter von teliad.de war 2007 zu lesen: *„aktuell gibt es einige Diskussionen rund um das Thema Textlinkhandel und SEO, die von Google angestoßen wurden. Von Seiten Googles werden der Textlinkhandel und die Suchmaschinenoptimierung so dargestellt, als würden sie lediglich und ausschließlich zur Manipulation und Verschlechterung des Google-Ranking führen. Tatsache ist, dass wir mit unserem Markplatz eine aktive themenrelevante Verlinkung unterstützen, vor allem auch im Content-Bereich. Natürlich dienen Textlinks der SEO, jedoch ist das Ganze nicht so negativ zu betrachten, wie es durch gezielte Öffentlichkeitsarbeit von Google dargestellt wird."* Anschließend wird im Newsletter eine Reihe sachlich nachvollziehbarer Argumente pro Textlinkhandel aufgeführt.

Erste zarte Schritte gegen Link-Händler initiierte Google in Deutschland im Jahr 2012. Ein massives Vorgehen war aber erst zum Frühjahr 2014 zu beobachten. Betroffen waren auch teliad.de sowie einige Kunden der Plattform. Sowohl teliad.de als auch einige Kun-

---

[155] Vgl. http://www.heise.de/newsticker/Google-geht-gegen-Linkhandel-vor--/meldung/98042, Abruf 15.11.2018.

den wurden erheblich heruntergestuft. Im Verlauf des Jahres 2014 wurden seitens Google weitere Penaltys gegen Link-Händler und deren Kunden initiiert.

Um zu überleben, änderten einige Link-Händler ihre Geschäftsgebaren. Teliad.de benannte sich sogar um und bemühte sich stark, sein Image in Richtung Content-Marketing-Dienstleister[156] zu verschieben. Auch wurden einige Details geändert, um fortan nur noch mit den Richtlinien von Google konforme Dienstleistungen anzubieten. Details zu diesem strategisch interessanten Schritt von teliad.de können in diesem Blogbeitrag nachgelesen werden: http://www.seo-united.de/blog/internet/teliad-wagt-neuanfang-unter-neuem-namen-219.htm. Der Umstand, dass teliad.de sich zu SeedingUp umbenannt hat, was heute eine Influencer-Plattform ist, deutet darauf hin, dass die angedachten „googlekonformen" Dienstleistungen nicht angenommen wurden.

„Gekaufte Backlinks" sind mit Stand November 2018 kein tragfähiges Geschäftsmodell mehr. Jedenfalls nicht im großen Stil wie früher. Die großen und bekannten Handelsportale von einst gibt es nicht mehr. Im kleinen Stil scheint das Geschäft mit gekauften Backlinks aber noch zu funktionieren. Persönlich halte ich die vorsichtige Beimischung gekaufter, themenrelevanter Backlinks für sinnvoll. Allerdings liegt hier die Betonung auf „vorsichtig". Die Website, von der der Backlink eingekauft wird, sollte tatsächlich themenrelevant sein, sie sollte nicht offensichtlich als „verkaufende Website" einzustufen sein und der Backlink sollte nicht als offensichtlich gekaufter Link platziert werden, sondern eher intelligent im redaktionellen Bereich der Website verankert sein.

7.5.2.7 Linkaufbau durch Social Media

Strategische Bedeutung haben Backlinks aus sozialen Netzwerken. 2010 wurden diese noch als irrelevant im Zusammenhang mit SEO bezeichnet. Ende 2011 deuteten viele Indikatoren darauf hin, dass solche Links an Wert gewinnen. Es gibt bereits mehrere Studien, die einen Zusammenhang zwischen dem Ranking einer Website und den dazu verfügbaren Social Signals herstellen wollen. 2013 kam sowohl die Searchmetrics-Studie[157] als auch die SEOmoz-Studie[158] zu dem Ergebnis, dass Backlinks aus sozialen Netzwerken eine sehr hohe Relevanz für das Ranking haben. Allen voran wurden hier Google+ und Facebook genannt. 2015 wurden Backlinks aus sozialen Medien dann wieder von den gleichen Quellen als überbewertet bezeichnet. Bisher konnte also niemand nachhaltig nachweisen, dass Social Signals das Ranking tatsächlich aktiv und positiv beeinflussen.

Fakt ist: Immer häufiger sind auf Webseiten Buttons zu finden wie der Facebook-„gefällt mir" oder der „Retweet this"-Button. Seit Sommer 2011 gibt es nun auch den „Google +1"-Button. Diese Buttons sorgen dafür, dass Privatpersonen, die keine Website haben, gegenüber ihrem Umfeld dennoch eine Art Empfehlung ausdrücken können. Bei der

---

[156] Vgl. http://www.seo-united.de/blog/internet/teliad-wagt-neuanfang-unter-neuem-namen-219.htm, Abruf 15.11.2018.
[157] Vgl. http://www.searchmetrics.com/de/services/ranking-faktoren-2013, Abruf 15.08.2016.
[158] Vgl. http://moz.com/article/search-ranking-factors#metrics, Abruf 15.08.2016.

Einbindung von Social Media als Faktor für das Google-Ranking geht es also darum, „alle Meinungen" einzufangen, auch die Meinungen von Personen, die nicht die Möglichkeit haben, auf Webseiten Backlinks zu setzen. Es soll ein besseres, globaleres Abbild davon geschaffen werden, was die User wirklich gut finden und weiterempfehlen.

Auch wenn die Ranking-Analysen 2015 und 2016 Backlinks aus sozialen Netzwerken als nicht mehr so relevant beurteilen wie noch in den Jahren zuvor, ist deren Beimischung aus strategischer Sicht sinnvoll. Ein Indiz für diese Aussage ist die im Februar 2015 besiegelte Partnerschaft zwischen Google und Twitter. Bereits in der Vergangenheit arbeitete Google einmal mit Twitter zusammen. Die alte neue Partnerschaft des Suchmaschinen-Riesen Google und des sozialen Netzwerks Twitter sendet ein klares Signal für das Zusammenspiel von Search und Social. Obwohl in den aktuellen Ranking-Reports die sogenannten Social Signals als überbewertet gesehen werden, muss man sich mittel- bis langfristig sicher darauf einstellen, dass die Beziehung der beiden Disziplinen SEO und SMM enger wird.

7.5.2.8 Linkaufbau und gute Platzierungen durch spezielle Services

Die Erkenntnis, dass große Webseiten von den Suchmaschinen als „wichtiger" angesehen werden, ist nicht neu. Diesen Umstand machen sich Verzeichnisse, Shoppingportale wie im Kapitel 7.3 beschriebene, Artikelseiten oder Preissuchmaschinen zunutze, um Traffic bei Google und Co. abzugreifen und diesen weiter zu vermarkten (z. B. über AdSense, Backlink-Verkauf oder Affiliate-Marketing).

Eine Spielart, um mit „Größe" bei Suchmaschinen Geld zu verdienen, hatte die Firma 3klicks entwickelt. Über das Portal http://www.3klicks.de bzw. über das mittlerweile eingestellte Portal plazoo.de konnten Unternehmen Pressemeldungen, Artikel, Job-Angebote, Produktangebote und Coupons präsentieren. Die Nachrichten und Angebote wurden einerseits über RSS-Feeds distribuiert und andererseits über angeschlossene Portale wie plazoo.de. Vor wenigen Jahren noch konnte man bei entsprechender Machart mit 3klicks-Seiten schnell eine gute Platzierung in Suchmaschinen erreichen. Doch derartige Seiten, die bisweilen auch als Content-Farmen bezeichnet werden, sind Google ein Dorn im Auge. Die Qualität der dort veröffentlichten Inhalte ist häufig minderwertig und drängt andere, womöglich nützlichere Webseiten, auf die hinteren Plätze. Nach einer Algorithmus-Änderung 2014 ging es diesem Website-Typus an den Kragen. Zum Zweck des Linkaufbaus sind derartige Dienste heute daher nicht mehr empfehlenswert. Natürlich erfüllen Preissuchmaschinen auch noch andere Funktionen und fallen daher nicht zwingend in die Kategorie „Content-Farmen".

7.5.2.9 Weitere Möglichkeiten mit zweifelhaften Erfolgschancen

Weitere Möglichkeiten zur Erhöhung der Link-Popularität sind die Nutzung sogenannter Link-Farmen oder der Eintrag in Gästebücher. Zeitweilig gab es in verschiedenen Ostblockstaaten Websites, die im Wesentlichen ein einziges riesiges Gästebuch waren. Diese hatten einen hohen Page-Rank. Ihr einziger Zweck besteht darin, Backlinks mit hohem Page-Rank zu ermöglichen. Heute sind solche Dienste nicht mehr empfehlenswert.

7.5.2.10 Linkaufbau durch Content-Marketing

Strategisch immer bedeutender wird wohl der Linkaufbau durch Content-Marketing. Daher habe ich dieser Form des Linkaufbaus ein eigenes Kapitel gewidmet (vgl. Kapitel 11).

7.5.3 Backlinks prüfen und gegebenenfalls bereinigen[159]

Die Offsite-Optimierung hat sich in den vergangenen Jahren stark verändert. Im Abschnitt 7.5.1 habe ich die Entwicklung ausführlich erläutert. Qualitativ minderwertige Links werden in Zukunft wohl kaum noch von Bedeutung sein. Manche SEO-Experten vertreten gar die Meinung, dass minderwertige Links eher schädlich sind. Das wirft zwei Fragen auf: Was sind minderwertige Backlinks? Und was ist zu tun, wenn man aus vergangenen Tagen viele minderwertige Backlinks hat?

Es gibt einen recht weitreichenden Kriterienkatalog, der minderwertige Backlinks qualifiziert. Grob gesagt sollten Links heute eine „Daseinsberechtigung" haben, die über das Linkbuilding hinausgeht. Minderwertige Webkataloge, Linkfarmen und Artikelverzeichnisse würden demnach nur minderwertige Backlinks liefern.

Noch vor einigen Jahren zählte im Grunde jeder Backlink, wenn er nicht gerade aus einer sogenannten „Bad Neighbourhood" kam. Darunter versteht man die Nähe zu Seiten, die gegen Richtlinien der Suchmaschinen verstoßen oder sogar eine Penalty erhalten haben. Das ist in der Regel dann der Fall, wenn die Seite manipulative, unerlaubte Techniken wie z. B. Keyword-Stuffing, Cloaking oder bezahlten Linkaufbau einsetzt. Die jüngere Entwicklung führt nun dazu, dass heute viele Webseiten über Backlinks verfügen, um die man sich heute nicht mehr bemühen würde. Viele SEO-Agenturen sind daher dazu übergegangen, die Backlinkprofile ihrer Kunden zu bereinigen und minderwertige Backlinks zu entfernen. Wie aber kann man minderwertige Backlinks entfernen?

Ein Weg zur Entfernung ist sicherlich, den Betreiber der verlinkenden Website zu kontaktieren und um Entfernung zu bitten. Das ist allerdings sehr aufwändig und kann bisweilen etwas frustrierend werden, da man häufig keine Antwort auf eine Bitte erhält. Auf Seiten des Webseitenbetreibers verursacht die Entfernung nur Aufwand. Einen Vorteil hat der Betreiber nicht. Viele Webmaster ignorieren daher solche Bitten.

Ein zweiter Weg ist die „Entwertung" von Backlinks mit dem Disavow-Tool von Google. Google hat dieses Tool 2012 eingeführt. Seit 2014 findet es auch in Deutschland verstärkt Beachtung. Im Prinzip teilt man Google in einer einfachen Liste mit, welche Backlinks nicht mehr beachtet werden sollen. Das Disavow-Tool von Google ist unter dieser URL zu finden: https://www.google.com/webmasters/tools/disavow-links. Dieses Tool ist

---

[159] Die Inhalte dieses Kapitels stammen aus meinem Whitepaper „SEO Offsite-Optimierung gestern, heute und morgen" und sind nicht exklusiver Bestandteil des vorliegenden Werkes. Quelle: https://www.lammenett.de/wp-content/uploads/2018/09/timSpecialNo3_Offsite-Optimierung.pdf, S. 6 ff., Abruf 15.11.2018.

allerdings mit Vorsicht einzusetzen und sollte keinesfalls von Anfängern bedient werden. Google selbst schreibt dazu: *„Es handelt sich hierbei um eine erweiterte Funktion, die nur mit Vorsicht eingesetzt werden sollte. Bei unsachgemäßer Verwendung kann sie sich nachteilig auf das Abschneiden Ihrer Website in den Suchergebnissen von Google auswirken. Sie sollten Backlinks nur für ungültig erklären, wenn Ihrer Ansicht nach eine erhebliche Anzahl von Spam-Links, künstlichen Links oder minderwertigen Links auf Ihre Website verweisen und Sie sich sicher sind, dass diese Ihnen Probleme verursachen."*[160]

Diese Entwicklung haben die Hersteller von SEO-Tools zum Anlass genommen, ihre Software um Disavow-Module zu erweitern. Denn zum einen wissen viele Webseitenbetreiber gar nicht, welche Backlinks überhaupt auf die eigene Internetpräsenz zeigen, und zum anderen wäre die qualitative Bewertung jedes einzelnen Backlinks Sisyphusarbeit, würde man sie manuell durchführen. Hier setzen die Disavow-Module von SEO-Tools an. Um Ihnen einen Eindruck über die Arbeitsweise solcher Tools zu geben, stelle ich Ihnen in der Folge das Disavow-Tool der XOVI-Suite einmal vor. Das Tool dient dazu, Probleme im Bereich Backlinks zu erkennen, noch bevor die Internetpräsenz von der Suchmaschine abgestraft wurde, und die Arbeit der Analyse und Entwertung in zeitlicher Hinsicht zu optimieren.

In einem ersten Schritt muss die Analyse angelegt werden. Die wesentlichen Angaben sind hier die Domain, die untersucht werden soll, und der Themenbereich, in den diese Domain fällt. Abbildung 7.11 zeigt die Anlage der Analyse.

Im zweiten Schritt können eigene Linklisten zur Verfügung gestellt werden, die dann in die Bewertung einbezogen werden. Standardmäßig greift XOVI auf die Backlinks aus der eigenen Datenbank zurück. Doch bietet die Suite eben auch die Möglichkeit, aus unterschiedlichen Quellen ergänzende Informationen beizusteuern. Es können sogar über API Key Daten von Ahrefs und Majestics bezogen werden. Aber ich möchte das Ganze an dieser Stelle nicht zu technisch werden lassen. Sicherlich reichen für die meisten Anforderungen die Daten aus der XOVI-Datenbank.

Im dritten Schritt, dem Bereich „Crawling", kann eingestellt werden, ob No-follow-Links gecrawlt werden sollen, welche Suchmaschine im Fokus stehen soll und welche Links ignoriert werden sollen.

Im vierten Schritt können die Regeln und Kriterien festgelegt werden, nach denen XOVI die Links analysiert. Um gegen bestehende Unnatürlichkeiten im Bereich Backlinks anzugehen, hat Google folgende Links im Fokus:

- Links mit einem sehr harten Anchortext (z. B. „Versicherung"),
- Links aus dem Footer (Side-wide und im nicht sichtbaren Bereich),
- Backlinks, die unnatürlich zustande gekommen sind (z. B. gekaufte Backlinks),

---

[160] https://support.google.com/webmasters/answer/2648487?hl=de, Abruf 09.08.2018.

- unnatürlich schnelle Backlinkentwicklung (Zeitraum),
- Links aus Linklisten, Artikelverzeichnissen und Webkatalogen und
- Links von thematisch irrelevanten Websites.

Abbildung 7.11   Anlage einer Disavow-Analyse in XOVI

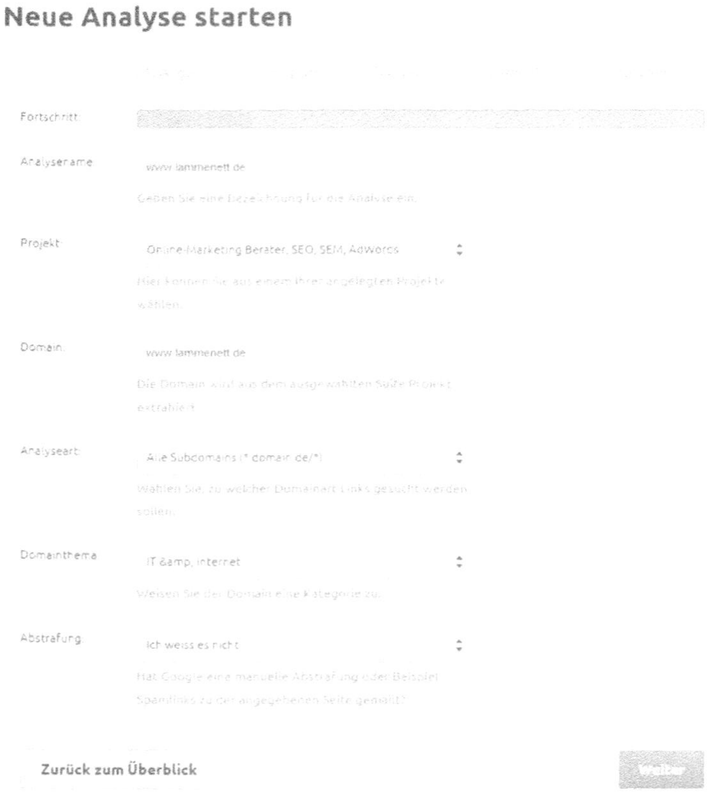

Neue Analyse starten

Fortschritt	
Analysename	www.lammenett.de
	Geben Sie eine Bezeichnung für die Analyse ein.
Projekt	Online-Marketing Berater, SEO, SEM, AdWords
	Hier können Sie aus einem Ihrer angelegten Projekte wählen.
Domain	www.lammenett.de
	Die Domain wird aus dem ausgewählten Suite-Projekt extrahiert.
Analyseart	Alle Subdomains (*.domain.de/*)
	Wählen Sie, zu welcher Domainart Links gesucht werden sollen.
Domainthema	IT & Internet
	Weisen Sie der Domain eine Kategorie zu.
Abstrafung	ich weiss es nicht
	Hat Google eine manuelle Abstrafung oder Beispiel-Spamlinks zu der angegebenen Seite gemeldet?

Zurück zum Überblick   Weiter

Quelle: www.XOVI.de

Insgesamt gibt es in XOVI mit Stand November 2018 46 verschiedene Link-Kriterien, nach denen schädliche Backlinks identifiziert werden. Der Benutzer kann selbst entscheiden, welche der Regeln auf eine Analyse angewandt werden sollen. Abbildung 7.12 zeigt das entsprechende Auswahlmenü.

Nach dem Start der Analyse im Schritt fünf dauert es einige Zeit, bis das Ergebnis bereitsteht. Müssen viele Backlinks analysiert werden, so kann dieser Prozess auch eine Stunde oder länger dauern. Die Abbildung 7.13 zeigt ein Analyseergebnis. Durch Klick auf die Schaltfläche mit dem +-Zeichen können Details zu dem fraglichen Backlink abgerufen werden. Sehr schön ist auch die Funktion auf der rechten Seite des Ergebnisbildschirms. Hier kann man einen Link markieren und damit auf eine Liste setzen, die über die Option „Google Disavow Datei erstellen" heruntergeladen werden kann. Diese Datei kann dann bei Google über das Google-Disavow-Tool eingereicht werden (https://www.google.com/webmasters/tools/disavow-links).

Abbildung 7.12 Anlage einer Disavow-Analyse in XOVI – Regeln

Quelle: www.XOVI.de

An dieser Stelle nochmal der eindringliche Hinweis, dass das Google-Disavow-Tool und alle damit zusammenhängenden Tools von Drittanbietern Expertentools sind. Nicht umsonst warnt Google vor nachhaltigen Schäden bei unsachgemäßer Nutzung.

Abbildung 7.13 Ergebnis einer Disavow-Analyse in XOVI

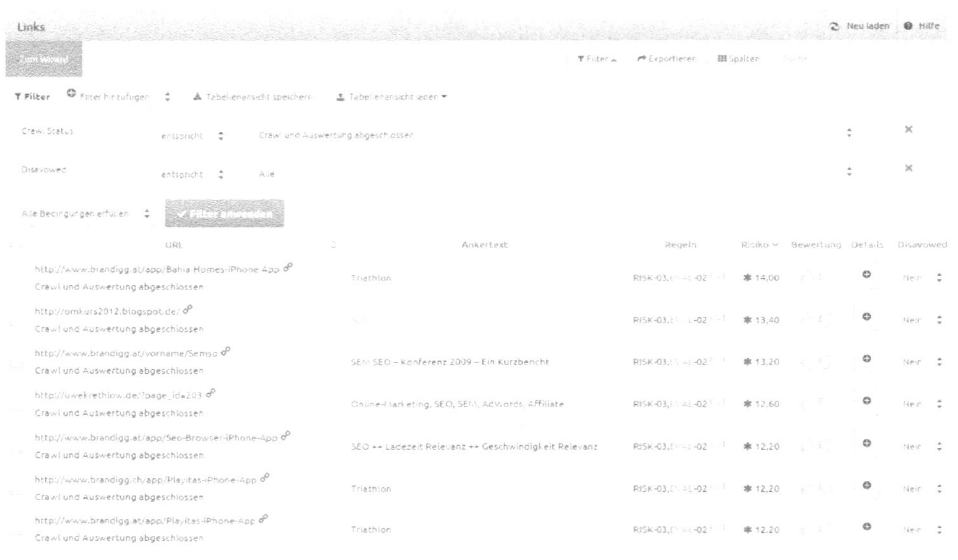

Quelle: www.XOVI.de

7.6 Überprüfung der Besucherqualität

Wie bereits mehrfach erwähnt kommt es schlussendlich nicht darauf an, welche Suchbegriffe oder Suchbegriffkombinationen die meisten Besucher auf eine bestimmte Website bringen, sondern darauf, welche Suchworte bzw. Suchwortkombinationen Besucher auf die Website gelenkt haben, die dann auch eine gewünschte Handlung (Kauf, Ausfüllen eines Kontaktformulars etc.) vollzogen haben. Um das beurteilen zu können, muss ein professionelles Controlling-Werkzeug verwendet werden. Abbildung 7.14 macht den Wert derartiger Controlling-Werkzeuge für die Suchmaschinenoptimierung eindrucksvoll deutlich.

Leider hat Google per September 2013 die Übermittlung der organischen Suchbegriffe (unbezahlter Besuchertraffic) an Google Analytics eingestellt. Bei dem bezahlten Besuchertraffic (aus Google Ads) werden diese wertvollen Details noch übermittelt. Bei der unbezahlten Suche stehen heute zumeist nur ganz wenige Keywords in der Auflistung und eine Position mit der Bezeichnung „not provided". Um dennoch Rückschlüsse über einzelne organische Suchbegriffe zu erhalten, musste man nach 2013 die Google Webmastertools (heute Search Console) bemühen. Dort wurden aber leider nur die Daten der vergangenen 90 Tage gespeichert, was für viele SEOs ein Ärgernis war. Seit der Einführung der neuen Search Console im Spätsommer 2018 werden aber dort immerhin die Daten der letzten 16 Monate bereitgestellt.

7.7 Kosten-Nutzen-Betrachtung

Unter Zuhilfenahme der in den vorangegangenen Kapiteln beschriebenen Techniken und Controlling-Werkzeuge ist die Überprüfung der Kosten-Nutzen-Relation der Suchmaschinenoptimierungsarbeiten recht einfach. Die Kosten der Suchmaschinenoptimierung sind bekannt; entweder weil man ein externes Unternehmen damit betraut hat, welches hierfür eine Rechnung erstellt, oder weil der Zeitaufwand für die Optimierung protokolliert und mit einem Stundensatz bewertet worden ist. Der Nutzen, also der direkt aus der Suchmaschinenoptimierung resultierende Ertrag, lässt sich beim Einsatz eines entsprechenden Controlling-Werkzeuges direkt ablesen (vgl. Abbildung 7.14). Wird nicht direkt über die Website verkauft, sondern lediglich Geschäft angebahnt, etwa weil die Produkte oder Dienstleistungen, die es zu vermarkten gilt, stark erklärungsbedürftig sind, dann kann die Kosten-Nutzen-Relation bzw. der Return on Investment (ROI) auch unter Zuhilfenahme des Customer Lifetime Values (Kundenwert) ermittelt werden. Auch dies können moderne Controlling-Werkzeuge abbilden.

> **Praxisbeispiel**
>
> Ein Assekuranzmakler vertreibt im Wesentlichen Nischenprodukte an Segel- oder Motorbootbesitzer. Er lässt die Suchmaschinenoptimierung durch einen Freelancer in Zusammenarbeit mit einer professionellen Agentur durchführen. Die Kosten hierfür betragen pro Jahr K. Durch den Einsatz des Tracking-Werkzeuges erfährt das Unternehmen genau, wie viele Anfrageformulare (AF) auf die Suchmaschinenoptimierung zurückzuführen sind. Dem Unternehmen liegen statistische Auswertungen vor, die besagen, dass eine von zehn Anfragen zu einem Abschluss führt. Ferner liegen dem Unternehmen statistische Daten vor, welche besagen, dass ein Neukunde im Laufe seines Kundenlebenszyklus N Jahre Kunde bleibt, X Produkte kauft und Y Euro Umsatz tätigt. Dabei entsteht ein Gewinn für das Unternehmen von Z. Der Gewinn von Z bezeichnet den Wert eines Kunden für das Unternehmen. Für den Assekuranzmakler lässt sich folgende einfache Formel zur Ermittlung des ROI ableiten:
>
> ROI = (AF / 10 * Z) / K (Bei dieser Formel wird vernachlässigt, dass der Gewinn Z streng genommen um die Jahre N abgezinst werden muss).
>
> Stellt man die Formel nach K um und setzt ROI = 1, so erhält man den Wert, den das Unternehmen maximal für Suchmaschinenoptimierung ausgeben darf, damit die SEO-Investition mindestens einen ROI von 1 ergibt: K = (AF / 10 * Z)

Abbildung 7.14 Analyse der Umsatzstärke einzelner Keywords aus SEO-Arbeit

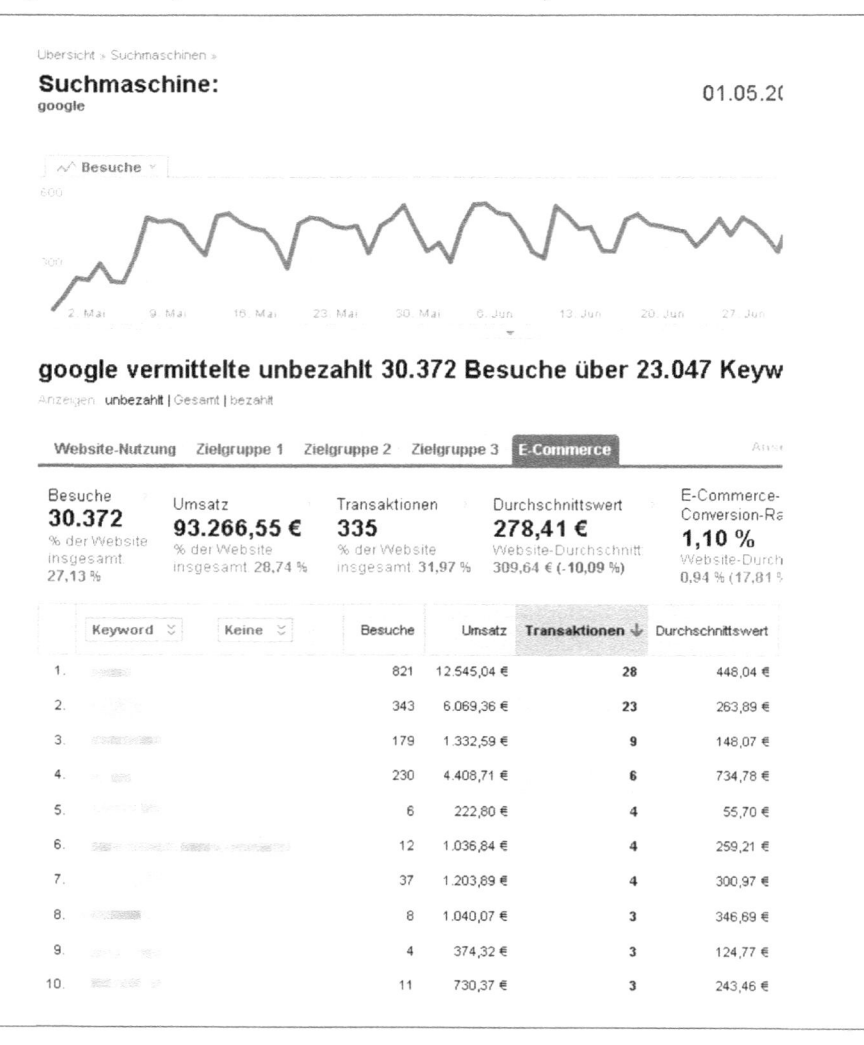

Quelle: Google Analytics, Abruf Februar 2016

7.8 Zusammenfassung klassische SEO

Unstrittig dürfte die betriebswirtschaftliche Relevanz von Suchmaschinenoptimierung sein. In manchen Branchen dürfte diese sogar extrem hoch sein. So ergab beispielsweise die Studie „Online-Marketing bei deutschen Onlineshops 2018", dass rund 80 Prozent des Traffics deutscher Online-Shops von organischen Suchanfragen stammen.

Unstrittig ist ebenfalls die Tatsache, dass Keyword-Advertising kein Substitut für Suchmaschinenoptimierung ist und dass ein optimales Ergebnis beim Suchmaschinenmarketing nur erreicht wird, wenn beide Instrumente parallel eingesetzt und die Möglichkeiten von Universal Search (vgl. Kapitel 8) nicht ignoriert werden.

Trotz veränderter Wahrnehmung der SERP und trotz diverser Möglichkeiten, über Elemente von Universal Search auf die SERP zu gelangen, ist eine gute Position in den organischen Suchergebnissen nach wie vor von hohem Wert. Ein Indiz dafür ist die von der Firma Sistrix 2015 veröffentlichte Studie. Im Rahmen der Studie wurden über 124 Millionen organische Klicks ausgewertet. Fast 60 Prozent entfielen auf Position 1. Position 2 erhielt mit rund 15 Prozent nur noch ein Viertel der Klicks der ersten Position. Danach erfolgte ein moderater Abfall der Klickwahrscheinlichkeit. Details können Abbildung 7.15 entnommen werden. Die Klickwahrscheinlichkeiten war auf den unterschiedlichen Geräteklassen (Desktop, Smartphone und Tablet) in etwa gleich verteilt.

Abbildung 7.15 Klickverteilung – Sistrix-Studie aus 2015

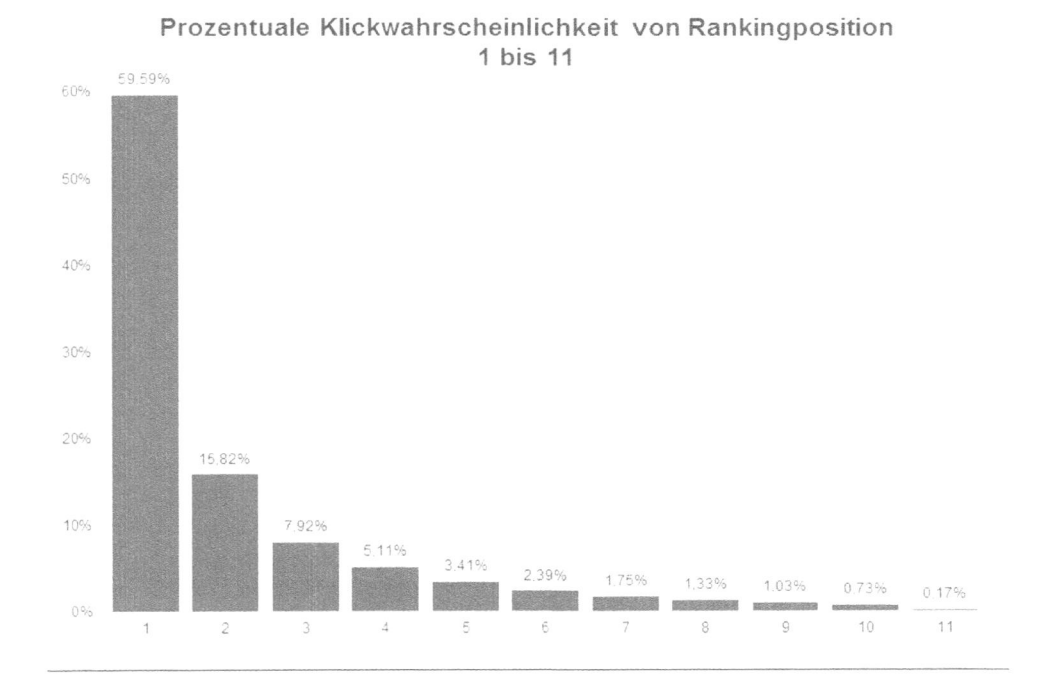

Prozentuale Klickwahrscheinlichkeit von Rankingposition 1 bis 11

Position	Klickwahrscheinlichkeit
1	59,59%
2	15,82%
3	7,92%
4	5,11%
5	3,41%
6	2,39%
7	1,75%
8	1,33%
9	1,03%
10	0,73%
11	0,17%

Quelle: https://www.sistrix.de/news/klickwahrscheinlichkeiten-in-den-google-serps, Abruf 10.11.2018

Diese Studie ist nicht repräsentativ und nicht mehr ganz neu. Sie kann daher nur als Indiz gewertet werden. Sie basiert auf rund 124 Millionen Klicks, die über die Google Search Consolen-API bezogen wurden. Die Firma Sistrix hatte hierzu die Erlaubnis einiger Kunden erhalten. Welche Kunden das sind und in welchen Branchen diese Kunden aktiv sind, ist unklar. Eine allgemeingültige Aussage kann daher nicht getroffen werden. Als Fazit kann man jedoch vorsichtig formulieren: Unabhängig von der Wahrnehmung der SERP ist die Wahrscheinlichkeit hoch, dass organische Rankings auf der ersten und zweiten Position deutlich häufiger geklickt werden als Rankings ab Position fünf.

Da die Studie sich nur auf organische Klicks bezog, kann natürlich keine Aussage darüber gemacht werden, wie das Verhältnis von „Klicks auf organische Rankings" zu „Klicks auf andere Elemente der SERP" war.

Insgesamt sollten alle Optionen immer sorgfältig geprüft werden und Aufwand und Nutzen gegenübergestellt werden. Gerade durch Universal Search und die weiteren Neuerungen, allen voran die personalisierte Suche, ist die Suchmaschinenoptimierung komplexer geworden. Suchmaschinenoptimierung ist daher heute mehr denn je Permanentgeschäft. In Abhängigkeit der Konkurrenzlage sogar ein ausgesprochen komplexes und zeitintensives Permanentgeschäft.

In der Praxis gibt es eine Reihe Unternehmen, die sich eine „goldene Nase" durch Suchmaschinenoptimierung verdienen. Aber es gibt noch viel mehr Unternehmen, die Suchmaschinenoptimierung als Einmalaktion verstehen und bis heute auf ein Erfolgserlebnis warten.

Die Schwierigkeiten der Suchmaschinenoptimierung und einige Lösungsansätze sind in diesem Kapitel beschrieben worden. Doch die wichtigste Frage der Suchmaschinenoptimierung kann erst beantwortet werden, wenn der gesamte Aufwand und damit der gesamte Invest der Optimierungsarbeit bereits getätigt worden ist. Diese Frage lautet: Bringt die Suchmaschinenoptimierung nur neue Besucher – oder bringt sie Besucher, die die vom Unternehmen gewünschte Transaktion ausführen? Für Unternehmen, die über SEO nachdenken, wäre es natürlich schön, wenn sie eine Antwort auf diese Frage hätten, bevor sie über die Höhe der Investition in SEO entscheiden. Nur die wenigsten werden diese Antwort kennen. Das zählt zum Unternehmerrisiko, welches nur durch die Involvierung eines Profis abgefedert werden kann.

Universal Search
Hintergründe, Elemente, Bedeutung für unterschiedliche Unternehmenstypen

8 Universal Search

8.1 Elemente von Universal Search im Detail

Seit der Einführung von Universal Search (vgl. Kapitel 7.1.1) ist es enger geworden auf der Suchergebnisseite. Die klassische Suchmaschinenoptimierung hat Konkurrenz bekommen. Neben dem Keyword-Advertising und den organischen Listings gibt es nun weitere Möglichkeiten, auf die erste Suchergebnisseite zu gelangen.

Im Kapitel 7 wird die klassische Suchmaschinenoptimierung ausführlich erläutert. Weitere Wege auf die erste Suchergebnisseite durch Elemente von Universal Search werden in diesem Kapitel nur kurz aufgezeigt. Eine ausführliche Darstellung würde den Rahmen dieses Buches sprengen.

8.2 Bedeutung für unterschiedliche Unternehmensformen

Die unterschiedlichen Einblendungen, die im Rahmen von Universal Search auf der Ergebnisseite erfolgen, haben für verschiedene Unternehmen bzw. Geschäftsmodelle natürlich eine unterschiedliche Bedeutung. So sind beispielsweise Einblendungen von News mittlerweile für viele Verlage eine sehr bedeutende Quelle für Besuchertraffic auf die jeweilige Verlagswebseite. Zumeist sind dies Webseiten von Magazinen oder Tageszeitungen. In den letzten Jahren ist zwischen den großen Verlagen in Deutschland ein regelrechter Krieg darüber ausgebrochen, wer hier am besten platziert ist und wer die meisten bzw. die längsten Einblendungen in Google News erzielt.

Für einen Online-Shop hingegen sind News-Einblendungen weniger relevant, im Gegensatz zu Einblendungen aus Google Products und mit Einschränkungen auch über Google Pictures oder Google Video.

Für regional orientierte Anbieter kann wiederum eine Google-Places- (Google-Maps-) Einblendung hoch interessant sein.

Je nach Business-Modell kann sich also die Bedeutung der einzelnen Universal-Search-Einblendungen für unterschiedliche Unternehmensformen stark unterscheiden. Eine pauschale Aussage im Sinne von „Google Maps ist wichtiger als Google Pictures" kann demnach nicht gemacht werden.

8.3 Google News

Dass Google unter der URL http://news.google.de Nachrichten von Magazinen, Tageszeitungen und Presseportalen aggregiert, dürfte mittlerweile hinlänglich bekannt sein. Seit 2008 blendet Google bei manchen Suchanfragen Nachrichten auf der ersten Suchergebnisseite ein. Der Weg auf die erste Seite kann also auch über eine gut geschriebene Pressemeldung führen. Einziges Manko: Die Nachricht verbleibt oft nur wenige Tage, in manchen Fällen nur wenige Stunden auf der ersten Seite. Sobald eine aktuellere Nachricht zum gleichen Thema erscheint, wird sie ausgetauscht.

Dieser Weg auf die erste SERP von Google ist besonders in Nischenmärkten eine interessante Alternative, denn hier sind Nachrichten seltener und Einträge bleiben länger bestehen. Ein Beispiel: Abbildung 8.1 zeigt die Suchergebnisseite beim Suchwort „Magento" im Oktober 2009. Magento ist ein OpenSource-Shop-System, mit dem wir in unserer Agentur E-Commerce-Projekte realisieren. Das Produkt war damals relativ neu und technisch sehr komplex. Mit Stand Herbst 2009 gab es in Deutschland höchstens fünf Agenturen, die mit diesem Produkt größere und komplexe Projekte qualitativ hochwertig abwickeln konnten. Der Markt konnte also 2009 durchaus (noch) als Nischenmarkt bezeichnet werden. Abbildung 8.1 zeigt eine Pressemeldung der Agentur team in medias GmbH im oberen Bereich der SERP. Beim Suchwort „Magento" hatte es die Agentur mit der URL http://www.inmedias.de bis zu diesem Zeitpunkt nur bis auf die zweite Seite bei Google geschafft. Die Pressemeldung stand jedoch fünf Tage auf der ersten Seite. Ein klassisches Beispiel also, wie man über die „Abkürzung" Universal Search zumindest temporär auf die erste Suchergebnisseite gelangen kann. Dieses Vorgehensmodell ist auch 2018 noch gangbar.

Bei der Erstellung von Pressemeldungen, die – neben der PR-Wirkung – auch das Ziel verfolgen, für einige Zeit auf der SERP bei Google eingeblendet zu werden, müssen Sie auf wenige Dinge achten. Zum einen sollte das Suchwort, welches Sie promoten möchten, im Titel und im ersten Satz der Pressemeldung vorkommen. Zum anderen ist es von Vorteil, wenn das Suchwort mehrmals im Text der Meldung enthalten ist. Natürlich muss die Meldung nach Fertigstellung über geeignete Portale verteilt werden.

Mittlerweile gibt es Dutzende kostenpflichtige und kostenfreie Presseportale, in die man seine Pressemeldung einstellen kann. In Tabelle 8.1 eine kleine Auswahl.

Tabelle 8.1   Online-Presseportale

Online-Presseportale ohne Registrierung	Online-Presseportale mit Registrierung
Open-pr.de	Pr-inside.com
Prcenter.de	Live-pr.com
Ttrendkraft.de	Firmenpresse.de
Offenes-presseportal.de	Presseanzeiger.de
Newsmax.de	News4press.com

Abbildung 8.1 Pressetext als News-Einblendung auf der SERP

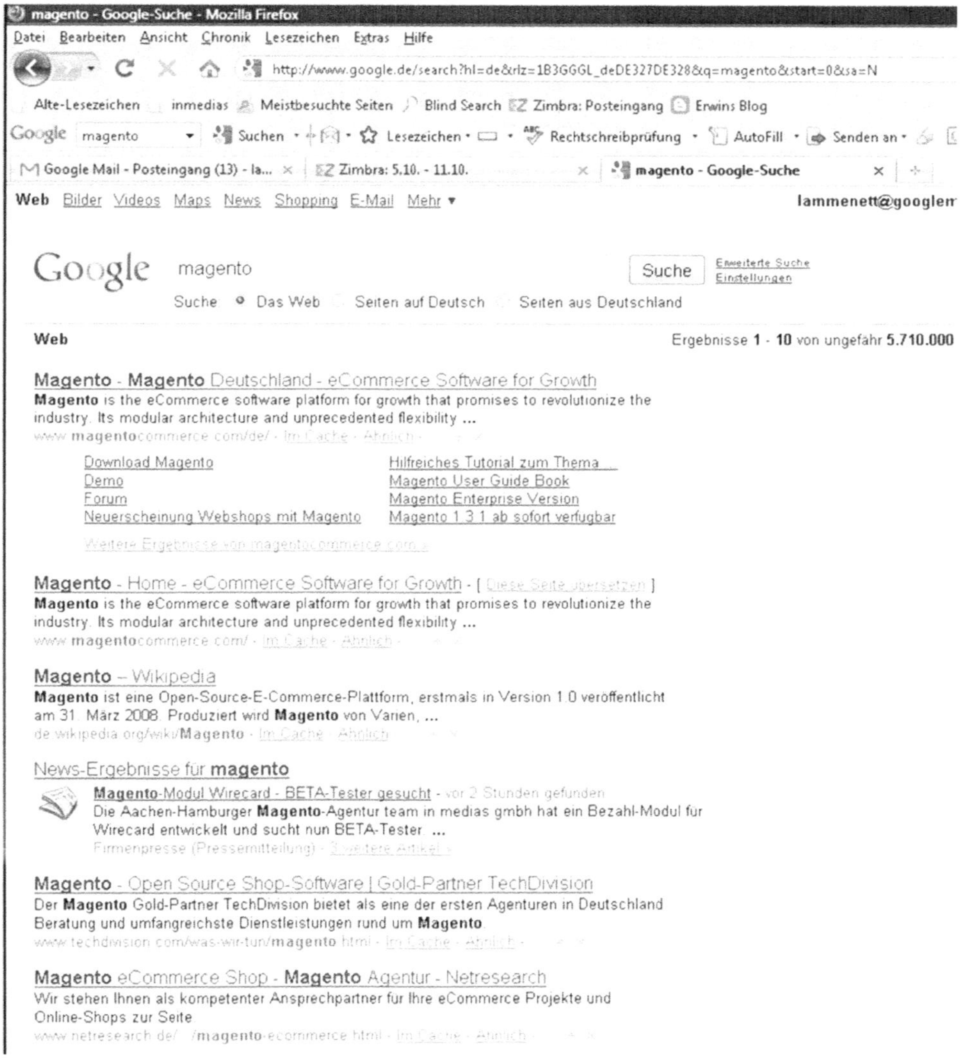

Quelle: Google.de, Abruf 02.04.2008

8.4 Google Video und YouTube

Was für Google News gilt, ist im Prinzip auch für Google Video (http://video.google.de) gültig. Allerdings wurde Google Video Anfang 2009 eingestellt. Dennoch findet man auf der SERP bei bestimmten Suchen immer wieder Videos. Diese stammen oft auch von YouTube. YouTube wurde von Google 2006 für 1,6 Milliarden US-Dollar übernommen. Neuerdings werden auch punktuell Videos von anderen Videoportalen eingeblendet. Studien haben aber ergeben, dass der Löwenanteil der auf der SERP eingeblendeten Videos von YouTube stammt. Daher ist eine Konzentration auf YouTube als Plattform aus dem SEO-Blickwinkel sicher nicht falsch.

Der Vorteil eines Video-Listings auf der ersten Suchergebnisseite ist klar: Das Video fällt ins Auge. Die Chance, angeklickt zu werden und die Aufmerksamkeit von Suchenden zu erlangen, ist damit sehr hoch. Wahrscheinlich viel höher als die eines normalen Texteintrags. Bereits im Januar 2009 habe ich in einem kleinen Feldversuch,[161] der sich allerdings auf Landing-Pages bezog, festgestellt, dass Landing-Pages mit Video eine um 20 Prozent höhere Conversion-Rate erbringen. Auch im E-Commerce ist bekannt, dass Videos in E-Commerce-Shops in der Regel eine Steigerung der Conversion-Rate von bis zu 40 Prozent erbringen. Mittlerweile gibt es sogar wissenschaftliche Untersuchungen über dieses Phänomen. Daher liegt die begründete Vermutung nahe, dass ein Video-Listing auf der ersten Suchergebnisseite gleich in mehrfacher Hinsicht einen positiven Effekt haben wird.

In diesem Zusammenhang stellt sich natürlich die Frage, was Sie tun müssen, damit Ihr Video bei einer bestimmten Suchanfrage auf der ersten Suchergebnisseite erscheint. Diese Frage ist schwer zu beantworten. Grundsätzlich müssen Sie natürlich Ihr Video der Internetgemeinde bereitstellen, beispielsweise über YouTube. Bei dieser Bereitstellung sollten die Wörter, unter denen das Video später gefunden werden soll, im Title-Tag, der Beschreibung und im Feld-Tag vorkommen. Bei meinen Analysen habe ich festgestellt, dass neben der sinnvollen Ergänzung von relevanten Schlagworten auch die Anzahl der Besucher und die Anzahl der hinterlassenen Kommentare eine Rolle zu spielen scheinen.

Interessant ist auch, dass sich die Einblendung von Videos auf der SERP nicht immer gleich verhält. Es macht einen Unterschied, ob man eine Suchanfrage mittels eines Desktop-PCs durchführt oder ein Tablet verwendet oder ob man bei Google eingeloggt ist oder nicht. Beispielsweise sind in Abbildung 8.2 Videoeinblendungen beim Suchwort „ecommerce berater" auf einem iPad zu sehen. Beim gleichen Suchwort erhalte ich auf meinem Laptop keine Videoeinblendungen.

Genaue Informationen darüber, unter welchen Umständen ein Video auf der ersten Suchergebnisseite eingeblendet wird, sind von Google jedoch bisher nicht veröffentlicht worden. Allerdings gibt es mittlerweile etliche Bücher mit klingenden Titeln wie

---

[161] Vgl. Screencast auf https://www.lammenett.de/keyword-advertising/landingpage-optimierung.html, Abruf 15.11.2018.

„YouTube Marketing" oder „Die Geheimnisse erfolgreichen YouTube Marketings". Diese Werke befassen sich zwar primär mit dem Thema „Internet-Video-Marketing" (vgl. Kapitel 14, ab Seite 383), dennoch vermute ich dort auch Hinweise auf den SEO-Blickwinkel.

Abbildung 8.2 Einblendung von Videos auf der SERP beim Suchwort „ecommerce berater" auf einem iPad

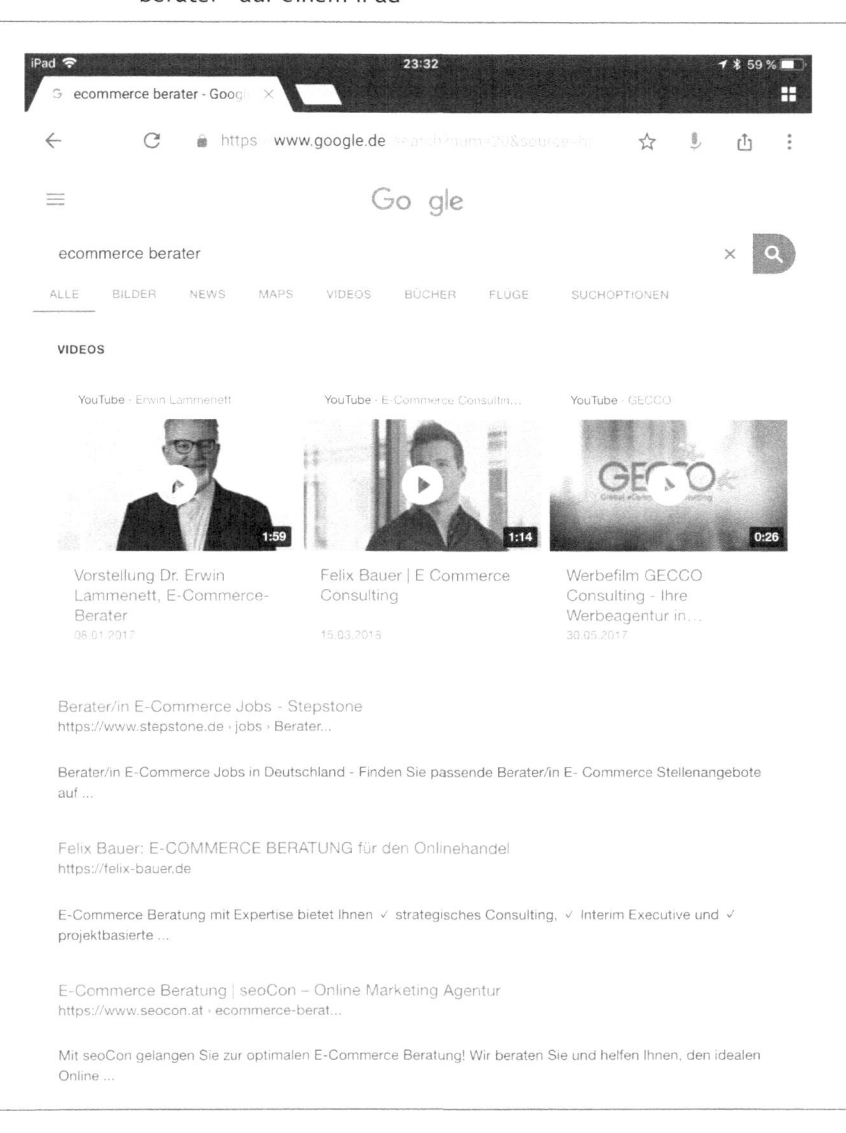

Quelle: Google.de, Abruf mit Tablet im August 2018

8.5 Google Bildersuche

Neben Videos werden auch Bilder aus http://images.google.de auf der SERP eingeblendet. Grundsätzlich hat die Einblendung eines Bildes auf der SERP die gleichen Vorteile wie die Einblendung eines Videos. Es ist also durchaus erstrebenswert, wenn Sie Ihren Webauftritt so einrichten, dass Bilder potenziell von Google erfasst und verwertet werden.

Darüber hinaus gibt es noch einen weiteren Grund, sich mit dem Thema Google Bilder intensiver zu beschäftigen. Laut der Studie „Online-Marketing bei deutschen Online-Shops 2018" liefert Universal Search, allen voran Google Bilder, heute sehr viel Traffic. Vielen Marktteilnehmern ist das noch nicht so geläufig und nur wenige kümmern sich aktuell um die Optimierung mit Blickrichtung Google Bildersuche. Hierin besteht natürlich eine Chance – jedenfalls für die, die zuerst auf den Zug aufspringen. Bei der Studie wurde der Traffic von 196 deutschen Online-Shops untersucht. Drei Key-Findings aus dieser Studie möchte ich zitieren:

- Im Jahr 2018 hat sich Universal Search zu einem immer wichtigeren Kanal bei der Traffic-Generierung entwickelt und den Google-Ads-Traffic anteilig überholt.
- Universal Search (unter anderem Bilder, Maps, News und Videos) hat seit 2014 immer mehr an Bedeutung gewonnen und sich seit 2017 nahezu verdoppelt.
- Der größte Anteil des Universal-Search-Traffics wird mit 91,78 Prozent durch Bilder generiert.[162]

Aus diesen Zahlen ergibt sich, dass nicht nur die Einblendung von Bildern auf der normalen Suchergebnisseite (https://www.google.de) von Relevanz ist, sondern auch das Erscheinen in der eigentlichen Bildersuche (https://images.google.de).

Was aber ist notwendig, um das zu erreichen oder zumindest zu fördern? Um der Antwort auf diese Fragen näher zu kommen, habe ich eine Analyse anhand von zehn Begriffen durchgeführt. Am Beispiel des Begriffes „Leichtathletik-WM" erläutere ich in der Folge die Analyse und das Ergebnis.

Im Betrachtungszeitraum im Jahre 2009 wurden auf der SERP von Google.de primär Bilder von Tageszeitungen und Magazinen eingeblendet. Auf der ersten Seite von http://images.google.de waren Bilder von Welt.de, Taz.de, RP-online.de und Horizont.net zu finden. Die eingeblendeten Bilder und deren Umfeld habe ich mir in der Folge genauer angesehen. Betrachtet habe ich die Bildgröße, ob das Bild in einem eigenen HTML-Korsett eingebettet oder einfach nur verlinkt war, den Dateinamen und die Meta-Angaben der HTML-Datei, wenn vorhanden außerdem die Überschrift und das Image-Tag. Tabelle 19.2 fasst das Ergebnis zusammen.

---

[162] Zietiert nach „Online-Marketing bei deutschen Online Shps 2018", https://www.aufgesang.de/e-commerce-studie-2018, 15.11.2018.

Tabelle 8.2 Analyse Google Pictures

	Welt.de	Taz.de	RP-online.de	Horizont.net
Bildgröße	480x320px, 22k	424×212px, 20k	448x325px, 45k	200x120px, 27K
Eigene Bilderseite als HTML	Nein	Nein, nur einzelnes Bild	Nein	Nein
Suchwort im Dateinamen	Ja	Nein	Nein	Nein
Suchwort in Meta-Descriptions	Nein	Ja	Ja	Ja, Description und Keyword
Image-Tag	Nein	Nein	Ja, Alt-Tag	Nein
Überschrift	Ja, H1+H2	Ja, H1+H2	Nein	Ja

Dieses Ergebnis war erstaunlich. Es reichte 2009 für ein gutes Abschneiden bei der Bildersuche noch aus, im Umfeld des Bildes das Suchwort häufig zu verankern. Eine Verankerung im Dateinamen des Bildes war also nicht notwendig. 2011 war dies nicht mehr so. Die Suche nach „Leichtathletik-WM" brachte 2011 fünf Bilder auf die SERP, von denen bei vieren im Dateinamen „Leichtathletik-WM" stand. Beim Thema „Frauenfußball-WM" war das Ergebnis ähnlich. Mittlerweile ist es also vorteilhaft, im Dateinamen das Suchwort zu verankern und nicht mehr nur im HTML-Umfeld des Bildes. Auch 2018 sind Bilder mit dem Suchbegriff im Dateinamen oder im Dateipfad leicht im Vorteil. Ich habe im November 2018 die ersten sechs Bilder zu unterschiedlichen Suchbegriffen untersucht und festgestellt, dass mindestens vier der Top 6 den Suchbegriff im Dateinamen hatten.

Geblieben ist die Bedeutung der Bildgröße. Meine Analyse deutet damals wie heute darauf hin, dass die Größe des Bildes einen Ausschlag über die Position in der Google-Bildersuche gibt. Eine Breite von 400 Pixeln sollte ein Bild mindestens haben. Dieser Umstand ist im Übrigen auch aus einschlägigen Foren bekannt.

8.6 Google Shopping, ehemals Google Base, ehemals Froggle

Neben Videos, Nachrichten und Bildern werden bei manchen Suchanfragen auch Produkte auf der SERP eingeblendet. Ähnlich wie bei den Videos und Bildern haben diese den Vorteil, dass sie meistens mit einem Bild versehen sind und daher auffallen.

Google Shopping (ehemals Google Products, ehemals Google Base,[163] ehemals Froggle) wird über das Google Merchant Center mit Produktdaten gespeist und fungiert im Grunde wie eine Preissuchmaschine. Es ist speziell für Händler gedacht und eine Art Weiterentwicklung oder Ableger von Google Base. Es dient ausschließlich dem Upload und dem anschließenden Verwalten von Produktdaten. Nach dem Launch des Google Merchant Centers bestand Google Base noch eine Weile weiter. Allerdings konzentrierte sich Google Base auf alle Artikeltypen, die sich nicht sinnvoll mit dem Google Merchant Center verwalten ließen. Das waren beispielsweise Autos, Stellenangebote oder Immobilien. 2009 wurde die Suchseite von Google Base eingestellt.

Bis Mitte 2013 war die Nutzung des Google Merchant Centers kostenlos. Man musste lediglich ein Google-Konto anlegen, um sich zu legitimieren. Die Einträge wurden in den organischen Suchergebnissen beigemischt. Heute ist die Nutzung kostenpflichtig. Die Abwicklung erfolgt über Google Ads. Die Einträge werden im Rahmen der Keyword-Anzeigen entweder oben mittig oder rechts neben den Suchergebnissen angeboten. Zusätzlich wird ein Link zu Google Shopping angeboten, was im Grunde heute einem Preisvergleichsportal gleichkommt.

Besonders interessant in diesem Zusammenhang ist die Entwicklung, die das Google Merchant Center genommen hat. Früher blendete Google Produktlinks auf der SERP ein, die **direkt** zum jeweiligen Shop führten. Dann begann der Wandel hin zu einer echten Preissuchmaschine. Google blendete immer häufiger eine Zwischenseite mit Einträgen verschiedener Anbieter ein. Suchte man beispielsweise nach „waschmaschine aeg", so wurden mehrere Waschmaschinen eingeblendet. Für jede wurde die Anbieterzahl (vgl. Abbildung 8.3) benannt, und bei jeder landet man zunächst auf einer Zwischenseite (vgl. Abbildung 8.4). Es wurde vermutet, dass Google den Dienst vollständig zur Preissuchmaschine umbauen würde.

Diese Entwicklung wurde von Betreibern konkurrierender Preisvergleichsportale kritisch gesehen. Es wurden mehrere Beschwerden gegen Google bei der EU eingelegt. Auf der Website Googlewatchblog.de war im Februar 2010 zu lesen: *„Die EU hat nach Beschwerden eine Untersuchung gegen Google eingeleitet. Dem Unternehmen wurde mitgeteilt, dass drei Beschwerden gegen die Suche vorliegen. Darunter ist auch eine von Microsoft. Die britische Preisvergleichswebsite Foundem fühlt sich durch Googles Algorithmus benachteiligt."*[164]

Ab Juli 2013 war Shopping dann quasi ein Zwitter. Klickte der Benutzer direkt auf einen Produkteintrag, so gelangte er unmittelbar zur Seite des Händlers. Klickte er auf den darüber platzierten Link „Google Shopping-Ergebnisse für xyz", so gelangte er zu entsprechenden Einträgen, die in der Art einer Preissuchmaschine dargestellt wurden. Im Grunde hatte Google nun wieder zum Modus aus dem Jahre 2011 gefunden, allerdings kostenpflichtig. Die Anzeigenposition und -art hatten sich leicht geändert.

---

[163] Vgl. http://en.wikipedia.org/wiki/Google_Shopping, Abruf 16.11.2018.
[164] http://www.googlewatchblog.de/2010/02/eu-leitet-untersuchung-gegen-google-ein, Abruf 16.11.2018.

Abbildung 8.3 Einblendung aus dem Google Merchant Center auf der SERP vor Juli 2012

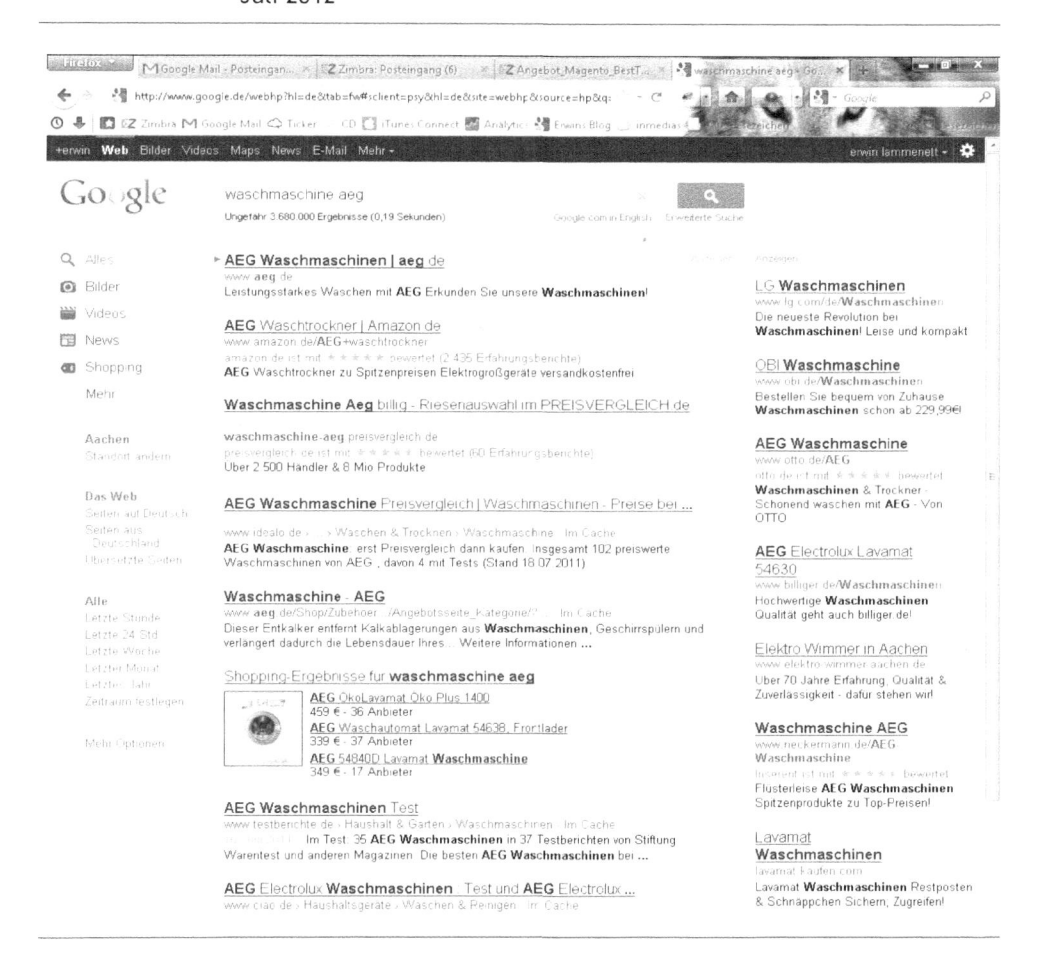

Quelle: Google.de, Abruf 10.09.2012

Abbildung 8.4 Googles Zwischenseite, ähnlich einem Preisvergleichsportal aus der Zeit um 2012

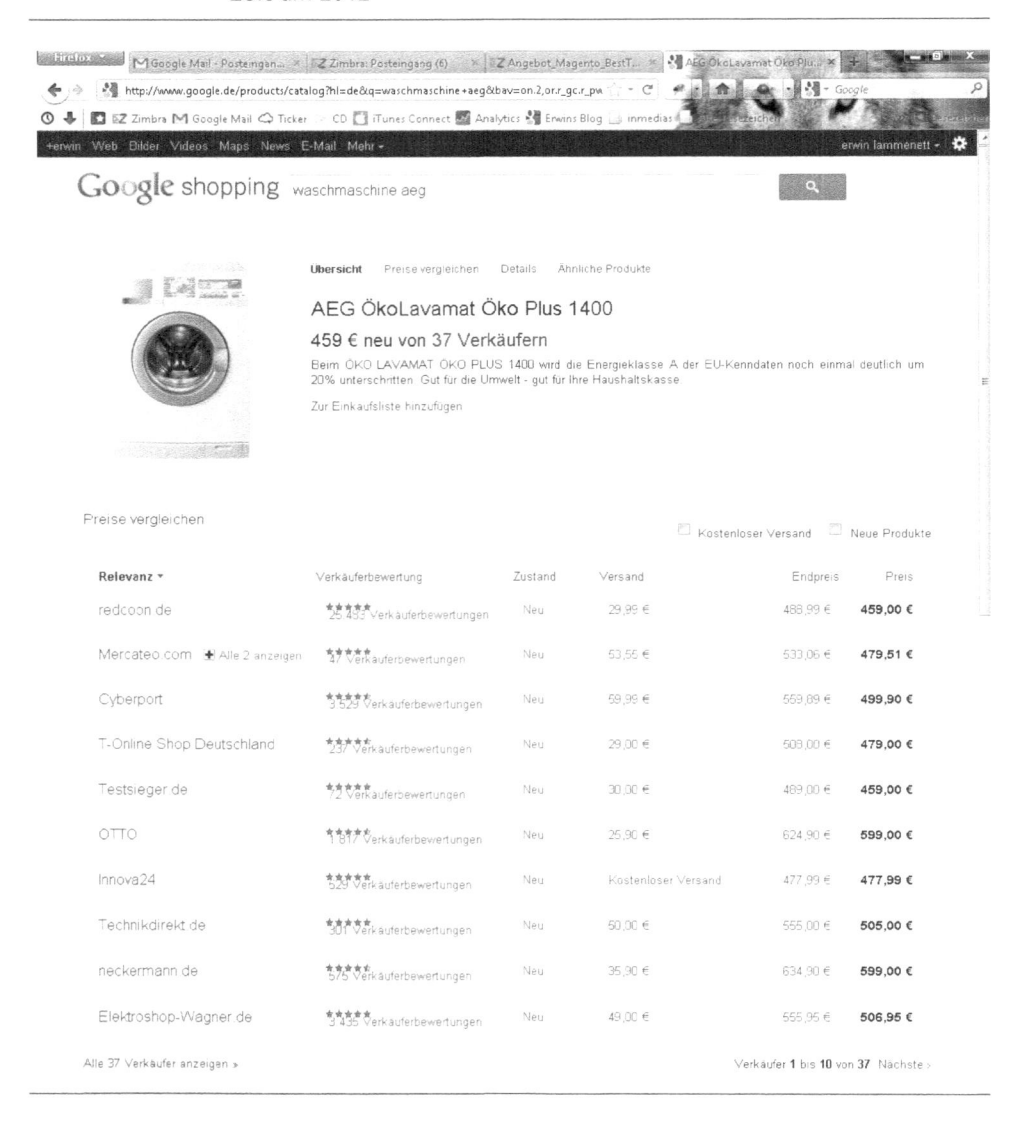

Quelle: Google.de, Abruf 10.09.2012

Letztlich aufgrund einer Milliardenstrafe der EU strukturierte sich Google Shopping 2017 erneut um. Google Shopping spaltete sich vom Konzern. Aus Google Shopping wurde ein separates Unternehmen. Dieses muss nun selbst um die gleichen Anzeigenplätze bieten wie alle anderen Preisvergleicher auch. Verbunden damit wurde die Auflage, dass das Unternehmen sich aus seinen eigenen Werbeeinnahmen finanziert und nur Anzeigen ersteigern darf, wenn die Produktplatzierung noch rentabel ist. Damit will man verhindern, dass das Unternehmen die Gebote der Mitbewerber „künstlich" hochtreibt und so die eigentliche Idee der Ausgliederung und der Schaffung von fairen Wettbewerbsverhältnissen zwischen Google und anderen Preisvergleichern konterkariert.

In den USA ist Google mit diesem Dienst bereits der größte Preisvergleicher auf dem Markt. Wie stark sich das „neue" Google Shopping im Sinne einer Preissuchmaschine in Deutschland durchsetzt, bleibt offen. Aktuell bekommt Google als Produktsuchmaschine auch kräftig Konkurrenz von Amazon (vgl. Kapitel 9). Die Anzeigen auf der SERP haben sich jedoch jetzt schon durchgesetzt.

Abbildung 8.5 Reichweite von Shopping-Vergleichsportalen in den USA in 2017

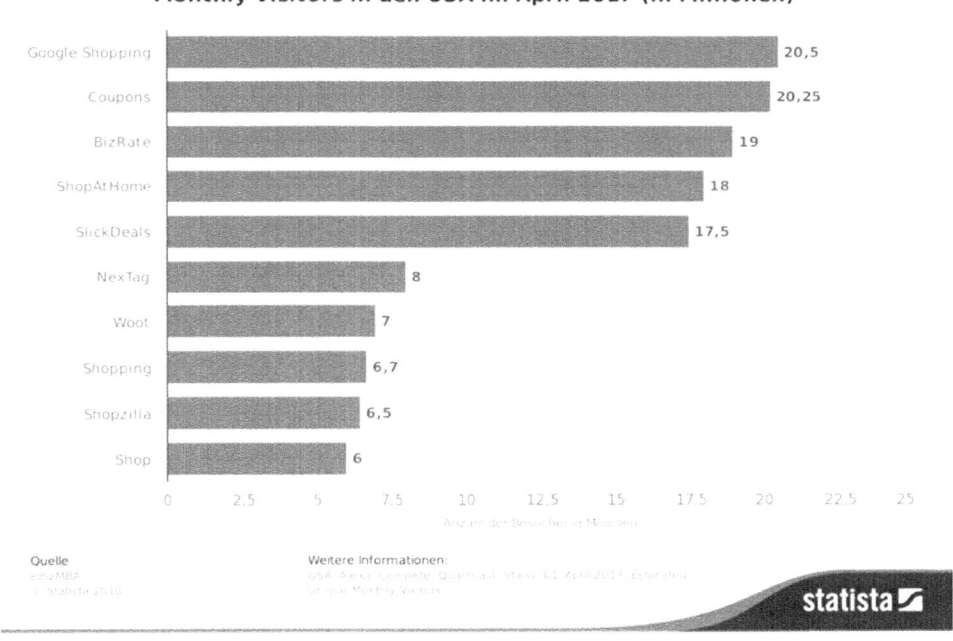

Top 10 Shopping-Vergleichsportalen nach der geschätzten Anzahl der Unique Monthly Visitors in den USA im April 2017 (in Millionen)

Portal	Unique Monthly Visitors (Mio.)
Google Shopping	20,5
Coupons	20,25
BizRate	19
ShopAtHome	18
SlickDeals	17,5
NexTag	8
Woot	7
Shopping	6,7
Shopzilla	6,5
Shop	6

Quelle: https://de.statista.com/statistik/daten/studie/269687/umfrage/reichweite-der-shopping-vergleichsportale-in-den-usa/, Abruf 15.11.2018

Aufgrund der Umstrukturierung hat sich zumindest in Europa das Bild von Shopping-Ergebnissen auf der SERP erneut gewandelt. Klickt man bei einem Suchergebnis auf der SERP auf das Produkt direkt, gelangt man unmittelbar zum Anbieter. Bei Klick auf „Von

Google" gelangt man zur Preisvergleichsseite von Google. Dort erhält man dann zunächst unterschiedliche Versionen des Produktes. Wird eine Produktversion von mehreren Händlern angeboten, so kann man eine Vergleichsseite aufrufen. Dort werden die Produkte unter Angabe des Gesamtpreises (also inkl. Versandkosten) angezeigt. Die folgenden beiden Abbildungen veranschaulichen den Stand November 2018.

Abbildung 8.6   Aussehen von Google-Shopping-Anzeigen im November 2018

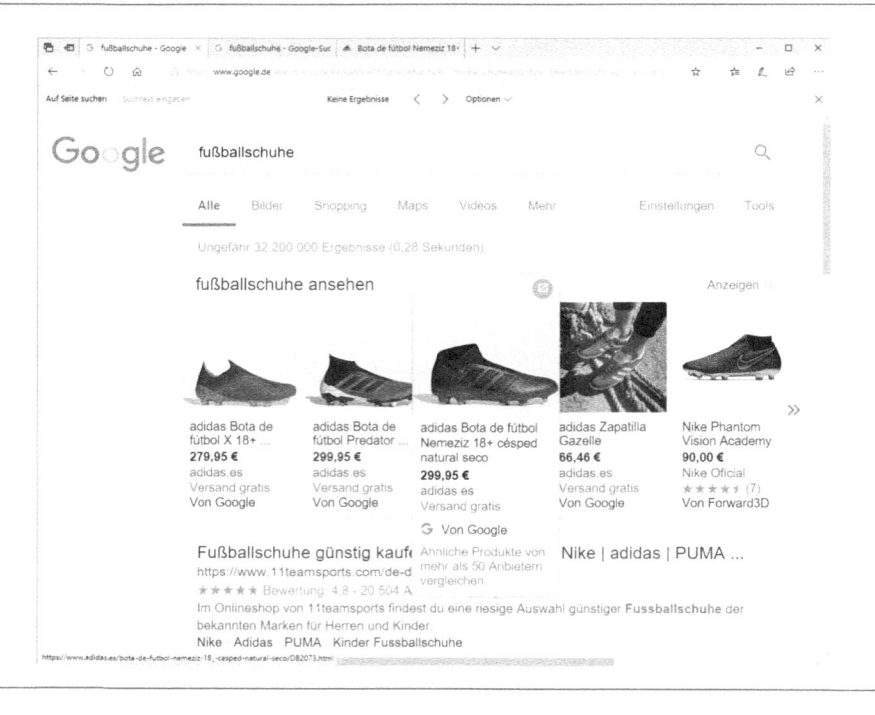

Quelle: Google.de, Abruf 10.11.2018

Google Shopping, ehemals Google Base, ehemals Froggle

Abbildung 8.7 Aussehen der eigentlichen Vergleichsseite im November 2018

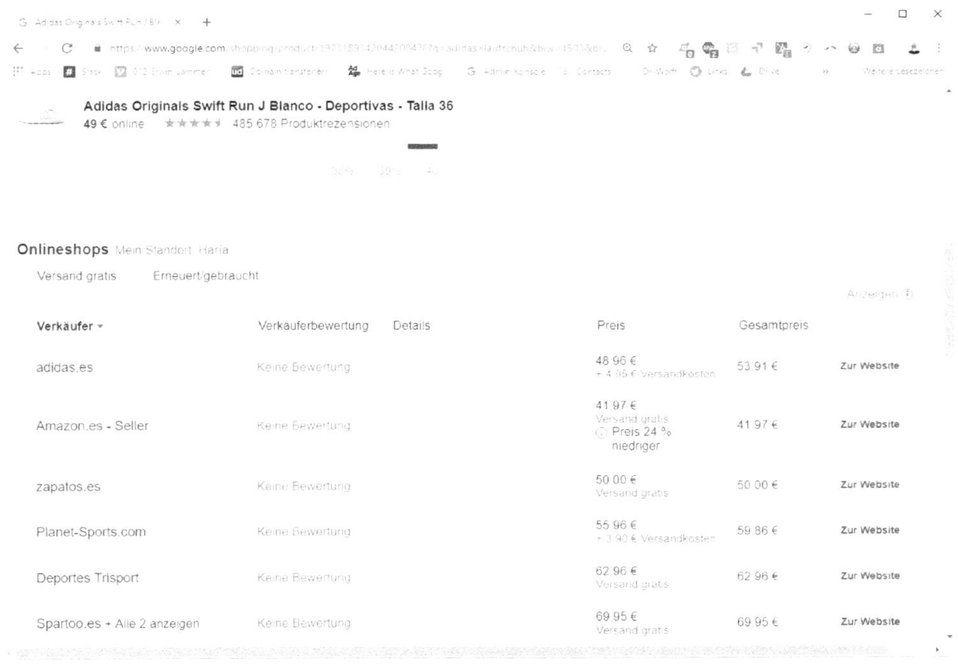

Quelle: Google.de, Abruf 10.11.2018

Um heute Produkte in Google Shopping einzubinden, wird ein Google-Ads-Konto, welches mit dem Merchant-Center-Konto verbunden ist, benötigt. Händler, und seit 2017 auch Preisvergleicher, können ihre Produkte über sogenannte Datenfeeds an das Merchant-Center übertragen. Dabei können die Produkte mit Attributen versehen werden, um die Auffindbarkeit über die Web-Suche[165] zu unterstützen.

Ist das Google-Merchant-Konto eingerichtet, so können die Produktdaten hochgeladen werden. Diese können aus verschiedenen vorhandenen Produktdatenquellen oder über die „Google Content API for Shopping" übermittelt werden. Details dazu finden Sie auf den entsprechenden Seiten bei Google.[166]

---

[165] Mit Web-Suche ist nicht die Shop-Suche gemeint, sondern die normale Suche unter http://www.google.de, Stichwort „Universal Search".
[166] Vgl. https://support.google.com/merchants/answer/7449873, Abruf 15.11.2018.

8.7 Google Maps und Google Business (ehemals Google Places)

Ganz besonders für das regionale Marketing interessant sind die Möglichkeiten, die Google Maps und das Google-Branchenbuch bieten. Bei sehr vielen Suchbegriffen werden heute auf der SERP Ergebnisse aus Google Maps eingeblendet. Besonders häufig ist dies der Fall, wenn die Begriffe mit Städtenamen oder Regionen gepaart werden. Bei der Kombination eines Begriffes mit einem Städtenamen wird der entsprechende Ausschnitt der Google Map fast immer im oberen Bereich der SERP angezeigt. Manchmal direkt unterhalb der klassischen Google Ad, manchmal nach den ersten organischen Listings. Der User kann entweder direkt zur Website des angezeigten Unternehmens springen oder sich eine Wegbeschreibung (Route) ausgeben lassen. Alternativ kann auch zu einer Google Map verzweigt werden, auf der alle Anbieter nochmal mit einer Stecknadel dargestellt sind. Abbildung 8.8 zeigt das Prinzip.

Abbildung 8.8   Google-Maps-Einblendungen auf der SERP

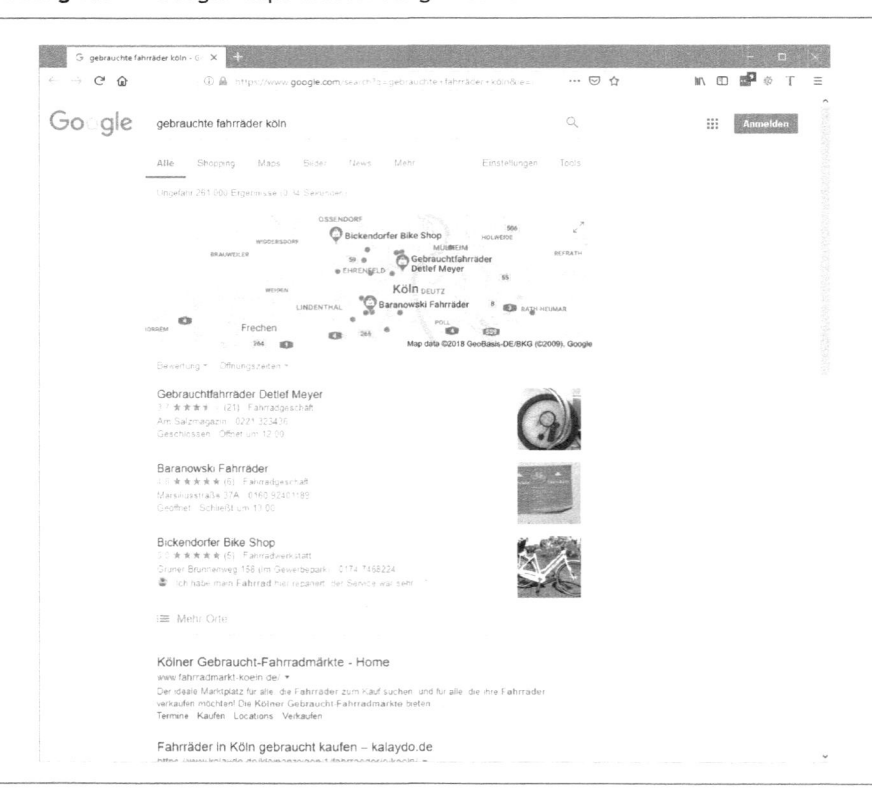

Quelle: Google.de, Abruf 10.11.2018

Aber auch ohne Ergänzung eines Städtenamens oder einer Region werden immer häufiger auf der SERP auch Google-Maps-Einträge angezeigt. Einziger Unterschied: Gibt man keine Stadt oder Region bei der Suche an, ermittelt Google anhand der IP-Adresse den aktuellen Standort und blendet Ergebnisse in dessen Umkreis ein.

Abbildung 8.9 zeigt das Suchergebnis für das Suchwort „Fahrrad" beim Aufruf aus Aachen. Die Genauigkeit dieses Verfahrens hängt von Faktoren ab wie der Providerstruktur in einer Region, der IP-Struktur und der Verwendung von dynamischen IP-Adressen. In Ländern wie der Schweiz ist es aufgrund eines sehr strukturierten Server-Netzwerkes möglich, IP-Adressen bis auf drei Kilometer zu lokalisieren. In anderen Ländern wird diese Genauigkeit nicht erreicht.

Abbildung 8.9 Einblendung auf SERP ohne Städtenamen im Suchbegriff

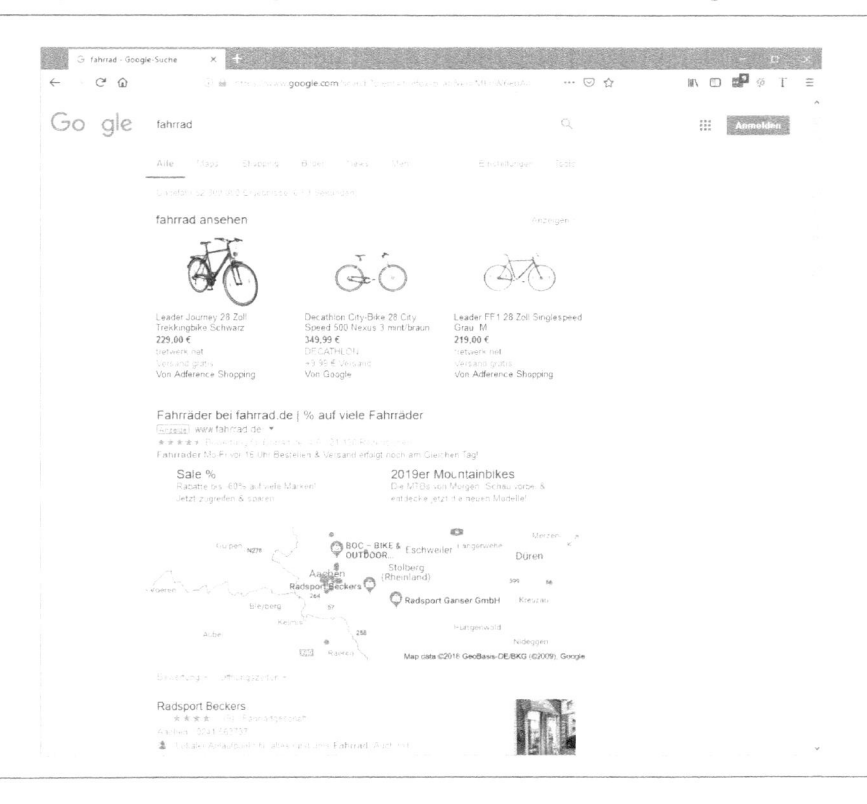

Quelle: Google.de, Abruf 10.11.2018

Google Maps und das Google-Branchenbuch stellen somit eine interessante Alternative dar, um im regionalen Kontext auf die erste Seite der SERP zu gelangen.

Um auf die Google Map zu gelangen, muss ein Eintrag in Google My Business erfolgen: https://www.google.de/business/. Google My Business hat das Google-Branchenverzeichnis bzw. Google Places abgelöst.

Tipps

- Wenn Sie Filialen oder Niederlassungen haben, können Sie diese jeweils einzeln mit unterschiedlichen Adressdaten dort eintragen. Das ist auf jeden Fall sinnvoll, wenn diese Filialen nicht im gleichen Ort ansässig sind.
- Wenn möglich, erwähnen Sie Ihre Firmenadresse auch auf dritten Websites.
- Google My Business erlaubt auch das Aufspielen von Bildern und Videos. Wenn Sie die Möglichkeit haben, laden Sie drei bis vier Bilder und ein bis zwei Videos dort hoch.

Amazon als Suchmaschine
Hintergründe und Einordnung, Optionen und Mechanismen, strategische Überlegungen

9 Amazon als Suchmaschine[167]

2015 war das Jahr von Amazon als Suchmaschine. Im Laufe des Jahres erschien ein gutes Dutzend Artikel und Blogbeiträge mit Titeln wie: „Amazon – das neue Google" oder „Amazon – vom virtuellen Marktplatz zur meistgenutzten Suchmaschine". Zwei Studien aus dem Jahr 2015 begründen diese Entwicklung. Laut Forrester beginnen 39 Prozent der US-Verbraucher den Online-Kauf eines Produktes bei Amazon.[168] Eine Studie von BloomReach aus dem gleichen Jahr kam sogar auf 44 Prozent.[169] Das ist Grund genug, sich das Phänomen „Amazon als Suchmaschine" einmal genauer anzusehen.

Die genannten Studien befassen sich zwar mit dem US-Markt, aber natürlich gibt es auch in Deutschland mittlerweile viele Menschen, welche die Suche nach einem Produkt bei Amazon beginnen und nicht mehr bei Google. *„Das war vor fünf Jahren noch anders. Mittlerweile überlegen sich viele Onlinehändler, ob sie einen eigenen Onlineshop aufmachen oder ihre Produkte nur bei Amazon anbieten. Werden Produkte nur bei Amazon angeboten, so erübrigen sich im Online-Marketing-Mix Disziplinen wie Suchmaschinenoptimierung oder Affiliate-Marketing. Stattdessen müssen sich Händler, die sich für Amazon und gegen einen eigenen Onlineshop entschieden haben, mit der Frage beschäftigen, wie sie ihre Produkte innerhalb von Amazon prominent platzieren können. Denn das Angebot bei Amazon ist gigantisch. Einfach nur Produkte einstellen wird in den seltensten Fällen zum Erfolg führen."*[170]

9.1 Was genau ist Amazon?

Amazon startete 1995 als kleiner Online-Buchhandel. Heute ist es weit mehr als das. Heute ist Amazon eine gigantische Handelsmaschinerie mit teilweise erschreckender Marktmacht. Aufgrund dieser Marktmacht ist Amazon heute in vielen Märkten auch eine Suchmaschine für Produkte. Aber der Reihe nach:

Gegründet wurde Amazon 1994 von Jeff Bezos. Etwa ein Jahr nach der Gründung ging Amazon zunächst für ausgewählte Kunden in den Testbetrieb. Im Juli 1995 wurde das erste Buch an einen externen Kunden verkauft. Zwei Monate nach Aufnahme der Geschäftstätigkeit nahm Amazon pro Woche rund 20.000 US-Dollar ein. Etwa ein Jahr nach dem Verkauf des ersten Buches hatte das Unternehmen einen Umsatz von 15,7 Millionen

---

[167] Die Inhalte dieses Kapitels stammen aus meinem Blogbeitrag www.lammenett.de/suchmaschinenoptimierung/ist-amazon-eine-suchmaschine-oder-was.html und sind nicht exklusiver Bestandteil des vorliegenden Werkes.
[168] Vgl. https://www.wsj.com/articles/google-preps-shopping-site-to-challenge-amazon-1418673413, Abruf 20.11.2018.
[169] Vgl. https://marketingland.com/amazon-is-the-starting-point-for-44-percent-of-consumers-searching-for-products-is-search-losing-then-145647, Abruf 20.11.2018.
[170] Lammenett, E. (2016). Online-Marketing-Konzeption – 2016. O.O.: CreateSpace Independent Publishing Platforms.

US-Dollar erzielt. 1997 ging Amazon an die Börse und erzielte knapp 150 Millionen US-Dollar und hatte nun genügend Kapital für den weiteren Ausbau.

Trotz diverser Rückschläge, beispielsweise durch das Platzen der Internetblase um das Jahr 2000, entwickelte sich Amazon in den folgenden 20 Jahren zu einem gigantischen, innovativen Handelsunternehmen. Heute agiert Amazon weltweit und erwirtschaftet 2018 voraussichtlich einen Umsatz von knapp über 200 Milliarden US-Dollar. Amazon hat sich vom Online-Buchhändler zum Marktplatzbetreiber für ganz unterschiedliche Güter entwickelt. Das Unternehmen verfolgt mittlerweile eine Art „Shop for Everything"-Strategie. Und Amazon ist selbst Händler geworden. Denn mittlerweile bietet Amazon seine Plattform nicht nur anderen Händlern an, um in Form einer Vermittlungsprovision zu verdienen, sondern agiert auch selbst als Käufer und Verkäufer. Dazu in den folgenden Abschnitten mehr.

Deutschland ist für Amazon ein wichtiger Markt. Das ist alleine schon daran erkennbar, dass Deutschland im Amazon-Geschäftsbericht nach den USA als zweitstärkster Markt separat ausgewiesen ist. In Deutschland erzielte Amazon 2015 laut Geschäftsbericht[171] 11,8 Milliarden US-Dollar Umsatz. Je nach Umrechnungskurs sind das rund 10,7 Milliarden Euro. Das wären 26 Prozent der B2C-E-Commerce-Erlöse, die der Handelsverband HDE für das gleiche Jahr mit 41 Milliarden[172] angibt. Das würde bedeuten, dass Amazon in Deutschland im Jahr 2015 an rund einem Viertel des gesamten B2C-E-Commerce-Umsatzes beteiligt war. Leider sind in den folgenden Geschäftsberichten von Amazon die Zahlen für Deutschland nicht mehr gesondert ausgewiesen. Insgesamt stieg Amazons Umsatz von 107 Milliarden US-Dollar im Jahr 2015 auf 178 Milliarden 2017. Es ist kaum vorstellbar, dass die Zahlen für Deutschland nicht auch weiter deutlich gestiegen sind.

Real dürfte die Marktmacht von Amazon aber noch größer sein. Laut Marketplace Analytics, der nach eigenen Angaben führenden Analyseplattform für Hersteller und Händler auf Amazon, lag die Zahl der Amazon-Anbieter in Deutschland bei rund 40.000. Diese haben 2014 Einnahmen von bis zu elf Milliarden Euro über den Amazon-Marktplatz erwirtschaftet.

Auch ein Blick auf die folgende Abbildung macht die Marktmacht von Amazon deutlich. Die Abbildung zeigt die geschätzten Marktanteile von Amazon nach Kategorien im 1. Quartal 2018. Die Zahlen basieren auf Schätzungen der Universität St. Gallen. Die Ergebnisse wurden u. a. im Handelsblatt vom 07.11.2018[173] veröffentlicht. Die angegebenen Werte beziehen sich dabei jeweils auf den gesamten Handel, also den Online- und stationären Handel.

---

[171] Vgl. http://phx.corporate-ir.net/phoenix.zhtml?c=97664&p=irol-reportsannual, Abruf 25.07.2016.
[172] Vgl. http://www.einzelhandel.de/index.php/presse/zahlenfaktengrafiken/item/110185-e-commerce-umsaetze, Abruf 25.07.2016.
[173] Vgl. https://www.handelsblatt.com/unternehmen/handel-konsumgueter/e-commerce-so-maechtig-ist-amazon-in-deutschland/23578310.html, Abruf 20.11.2018.

Abbildung 9.1   Amazons Marktanteile in Deutschland in ausgewählten Branchen

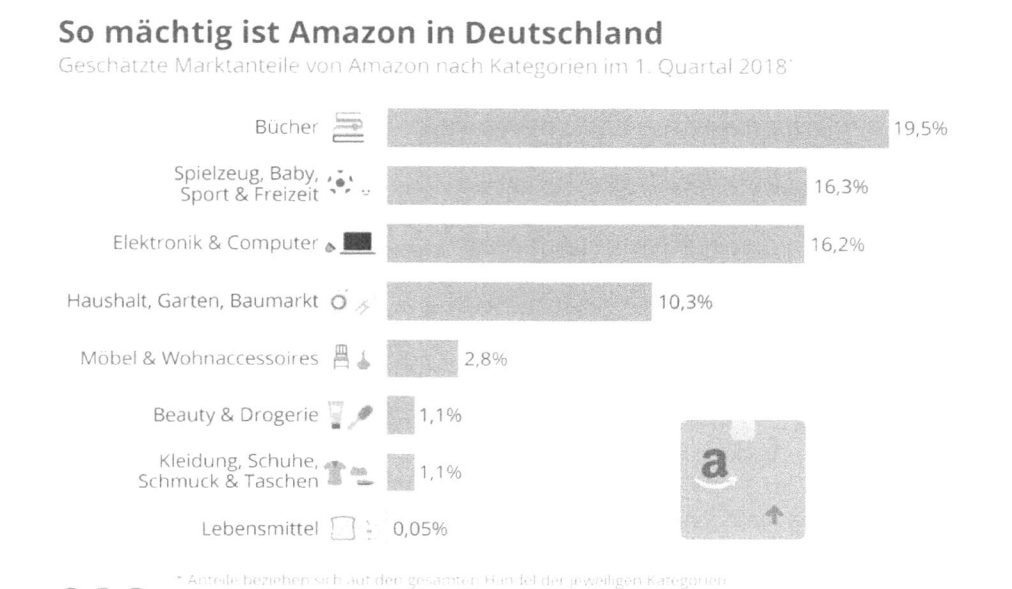

So mächtig ist Amazon in Deutschland
Geschätzte Marktanteile von Amazon nach Kategorien im 1. Quartal 2018*

Kategorie	Marktanteil
Bücher	19,5%
Spielzeug, Baby, Sport & Freizeit	16,3%
Elektronik & Computer	16,2%
Haushalt, Garten, Baumarkt	10,3%
Möbel & Wohnaccessoires	2,8%
Beauty & Drogerie	1,1%
Kleidung, Schuhe, Schmuck & Taschen	1,1%
Lebensmittel	0,05%

* Anteile beziehen sich auf den gesamten Handel der jeweiligen Kategorien (Online- und stationärer Handel)
Quelle: Universität St. Gallen via Handelsblatt

@Statista_com   statista

Quelle: Statista.de, zitiert nach https://de.statista.com/infografik/16018/marktanteile-von-amazon-in-deutschland/, Abruf 26.11.2018

Amazon ist heute nicht nur Betreiber von Marktplätzen, Logistikdienstleister und Produkt-Suchmaschine, sondern agiert teilweise auch selbst als Händler, was von manchen Händlern kritisch gesehen wird. In den folgenden Abschnitten werden die wesentlichen Programme von Amazon kurz erläutert.

9.2 Programme bei Amazon (Optionen)

Im Wesentlichen bietet Amazon derzeit zwei Programme für Händler: „Verkaufen bei Amazon" und zusätzlich „Versand durch Amazon". Bei „Versand durch Amazon" übernimmt Amazon die Logistik. Das bedeutet, die Ware wird vom Händler zunächst in einer entsprechenden Losgröße an Amazon gesendet. Amazon lagert die Ware ein und versendet sie bei Bestellung an den Endkunden. Der Händler spart also die kleinteilige Logistik und die Lagerhaltung. Wobei das Wort „spart" es nicht ganz trifft. Amazon lässt sich diese Logistikdienstleistung natürlich bezahlen.

Hinzu kommt die Option, bei Amazon auch Werbung für seine Produkte zu schalten. Das kann unter bestimmten Konstellationen vorteilhaft sein. Details dazu finden Sie hier: https://services.amazon.de/programme/werbung/ueberblick.html.

Die beiden zuvor genannten Programme sind wohl die bekanntesten. Daneben gab es bis Frühjahr 2018 noch das Programm „Amazon Vendor Express". Bei diesem Programm trat Amazon selbst als Händler auf. Amazon kaufte Ware von Herstellern oder Großhändlern und vertrieb diese Ware im eigenen Marktplatz. Seit Mai 2018 nimmt Amazon keine Bestellungen mehr von „Vendor Express"-Partnern an. Zum 1. Januar 2019 wird der Service dann komplett eingestellt. Das Programm, zu dem sich Händler selbst anmelden konnten, wurde 2015 eingeführt. Es war primär für kleinere Unternehmen mit neuen Produkten gedacht, die sich nicht für das „Amazon Vendor Central"-Programm qualifizieren konnten. Zum klassischen „Vendor Central"-Programm lädt Amazon nur selbst ausgewählte Hersteller und Händler ein. Amazon empfiehlt den kleineren Händlern nun den Wechsel ins „Verkaufen bei Amazon"-Programm.

Wenn man so will, macht Amazon den Händlern, die auf dem Marktplatz ihre Ware verkaufen, mit Programmen wie „Vendor Central" Konkurrenz. Immer wieder mal wird Amazon für dieses Verhalten von Händlern kritisiert. Händler werfen Amazon vor, „auf Kosten" der Händler auszuprobieren, welche Produkte im Marktplatz gut laufen, und dann die Händler auszubooten, indem die Produkte in das eigene Handelssortiment aufgenommen würden. Ob diese Kritik begründet ist, möchte ich an dieser Stelle nicht diskutieren. Persönlich sind mir Händler bekannt, die durch Amazon viel Geld verdienen – aber auch Händler, die kein gutes Haar an Amazon lassen.

In der Folge werden die angesprochenen Amazon-Programme näher besprochen. Informationen über weitere Programme von Amazon finden Sie auf der Amazon-Programmübersicht[174] bzw. über die separaten Links in den jeweiligen Abschnitten.

9.2.1 Verkaufen bei Amazon

Ein professioneller Verkäuferzugang auf der Amazon-Plattform kostet im August 2016 gerade einmal 39 Euro zzgl. MwSt. monatlich. Der erste Monat ist sogar kostenfrei.

Händler, die dieses Programm nutzen möchten, können nach der Registrierung gleich loslegen und Produktdaten bereitstellen. Diese können entweder manuell oder mithilfe spezieller Tools, die von Amazon bereitgestellt werden, auf den Amazon Marktplatz übertragen werden. Dabei ist dies nicht nur auf Amazon Deutschland beschränkt. Produkte können auf allen europäischen Marktplätzen angeboten werden, also amazon.de, amazon.co.uk, amazon.fr, amazon.it und amazon.es.

In der Theorie können Händler, die dieses Amazon-Programm nutzen, natürlich mit einem Schlag eine gigantische Reichweite erlangen. Täglich besuchen Millionen von

---

[174] https://services.amazon.de/programme.html, Abruf 16.11.2018.

potenziellen Kunden die Amazon Marktplätze, um Produkte zu kaufen, nach denen sie suchen. In der Praxis gibt es aber natürlich auf den Marktplätzen von Amazon eine große Konkurrenz von anderen Händlern und ggf. von Amazon selbst. Dazu später mehr.

Nachdem ein Endkunde auf Amazon Ware eines Händlers gekauft hat, erhält der Händler eine Benachrichtigung und muss die Ware versenden. Der entsprechende Kaufpreis geht zunächst an Amazon und wird dem Händler regelmäßig gutgeschrieben. Dabei werden in der Regel Verkaufsprovisionen durch Amazon abgezogen. Amazon bietet unterschiedliche Preismodelle für Händler. In der Regel zahlen Händler pro verkauftem Artikel eine kategorieabhängige Verkaufsgebühr. Diese liegt mit Stand August 2016 beispielsweise bei 15 Prozent in der Kategorie Auto & Motorrad, bei zehn Prozent in der Kategorie Fahrrad und bei sieben Prozent in der Kategorie Computer. In einigen Kategorien wird eine Mindestverkaufsgebühr pro Artikel erhoben.

Details zum Amazon-Programm „Verkaufen bei Amazon" finden Sie hier: https://services.amazon.de/programme/online-verkaufen/merkmale-und-vorteile.html

Details zur Preisgestaltung sind hier zu finden: https://services.amazon.de/programme/online-verkaufen/preisgestaltung.html

9.2.2 Versand durch Amazon (Fulfilment by Amazon, FBA)

Bei dem Programm „Versand durch Amazon", besser bekannt als FBA, übernimmt Amazon zusätzlich zu den eben genannten Leistungen die Lagerhaltung und die Distributionslogistik. Amazon betreibt alleine in Deutschland dreizehn Logistikzentren (Stand November 2018, weitere sind in Planung). Aus Sicht eines Händlers kann es daher sehr interessant sein, das Amazon FBA zu nutzen. Denn mit dreizehn Logistikzentren lässt sich natürlich eine bedeutend schnellere und kundenfreundlichere Logistik bewerkstelligen als wenn alles aus einem Zentrallager heraus versendet werden müsste. Sicherlich ist auch ein Zentrallager kein Problem, wenn der Kunde Lieferzeiten von ein bis zwei Tagen akzeptiert. Aber der allgemeine Trend geht eher in Richtung kürzerer Lieferzeiten.

Es ist daher auch nicht verwunderlich, dass Amazon Prime auch in Deutschland auf dem Vormarsch ist. Für einen Mitgliedsbeitrag von 49 Euro pro Jahr bietet Amazon seinen Kunden eine Reihe von Vorteilen. Dazu zählt auch der kostenfreie Premiumversand für sehr viele Artikel und die Zustellung bis 12 Uhr am Werktag (Express-Versand) nach Versand gegen einen Aufpreis von 5 Euro (Normalpreis 10 Euro). Weltweit wächst die Anzahl der Prime-Mitglieder deutlich, was ein klares Signal der Kunden an Online-Händler ist. Laut dem Marktforschungsberater Millward Brown Digital soll Amazon Prime im Jahr 2015 um rund 53 Prozent zugelegt haben. Amazon selbst hält sich, was die konkreten Zahlen angeht, bedeckt. Doch aus einem im Jahr 2018 veröffentlichten Aktionärsbrief geht hervor, dass die 100-Millionen-Benchmark wohl schon geknackt ist.

Zum Programm schreibt Amazon auf der entsprechenden Website:

*„Erreichen Sie mit ‚Versand durch Amazon' Millionen neuer, loyaler **Prime**-Kunden in Deutschland und Europa und profitieren Sie von Amazons schneller und zuverlässiger Logistik mit Kundenservice in Landessprache.*

*Schicken Sie Ihre Produkte einfach an ein Amazon-Logistikzentrum. **Wir lagern Ihren Bestand und entnehmen Ihre Artikel dem Lager, verpacken und versenden Bestellungen Ihrer Kunden EU-weit.**"*[175]

Der letzte Absatz dieses Zitats macht einen weiteren Vorteil von Amazon FBA deutlich: den zeitnahen, EU-weiten Versand. Für Händler, die gerne international verkaufen würden und auch international kurze Lieferzeiten bieten möchten, kann Amazon FBA eine spannende Alternative sein.

Natürlich erbringt Amazon diese Leistungen nicht kostenfrei. Details zur Preisgestaltung können Sie hier finden: https://services.amazon.de/programme/versand-durch-amazon/preisgestaltung.html.

Details zum Amazon-Programm „Versand durch Amazon" finden Sie hier: https://services.amazon.de/programme/versand-durch-amazon/merkmale-und-vorteile.html.

9.2.3   Amazon Vendor Express

Wie erwähnt wird dieses Programm zum 1. Januar 2019 komplett eingestellt. Amazon empfiehlt den kleineren Händlern nun den Wechsel ins „Seller Central"-Programm (Verkaufen bei Amazon).

9.2.4   Amazon Vendor Central

Verkauft ein Hersteller oder Großhändler über Amazon Vendor Central, wird er First-Party-Verkäufer genannt. Er handelt wie ein Lieferant und verkauft seine Ware in großen Mengen an Amazon. Amazon wird Eigentümer der Ware und übernimmt somit auch die Verantwortung für Marketing, Verkauf und Preisgestaltung. Das hat Vorteile, aber auch Nachteile. Ein Nachteil ist sicherlich, dass der Hersteller oder Großhändler nicht mehr in direktem Kontakt zu seinen Kunden steht. Je nach Marktkonstellation kann daher eine gewisse Abhängigkeit von Amazon entstehen. Auch die Preishoheit gibt der Hersteller ab. Da die Ware an Amazon verkauft wurde, kann Amazon in der Regel auch den Preis frei bestimmen. Dem gegenüber stehen einige Vorteile. Viele Konsumenten vertrauen eher einem First-Party-Verkäufer als einem Third-Party-Händler. Das könnte sich ggf. positiv auf die Verkaufszahlen auswirken. Außerdem haben Unternehmen, die über Vendor Central verkaufen, die Möglichkeit, an unterschiedlichen Marketing-Programmen wie Subscribe & Save oder Amazon Vine teilzunehmen und sogenannten A+-Con-

---

[175] https://services.amazon.de/programme/versand-durch-amazon/merkmale-und-vorteile.html, Abruf 01.08.2018.

tent auf ihren Produktseiten einzubauen. A+-Content ist eine Erweiterung zur Basis-Produktbeschreibung und bietet die Möglichkeit, weitere Features und Vorteile des Produktes zu erklären bzw. auch zusätzliche Produktfotos zu ergänzen. Auch diese Maßnahme könnte sich durchaus positiv auf die Verkaufszahlen auswirken.

Vendor Central verläuft ausschließlich über Einladung und ist vor allem für Hersteller, größere Manufakturen und bekannte Marken gedacht. Einen Einstieg mit spartanischen Informationen finden Sie hier: https://sellercentral.amazon.de/.

9.2.5 Grundlegende Problematik der drei Programme aus Sicht unabhängiger Händler

Mit dem Programm „Amazon Vendor Central" wird Amazon vom Plattformbetreiber und Vermittler zum Händler. Es gibt Händler, die nun befürchten, Amazon könnte die eigenen Angebote beim Ranking auf den jeweiligen Marktplätzen bevorzugen. Es wird also ein Interessenskonflikt unterstellt, weil Amazon Plattformbetreiber und zugleich Händler auf dem Marktplatz ist. Ob dieser Interessenskonflikt real besteht, vermag ich nicht zu sagen. Betrachtet man die jeweiligen Businesscases der drei Programme und vergegenwärtigt sich, wo und wie viel Amazon jeweils verdient, dann kann man zumindest nachvollziehen, weshalb es Händler gibt, die Amazons Vorstöße nicht vorbehaltlos positiv sehen.

Tabelle 9.1   Programme bei Amazon und grobes Businessmodell dahinter

Programm	Businessmodell
Verkauf bei Amazon	Amazon erhält mit Stand August 2016 eine Pauschale und eine erfolgsabhängige Vertriebsprovision. Das Handelsrisiko trägt der Händler.
Versand durch Amazon	Wie bei Verkauf bei Amazon, jedoch zusätzlich eine Vergütung der Logistikdienstleistung.
Amazon Vendor Central	Amazon erhält die Handelsmarge, also die Differenz zwischen Einkaufs- und Verkaufspreis. Das Handelsrisiko trägt Amazon.

Nachdem die unterschiedlichen Geschäftsmodelle der drei Programme nun klar sind, kommen wir wieder zum Kernthema des Kapitels: der eigentlichen Suche auf einem der Amazon Marktplätze. Amazon arbeitet, wie Google auch, mit starker Automatisierung und ist von Algorithmen getrieben. Beispielsweise vergibt Amazon die Spitzenplätze der Suchergebnisse in den viel geklickten Buy-Boxen automatisiert per Algorithmus. Die Buy-Box erscheint, wenn es mehrere Anbieter eines Produktes gibt, als umrandeter Kasten rechts auf einer Produktdetailseite unterhalb der Warenkorbschaltfläche (vgl. Abbildung 9.2).

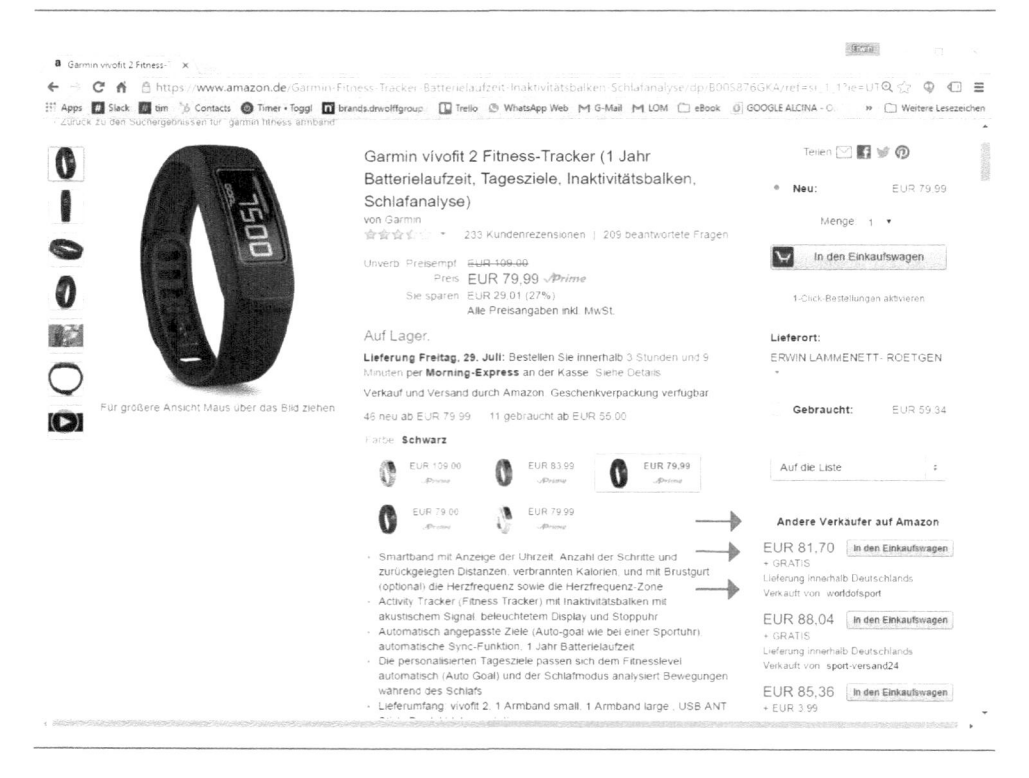

Abbildung 9.2   Amazon Buy-Box (mit drei Pfeilen gekennzeichnet)

Quelle: www.amazon.de, Abruf 01.08.2016

Die Suchergebnisseite einer Produktsuche wird ebenfalls durch einen Algorithmus bestimmt. Diese Algorithmen sind, wie bei Google auch, geheim. Theoretisch und praktisch wird sich der jeweilige Algorithmus aus allen drei Quellen bedienen. Abbildung 9.3 veranschaulicht den Sachverhalt.

Nun meine Fragen: Wären Sie Amazon, welche Produkte würden Sie zuerst anzeigen? Welche Produkte würden Sie an einer exponierten Stelle einblenden, wenn sie mehrere zur Auswahl haben? Die Produkte, bei denen Sie am meisten verdienen? Oder andere? Da der Algorithmus ja geheim ist, kann Ihnen niemand in die Karten sehen. Was werden Sie tun?

Natürlich waren die Fragen aus dem vorangegangenen Absatz rein rhetorisch gemeint. Fakt ist: Der Marktplatz wird zur Suchmaschine und vergibt Spitzenplätze nach geheimen Algorithmen. Jemand wird Gewinner und jemand wird Verlierer sein. Aus heutiger Perspektive darf daher vermutet werden, dass Amazons Geheimniskrämerei in Zukunft Gerichte beschäftigen wird.

Abbildung 9.3 Grobe Skizze der Amazon-Quellen aus Programmsicht

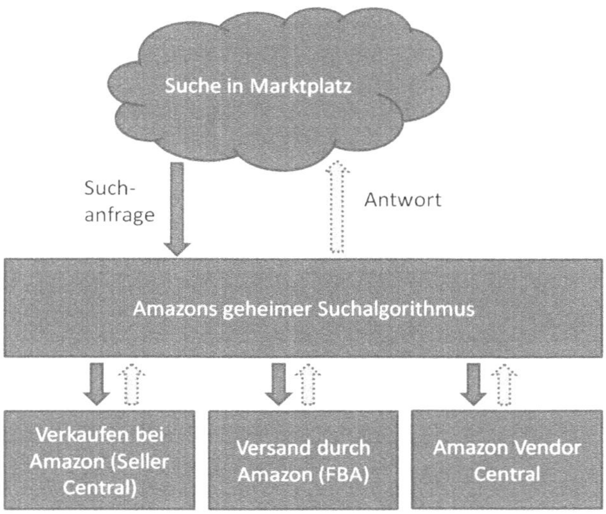

```
                    ┌─────────────────────┐
                    │  Suche in Marktplatz │
                    └─────────────────────┘
            Such-      │         ↑  Antwort
          anfrage      ↓         │
        ┌─────────────────────────────────┐
        │   Amazons geheimer Suchalgorithmus │
        └─────────────────────────────────┘
           ↓  ↑         ↓  ↑         ↓  ↑
     ┌──────────┐  ┌──────────┐  ┌──────────┐
     │Verkaufen │  │ Versand  │  │  Amazon  │
     │bei Amazon│  │  durch   │  │  Vendor  │
     │  (Seller │  │  Amazon  │  │  Central │
     │ Central) │  │  (FBA)   │  │          │
     └──────────┘  └──────────┘  └──────────┘
```

9.3 Amazon-Marketing (Stellschrauben)

Um als Händler erfolgreich Produkte auf einem Amazon Marktplatz verkaufen zu können, muss man dafür sorgen, dass die eigenen Produkte auf dem Marktplatz gut sichtbar sind. Im Idealfall vor den Produkten der Mitbewerber. Um dies zu erreichen, muss man verstehen, wie der Amazon-Algorithmus und damit die Amazon-Suchmaschine funktionieren. Das ist schwierig, weil keine gesicherten Erkenntnisse vorliegen. Es muss vermutet und spekuliert werden. Es muss getestet und experimentiert werden. Aber so ist es beim berühmten Google-Algorithmus ja auch. Niemand kennt den Algorithmus wirklich – außer Google natürlich. Google gibt ab und zu Hinweise auf Faktoren, die den Algorithmus beeinflussen. Aber das ist auch schon alles. Das ganze Ausmaß des Algorithmus ist nicht bekannt.

In der Folge gehe ich auf einige Aspekte ein, die das Ranking auf Amazon vermutlich beeinflussen. Die Ausführungen erheben keinerlei Anspruch auf Vollständigkeit. Sie sind zwar logisch nachvollziehbar, doch nicht gesichert im Sinne von verifizierter Tatsache.

9.3.1 Grundsätzliche Handlungsparameter

Im Kern gibt es zwei Optimierungsansätze für Händler, wollen sie in der „Suchmaschine" Amazon gut positioniert sein. Für welchen Händler und für welche Produktgruppe welcher Ansatz richtig ist, hängt vom Einzelfall ab.

Zum einen ist das die Ranking-Optimierung und zum anderen die sogenannte Buy-Box-Optimierung. Was die Buy-Box ist, habe ich im vorangegangenen Abschnitt erläutert (s. auch Abbildung 9.2). Bei der Ranking-Optimierung geht es um die Beeinflussung der Suchergebnisseite von Amazon. Gibt ein Besucher ein bestimmtes Keyword in die Suchmaske ein, werden ihm in der Regel pro Seite 20 bis 40 Produkte angezeigt. An welcher Position und auf welcher Seite ein Produkt erscheint, entscheidet der Algorithmus A9. Dieser Algorithmus ist wesentlich übersichtlicher als der Google-Algorithmus. Dennoch hat sich mittlerweile der Begriff „Amazon SEO" etabliert, der die Ranking-Optimierung für den Amazon Marktplatz beschreibt.

Bei der Ranking-Optimierung spielen unterschiedliche Faktoren eine Rolle. Bei Amazon sind das beispielsweise die Klickrate und der Absatz. Diese Faktoren werden u. a. durch die Darstellung der Produkte beeinflusst. Mit Darstellung ist in diesem Kontext die Qualität der Produktbilder und der Werbetexte gemeint. Ferner spielen auch die verwendeten Keywords und deren Einbettung auf der Produktseite eine Rolle.

Bei der Buy-Box-Optimierung sind die genauen Faktoren, nach denen Amazon die Händler der Buy-Box hinzufügt, nicht bekannt. Bisweilen ist zu lesen, dass sowohl der Preis als auch die Verfügbarkeit eine Rolle spielen. Das sind vermutlich aber nicht die einzigen Faktoren.

9.3.2 Stellschrauben – Ein Überblick

Wie bereits mehrfach in diesem Buch erörtert wurde, erhebt dieses Buch nicht den Anspruch, vollständiges Detailwissen zu den einzelnen Disziplinen des Online-Marketings zu vermitteln. Es geht um einen Überblick, einen ersten Einblick und eine Einordnung in den Gesamtkontext des Online-Marketings. Daher sind die Ausführungen in diesem Abschnitt auch nicht als Konkurrenz zu der mittlerweile erhältlichen Literatur zum Thema Amazon-SEO zu verstehen. Seit Oktober 2015 sind mehrere Bücher mit Titeln wie Amazon SEO, Amazon SEO Boost oder dergleichen erschienen. Auch 2018 sind wieder Bücher zu diesem Thema erschienen und für 2019 sind mit Stand November 2018 mindestens drei neue Werke angekündigt. In diesem Abschnitt möchte ich daher nur einen kleinen ersten Überblick zu den wichtigsten Eckparametern geben.

9.3.2.1 Keyword-Analyse

Wie bei der Optimierung für Google auch, ist erster und zentraler Punkt bei Amazon-SEO die Recherche und Auswahl geeigneter Keywords für ein Produkt (vgl. hierzu Kapitel 7.3.5). Sind passende und relevante Keywords beim Produkt hinterlegt, so steigt die

Sichtbarkeit des Produkts auf der Suchergebnisseite von Amazon bei adäquaten Suchanfragen. Wo die recherchierten Keywords zu hinterlegen sind, erfahren Sie im nächsten Abschnitt.

9.3.2.2 Platzierung der Keywords und Optimierung der Texte

Grundsätzlich ist die Platzierung geeigneter Keywords vergleichbar mit der Platzierung von Keywords bei der Google-Optimierung. Folgende Positionen sind von Bedeutung:

- Der Titel hat für das Ranking eine Bedeutung. Es empfiehlt sich, im Titel passende und häufig gesuchte Keywords zu verankern.
- Die allgemeinen Schlüsselwörter, welche man im Seller Central eintragen kann, haben ebenfalls eine Bedeutung für das Ranking und sollten häufig gesuchte, passende und relevante Keywords enthalten. Die Schlüsselwörter werden auf der Produktseite nicht ausgegeben.
- Natürlich sind die Produktattribute und der Produkttext ebenfalls für das Ranking bei Amazon relevant.

Es empfiehlt sich allerdings nicht, Keywords ständig zu wiederholen. Bei der Optimierung der Produkttexte und -attribute geht es vielmehr darum, die Texte so zu gestalten, dass sie „verkaufen". Im Idealfall sind sie so geschrieben, dass sie für einen Leser eine verkaufsfördernde Wirkung haben und für den Algorithmus von Amazon eine rankingfördernde Wirkung. Diese Aussage kommt Ihnen bekannt vor aus der Suchmaschinenoptimierung für Google? Stimmt. Denn auch bei der Google-SEO ist die Art und Weise der Texterstellung von Bedeutung.

Texte mit verkaufsfördernder Wirkung enthalten in der Regel ein oder mehrere Nutzenversprechen. Denn wie mein Marketing-Professor Prof. Dr. Becker in seinen Vorlesungen zu sagen pflegte: „Man verkauft immer nur Nutzen, nie ein Produkt."

Ganz wichtig im Verkaufsprozess sind sicherlich die Produktbilder. Ein Bild sagt mehr als tausend Worte. Und mehrere gute und qualitativ hochwertige Bilder sagen dann möglicherweise mehr als etliche tausend Worte. Es ist wissenschaftlich nachgewiesen, dass gute Produktbilder und auch Produktvideos einen positiven Einfluss auf die Abverkaufszahlen in Online-Shops haben. Das dürfte bei Amazon nicht anders sein. Professionelle und durchdachte Produktbilder steigern in der Regel die Conversion Rate – vorausgesetzt, der Preis hält sich im Rahmen. Damit wären wir beim nächsten wichtigen Punkt: dem Preis.

Ein wettbewerbsfähiger Preis trägt ebenfalls zu einem guten organischen Ranking bei. Für Händler ist es durchaus sinnvoll, sich im Vorfeld über das Preisgefüge auf dem Amazon Marktplatz zu informieren. Auch Experimente mit unterschiedlichen Preisen sind sicherlich ein Mittel, um ein Gefühl für einen optimalen Angebotspreis auf der Plattform zu entwickeln.

Die Amazon-Rezensionen können den Verkauf eines Produktes ebenfalls positiv beeinflussen. Gut möglich, dass sie auch einen Einfluss auf das Ranking haben. Denn gut bewertete Produkte verkaufen sich besser als schlecht bewertete. Amazon verdient nur, wenn verkauft wird. Ergo hat Amazon ein Interesse, gut bewertete Produkte zu präsentieren. Sie verkaufen sich schneller und besser. Dementsprechend ist es wichtig, auf negative Rezensionen schnell und professionell zu reagieren.

Auch die Nutzung des Versandservices FBA soll laut einigen Experten einen positiven Effekt auf das Ranking haben. FBA-Produkte sind in der Regel schneller beim Kunden. Da die Anzahl der Amazon-Prime-Mitglieder in den letzten Jahren stark gestiegen ist, werden immer mehr FBA-Produkte bevorzugt gekauft. Denn schnelle Lieferung ist für Prime-Mitglieder nicht mit Zusatzkosten verbunden.

9.4 Strategische Überlegungen

Amazon wächst kontinuierlich und wird von Jahr zu Jahr mächtiger. In einem Newsletter von statista.de war 2016 zu lesen: *„857 Millionen US-Dollar Gewinn hat Amazon im zweiten Quartal 2016 erwirtschaftet. Für den Versandriesen, dessen potentielle Gewinne sonst in der Regel durch Investitionen egalisiert werden, ein geradezu sagenhaftes Ergebnis."*[176] Das Interessante an dieser Aussage ist nicht der Gewinnrekord, sondern vielmehr die Aussage über die Investitions- und Expansionsfreudigkeit von Amazon. Amazon expandiert quasi kontinuierlich. 2017 kam ein Marktplatz für handgemachte Ware hinzu (https://services.amazon.de/handmade.html), ebenfalls ab 2017 stieg Amazon verstärkt in den Bereich Lebensmittel bzw. FMCG ein. Auch dem Bereich Beauty hat Amazon sich jüngst mehr und mehr geöffnet. Amazon ist ein typisches Beispiel für die sogenannte Plattform-Economy. Diesbezüglich möchte ich aus meinem Buch „Online-Marketing-Konzeption" zitieren:

„Die Plattform Economy oder Digital Plattform Economy bezeichnet Geschäftsformen oder -modelle, die auf der Grundlage von internetbasierten Plattformen operieren. Eine Plattform kreiert eine Art Ökosystem, welches für sich stehen kann und verschiedenste Interaktionen zwischen den handelnden Personen ermöglicht. In jüngerer Zeit sind sehr viele solcher Plattformen in unterschiedlichsten Bereichen entstanden: Auktionsplattformen oder Handelsplattformen wie eBay oder Amazon, Netzwerke wie Facebook oder LinkedIn, Finanz- oder HR-Portale wie Workday, Freelancer oder Elance-oDesk oder Logistikplattformen wie Uber, Lyft oder Sidecar.

Plattformen dieser Art verändern das Online-Marketing in vielen Bereichen. Sie beeinflussen daher auch die Erstellung einer Online-Marketing-Konzeption. Dies soll das folgende Beispiel verdeutlichen. Amazon hat sich in den letzten zehn Jahren zu einer bedeutenden Handelsplattform und einem Handelsmarktplatz entwickelt. Es gibt mittlerweile viele Menschen, welche die Suche nach einem Produkt bei Amazon beginnen und nicht mehr bei Google. Das war vor fünf Jahren

---

[176] Newsletter der Statista GmbH vom 29.07.2016.

noch anders. Mittlerweile überlegen sich viele Onlinehändler, ob sie einen eigenen Onlineshop aufmachen oder ihre Produkte nur bei Amazon anbieten."[177]

Amazon hat eine Art Ökosystem kreiert, in dem vermeintlich nicht nur Top-Preise zu finden sind, sondern welches auch eine hervorragende Logistikleistung und eine starke Kundenorientierung bietet. Die Plattform-Economy verändert das Konsumentenverhalten und die Erwartungen von Konsumenten, was wiederum zu einer Veränderung im Marketing, insbesondere im Online-Marketing, führen muss.

In einigen Branchen werden Hersteller zukünftig vermehrt auch über Amazon vertreiben. Amazon wird Hersteller aktiv ansprechen, um sie für das Programm „Amazon Vendor Central" zu begeistern. Denn dort ist die Verdienstmöglichkeit für Amazon am größten. Auch für Hersteller ist das Programm eine Alternative, denn sie können so mindestens eine Handelsstufe aussparen und Gewinne optimieren. Mit zunehmender Bedeutung der Plattform-Economy wird das Leben der Händler immer schwieriger. Logisch – wenn Hersteller direkt auf der Plattform verkaufen, werden Händler nicht mehr gebraucht. Zumindest in einigen Brachen wird das verstärkt so kommen. In anderen Branchen werden Händler über Service und Zusatznutzen eine Daseinsberechtigung behalten. Sie werden parallel zu Herstellern auf Plattformen verkaufen oder über andere Vertriebswege wie beispielsweise Online-Shops.

Dabei darf man jedoch nicht übersehen, dass die Plattform-Economy in einigen Branchen zu einer Zentralisierung auch auf den Handelsstufen führen wird. Betrachten wir beispielsweise einmal die Zahl der Amazon-Händler, die einen Umsatz von über einer Million Euro machen, so wird man feststellen, dass deren Anzahl im vergangenen Jahr um 25 Prozent gewachsen ist. Bei Amazon konzentriert sich also immer mehr Umsatz auf immer weniger Händler. Für neue und kleinere Amazon-Händler wird der Markteintritt auf großen Plattformen also tendenziell schwieriger, denn der Platz für neue Anbieter wird schlicht immer kleiner. Je mehr Hersteller auf die Plattform drängen, desto enger wird es dort und desto weniger Raum gibt es zu verteilen für jeden Einzelnen.

Händler müssen sich daher zukünftig sehr gut überlegen, wie ihre Online-Marketing-Konzeption aussieht und welche Rolle Marktplätze wie Amazon darin spielen sollen. Zugegeben, ein Blick in die Zukunft ist schwer. Aber die Zeichen der Zeit völlig zu ignorieren, ist sicherlich ein großer Fehler.

---

[177] Lammenett, E. (2018). Online-Marketing-Konzeption – 2018. O.O.: CreateSpace Independent Publishing Platforms, S. 43.

Preissuchmaschinen und Vergleichsportale
Funktionsprinzip und der Deutschland-Markt

10 Preissuchmaschinen und Preisvergleichsportale

Preissuchmaschinen machen genau das, was der Name sagt: Sie suchen Preise. Vergleichsportale machen ebenfalls genau das, was der Name sagt: Sie vergleichen Tarife. Beispielsweise Handytarife, Strom- oder Gastarife, Versicherungstarife oder Kreditkonditionen für den Hauskauf. Der Mechanismus der Portale ist denkbar einfach. Man gibt ein Produkt oder eine Leistung ein und erhält Angebote bzw. Preise von angeschlossenen Händlern oder Dienstleistern.

Aus zweierlei Blickwinkeln kann das Engagement in derartigen Portalen sehr interessant sein:

1. Häufig sind Preis- oder Vergleichsportale aufgrund ihres Inhaltsvolumens und der externen Verlinkung sehr gut in den Suchmaschinen gelistet. Ein Engagement in solchen Portalen bringt also SEO-Traffic – jedoch über den Umweg des Portals. Bitte sehen Sie hierzu auch das Kapitel 8.6.

2. Preisportale generieren eigenen Traffic und vermitteln diesen an die Shop-Betreiber. Eine repräsentative Studie von INTERNET WORLD Business[178] belegte schon im Jahr 2008, dass 24,7 Prozent der Befragten tatsächlich über eine Preissuchmaschine zu einem neuen Online-Shop gelangen. Laut W3B-Studie von Fittkau Maaß[179] gab bereits 2009 ein Drittel der Internetnutzer an, Online-Preisvergleiche regelmäßig zu verwenden, 53 Prozent gelegentlich bzw. bei Bedarf. Manche Preis- oder Vergleichsportale machen mittlerweile sogar schon Werbung im Fernsehen oder in anderen Medien. Auch dieser Aspekt spricht für ein Engagement in entsprechenden Portalen. Denn oftmals sind es die finalen Kaufentscheidungsprozesse, die in einem Preissuchportal beginnen. Käufer haben sich bereits an anderer Stelle über ein Produkt oder einen Tarif informiert und wollen nun den günstigsten Preis. Diesen suchen sie direkt über ein Preis- oder Vergleichsportal.

Die Abläufe, das heißt der Datenaustausch mit den Portalen, laufen meistens vollautomatisch über Schnittstellen. Es muss also nur eine einmalige Einrichtung initiiert werden. Der laufende Aufwand danach ist gering. Allerdings nehmen die meisten Portale Gebühren für die Einstellung von Produkten. Bitte lesen Sie hierzu das folgende Kapitel.

---

[178] Vgl. INTERNET WORLD BUSINESS, 7. Juli 2008, S. 14.
[179] http://www.w3b.org/e-commerce/billigerde-und-guenstigerde-fuhren-bei-der-nutzung-von-preissuchmaschinen.html, Abruf 15.11.2018.

10.1 Funktionsprinzip und Kosten

Preisvergleichsportale listen die Produkte und Preise verschiedener Anbieter. Natürlich erfolgt dies nicht ohne finanzielles Interesse. Man unterscheidet grundsätzlich drei Vergütungsmodelle:

- Manche Portale verlangen eine feste Gebühr für die Nutzung. Diese hängt von der Anzahl der übertragenen Produkte ab.
- Andere Portale verlangen eine umsatzabhängige Vergütung, was dem Prinzip des Affiliate-Marketings nahe kommt.
- Wieder andere finanzieren sich rein durch Werbung auf dem Portal. Die Einstellung der Produktdaten ist für den Anbieter kostenlos.

In fast allen Fällen werden Daten von den Shopbetreibern als CSV- oder XML-Katalog beim Preisportal angeliefert und dort automatisiert in das Portal importiert. Das stellt einen hohen Grad der Aktualität sicher, bei gleichzeitig geringem administrativem Aufwand.

Anbieter von Tarifen (z. B. Stromtarife) müssen ihre Daten individuell aufbereiten und den Portalbetreibern zur Verfügung stellen. Betreiber von Online-Shops haben es leichter. Je nach verwendetem Shop-System ist die Erzeugung von verwendbaren CSV- oder XML-Dateien weniger kompliziert. Bei manchen Shop-Systemen sind bereits Exportroutinen zu gängigen Preissuchmaschinen implementiert, bei anderen wird die automatisierte Exportmöglichkeit zur Erzeugung eines Daten-Feeds über Zusatzmodule geregelt. Das Problem dieser Vorgehensweise ist eine mangelnde Flexibilität. Zum einen kann auf Änderungen nicht schnell reagiert werden und zum anderen gibt es rund 800 Preissuchmaschinen (vgl. auch Kapitel 10.2), die lange nicht abgedeckt sind. Vorteilhafter ist daher der Einsatz eines dynamischen Exportmoduls, mit welchem dynamisch Exportprofile erzeugt werden können. Solche Module erlauben nicht nur die Erstellung unterschiedlicher Exportprofile für die jeweiligen Preissuchmaschinen, sondern auch die dynamische Auswahl der Produkte je Profil. Über diese Funktionalität können z. B. ausschließlich Produkte einer bestimmten Kategorie, mit Lagerbestand größer 20, und mit einem Warenwert zwischen 200 und 500 Euro exportiert werden. Auf diese Weise kann für jedes Preisportal ein passendes Profil erstellt werden.

10.2 Preisportale in Deutschland

Wussten Sie, dass es im Jahr 2006 mehr als 800 Preissuchmaschinen und Preisvergleichsportale gab? Alleine diese Zahl zeigt auf, welche betriebswirtschaftliche Relevanz solche Anwendungen haben. Im 2007 letztmalig erschienenen „Branchenführer Preisvergleichsportale" der Firma mpEXPERT wurden 411 davon gelistet und bewertet. Die Firma mpEXPERT gibt es mittlerweile nicht mehr, aber die Zahlen als solche sind immer noch beeindruckend. Trotz Konsolidierung auf diesem Markt gibt es heute immer noch mehrere hundert Preisvergleichsportale. Besonders in Deutschland sind Preisvergleichsportale ganz groß. Laut einer Studie[180] von WIK (Wissenschaftliches Institut für Infrastruktur und Kommunikationsdienste GmbH), stammen etwa 80 Prozent der Anbieter aus Deutschland. Im Jahr 2017 machten sie rund 3,9 Milliarden Euro Umsatz.

Laut der Studie nutzen etwa 70 Prozent der Deutschen Vergleichsportale. Dabei steht die Informationsbeschaffung im Vordergrund. Nur etwa 34 Prozent schließen einen Vertrag oder Kauf auch direkt über das Vergleichsportal ab. Es gibt sogar viele Verwender, die mittels Preisvergleichsportalen regelmäßig bestehende Verträge auf den Prüfstand stellen.

Viele Portale bieten umfangreiche Zusatzfunktionen, die dem Web 2.0 zuzuordnen sind. Dies sind Meinungs- und Bewertungsfunktionen oder aber Benachrichtigungs- oder Alarmfunktionen.

Beispiele bekannter Preisvergleichsportale sind http://www.guenstiger.de, http://www.billiger.de und http://www.check24.de. Guenstiger.de ist ein durch Werbung finanziertes und damit unabhängiges Preisvergleichsportal, welches laut IVW schon im Dezember 2007 auf 62 Millionen Page-Impressions kam. Heute dürften es weit mehr sein. Billiger.de hat nach eigenen Angaben mehr als 300.000 kaufwillige Besucher pro Tag. Billiger.de macht responseorientierte TV-Werbung. Check24.de ist ein junges Vergleichsportal, auf dem es primär um Tarife geht (Strom, Gas, Handy, Versicherungen, Kredite). Das Portal wirbt massiv im TV und bezeichnet sich als größtes Vergleichsportal Deutschlands. Es ging im Oktober 2008 online und ist der Zusammenschluss vom Versicherungsvergleichsportal einsurance.de, dem Finanz- und Kreditspezialisten moneyworld.de sowie dem Strom- und Gasvergleicher tarifvergleich.de.

Mittlerweile gibt es für fast alle Produkte eine passende Preissuchmaschine. Was man als Konsument alles erleben kann, wenn man sich in Preissuchmaschinen tummelt, können Sie in einem netten sechsminütigen Video sehen, zu dem ich als Experte einen kurzen Beitrag leisten durfte: https://www.YouTube.com/watch?v=JuVdYzFr_K4.

| Servicelink: www.lammenett.de/POM8

Aus Sicht eines Werbetreiben, der seinen Vertrieb über ein Preisvergleichsportal beflügeln möchte, bedeutet die Vielzahl der Preissuchmaschinen die Herausforderung, die richtigen zu identifizieren, dort Tests zu fahren und mittels eines entsprechenden Trackings die Spreu vom Weizen zu trennen.

---

[180] Vgl. https://www.wik.org/fileadmin/Studien/2017/2017_CHECK24.pdf, Abruf 26.11.2018.

10.3 Fazit: Preisportale und wirtschaftliche Überlegungen

Die Beschäftigung mit Preissuchmaschinen ist für viele Anbieter, insbesondere Shop-Betreiber, fast schon Pflicht. Nicht umsonst gibt es mittlerweile sogar den Begriff „Preisportal-Marketing".

Beim Engagement in Preisportalen geht es nicht nur darum, indirekt Traffic über Suchmaschinen abzugreifen, denn Preisportale generieren nicht nur Traffic, der seinen Ursprung in Suchmaschinen hat. Einige Preisportale investieren massiv in Werbung und schalten sogar TV-Werbung. Dies führt natürlich dazu, dass potenzielle Käufer direkt die URL der Preissuchmaschine eingeben und von dort zum jeweiligen Angebot gelangen.

Der Kernprozess, also die Erzeugung und Bereitstellung von Daten-Feeds für die jeweilige Preissuchmaschine, lässt sich automatisieren, wenn eine brauchbare Software im Einsatz ist. Von daher sind die fixen Kosten in der Regel sehr überschaubar. Auf der Kostenseite kommt dann lediglich das Entgelt bzw. Honorar für die Preissuchmaschine hinzu. Jedenfalls, wenn man nicht ausschließlich auf kostenfreie Preisportale zurückgreifen möchte. Ob sich das Engagement dann schlussendlich rechnet, findet man nur heraus, wenn man es ausprobiert und gleichzeitig über ein gutes Controlling verfügt. Es muss ermittelt werden, welche Umsätze und Gewinne über welche Preissuchmaschine generiert werden. Diese müssen mit den Kosten ins Verhältnis gesetzt werden. Es empfiehlt sich, mit mehreren Preissuchmaschinen über einen repräsentativen Zeitraum zu experimentieren. Einige meiner Kunden generieren heute über Preissuchmaschinen hohe fünfstellige Umsätze pro Tag.

Content-Marketing
Hintergründe, Abgrenzung und Einordnung, Praxisbeispiele

An dieser Stelle möchte ich mich bei der Agentur GRÜN alpha GmbH für die Unterstützung bei den Arbeiten für die 7. Auflage meines Buches bedanken. Bei meiner praktischen Arbeit in der Beratung kooperiere ich besonders gerne mit den Spezialisten von GRÜN alpha, die SEO-wirksame Inhalte erstellt und sich dabei nach den Methoden und Erkenntnissen richtet, die ich in diesem Kapitel und anderen Kapiteln zusammengestellt habe. Kontakt: info@gruenalpha.net.

11 Content-Marketing[181]

11.1 Definition und Abgrenzung

Content-Marketing wird von unterschiedlichen Marktteilnehmern verschieden definiert. In der Social-Media-Marketing-Szene wird Content-Marketing häufig mit einem Seeding gleichgesetzt. Für Agenturen, die sich mit Suchmaschinenmarketing beschäftigen, ist Content-Marketing primär ein Mittel der Suchmaschinenoptimierung. Agenturen aus der Ecke „Unternehmenskommunikation" sehen Content-Marketing häufig eher als zentralen Bestandteil einer ganzheitlichen Inbound-Marketing-Strategie. Inbound-Marketing ist, genau wie Content-Marketing, ein relativ junges Buzzword. In manchen literarischen Abhandlungen wird das Inbound-Marketing auch mit dem Content-Marketing gleichgesetzt. Im Gegensatz dazu steht das Outbound-Marketing, welches Methoden des klassischen Marketings beschreibt. Tabelle 11.1 stellt die beiden Methoden einander gegenüber.

Tabelle 11.1　Inbound-Marketing versus Outbound-Marketing

Inbound-Marketing	Outbound-Marketing
Im Mittelpunkt stehen die Inhalte. Diese werden von Kunden/Interessenten gefunden und im Idealfall weiter verbreitet.	In der Regel Einwegkommunikation. Botschaft wird an Zielgruppe gesendet. Reichweite wird gekauft.
Kunden kommen selbst, weil sie über interessante Inhalte „stolpern", z. B. über die Suchmaschine oder Social-Media-Netzwerke etc.	Eingesetzte Medien sind zumeist TV, Radio, Bannerwerbung, Call-Center Outbound, Anzeigen etc.
Es wird ein Mehrwert über die Inhalte geboten.	Werbung hat keinen Mehrwert für die Kunden.
Kunde/Interessent wird unterhalten, informiert oder angeregt.	Kunde wird belästigt, unterbrochen bzw. zumindest gestört.

Der Begriff Inbound-Marketing wurde im deutschsprachigen Raum erstmals von SEOmoz-Gründer Rand Fishkin im April 2012 bei einer Konferenz in München auf die große Bühne gebracht. Im Anschluss daran gestaltete sich das Interesse am Thema Inbound-Marketing sehr positiv, wie man in Google Trends ablesen kann.

Etwas globaler ausgedrückt ist Content-Marketing eine Methode, welche die Zielgruppe ansprechen soll, um sie direkt oder indirekt vom eigenen Unternehmen und seinem Leis-

---

[181] Die Inhalte dieses Kapitels stammen aus meinem Buch „Lammenett, E. (2018). Online-Marketing-Konzeption – 2018. CreateSpace Independent Publishing Platforms" und sind nicht exklusiver Bestandteil des vorliegenden Werkes.

tungsangebot oder einer eigenen Marke zu überzeugen. Content-Marketing soll Kunden gewinnen oder halten, ohne jedoch zu direkt, zu aufdringlich oder gar störend zu sein. Keinesfalls ist Content-Marketing vordergründig werblich. Es kommt beim Content-Marketing im Grunde darauf an, einen Mehrwert zu liefern. Dies kann mit informierenden, beratenden und unterhaltenden Inhalten geschehen. Es kann über Texte, Bilder, Videos oder Podcasts erfolgen. Content-Marketing stellt nicht das eigene Unternehmen oder das eigene Produkt in den Mittelpunkt, sondern einen Inhalt, der einen Mehrwert bietet. Einen sehr guten Erläuterungsversuch mit einer nachvollziehbaren Struktur habe ich auf dieser Webseite gefunden: www.communicateandsell.de.c139.ims-firmen.de/content/content-marketing-was-ist-das/.

| Servicelink zum Artikel: www.lammenett.de/791

Wer in Bezug auf Content Marketing gerne etwas mehr an der Oberfläche bleiben möchte, für den ist vielleicht dieses Drei-Minuten-Video das Richtige.

| Servicelink zum Video: www.lammenett.de/792

11.2 Aktuelle Entwicklungen

Content-Marketing erlebt seit 2013 einen Boom. Besonders getrieben wurde dieser von der Suchmaschinenoptimierung. Da die Suchmaschinen, allen voran Google, immer häufiger Algorithmus-Updates veröffentlichen, deren Ziel es ist, die Qualität der Suchergebnisse zu verbessern, sind Webseiten mit wirklich werthaltigem Content im Vorteil. Die Fachwelt ist sich darüber einig, dass dieser Trend noch eine Weile anhalten wird.

Getrieben von diesen Entwicklungen hat sich Content-Marketing in den letzten Jahren stark weiterentwickelt. Es geht schon lange nicht mehr nur darum, Content zu generieren, der in den Suchmaschinen gut platziert ist, und so Besucher auf eine bestimmte Webseite bringt oder auf ein bestimmtes Unternehmen aufmerksam macht. Bester Beleg dafür sind die zahlreichen Veröffentlichungen, die in jüngerer Zeit zum Thema Content-Marketing erschienen sind. Auch ein Blick in Google Trends offenbart, dass Content-Marketing immer noch ein Trendthema ist.

Abbildung 11.1 Content-Marketing in Google Trends im November 2018

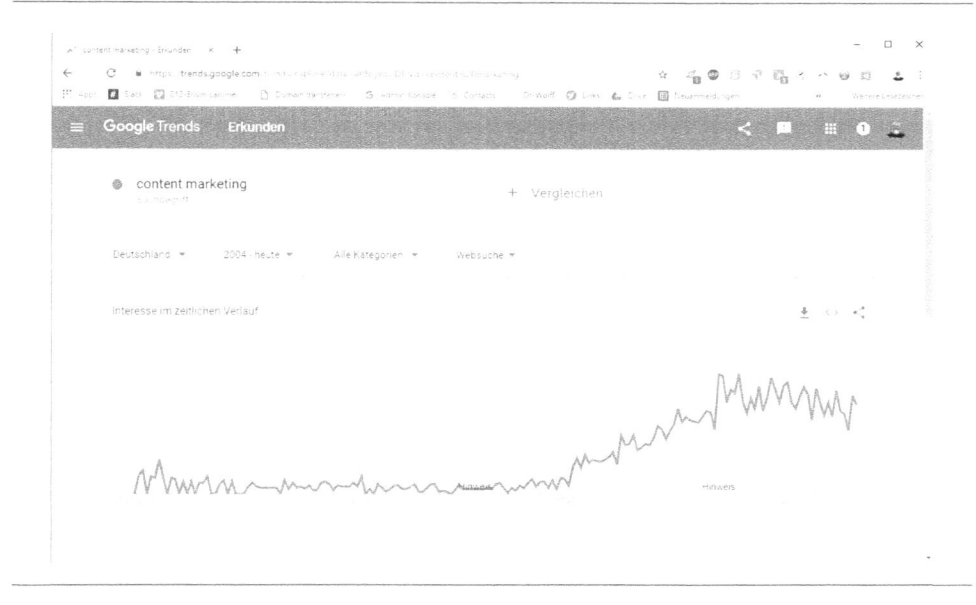

Quelle: https://trends.google.com, Abruf 23.11.2018

11.3 Content-Marketing und Suchmaschinenoptimierung

Bei der Suchmaschinenoptimierung wird Content-Marketing immer wichtiger, weil Google und Co. verstärkt Wert auf Inhalte legen, die wirklich relevant sind, wirklich interessieren und von Benutzern als werthaltig angesehen werden. Inhalte, welche die Erwartungen der Nutzer befriedigen, sind also im Vorteil gegenüber Inhalten, die ein Benutzer nur kurz ansieht und dann wieder wegklickt.

Es zeichnet sich also ein Paradigmenwechsel ab. In der Vergangenheit ging es vor allem darum, irgendetwas zu einem Thema zu schreiben und dann entsprechende Seitenbestandteile wie Seitentitel und Hauptüberschrift auf gewünschte Suchbegriffe abzustimmen. Doch Google und Co. verfeinern ihre Fähigkeiten zur Analyse von Texten immer mehr. Zukünftig wird daher Content-Marketing im zuvor genannten Sinne an Bedeutung gewinnen.

Diese Entwicklung wird auch durch einen eindeutig belegbaren Boom bei ausgeschriebenen Stellen nach Content-Experten belegt. In iBusiness war hierzu im schon im November 2015 zu lesen: *„Die Nachfrage nach SEO- und Content-Experten hat das stärkste*

Wachstum. Einen großen Sprung nach oben hat mit der Dmexco die Zahl der ausgeschriebenen Redakteursstellen gemacht. Sie kletterte mit Ende der Sommerferien um gut ein Fünftel nach oben und hält sich seitdem kontinuierlich oberhalb der 200er-Marke. Auch SEO-Experten werden inzwischen wieder verstärkt gesucht. Offenbar sorgt der Boom beim ‚Content-Marketing' dafür, dass Unternehmen verstärkt redaktionelle Dienstleistungen nachfragen und deswegen die Agentur-Entscheider Spezialisten in diesem Gewerk suchen."[182]

Klassische Beispiele für Content-Marketing sind Whitepaper, Tutorials, Infografiken, Studien, Lexika oder Ratgeber. Diese werden auf der Webseite eines Unternehmens verankert und sollen im Idealfall dazu führen, dass Besucher die Inhalte teilen oder darauf verlinken bzw. im virtuellen Raum darüber reden.

Ein interessantes Buzzword, welches häufig im Rahmen des Content-Marketings genannt wird, ist das sogenannte „Storytelling". Bei diesem Begriff muss ich immer an einen Co-Referenten aus einem meiner Seminare denken. Dieser war als Teamleiter Online-Marketing auch für das Content-Marketing der Firma Villeroy & Boch verantwortlich. Sinngemäß sagte er: „Über Kloschüsseln lässt sich nicht viel schreiben. Wenn doch, dann nichts, was die Leute interessiert. Aber über den Orient-Express kann man tolle Geschichten schreiben. Und in dem sind Kloschüsseln von Villeroy & Boch verbaut." Merken Sie etwas?

11.4 Content-Marketing und Ziele

Aus Sicht der Suchmaschinenoptimierung verfolgt Content-Marketing zwei Ziele:

- Content-Marketing schafft zusätzlich interessante Inhalte, die Mehrwerte bieten und die nachgefragt werden. Das ist besonders interessant für Unternehmen, die sogenannte Low-Interest-Produkte führen. Durch Content-Marketing wird eine Webseite mit weiteren Inhalten angereichert und erscheint im Lichte der Suchmaschine größer, interessanter und werthaltiger.

- Der Aufbau von hochwertigen Backlinks soll beflügelt werden, da Besucher der Webseite die Inhalte teilen und verlinken.

Wie eingangs erwähnt, kann es beim Content-Marketing aber auch um weit mehr gehen als die Unterstützung der Suchmaschinenoptimierung. Demzufolge gibt es weitere Ziele, die nicht primär der Suchmaschinenoptierung dienen. Der Vollständigkeit halber werden diese hier auch genannt.

Kurzfristige Content-Marketing-Ziele sind:

- Erzeugung von Reichweite über die Verbreitung von Inhalten über Social Media bzw. im Idealfall die Erzeugung eines viralen Effektes über Social Media.

---

[182] www.ibusiness.de, Abruf November 2016.

- Neue Besucher auf die Unternehmenswebseite bringen.

Langfristig können folgende Ziele angestrebt werden:

- Aufbau einer Marke/Autorität für ein bestimmtes Thema. Damit verbunden sind auch die Schaffung von Vertrauen und der Aufbau oder die Optimierung der Reputation.
- Regelmäßig Leser bzw. Besucher zur Zielwebseite führen und damit verbunden die Erhöhung der Rate von wiederkehrenden Besuchern.
- Verbesserung von Abschlussraten.
- Bindung von Influencern oder Multiplikatoren.
- Begünstigung von langfristig loyalen Kundenbeziehungen.

11.5 Beispiele für Content-Marketing

In der Folge sind einige Beispiele für gutes Content-Marketing aufgeführt. Es gibt natürlich noch viele weitere. Die hier aufgeführten Beispiele sollen einen ersten Eindruck der Möglichkeiten und Optionen widerspiegeln. Grundsätzlich sind der Kreativität keine Grenzen gesetzt.

Sicherheitsleitfaden für TYPO3 der TYPO3-Macher
Durch die Erstellung und regelmäßige Aktualisierung eines Sicherheitsleitfadens für das Content-Management-System TYPO3 versucht die Firma team in medias, eine Autorität für das Thema Sicherheit aufzubauen. Damit verbunden ist die Unterstützung des Reputationsaufbaus als verantwortungsvoller Dienstleister.

www.typo3-macher.de/typo3-sicherheitsguide/

> Servicelink zur Website: www.lammenett.de/7912

Infografik Firma Hornbach
Die Infografik enthält viele bekannte Elemente und visualisiert verschiedene Statistiken um das Thema Stahl. Gleichzeitig erzählt sie eine Geschichte über die Herstellung eines Hammers aus Panzerstahl. Hierzu gibt es auch einen Film bei YouTube.

http://www.marketing-blog.biz/blog/uploads/Info-Hornbach-Hammer.serendipityThumb.jpg

> Servicelink zur Grafik: www.lammenett.de/7913

www.YouTube.com/watch?v=StOGdOFJv1Q

| Servicelink zum Video: www.lammenett.de/7914

Infografik Runtastic
Infografik zum Thema Herz, Gesundheit, Sport.

www.runtastic.com/blog/de/ernaehrung-wellness/infografik-fakten-rund-ums-herz/

| Servicelink zur Grafik: www.lammenett.de/7915

Magazin von (Kraft)HeinzFoodservice (Rezepte, Food)
Die Firma HeinzFoodservice veröffentlicht ein Printmagazin zum Thema Ernährung. Primär sind hierin Rezepte enthalten. Im Video spricht eine Kraft-Mitarbeiterin über dieses Magazin.

http://www.heinzfoodservice.de/de-de/recipes/recipefinder

| Servicelink: www.lammenett.de/7916

www.YouTube.com/watch?v=VyCOeinYtAQ

| Servicelink: www.lammenett.de/7916b

Tipps Fleckenlösung von Vanish
Reckitt Benckiser bietet unter der URL eine sehr umfassende Sammlung von Tipps rund um das Thema Fleckenbeseitigung an. Man kann hier sehr differenziert auswählen, wie der Fleck entstanden ist und ob er sich auf Kleidung oder Teppich befindet. Anschließend erhält man entsprechende Lösungsvorschläge und Tipps für die Beseitigung.

www.vanish.de/fleckenloesungen

> Servicelink: www.lammenett.de/7917

Tipps für Make-up und Schminke
In der Make-up-Lounge bietet L'Oréal viele Tipps zum Thema Kosmetik und Schminken. Es sind u. a. viele Videos mit Schminkanleitungen verankert.

http://lounge.loreal-paris.de/makeuplounge/

> Servicelink: www.lammenett.de/7918

Inteprid Travel
Inteprid Travel ist eine Reiseagentur für Individual- und Gruppenreisen. Neben den obligatorisch objektiven Artikeln über Urlaubsländer bietet das Unternehmen in seinem Blog auch individuelle Reiseberichte von erfahrenen Abenteurern an, die stark von persönlichen Erfahrungen geprägt sind. Für die Zielkunden ist das besonders interessant, da diese sich von den typischen Reisekatalogen stark distanzieren und großen Wert auf eine „authentische" Erfahrung legen.

https://www.intrepidtravel.com/adventures/

Artikel-Beispiel: https://www.intrepidtravel.de/blog/peru-amazonas-dschungel-erfahrungen

Nike –Trainingspläne & „NIKE+ RUNNING APP"
Als eine der größten Marken für Sportkleidung stellt sich Nike außerordentlich gut an beim Content-Marketing und bietet mit kostenlosen Trainingsplänen, einer Trainingsapp und der dazugehörigen Community hohen Mehrwert auch für Nicht-Kunden.

https://www.nike.com/de/de_de/c/running/nike-run-club/training-plans

Obi – Bauanleitungen & Raum /Garten-Planer

Als Hauptanlaufpunkt für den bastelwütigen Heimwerker hat obi seine Onlinepräsenz der gleichen Zielgruppe gewidmet und bietet mittlerweile eine große Datenbank an detaillierten Bauanleitungen, Ratgebern, Erklärvideos und interaktiven Raumplanern an.

https://www.obi.de/ratgeber/

Hellofresh – Rezeptdatenbank
Hellofresh ist als Lieferant für All-inclusive-Kochboxen bekannt und bietet seine Rezepte als Online- und Printversion sowie als Newsletter an. Im Unterschied zu vielen Kochplattformen/Food-Blogs überzeugt Hellofresh mit einem simplen Design und verständlichen Rezeptanleitungen vor allem die anvisierte Zielgruppe.

https://www.hellofresh.de/recipes/

11.6 Herausforderungen für Unternehmen/Organisationen

Echtes Content-Marketing bedeutet weit mehr, als Inhalte zu generieren, die halbwegs zum Unternehmen passen, und diese für Suchmaschinen zu optimieren. Im „echten" Content-Marketing liegt die erste Herausforderung darin, Themen zu identifizieren, die eine Brücke zum Unternehmensinhalt schlagen können, die aber gleichzeitig im Interessenfokus einer **hinreichend großen Zielgruppe** stehen. Alle weiteren Arbeiten sind im Grunde danach nur Handwerk.

In bestimmten Bereichen bedingt eine Content-Strategie ein permanentes Arbeiten und eine permanente Generierung von geeignetem Content. Hierüber müssen sich Unternehmen im Klaren sein. Möchte ein Unternehmen mithilfe von Content-Marketing zu einer Art „Autorität" in einem bestimmten Themenbereich werden, so werden einige wenige Veröffentlichungen nicht ausreichen, um dieses Ziel zu erreichen. Je nach Zielsetzung der Content-Marketing-Strategie ist der dahinterliegende Umsetzungsaufwand also mehr oder minder groß.

Content-Marketing ist sicherlich für Unternehmen sinnvoll, die ernsthaft Suchmaschinenoptimierung betreiben. Aber auch abseits der Suchmaschinenoptimierung kann Content-Marketing eine sehr spannende Online-Marketing-Disziplin sein. Wirklich attraktiver Content hat immer das Potenzial, einen viralen Effekt zu erreichen. Hiermit wäre man dann schnell beim Thema Viral-Marketing. Es hat in der Vergangenheit viele spektakuläre Beispiele gegeben, wie Unternehmen auch mit kleineren Budgets durch die Veröffentlichung von spektakulärem, interessantem, nutzbringendem oder leicht anrüchigem Content Millionen von Menschen auf sich aufmerksam gemacht haben. Auch große Brands haben mittlerweile den Charme des Content-Marketings und sein virales Potenzial entdeckt. Neben den Beispielen im Kapitel 11.5 finden Sie im Kapitel 14.11 weitere Beispiele aus dem Segment Video-Marketing. Auch Videos sind Content.

11.7 Softwareunterstütztes Content-Marketing

Aufgrund des Hypes um das Thema Content-Marketing haben sich viele Anbieter aus dem Umfeld der Suchmaschinenoptimierung um die Entwicklung von Lösungen zur

Unterstützung des Content-Marketings bemüht. Beispiele für solche Anbieter sind „Content Success von Ryte", „Ahrefs ContentExplorer", „Buzzsumo" oder „Contentbird". Die große Gemeinsamkeit dieser Anbieter ist, dass ihr Kernprodukt aus dem SEO-Umfeld stammt und sie dieses erweitert haben um Funktionen, welche das Content-Marketing unterstützen. Beispielsweise kommt Ryte (ehemals OnPage.org) aus der On-Page Optimierung, Ahrefs aus der Backlink-Analyse und Contentbird hieß früher Linkbird und befasste sich stark mit dem Backlink-Management.

Exemplarisch für diese Softwaregattung möchte ich an dieser Stelle Contentbird kurz vorstellen. Ich möchte damit deutlich machen, wie und warum eine softwareseitige Unterstützung des Content-Marketings zu einer Effizienz- und Qualitätssteigerung im Content-Marketing führen kann.

Nachdem Google die Existenz von Backlinks als Rankingfaktor abgewertet hat, hat sich Linkbird quasi neu erfunden. Das Unternehmen heißt heute Contentbird und bietet ein Tool, welches den gesamten Content-Marketing-Prozess umfassend abbildet. Das Tool unterstützt die Phasen Recherche, Planung, Erstellung und das Management, die Distribution und die Ergebnisanalyse.

Die Recherchefunktionen des Tools unterstützen die Themenfindung auf mehrerlei Arten. Zum einen kann auf Basis von Keywords nach relevanten Themenfeldern gesucht werden. Dabei können auch Trends zu den jeweiligen Keywords angezeigt werden. Die Daten stemmen von Google Trends. Auf Wunsch können Inhalte auch nach „Erfolg" bewertet werden. Erfolg wird hierbei anhand der generierten Backlinks und der Social-Media-Reichweite definiert. Auf diese Weise kann im Ansatz ermittelt werden, welche Themen innerhalb der Zielgruppe hoch im Kurs sind. Ferner erlaubt Contentbird auch einen Vergleich mit Mitbewerbern.

Aus der Content-Recherche entstehen schlussendlich Umsetzungsideen. Diese müssen geplant und gemanagt werden. Ideen für Inhalte werden im Tool gesammelt. Sie können dann zur Ausarbeitung Mitarbeitern zugewiesen werden. Auch die Integration von externen Mitarbeitern und Redakteuren ist möglich. Content-Ideen können mit Fälligkeitsterminen versehen werden. Die weitere Kommunikation mit den internen und externen Redakteuren wird transparent für das gesamte Content-Team im Tool abgebildet. Umständliche Kommunikation über Dritt-Kanäle wie Slack oder E-Mail kann in vielen Fällen entfallen, sofern alle beteiligten Team-Mitglieder Zugriff auf Contentbird haben.

Auch der eigentliche Erstellungsprozess wird intelligent unterstützt. Schreibt man seine Text direkt in Contentbird, so wird noch während man tippt eine Textanalyse durchgeführt. Neben der ungefähren Lesedauer und der Anzahl der Wörter wird auch auf potenzielle Probleme im Text hingewiesen. Der Autor erhält sofort Feedback über unnötige Füllwörter oder zu lange Sätze. Auch die Prüfung auf Duplicate Content, eine WDF*IDF-Analyse und die Beobachtung der wichtigen Keywords sind in diesem Prozessschritt softwareseitig unterstützt. Textentwürfe können ferner mit Kommentaren versehen werden, um etwaige Probleme gemeinsam schnell klären zu können.

Abbildung 11.2 Keyword- und Themenrecherche in Contentbird

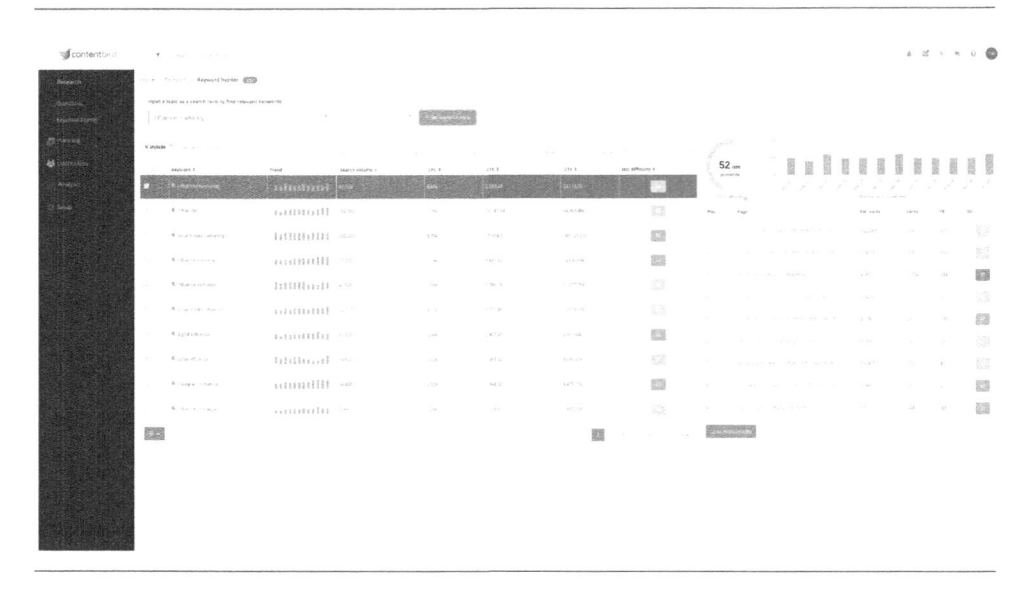

Quelle: https://de.contentbird.io/, Abruf 25.11.2018

Abbildung 11.3 Erstellung von Content in Contentbird

Quelle: https://de.contentbird.io/, Abruf 25.11.2018

Als weiteren Prozessschritt unterstützt Contentbird die Distribution und Bekanntmachung des Contents. Denn guter Content kann nicht nur auf der eigenen Website platziert werden, sondern Contentbird hilft auch bei der Suche nach thematisch passenden Webseiten. Ansprechpartner können im Tool verwaltet werden. Über ein integriertes Mini-CRM können dann sogar einfache Verteilerlisten aufgebaut werden.

Auch bei der anschließenden Erfolgskontrolle unterstützt Contentbird. Sowohl die Entwicklung des eigenen Contents kann überwacht werden, als auch Backlinks, das eigene Ranking zu bestimmten Keywords und die eigene Brand (Brand Alerts).

Abbildung 11.4 Das Analysemodul in Contentbird

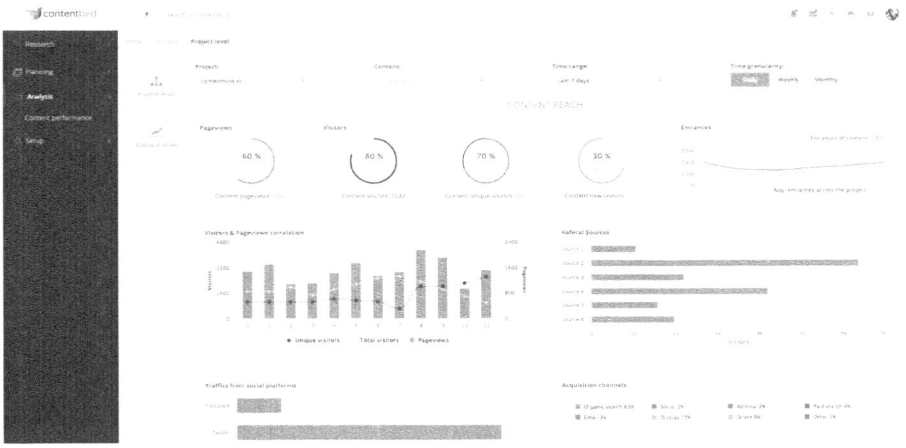

Quelle: https://de.contentbird.io/, Abruf 25.11.2018

Online-Werbung

Hintergründe, Funktionsprinzipien, Formen und Formate, Anbieterstruktur und Marktentwicklung

12 Online-Werbung

12.1 Online-Werbung: Hintergrundwissen

Online-Werbung verzeichnet seit Jahren kontinuierliche Wachstumsraten. Viele Jahre wurden jedes Jahr zweistellige Zuwächse erreicht, abgesehen von Jahren, in denen es eine Wirtschaftskrise gab. Ab 2014 war das Wachstum etwas verhaltener. 2014 wurde eine Steigerung von 6,8 Prozent erreicht, 2016 waren es 6,3 Prozent und 2017 dann immerhin acht Prozent. Für 2018 wird mit ca. sieben Prozent gerechnet. Gleichzeitig werden die Budgets für klassische Werbung kleiner. Der OVK schreibt hierzu in seinem jährlich erscheinenden Online-Report in der Ausgabe 2/2018: *„[…]Vor dem Hintergrund dieser Entwicklungen im ersten Halbjahr 2018 hat der OVK seine im letzten OVK-Report 2018/01 prognostizierte Zuwachsrate von 10,0 Prozent für das laufende Jahr auf nunmehr 7,0 Prozent angepasst. Damit würde das Nettowerbevolumen für digitale Werbung (Online und Mobile) in 2018 insgesamt 2,063 Milliarden Euro betragen. Dies wären 58 Millionen Euro weniger als ursprünglich angenommen, aber dennoch ein neuer Höchstwert, der das Vorjahresniveau um 135 Millionen Euro (netto) übertreffen würde."*[183]

Bestimmte Zielgruppen können heute schon aufgrund einer verstärkt auftretenden TV-Übersättigung besser über das Internet als über das TV erreicht werden. Mit dem Einzug des PCs in die Wohnzimmer und der sehr starken Entwicklung in Bezug auf die Nutzung mobiler Endgeräte wird sich dieser seit Jahren erkennbare Trend voraussichtlich verstärken.

Hinzu kommt, dass Online-Werbung oft kostengünstiger und effizienter ist als konventionelle Werbung. Kostenseitig haben sich die Preise zwar wieder erholt – nach dem Niedergang der Internetindustrie war der TKP auf unter fünf Euro gerutscht – dennoch ist Online-Werbung im Vergleich zu vielen konventionellen Werbeformen immer noch sehr günstig. Aufgrund der Gegebenheiten kann mittels geeigneter Controlling-Werkzeuge bei der Online-Werbung ein permanenter Verbesserungsprozess initiiert werden, der in der klassischen Werbung nie erreicht wurde und sicherlich auch nie erreicht werden wird. Im Extremfall können die Wirkung und der Erfolg von Online-Werbung in Realtime gemessen und analysiert werden.

Auch Entwicklungen wie das „Behavioural Targeting", bei dem Anzeigeninhalte in Abhängigkeit des Benutzerverhaltens angezeigt werden, deuten darauf hin, dass das Thema Online-Werbung noch lange nicht ausgereizt ist.

Es gibt also viele gute Gründe, sich die Möglichkeiten der Online-Werbung einmal ganz genau anzusehen.

---

[183] Vgl. https://www.bvdw.org/fileadmin/bvdw/upload/publikationen/ovk/OVK_Report_2018_02_final.pdf, Zugriff: 17.11.2018.

In diesem Kapitel erfahren Sie neben vielen Praxisbeispielen:

- wie Online-Werbung funktioniert,
- welche Abrechnungsmodelle in der Praxis angewandt werden,
- Hintergrundinformationen zur Marktentwicklung und zu der Anbieter- und Mittlerstruktur in Deutschland,
- welche Werbemöglichkeiten bzw. Werbeplätze es gibt,
- alles zu Werbeformaten, Bannerformaten und -typen sowie
- alles zum Thema Controlling von Werbekampagnen.

12.2 Definition und Begriffsabgrenzung

Unter Online-Werbung wird im ursprünglichen Sinne die Platzierung von Werbemitteln, primär Bannern, auf Internetseiten zwecks Unterstützung von Marketing- und Kommunikationszielen verstanden. In einigen Literaturquellen werden auch Suchmaschinenoptimierung, Keyword-Advertising, Affiliate-Marketing und E-Mail-Marketing unter der Überschrift Online-Werbung subsumiert oder als Sonderwerbeformen bezeichnet. Diese Betrachtung ist schlicht falsch. Online-Werbung ist nicht der Oberbegriff für alle Online-Marketing-Disziplinen; genauso wenig wie im klassischen Marketing unter dem Begriff „Werbung" Marketing-Instrumente wie Verkaufsförderung oder PR zu subsumieren sind.

12.3 Funktionsprinzipien und Abrechnungsmodelle

Für die Abrechnung von Online-Werbung kommt zumeist der aus den klassischen Medien bekannte Tausender-Kontakt-Preis (TKP) zum Einsatz. Die TKP-Vermarktung berechnet den Preis für 1.000 Sichtkontakte (Ad Impressions) einer Werbung. Einige Online-Anbieter bieten auch unabhängig von aktuellen Nutzerzahlen Festpreise, beispielsweise für die Buchung eines Werbeplatzes für einen Monat. Selten sind Preismodelle wie Cost per Klick oder Cost per Action zu finden.

Die meisten Anbieter halten ihre aktuelle Preisliste für Online-Werbung im Internet bereit. So bietet beispielsweise die Burda im Internet eine umfassende Preisübersicht.[184] Rund ein Drittel der Anbieter, besonders kleine und mittlere, übernimmt die Vermarktung ihrer Website jedoch nicht selbst, sondern übergibt diese an professionelle Vermarkter von Online-Werbeflächen.

---

[184] Vgl. http://www.burda-forward.de/advertising/produkte/preise, Abruf 15.11.2018.

Je nach Sachverhalt muss die Buchung des Werbeplatzes also direkt beim Betreiber der Website oder beim Vermarkter getätigt werden. Das Werbemittel wird an den Betreiber oder Vermarkter gesendet, der dieses auf der Website integriert. Zumeist wird die Integration der Werbemedien über einen Adserver geregelt. Ein Adserver steuert die Werbeeinblendungen auf den Webseiten. Die Steuerungsparameter eines Adservers sind sehr vielfältig. Es können Einblendungen in Abhängigkeit von der geografischen Lokation des Besuchers (Geo-Targeting), der Tageszeit, des Wochentages, des Betriebssystems und vieler anderer Parameter getätigt werden. Auch Bannerrotationen und tägliche Mindest- und Höchstwerte für die Auslieferung können in der Regel problemlos eingerichtet werden. Auf diese Weise lässt sich unter bestimmten Voraussetzungen eine Verbesserung der Werbewirksamkeit erreichen.

> **Zwei Praxisbeispiele**
>
> Richtet sich ein Angebot an Nutzer eines Macintosh-Computers, so würde die Einschränkung der Einblendung eines Werbebanners an Besucher mit einem Mac-Betriebssystem wesentlich höhere Klickraten erbringen als eine Auslieferung des Banners an jedermann.
>
> Richtet sich ein Angebot primär an Geschäftskunden, so würde man nach Möglichkeit den Adserver so einstellen, dass das Werbemittel nur in der Kerngeschäftszeit (zwischen 09:00 Uhr und 17:00 Uhr) ausgeliefert wird.

Ein interessanter Trend in der Online-Werbung ist die Möglichkeit, Angebote und Anzeigen in Abhängigkeit des Seiteninhaltes einer Internetseite anzubieten. Diese Art der Steuerung von Werbeeinblendungen wird auch „Contextual Advertising" genannt. Das Online-Auktionshaus eBay hat diesen Trend frühzeitig erkannt und bereits im Jahr 2001 ein Partnerprogramm gestartet, bei dem Partner auf ihrer Webseite einen Code implementieren, der automatisch inhaltsbezogene Werbemittel, wie passende Produkte oder Auktionen des Partners, auf ihrer Webseite einblendet. Diese Idee wurde von Anbietern von High-End-Adservern aufgegriffen. Auch Affiliate-Netzwerke bieten mittlerweile vergleichbare Techniken an. Bei affilinet.de[185] wurde diese Methode im Oktober 2006 unter dem Namen „affilimatch" eingeführt. Google bietet über AdWords bzw. Google Ads bereits seit etlichen Jahren die Möglichkeit, auch Werbebanner auf inhaltlich passenden Seiten im sogenannten Werbenetzwerk zu platzieren.

Neben der Steuerungsfunktion erfüllen Adserver auch eine Controlling-Funktion. Sie dienen der Ermittlung von werberelevanten Parametern wie den Klicks (auch Ad-Clicks genannt), der Klickrate (auch Ad-Click-Rate genannt) oder der Ad-Impressions (auch Ad-Views genannt), die häufig vom Werbekunden über einen speziellen Log-in jederzeit einsehbar sind.

Online-Vermarkter haben heute in der Regel einen oder mehrere professionelle Adserver im Einsatz. Kleinere Vermarkter oder Website-Betreiber, die ihr Angebot selbst vermark-

---

[185] Affilinet fusionierte 2018 mit Zanox, dem zweiten großen deutschen Affiliate-Netzwerk.

ten, setzen häufig auf Open-Source-Lösungen wie beispielsweise die Lösung von Revive.[186]

Im gehobenen Marktsegment kommen Adserver zum Einsatz, die über einen deutlich größeren Funktionsumfang verfügen. Es gibt zahlreiche Anbieter. Bis März 2006 buhlten die Firma DoubleClick und AdTech um die Marktführerschaft. Im europäischen Raum war AdTech sehr stark. Spätestens mit der Übernahme der deutschen Falk AG durch die Firma DoubleClick wurde die Marktführerschaft zumindest zunächst eindeutig geregelt. DoubleClick übernahm den Konkurrenten Falk eSolutions zum 31. März 2006. Im April 2007 wurde DoubleClick dann für 3,1 Milliarden US-Dollar von Google übernommen. Heute bietet Google unter „DoubleClick for Publishers"[187] Lösungen sowohl für kleine und mittelständische Unternehmen als auch für große Medienkonzerne. Eine sehr interessante Informationsseite zur Erläuterung des reichhaltigen Funktionsumfangs hat Google hier verankert: https://support.google.com/adxbuyer.

Zumeist richten sich die Lösungen der genannten Anbieter an Vermarkter, Betreiber großer Websites oder an große Agenturen. Dabei sind deren Produkte schon längst nicht mehr nur Adserver, die Anzeigen (Banner, Textanzeigen etc.) einfach nur ausliefern. High-End-Adserver sind in der Lage, eine Kampagne im laufenden Prozess und über mehrere Kanäle hinweg zu optimieren. Hierbei kann eine Optimierung nach jeweils individuell festzulegenden Kriterien erfolgen. Bei der einen Kampagne kann dies die Klick-Rate, bei einer anderen die Conversion-Rate und bei einer dritten die ausgelieferten Impressions in kürzestem Zeitraum an möglichst viele Personen aus der Zielgruppe sein. Diese Kriterien können auch vermischt werden, z. B. Klick-Rate von 30 Prozent und Conversion-Rate von 70 Prozent. Eine Optimierung im laufenden Prozess setzt in der Regel gleich an mehreren Stellschrauben an:

- Kanäle: Eine Kampagne wird über mehrere Kanäle gefahren. Automatisch werden die Werbemittel häufiger in den Kanälen eingeblendet, die das bessere Ergebnis im Sinne der definierten Zielkriterien liefern.

- Werbemittel: Aus einem Pool von Werbemitteln werden diejenigen häufiger eingeblendet, die das beste Ergebnis im Sinne der definierten Zielkriterien liefern. Je nach Anbieter kann auch eine technische Optimierung stattfinden. Erkennt beispielsweise der Adserver einen Pop-up-Blocker, wird ein alternatives Werbemittel anstelle des Pop-ups ausgeliefert.

- Zeiten: Eine Kampagne wird in Abhängigkeit der Tageszeit automatisch optimiert. Erkennt z. B. der Adserver, dass zu bestimmten Tageszeiten die zuvor definierten Kriterien viel eher erreicht werden, so liefert er einen höheren Anteil der Werbemittel in diesem Zeitraum aus.

Natürlich ist eine solche Optimierung nur möglich, wenn ein hohes Volumen von Impressions gebucht wird. Ohne eine ausreichende empirische Datenbasis kann eine derar-

---

[186] Vgl. https://www.revive-adserver.com, Abruf 21.11.2018.
[187] Vgl. https://www.google.com/intl/de/doubleclick/publishers/welcome, Abruf 20.11.2018.

tige Optimierung nicht durchgeführt werden. Auch ist eine Optimierung über verschiedene Kanäle nur möglich, wenn bei einem Vermarkter gebucht wird, der über eine entsprechende Vielfalt verfügt.

Weiterhin erfüllen High-End-Adserver heute auch Controlling- und Reporting-Funktionen. Agenturen und je nach Setup auch Werbekunden können sich online jederzeit über den Erfolg ihrer aktuell laufenden Kampagne informieren.

Werbetreibende, die nicht in den Genuss der Vorzüge eines High-End-Adservers kommen, weil sie zu geringe Volumina haben oder ihre Kampagne selbst buchen, müssen nicht auf eine effiziente Kampagnensteuerung und ein aussagefähiges Controlling verzichten. Es gibt auch Stand-Alone-Ad-Controlling-Software, die im Schwerpunkt die Feinjustierung einer Kampagne zum Ziel hat, orientiert an harten Nutzwerten wie „Umsatz in Euro je Kampagnenbaustein" oder „werthaltige Kundenkontakte" und „Kundenwert je Kampagnenbaustein". Bitte sehen Sie hierzu auch die Abschnitte 12.6.4 bzw. 18.5.

Die TKP-Preise für Online-Werbung schwanken extrem stark. Sie hängen in der Regel ab vom Format und von der Platzierung des Formats auf der Website. So ist ein Fullsize-Banner auf der Homepage meist teurer als auf einer Unterseite.

Einige Beispiele verdeutlichen die Spannbreite:

> **Praxisbeispiel**
>
> SevenOne Media gehört zu den Top 20 der Online-Vermarkter im OVK. 2009 fusionierte der größte TV-Vermarkter der ProSiebenSat.1 Group mit seinem Schwesterunternehmen SevenOne Interactive. SevenOne Media verlangte 2018 je nach Werbeumfeld bei Standard-Werbeformen einen Tausender-Kontakt-Preis (TKP) zwischen acht (AdBundle) und 40 Euro. Die aktuellen Mediadaten sind 2018 auf dieser Seite hinterlegt: https://www.sevenonemedia.de/digital/mediadaten.
>
> IP interactive vermarktete die Online-Angebote von RTL, RTL II, VOX, n-tv und anderen. Die Mediadaten sind hier hinterlegt: http://www.ip-deutschland.de/online/preise.cfm.

Diese Spannbreite entsteht nicht zuletzt deswegen, weil der Online-Werbemarkt extrem hart umkämpft ist. Nach dem Ende des Internethypes waren gut platzierte Banner teilweise für unter fünf Euro zu haben. Dann erholte sich der TKP wieder deutlich und startete bei rund zehn Euro. Aufgrund der immer größer werdenden Werbemüdigkeit von Konsumenten und der steigenden Beliebtheit von sogenannten Ad-Blockern haben es Standard-Werbebanner in den letzten Jahren wieder schwer. Die Klickraten für Standardformate sind immer weiter gesunken. Sie verkaufen sich daher nicht mehr so gut, was sich auch in den Preisen niederschlägt. Im Vordergrund stehen daher heute Premium-Werbeformate, was man auch an den Mediadaten im vorgenannten Praxisbeispiel ablesen kann. Immer beliebter werden auch Video-Werbeformate. Das liegt u. a. auch daran, dass heute fast flächendeckend eine ausreichende Bandbreite, ja sogar eine ausreichende mobile Bandbreite, vorhanden ist. Ohnehin sehen Nutzer von mobilen Endgeräten lieber ein Video, als lange Texte auf einem kleinen Display zu lesen. Daher hat sich Markt für klassische Online-Werbung gerade in den letzten fünf Jahren deutlicher stärker verändert als in den fünf Jahren davor.

Wegen des harten Wettbewerbs sind heute offiziell Rabatte zwischen 2,5 und 30 Prozent auf die im Internet publizierten Preise durch Verhandlung zu erzielen – inoffiziell sogar noch mehr.

In der Praxis werden mittlere und große Werbekampagnen, das heißt Planung, Erstellung von Werbemitteln, Schaltung und Controlling der Anzeigen, häufig von Media-Agenturen oder Internetagenturen mit angeschlossener Media-Abteilung durchgeführt.

12.4   Marktentwicklung in Zahlen

Das wohl älteste Online-Marketing-Instrument ist die Online-Werbung. Was 1994 mit einem einfachen Banner anfing, ist heute ein gigantischer Markt, in dem auch Video-Werbung und verschiedenste Rich-Media-Formate immer mehr Möglichkeiten bieten. Nach etlichen überwundenen Krisen, etwa der Dotcom-Blase um 2000 oder der Finanz- und Wirtschaftskrise ab 2007, hatte sich Online-Werbung wieder gefangen und zeitweilig wieder zweistellige Wachstumsraten erwirtschaftet. Ab 2013 verlangsamte sich das Wachstum wieder.

Inhaltlich ist in das Thema Online-Werbung gerade in den letzten drei Jahren viel Bewegung gekommen. Themen wie Ad-Blocker, verändertes Nutzerverhalten aufgrund mobiler Endgeräte und der Boom von Videos im Internet haben dieser Online-Marketing-Disziplin frischen Wind und neue Herausforderungen beschert.

Eine Skizze der Entwicklung sowie Details von unterschiedlichen Marktzahlen finden Sie im Kapitel 1.4.

12.5   Anbieterstruktur in Deutschland

Bereits im Jahr 2004 fungierten laut einer Studie vom Bundesverband Digitale Wirtschaft (BVDW) e. V. rund 33 Prozent der kommerziellen deutschen Websites als Werbeträger. 2015 dürften es noch mehr sein. In der Studie heißt es auf Seite 32: „*Rund 170.000 deutsche Internetseiten, also etwa jede dritte kommerzielle Webseite hierzulande, fungieren als Werbeträger. Nach den Online-Shops, die auf etwa der Hälfte der umsatzgenerierenden Internetseiten zu finden sind, stellen die werbefinanzierten Angebote damit den Löwenanteil. Zumal weitere 20.500 Internetseiten ihre Umsätze aus der Platzierung von Kleinanzeigen erzielen.*"[188]

---

[188] http://www.ovk.de/index.php?id=2573&tx_ttnews%5Btt_news%5D=190&type=1, Abruf 10.11.2018.

Grundsätzlich lassen sich die Anbieter von Online-Werbefläche wie folgt unterteilen:

- etablierte Online-Vermarkter,
- Suchmaschinen (z. B. Google),
- Werbenetzwerke und -marktplätze,
- soziale Netzwerke (z. B. Facebook) und
- eigenvermarktete Angebote.

12.5.1 Etablierte Online-Vermarkter

Neben den großen Online-Vermarktern, die sich u. a. im Online-Vermarkterkreis im BVDW (http://www.ovk.de) zusammengeschlossen haben, gibt es eine Vielzahl mittlerer Online-Vermarkter, die zwischen 20 und mehreren Hundert Websites im Portfolio haben. Googeln Sie einfach mal nach „Online Vermarkter Übersicht". In Tabelle 12.1 finden Sie eine ganze Reihe Vermarkter, sortiert nach Reichweite.

Die größten fünf deutschen Online-Werbevermarkter erreichen zusammen im Durchschnitt eine Nettoreichweite von über 200 Millionen Unique User je Monat. Die meisten dieser Werbevermarkter vermarkten eigene und fremde Titel (Websites).

Tabelle 12.1 stellt eine gekürzte Version einer Übersicht über verschiede Online-Vermarkter dar. Vollständige und jeweils aktuelle Zahlen finden Sie auf der Webseite der AGOF unter: https://www.agof.de/studien/daily-digital-facts/.

Tabelle 12.1 Online-Vermarkter

Vermarkter	Rang	Reichweite in % (bezogen auf Internet-User letzte 3 Monate)	Netto-Reichweite Mio. Unique User
Ströer Digital	1	85,3	50,47
Ad Alliance	2	74,7	44,20
Media Impact	3	71,1	42,06
BurdaForward	4	64,3	38,04
United Internet Media	5	63,0	37,27
eBay Advertising Group Deutschland	6	62,3	36,84
SevenOne Media	7	57,8	34,21
iq digital	8	50,8	30,03
Scout24	9	30,2	17,89
gutefrage.net	10	26,9	15,94
BCN - Burda Community Network	11	24,0	14,17

Vermarkter	Rang	Reichweite in % (bezogen auf Internet-User letzte 3 Monate)	Netto-Reichweite Mio. Unique User
Yieldlove	12	15,9	9,39
MAIRDUMONT NETLETIX	13	13,8	8,15
Urban Media	14	13,4	7,94
netpoint media	15	13,2	7,82
Weischer Online	16	10,3	6,07
YOC	17	8,0	4,75
madvertise Media	18	7,7	4,57
HiMedia Deutschland	19	7,7	4,54
VICE Digital	20	6,3	3,74
CondeNast	21	5,4	3,21
CommonMedia	22	4,5	2,68
onvista media sales	23	3,7	2,22
teltarif.de Onlineverlag	24	2,7	1,62
QUARTER MEDIA	25	2,3	1,36
HIFI.DE	26	2,3	1,33
Mediengruppe Deutscher Apotheker Verlag	27	2,0	1,17
Cinema Management Services	28	1,8	1,07
inside-intermedia	29	1,6	0,97

Quelle: https://www.agof.de/download/Downloads_daily_digital_facts/Downloads_ddf_09_2018/ddf_September_2018_Vermarkter_Ranking_Digital.pdf, Abruf 11.11.2018

12.5.2 Google als Online-Werbevermarkter

Im Frühjahr 2005 entstand eine neue interessante Alternative für die Schaltung von Online-Werbung. Genauer gesagt war es ein Netzwerk aus vielen Millionen Internetseiten, die am Google-AdSense-Programm teilnahmen und Werbeflächen zur Verfügung stellten bzw. vermieteten, welche dann über AdWords von Google versteigert wurden. Im Unterschied zum bis dahin einzigen Abrechnungsmodell von Google, bei dem der Werbetreibende pro angeklickter Anzeige bezahlen musste, wurde die websitebezogene Werbung pro 1.000 Einblendungen abgerechnet, so wie bei anderen Anbietern auch. Im November 2007 benannte Google diese Werbeform zunächst um in „placement-bezogenes Targeting", dann in „Placement-Targeting" und schrieb hierzu auf seiner Website:

*„Eine Möglichkeit, Anzeigen auf die Websites von AdSense-Publishern auszurichten, ist Placement-Targeting. Beim Placement-Targeting können AdWords-Werbetreibende bestimmte **Anzeigen-Placements** auswählen, in denen ihre Anzeigen geschaltet werden. Ein Anzeigen-Placement kann eine ganze Website oder ein bestimmter Teil eines **Anzeigenblocks** dieser Website sein, z. B. nur Anzeigenblöcke auf Sportseiten oder alle Anzeigenblöcke im oberen Bereich der Seite.*

Werbetreibende finden Anzeigen-Placements auf unterschiedliche Arten. Sie können beispielsweise Websites angeben, auf denen sie werben möchten, oder nach Placements suchen, die gewünschten Themen und Inhalten entsprechen.

Ist Ihre Website Teil des AdSense-Werbenetzwerks, sollte sie automatisch als verfügbares Anzeigen-Placement für Werbetreibende sichtbar sein, wenn diese nach Themen oder Inhalten suchen, die mit dem Inhalt Ihrer Website in Zusammenhang stehen. Außerdem können Sie mit speziellen Teilen von Anzeigenblöcken auf Ihrer Website eigene Anzeigen-Placements definieren."[189]

Neben den placement-bezogenen Textanzeigen bietet Google seit 2005 auch die Möglichkeit, Bannerwerbung auf den Webseiten der Google-Partner zu schalten. Damit agiert Google auch als Werbevermarkter. Dieser Schritt von Google kam seinerzeit für viele Marktteilnehmer überraschend, da Google sich bis dato durch die strikte Fokussierung auf Textanzeigen einen Namen gemacht hatte und viele Experten den Erfolg des Google-AdSense-Programms hierauf zurückführten. Im April 2008 übernahm Google dann den Online-Werbeanbieter DoubleClick für 3,1 Milliarden US-Dollar. DoubleClick war Marktführer für Technologien rund um digitales Marketing. Kernprodukte sind Adserver für die Auslieferung von Online-Werbung. Viele Experten vermuteten damals, dass Google von den stetig wachsenden Budgets für Online-Werbung einen Teil abhaben wollte. Dieser Eindruck wurde im Juni 2008 verschärft. In der Internet WORLD Business war zu lesen: *„Nach der Übernahme von Doubleclick versucht der Suchmaschinenprimus Google, sich stärker im Markt für Display-Werbung im Web zu etablieren. Professionellen Mediaplanern bietet das Unternehmen in Zukunft ein kostenloses Tool, mit dem sie auf Knopfdruck Mediapläne erstellen können. Dafür müssen die Media-Experten lediglich demographische Informationen über ihre Zielgruppe und deren Interessen eingeben und ‚Google Adplanner' ermittelt weitere Informationen über Websites inner- und außerhalb des Google-Networks, die die Zielgruppe mit hoher Wahrscheinlichkeit besuchen wird. Berücksichtigt werden dabei auch Seiten, die zu klein sind, um in den Statistiken von Marktforschern wie Comscore oder Mediametrics aufzutauchen. Zusätzlich gibt es weiterführendes Zahlenmaterial zu allen aufgeführten Websites. Die so generierten Mediapläne lassen sich als csv-Datei in alle gängigen Tabellenkalkulationen integrieren oder auch in das Doubleclick-Werbeverwaltungstool Mediavisor einspielen."*[190]

Seither hat Google die Möglichkeit zur Schaltung von Werbeanzeigen bei Google-Partnerseiten (in der Folge von Google als „Display-Netzwerk" [GDN] bezeichnet) stark erweitert. In den USA ist Google mittlerweile der zweitgrößte Player im Display-Werbemarkt mit etwa acht Prozent Marktanteil. Auch in Deutschland spielt Google mittlerweile eine gewichtige Rolle. Die OMG e. V. (Organisation der Mediaagenturen) schätzt die Einnahmen von Google für Display-Werbung im Jahr 2018 auf rund 570 Millionen Euro.

Heute ermöglicht Google nicht nur die Schaltung von eigens erstellten Bannern, sondern auch von Videoanzeigen und Rich-Media-Anzeigen (vgl. http://www.richmediagallery.

---

[189] https://support.google.com/adsense/answer/32856?hl=de, Abruf 10.08.2016.
[190] http://heftarchiv.internetworld.de/2008/Ausgabe-14/Google-fuehrt-Adplanner-ein, Abruf 08.11.2018.

com). Alle Anzeigen wurden über das AdWords Interface geschaltet – was de facto immer noch der Fall ist. Doch im Herbst 2018 benannte Google das AdWords-Programm um in Google Ads. Denn AdWords stand primär für die Schaltung von Textanzeigen auf Keywordbasis. Doch mittlerweile hat auch für Google der Display-Werbemarkt an Bedeutung gewonnen, wie in den folgenden Abschnitten noch deutlich wird. Daher ist die Umbenennung nur konsequent.

Google entwickelt das Display-Netzwerk kontinuierlich weiter, um Werbetreibenden die Arbeit zu erleichtern und um Display-Kampagnen aufzuwerten. Beispielsweise wurde 2015 eingeführt, dass nur noch drei Standardmaße (728 x 90, 300 x 250 und 160 x 600) angelegt werden mussten. Ausgehend von diesen dreien hat Google dann nach eigenen Angaben 95 Prozent aller Anzeigenformate abgedeckt. Heute ist das schon wieder Geschichte. Denn aufgrund der steigenden Popularität mobiler Endgeräte ist Display-Werbung noch vielschichtiger geworden. Mit knapp 24 Milliarden US-Dollar investierten US-Unternehmen 2016 mehr als das Doppelte in mobile Display-Werbung als in Desktop-Display-Werbung (ca. elf Milliarden US-Dollar). Es ist daher nur konsequent, dass Google auch die Möglichkeiten im Display-Netzwerk um besondere Angebote für mobile Endgeräte erweitert hat. So wurden beispielsweise ab Sommer 2018 responsive Anzeigen als Standard-Anzeigentyp für das Display-Netzwerk festgelegt. Das ist nachvollziehbar, denn responsive Anzeigen funktionieren auch auf mobilen Endgeräten.

Da die Innovationszyklen sehr kurz sind, ist es an dieser Stelle müßig, die einzelnen Formate aufzuführen. Stattdessen möchte ich einige Links mit weiterführenden Informationen anbieten:

Geläufige Formate für Bildanzeigen auf PC und mobilen Endgeräten: https://support.google.com/google-ads/answer/7031480?hl=de&ref_topic=3121943

Anzeigen für responsive Display-Anzeigen: https://support.google.com/google-ads/answer/6363750?hl=de&ref_topic=3121943

Einstiegsseite für das Google Display-Netzwerk. Von hier aus haben Sie Zugriff auf alle wesentlichen Informationen: https://www.google.de/ads/displaynetwork/

Bemerkenswert an Googles Bemühungen finde ich, wie einfach es Google auch Anfängern macht, in das Thema Display-Werbung hinein zu finden. Stellvertretend für diese Aussage möchte ich ein Tool zur automatisierten Erstellung von responsiven Displaynetzwerk-Anzeigen anführen, welches bis vor Kurzem im Einsatz war. Es wurde im Herbst 2018 durch ein vergleichbares Tool ersetzt, mit dem klingenden Namen „Responsive Display-Anzeigen (neu)". Als Input gibt man in dieses Tool die URL einer Website ein. Das Tool scannt die Website. Im Anschluss erhält man im optimalen Fall automatisch generierte Vorschläge für Anzeigen. Eine Anzeige kann dabei in einem Arbeitsgang für die gängigen Formate wie z. B. 300x250, 160x600, 490x120 und 728x90 erstellt werden. Abbildung 12.1 und Abbildung 12.2 verdeutlichen die Aussage am Beispiel der Website www.schreibbuero-24.com.

Anbieterstruktur in Deutschland 341

Abbildung 12.1 Google-Tool zur Erstellung von Display-Anzeigen

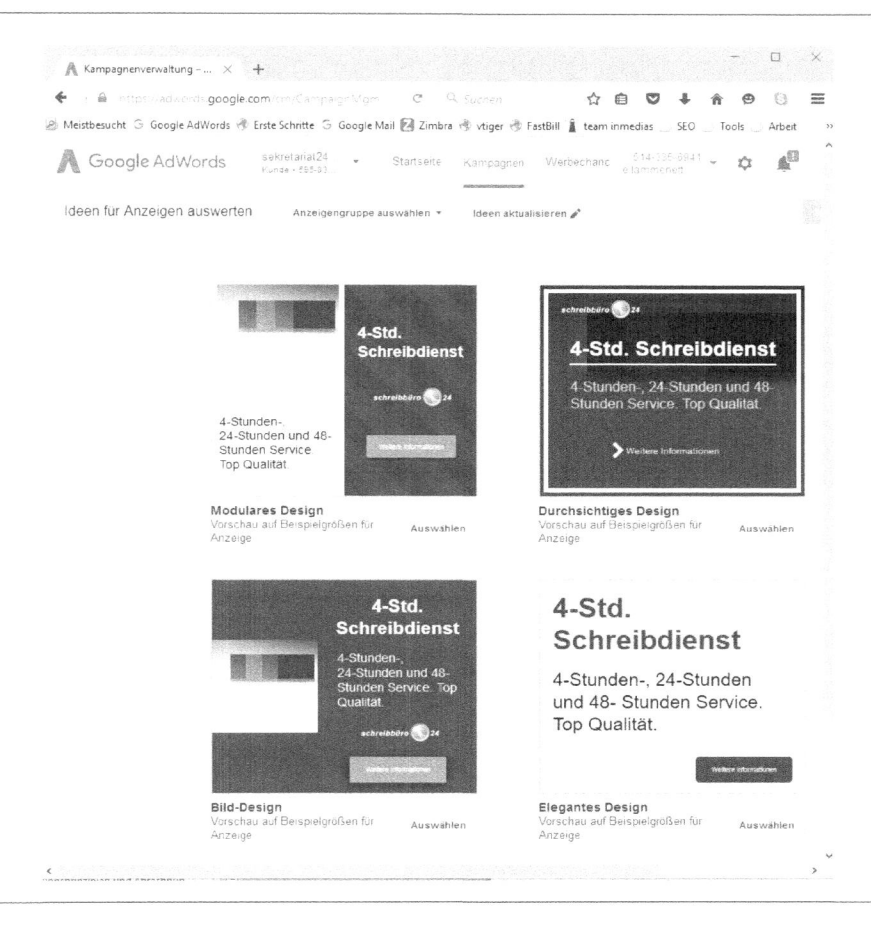

Quelle: Google AdWords, heute Google Ads, Abruf Dezember 2017

Abbildung 12.2 Google-Tool zur Erstellung von Display-Anzeigen bei Auswahl einer Grundoption

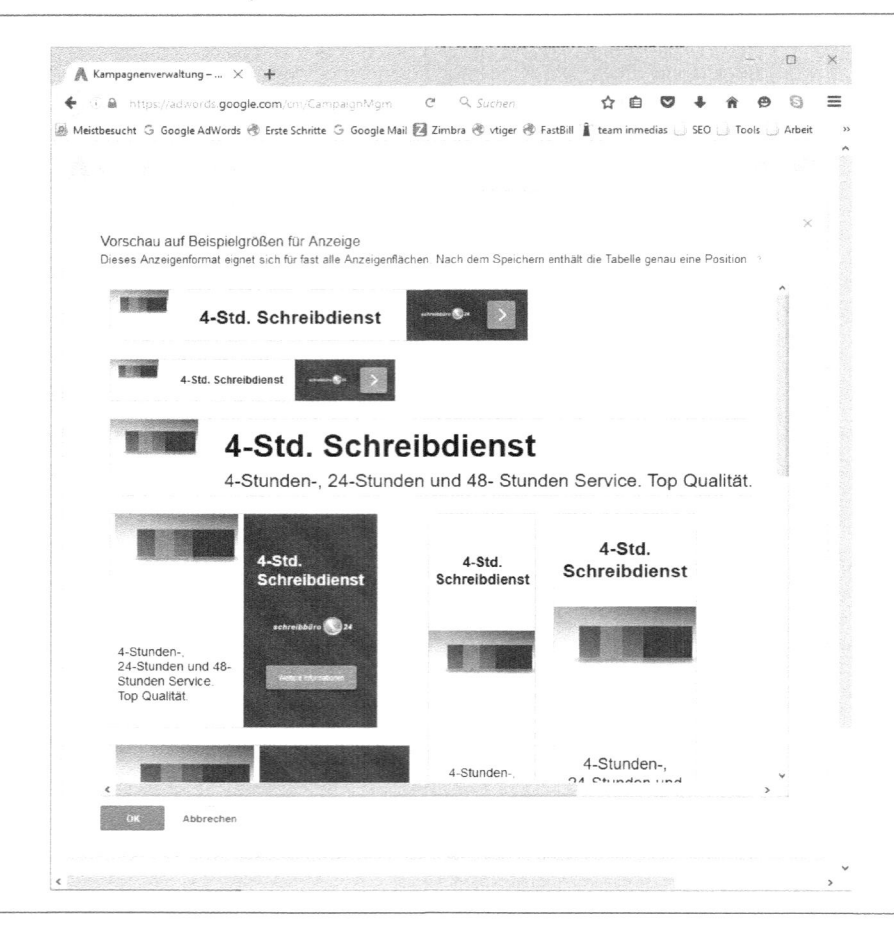

Quelle: Google AdWords, heute Google Ads, Abruf Dezember 2017

In einem ganz wesentlichen Punkt unterscheidet sich jedoch das von Google initiierte Angebot der Vermarktung von Display-Anzeigen. Bei der klassischen Vermarktung wird in der Regel ein Preis für 1.000 Einblendungen festgesetzt. Bei Google wird der Preis im Auktionsverfahren festgelegt. Dabei hängt es zunächst von der initial angegebenen Zielsetzung ab, welche Gebotsstrategie Google vorgibt bzw. vorschlägt. Möglich sind CPM (welcher Höchstbetrag wird maximal pro 1.000 Einblendungen geboten), CPC (maximales Gebot auf Cost-per-Click-Basis) oder auch Ziel-CPA (maximaler Cost per Acquisition; also Conversion). Je höher der jeweils gebotene Betrag, desto größer sind die Aussichten, dass das Werbemittel auf den gewünschten Websites angezeigt wird. Teilweise können so sehr attraktive Einkaufspreise realisiert werden, da viele Website-Betreiber versuchen, ihre „Restplätze" auf diese Weise zu vermarkten und über das Google-Netzwerk günstiger anbieten.

> **Praxisbeispiel**
>
> Im Sommer 2013 betrug der Preis für ein Werbebanner (Rectangle) auf einer Unterseite des Webauftritts der Aachener Zeitung 689 Euro pro Woche. Dieser Betrag war auf der seinerzeit im Web verankerten Preisliste abzulesen. Berücksichtigt man die angegebenen Sichtkontakte, so kommt man auf einen TKP von 116 Euro. Bei einer Testkampagne im Google-Display-Netzwerk (GDN), die ich im Sommer 2013 für einen Kunden aus der Region durchführte, konnte ich zu einem TKP von neun Euro einkaufen. Auch 2018 kann man mit etwas Mühe über diesen Weg noch günstige Werbeplätze einkaufen.

Die Aussteuerungsmöglichkeiten von Display-Werbung innerhalb des GDN sind mittlerweile sehr vielfältig und ausgefeilt. Sie können auch kombiniert werden. Aber Achtung: Google Ads bietet bei den Grundeinstellungen die Möglichkeit, eine Kampagne für das Suchnetzwerk, das Such- und Display-Netzwerk oder nur für das Display-Netzwerk auszurichten. Es ist sehr empfehlenswert, keine gemischte Ausrichtung einzustellen, also eine Display-Kampagne auch nur auf das Display-Netzwerk auszurichten und eine Suchkampagne nur auf das Suchnetzwerk. Auf diese Weise hat man einen gezielteren Einfluss bei der Budgetallokation und es stehen, je nach Konstellation, mehr Funktionen zur Verfügung.

Folgende Aussteuerungsoptionen bestehen mit Stand November 2018:

- Geografische Ausrichtung (Geo-Targeting): Schaltung von Anzeigen nur in bestimmten, definierten Regionen. Das kann ein Land, ein Bundesland, eine Stadt oder ein Radius um einen beliebigen Punkt sein. Natürlich kann man auch mehrere Regionen definieren.

- Demografisches Targeting: Diese Option beinhaltet die Möglichkeit, seine Anzeigenauslieferung nach Alter und Geschlecht auszusteuern. Sie steht nur dann zur Verfügung, wenn eine Kampagne als „Nur Display-Netzwerk" mit allen Funktionen definiert ist.

- Frequency-Capping: Man kann festlegen, wie oft eine Anzeige einer Person pro Tag oder pro Woche maximal gezeigt wird. Diese Option ist sehr hilfreich, wenn man vermeiden möchte, dass der Interessent sich belästigt oder gar „verfolgt" fühlt.

- Ausrichtung nach Gerätetyp: Es ist möglich, Kampagnen gezielt für unterschiedliche Geräte, also PC, Tablets und Smartphones auszurichten. Es ist sogar möglich, Kampagnen nach gängigen Betriebssystemen auszurichten. Diese Option ist beispielsweise dann sinnvoll, wenn man Software vertreibt, die nur für ein bestimmtes Betriebssystem geeignet ist.

- Keywords: Die Nutzung der Targetingoption „Keywords" ist der Klassiker im GDN. Neudeutsch nennt sich das „kontextuelles Targeting". Im Grunde bedeutet das, dass man als Werbetreibender Keywords definiert und Google diese Keywords als Bezugspunkt heranzieht, um nach passenden Werbeplätzen innerhalb seines Netzwerkes zu suchen.

- Thematisches Targeting: Bei dieser Targetingoption wählt der Werbetreibende lediglich ein oder mehrere Themen aus einer Liste aus. Google sucht und schaltet dann die Werbeanzeigen des jeweiligen Werbetreibenden auf thematisch passenden Seiten innerhalb des Display-Netzwerks.
- Targeting nach Interesse: Funktioniert von der Einrichtung her ähnlich wie das Targeting nach Thema. Allerdings berücksichtigt Google eher das beobachtete Nutzerverhalten.
- Placement-Targeting: Bei dieser Form der Aussteuerung kann der Werbetreibende eine oder mehreren Internetseiten aus dem GDN-Portfolio auswählen. Seine Werbung wird dann nur dort geschaltet.

Sehr interessant sind auch die Aussteuerungsmöglichkeiten über sogenannte Zielgruppen. Google unterscheidet mit Stand November 2018 folgende Zielgruppen:

- Interessen und Kaufverhalten der Zielgruppe
- Aktives Suchverhalten bzw. Absichten der Zielgruppe
- Bisherige Interaktionen mit Ihrem Unternehmen

Bei der Ausrichtung von Display-Werbung anhand einer dieser Optionen steht der Empfänger der Werbebotschaft im Vordergrund und nicht die Webseite, auf der das Werbemittel platziert wird. Google analysiert laufend das Verhalten von Usern und legt anonymisierte Profile an. Diese Profile können zu Zielgruppen zusammengefasst werden. Einfach ausgedrückt: Sucht eine Person bei Google nach „günstige Autoversicherung", so liegt der Verdacht nahe, das die Person, die hinter diesem Profil steckt, aktuell ein Kaufinteresse für eine Autoversicherung hat. Google ordnet dieses Profil in die Kategorie: Aktives Suchverhalten bzw. Absichten der Zielgruppe → Kaufbereite Zielgruppe → Finanzdienstleister → Versicherung → Autoversicherung ein. Werbetreibende haben dann die Möglichkeit, genau solche Profile für die Aussteuerung ihrer Werbung auszuwählen.

Hinter der Option „Bisherige Interaktionen mit Ihrem Unternehmen" verbergen sich im Grunde unterschiedliche Formen von Remarketing-Kampagnen. Remarketing (bzw. Retargeting) erlaubt es, Besucher einer Seite ganz gezielt erneut anzusprechen. Diese erneute Ansprache erfolgt nachgelagert über ein Werbemittel, welches auf der Seite eines beliebigen Google-Partners angezeigt wird. Gesteuert wird dieser Mechanismus entweder über sogenannte Remarketing-Listen – beispielsweise über Google Analytics. Diese können dann auch in Google Ads genutzt werden. Oder es wird das sogenannte Remarketing-Tag von Google Ads für diesen Zweck eingesetzt. Empfehlenswert ist, das zuvor genannte Frequency-Capping parallel einzusetzen, damit der User sich nicht belästigt oder gar verfolgt fühlt. Interessant in diesem Zusammenhang ist auch die Option, die

Aussteuerung auf User auszurichten, die so ähnlich sind wie die User, die auf einer bestimmten Webseite waren. Diese Option ist vergleichbar mit der „Look-Alike"-Ausrichtung aus Facebook.

12.5.3 Werbenetzwerke

Eine weitere Alternative für Bannerwerbung im Internet sind Werbenetzwerke oder -marktplätze.[191] Diese Angebote richten sich an kleine und mittlere Unternehmen sowie an Webmaster. Neben den offenen Netzwerken gibt es auch sogenannte Blind-Networks. Vermarkter stellen hier ihre Restplätze ein, die dann von jedermann themenbezogen gebucht werden können. Allerdings handelt es sich um anonyme Buchungen. Auf welchen Websites die Anzeigenbanner geschaltet werden, bleibt geheim. Die Anbieter wollen sich durch diese Art der Restplatzvermarktung die Preise nicht kaputt machen.

Relativ neu ist auch das Angebot, Werbeplätze im Auktionsmodus zu ersteigern. Erste Marktplätze haben sich in Deutschland 2008 etabliert (z. B. http://www.adscale.de). Adscale wurde 2016 von Ströer übernommen und zu Ströer SSP[192] umbenannt. Auf derartigen Marktplätzen werden Angebot und Nachfrage über Auktionsmechanismen zusammengeführt. Das Prinzip ist vergleichbar mit Googles Display-Netzwerk; mit dem Unterschied, dass bei Google der Meistbietende oben steht, gefolgt von anderen Bietern. Bei Ströer SSP und Co. steht der Meistbietende alleine oben und alle anderen fliegen raus. Derartige Angebote richten sich zumeist an kleine und mittelständische Unternehmen.

12.5.4 Soziale Netzwerke

Interessante Werbeumfelder sind sicherlich auch die sehr populär gewordenen sozialen Netzwerke wie beispielsweise Facebook, XING oder StudiVZ. Die Änderungen der Allgemeinen Geschäftsbedingungen und ein Gerichtsurteil[193] aus dem Jahre 2007 machten es möglich, dort „passgenaue" Werbung zu platzieren. Tatsächlich haben die großen Netzwerke im Nachgang zum genannten Gerichtsurteil verstärkt über die Möglichkeit nachgedacht, mit Werbung Geld zu verdienen. Insbesondere Facebook hat sich diesbezüglich hervorgetan. 2010 erwirtschaftete Facebook zwei Milliarden US-Dollar durch Werbung. Alleine im ersten Quartal 2016 waren es schon 5,3 Milliarden.[194] Der Clou bei Facebook ist, dass die Werbung an demografischen Daten und an Vorlieben ausgerichtet werden kann, sofern die User diese in Facebook angeben. Wer demnach in einem sozialen Netzwerk als Wohnort Schwabing angibt, kann Werbung von Unternehmen aus Schwabing gezeigt bekommen; wer dort angibt, gerne zu reisen, erhält gezielt Angebote von Reise-

---

[191] Beispiele sind http://www.adshot.de, http://www.adearn.de u. v. m.
[192] Stroer Supply-Side-Platform, https://www.stroeer.de/konvergenz-konzepte/daten-technologien/stroeer-ssp.html.
[193] Vgl. Landgericht Berlin, Urteil (Az.:27 O 602/07).
[194] Vgl. https://de.statista.com/statistik/daten/studie/237434/umfrage/umsatz-von-facebook-weltweit-quartalszahlen, Abruf 22.11.2018.

anbietern. Heute ist Facebook einer der größten Anbieter für Online-Werbung. In den USA hatte Facebook bereits 2016 einen Marktanteil von 35 Prozent bei der Display-Werbung. Bei der mobilen Display-Werbung gar 44 Prozent. Der Boom von Facebook und die exponentielle Entwicklung der Nutzerzahlen machen Facebook heute zu einem attraktiven Werbepartner. Zudem bietet Facebook einige Besonderheiten. Aus diesem Grund habe ich der Werbung in und mit Facebook ein separates Kapitel gewidmet. Bitte sehen Sie hierzu Kapitel 13.

12.5.5 Eigenvermarktete Angebote

Zusätzlich zu den in den vorangegangenen Kapiteln geschilderten Angeboten diverser Marktteilnehmer kommt noch hinzu, dass viele kleine und mittlere Anbieter von Werbeplätzen diese in Eigenregie vermarkten. Aktuelle Zahlen liegen nicht vor. Jedoch lagen diese 2004, laut eingangs genannter Studie, bei rund 66 Prozent. Insofern ist das Angebot an Online-Werbefläche enorm groß, und der Werbetreibende hat die Qual der Wahl.

12.6 Online-Werbung in der Praxis

In der Praxis sind die Fragestellungen der Online-Werbung vergleichbar mit den Fragestellungen der konventionellen Werbung:

- In welchem Medium soll geworben werden? Bezogen auf Online-Werbung: Auf welcher Website soll geworben werden?

- In welcher Form soll geworben werden? Übertragen auf den Bereich Online-Werbung wäre dies die Frage nach dem einzusetzenden Format (also Textanzeige, Banneranzeige, als redaktioneller Beitrag getarnte Anzeige, Rich-Media, Video etc.) und nach der Art und Weise der technischen Umsetzung.

- Welche Aussagen stehen im Vordergrund? Natürlich ist die Fragestellung der Werbeaussagen und der Gestaltung des Werbemediums im Detail auch bei Online-Werbung relevant.

- Wie wird die Kampagne kontrolliert? Abschließend müssen die Fragestellungen der Werbewirksamkeitsmessung und des Controllings zwecks Implementierung geklärt werden.

12.6.1 Wo werben?

Wie im Kapitel 12.5 erörtert, gibt es unzählige Möglichkeiten, im Internet zu werben. Fast auf jeder dritten Website besteht grundsätzlich das Angebot, Werbebanner oder anders geartete Werbemedien zu platzieren.

Um aus der Vielzahl der möglichen Werbepartner die für eine bestimmte Problemstellung relevanten Partner herauszufiltern, bedarf es Einiges an Zeit und vor allen Dingen an Know-how und Erfahrung. Professionelle Online-Media-Agenturen haben sich darauf spezialisiert, diesen Auswahlprozess für ihre Kunden durchzuführen, die Schaltung der Werbemedien zu verhandeln, die Werbemedien zu erstellen und für den Werbetreibenden ein professionelles, an seiner Strategie ausgerichtetes Controlling zu betreiben.

Bei der Auswahl der Werbepartner ist analog zur konventionellen Werbung wie Print, Radio oder TV die Zielgruppennähe von hoher Relevanz. So würde beispielsweise ein Anbieter von Kohlenhydratgels für Extremsportler nicht auf einem Internetportal wie http://www.focus.de werben, da hier viel zu große Streuverluste drohen. Selbst die Werbung auf einem Portal wie fitforfun.msn.de, welches sich an fitnessbegeisterte Menschen richtet, würde noch zu hohe Streuverluste mit sich bringen und deswegen zu einer mangelhaften Werbewirksamkeit führen. Vielmehr würden Websites wie http://www.tri2b.de oder http://www.triathlon.de in die engere Auswahl kommen, da auf diesen Websites die Dichte der eigentlichen Zielgruppe Extremsportler als wesentlich höher vermutet werden darf.

Bei Kampagnen, die sich eher an einen Massenmarkt richten, würde man zweifelsohne ganz anders vorgehen. Hier hat man die Qual der Wahl.

> **Tipp**
> Egal, wo Sie werben: Fahren Sie immer zuerst auf verschiedenen Plattformen kleinere Testkampagnen und messen Sie das Ergebnis. Machen Sie die Ausgestaltung der weiteren Kampagne vom Ergebnis der Testkampagne abhängig und buchen Sie erst im zweiten Anlauf größere Kontingente.

12.6.2 Werbung in Facebook bzw. Werbung mit Facebook

Der Boom von Facebook und die exponentielle Entwicklung der Nutzerzahlen machen Facebook heute zu einem attraktiven Werbepartner. Zudem bietet Facebook einige Besonderheiten. Aus diesem Grund habe ich der Werbung in und mit Facebook ein separates Kapitel gewidmet. Bitte sehen Sie hierzu Kapitel 13.

12.6.3 Werbeformat und Werbebotschaft

Im Gegensatz zur Werbebotschaft, die von der jeweils individuellen Zielsetzung abhängt, ist beim Werbeformat eine Reihe grundsätzlicher Überlegungen zu treffen. Aufgrund der Vielfalt der technischen und auch gestalterischen Möglichkeiten ist zu überlegen, welches Format und welche Art der technischen Umsetzung das beste Ergebnis erzielen.

Es können verschiedene Online-Werbeformen unterschieden werden. Differenzierungskriterien sind Funktionalität (statische Banner, animierte Banner usw.), Programmiersprache/Herstellungsart (GIF-Banner, DHTML-Banner, Flash-Banner, HTML-Banner usw.), Erscheinungsbild (Sticky-Ad, Mouse-over-Banner, Fake-Banner, Screenflyer usw.) und Größe. Bitte lesen Sie hierzu auch den Exkurs „Werbemittel" im Kapitel 2.7. Die klassische und lange Zeit am weitesten verbreitete Werbeform dieser Art ist das sogenannte Fullsize-Banner (468 x 60 Pixel). Bis Mitte der Zweitausender war dieses Banner laut Studie „Die Online-Werbelandschaft in Europa" der Firma DoubleClick mit 41 Prozent Anteil am Gesamtwerbevolumen in Deutschland mit Abstand das erfolgreichste Format. Doch seither hat sich viel getan. Heute sind großflächige Formate, Rich Media und Videos im Trend.

12.6.3.1 Differenzierung nach Größen

2003 einigten sich die European Interactive Advertising Association (EIAA) und das Interactive Advertising Bureau (IAB) auf die Festlegung von sechs standardisierten Pixelgrößen für die gängigsten Werbeformate. Neben dem traditionellen Fullsize-Banner wurden die Formate Rectangle (180 x 150), Medium Rectangle (300 x 250), Skyscraper (120 x 600), Wide Skyscraper (160 x 600) und Super-Banner (728 x 90) als Standards definiert. Damit ist die Planung und Umsetzung von Online-Werbekampagnen deutlich vereinfacht worden. Zuvor waren die Formate auf verschiedenen Websites individuell gehalten und primär am Design und Platzangebot der Website orientiert. Dies verursachte höhere Kosten für die Medienerstellung, Verwaltung und Buchung von Kampagnen bei geringerer Transparenz und Vergleichbarkeit. In Abbildung 12.3 werden einige Bannergrößen exemplarisch dargestellt, damit Sie sich ein Bild von den Größenverhältnissen machen können.

Google beispielsweise unterstützt folgende Formate und Größen:

- Formate:
  - GIF
  - JPG
  - PNG
  - SWF
- Größen:
  - 300 x 50 Mobile Leaderboard
  - 468 x 60 Banner
  - 728 x 90 Leaderboard
  - 250 x 250 Square
  - 200 x 200 Small Square
  - 336 x 280 Large Rectangle
  - 300 x 250 Inline Rectangle
  - 120 x 600 Skyscraper
  - 160 x 600 Wide Skyscraper

Eine öffentlich zugängliche Seite mit Beispielen hat Google hier hinterlegt: https://support.google.com/adsense/answer/185666?hl=de&ref_topic=29561.

Abbildung 12.3 Illustration der Größenverhältnisse einiger Standard-Werbeformate

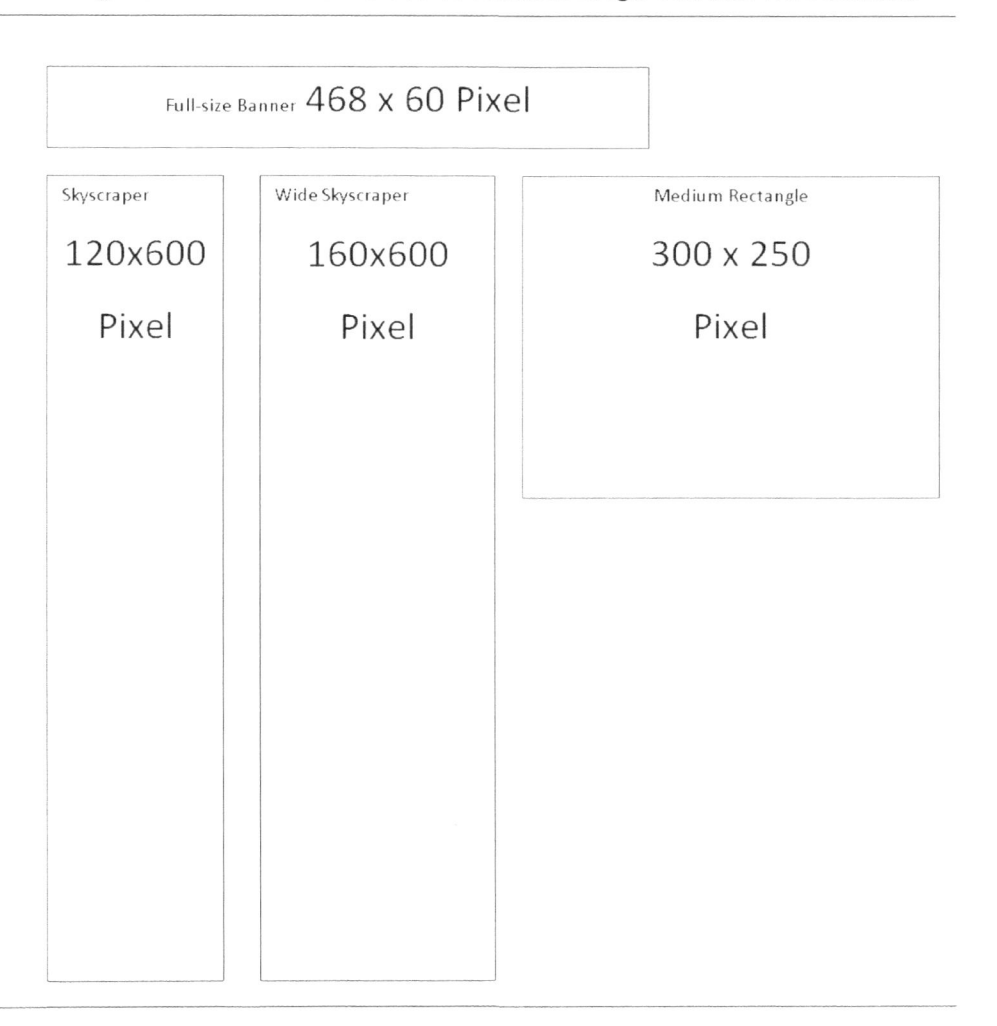

```
Full-size Banner 468 x 60 Pixel
```

```
Skyscraper        Wide Skyscraper        Medium Rectangle
120x600           160x600                300 x 250
Pixel             Pixel                  Pixel
```

12.6.3.2 Differenzierung nach Format und Form

In der Praxis gibt es eine Vielfalt weiterer Banner- bzw. Werbeformate. Diese sind häufig den Rich-Media-Bannern zuzuordnen. Doch ist dies keine Voraussetzung für die im Folgenden aufgeführten Bannerformate und -formen. So kann beispielsweise ein Pop-up-Banner auch als einfaches statisches Bild realisiert werden. Im Folgenden werden einige wichtige Bannerformate und -formen angesprochen. Die Liste erhebt jedoch keinen Anspruch auf Vollständigkeit. Sie soll lediglich einen ersten Eindruck über das mögliche Spektrum und die Vielfalt geben.

Pop-up-Banner
Das Pop-up-Banner kann prinzipiell eine beliebige Größe haben und technisch als statisches Bild, GIF-Animation oder Rich Media realisiert sein. Kriterium ist, dass es beim Aufruf einer Website in einem separaten Browserfenster geöffnet wird. Das Pop-up-Banner erfreute sich in seinen Anfangstagen einer großen Beliebtheit, da der Betrachter dem Banner zwangsläufig seine Aufmerksamkeit schenken musste. Doch hat dieser Bannertypus viele Internetnutzer verärgert und führte dazu, dass die Softwaregattung „Pop-up-Blocker" entstanden ist. Diese Browser-Plug-ins verhindern das Öffnen eines neuen Browserfensters und machen so dem Pop-up-Banner das Leben schwer.

Pop-under-Banner
Das Pop-under-Banner ist eine modifizierte Form des Pop-up-Banners. Quasi heimlich wird ein neues Browserfenster mit beliebigen Werbeinhalten (oder auch einer ganzen Website) geladen und hinter das gerade aktive Browserfenster gelegt. Wird das aktive Browserfenster geschlossen, so erlangt das Pop-under die volle Aufmerksamkeit des Betrachters. Jedoch kann das Öffnen des neuen Fensters genau wie beim Pop-up-Banner durch einen Pop-up-Blocker verhindert werden.

Sowohl Pop-up- als auch Pop-under-Banner werden in der Praxis deutlich seltener eingesetzt als noch vor einigen Jahren. Eine Ausnahme bildet die Erotik- und Hardcorebranche. Hier werden häufig beim Öffnen oder Verlassen einer Website gleich mehrere Pop-ups oder Pop-unders gestartet.

Sticky-Ad
Ein Sticky-Ad bezeichnet eine Anzeige, die sich beim Scrollen nicht aus dem Sichtbereich bewegt, sondern stets an derselben Stelle im Browserfenster bleibt. Sie „schwebt" quasi über dem im Browserfenster angezeigten Inhalt. Diese Überlagerung der eigentlichen Inhalte einer Website kann störend wirken. Deshalb kann eine solche Werbefläche in den meisten Fällen ausgeblendet oder geschlossen werden. Sticky-Ads werden mit JavaScipt oder CSS realisiert.

Transaktive Banner
Dieser Bannertypus erlaubt Transaktionen auf dem Banner selbst, also auf der eigentlichen Werbefläche. Ermöglicht wird beispielsweise das Anfordern von Informationen, das Bestellen von Produkten oder die interaktive Informationsvermittlung auf kleinstem Raum. Eines der beiden Praxisbeispiele für Rich Media-Banner (http://test.lammenett.de/rich-media.html) ist auch ein transaktives Banner, da es die Transaktion „Spende" im Banner selbst erlaubt.

Nanosite-Banner
Nanosites bzw. Nanosite-Banner sind Werbeflächen, die sich durch einen hohen Grad der Interaktivität auszeichnen. Sie präsentieren beispielsweise Ergebnisse in Abhängigkeit einer vorherigen Eingabe und bieten hierzu jeweils unterschiedliche Links an. Dies geschieht alles innerhalb einer fest definierten Werbefläche auf einer Website. Ähnlich funktionieren Microsites, jedoch öffnet sich hier ein eigenes Fenster, in dem dann auf mehreren Seiten z. B. ein Produkt präsentiert wird.

Fake-Banner
Das Fake-Banner ist keine eigenständige Bannerform. Es ist häufig einer System-Fehlermeldung nachempfunden und als statisches, manchmal auch dynamisches Banner realisiert. Ziel ist es, durch die Nachbildung einer System-Fehlermeldung die Klickrate zu erhöhen.

Flying-Banner
Das Flying-Banner fliegt quer über den Bildschirm und setzt sich an einer vordefinierte Stelle fest. Dieses Banner versucht, die Aufmerksamkeit des Betrachters durch die einmalige Bewegung auf sich zu lenken und so die Klickrate zu erhöhen.

Video-Banner
Das Video-Banner versucht, die Aufmerksamkeit des Betrachters durch bewegte Bilder und Ton zu erlangen. Es ist im Grunde keine eigene Bannerform, sondern vielmehr der Versuch, eine beliebige Bannerform mittels Videosequenz noch attraktiver zu gestalten. Um derartige Banner abspielen zu können, muss auf dem Zielsystem eine entsprechende Software installiert sein, beispielsweise der Windows Media Player oder der Real Media Player von RealNetworks.

Mouse-over-Banner
Diese Bannerform gibt es in verschiedenen Nuancen, die unter blumigen Namen wie Confetti-Banner, Explosion-Banner, Blend-Banner oder Expanding-Banner firmieren. Das Prinzip ist immer identisch: Gelangt man mit der Maus zufällig oder beabsichtigt über das Banner, so verändert es seine Form. Der Zweck dieses Mouse-over-Effekts ist es, eine erhöhte Aufmerksamkeit des Betrachters zu erlangen. Oft gelingt das auch alleine schon aufgrund des Überraschungseffektes.

Das Ende der Fahnenstange?
Die zuvor erwähnten Formate und Größen sind aber noch lange nicht das Ende der Fahnenstange. Mit zunehmender Bandbreite bei gleichzeitig sinkenden Preisen haben Großformate, Rich-Media-Formate und in jüngerer Zeit Videoformate an Beliebtheit gewonnen.

Fast alle etablierte Vermarkter stellen die buchbaren Formate in einer Art Online-Galerie dar, zumeist anhand konkreter Beispiele. So hat etwa die United Internet Media unter der URL http://adgallery.united-internet-media.de eine Sammlung von Formaten unter den Rubriken Großformate, Rich Media, Standardformate, Special-Interest und Video kategorisiert. Dort sind dann Großformate unter so klingenden Namen wie Halfpage+, Web-Buster Homepage, MaxiAD+ oder Billboard aufgeführt. Bei den Rich-Media-Formaten findet man spannende Beispiele für Billboards, Banderole-Ads, Pushdown-Ads, Sitestick-Ads und einige andere. Auch Google (ehemals DoubleClick) führt Beispiele von Rich-Media-Formaten unter der URL http://www.richmediagallery.com auf. Ein Blick auf die heutigen Möglichkeiten lohnt sich.

12.6.3.3 Warum Rich Media?

Angesichts zunehmender Online-Werbung haben es Werbetreibende immer schwerer aufzufallen. Die durchschnittliche Klickrate auf Standard-Banner sank in Europa von 2004 bis Mai 2008 um fast die Hälfte auf 0,18 Prozent. Bis 2010 sank dieser Wert weiter auf 0,09 Prozent, blieb dann aber relativ konstant.[195] Bis 2014 trat eine leichte Erholung auf 0,11 Prozent ein. Ab 2016 wurden die Werte wieder schlechter. Ein Standard-Banner erregt heute einfach nicht mehr genügend Aufmerksamkeit, um den Surfer zu einer Aktion zu bewegen. Laut der Studie „Paid media and digital advertising playbook – Ad CTR benchmarks – August 2018 update", in der die Klickraten für USA, Europa und Weltweit untersucht werden, lag die Gesamt-Klickrate 2018 nur noch bei 0,05 Prozent.

Rich-Media-Formate können ein Ausweg aus diesem Dilemma sein. Die Betonung bei diesem Satz liegt auf „können". Denn die Studienergebnisse zu den Klickraten von Rich-Media-Formaten sind mittlerweile uneinheitlich. Egal welche Studie man bemüht – klar ist, dass die Klickraten von Standard-Bannern deutlich hinter denen von Rich-Media-Formaten zurück liegen. Das ist nachvollziehbar, da Rich-Media auch Video, Audio, Animation, Datenerfassung und andere interaktive Merkmale enthalten kann. Mit zunehmender Durchdringung von Breitbandanschlüssen bei gleichzeitiger Übersättigung der Konsumenten mit Standard-Bannern wurden Rich-Media-Formate eine Zeit lang immer populärer. Durch die Möglichkeit der Integration von bewegten Bildern, Ton und Interaktion wird eine höhere Aufmerksamkeit erreicht, die zu höheren Klickraten führt. 2014 lag diese bei 0,47 Prozent. Bei Erhebungen aus Dezember 2015 wurden Werte von 0,42 Prozent gemessen.[196] Die Studie von Sizmek Research[197] kommt für 2016 noch auf 0,35 Prozent. Allerdings gibt es aus 2018 von AppNexus[198] auch eine Studie, die für Rich-Media nur eine Klickrate von 0,06 Prozent angibt.

> **Praxisbeispiel: Rich-Media-Banner**
>
> Rich Media sollte man nicht erklären. Es sollte erlebt werden. Darum empfehle ich Ihnen an dieser Stelle einen Blick in die Rich Media Galery: https://www.richmediagallery.com

Primär sind Banner- und Rich-Media-Formate eher dazu geeignet, Markenbekanntheit zu erhöhen, Markenimage aufzubauen und die Werbeerinnerung zu verstärken. Trotz ihrer Aufforderung an den Besucher zur Interaktion, also zum Anklicken der Anzeige, können sie die Funktion der Kundengewinnung aufgrund geringer Klickraten nur sehr bedingt leisten.

---

[195] Vgl. http://www.new-time-seo.ch/seoblog/2014/04/globale-unterschiede-bei-ctr-von-werbeformaten, Abruf 20.11.2018.
[196] Vgl. https://www.adzine.de/2015/12/die-top-3-der-wirksamsten-branding-werbeformate/, Abruf 20.11.2018.
[197] Vgl. https://www.aaaa.org/wp-content/uploads/2016/11/Sizmek-Rich-Media_and-Video_Benchmarks_H1_2016.pdf, Abruf 20.11.2018.
[198] Vgl. https://www.appnexus.com/sites/default/files/whitepapers/guide-2018stats_2.pdf, Zugriff 20.11.2018.

12.6.3.4 Videowerbung im Internet

Aus Sicht der Online-Werbung ist ein Video im Internet ein Werbeformat, welches im Rahmen einer Online-Werbekampagne platziert wird. Doch das wäre zu einfach. Denn der Video-Boom im Internet zieht mittlerweile weite Kreise.

Ausgelöst wurde der Video-Boom im Internet durch sogenannte Videoportale. Schlussendlich haben Videos im Internet erst durch die Videoportale die Reichweite erhalten, die sie kommerziell interessant für Werbung machen.

Videoportale sind ursprünglich den Social Media zuzuordnen. Man könnte Videowerbung daher sowohl aus dem Blickwinkel der Online-Werbung als auch aus dem Blickwinkel des Social-Media-Marketings betrachten. Sogar unter SEO-Aspekten kann man Videos im Internet betrachten (Stichwort Universal Search). Um dem Dilemma der korrekten Zuordnung zu entgehen, habe ich mich dazu entschlossen, dem Thema ein eigenes Kapitel zu widmen. Ich halte dies auch deshalb für sinnvoll, weil es mittlerweile eine Dimension und eine Vielschichtigkeit angenommen hat, die das rechtfertigen. Bitte sehen Sie dazu das Kapitel 14.

12.6.4 Controlling und Monitoring

In der Praxis kommt dem Controlling und dem Monitoring von Online-Werbung eine sehr hohe Bedeutung zu. Jedoch unterschätzen in Deutschland viel zu viele Unternehmen den Wert eines professionellen Controllings. Obwohl Online-Werbung eher zum Zwecke des Image-Aufbaus und des Brandings eingesetzt wird, können je nach Ausgestaltung der Kampagne auch ansehnliche Klickraten und akzeptable Conversion-Rates erreicht werden. Hierbei hängt die Klickrate durchaus nicht nur von der Platzierung eines jeweiligen Werbebanners auf einer Website ab, sondern auch von der Gestaltung des Banners.

> **Praxisbeispiel**
>
> Bei einer für ein Assekuranzunternehmen durchgeführten Online-Werbekampagne stellte sich ein kurioses Ergebnis ein. Zwei fast identische Banner erreichten völlig unterschiedliche Klickraten. Einziger Unterschied war die Farbe des Autos im Banner. Das Banner mit dem gelben Auto wurde doppelt so häufig geklickt wie das Banner mit dem roten Auto (0,041 Prozent versus 0,019 Prozent).

Mittels entsprechender Tools (bitte sehen Sie hierzu auch das Kapitel 18.5) kann heute eine Online-Mediakampagne sehr effizient gesteuert werden. Je nach Zielsetzung ist entweder die Conversion-Rate, die Klickrate oder die Remarketing-Rate das Haupterfolgs- und damit das Hauptbeurteilungskriterium.

Auch darf das Thema Kundenwert bei der Betrachtung des Erfolgs von Online-Werbung nicht außer Acht gelassen werden. In Branchen wie der Finanz- oder der Assekuranzdienstleistung kommt es meistens nur bei niedrigpreisigen Produkten wie beispielsweise einer

Rechtsschutz- oder einer Reiserücktrittskostenversicherung zu direkten Online-Abschlüssen. Höherpreisige und erklärungsbedürftigere Produkte werden in der Regel nicht direkt über das Internet verkauft. Dennoch generieren Online-Werbekampagnen Kundenkontakte (Leads), die noch mittel- bis langfristig zu Umsatz führen. Unter bestimmten technischen Voraussetzungen und dem Einsatz eines entsprechenden Controlling-Werkzeuges kann nachverfolgt werden, welcher Kampagnenbaustein zu einem umsatzwirksamen Kontakt geführt hat. Unabhängig davon, wie hoch der tatsächliche Umsatz war, wird zur Beurteilung der Werbewirksamkeit eines Kampagnenbausteins mit Durchschnittswerten für die Gewinnung eines Kunden (Kundenwert) oder von Adressen potenzieller Kunden gearbeitet. Es wird unterstellt, dass ein einmal gewonnener Kunde im Laufe seines Lebens nicht nur ein Assekuranzprodukt erwirbt, sondern mehrere.

Liegen beispielsweise empirische Daten vor, die besagen, dass zwei Prozent der Kontakte, die über das Internet angebahnt wurden, zu einem Neukunden führen, und liegt der Wert eines Neukunden im Durchschnitt bei 5.000 Euro, so lässt sich der Wert eines Kampagnenbausteins näherungsweise errechnen. Eine entsprechende Beispielrechnung finden Sie in Abbildung 12.4. Anhand eines solchen Modells kann mittels What-if-Analyse der maximal zu tätigende Einkaufspreis (TKP) ermittelt werden. Der Einkaufspreis kann sukzessive reduziert werden, bis der „harte Wert des Kampagnenbausteins" die Investition übersteigt.

Mit modernen Controlling-Systemen lässt sich der geschilderte Sachverhalt abbilden, sodass eine jederzeitige (Realtime-)Bewertung von Kampagnenbausteinen möglich ist.

Bei Kampagnen mit einer längeren Laufzeit hat sich auch die Beurteilung anhand von Durchschnittswerten als sehr gewinnbringend erwiesen. Bei Kampagnen mit kürzerer Laufzeit weichen die realen Ertragswerte oft von den statistischen Durchschnittswerten ab. Daher empfiehlt sich dieses Verfahren nur bei Kampagnen mit einer Laufzeit von mindestens sechs Monaten.

Anders ist der Sachverhalt zu beurteilen, wenn der Online-Vertrieb die Basis des Geschäftsmodells bildet. Dies ist beispielsweise bei Online-Shops der Fall. Hier können auch auf kürzeren Zeitskalen Aussagen über die Werbewirksamkeit einzelner Kampagnenbausteine (gemessen in Euro) getätigt werden. Es wird nicht der Wert eines Kunden den Kosten des jeweiligen Werbemediums gegenübergestellt, sondern der tatsächlich erzielte Umsatz im Shop. Auch das können moderne Controlling-Systeme in Realtime abbilden.

Online-Werbung in der Praxis

Abbildung 12.4 Beispiel eines Berechnungsmodells für den maximalen Einkaufspreis von Online-Werbung

Berechnungsmodell - Wert eines Kampagnenbausteins		
Kosten für 1000 Kontakte (TKP)		10,00 €
Eingesetzte Budget		7.500,00 €
Kundenwert		5.000,00 €
AdViews		750000
Klickrate	0,33%	
-Klicks		2500,0
Conversion Rate	2%	
-Conversions		50,0
Kunden-Gewinnungsrate	2%	
-Neukunden		1,0
Harter Wert des Kampagnenbausteins ohne Branding und Imageeffekte. Der Wert liegt <u>unter</u> *dem eingesetzten Budget.*		5.000,0 €

Berechnungsmodell - Wert eines Kampagnenbausteins		
Kosten für 1000 Kontakte (TKP)		6,50 €
Eingesetztes Budget		7.500,00 €
Kundenwert		5.000,00 €
AdViews		1153846,2
Klickrate	0,33%	
-Klicks		3846,1
Conversion Rate	2%	
-Conversions		76,9
Kunden-Gewinnungsrate	2%	
-Neukunden		1,5
Harter Wert des Kampagnenbausteins ohne Branding und Imageeffekte. Der Wert liegt knapp <u>über</u> *dem eingesetzten Budget.*		7.692,2 €

Sogar das kostenlos nutzbare Tool Google Analytics kann Umsätze den entsprechenden Quellen, ja sogar einzelnen Werbemitteln und -medien zuordnen, wenn es korrekt eingerichtet wird. Abbildung 12.5 zeigt ein Beispiel.

Abbildung 12.5 Beispiel eines Berichtes „Umsatz nach Quelle" in Google Analytics

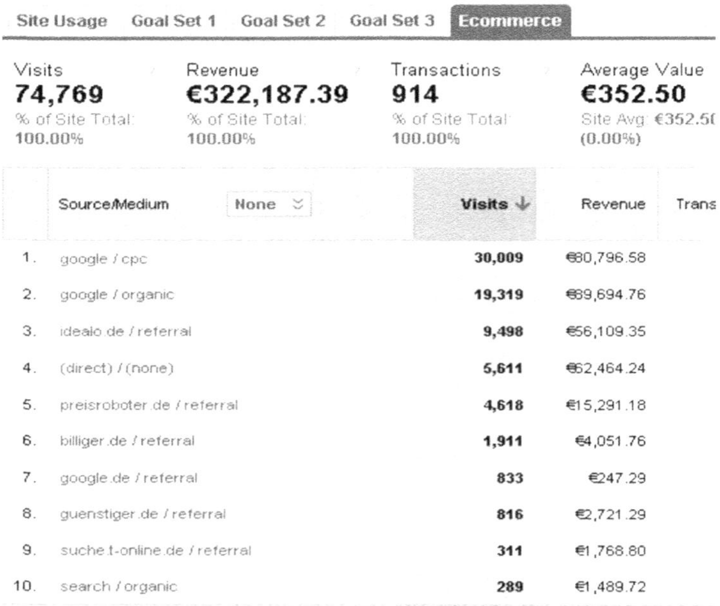

		Site Usage	Goal Set 1	Goal Set 2	Goal Set 3	**Ecommerce**	
Visits		Revenue		Transactions		Average Value	
74,769		€322,187.39		914		€352.50	
% of Site Total: 100.00%		% of Site Total: 100.00%		% of Site Total: 100.00%		Site Avg: €352.50 (0.00%)	

	Source/Medium	None	Visits ↓	Revenue	Trans
1.	google / cpc		30,009	€80,796.58	
2.	google / organic		19,319	€89,694.76	
3.	idealo.de / referral		9,498	€56,109.35	
4.	(direct) / (none)		5,611	€62,464.24	
5.	preisroboter.de / referral		4,618	€15,291.18	
6.	billiger.de / referral		1,911	€4,051.76	
7.	google.de / referral		833	€247.29	
8.	guenstiger.de / referral		816	€2,721.29	
9.	suche.t-online.de / referral		311	€1,768.80	
10.	search / organic		289	€1,489.72	

In diesem Zusammenhang darf jedoch nicht verkannt werden, dass die so ermittelten Werte immer nur die unterste Schwelle dessen widerspiegeln, was ein Kampagnenbaustein erreicht hat. Dies liegt u. a. daran, dass Umsätze oder Leads nicht mitgezählt werden, die von einem anderen Rechner getätigt worden sind, beispielsweise wenn ein Besucher über einen Kampagnenbaustein (ein Banner) vom Büro aus zu einer Website gelangt, den Kauf aber nach Feierabend vom Heim-PC aus tätigt.

Weitere Tipps im Kurzüberblick

- Optimieren Sie die Landing-Page für Ihre Online-Werbung hinsichtlich Ihrer Kommunikations- und Transaktionsziele. Ansonsten verpufft die Werbung ohne jeglichen Nutzwert.

- Fahren Sie vor einer größeren Kampagne sogenannte Pretests, um die Wirkung verschiedener Werbemittel zu erproben.

- Optimieren Sie Ihre Webemittel laufend im Hinblick auf die Gestaltung. Experimentieren Sie mit Farben, Animationen und Bildelementen.

- Optimieren Sie Ihre Webemittel laufend im Hinblick auf die Ansprache. Experimentieren Sie mit unterschiedlichen Nutzenversprechen und unterschiedlicher Tonalität.

- Verbessern Sie die Kontextualität. Werbemittel sind dann besonders erfolgreich, wenn sie in das Werbeumfeld passen und einen möglichst direkten Bezug zum Werbeumfeld haben.
- Setzen Sie in jedem Fall ein geeignetes Controlling-Werkzeug ein. Wenn Sie über eine Agentur buchen, dann lassen Sie sich einen Zugang zum Adserver bzw. zu deren Controlling-Werkzeug geben und prüfen regelmäßig die Entwicklung der Kampagne.

12.7 Strategische Aspekte der Online-Werbung

Die meisten Zeitungen und Zeitschriften verlieren an Auflage und auch an Lesern. Das Fernsehen verliert zwar keine Zuschauer, doch die von den Werbekunden gemessene Aufmerksamkeit geht zurück. Das Fernsehen wird immer mehr gestört durch die parallele Nutzung von Tablets oder Smartphones. Während des Fernsehens checken die Menschen E-Mails, twittern oder kommunizieren via WhatsApp oder Facebook. Für viele jüngere Menschen wird der Fernsehkonsum immer mehr durch YouTube und/oder Streaming-Dienste ersetzt. Dank der Digitalisierung entstehen derzeit immer neue webbasierte Fernseh- und Radiosender. Auf dem Werbemarkt ist also mächtig Bewegung, was natürlich an der Online-Werbung nicht spurlos vorübergeht.

Im Zusammenhang mit Online-Werbung erscheinen besonders die Entwicklungen im Bereich des mobilen Internets und des Video-Marketings von hoher strategischer Bedeutung. Der aufmerksame Leser dieses Buches wird spätestens nach dem Studium der Kapitel 17 und 14 wissen, wie dynamisch die Entwicklung in den letzten drei Jahren war. Alleine 2015 wuchs Mobile-Werbung laut BVDW um 50 Prozent. Facebook erzielte 75 Prozent seiner Einnahmen durch Mobile-Werbung. Trotz dieser spannenden Wachstumsraten liegt das Potenzial von Mobile-Marketing und Video-Marketing in der Praxis bei vielen Unternehmen und Institutionen brach. Strategisch werden diese Themen in den kommenden Jahren daher an Bedeutung gewinnen.

Auch die datengetriebene Werbung wird zukünftig an Bedeutung gewinnen. Es ist heute schon möglich, Werbung gezielt an demografischen Daten oder an Interessen der Internetnutzer auszurichten. Stichworte dazu sind „Remarketing" und „Retargeting". Doch die heute verfügbaren Methoden der zielgerichteten Aussteuerung von Werbung haben Mängel und Lücken. Zukünftig, so hofft die Werbebranche, sollen diese Lücken durch das massenhafte Sammeln, Analysieren und Interpretieren von Kundendaten geschlossen werden. Das Stichwort hierzu lautet „Big Data". Dank User-Tracking und Customer-Journey-Analyse, Cookie-Dropping und Fingerprinting, Behavioral oder Predictive Targeting soll Werbung zukünftig deutlich zielgerichteter ausgespielt werden können als heute. Streuverluste sollen somit vermieden werden. Der Zeitpunkt der Zustellung soll optimiert werden.

Auch das Thema „Marketing-Automatisierung" wird sicherlich die Online-Werbung in den nächsten Jahren beeinflussen. Am Markt haben sich sogenannte Marketing-Suites entwickelt, die marketingrelevante Aufgaben, Prozesse und Daten vereinen. Das betrifft allerdings nicht nur die Online-Werbung, sondern das gesamte Marketing. Aktuell sind die Lösungen der Hersteller noch sehr heterogen. Der Markt ist noch sehr jung. In der Theorie sind die grundsätzlichen Vorteile von Marketing-Suites allerdings einleuchtend und versprechen einige Vorteile gegenüber heutigen Methoden der Aussteuerung von Marketing- und Werbeaktivitäten. Aus strategischer Sicht sollte man also auch die Entwicklungen in diesem Segment im Auge behalten.

12.8 Zusammenfassung

Obwohl Online-Marketing und insbesondere Online-Werbung in Deutschland seit Jahren kontinuierliche Wachstumsraten verzeichnet, sind die Vorzüge in den Köpfen vieler Marketing-Verantwortlicher noch nicht vollständig angekommen. Nach wie vor entspricht der am gesamten Marketing-Budget nicht der Bedeutung und dem Nutzungsumfang des Internets. Berücksichtigt man nämlich, dass laut einer Studie von SevenOne Media[199] schon 2005 jeder Deutsche das Internet täglich 58 Minuten nutzt, jedoch nur 26 Minuten Zeitungen und 18 Minuten Zeitschriften las, so wird deutlich, dass Online-Werbung bei der Budgetallokation im Gesamtmarketing immer noch unterrepräsentiert ist. 2018 beträgt der Anteil von Online-Werbung am Gesamtwerbekuchen weniger als 20 Prozent. Trotz teilweise atemberaubender Wachstumsraten hat Online-Werbung heute bei vielen Unternehmen immer noch einen ausgesprochen geringen Anteil am Gesamtwerbebudget. Neuerungen setzen sich in der Breite langsamer durch, als es die spektakulären Wachstumszahlen vermuten lassen. Beispiele sind die außerordentlichen Wachstumszahlen im Segment der Mobile-Werbung oder des Video-Marketings. In der Breite haben viele Unternehmen beides noch nicht einmal entdeckt.

Es ist jedoch nur eine Frage der Zeit, bis Online-Werbung sich auf noch breiterer Front durchsetzt. Mit zunehmender Verlagerung von Budgets weg von klassischer Werbung hin zu Online-Werbung werden die Preise für klassische Online-Werbung steigen. Zwar wird Online-Werbung die klassische Werbung nie verdrängen, jedoch wird das eklatante Missverhältnis zwischen Nutzungsgewohnheiten von Konsumenten und Budgetallokation der Marketing-Verantwortlichen den Werbemarkt in den kommenden Jahren gehörig verändern. Besonders die Entwicklungen in Bezug auf das mobile Internet werden die Online-Werbung, genauer die mobile Online-Werbung, beflügeln. Schon heute sind besonders jüngere Zielgruppen über konventionelle Medien wie TV oder Magazine gar nicht mehr erreichbar. Wollen Unternehmen diese Zielgruppe erreichen, müssen sie sich zwangsläufig mit mobiler Online-Werbung beschäftigen und Budgets verschieben.

---

[199] Vgl. TimeBudget 12 – Langzeitstudie zur Mediennutzung, SevenOne Media Deutschland und Forsa, 2005.

Zusammenfassung

Die Vorzüge von Online-Werbung liegen auf der Hand und beziehen sich durchaus nicht nur auf das gute Preis-Leistungs-Verhältnis im Vergleich zu klassischer Werbung. Online-Werbung ermöglicht eine laufende und quasi permanente Optimierung der Kampagne. Mittels moderner Adserver-Technologie kann sich die Optimierung sowohl auf die Kanäle, die Zeiten der Einblendung des/der Werbemittel, Regionen als auch auf die Werbemittel und die Werbebotschaft selbst beziehen. Sogar eine Optimierung in Abhängigkeit von den Präferenzen eines Internetsurfers (Behavioral Targeting) ist heute möglich. Der Erfolg von Online-Werbung kann permanent, also in Echtzeit gemessen werden, was zeitnahe Korrekturen und Feinjustierungen einer Kampagne ermöglicht.

Zukünftige Entwicklungen wie Internet im Wohnzimmer oder Behavioural Targeting werden den Vormarsch von Online-Werbung begünstigen. Unternehmen, die diese Vorzüge bereits heute erkannt haben, können durch ihr Engagement in Online-Werbung einen Wettbewerbsvorteil erarbeiten. Zumindest so lange, bis die Mitbewerber Online-Werbung ernsthaft in ihren Marketing-Mix aufnehmen.

Facebook

Werbung in Facebook, Werbung mit Facebook, Customer Audience, Facebook Business Manager

13 Facebook-Werbung

Im Jahr 2011 war in einem Blogbeitrag des FAZ-Blogs[200] zu lesen: *"‚Facebook wird zu einer großen Bedrohung, sobald die Werbemaschine erst einmal richtig angeworfen wurde.' Christoph Schuh vom reichweitenstärksten deutschen Online-Werbevermarkter Tomorrow Focus warnt vor dem sozialen Netzwerk, das den deutschen Online-Werbern den Markt streitig macht."* Nun, heute ist die Werbemaschine angeworfen. Die Warnung von Herrn Schuh aus dem Jahr 2011 ist heute Realität. Meiner Beobachtung nach ist Facebook heute ein Mega-Konkurrent für die etablierten Werbevermarkter. 2010 erwirtschaftete Facebook zwei Milliarden US-Dollar durch Werbung. 2017 waren es über 40 Milliarden und 2018 wird diese Zahl nochmals substanziell steigen, da alleine bis Q3 2018 schon über 38 Milliarden erwirtschaftet wurden. Für Deutschland weist Facebook keine konkreten Umsatzzahlen aus. Die Organisation der Mediaagenturen e. V. (OMG) schätzt den Umsatz in Deutschland auf rund eine Milliarde Euro (2017). Für 2018 schätzt der Verein ein Plus von zehn Prozent. Damit würde Facebook in punkco Display-Werbung auch hierzulande vor Google stehen. Die OMG schätzt die Einnahmen von Google für Display-Werbung in Deutschland auf rund 570 Millionen Euro. Das Interessante dabei ist, dass 80 Prozent der Werbeumsätze von Facebook auf mobilen Endgeräten erzielt wurden.

Wie alle anderen sozialen Netzwerke suchte auch Facebook lange nach Möglichkeiten, die generierten Benutzerströme zu Geld zu machen. Anfangs tat sich Facebook sehr schwer. Die Display-Werbung in Facebook führte eine ganze Weile ein Schattendasein. Doch offenbar hat Facebook nun den Dreh raus. Die Entwicklung der letzten Jahre war sehr dynamisch, wie Abbildung 13.1 zeigt. Teilweise kann Facebook heute Finessen bieten, die andere Werbevermarkter nicht im Portfolio haben. Facebook ist heute eine ernst zu nehmende Alternative für die Schaltung von Online-Werbung. In den USA ist Facebook mit einem Marktanteil von über 30 Prozent schon die unangefochtene Nummer eins im Display-Werbemarkt. Im mobilen Display-Werbemarkt hat Facebook dort sogar einen Marktanteil von über 40 Prozent. Daher habe ich dem Thema „Facebook-Werbung" dieses eigene Kapitel gewidmet.

---

[200] Vgl. http://blogs.faz.net/netzwirtschaft-blog/2011/05/10/wenn-facebook-die-werbemaschine-erst-einmal-richtig-angeworfen-hat-2529, Abruf 14.08.2016.

Abbildung 13.1 Werbeumsätze von Facebook in der Entwicklung

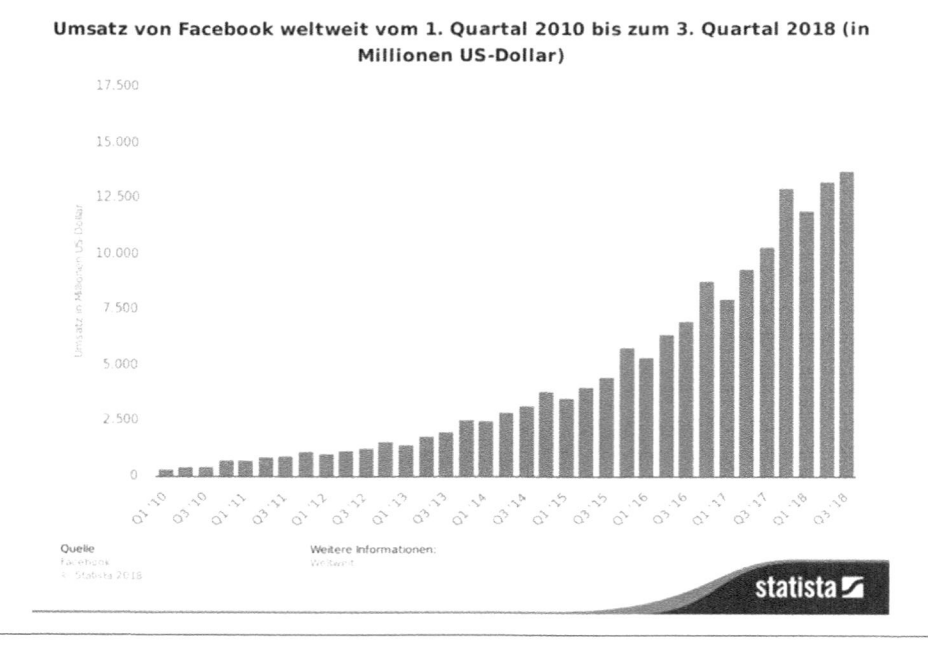

Umsatz von Facebook weltweit vom 1. Quartal 2010 bis zum 3. Quartal 2018 (in Millionen US-Dollar)

Quelle: Umsatz von Facebook weltweit vom 1. Quartal 2010 bis zum 3. Quartal 2018 (in Millionen US-Dollar). Zitiert nach de.statista.com, URL https://de.statista.com/statistik/daten/studie/237434/umfrage/umsatz-von-facebook-weltweit-quartalszahlen/, Abruf 18.11.2018.

Während der Kurznachrichtendienst Twitter schwächelt, scheint Facebook auch im Jahr 2018 noch nicht ausgereizt zu sein. Weshalb ist das so? Im Kern sehe ich dafür vier Gründe. Es gibt sicher weitere.

- Facebook wächst weiter, obwohl in den Vorjahren vielfach geunkt wurde, dass Facebook seinen Zenit überschritten hat. Im Juli 2016 erschien im Handelsblatt[201] ein Artikel, in dem es u. a. heißt: *„Facebook strotzt vor Kraft, und zeigt auch beim Wachstum der Nutzer keine Schwäche. Während der Kurznachrichtendienst Twitter in diesem Bereich gerade erst anämische Wachstumszahlen verkünden musste und von der Börse schwer abgestraft wurde, sind mittlerweile 1,7 Milliarden Menschen jeden Monat auf Facebook aktiv. Das sind 200 Millionen mehr als ein Jahr zuvor. Facebook ist unverzichtbar geworden und auch die Jugendlichen und jungen Menschen bleiben allen Unkenrufen zum Trotz weiter dabei."*

---

[201] Vgl. https://www.handelsblatt.com/unternehmen/it-medien/zuckerberg-sein-plan-geht-auf-facebook-strotzt-vor-kraft-und-geld/13937588.html, Abruf 14.11.2018.

- Facebook hat früh auf Mobile first gesetzt. Die sehr dynamische Entwicklung bei den mobilen Endgeräten und der mobilen Internetnutzung hat Facebook beflügelt.

- Facebook erwarb im Jahr 2013 den Atlas Adserver von Microsoft (dazu später mehr). Mit diesem Adserver kann Facebook nun auch außerhalb des Facebook-Universums Display-Werbung anbieten. Und das sogar mit einem interessanten Mehrwert, den konventionelle Vermarkter so nicht bieten können. Im März 2017 wurde bekannt, dass Facebook die Marke Atlas vom Markt nehmen wird und die Funktionen des Ad-Servers in seine eigenen Produkte wie beispielsweise den Business-Manager und den Werbeanzeigen-Manager integrieren wird.

- Im Jahr 2014 erwarb Facebook den Messagingdienst WhatsApp. Die Kommerzialisierung von WhatsApp steht jedoch erst am Anfang. Das Potenzial dürfte nennenswert sein. Im Laufe des Jahres 2016 vermeldete WhatsApp das Erreichen der Schallmauer von einer Milliarde Nutzer. Im August 2018 wurde bekannt, dass Facebook ab 2019 auch mit WhatsApp Geld verdienen möchte. Vorläufig werden nur Unternehmen zur Kasse gebeten, die WhatsApp nutzen wollen, um Nutzer zu erreichen. Für Privatleute bleibt die Nutzung kostenfrei. Geplant ist auch, innerhalb von WhatsApp Werbeanzeigen zu platzieren. Facebook macht also jetzt ernst und möchte seine 19-Milliarden-Dollar-Investition endlich zu Geld machen.

Daher dürften die Zahlen von Facebook ihren Zenit noch nicht erreicht haben.

13.1 Werbung in Facebook

Noch vor wenigen Jahren war Werbung in Facebook eine zweifelhafte Angelegenheit. Von mir durchgeführte Tests in den Jahren 2010 und 2011 mit verschiedensten Consumer-Produkten ergaben schwache Ergebnisse. Die Studie einer Schweizer Firma und eine Forrester-Studie[202] aus dem Jahr 2011 kamen damals zu ähnlichen Ergebnissen. Dort war zu lesen: *„Auf Facebook lässt sich sehr gezielt und relativ günstig werben. Die INM hat über einen Monat zwei Test-Werbeanzeigen geschaltet. Fazit: Enorm viele Impressions aber schlechtere Klickraten als bei herkömmlicher Banner-Werbung. Dafür sind die Kosten äusserst tief."*

In den vergangenen fünf Jahren hat Facebook jedoch seine Hausaufgaben gemacht. Heute ist Facebook nicht mehr nur günstig, sondern auch effizient. Seit 2016 habe ich mehrere Kampagnen in Facebook entwickelt, die sogar an die Conversion-Raten von AdWords herankamen. Mein Urteil aus dem Jahr 2011 muss ich damit vollständig revidieren.

In weniger als 30 Minuten kann man in Facebook ein entsprechendes Konto einrichten, eine Zielgruppe nach unterschiedlichen Kriterien definieren und eine oder mehrere Werbeanzeigen erstellen. Dabei bietet Facebook heute ein ausgesprochen interessantes Spektrum an unterschiedlichen Gestaltungsmöglichkeiten. Auch die Targetingmöglichkeiten

---

[202] Vgl. Forrester Studie: „Will Facebook ever drive eCommerce",
https://www.forrester.com/report/Will+Facebook+Ever+Drive+eCommerce/-/E-RES58603, Abruf 22.08.2016.

haben es in sich. In der Folge werden die wesentlichen Grundzüge der Werbung innerhalb von Facebook dargestellt.

Mit dem Kauf des Adservers Atlas hat Facebook 2013 die Weichen für Werbeangebote außerhalb des Facebook-Universums gestellt. Der Kauf ist eine Kampfansage um die Machtverteilung im Display Advertising. Nach Umbau und Relaunch macht der Atlas Adserver Facebook nun auch Google und den klassischen Werbevermarktern mächtig Konkurrenz. Mehr dazu im Abschnitt 13.4.

13.1.1 Grundsätzliches Set-up

Anzeigen in Facebook werden über den sogenannten Werbeanzeigenmanager geschaltet, unabhängig davon, ob die Anzeigen von einem einzelnen Unternehmen oder einer Agentur im Auftrag eines Unternehmens geschaltet werden. Für Agenturen, die für mehrere Unternehmen Werbung in Facebook platzieren, war das teilweise sehr umständlich. Seit 2014 gibt es daher den sogenannten Facebook Business Manager. Dieser ist unter der URL https://business.facebook.com/ erreichbar und richtet sich primär an Agenturen oder Dienstleister, die für mehrere Unternehmen/Institutionen in Facebook Werbung schalten. Doch der Business Manager kann noch mehr. Mit ihm können Unternehmen nicht nur den Zugriff auf unterschiedliche Werbekonten verwalten, sondern auch Seiten und andere Ressourcen auf Facebook teilen und steuern. Durch die Verwendung des Business Managers können unterschiedliche Personen in einem Unternehmen die Daten an einer zentralen Stelle einsehen. Es müssen keine Anmeldeinformationen mit Kollegen geteilt werden.

Der Business Manager ist nicht nur für Agenturen interessant, sondern auch für größere Unternehmen, die mehrere Marken vertreiben und für jede Marke ein gesondertes Werbekonto betreiben möchten. Ferner für Unternehmen, die unterschiedliche Geschäftseinheiten mit separaten Budgets haben. Der Administrator eines Unternehmens oder einer Geschäftseinheit kann über den Business Manager verschiedene Ressourcen verwalten und bestimmten Personen Rechte zu- oder aberkennen. Der Business Manager erlaubt einen rollenbasierten Zugriff auf die Werbekonten, Seiten und Apps eines Unternehmens.

Über den Business Manager erhält man dann Zugang zum Werbeanzeigenmanager, in dem letztlich die Facebook-Werbung geschaltet wird.

Besteht die Notwendigkeit zur Verwaltung mehrerer Werbekonten und unterschiedlicher Akteure nicht, so kann man auch direkt ein Werbekonto anlegen und im Werbeanzeigenmanager Facebook-Werbung schalten. Der direkte Weg zum Werbeanzeigenmanager führt über die URL https://www.facebook.com/ads/manager/.

13.1.2 Unterschiedliche Kampagnentypen

Facebook unterscheidet unterschiedliche Kampagnentypen, die sich an unterschiedlichen Zielen orientieren. In der Folge werden einige dieser Kampagnentypen erläutert. Facebook ist sehr innovativ. Die hier geschilderten Ausführungen beziehen sich auf einen Stand aus November 2018. Die Abbildung 13.2 zeigt den Einstieg in die Erstellung einer Werbeanzeige auf Facebook. Es werden verschiedene Optionen angeboten, die in die Kategorien „Bekanntheit", „Beachtung" und „Conversion" unterteilt sind. Einige dieser Optionen werde ich in der Folge erläutern.

Die angesprochenen Kampagnentypen sind nur der Einstieg. Die Möglichkeiten und Optionen innerhalb der verschiedenen Kampagnentypen sind sehr vielfältig. Eine vollständige Beschreibung würde den Rahmen dieses Buches sprengen. Daher sei an dieser Stelle auf Facebook Business unter der URL https://www.facebook.com/business/ verwiesen.

Servicelink: www.lammenett.de/POM9

Grundsätzlich lässt sich festhalten, dass Facebook seine Produktpalette und die Möglichkeiten der differenzierten Aussteuerung von Werbung in den letzten drei Jahren stark weiterentwickelt hat. Ohnehin hat Facebook den unschätzbaren Vorteil, dass durch die Anmeldung bei Facebook Benutzerdaten bekannt sind, die zur Aussteuerung von Werbung von Facebook genutzt werden können. Hierdurch können Streuverluste vermieden werden, was letztlich zu einer effizienteren Werbung führt. Solche Benutzerdaten sind beispielsweise das Alter, die E-Mail-Adresse, ggf. die Handynummer und das Geschlecht. Je nachdem, wie detailliert ein Benutzer sein Profil ausfüllt, liegen Facebook noch weitere Daten vor, die zur Aussteuerung von Werbung herangezogen werden können.

Ein weiterer Vorteil, der in dieser Form von keinem anderen Werbevermarkter geboten werden kann, ist die geräteübergreifende Aussteuerung von Werbung. Eine Person, die Facebook nutzt, muss sich bei Facebook durch ein Log-in zu erkennen geben. Egal ob die Person dazu ein Handy, ein Tablet oder einen Desktop-PC nutzt. Facebook ist also in der Lage, Personen auch geräteübergreifend zu identifizieren, und muss nicht, wie der Rest der Werbewirtschaft, auf sogenannte Cookies zurückgreifen. Auch diese Option kann zu einer Vermeidung von Streuverlusten und zu einer optimierten Aussteuerung von Werbung genutzt werden.

Die Entwicklung der Möglichkeiten innerhalb von Facebook ist ähnlich dynamisch wie innerhalb von Google Ads. Deutlich wird dies u. a. durch den Vergleich des Einstiegsinterfaces der Jahre 2016 und 2018.

Abbildung 13.2 Werbeanzeigenmanager in Facebook, Aug. 2016

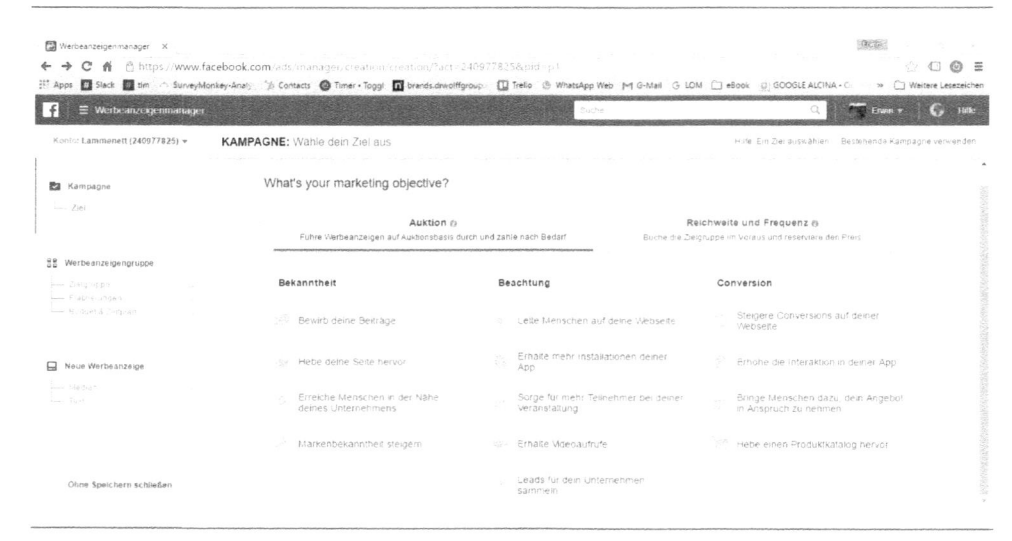

Quelle: Facebook.com, Abruf aus August 2016

In 2016 erfolgte der Einstieg über folgende Optionen:

- **Bewirb deine Beiträge.** Mit dieser Option konnten sogenannte Facebook-Posts beworben werden.
- **Hebe deine Seite hervor.** Mit diesem Kampagnentyp sollten primär Fans für die eigene Fanpage geworben werden.
- **„Erreiche Menschen in der Nähe deines Unternehmens" und „Markenbekanntheit steigern".** Diesen beiden Optionen waren eigentlich keine Kampagnentypen, sondern eher Ausrichtungsoptionen.
- **Leite Menschen auf deine Webseite.** Bei diesem Kampagnentyp wurden Klicks auf eine bestimmte Zielwebseite geleitet.
- **Erhalte mehr Installationen für deine App.** Bei dieser Option ging es darum, Menschen in den Store zu leiten, in dem die App zum Download angeboten wird.
- **Sorge für Teilnehmer deiner Veranstaltung.** Diese Option fokussiert auf die Bewerbung von sogenannten Facebook-Veranstaltungen.
- **Leads für dein Unternehmen sammeln.** Bei einer sogenannten Lead Ad konnte die Werbeanzeige in einem Arbeitsschritt um ein Kontaktformular ergänzt werden.
- **Steigere Conversions auf Deiner Webseite.** Bei dieser Option sowie bei allen anderen Optionen im Bereich „Conversions" ging es um die Ausrichtung von Werbung an klar definierten Conversions.

Im November 2018 sieht der Einstieg in die Werbewelt von Facebook dann ganz anders aus. Ausgangspunkt sind nun Marketingziele, ähnlich wie dies auch bei Google Ads der Fall ist. Die **Abbildung 13.2** und **Abbildung 13.3** machen den Unterschied deutlich. Die Mechanismen hinter den jeweiligen Einstiegen sind sicherlich vergleichbar, was auch deutlich wird, wenn man auf „Zu Quick Creation wechseln" klickt. Doch der Denkansatz für die Kampagnenerstellung ist nun ein anderer. Das eigentliche Marketingziel rückt in den Vordergrund. Interessanterweise habe ich im November 2018 noch Bücher mit einem Veröffentlichungsdatum 2018 gefunden, die noch die Details der alten Einstiegssystematik in Wort und Bild erläutern. Das macht deutlich: Die aktuelle Entwicklungsgeschwindigkeit von Facebook macht es im Grunde unmöglich, in einem gedruckten Buch mit den Entwicklungszyklen Schritt zu halten. Daher verweise ich ab einem bestimmten Detailgrad gerne auf Weblinks.

Abbildung 13.3   Werbeanzeigenmanager in Facebook, November 2018

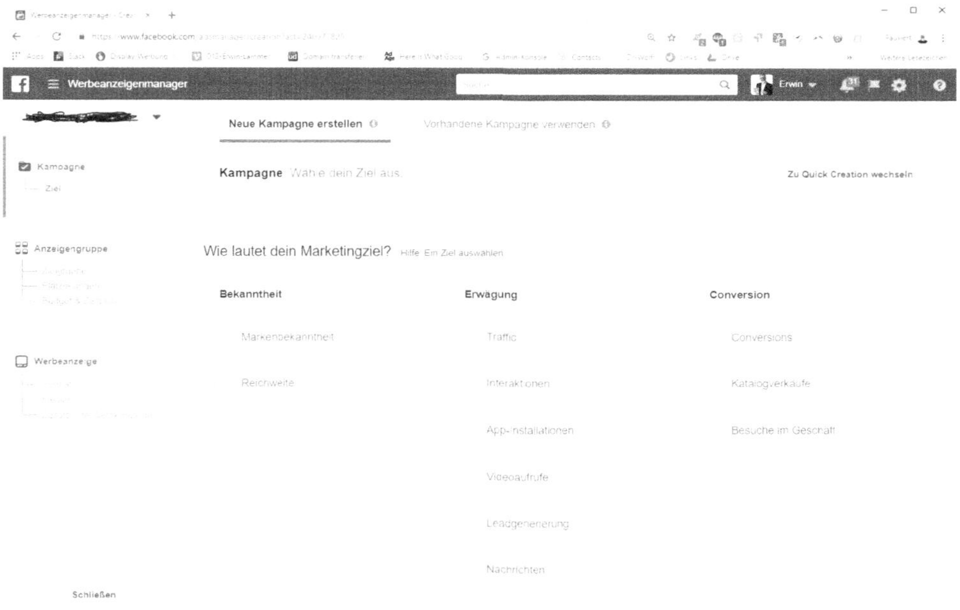

Quelle: Facebook.com, Abruf aus November 2018

13.1.3   Targeting - Zielgruppe

Wie bereits im Abschnitt 13.1.2 angesprochen, ist der Vorteil der Werbeanzeigen in Facebook, dass man recht nah an seine Zielgruppe heranrücken kann. So lässt sich beispielsweise einstellen, dass die Anzeigen nur Damen in einer bestimmten Altersgruppe und mit einem bestimmten Interessengebiet gezeigt werden sollen. Da Facebook aufgrund der Nutzerprofile diese Daten bekannt sind, können die Werbeanzeigen sehr zielgruppenspezifisch ausgeliefert werden. Eine hohe Werbewirksamkeit und ein geringer Streuverlust wären die logische Konsequenz. Da die Werbung, ähnlich wie bei Google Ads, auf Klickbasis gekauft werden kann, zahlt der Werbebetreibende nur im Erfolgsfall. Konkrete Ausrichtungsoptionen in Facebook sind u. a.:

- **Standort:** Hier können ein oder mehrere Standorte hinterlegt werden. Für jeden Standort kann ein Radius angegeben werden, innerhalb dessen die Anzeige geschaltet wird. Auch der Ausschluss von Standorten ist möglich.
- **Alter:** Das Alter der Empfänger kann eingestellt werden zwischen 13 und 65+ Jahren.
- **Sprache:** Sprache kann eingegeben werden, wenn diese von der üblicherweise am Zielort gesprochenen Sprache abweicht. Möchte man beispielsweise für Arabisch sprechende Gesundheitstouristen im Raum München eine eigene Kampagne erstellen, so würde sich anbieten als Standort „München" einzustellen und als „Sprache" Arabisch.
- **Detailliertes Targeting:** Hier kann die Zielgruppe genauer definiert werden. Beispielsweise indem man demografische Daten, Interessen und Verhaltensweisen ein- oder ausschließt. In diesem Bereich kann man Interessen nach verschiedenen Kategorien selektieren. Damit ist es möglich, Kampagnen an den bei Facebook hinterlegten Interessensgebieten von Usern auszurichten.
- **Verbindungen:** Diese Option ermöglicht die zielgerichtete Ausrichtung an Fans der eigenen Fanpage oder Freunden von Fans der eigenen Fanpage. Es ist ebenfalls möglich, Fans der eigenen Fanpage auszuschließen. Das ist beispielsweise dann sinnvoll, wenn man eine Kampagne erstellen möchte, deren Ziel es ist, neue Fans zu generieren. Das gleiche Prinzip lässt sich dann auch anwenden auf Apps und auf Veranstaltungen.
- **Customer Audience:** Siehe hierzu Abschnitt 13.2.
- **Lookalike Audience:** Siehe hierzu Abschnitt 13.3.
- Relativ neu ist auch die Option, Kunden über Instagram Stories zu erreichen ohne die Anzeige zu aktualisieren. Dazu muss innerhalb des Buchungsinterfaces lediglich die Option „automatische Platzierungen" ausgewählt sein. Dann erscheint die Werbeanzeige auch innerhalb von Instagram überall dort, wo sie zulässig ist.

Doch wer jetzt denkt, die Werbung in Facebook wäre eine echte Alternative zur klassischen AdWords-bzw. jetzt Google-Ads-Kampagne, liegt in vielen Fällen falsch. Besucher von Facebook sind nicht im „Suchmodus". Jedenfalls nicht so sehr wie Besucher von Google, die durch die Eingabe von bestimmten Suchwörtern ganz klar dokumentieren, dass sie einen aktuellen Bedarf haben. Daher dürften Anzeigen in Facebook die Conversion-Rate von klassischen Google Ads nicht erreichen. Werbung in Facebook ist eher vergleichbar mit Display-Kampagnen von Google oder von klassischen Werbevermarktern.

Abbildung 13.4 Zielgruppendefinition für Werbekampagnen bei Facebook

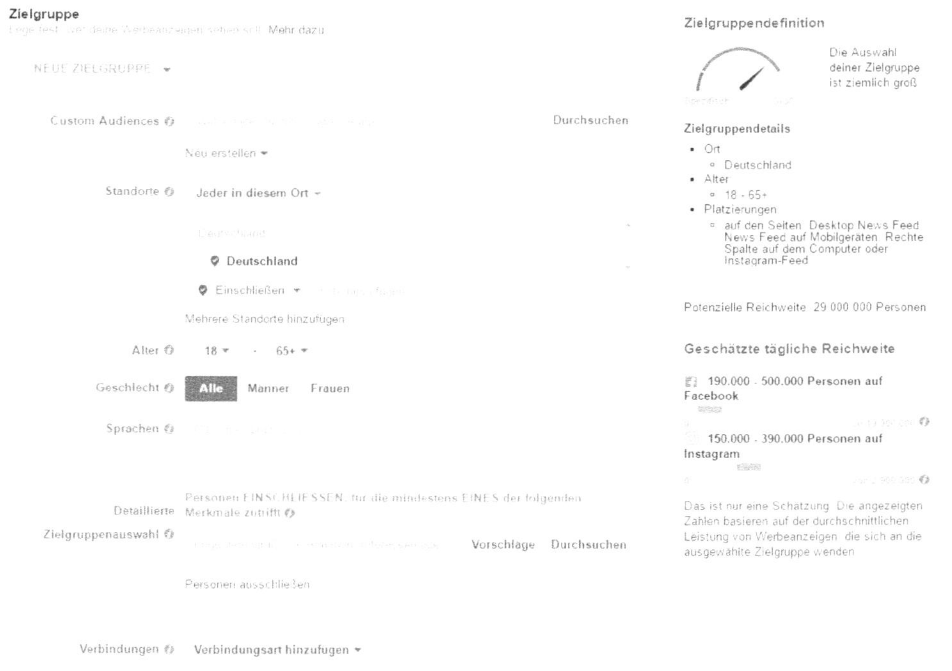

Quelle: Facebook.com, Screenshot aus September 2016

13.1.4 Wo werben im Facebook-Universum?

Mit Stand August 2016 gibt es vier Möglichkeiten, im Facebook-Universum Werbung zu platzieren. Potenziell hinzu kommt Werbung im WhatsApp-Umfeld und bei Instagram. Facebook hat Instagram im Jahr 2012 und WhatsApp im Jahr 2014 gekauft. Werbung auf Instagram kann heute schon über das Facebook-Interface gebucht werden. Es ist davon auszugehen, dass über kurz oder lang auch WhatsApp in das Facebook-Werbenetzwerk eingebunden wird. Folgende Möglichkeiten der Platzierung gibt es mit Stand November 2018:

1. **Facebook:** Innerhalb von Facebook kann Werbung im News Feed und auf Desktop-Geräten in der rechten Spalte angezeigt werden. Unterstützt werden die Formate Vi-

deo, Foto, Carousel, Slideshow und Canvas. Letzteres allerdings nur für mobile Endgeräte. Details siehe: https://www.facebook.com/business/help/175741192481247.

2. **Instagram:** Auf Instagram werden die Formate Video, Foto, Carousel und Stories unterstützt. Details siehe: https://business.instagram.com/advertising.

3. **Audience Network:** Das Audience Network ist ein Netzwerk für Apps und Webseiten von Publishern, die mit Facebook eine Partnerschaft eingegangen sind. Ferner kauft Facebook Werbeplätze bei Anzeigenbörsen oder bei anderen Anzeigennetzwerken und vertreibt diese über das Audience Network. Das Prinzip ist vergleichbar mit dem Google-AdSense-Programm. Welche Platzierungen innerhalb des Audience Networks verfügbar bzw. sinnvoll sind, hängt von den definierten Zielen und vom Inhalt der Werbeanzeige ab. Unterstützte Formate im November 2018 sind Video, Foto und Carousel. Details siehe: https://www.facebook.com/business/help/788333711222886.

4. **Messenger:** Im Facebook Messenger stehen die Formate Foto und Carousel zur Verfügung. Details siehe: https://www.facebook.com/business/help/1726475564333544.

Facebook bietet grundsätzlich mittlerweile sehr viele Differenzierungsmöglichkeiten, aber auch viele Automatismen für die Aussteuerung von Werbung. Das hat sicherlich auch mit der Integration der Funktionen des Atlas Adservers in die Facebook-Welt zu tun (vgl. Kapitel 13.4 ab Seite 376). So wirbt Facebook im November 2018 mit dem Text: *„Eine Werbeanzeige für alles. Mit nur ein paar Klicks kannst du Werbeanzeigen auf Facebook, Instagram, im Audience Network und Messenger schalten – auf Mobilgeräten und Desktops. Mit unseren Optionen für die Werbeanzeigen-Platzierung – also Plattformen, auf denen du Werbung schalten kannst – kannst du deine Reichweite präzise erweitern."*[203] Andererseits ist aber auch eine sehr differenzierte Schaltung möglich. So ist beispielsweise in Bezug auf die Schaltung von Werbung auf mobilen Endgeräten die Möglichkeit gegeben, diese entweder auf allen Mobilgeräten zu schalten oder zwischen „nur Android" oder „nur iOS-Geräten" zu differenzieren. Ferner kann festgelegt werden, dass die Werbung nur ausgeliefert wird, wenn der User mit einem WLAN verbunden ist. Auf diese Weise kann ein schlechtes User-Erlebnis ausgeschlossen werden, etwa weil die Werbung ein Video enthält, welches ohne WLAN nicht ruckelfrei übertragen würde.

13.1.5 Werbeformate in Facebook

Mit Stand November 2018 gibt es im Facebook-Universum folgende Möglichkeiten für die Platzierung von Werbung. Potenziell hinzu kommt Werbung im WhatsApp-Umfeld.

Werbeanzeigen in Facebook unterscheiden sich von den Standardformaten aus gängigen Werbenetzwerken. In Facebook kann ein normaler Post beworben werden. Ergo sind die Gestaltungsmöglichkeiten von Posts Optionen für Werbung auf Facebook.

---

[203] Zitiert nach https://www.facebook.com/business/products/ads/how-ads-show, Abruf 20.11.2018.

Posts bestehen in der Regel aus Text, Fotos und/oder Videos. Es können Alben erstellt werden oder Fotokarussells. Es können Slideshows mit drei bis sieben Fotos erstellt werden. Hinzu kommen Posts, die eine bestimmte Veranstaltung oder ein besonderes Angebot bewerben.

Facebook hat einen Leitfaden für Werbeanzeigen erstellt, in dem man sich die zur Verfügung stehenden Formate beispielhaft ansehen kann. Hier die URL: https://www.facebook.com/business/ads-guide/.

Servicelink: www.lammenett.de/POM11

13.1.6 Werbebudget und Werbezeitplan festlegen

Schlussendlich kann in Facebook auch die monetäre und zeitliche Aussteuerung der Werbung anhand verschiedener Parameter festgelegt werden, ähnlich wie dies auch von Google Ads bekannt ist. Im Einzelnen sind u. a. folgende Einstellungen und Unterscheidungen möglich:

- **Budget:** Hier kann ein Tagesbudget oder ein Gesamtbudget eingestellt werden. Ist das Tagesbudget erreicht, wird die Anzeige an diesem Tag nicht mehr ausgeliefert. Analog verhält es sich mit dem Gesamtbudget. Nach Erreichen wird die Anzeige nicht mehr ausgeliefert.
- **Zeitplan:** Definiert den Start- und Endzeitpunkt der Anzeigenschaltung. Diese Option kann genutzt werden, um Anzeigen im Vorhinein einzurichten. Bei Erreichen des Startdatums läuft die Anzeigenschaltung automatisch an. Natürlich auch, um einen gegebenen Endzeitpunkt nicht zu verpassen.
- **Optimierung:** Hier kann festgelegt werden, ob die Anzeige automatisch nach Klicks oder nach Impressions optimiert wird.
- **Gebotswert** (automatische oder manuelle Gebotsbestimmung): Ähnlich wie bei Google Ads können Sie es entweder Facebook überlassen, Ihre Gebote festzulegen, oder aber Sie legen die Gebote für Ihre Anzeigen manuell fest.
- **Kontobelastung:** Hier können Sie festlegen, ob Sie die Zahlung Ihrer Anzeigen nach CPM oder nach Conversion (z. B. pro „Gefällt mir" oder pro Klick auf Link) wünschen.
- **Werbezeitplan:** Diese Funktion ähnelt dem Werbezeitplaner aus Google. Man kann hier Werbeanzeigen so planen, dass sie nur zu bestimmten Stunden und Wochentagen angezeigt werden.

- Auslieferungsart (Standard oder beschleunigt): Bei der Auslieferungsart „beschleunigt" werden die Anzeigen so schnell wie möglich ausgeliefert. Das ist in seltenen Fällen sinnvoll. Beispielsweise wenn der Kartenverkauf für eine Veranstaltung kurzfristig angekurbelt werden soll.

13.2 Custom Audience

Eine besondere Form der Aussteuerung von Anzeigen innerhalb von Facebook ist die sogenannte Custom Audience. Deshalb habe ich dem Thema auch einen gesonderten Abschnitt gewidmet. Die Idee dabei ist, einer bereits bekannten Personengruppe ganz gezielte Werbebotschaften zu übersenden. Frei nach dem Motto: Es ist einfacher, vorhandene Kunden zum Kauf zu bewegen, als nach neuen Kunden zu suchen.

Eine Customer Audience ist eine Gruppe von Personen, die der Werbetreibende explizit Facebook mitteilt. Dies geschieht durch die Übermittlung einer Datei an Facebook, beispielsweise einer Kundendatei oder eines Verzeichnisses von Newsletterempfängern. Es reicht hierbei völlig aus, wenn diese Datei nur die E-Mail-Adresse oder Telefonnummer der Kunden oder Newsletterempfänger enthält. Im Normalfall wird bei der Registrierung in Facebook ja eine E-Mail oder eine Telefonnummer benötigt. Übermittelt der Werbetreibende über die besagte Datei diese Daten an Facebook, so kann Facebook feststellen, ob der Inhaber der E-Mail-Adresse bzw. der Telefonnummer bei Facebook registriert ist.

Das Endergebnis ist, dass der Werbetreibende ein zugeschnittenes Zielpublikum (Custom Audience) für seine Facebook-Werbung erhält. Die Customer Audience wird im Werbekonto des Werbetreibenden gespeichert und kann nur von ihm genutzt werden. Nach Aussage von Facebook kann der Werbende die dahinterstehenden Einzelpersonen jedoch nicht identifizieren, sondern erhält lediglich Einblick in die ungefähre Anzahl der Menschen, die sein Zielpublikum enthält.

> Die Customer Audience stellt quasi eine Verbindung zwischen dem Facebook-Universum und der restlichen digitalen Welt her.

Neben der Übermittlung einer Datei an Facebook kann auch über ein sogenanntes Facebook Pixel eine Custom Audience erstellt werden. Diese Methode kann etwa eingesetzt werden, um Besucher einer Website, die über das Facebook-Pixel identifiziert werden, nochmals innerhalb des Facebook-Universums gezielt anzusprechen. Ähnliche Optionen gibt es auch bei Apps.

Wir wären nicht in Deutschland, wenn die Custom Audience datenschutzrechtlich nicht kritisch gesehen würde. In Deutschland dürfen personenbezogene Daten ohne Einwilligung nicht für werbliche Zwecke genutzt werden. Es gibt Stimmen, die sagen, dass die Custom Audience in Deutschland nicht legal einsetzbar ist. Wenn dem so ist, dann wäre gem. § 16 Abs. 2 Nr. 5 TMG mit einem Bußgeld von bis zu 50.000 Euro je Verstoß zu rechnen gewesen. Und nach Inkrafttreten der neuen Datenschutzgrundverordnung am

28. Mai 2018 dürften die Strafen noch drakonischer ausfallen. Dies würde sowohl gegenüber den handelnden Personen als auch dem Unternehmen und der Geschäftsführung gelten. Da ich kein Jurist bin, werde ich mich an dieser Stelle nicht weiter zu diesem Thema äußern. Mir sind etliche Firmen im europäischen Ausland bekannt, die extrem erfolgreiche Kampagnen mit der Custom Audience gestalten. Auch in Deutschland gibt es Unternehmen, die erfolgreich mit der Custom Audience experimentiert haben.

Facebook ist das Problem des Datenschutzes natürlich bekannt. Deshalb wendet Facebook ein verschlüsseltes Verfahren an und übermittelt die Daten nicht im Klartext. Die E-Mail-Adressen und Telefonnummern werden vor der Versendung lokal vom Werbenden gehasht. Eine Rückrechnung der gehashten Werte auf die Klartexte ist für Facebook nicht möglich, denn bei einer kryptografischen Hashfunktion handelt es sich um eine Einwegfunktion bzw. um eine sogenannte Falltürfunktion.

Sind die Daten verschlüsselt an Facebook übermittelt worden, so nimmt Facebook einen Abgleich der vom Werbetreibenden berechneten Hashwerte mit den selbst berechneten Hashwerten vor, denn Facebook hat von jedem eigenen Nutzer auch eigene Hashwerte. Facebook vergleicht also Hashwerte und keine E-Mails oder Telefonnummern im Klartext. Durch den Abgleich erfährt Facebook, welche per Hashwert übermittelte Person zugleich auch Facebook-Nutzer ist. Die sich aus dem Abgleich ergebenden Übereinstimmungen können sodann im Kundenkonto des Werbetreibenden als „Custom Audience" gespeichert werden.

Laut Facebook werden die Hashwerte gelöscht, sobald der Abgleichprozess beendet ist. Diese erfolgt unabhängig von Übereinstimmungen.

13.3 Lookalike Audience

Spannend ist auch die sogenannte Lookalike Audience, die bei Facebook auch als Instrument der Aussteuerung von Online-Werbung dienen kann. Mit der Lookalike Audience bietet Facebook die Möglichkeit, Personen zu erreichen, die einer Gruppe von bereits bekannten Personen/Profilen ähneln. Die Lookalike Audience kann auch auf einer Customer Audience basieren.

> **Tipp**
>
> Es ist möglich, beispielsweise eine Kundenliste als Custom Audience zu erstellen und anschließend eine Lookalike Audience auf Basis eben dieser der Custom Audience (Kundenliste) zu erstellen. Facebook würde dann zur Aussteuerung einer Online-Werbung Personen suchen, die den Kunden ähneln.

Facebook schreibt hierzu auf seiner Website: *„Eine Lookalike Audience ist eine Möglichkeit, um neue Personen zu erreichen, die wahrscheinlich an deinem Unternehmen interessiert sind, da sie deinen besten Bestandskunden ähneln."*[204]

Als Quellen für eine Lookalike Audience kann neben einer Custom Audience auch eine bestimmte Facebook-Fanpage oder ein Facebook Tracking Pixel zum Einsatz kommen. In der Praxis lassen sich so unterschiedliche Szenarien abbilden, die aus Sicht der Werbewirksamkeit durchaus sehr interessant sein können. Beispielsweise können so Nutzer gesucht werden, deren Profil dem Profil von Besuchern einer bestimmten Website oder eines bestimmten Bereiches einer Website entspricht.

Der Grad der „Ähnlichkeit" bestimmt auch die Größe der Lookalike Audience. Dieser Grad kann bei der Erstellung festgelegt werden. Ein hoher Grad der Ähnlichkeit führt zu einer kleineren Zielgruppe, dafür stimmen die Merkmale stärker mit der Source Audience überein. Wird der Grad der Ähnlichkeit weiter gefasst, wird die Zielgruppe größer und die potenzielle Reichweite steigt. Dafür sinkt aber natürlich die Relevanz und die Streuverluste werden potenziell größer.

> **Tipp**
>
> In der Praxis empfiehlt es sich, Kampagnen auf Basis einer Lookalike Audience mit kleinerem Budget zu testen, bevor die „große Kanone" ausgepackt wird.

Wichtig erscheint mir an dieser Stelle nochmal der Hinweis, dass sowohl das Facebook-Tracking-Pixel als auch die Custom Audience und damit auch eine Lookalike Audience, welche auf einer Custom Audience basiert, in Deutschland datenschutzrechtlich kritisch gesehen werden. Da ich kein Jurist bin, werde ich mich an dieser Stelle nicht weiter zu diesem Thema äußern. Gegebenenfalls sollten Sie vor dem Einsatz der hier beschriebenen Möglichkeiten Ihren Hausjuristen befragen.

13.4 Facebook und der Atlas Server[205]

Viele Jahre hat es in der digitalen Display-Werbung nur sehr bedingt wirkliche Neuerungen gegeben. Mit dem Kauf des Atlas[206] Adservers von Microsoft im Jahr 2013 und der anschließenden Weiterentwicklung schickte sich Facebook an, eine kleine Revolution in der Welt der Display-Werbung zu starten. In gewisser Weise hat Facebook damit eine Kampfansage um die Machtverteilung im Display-Advertising gemacht. Auch wenn der Atlas Server 2017 vom Markt genommen wurde und die Funktionen des Ad-Servers in facebookeigene Produkte integrieren wurden, ist seine Geschichte doch erwähnenswert,

---

[204] Vgl. https://www.facebook.com/business/help/164749007013531, Abruf 24.11.2018.
[205] Die Inhalte dieses Kapitels stammen aus meinem Blogbeitrag https://www.lammenett.de/onlinemarketing/facebook-und-der-atlas-server.html und sind nicht exklusiver Bestandteil des vorliegenden Werkes.
[206] Vgl. https://atlassolutions.com/, 20.11.2018.

denn sie belegt einen strategisch bedeutenden Schachzug im Kampf um Marktanteile im Display-Werbemarkt. Dass dieser Kampf für Facebook durchaus positiv verlaufen ist, zeigen das allgemeine Wachstum und ein Marktanteil von 35 Prozent in den USA.

Bis vor einigen Jahren war Google bei der Online-Werbung mit seiner DoubleClick-Technologie absoluter Branchenprimus. Google kaufte DoubleClick im Jahr 2007 für 3,1 Milliarden US-Dollar. Schon damals war der Adserver von DoubleClick Marktführer. Google hat DoubleClick konsequent weiterentwickelt. Heute werden fast drei Viertel der Online-Werbung über die Adserving-Technologie von Google ausgespielt. Ähnlich wie Google kaufte auch Facebook einen Ad-Server. Nur eben sechs Jahre später. Ähnlich wie Google integrierte auch Facebook den Ad-Server schlussendlich in sein eigenes Universum. Auch Google hatte bis 2016 noch die Marke DoubleClick fortgeführt. Unter der URL https://www.doubleclickbygoogle.com/de/ waren dort entsprechende Angebote zu finden. Heute wird die Domain umgeleitet auf https://marketingplatform.google.com. Insofern könnte man auf die Idee kommen, dass Facebook ein Erfolgsrezept von Google kopiert hat. Doch das würde den Kern nicht ganz treffen.

Die technologische Basis klassischer Adserver, zu denen auch DoubleClick gehört, hat in der heutigen Zeit einen gravierenden Nachteil: Sie basiert auf Cookies. Ein Cookie ist eine kleine Datei, die von einer Website, die jemand besucht, auf seinem Rechner gespeichert wird und zur späteren Identifikation genutzt werden kann. Jahrelang ist die Online-Werbewirtschaft hervorragend mit dieser Technologie gefahren. Doch im Zeitalter der Multi-Device-Nutzung wird die Aussteuerung von Werbung auf Basis von Cookies immer ungenauer. Mit einem Cookie, welches auf einem Gerät gespeichert wird, lässt sich bestenfalls das Gerät einwandfrei identifizieren. In Zeiten, in denen eine Person nur ein Gerät für das Surfen im Internet nutzte, konnte man auf Basis von Cookies indirekt auch Personen identifizieren und damit Werbung hervorragend aussteuern. Doch heute nutzen die meisten Personen mehrere Geräte, um im Internet aktiv zu sein. Das Handy, das Tablet, der PC und der Fernseher sind heute standardmäßig mit dem Internet verbunden. Und die meisten Menschen nutzen zwei oder mehr Geräte gleichzeitig. Daher sind die Wege des Kunden in der heutigen „Multi-Device-Welt" nur schwer nachzuvollziehen. Die personenbezogene Aussteuerung von Online-Werbung auf Basis von Cookies ist damit kaum noch möglich. Auch eine Customer-Journey-Analyse ist heute auf Basis von Cookies kaum noch realisierbar. Für dieses Problem hat Facebook eine Lösung, was sicher eine wichtige Zutat des Erfolgsrezepts von Facebook ist.

Grundsätzlich wurde das Problem schon lange erkannt. Auch von Google. Bereits im Jahr 2012 veröffentlichte Google ein interessantes Papier[207] unter dem Namen *„The New Multi-screen World: Understanding Cross-platform Consumer Behavior."* In diesem Papier war auf Seite 9 zu lesen, dass sich bereits 2012 die Zeitverbringung online vergleichsweise gleichmäßig auf die Geräte Handy, Tablet, PC/Laptop und TV aufteilte. Mittlerweile hat es zwar einen Shift in Richtung mobile gegeben. Die Grundprobleme bestehen aber noch immer. Die Genauigkeit der Aussteuerung von Online-Werbung hat stark gelitten und ist

---

[207] Vgl. http://services.google.com/fh/files/misc/multiscreenworld_final.pdf, Abruf 20.11.2018.

nicht geräteübergreifend auf Basis von Cookies möglich. Verbraucher nutzen heute mehrere Browser, und ein Benutzer, der mehrere Geräte nutzt, kann von einem Adserver durch konventionelle, cookiebasierte AdServing-Technologie nicht als EIN Benutzer identifiziert werden, sondern er stellt für den Adserver zwei Benutzer dar. Daher kann keine optimale, auf die Person ausgesteuerte Werbung ausgespielt werden. Konventionelle Adserver kennen nur Geräte. Nicht Personen. Besonders mobil sind Cookies oft nutzlos. Das ist besonders fatal, da die mobile Internetnutzung stark wächst und wohl bald die stationäre Nutzung überholen wird. Die Cookie-Technologie führt heute zu Mehrfachzählungen und Ungenauigkeiten. Auch die Kurzlebigkeit von Cookies kann zum Problem werden. Häufig laufen Cookies nach 30 Tagen ab. Um die „Customer-Journey" komplett nachzuvollziehen, wird das in vielen Fällen nicht ausreichen.

Mit der Weiterentwicklung der Atlas-Technologie schickte Facebook sich an, einen Großteil der aktuellen Probleme digitaler Werbung zu lösen. Denn Atlas war nicht nur eine Adservertechnologie, sondern auch eine Werbeplattform, ähnlich wie Google AdSense. Heute findet man wahrscheinlich viele Elemente dieser Technologie in Facebooks Audience Network. Das Audience Network ist ein Netzwerk für Apps und Webseiten von Publishern, die mit Facebook eine Partnerschaft eingegangen sind. Ferner kauft Facebook Werbeplätze über Anzeigenbörsen oder bei anderen Anzeigen-Netzwerken und bietet diese seinen Kunden an. So weit noch nichts gravierend Neues. Der Clou der Atlas-Technologie ist jedoch das Targeting. Bei Atlas sprach man von „People-based Marketing und Targeting". Dieses „People-based Marketing und Targeting" wird durch die Verbindung mit Facebook und den dort vorhandenen Facebook-IDs möglich. Eine Facebook-ID identifiziert einen ganz spezifischen Facebook-Nutzer – und zwar unabhängig davon, über welches Gerät er sich gerade in Facebook eingeloggt hat.

Diese Entwicklung hört sich genial an, hat jedoch ein kleines Manko: Das geräteübergreifende, sogenannte „People-based Marketing und Targeting by Atlas" funktioniert nur im Kreise der Facebook-Nutzer – und auch nur dann, wenn die Nutzer, die Facebook auf mehreren Endgeräten nutzen, sich zumindest einmal auf jedem Endgerät bei Facebook eingeloggt haben. Da in Deutschland immerhin rund 25 Millionen Menschen bei Facebook registriert sind und 20 Millionen Facebook jeden Tag nutzen, ist auf jeden Fall eine gewisse kritische Masse vorhanden.

Durch die Atlas-Technologie und den Einsatz des eigenen Tag-Managements, des Multi-Device-Trackings, der Customer-Journey-Analyse und des Reportings soll also zukünftig eine wesentlich verbesserte Aussteuerung von Online-Werbung möglich werden.

Doch trotz der Facebook-ID kommt auch die Atlas-Technologie nicht völlig ohne Cookies aus. Kommt ein Nutzer mit einer ausgesteuerten Werbeanzeige in Kontakt, wird weiterhin ein Cookie platziert. Ist die Person bei Facebook eingeloggt oder loggt sie sich später ein, wird das Cookie erkannt und die Facebook-ID des Nutzers anonymisiert übertragen.

Abbildung 13.5 So sah das Interface des Atlas Servers im September 2016 aus

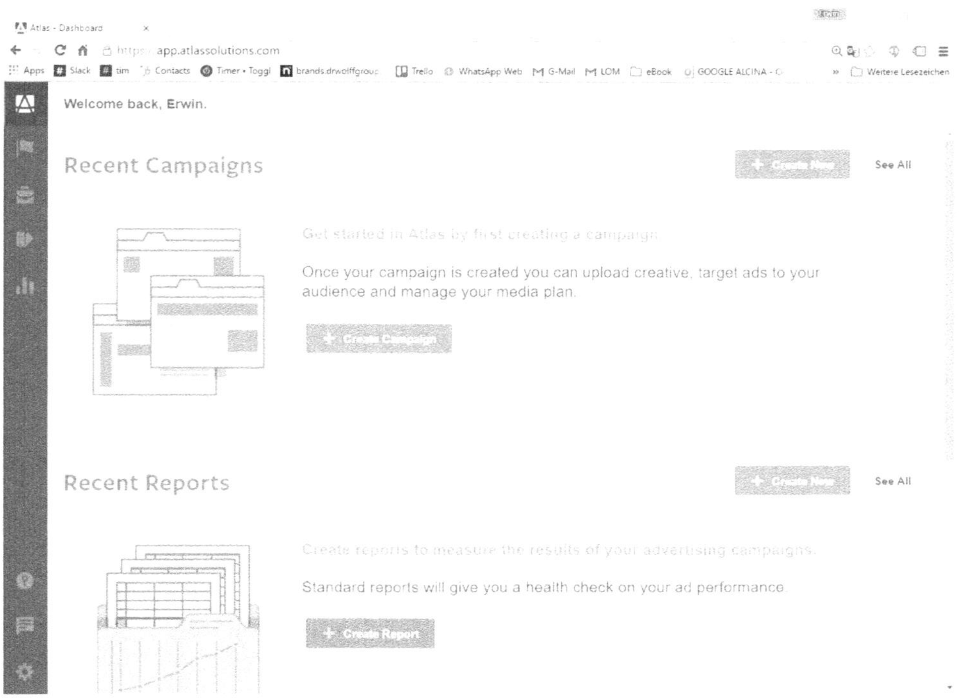

Quelle: Atlassolutions.com, Screenshot aus September 2016

Da mit der Übertragung der Facebook-ID auch Daten wie Alter, Geschlecht und Wohnort (nur, falls der Nutzer einen Ort hinterlegt hat) übertragen werden, kann ab diesem Zeitpunkt über Atlas, bzw. seit der Integration der Atlas-Technologie in das Facebook-Universum über Facebook, auch eine Aussteuerung von Online-Werbung auf Basis der genannten Daten erfolgen. Und zwar im gesamten Partnernetzwerk von Facebook und keinesfalls nur auf Facebook selbst. Das funktioniert geräteübergreifend, weil die Geräte-ID, etwa des Smartphones oder des Laptops, ebenfalls mit der Facebook-ID verknüpft wird. Durch diese Vorgehensweise ist es Facebook heute möglich zu erkennen, welche Person mit spezifischen Anzeigen über welches Gerät in Kontakt kommt. Ferner kann Facebook vergleichsweise zuverlässig Werbung nach Alter oder Geschlecht aussteuern. Konventionelle Adserver können das nicht.

(Internet-)Video-Marketing

Social Video, virales Video, Werbung im Video, Werbung im Videoumfeld, Werbung mit Online-Videos

14 (Internet-)Video-Marketing[208]

14.1 Definition und Begriffsabgrenzung

Mit Video-Marketing im Allgemeinen wird versucht, Kommunikations- und Werbeziele mit den Mitteln des Bewegtbildes umzusetzen. Das gilt online wie offline. Einsatzgebiete des Video-Marketings sind z. B. Videowerbung, Image- und Produktfilme, virale Videos oder Video-PR.

Um die Offlinewelt von der Onlinewelt abzugrenzen, findet man bisweilen auch Begriffe wie Web-Video-Marketing oder Online-Video-Marketing. Auch der Begriff Internet-Video-Marketing ist in diesem Kontext nicht falsch. Fälschlicherweise machen viele Marktteilnehmer diese Differenzierung nicht und sprechen von Video-Marketing, meinen dabei aber rein die Onlinefacette.

In diesem Kapitel wird ausschließlich das Internet-Video-Marketing behandelt. Internet-Video-Marketing nutzt das Internet als Distributionskanal für Videos.

14.2 Video-Marketing in den Bezug gesetzt

Genau genommen gibt es keine Online-Marketing-Disziplin „Video-Marketing". Vielmehr finden Videos in vielen Teildisziplinen des Online-Marketings Anwendung. In den letzten Jahren haben sich Videos im Internet derart exponentiell entwickelt, dass man schon fast von einem Megatrend sprechen kann. Aufgrund der sich abzeichnenden technologischen Entwicklung ist ferner das Ende der Fahnenstange noch nicht erreicht. Diese Kombination ist für mich ein Grund, dieses Thema etwas ausführlicher zu behandeln.

Schlussendlich geht es bei dem Thema Videos im Internet um Reichweite. Überall dort, wo Reichweite erzielt wird, ist das kommerzielle Interesse von unterschiedlichen Marktteilnehmern nicht mehr fern. Zudem lassen sich bestimmte Botschaften mit einem Video besser transportieren als mit Texten oder Bildern.

Im Wesentlichen ist das Thema Video im Internet von den zahlreichen Videoportalen, die seit 2003 entstanden sind, getrieben worden. Zunächst ging es hierbei primär um sogenannten User-generated Content, der anfänglich keine kommerzielle Bedeutung hatte. Doch über dieses Stadium sind wir bereits weit hinaus, wie die folgenden Absätze zeigen werden.

---

[208] Die Inhalte dieses Kapitels stammen aus meinem Buch „Lammenett, E. (2018). Online-Marketing-Konzeption – 2018. O.O.: CreateSpace Independent Publishing Platforms" und sind nicht exklusiver Bestandteil des vorliegenden Werkes.

Heute gibt es vielfältige Möglichkeiten, mit Videos im Internet zu werben. Es kann in Videos selbst geworben werden, es kann im Umfeld von Videos geworben werden, Videos können in Social-Media-Kampagnen zum Einsatz kommen oder Bestandteil von viralen Kampagnen sein.

Es ist daher nicht verwunderlich, dass an verschiedensten Stellen in diesem Buch das Thema „Videos im Internet" aufgegriffen wird. Videos können praktisch in jeder Teildisziplin des Online-Marketings eine Rolle spielen. Abbildung 14.1 ist ein Versuch, diesen Umstand zu visualisieren.

Fragen Sie Vertreter unterschiedlicher Online-Marketing-Disziplinen nach der Einordnung von Internet-Videos in den Online-Marketing-Kontext, werden Sie sehr unterschiedliche Antworten erhalten.

- Aus Sicht des Social-Media-Marketings sind Videos Inhalte, die über soziale Netzwerke ver- bzw. geteilt werden. Aus Marketingsicht erreichen sie im Idealfall einen viralen Effekt.
- Aus Sicht der Online-Werbung sind Videos im Internet schlicht Werbeformate.
- Aus Sicht der Suchmaschinenoptimierung sind Videos ein Weg, um über Universal Search auf die SERP zu gelangen.
- Aus Sicht des Content-Marketings sind Videos Content.
- Aus Sicht von Google Ads ist ein Internet-Video ebenfalls ein Werbeformat. Google Ads bietet Video-Kampagnen an, die über YouTube ausgeliefert werden.
- Merchants würden Videos auch am ehesten als Werbeformat ansehen, welches sie ihren Affiliates anbieten.
- Aus Sicht des Betreibers eines Online-Shops, der Produktvideos im Shop anbietet, ist das Video ein Mittel zur Produktpräsentation.
- Aus Sicht des Viral-Marketings ist ein Video ein Wirt, der eine Botschaft transportiert.
- Aus Sicht eines kommerziellen Video-Streaming-Anbieters ist ein Video ein Produkt, welches er verkauft bzw. vermietet (z. B. Apple, Amazon).

Im Einzelnen erfahren Sie in diesem Kapitel:

- Eine Einordnung von Online-Videos in Bezug auf andere Online-Marketing-Disziplinen.
- Zahlen, Fakten und Hintergrundinformationen zu den Faktoren, die schlussendlich den Video-Boom im Internet ausgelöst haben.
- Informationen zum praktischen Einsatz von Videos im Online-Marketing.
- Einige Showcases zur Untermauerung der getätigten Aussagen.

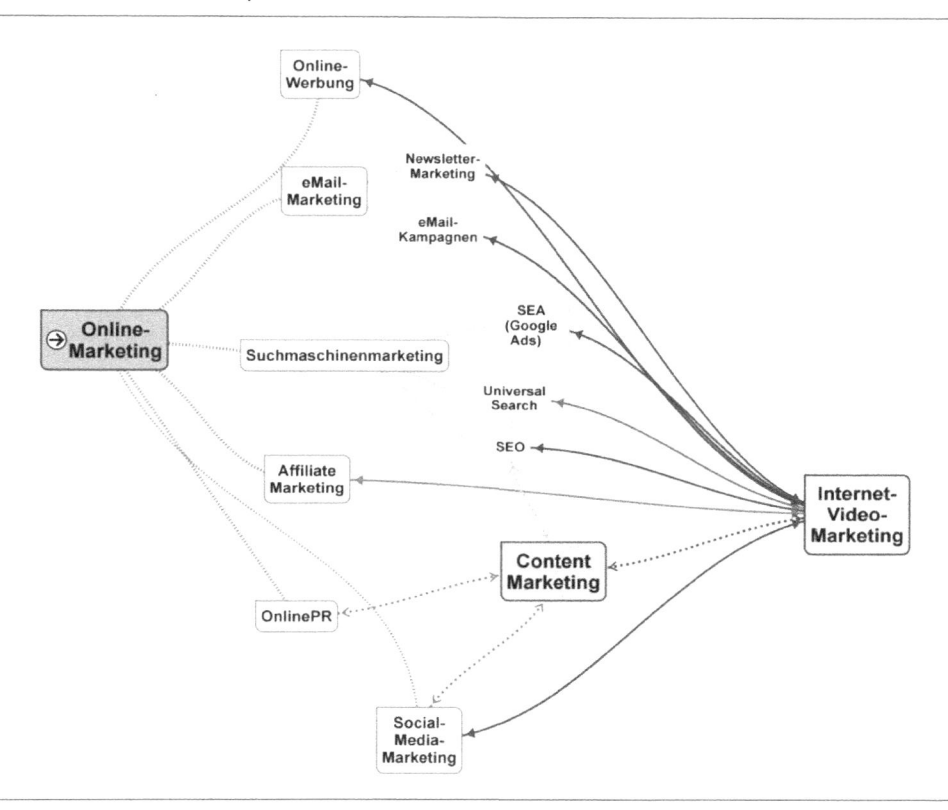

Abbildung 14.1 Internet-Video-Marketing im Kontext anderer Online-Marketing-Disziplinen

14.3 Entwicklung in Zahlen

Weltweit schauen immer mehr Internetnutzer Online-Videos. Laut der Online-Studie von ARD und ZDF[209] gaben schon im Jahr 2015 rund 82 Prozent der befragten Deutschen an, zumindest gelegentlich im Internet Videos anzusehen. 2010 waren es nur 65 Prozent und 2006 nur 28 Prozent. Wie stark sich Internet-Videos gerade in den letzten drei Jahren entwickelt haben, wird deutlich, wenn man sich im Vergleich aktuelle Zahlen ansieht. Laut der ARD/ZDF-Onlinestudie 2018 betrug der Anteil der Befragten, die mindestens wöchentlich in Videoportalen wie YouTube Videos ansehen, in der Altersgruppe der 14- bis 29-Jährigen 99 Prozent. In der Altersgruppe der 30- bis 49-Jährigen waren es immerhin noch 85 Prozent. Bei der Befragung für 2015 war noch von „gelegentlich" die Rede.

---

[209] Vgl. http://www.ard-zdf-onlinestudie.de, Abruf 05.04.2016.

2018 wurde die wöchentliche Nutzung abgefragt. Besonders die junge Zielgruppe wendet sich immer mehr vom „Live-TV" ab. In der Altersgruppe der 14- bis 29-Jährigen liegt das Verhältnis von „Live"- zu „On-Demand"-Nutzung laut ARD/ZDF-Studie bei 46 zu 54 Prozent, bei den 30- bis 49-Jährigen immerhin noch bei 75 zu 25 Prozent. Noch deutlicher ist der Split in vielen anderen Ländern. Beispielsweise konsumieren Menschen in der Altersgruppe der 13- bis 24-Jährigen in den USA 2,5-mal mehr Internet-Videos, als sie TV sehen.

Abbildung 14.2 Wöchentliche Nutzung von Online-Videos in Deutschland 2018

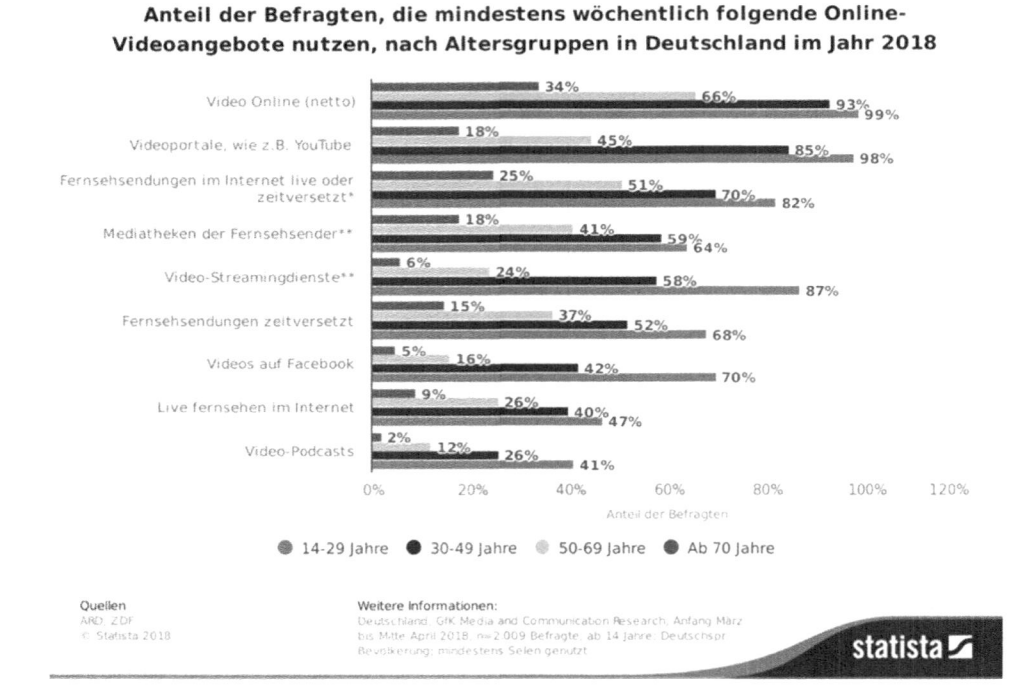

Anteil der Befragten, die mindestens wöchentlich folgende Online-Videoangebote nutzen, nach Altersgruppen in Deutschland im Jahr 2018

Videoangebot	14-29 Jahre	30-49 Jahre	50-69 Jahre	Ab 70 Jahre
Video Online (netto)	99%	93%	66%	34%
Videoportale, wie z.B. YouTube	98%	85%	45%	18%
Fernsehsendungen im Internet live oder zeitversetzt*	82%	70%	51%	25%
Mediatheken der Fernsehsender**	64%	59%	41%	18%
Video-Streamingdienste**	87%	58%	24%	6%
Fernsehsendungen zeitversetzt	68%	52%	37%	15%
Videos auf Facebook	70%	42%	16%	5%
Live fernsehen im Internet	47%	40%	26%	9%
Video-Podcasts	41%	26%	12%	2%

Quellen: ARD; ZDF; © Statista 2018

Weitere Informationen: Deutschland; GfK Media and Communication Research; Anfang März bis Mitte April 2018; n=2.009 Befragte; ab 14 Jahre; Deutschspr. Bevölkerung; mindestens Selen genutzt

statista

Quelle: Anteil der Befragten, die mindestens wöchentlich folgende Online-Videoangebote nutzen, nach Altersgruppen in Deutschland im Jahr 2018. Zitiert nach de.statista.com, URL https://de.statista.com/statistik/daten/studie/627556/umfrage/altersstruktur-der-nutzer-von-videostreaming-diensten-in-deutschland/, Abruf 18.11.2018.

Natürlich wirken sich derartige Entwicklungen auch auf den Anzeigenmarkt aus. Laut dem Statista-Marktreport „Digital Advertising: Video"[210] wird der weltweite Markt für Video-Werbung bis 2021 ein Volumen von 45,5 Milliarden US-Dollar erreichen. Dabei entfallen fast 17 Milliarden US-Dollar auf die USA. Der europäische und chinesische Markt sind dagegen vergleichsweise zurückhaltend. Für Deutschland soll sich das Video-Werbe-Volumen 2016 auf 346 Millionen US-Dollar belaufen haben. Eine Prognose für die Umsätze von Video-Werbung in Deutschland bis 2022 finden Sie unter: http://de.statista.com/statistik/daten/studie/456182/umfrage/umsaetze-mit-videowerbung-in-deutschland/

Servicelink: www.lammenett.de/7821

Immer häufiger werden Videos auf mobilen Endgeräten betrachtet. Das Wachstum in diesem Bereich ist gigantisch. Laut dem Ooyala Global Video Index Q3 2015 ist die Betrachtung von Videos auf mobilen Endgeräten von Q3 2012 bis Q3 2015 um 616 Prozent gestiegen. Im Q3 2015 wurde jedes zweite Video über ein mobiles Endgerät betrachtet. Im Q2 2018 waren es laut Ooyala[211] 62 Prozent. Diese Zahl wird auch von Google gestützt. Bei einer Partnerschulung, an der ich im September 2018 teilnahm, kommunizierte man 60 Prozent.

Neben den einschlägigen Studien und Indizes machen auch die Zugriffs- und Upload-Zahlen von bekannten Videoportalen den Boom in diesem Bereich deutlich. Eines der bekanntesten Videoportale ist YouTube. YouTube wurde 2005 gegründet und ist seit Oktober 2006 eine Tochtergesellschaft von Google Inc. Gemessen an den Unique Usern ist YouTube in Deutschland Marktführer und mit über 50 Prozent auch die reichweitenstärkste Videoplattform.

Waren es anfänglich selbstgemachte, zumeist private Videos, die mehrheitlich als Usergenerated Content zu bezeichnen waren, so drängten später auch kommerzielle und aufwendig produzierte Videos in die Videoportale. Vom Grundsatz her ist dies natürlich verständlich, denn mit der steigenden Akzeptanz und Beliebtheit der Videoportale stieg auch die Reichweite und damit der kommerzielle Wert.

Das Wachstum und damit die Nutzung des Portals waren in den letzten Jahren gigantisch. Spätestens 2014 gelang dem Portal der Durchbruch. Die Steigerungsraten im Vergleich zum Vorjahr waren enorm. Abbildung 14.3 veranschaulicht die Entwicklung bis zum Durchbruch.

---

[210] Vgl. www.statista.com/download/outlook/whitepaper/Video_Advertising_Outlook_0716.pdf, Abruf 22.11.2018.
[211] Vgl. www.ooyala.com/videomind, Abruf 10.05.2016.

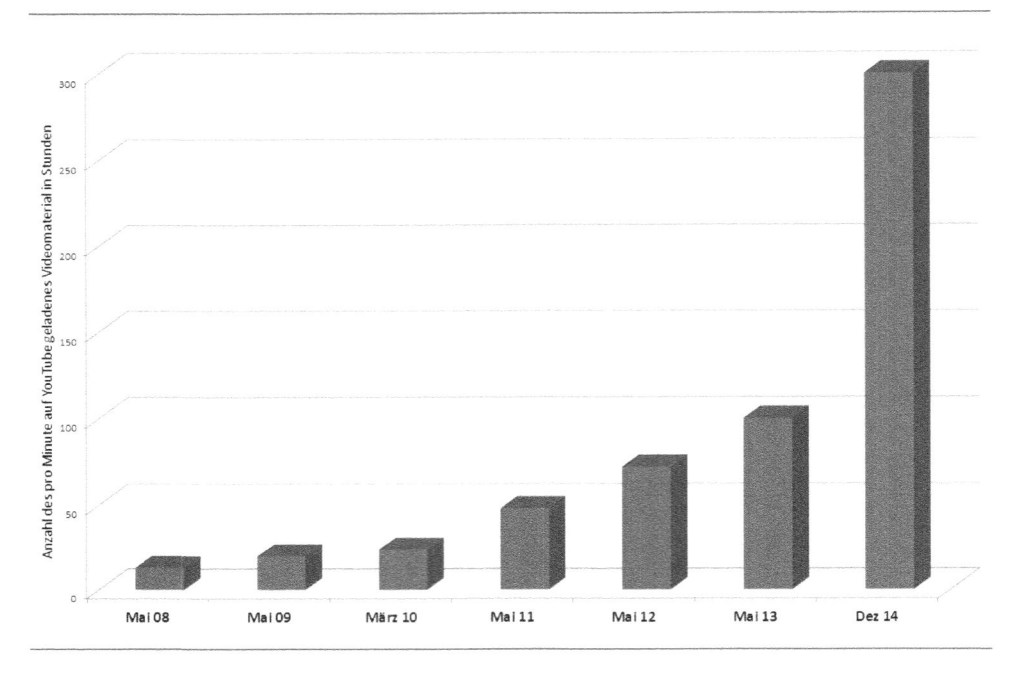

Abbildung 14.3   Entwicklung der Video-Uploads auf YouTube bis 2014

Heute, Stand Oktober 2018:

- Auf YouTube werden mehr als 400 Stunden Videoinhalte **pro Minute** hochgeladen.
- 1,8 Milliarden Nutzer sehen sich pro Tag insgesamt eine Milliarde Stunden Videoinhalte an.
- Der durchschnittliche Nutzer sieht sich – allein über sein Mobilgerät – pro Tag mehr als eine Stunde Videoinhalte an; 60 Prozent der Aufrufe erfolgen auf Mobilgeräten.
- An einem durchschnittlichen Tag in den USA verbringen Erwachsene zwischen 18 und 49 Jahren mehr Zeit auf YouTube als bei einem Fernsehsender.

Online-Videos sind heute aus der modernen Kommunikation von Unternehmen nicht mehr wegzudenken. Video-Inhalte machen heute den Löwenanteil des gesamten Internet-Traffics aus. Cisco prognostiziert, dass im Jahr 2021 etwa 80 Prozent des gesamten Internet-Traffics durch Videos verursacht werden.

In den letzten Jahren hat es einige Erhebungen zum Thema Online-Video gegeben, die in diversen Infografiken verankert wurden. Hier einige weitere Zahlen daraus:

- 65 Prozent der Betrachter von Online-Videos sehen sich im Durchschnitt mindestens drei Viertel eines Videos an.

- 75 Prozent der Führungskräfte in Unternehmen sehen mindestens einmal pro Woche ein berufsbezogenes Video.
- 59 Prozent der Führungskräfte würden lieber ein Video sehen, statt einen Text zu lesen, wenn sie die Wahl hätten.
- 96 Prozent der B2B-Firmen planen, 2016 Videos im Content-Marketing einzusetzen.
- Das Wort „Video" in der Betreffzeile einer E-Mail führt zu einer um 19 Prozent erhöhten Öffnungsrate.

14.4 Begünstigende Faktoren für den Video-Boom

Sicherlich hat es im Laufe der letzten zehn Jahre viele Faktoren gegeben, die den Boom der Internet-Videos begünstigt haben. Hervorheben möchte ich nur vier – aus meiner Sicht – wesentliche Entwicklungen:

1. **Der Siegeszug der flächendeckenden Breitbandanbindung und des mobilen Internets**

   Anders als noch vor zehn Jahren verfügt heute fast jedermann über einen Breitbandanschluss. Heute können Videos über das Internet ruckelfrei angesehen werden – und das sogar jederzeit. Denn das mobile Internet ist mittlerweile auch so weit, dass Flatrates mit einem entsprechenden Datenvolumen zu erschwinglichen Preisen angeboten werden. Das war vor zehn Jahren keinesfalls so.

2. **Der Siegeszug der Smartphones**

   Heute besitzt fast jeder ein Smartphone. Konventionelle Mobiltelefone, wie wir sie bereits vor zehn Jahren kannten, sind fast vollständig vom Markt verschwunden. Die technologische Entwicklung ist in den letzten Jahren geradezu davongaloppiert. Die Kameras in den Smartphones erfüllen heute hohe Qualitätsstandards. Das Smartphone ist immer in der Nähe und griffbereit. Heute kann praktisch jedermann mittels Smartphone zu jeder Zeit ein Video aufnehmen.

3. **Veränderte Webgewohnheiten der User**

   Die Gewohnheiten der Internetsurfer ändern sich. Durch die Medienflut im Internet und mit steigender Nutzung von mobilen Endgeräten, besonders Smartphones, geht nachweislich die Gewohnheit verloren, im Web längere Textpassagen zu lesen. Gesprochene und visualisierte Informationen liegen im Nutzungstrend und unterstützen die Entwicklung zum „Visual Storytelling".

4. **Der Siegeszug des „Emotional Storytellings"**

   Emotionale Inhalte sind grundsätzlich einprägsamer und lebensnäher als rein sachliche Inhalte. Ein Video kann emotionale Inhalte in der Regel viel pointierter vermitteln als ein Text (wenn er denn gelesen wird). Dem Betrachter bleiben per Online-Video vermittelte Eindrücke stärker im Gedächtnis haften. Emotionale Inhalte werden zudem häufiger weiterempfohlen und geteilt, was aus Sicht des Viral-Marketings von Vorteil ist. Emotional Storytelling kann ein Schlüssel zum erfolgreichen Video-Marketing sein und ist daher weltweit auf dem Vormarsch. Im Abschnitt 14.11.1 gibt es einige interessante Beispiele.

14.5 Video-Ads: Targetingoptionen und Werbeformate

Videoportale sind im Rahmen der Social-Media-Bewegung entstanden und dienten ursprünglich zur Distribution privater Videos im Sinne von User-generated Content. Sowohl auf Videoportalen als auch in sozialen Netzwerken war ursprünglich die Schaltung von Werbung nicht möglich. Mit der zunehmenden Reichweite von Videoportalen wuchs das kommerzielle Interesse am Umfeld.

Um das Jahr 2010 hatten kommerzielle Webvideos keine große Bedeutung. Die Möglichkeiten, im Umfeld zu werben, waren noch relativ bescheiden. Doch seit 2012 erleben Video-Ads einen stetig steigenden Zuspruch. Anfänglich waren es mehrheitlich Konzerne, die Webvideos im Marketing-Mix einsetzten. Doch in nur drei Jahren haben sie sich zum effektiven Marketing-Baustein auch kleinerer und mittelständischer Firmen entwickelt. Die Ausgaben für Internet-Video-Ads in Deutschland steigen seit 2012 stark an. Laut dem Digital Market Outlook werden die Umsätze mit Desktop-Videowerbung in Deutschland im Jahr 2018 bei rund 303 Millionen Euro liegen. Hinzu kommen rund 120 Millionen Euro für Mobile-Videowerbung.

Heute gibt es etliche Video-Portale. Das wohl bekannteste ist YouTube. Daher möchte ich die Möglichkeiten der Schaltung von Werbung im Umfeld eines Video-Portals am Beispiel von YouTube erläutern.

14.5.1 Targeting-Optionen

Heute gibt es im Umfeld von Videoportalen verschiedenste Möglichkeiten der Schaltung von Anzeigen. Auch in sozialen Netzwerken wie Facebook ist es heute möglich, Video-Werbung zu schalten. Um den Streuverlust so gering wie möglich zu halten und Werbemittel so genau wie möglich auf die Zielgruppe auszurichten, bieten die jeweiligen Anbieter unterschiedliche Möglichkeiten der Ausrichtung. Im Fachjargon wird das „Targeting" genannt. Am Beispiel von YouTube-Kampagnen möchte ich mögliche Ausrichtungsoptionen kurz ansprechen:

- **Targeting nach YouTube-Kategorie**

    YouTube-Videos und -Kanäle sind bestimmten Kategorien zugeordnet. Werbung kann gezielt auf eine oder mehrere dieser Kategorien ausgerichtet werden.

- **Targeting nach Videos bei YouTube**

  YouTube-Werbung kann auch auf bestimmte Videos ausgerichtet werden. Das heißt, die Anzeige wird nur im Umfeld eines bestimmten Videos oder innerhalb eines bestimmten Videos angezeigt.

- **Targeting nach YouTube-Kanälen**

  YouTube-Werbung lässt sich auf thematisch passende Kanäle ausrichten. Kanäle sind im Grunde Ansammlungen von Videos eines bestimmten Anbieters.

- **Targeting nach Alter der Nutzer**

  Wenn die demografischen Daten der Benutzer einer Videoplattform vorliegen, kann eine Kampagne danach ausgerichtet werden.

- **Ausrichtung nach Interessen**

  Haben die Benutzer eines Videoportals Informationen über ihre Interessen hinterlassen, so kann eine Videowerbung auch ganz gezielt an diesen Interessen ausgerichtet werden bzw. nur solchen Personen gezeigt werden, die ein entsprechendes Interessengebiet haben.

- **Remarketing für YouTube-Kampagnen**

  In Zusammenarbeit mit Google Analytics lassen sich über sogenannte Remarketing-Listen ehemalige Besucher einer bestimmten Webseite oder eines YouTube-Kanals ganz gezielt bei YouTube erneut ansprechen.

- **Ausrichtung nach Thema**

  Auch die Ausrichtung nach thematisch passenden Inhalten ist möglich.

- **Ausrichtung nach Lebensereignissen**

  Beispielsweise Umzug, Hochzeit, 18. Geburtstag.

- **Ausrichtung nach kaufbereiten Zielgruppen**

  Wenn beispielsweise ein User in der Google-Suche nach einem bestimmten Produkt sucht (z. B. günstige Autoversicherung"), so unterstellt Google eine Kaufbereitschaft vgl. hierzu meine Ausführungen im Abschnitt 12.5.2 „Google als Online-Werbevermarkter" ab Seite 338).

- **Ausrichtung nach ähnlichen Zielgruppen**

  Profile, die so ähnlich sind wie zuvor definierte. Beispielseise kann diese Ausrichtungsoption in Kombination mit einer Remarketingliste sinnvoll eingesetzt werden (vgl. hierzu meine Ausführungen im Abschnitt 12.5.2 „Google als Online-Werbevermarkter" ab Seite 338).

Bleibt noch die Frage nach den Werbeformaten. Exemplarisch für die Möglichkeiten innerhalb von Videoportalen und Netzwerken werden im Folgenden die derzeit zur

Verfügung stehenden Optionen bei YouTube kurz erläutert. Andere Videoportale haben ähnliche Formate und Targeting-Möglichkeiten wie die hier exemplarisch angesprochenen.

14.5.2 Textanzeigen

Textanzeigen sind im Grunde zu sehen wie Textanzeigen von Google Ads. Die Schaltung von Werbung auf YouTube erfolgt über Google Ads. Google hat YouTube vor einigen Jahren gekauft und ermöglicht es nun, dass über das Google-Ads-Konto auch Werbung auf YouTube geschaltet wird. Die Werbung erscheint im Video, wenige Sekunden nachdem das Video gestartet wurde. Auch im Bereich der Suchseite von YouTube findet man Textanzeigen, die dann jedoch auf ein entsprechendes Video auf YouTube verlinken. Die Werbung dort ist als Anzeige gekennzeichnet.

Abbildung 14.4 Textwerbung im Video selbst oder im Umfeld eines Videos bei YouTube. Der Text oben ist ein sogenanntes Call-to-Action-Overlay.

Quelle: YouTube.de, Abruf 23.04.2018

Video-Ads: Targetingoptionen und Werbeformate

14.5.3 Display-Anzeigen

Display-Anzeigen können unabhängig von Videoanzeigen auf bestimmten YouTube-Seiten platziert werden. Im Grunde handelt es sich um Bannerwerbung, wie wir sie aus der klassischen Online-Werbung kennen. Die teuersten Banner sind die sogenannten Mastheads. Der Begriff stammt aus dem Zeitungswesen und beschreibt den oberen Bereich der Titelseite einer Zeitung. Der Masterhead auf YouTube erscheint für 24 Stunden auf der Startseite. Es gibt aktuell zwei unterschiedliche Formate.

Auf den Unterseiten und im Video ist ebenfalls die Einblendung von Display-Anzeigen möglich. Man spricht hier von sogenannten gesponserten Videos. Kosten entstehen entweder, wenn das Video angeklickt und zu Ende gesehen wurde (CPV) oder pro 1.000 Impressionen des Startbildes (CPM). Abbildung 14.5 zeigt ein Banner als Overlay-Anzeige, das innerhalb eines Videos gezeigt wurde, und eines, das neben einem Video am rechten Bildschirmrand platziert ist. Informationen zu den Mastheads finden Sie hier:

https://support.google.com/displayspecs/answer/6244539

Informationen zu weiteren Display-Ads finden Sie hier:

https://support.google.com/displayspecs#topic=4623279

Abbildung 14.5 Overlay- und Display-Anzeigen auf YouTube

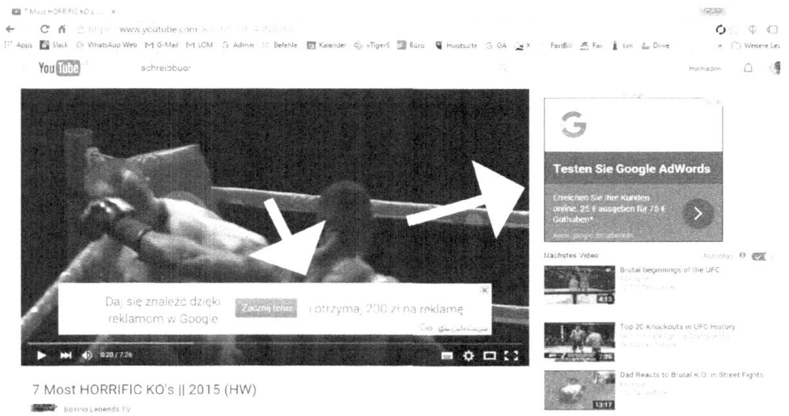

Quelle: YouTube.de, Abruf 23.04.2016

14.5.4 Videoanzeigenformate

Google bietet mittlerweile auf YouTube zahlreiche Videoanzeigenformate an. Diese werden teilweise auch unterschiedlich abgerechnet. Die Entwicklung ist sehr dynamisch.

Google testet auch bei YouTube gerne neue Formate und neue Ideen. Wundern Sie sich also nicht, wenn Sie plötzlich Formate vorfinden, die hier nicht aufgeführt sind.

Grundsätzlich unterscheidet YouTube mit Stand November 2018 folgende Videoanzeigen:

- überspringbare Videoanzeigen und
- Nicht überspringbare Videoanzeigen.

14.5.4.1 Bumper-Anzeigen

Bumper-Anzeigen können nicht übersprungen werden. Sie dürfen maximal sechs Sekunden lang sein. Sie werden vor, während oder nach anderen Videos abgespielt. Genutzt werden können Bumper-Anzeigen auf YouTube selbst, aber auch auf Partner-Webseiten oder in Apps, die über das Google-Displaynetzwerk erreichbar sind.

14.5.4.2 TrueView-In-Stream-Videoanzeigen

Beim In-Stream-Video handelt es sich um eine Art Unterbrechung des eigentlichen Videos durch ein Werbe-Video. Das Prinzip ist aus dem TV bekannt. Eine Videowerbung wird vor, während oder nach anderen Videos abgespielt und kann nach fünf Sekunden übersprungen werden. Derartige Werbevideos können auf YouTube selbst, auf Seiten von Partnern oder in Apps innerhalb des Google-Display-Netzwerkes ausgeliefert werden. Das Interessante bei dieser Form der Videowerbung ist das Abrechnungsmodell. Nur wenn das Video mindestens 30 Sekunden abgespielt wird, wenn mit dem Video interagiert wird oder wenn es bis zum Ende angesehen wird, muss der Werbetreibende zahlen. Diese Information ist sicherlich für die Konzeption von Werbevideos für den Kanal YouTube sehr wichtig.

14.5.4.3 TrueView-Discovery-Videoanzeigen

Dieses Format war bisher unter dem Namen „TrueView-In-Display-Videoanzeige" bekannt. Die Videoanzeige wird mit einem statischen Startbild, einem sogenannten Thumbnail, angezeigt. Der Werbetreibende zahlt nur, wenn der Thumbnail angeklickt wird, was den Start des Videos auslöst. Die Wiedergabe kann auf der YouTube-Wiedergabeseite oder auf einer YouTube-Kanalseite erfolgen. Derartige Anzeigen werden nur innerhalb von YouTube angeboten, etwa auf der YouTube-Suchergebnisseite, neben ähnlichen Videos oder auf der mobilen Startseite.

14.5.4.4 Out-Stream-Videoanzeigen

Out-Stream-Anzeigen sind Videoanzeigen nur für Mobilgeräte, also für Smartphones und Tablets, die ausschließlich auf Websites und in Apps von Partnern wiedergegeben werden. Daher wohl der Name Out-Stream. Ähnlich wie bei Video-Anzeigen innerhalb von Facebook werden Out-Stream-Anzeigen anfangs ohne Ton abgespielt. Der Nutzer muss aktiv auf die Anzeige tippen, um den Ton einzuschalten.

Abgerechnet werden die Out-Stream-Anzeigen auf Basis des sichtbaren CPM (Cost per 1000 Impressions). „Sichtbarer CPM" bedeutet in diesem Kontext, dass ein Werbetreibender nur dann zahlt, wenn mehr als die Hälfte des Anzeigenbereichs für mindestens zwei Sekunden zu sehen ist.

Details zu den Anzeigenmöglichkeiten bei YouTube finden Sie hier: https://www.youtube.com/intl/de/yt/advertise/

Servicelink: www.lammenett.de/7843

14.5.4.5 YouTube-Videoanzeigen für Performancemarketing[212]

Relativ neu bei Google ist die Möglichkeit, auf YouTube sogenannte „Video-Anzeigen für Performance-Marketing" zu schalten. Wie schon die Bezeichnung sagt, geht es hierbei um Performance. Damit ist tatsächlich eine Performance im Sinne von Conversions gemeint. Bisher war dies nicht unbedingt eine Domain von Video-Anzeigen. Video-Anzeigen werden im Normalfall eher eingesetzt, um Aspekte der Markenbildung zu unterstützen. Google hat sich allerdings Einiges einfallen lassen, was dazu führen kann, dass auch über Videos vermehrt Conversions akquiriert werden können. Aber der Reihe nach: In den vergangenen zwei Jahren hat sich YouTube ganz hervorragend entwickelt. Heute werden pro Minute mehr als 400 Stunden Video-Inhalte auf YouTube hochgeladen. Rund 1,8 Milliarden Nutzer sehen sich pro Tag insgesamt eine Milliarde Stunden Videoinhalte an. Daraus resultiert für Werbetreibende, dass der Kanal YouTube heute noch interessanter ist, als er es vor zwei Jahren ohnehin schon war. Mitverantwortlich für die sehr positive Entwicklung in den vergangenen beiden Jahren ist sicherlich der mobile Sektor. Bereits heute verzeichnet YouTube 60 Prozent seiner Aufrufe von mobilen Endgeräten. Dies ist insofern erwähnenswert, als die Videos, die auf mobilen Endgeräten im Sinne von Performance funktionieren sollen, anders konzipiert sein müssen als Videos, die auf großen Bildschirmen abgespielt werden. Auf diesen Aspekt werde ich im folgenden Abschnitt eingehen.

Um Videoanzeigen mit einer Fokussierung auf die Performance im Sinne einer Conversion schalten zu können, hat Google 2018 etliche Neuerungen eingeführt. Das meiste davon findet hinter den Kulissen statt. Vordergründig erkennbar ist der neue Look und Feel des „Call-to-Action-Buttons". Dieser ist jetzt sehr auffällig in Blau gestaltet.

---

[212] Die Inhalte dieses Abschnitts stammen aus dem Blogbeitrag https://www.xovi.de/author/erwin-lammenett/ und sind nicht exklusiver Bestandteil dieses Buches.

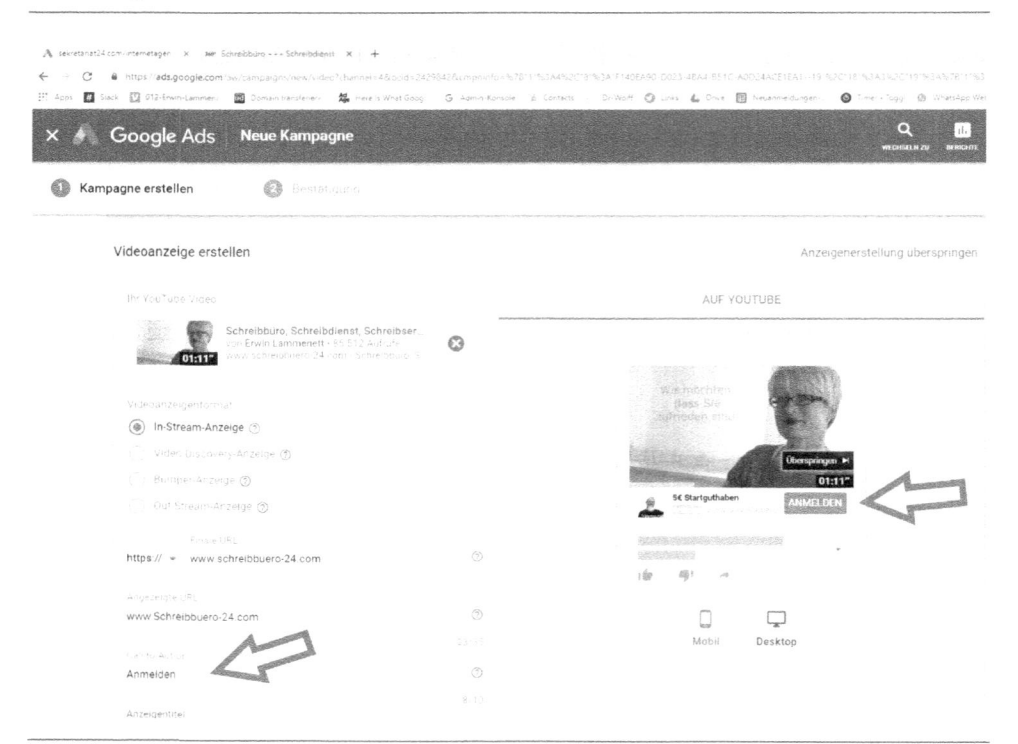

Abbildung 14.6 Neuer Call-to-Action-Button im Video bei YouTube

Quelle: Google Ads, Abruf 23.11.2018

Was sich im Hintergrund getan hat, sind die Ausrichtungsmöglichkeiten. Hier gibt es etliche Neuerungen wie beispielsweise die Ausrichtung einer Videokampagne an Lebensereignissen. Ein Lebensereignis kann eine Heirat, ein Geburtstag, ein Umzug oder ein Universitätsabschluss sein. Google ermöglicht es jetzt Werbetreibenden, gezielt Personen über eine Videoanzeige anzusprechen, die in einem bestimmten Lebensereignis stecken. Für einen Reiseveranstalter kann es beispielsweise sehr interessant sein, eine Videowerbung zum Thema Hochzeitsreise an Personen zu übermitteln, die im Lebensereignis „Hochzeit" stecken. Ein anderes Beispiel wäre ein Umzugsunternehmen, welches gezielt an Personen, die im Lebensereignis „Umzug" stecken, eine passende Videowerbung aussteuert.

Abbildung 14.7 Aussteuerung auf Basis von Lebensereignissen

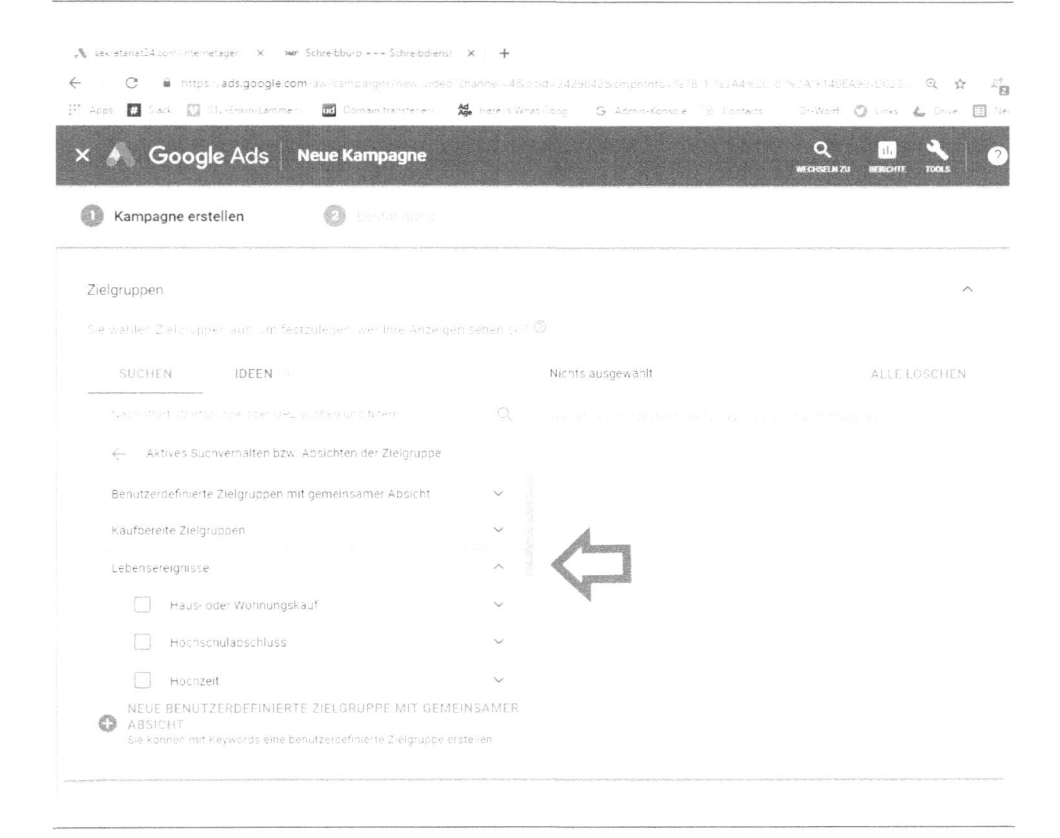

Quelle: Google Ads, Abruf 23.11.2018

Ebenfalls neu bei Google ist die Option, Videowerbung in Abhängigkeit des Verbraucherverhaltens auszusteuern. Konkret bedeutet das, Nutzer gezielt anzusprechen, die häufig in bestimmten Kaufhäusern einkaufen oder bestimmte Restaurants besuchen. Abbildung 14.8 zeigt beispielhaft die Option Beauty & Wellness → Besucht regelmäßig Salons.

Abbildung 14.8 Videowerbung ausgesteuert auf Basis des Verbraucherverhaltens

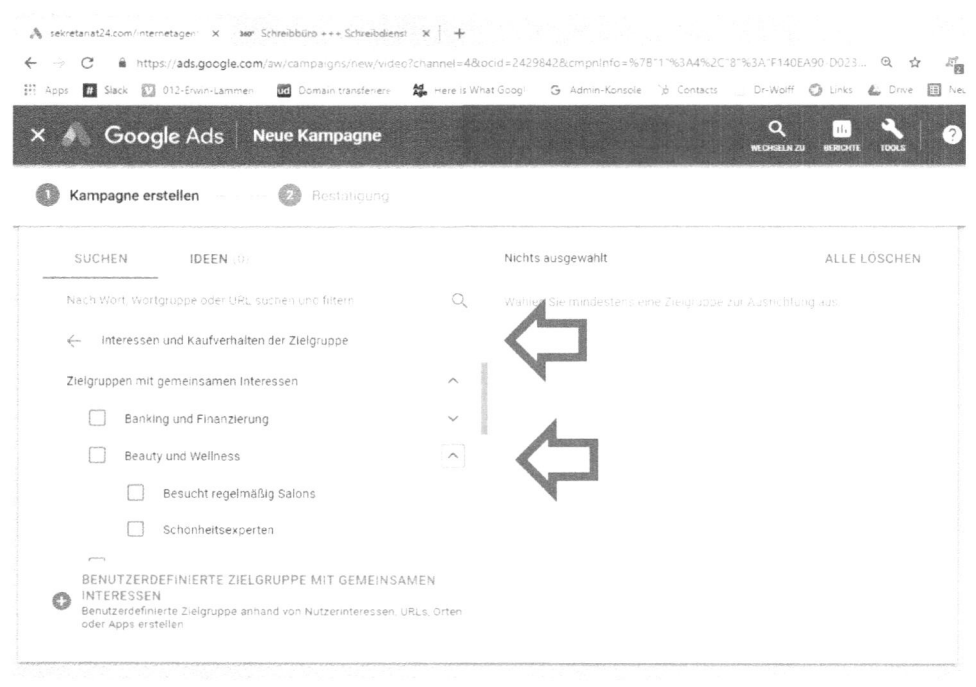

Quelle: Google Ads, Abruf 23.11.2018

Eine weitere spannende neue Möglichkeit der Aussteuerung an benutzerdefinierte Zielgruppen nennt Google „Customer Intent". Ausgangspunkt ist die ganz normale Google-Suche. Sucht beispielsweise jemand in der Google-Suche nach dem Keyword „Günstige Kfz-Versicherung", so vermutet Google eine Kaufabsicht für eine Kfz-Versicherung. Sucht jemand nach „günstiges Schreibbüro", so unterstellt Google einen Dienstleistungsbedarf an einem Schreibbüro. Anonymisiert wird dieser Benutzer nun kategorisiert. Innerhalb von Google Ads lässt sich nun eine Videokampagne erstellen, die an Suchworten einer Zielgruppe ausgerichtet werden kann. Damit ist nicht die Ausrichtungsoption Keywords gemeint, die es schon seit einigen Jahren in Google Ads gibt. Vielmehr ist damit gemeint, dass man heute in Google Keywords benennen kann und Google dann eine bestimmte Videoanzeige innerhalb von YouTube an Personen aussteuert, die zuvor in der Google-Suche nach diesen oder ähnlichen Keywords gesucht haben.

Abbildung 14.9 Aussteuerung von Videoanzeigen auf Basis von Suchanfragen in der Google-Suche

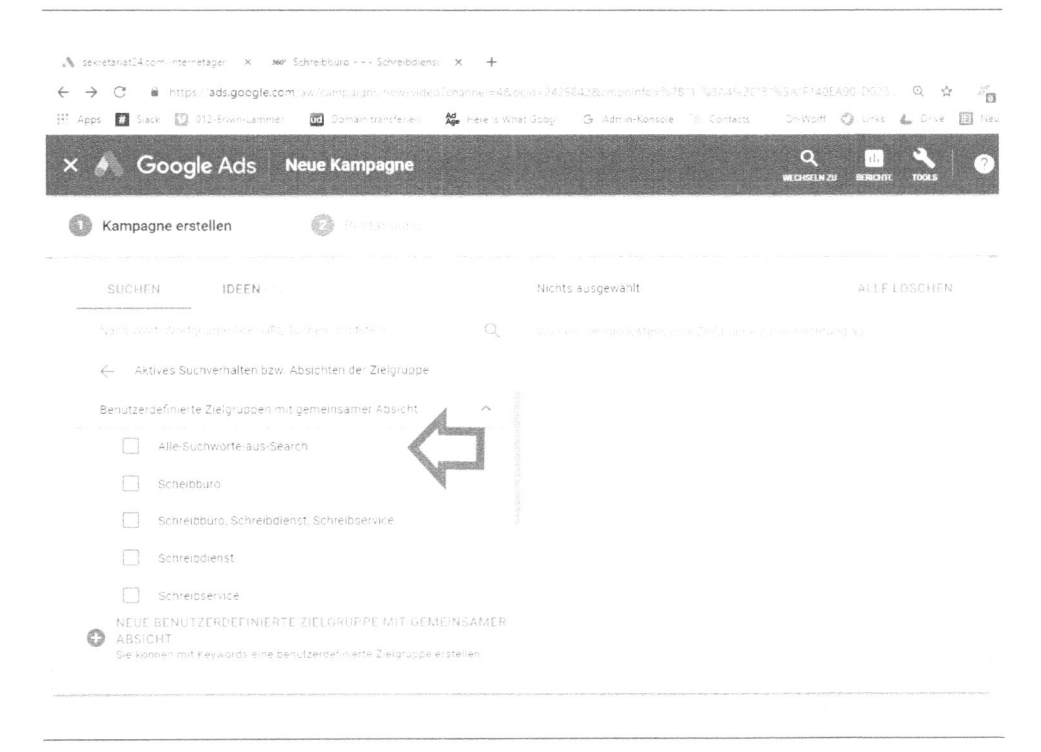

Quelle: Google Ads, Abruf 23.11.2018

Man kann also heute in YouTube mit Videoanzeigen Nutzer basierend auf ihren Absichten erreichen. Google differenziert hier nach „kaufbereite Zielgruppen", „Lebensereignisse" oder „benutzerdefinierte Zielgruppen". Darüber hinaus ist es heute auch möglich, Nutzer basierend auf ganz konkreten Aktionen zu erreichen. Beispielsweise der Besuch Ihrer Webseite, was über ein Remarketing-Tag zu bewerkstelligen wäre. Diese Option ist allerdings nicht neu. Vergleichsweise neu ist jedoch, dass nun auch Personen adressiert werden können, die ein ähnliches Profil haben wie die Personen auf der Remarketingliste. Im Klartext bedeutet das, dass Sie Google nach Personenprofilen suchen lassen können, die so ähnlich sind wie die Personen, die Ihre Webseite besucht haben. Diese Idee ist vergleichbar mit dem „Look-Alike"-Konzept von Facebook.

14.5.4.6 Den passenden Video-Creative finden

Vor dem Hintergrund, dass heute sehr viele Videoaufrufe von mobilen Endgeräten getätigt werden, möchte ich noch auf einige Aspekte in Bezug auf die Erstellung von Video-

Creatives zu sprechen kommen. Google hat vor einiger Zeit einen geheimen Test durchgeführt, um Erkenntnisse über gut funktionierende Video-Creatives, insbesondere auf mobilen Endgeräten, zu erlangen. Einen ausführlichen Artikel in englischer Sprache zu diesem Test finden Sie auf dieser Seite: https://adage.com/article/digital/a-google-s-secret-video-ad-experiments/306574/.

| Servicelink: www.lammenett.de/7844

Sehen Sie sich bitte unbedingt dort die beiden Videobeispiele zu dem fiktiven Produkt „The Thing" an. Damit wären wir schon bei einer Empfehlung für gut funktionierende Videos auf mobilen Endgeräten. Das Tempo und der Schnitt sollten einfach schneller sein als bei Videos für Desktop-Geräte oder gar das TV-Gerät. Weitere Empfehlungen sind:

- Kleinere Bildausschnitte, größere Schrift, größere Grafik: Auf einem 5-Zoll-Display machen große Bildausschnitte wenig Sinn. Details sind nicht erkennbar. Es sollten also unbedingt kleinere Bildausschnitte, größere Schriften und größere Grafiken verwendet werden. Hier mal zwei Beispiele zum Vergleich. Sehen Sie sich ruhig beide mal auf dem Handy an und bilden Sie sich Ihre eigene Meinung:
    - https://www.youtube.com/watch?v=1NXCJQ8zuVU
    - https://www.youtube.com/watch?v=lyHV4SMOzn0

- Früh Interesse wecken: Eine starke Einleitung und ein guter Aufhänger sollten bereits früh beim Video eingesetzt werden. Auf YouTube kann Videowerbung nach fünf Sekunden übersprungen werden. Im Idealfall haben Sie es mit Ihrem Video geschafft, früher ein Interesse zu wecken, damit sich der Betrachter das gesamte Video ansieht.

- Die Marke sollte herausgestellt werden und möglichst früh und natürlich im Videospot zu sehen sein. Ein Positivbeispiel für die frühe und natürliche Herausstellung der Marke ist das Video von Limo: https://www.youtube.com/watch?v=zyIAGGEYs_k

- Der Handlungsbogen bei guten Online-Videos ist ein anderer als bei konventionellen Videos. Das liegt daran, dass Online-Videos übersprungen werden können, bei manchen Plattformen ohne Ton starten oder jederzeit weggeklickt werden können. Abbildung 14.10 zeigt den Unterschied zum traditionellen Handlungsbogen eines Werbevideos. Außerdem ist die Aufmerksamkeitsspanne etlicher Zielgruppen heute sehr gering. Stichwort: Generation Goldfisch. Angeblich liegt sie bei jungen Menschen heute unter zehn Sekunden (vgl. https://www.heise.de/tp/features/Goldfische-haben-bereits-eine-laengere-Aufmerksamkeitsspanne-als-Menschen-3232224.html).

- Abschließend sind Calls-to-Action eine weitere klare Empfehlung. Es muss dem Zuschauer klar und deutlich vermittelt werden, was er tun soll. Der Benutzer muss zur Aktion angeleitet werden. Wenn nötig, mehrfach im Video.

Abbildung 14.10 Traditioneller Handlungsbogen versus moderner Online-Handlungsbogen

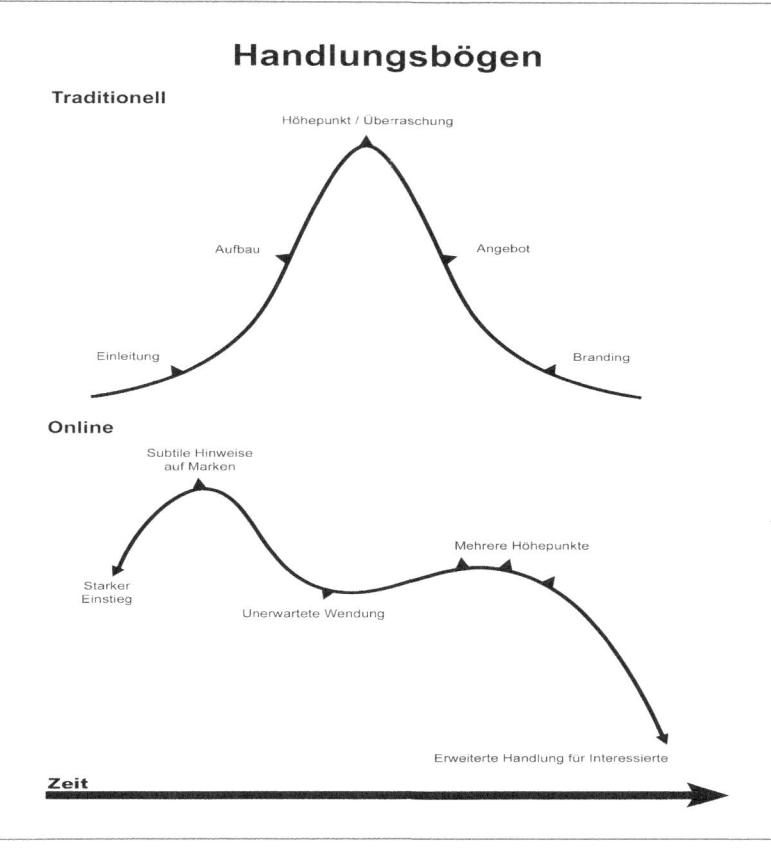

Handlungsbögen

Traditionell
- Einleitung
- Aufbau
- Höhepunkt / Überraschung
- Angebot
- Branding

Online
- Starker Einstieg
- Subtile Hinweise auf Marken
- Unerwartete Wendung
- Mehrere Höhepunkte
- Erweiterte Handlung für Interessierte

Zeit

Quelle: Danke an die Agentur GRÜN alpha GmbH für die Unterstützung bei den Arbeiten für die 7. Auflage meines Buches.

14.6 Videos als Wirt im Viral-Marketing

Viral-Marketing ist keine Erfindung des Internets oder des Web 2.0. Doch haben Internettechnologie und verschiedenste Entwicklungen im Internet dazu geführt, dass Viral-Marketing einen Hype erlebt hat. Längst gibt es zahlreiche Bücher und Seminare zu dem Thema.

Mit Viral-Marketing als Kommunikationsinstrument in Kombination mit anderen Maßnahmen aus den Bereichen Produkt-, Vertriebs- und Preispolitik können sowohl materielle als auch immaterielle Ziele erreicht werden. Immaterielle Ziele sind u. a. die Erhöhung des Bekanntheitsgrades, Einflussnahme auf das Markenimage und Neukundengewinnung. Zu den materiellen Zielen gehören beispielsweise die Steigerung der Kaufrate und damit des Umsatzes oder die Erhöhung der Besucherzahlen einer Webseite. Meistens geht es bei Viral-Marketing-Kampagnen aber um die Steigerung der Markenbekanntheit.

Die Idee des Viral-Marketings ist relativ einfach und aus dem realen Leben bekannt. Im realen Leben breiten sich manche Krankheiten durch einen Virus aus. Was in diesem Fall eher unerwünscht ist, ist im Viral-Marketing der Idealfall, nämlich im übertragenen Sinne die Ausbreitung einer Krankheit zu einer Epidemie.

Um eine Viral-Marketing-Kampagne zu starten, werden mindestens ein Wirt, ein Virus und ein Träger benötigt. Bei einer viralen Kampagne beispielsweise über ein Video, das über ein oder mehrere Videoportale distribuiert wird, ist der Inhalt des Videos der Virus, der anstecken und krank machen soll. Das Video selbst ist der Wirt. Die Videoportale bzw. das Internet sind die Träger bzw. Überträger.

Im Sinne von Viral-Marketing ist ein Kampagnengut jedoch meistens nicht ausschließlich das beworbene Produkt, sondern vielmehr die Botschaft oder die Idee, die durch das Viral-Marketing verbreitet werden soll. Im Viral-Marketing muss das Kampagnengut zwingend das Interesse der Zielgruppe wecken, damit der virale Effekt überhaupt einsetzt. Es ist daher hilfreich, wenn ein Kampagnengut dem Konsumenten Unterhaltung, Vergnügen oder Spaß bringt. Diese Faktoren führen dazu, dass ein Konsument Zeit aufwendet, um sich mit dem Thema der Kampagne auseinanderzusetzen und den Virus über den Wirt weiterzuverbreiten.

Unterhaltsamkeit ist jedoch nicht der einzige Erfolgsfaktor einer Viral-Marketing-Kampagne. Neu- und Einzigartigkeit sind weitere Faktoren, die einen viralen Effekt begünstigen. Denn wie gesagt muss ein Anreiz geschaffen werden, der die Konsumenten dazu bringt, über die Kampagne zu reden bzw. den Virus über den Wirt zu verbreiten. Hierbei ist es förderlich, wenn der verbreitende Konsument das Gefühl hat, gegenüber Bekannten, Freunden oder der Familie eine Art Wissensvorsprung zu haben.

Wie immer im Marketing ist auch der Nutzen bzw. Mehrwert ein Erfolgsfaktor, getreu dem Motto: „Man verkauft nie ein Produkt, sondern immer nur Nutzen." Wichtig ist, dass im Rahmen von viralen Marketing-Kampagnen dieser Nutzen zumindest teilweise kostenlos zur Verfügung gestellt wird.

Ein Wort zum Thema „Seeding": Damit eine Kampagne überhaupt „viral" wird, muss sie zunächst gestartet werden. Unter Seeding wird das initiale Veröffentlichen des Kommunikationsmittels durch bestimmte Kommunikationsträger in bestimmten Kanälen und Medien verstanden. Im Idealfall erfolgt das Seeding zielgruppengerichtet und unter Einbeziehung von sogenannten Multiplikatoren oder Meinungsführern. Denn aus der Diffusionstheorie ist bekannt, dass es Menschen gibt, deren Handeln oder deren Äußerungen eine große Wirkung auf das Verhalten anderer haben. Diese Personen werden Innovatoren oder Meinungsführer genannt. Eine weitere Eigenschaft dieser Personen ist in der Regel die hohe Kontaktfreudigkeit, durch die sie über ein großes soziales Netzwerk verfügen. Durch die Einbeziehung solcher Personen in das Seeding können Hunderte oder Tausende andere Menschen erreicht und beeinflusst werden.

Aus Unternehmenssicht bieten sich Massenmedien wie das Internet für das Seeding geradezu an. Sozialen Netzwerken wie beispielsweise Facebook oder Videoportalen wie YouTube kommt hierbei eine ganz besondere Rolle zu. Denn sie machen es sehr einfach, Inhalte mit Freunden zu teilen. Je nach Einstellung des persönlichen Profils werden Freunde oder Freundesfreunde sogar ganz automatisch davon in Kenntnis gesetzt, wenn eine befreundete Person einen ganz bestimmten Beitrag positiv bewertet hat. Und auch in sozialen Netzwerken gibt es Multiplikatoren, die mit vielen Menschen in Kontakt stehen und Nachrichten verbreiten können, wenn geeignete Anreize dazu geschaffen wurden.

Innerhalb der sozialen Medien spielen bewegte Bilder eine ganz besondere Rolle. Daher ist der Einsatz eines Videos im Viral-Marketing naheliegend.

Weshalb Viral-Marketing über das Internet im Allgemeinen und über soziale Medien im Besonderen im Vergleich zu anderen Trägern so erfolgreich ist, verdeutlicht Tabelle 14.1. Nur das Internet, und ganz besonders die sozialen Medien, vereinen die wichtigsten Anforderungen an einen effektiven Überträger. In puncto Multimedialität stehen Videos ganz oben auf der Skala.

Tabelle 14.1 Mittel der Marketingkommunikation und ihre Eignung für das Viral-Marketing

	Internet	Pers. Kommunikation	Telefon	Rundfunk	Fernsehen	Print
Multimedialität	Ja	Nein	Nein	Nein	Ja	Nein
Maschinelle Interaktivität	Ja	Nein	Marginal	Marginal	Marginal	Nein
Persönliche Interaktivität	Ja	Ja	Ja	Marginal	Marginal	zeitverzögert
Individualisierung	Ja	Ja	Ja	Nein	Nein	Nein
Unmittelbare Messung des Erfolges	Ja	Nein	Nein	Nein	Nein	Marginal

Quelle: Langner, S. (2009). Viral Marketing. Wiesbaden: Gabler.

Dem Seeding kommt besonders bei dem Kommunikationsmittel Video eine entscheidende Bedeutung zu. Denn nur durch das Einstellen eines Videos auf Videoportalen wie YouTube oder MyVideo erreicht man noch keine virale Verbreitung. Auf YouTube werden pro Minute 400 Stunden Videoinhalte hochgeladen (Stand September 2018). Damit ein Video eine virale Verbreitung erfährt, muss zunächst eine kritische Masse erreicht werden. Bei 400 Stunden neuem Videomaterial pro Minute müsste jedoch schon viel zusammenkommen, wenn ein Video ohne entsprechendes Seeding ein viraler Erfolg würde. Natürlich muss das Video grundsätzlich auch inhaltlich das Potenzial für einen viralen Effekt haben. Im Kapitel 14.11 finden Sie einige Positivbeispiele.

14.7 Videos im Inbound-Marketing bzw. Content-Marketing

Inbound-Marketing ist ein aktuell gehyptes Buzzword. In manchen literarischen Abhandlungen wird das Inbound-Marketing auch mit Content-Marketing gleichgesetzt. In anderen Abhandlungen ist das Content-Marketing eher als zentraler Bestandteil einer ganzheitlichen Inbound-Marketing-Strategie beschrieben. Persönlich habe ich bis heute noch niemanden getroffen, der mir eine messerscharfe Abgrenzung der beiden Begriffe präsentieren konnte. Wer sich für die Entwicklung der beiden Begriffe und einen interessanten Abgrenzungsversuch interessiert, der wird hier fündig: www.sem-deutschland.de/inbound-marketing-content/was-inbound-marketing.

Servicelink: www.lammenett.de/7861

Übrigens – im Grunde ist das schon ein schönes Beispiel für Inbound-Marketing. Die Macher der Seite www.sem-deutschland.de haben einen gut geschriebenen Artikel (Content) veröffentlicht, den ich hier aufführe. Gegebenenfalls führt Sie das auf deren Webseite.

In einem US-amerikanischen Marketing-Magazin habe ich einmal den Spruch „Stories sell – so tell them" gelesen. Womit könnte eine Story besser erzählt werden als mit einem Video? Insofern ist eigentlich schon erklärt, welche Bedeutung Videos im Inbound-Marketing bzw. Content-Marketing haben.

Seit durch verschiedene Studien belegt worden ist, dass ein Video-Button ein ganz hervorragender Auslöser für einen „Call-to-Action" ist, haben Videos im Inbound-Marketing eine stetig wachsende Bedeutung. Auch aus dem E-Mail-Marketing sind ähnliche Phänomene bekannt.

Auch die Ausführungen im Abschnitt 14.8 machen deutlich, in welcher Weise Besucher durch ein Video auf eine bestimmte Webseite geleitet werden können. Doch damit nicht genug. Selbst wenn Videos nicht selbst gehostet werden, sondern ein Videoportal eingesetzt wird, kann ein Inbound-Marketing-Effekt erreicht werden. Es ist einerseits möglich, im Umfeld des Videos Links auf eine bestimmte Webseite zu setzen. Andererseits können bei bestimmten Videoportalen auch Links im Video selbst angezeigt werden. So ist es beispielsweise im Fall von YouTube möglich, in einem Video eine Werbung mit einem Link zu platzieren. Schlussendlich ist dies auch eine Form des Inbound-Marketings.

Abbildung 14.4 zeigt ein Video auf YouTube, das sowohl im Umfeld als auch im eigentlichen Video einen Link auf die Zielwebseite enthält. Die Anzeige im Video wird über Google Ads geschaltet.

14.8   SEO und Videos

Dass Videos auch bei der Suchmaschinenoptimierung eine Rolle spielen können, kann alleine schon daran abgelesen werden, dass Google es ermöglicht, über die Search Console (ehemals Google Webmastertools) eine sogenannte Video-Sitemap einzureichen. Eine Video-Sitemap[213] ist das Pendant zu der sogenannten Google-Sitemap, die alle Seiten einer Webseite auflistet. Sie wird ebenfalls über die Google Search Console eingereicht. Im Rahmen der Search Console stellt Google Tools und Informationen zur Verfügung, die einerseits die Arbeit von Webmastern erleichtern, andererseits aber natürlich auch die Ziele von Google unterstützen sollen.

Die spannende Frage ist nun: Für wen ist die Arbeit mit Video-Sitemaps interessant? Die Antwort ist relativ einfach: Für jeden, der eine nennenswerte Anzahl von Videos hat und der Wert darauf legt, dass seine Videos im Rahmen von Universal Search auf der Search Engine Result Page (SERP) erscheinen. In der Praxis sind das sehr häufig Online-Shops, die mit Produktvideos arbeiten, Nachrichtensender, die ohnehin jede Menge Videomaterial haben, Unternehmen aus der Film- oder Kinobranche oder Unternehmen, die in nennenswertem Umfang Lehr- und Erklärfilme einsetzen – um nur einige Beispiele zu nennen.

Ob es sinnvoll ist, seine Videos selbst zu hosten oder ein Videoportal zu nutzen und die Videos über einen entsprechenden Programmcode auf der eigenen Webseite einzubetten, ist sicherlich eine Einzelfallentscheidung. Für das eigene Hosting der Videos spricht, dass Videos schlussendlich auch Content sind und im Sinne von Content-Marketing einen positiven Beitrag zum Standing der eigenen Webseite in den Suchmaschinen leisten. Für das Hosting auf Videoportalen spricht, dass die Videos über einen zusätzlichen Kanal – nämlich dem Social-Media-Kanal „Videoportal" – zu beziehen sind. Gegebenenfalls können so zusätzliche Betrachter akquiriert werden. Außerdem werden so der Traffic-Verbrauch und die Bandbreitennutzung der eigenen Webseite geschont. Natürlich würden auch Videos, die auf Videoportalen gehostet sind, auf der SERP angezeigt. Nur das Video selbst wird dann im Sinne von Content nicht der eigenen Website zugerechnet.

---

[213] Vgl. https://support.google.com/webmasters/answer/80471, Abruf 20.11.2018.

14.9 Videos im E-Mail-Marketing

Zunächst mag die Überschrift „Videos im E-Mail-Marketing" etwas verwundern. Denn sicherlich ist damit nicht gemeint, dass Videos per E-Mail versandt werden. Das würde nur die Leitungen verstopfen und die E-Mail-Postfächer überquellen lassen.

Dennoch werden Videos auch im E-Mail-Marketing eingesetzt. Entweder direkt oder indirekt. Jüngere Studien haben ergeben, dass eine E-Mail, die in der Betreffzeile das Wort „Video" enthält, eine um 19 Prozent höhere Öffnungsrate erreicht als andere E-Mails.

Berücksichtigt man nun, dass aus anderen Studien bekannt ist, dass ein Video-Button ein hervorragender Auslöser für einen „Call-to-Action" ist, so liegt es nahe, in der eigentlichen E-Mail einen Video-Button zu integrieren. Dieser sollte im Idealfall klickbar sein und auf das eigentliche Video führen. Abbildung 14.11 verdeutlicht das Prinzip.

Abbildung 14.11 Video mit dem Wort „Video" in der Betreffzeile und einem Call-to-Action-Button

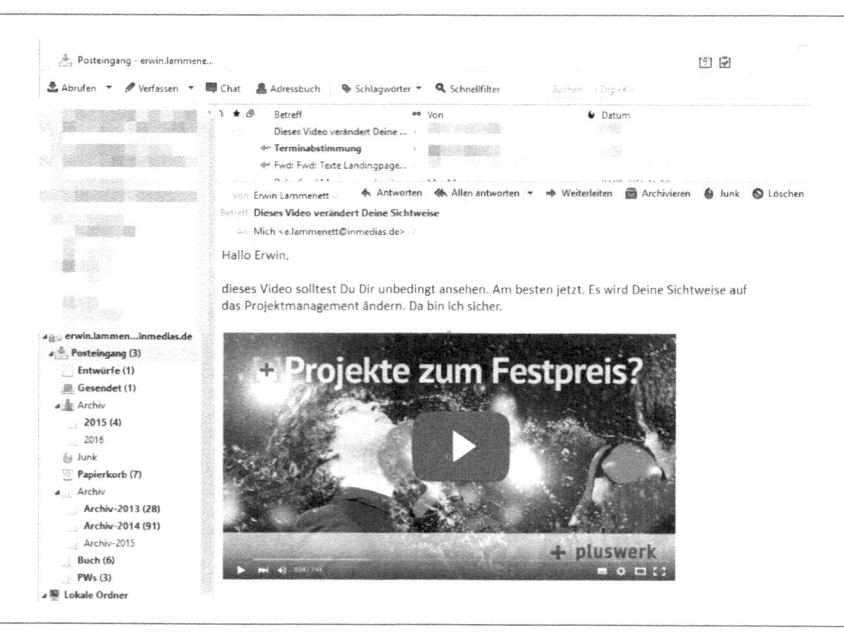

Quelle: YouTube.de, Abruf 12.04.2018

14.10 Videos im Einsatz auf Webseiten oder Online-Shops

Bereits in Kapitel 14.7 bin ich auf die Potenziale von Videos im Sinne von Content-Marketing eingegangen. Natürlich haben Videos aber nicht nur das Potenzial, das Suchmaschinenmarketing durch Content zu beflügeln oder über Universal Search zusätzliche Besucher auf eine bestimmte Webseite zu leiten. Durch die gleichzeitige Ansprache mehrerer Sinnesorgane und die Möglichkeit, sowohl Text, Bild und Bewegtbild als auch Ton zur Veranschaulichung eines Sachverhaltes oder zur Bewerbung eines Produktes einzusetzen, sind Videos natürlich in hervorragendem Maße dazu geeignet, auf einer Webseite Botschaften zu transportieren. Dabei hängt es vom Einzelfall ab, ob auf einer Webseite nur wenige Videos eingesetzt werden oder Hunderte oder gar Tausende.

In manchen Shops werden Videos im großen Stil zur Produktpräsentation eingesetzt. Der Einsatz eines Videos zur Produktpräsentation im Online-Shop soll die Kaufrate erhöhen. Natürlich muss sich die Produktion eines Videos eigens für einen Online-Shop auch lohnen. In der Regel ist dies nur bei höherpreisigen Produkten mit einer entsprechenden Marge der Fall. Ein Händler, der in seinem Online-Shop Tausende Produkte vertreibt, wird im Normalfall nicht für jedes Produkt ein Video drehen lassen. Dennoch findet man Online-Shops mit Hunderten oder gar Tausenden Produktvideos. In der Regel sind diese Videos automatisch generiert.

Der Umstand, dass Videos in Online-Shops die Kaufrate erhöhen, hat findige Entwickler dazu gebracht, über Mechanismen nachzudenken, die Videos auf Basis weniger Grunddaten automatisch generieren. Die Videos werden quasi templatebasiert mithilfe der im Shop ohnehin vorhandenen Grunddaten (Produktbezeichnung, Produktbild, herausragende Produkteigenschaften) automatisch generiert und im Shop auch automatisch hinterlegt. Dies geschieht in den meisten Fällen über ein entsprechendes Zusatzmodul, welches im Online-Shop installiert wird und die Kommunikation mit dem Videodienst übernimmt.

Auch auf Landing-Pages bietet sich der Einsatz von Videos geradezu an. Landing-Pages sollen in der Regel die Funktion erfüllen, Inhalte und Informationen kurz und knapp auf den Punkt zu bringen. Sie sind meist sehr reduziert und fokussiert. Videos können diese Aufgabe hervorragend unterstützen. Der große Vorteil besteht darin, dass der User nicht erst lange Texte lesen muss. Ohnehin belegen jüngere Studien, dass lange Texte immer seltener gelesen werden. Besonders auf dem Smartphone werden kaum noch lange Texte gelesen. Ein Video auf einer Landing-Page sorgt für ein ideales Nutzererlebnis und ist besonders für mobile Landing-Pages fast schon Pflicht.

Neben dem Einsatz von Videos auf Webseiten oder in Online-Shops in der klassischen Form ist in jüngerer Zeit auch der großflächige, bildschirmfüllende Einsatz von Videos immer häufiger zu sehen. Bezüglich des Einsatzgebietes von Videos sind der Kreativität natürlich keine Grenzen gesetzt. Die folgenden Beispiele veranschaulichen diese Aussage:

Auf der Webseite https://www.toggl.com wird ein großflächiges Video als Animation eingesetzt. Die Animation unterstützt den Slogan „Turn your team on to productivity with Toggl the time tracker." Auch die Seite https://pimcore.com/de setzt großflächig auf Videoanimationen auf der Homepage. Ein echter Eyecatcher.

| Servicelink: www.lammenett.de/7892

Auf der Webseite https://www.tesla.com/de_DE/ wird ein großflächiges Video im Hintergrund zur Untermauerung der jeweils eingeblendeten Statements eingesetzt. Dies geschieht unterschwellig, doch das Video ist natürlich ein echter Hingucker. Auch auf den Seiten https://www.muenchen.travel/ und https://bulthaup.com/de/mailand-2018/ werden sehr große Videos eingesetzt. Bis vor etlichen Monaten setzen auch www.thetrackr.com und www.airbnb.de solche Techniken ein.

| Servicelink: www.lammenett.de/7891

https://www.invisionapp.com geht einen leicht anderen Weg. Das Video ist zwar großflächig angebracht. Darüber liegt jedoch ein Feld für die Eingabe einer E-Mail-Adresse. Das Video ist zunächst abgedunkelt und startet im Hintergrund ohne Ton. Erst wenn der Benutzer auf die Schaltfläche „Watch Video" klickt, wird das Video mit Ton und in Farbe gestartet.

| Servicelink: www.lammenett.de/7893

14.11 Interessante Show-Cases

Es gibt Millionen spannender, lustiger, skurriler, emotionaler oder verrückter Videos im Internet. Darunter sind viele Videos, die auch in Zahlen ausgedrückt erfolgreich waren. Nach ganz oben schaffen es allerdings nur wenige. Die hier besprochenen Showcases sollen nur einen ersten groben Einblick in die Praxis des Video-Marketings geben. Am besten wird es sein, Sie sehen sich einmal selbst ausführlich auf einem Videoportal um.

14.11.1 Emotional Storytelling als Erfolgsfaktor

Storytelling ist seit 2014/2015 in aller Munde. Emotional Storytelling ist eine Spielart des Storytellings und erlebt seit einiger Zeit einen Hype. Wieso ist das so?

In den letzten Jahren haben viele mittelgroße Brands die Wichtigkeit von positiven Emotionen als Botschaftsvermittler im Zusammenhang mit ihrer Marke erkannt. Kurzgeschichten und Lebensgefühle, die vorher nur Mega-Brands wie Coca-Cola, Vodafone oder Visa in ihren Werbespots vermittelt haben, halten nun mit großem Erfolg Einzug in andere Marktsegmente. Die Präsentation von Werbung im emotionalen Kontext wird durch den Einsatz von Videos nachweislich ansprechender und nachhaltiger. Eine Reihe von Beispielvideos belegt dies. In den vergangenen Jahren wetteifern besonders zur Weihnachtszeit Supermarktriesen mit emotionalen Videos (z. B. Lidl und Edeka). Die im Dezember 2015 veröffentlichte Video-Kampagne von Edeka „Heimkommen" ist Best-Practice-Beispiel. Ohne Zweifel ist das Video emotional. Es erreichte binnen einer Woche 50.000 Klicks auf YouTube und Facebook. Nach mehreren Wochen gingen die Klicks in die Millionen. Die einen bezeichnen das Video als eine anrührende Story, die anderen als eine Gratwanderung. Egal ob genial oder grenzwertig provokant, der Film ist in aller Munde und das dank „Emotional Storytelling".

Veröffentlicht wurde das Video am 28.11.2015. Bis Mitte Januar 2016 erreichte das Video über 45 Millionen Aufrufe auf YouTube und 28 Millionen auf Facebook. Im November 2018 standen bei YouTube über 60 Millionen Aufrufe zu Buche: www.youtube.com/watch?v=V6-0kYhqoRo.

> Servicelink: www.lammenett.de/78104

14.11.2 Erfolgreiche Videos

Evian erreichte in der Kampagne „baby&me" für dieses Video nach nur einem Monat über 25 Millionen Klicks auf YouTube. Anfang August 2016 stand der Zähler auf über 129.500.000: www.YouTube.com/watch?v=pfxB5ut-KTs.

> Servicelink: www.lammenett.de/78105

Videos, die einen beachtlichen Erfolg verzeichnen, müssen nicht teuer produziert sein. Zwei Beispiele sollen dies belegen:

Das Best-Practice-Beispiel von Blendtec zeigt, wie ein relativ unbekanntes Unternehmen dank viraler Effekte einen großen Bekanntheitsgrad erfahren kann. Ohne Zweifel hatte die „Will it blend?"-Serie der Firma Blendtec Inc. eine positive Implikation auf die Umsätze des Unternehmens.

Auf eine skurrile Art präsentiert der Gründer der Firma Blendtec, Tom Dickson, die Stärke seiner Mixer. Es werden aber nicht Früchte oder Gemüse im Mixer zerkleinert, sondern Gegenstände des alltäglichen Lebens wie iPads, Golfbälle oder Spielzeug.

iPad, 17 Millionen Aufrufe in fünf Jahren:

www.YouTube.com/watch?v=lAl28d6tbko

| Servicelink: www.lammenett.de/78106

Golfball, 7 Millionen Aufrufe in zehn Jahren:

www.YouTube.com/watch?v=MC8Zvl-8ziA

| Servicelink: www.lammenett.de/78107

Spielzeug (Silly Putty), 4,2 Millionen Aufrufe in acht Jahren:

www.YouTube.com/watch?v=jTcIgu1o6N0

| Servicelink: www.lammenett.de/78108

Ebenfalls als Best-Practice-Beispiel in der Kategorie „vergleichsweise günstig produziert" würde ich das Video von DollarShaveClub.com ansiedeln. Im Video präsentiert der Gründer Mike Dublin seine Geschäftsidee auf sarkastische, lustige Weise. Das Video erreichte in den ersten drei Jahren nach Veröffentlichung über 20 Millionen Aufrufe.

Es wurde veröffentlicht am 06.03.2012. Bis November 2018 erreichte das Video über 25,8 Millionen Aufrufe auf YouTube: www.YouTube.com/watch?v=ZUG9qYTJMsI.

| Servicelink: www.lammenett.de/78109

14.11.3 Hoher Aufwand bedeutet nicht immer großen Erfolg

Unter der URL www.YouTube.com/watch?v=9TCu-54S_lI ist ein Video des Unternehmens Rügenwalder Mühle mit dem Titel „Der Rügenwalder Mühle Wurstwahnsinn" zu finden. Das Video war Teil einer Kampagne und ist relativ aufwendig produziert worden. In fünf Jahren erreichte es aber nur 216.000 Aufrufe. Über den Erfolg der Kampagne inklusive aller Bausteine kann an dieser Stelle allerdings keine Aussage gemacht werden.

Im Rahmen der Kampagne wurden zunächst auf der Facebook-Fanpage der Rügenwalder Mühle Wursttester gesucht. Die Bewerber mussten ein Bewerbungsbild und einen Bewerbungstext hochladen. Dann wurde ein Voting veranstaltet, um fünf „Wurstexperten" zu ermitteln. Es ging zunächst darum, möglichst viele Fans zu mobilisieren und zur Abstimmung zu motivieren. Die so ermittelten „Wurstexperten" wurden von der Rügenwalder Mühle nach Bad Zwischenahn eingeladen, wo sie neue Wurstsorten kreieren durften.

Neben parallelen Aktionen und weiteren Votings über Facebook wurde der Wursttest der fünf erwählten „Wurstexperten" in luftiger Höhe zelebriert. Es entstand das angesprochene Video. Begleitet wurde die Aktion vom Comedy-Duo Mundstuhl. Rügenwalder Mühle wollte mit der Kampagne auf die neuartige Verpackung seiner Würstchen aufmerksam machen, die ohne Wurstwasser in einem wiederverschließbaren Becher angeboten werden. Das Produkt ist anschließend auf den Markt gekommen.

Im Kapitel 16.6.2 sind weitere interessante Beispiele zu finden.

14.12 Tipps für Ihr Internet-Video-Marketing

In seinem kostenlosen Whitepaper „Erfolgsfaktor Video im Web" schreibt der Autor Marc Köbler offen über das Thema „Kosten von Filmproduktionen für das Internet" und gibt Tipps und Hinweise aus der Praxis. Sie finden dort auch einen Viral-Marketing-Ratgeber: www.inmedias.de/filmproduktion/internet-video-marketing/

| Servicelink: www.lammenett.de/78111

Online-PR
Online-Pressearbeit als Mosaikstein im Online-Marketing-Mix

15 Online-PR

15.1 Definition und Begriffsabgrenzung

Die klassische Pressearbeit ist eine Unterdisziplin des Marketings. So jedenfalls sehen es viele etablierte Marketing-Autoren.[214] Typischerweise zählt zur klassischen PR-Arbeit die planmäßige Information der Medien, insbesondere der Massenmedien wie Presse, Rundfunk und Fernsehen über wichtige Pläne, Maßnahmen, Ergebnisse oder allgemeine Themen aus dem Umfeld des jeweiligen Unternehmens. Demzufolge kann Online-PR als Unterdisziplin des Online-Marketings bezeichnet werden, weshalb ich mich dazu entschlossen habe, das Kapitel „Online-PR" in der dritten Auflage dieses Buches zu ergänzen. Natürlich ist Online-PR auch ein Bestandteil der klassischen PR, jedenfalls wenn Ihre PR-Agentur oder PR-Abteilung die Zeichen der Zeit nur halbwegs richtig interpretiert hat.

Obwohl sich die grundsätzlichen Maßnahmen der Online-PR weitgehend mit denen der klassischen PR decken, erfordert die Umsetzung jedoch andere Wege und Methoden. In beiden Fällen sind Arbeiten wie beispielsweise die Themenauswahl, die Recherche oder die Redaktion von Inhalten zu leisten. Doch die Kommunikationswege bei der Online-PR beinhalten Medien wie Newsgroups, Weblogs, Online-Presseportale, Wikis oder Podcasts. Hieraus resultieren andere Anforderungen; sowohl an die Inhalte als auch an die Gestaltung von Veröffentlichungen.

In diesem Kapitel finden Sie:

- eine Definitions- und Begriffsabgrenzung,
- Informationen zu den wichtigsten Medien im Umfeld der Online-Pressearbeit,
- Grundsätze der Online-PR,
- Mechanismen und Problemstellungen der Online-PR sowie
- Presseportale im Vergleich.

Mit Online-PR bezeichnet man sämtliche Maßnahmen der Presse- und Öffentlichkeitsarbeit, die im oder über das Internet unternommen werden, um Zielgruppen zu erreichen. In Wikipedia ist mit Stand Dezember 2018 folgende Definition verankert: *„Online-PR oder Online-Public-Relations ist eine Form der Öffentlichkeitsarbeit, bei der mit organisationalen Anspruchsgruppen nicht über klassische Medien (wie Rundfunk- und Printmedien) kommuniziert wird, sondern über das Internet. […] Unter Online-PR wird im Verständnis mancher Praktiker auch das Herstellen von Öffentlichkeit für Websites verstanden. […] Beim Sonderfall*

---

[214] Vgl. beispielsweise Becker, J. (2009). Marketing-Konzeption, 6. Auflage München: Vahlen, S. 489.

der Online-Pressearbeit werden Unternehmensinformationen an Online-Redaktionen, Presseportale und Webverzeichnisse (Blog-, Link-, RSS-Verzeichnisse) distribuiert."[215]

Betrachtet man diese Definition genauer, so werden Überschneidungen mit anderen Teildisziplinen des Online-Marketings deutlich. Denn neuere Instrumente des Web 2.0 wie Blogs, Podcasts oder Facebook-Fanpages können natürlich ebenso zu wichtigen Online-PR-Instrumenten entwickelt werden wie Presseveröffentlichungen auf Online-Portalen oder Veröffentlichungen im guten alten Newsletter. Da E-Mail- bzw. Newsletter-Marketing und auch das Web 2.0 an anderer Stelle in diesem Buch bereits ausführlich behandelt worden sind, konzentriere ich mich in diesem Kapitel auf das Thema Online-Pressearbeit.

15.2 Online-Pressearbeit

In der klassischen Pressearbeit ist die tatsächliche Veröffentlichung von Pressemitteilungen nicht garantiert. Das ist bei der Online-PR anders. Die Veröffentlichung einer Pressemeldung im Internet lässt sich durch das Publizieren über ein oder mehrere Online-Presseportale unmittelbar beeinflussen. In der Theorie lassen sich mit einer direkten Veröffentlichung von Inhalten im Internet nicht nur Journalisten erreichen, sondern auch die Endzielgruppen. In der Praxis jedoch werden die meisten Veröffentlichungen in Online-Presseportalen nur von sehr wenigen Menschen gelesen. Viele Veröffentlichungen dienen eher dem Zweck der Förderung der Suchmaschinenoptimierung, was wiederum besondere Anforderungen an die Gestaltung der Pressemeldung stellt. Mittlerweile gibt es sogar den Begriff „Suchmaschinen-PR", was im Grunde eher eine Art der Offsite-Suchmaschinenoptimierung (vgl. Kapitel 7.5) ist als eine echte PR-Arbeit.

Neben der Möglichkeit, Pressemeldungen in Online-Presseportalen zu veröffentlichen, gibt es auch noch sogenannte Artikelverzeichnisse. Artikelverzeichnisse sind eine Ansammlung zumeist selbstgeschriebener „Artikel", die häufig vor Eigenwerbung nur so strotzen. Einziges Ziel solcher Artikel ist die Unterstützung der Suchmaschinenoptimierung. Die meisten, um nicht zu sagen alle Artikel, die in einem solchen Artikelverzeichnis veröffentlicht werden, würde ein Journalist nicht mit der Kneifzange anfassen. Eine ausführliche Auflistung deutscher Artikelverzeichnisse finden Sie unter http://www.nxplorer.net/Artikelverzeichnisse.html. Die Artikelverzeichnisse sind dort sogar nach Page-Rank sortiert. Warum wohl? Weil Backlinks von einer Seite mit einem höheren Page-Rank vermeintlich wertvoller sind als Backlinks von Seiten mit niedrigem oder keinem Page-Rank. **Vorsicht: Seit 2014 werden Backlinks aus derartigen Verzeichnissen von Google nicht mehr positiv gewertet. Im Kapitel 7.5.1 bin ich ausführlich auf die Gefahren eingegangen.**

---

[215] http://de.wikipedia.org/wiki/Online-PR, Abruf 15.11.2018.

> **Tipp**
> Wenn Sie wichtige Pressemeldungen haben, die zudem auch noch inhaltlich interessant und hervorragend aufbereitet sind, dann kann es sich sehr lohnen, kostenpflichtige Presseportale einzusetzen. In der Regel bieten diese einen etwas besseren Service für Journalisten und Redakteure, was zur Folge hat, dass dort mehr Redakteure akkreditiert sind und eine größere Reichweite gegeben ist. Damit erhöht sich natürlich die Chance, mit einer Meldung Aufmerksamkeit zu erlangen und einen Abdruck zu erreichen.

Grundsätzlich kann man also die Online-Pressearbeit auch nach ihrer Zielausrichtung differenzieren:

- Pressemeldung, die gedruckt werden soll (Zielrichtung Journalist/Redakteur),
- Pressemeldung, die primär der Unterstützung der Suchmaschinenoptimierung dient (Zielrichtung Suchmaschine),
- Fachbeitrag, der tatsächlich gedruckt werden soll (Zielrichtung Journalist/Redakteur) und
- Fachbeitrag, der primär dazu dient, Traffic über Suchmaschinen zu aggregieren.

15.2.1 Pressemeldung, die gedruckt werden soll

Großunternehmen und Konzerne haben es vergleichsweise leicht. Sie bringen neue Quartalszahlen raus, schließen ein Werk, eröffnen ein Werk, werfen ein neues Produkt auf den Markt, entlassen einige Hundert Mitarbeiter oder unterstützen im großen Stil ein karitatives Projekt – und schon sind sie in den Medien. Kleine Unternehmen haben es da ungleich schwerer. In der Regel interessieren sich Journalisten und Redakteure kaum für die Unternehmensmeldungen von kleinen oder mittelständischen Unternehmen – ganz zu schweigen von Kleinstunternehmen. Kleine und mittelständische Unternehmen haben in Deutschland keine Lobby. Extrem deutlich wird dies, wenn in Deutschland ein Großunternehmen in wirtschaftliche Schieflage gerät. Im Extremfall wird diese Schieflage dann zur „Chefsache" erklärt und der Bundeskanzler (Beispiel: Philipp Holzmann) oder die Bundeskanzlerin (Beispiel: Quelle) schaltet sich ein. Gerät ein mittelständisches Unternehmen in Schieflage, so interessiert das in Deutschland wahrscheinlich nur die dort arbeitenden Personen – in den meisten Fällen jedenfalls nicht die Medien.

Kleine und mittelständische Unternehmen müssen daher bei der Erstellung von Pressemeldungen, die von Journalisten oder Redakteuren aufgegriffen werden sollen, deutlich kreativer sein als Konzerne. Im Grunde unterscheidet sich an dieser Stelle die konventionelle PR-Arbeit von der Online-PR überhaupt nicht. An erster Stelle steht die Frage nach der Zielsetzung der Meldung, an zweiter Stelle die Frage nach dem eigentlichen Inhalt sowie der Aufbereitung des Inhalts und an dritter Stelle stehen der Verteilerkreis und -kanal.

Einer der wichtigsten Erfolgsparameter für den Abdruck einer Pressemeldung ist die Art und Weise der Aufbereitung des Inhalts. Natürlich ist der eigentliche Inhalt auch sehr wichtig. Doch der beste Inhalt, die interessanteste Geschichte, die tollste Neuerung oder die spektakulärste Erfindung wird nicht ihren Weg in die Medien finden, wenn die Pressemeldung schlecht geschrieben ist. Nun gibt es über das Verfassen von Pressetexten zahlreiche Bücher und Abhandlungen. Es würde sicherlich den Rahmen dieses Buches sprengen, würde ich damit zu konkurrieren versuchen. Deshalb möchte ich an dieser Stelle auf die einschlägige Literatur[216] verweisen und lediglich ein Praxisbeispiel aufführen, welches relativ eindrucksvoll deutlich macht, warum die Art und Weise der Aufbereitung einer Meldung schlussendlich der wesentliche Erfolgsparameter ist. Im folgenden Kapitel werde ich dann gesondert auf die Besonderheiten der Aufbereitung einer Meldung eingehen, die primär für die Suchmaschinen gedacht ist.

Praxisbeispiel: Pressemeldung texten

Im Jahr 2007 habe ich gemeinsam mit meiner Tochter einen Vokabeltrainer entwickelt, der lange an vielen Schulen eingesetzt wurde. Mittlerweile wurde das Projekt vom Käufer meiner Agentur, diese habe ich 2014 veräußert, eingestellt. Dennoch führe ich das Fallbeispiel immer noch gerne an. Zu dieser Zeit gab es bereits Vokabeltrainer wie Sand am Meer. Viele Schulbuchverlage hatten ihre eigenen Programme am Markt, zudem gab es etliche kostenfreie Low-End-Programme, die man sich über das Internet herunterladen konnte. Ich musste mir also die Frage stellen, warum ein Journalist oder Redakteur ausgerechnet über AZ6-1 berichten sollte.

Auf rein sachlicher Ebene hatte der Vokabeltrainer einige Funktionen, die bis dato neu waren. Diese würden im Normalfall aber allenfalls dafür reichen, in einem Fachmagazin einen Beitrag zu bewirken. Ich aber wollte die breite Masse erreichen.

Möchte man als Nobody auffallen, so benötigt man eine witzige, skurrile, außergewöhnliche oder gar provokante Story. In einer Brainstorming-Sitzung versuchten wir Witziges, Skurriles, Außergewöhnliches oder Provokantes zu AZ6-1 herauszufiltern. Doch im Grunde kamen wir immer nur auf Sachpunkte, die uns als Entwickler zwar ausgesprochen faszinierten, die aber allesamt nicht dazu geeignet waren, einen Journalisten oder Redakteur hinter dem Ofen hervorzuholen. In einer weiteren Brainstorming-Sitzung kam dann die zündende Idee: Bei der Entwicklung des Vokabeltrainers hat meine damals zehnjährige Tochter mitgewirkt. Im Grunde war sie der Ausschlag dafür, dass der Vokabeltrainer überhaupt entstand. Während der Entwicklung half sie sowohl bei der Gestaltung der Screens als auch beim Testen des Vokabeltrainers. Und so titelten wir dann in der Pressemeldung anlässlich der Produktveröffentlichung: „10-Jährige entwickelt Vokabeltrainer". Sicherlich war diese Überschrift, rein sachlich be-

---

[216] Zum Beispiel Puttenat, D. (2012). Praxishandbuch Presse- und Öffentlichkeitsarbeit: Der kleine PR-Coach. Wiesbaden: Springer Gabler; Falkenberg, V. (2014). Pressemitteilungen schreiben: In 10 Schritten zum professionellen Pressetext. Frankfurt a.M.: Frankfurter Allgemeine Buch; Schulz-Bruhdoel, N., & Fürstenau, K. (2013). Die PR- und Pressefibel: Zielgerichtete Medienarbeit. Frankfurt a.M.: Frankfurter Allgemeine Buch; Gottschling, S. (2008). Stark texten, mehr verkaufen. Wiesbaden: Gabler.

trachtet, übertrieben. Sie war nicht gelogen, aber eindeutig übertrieben. Doch sie war außergewöhnlich und erreichte darum ihr Ziel – nämlich die Aufmerksamkeit verschiedenster Journalisten und Redakteure.

Im Ergebnis wurde die Pressemeldung in der ursprünglichen Form oder in modifizierter Form in folgenden Medien abgedruckt:

- Kölner Express, verkaufte Auflage laut IVW 2/2011 196.161 Exemplare,
- Frau von Heute, verkaufte Auflage laut IVW 2/2011 166.927 Exemplare,
- Auf einen Blick, verkaufte Auflage laut IVW 2/2011 1.139.022 Exemplare,
- Aachener Zeitung, verkaufte Auflage lt. IVW 2/2011 127.808 Exemplare,
- Wochenspiegel, Druckauflage geschätzt ca. 800.000 Exemplare,
- Super Sonntag, Druckauflage geschätzt ca. 100.000 Exemplare.

Ferner wurden mehrere Interviews fürs Radio aufgenommen und zwei TV-Beiträge gedreht: ein Beitrag vom WDR, der wenige Tage nach Veröffentlichung der Pressemeldung in der WDR-Lokalzeit ausgestrahlt wurde, und einer von der Stern-TV-Redaktion. Zu meinem Bedauern wurde dieser Beitrag nicht ausgestrahlt. Des Weiteren lag eine Anfrage von Stefan Raab vor, der Annika gerne in seiner Sendung gehabt hätte. Bedauerlicherweise fand meine Frau diese Idee nicht so gut.

Die Resonanz auf die Pressemeldung hätte nicht besser ausfallen können. Nun stellen Sie sich einmal vor, die Überschrift der Pressemeldung hätte anders gelautet. Beispielsweise: „Neuer Vokabeltrainer mit Hausaufgaben-Erinnerungsfunktion". Glauben Sie, diese Meldung hätte eine ähnliche Aufmerksamkeit erregt?

Die Pressemeldung wurde übrigens über zahlreiche kostenlose Online-Portale, aber auch über ein kostenpflichtiges verteilt.

15.2.2 Pressemeldung, die der Unterstützung der Suchmaschinenoptimierung dient

Bei der Suchmaschinenoptimierung leisten sogenannte Backlinks wichtige Beiträge für ein gutes Listing einer Website bei Google und Co. Die Erstellung von Pressemeldungen und deren Distribution über Online-Presseportale kann eine Maßnahme für die Beschaffung von Backlinks darstellen – denn Online-Presseportale liefern auch Backlinks, manche sogar Backlinks ohne das sogenannte No-Follow-Attribut, was grundsätzlich als höherwertig anzusehen ist (vgl. auch Kapitel 1). Allerdings hat die Bedeutung von Backlinks aus Presseportalen und Artikelverzeichnissen in jüngerer Zeit stark abgenommen. In Kapitel 7.5.1 bin ich ausführlich auf die Gefahren eingegangen. Aus heutiger Sicht ist daher Vorsicht geboten. Eine Veröffentlichung von Pressemeldungen mit der Absicht zur Unterstützung des Linkaufbaus sollte mit Augenmaß vorgenommen werden, wenn überhaupt.

15.2.3 Fachbeiträge

Neben der Erstellung von Pressemeldungen besteht grundsätzlich auch die Möglichkeit der Erstellung von Fachbeiträgen, um in den Medien und damit in der Öffentlichkeit wahrgenommen zu werden. Auch hier lassen sich Beiträge nach der Zielausrichtung differenzieren.

Natürlich richten sich Fachbeiträge an ein Fachpublikum und sind in den seltensten Fällen geeignet, eine breite Masse zu erreichen. Eingesetzt werden sie häufig im B2B-Bereich – aber auch im B2C findet man Fachbeiträge.

Allgemeingültige Aussagen über das Platzieren von Fachbeiträgen in Fachmedien lassen sich nicht treffen. Es gibt branchenabhängig sehr unterschiedliche Usancen. In manchen Branchen bzw. Magazinen kann man relativ leicht einen Fachbeitrag veröffentlichen, wenn man in der gleichen Ausgabe des Magazins eine Anzeige schaltet. Bei anderen Magazinen ist dies nicht möglich, weil der Qualitätsanspruch des Magazins höher und/oder der wirtschaftliche Druck geringer ist.

In der Regel gibt es für jede Branche zwei bis zehn Fachpublikationen, die für die Veröffentlichung eines eigengeschriebenen Fachartikels infrage kommen. Bevor man sich die Arbeit macht und einen Fachartikel schreibt, ist es grundsätzlich empfehlenswert, sich bei den jeweiligen Redaktionen zu erkundigen, ob überhaupt Interesse an der Veröffentlichung eines Artikels zum geplanten Thema besteht. Anderenfalls läuft man Gefahr, die Arbeit umsonst zu machen. Eine zweite Strategie kann es sein, den Artikel auch ohne vorherige Rücksprache mit den infrage kommenden Redaktionen zu schreiben und diesen dort im fertigen Zustand anzubieten. Wird er bei keiner Redaktion genommen, so kann er immer noch in eine suchmaschinenoptimierte Variante umgeschrieben werden und dann über die eigene Website und Artikelverzeichnisse zweitverwertet werden.

> **Praxisbeispiel: Fachbeiträge**
>
> Ich schreibe jährlich mehrere Fachbeiträge zu IT- oder Marketing-Themen. Diese biete ich passenden Redaktionen an. Manche werden sehr dankbar aufgenommen. Andere scheitern. Hier einige Beispiele für Veröffentlichungen in Zeitschriften, die Ihnen das Basisprinzip verdeutlichen:
>
> „Social-Media-Marketing für Shop-Betreiber", erschienen in: eStrategy Ausgabe 7, Juni 2011,
> PDF unter: https://www.lammenett.de/fileadmin/PDFs/veroeffentlichungen/eStrategy-Ausgabe-7-final-s_erwin_lammenett.pdf
>
> „Himmel der Schnäppchenjäger", erschienen in E-Commerce-Magazin Ausgabe 3, März 2011,
> PDF unter: https://www.lammenett.de/wp-content/uploads/2013/02/himmel_der_schnaeppchenjaeger.pdf

> "Gut behütet", Artikel über spezialisiertes Shop-Hosting in Zusammenarbeit mit Mario Haim, erschienen in: t3n Ausgabe 21, September 2010
>
> Hingegen wollte niemand meinen Artikel "Magento Hosting auf dem Prüfstand"[217] haben. Daraufhin habe ich den Artikel umgearbeitet und auf die Schlüsselworte "Magento Hosting" optimiert. Im August 2011 waren gleich zwei meiner Seiten (von unterschiedlichen Domains) bei dieser Suchwortkombination auf Seite 1 bei Google. Beide verweisen auf den Artikel bzw. werden vom Inhalt des Artikels befruchtet. Im September 2013 war noch eine Seite auf Platz 5 bei Google. Im März 2016 immerhin noch auf Platz 24 und im November 2018 rankte die Seite wieder auf Platz 12. Zweck erfüllt!

15.2.4 Online-Presseportale

Die Veröffentlichung von Pressemitteilungen im Internet ist eine wichtige Ergänzung zum klassischen Presseverteiler. Im klassischen Fall wird die Pressemeldung per E-Mail oder Fax an bekannte Journalisten verteilt in der Hoffnung, dass diese Gefallen am Inhalt der Meldung finden und sie entweder drucken oder über den Inhalt der Meldung einen eigenen Artikel schreiben. Bei der Flut an Informationen, die heute auf Journalisten einströmen, ist es aber nicht verwunderlich, wenn viele direkt distribuierte Meldungen ungelesen in der Ablage "P" landen.

Die Veröffentlichung von Pressemeldungen über Presseportale hat mehrere Vorteile gegenüber dem klassischen Verfahren. Die meisten Presseportale bieten zusätzlich zur Online-Veröffentlichung auch einen Nachrichtenversand per E-Mail-Newsletter oder andere Informationsdienste für akkreditierte Journalisten oder Redakteure. Das können beispielsweise auch Filterfunktionen sein, mit deren Hilfe Journalisten oder Redakteure eingrenzen, welche Art Meldung sie erhalten möchten und welche nicht. Insofern erfüllen Online-Presseprotale eine Art Vorqualifizierung von Meldungen im Sinne des jeweiligen Journalisten/Redakteurs.

Ferner verbreiten die meisten Portale die Meldungen auch über RSS-Feeds, News-Streams oder Wire-Services direkt an die Medien. Nachrichtenportale und Suchmaschinen wie Google, MSN oder AOL listen die Meldungen in ihren News-Rubriken. Hier sind die Meldungen dann wiederum sowohl für Journalisten und Redakteure als auch für potenzielle Kunden und Interessenten, die die jeweilige Website zur Recherche nutzen, erhältlich. Insofern wird durch Online-PR also eine Erhöhung der Reichweite einer Meldung erreicht.

Grundsätzlich hat man bei der Selektion geeigneter Presseportale die Qual der Wahl. Es gibt etliche kostenpflichtige Portale und jede Menge kostenfreie Portale. Folgende Kriterien können für die Wahl eines oder mehrerer Portale herangezogen werden:

---

[217] https://www.inmedias.de/p/magento/hosting/, Abruf 12.11.2018.

- Page-Impressions/Visits des Portals: Diese Zahl sagt aus, wie viele Besucher das Portal hat. Grundsätzlich recherchieren auch Journalisten und Redakteure in Presseportalen oder über Suchmaschinen wie Google, die wiederum häufig Presseportale indizieren. Je höher die Besucherzahl eines Portals, desto größer ist die Wahrscheinlichkeit, dass eine dort veröffentlichte Meldung von einem Interessenten, Journalisten oder Redakteur gelesen wird.

- Page-Rank der Website: Der Page-Rank des Portals hat nur indirekt eine Bedeutung für die Erhöhung der Reichweite einer Meldung. Unter bestimmten Umständen hat er jedoch eine direkte Bedeutung für die Suchmaschinenoptimierung (vgl. Kapitel 1).

- Anzahl der veröffentlichten Meldungen: Diese Kennzahl lässt eine Aussage über die Größe des Portals zu. In der Regel werden große Portale im Vergleich zu kleinen von Suchmaschinen als bedeutender angesehen. Daher werden dort veröffentlichte Meldungen eher in Suchmaschinen hoch bewertet.

- Anzahl der Newsletter-Abonnenten: Je mehr Personen den Newsletter des Portals abonniert haben, desto größer ist die Chance, dass eine Meldung wahrgenommen wird.

- RSS-Feeds: Bietet das Portal RSS-Feeds an und werden diese von vielen Marktteilnehmern abonniert, so wird die Chance auf viele Leser einer Meldung erhöht (Stichwort Vernetzung).

- Vernetzung mit anderen Portalen und Verzeichnissen: Je besser ein Portal mit anderen Portalen oder Verzeichnissen vernetzt ist, desto höher ist die Chance, dass eine Meldung von der Zielgruppe wahrgenommen wird.

Tabelle 15.1 und Tabelle 15.2 bieten einen Überblick über kostenpflichtige und kostenfreie Presseportale. Sie stellen lediglich einen Auszug dar und erheben keinen Anspruch auf Vollständigkeit. Eine ausführlichere Übersicht ist per Link am Ende dieses Abschnitts bereitgestellt.

Tabelle 15.1 Kostenpflichtige Presseportale

URL des Portals	Besucher pro Monat Stichprobe Oktober 2018, SEOquake	Verteiler Abonnenten	Alexa PR global	Veröffentlichung	Preis
Businessportal24.com	2.720	k. A.	722.975	Website	ab 19,95 €
Meta-Portal: pr-gateway.de/	26400	k. A.	633.121	Partner, Social Media	ab 49 €
onpra.de	k. A.	k. A.	n. a.	Website	ab 30 €
Press1.de	5.750	9.000	1.997.712	Website, Mail, Partner	ab 25 €
Pressebox.de	183.000	1.400.000	161.465	Website, Mail	auf Anfrage

Tabelle 15.2   Kostenfreie Presseportale

URL des Portals	Besucher pro Monat Stichprobe Oktober 2018, SEO-quake	Verteiler Abonnenten	Alexa PR global	Veröffentlichung	Preis
Artikel-presse.de	15.600	k. A.	409.439	Website	gratis
Business-presse.de	k. A.	k. A.	16.686.678	Website	gratis*
Fair-news.de	7.140	k. A.	1.139.105	Website	gratis*
Firmenpresse.de	35.400	k. A.	686.182	Website, Mail	gratis
Go-with-us.de	1.380	k. A.	2.308.315	Website	gratis
lifePR.de	45.800	1.400.000	61.958	Website, Mail, Social Media	gratis*
Offenes-presseportal.de	407	k. A.	5.965.138	Website	gratis*
Online-zeitung.de	6.480	k. A.	1.851.214	Website	gratis*
openpr.de	91.100	2.600	281.922	Website	gratis*
perspektive-mittel-stand.de/Pressedienst/	14700	k. A.	998.424	Website	gratis*
Prcenter.de	3.510	k. A.	4.798.366	Website	gratis*
Pressekat.de	2.130	k. A.	5.964.582	Website, Mail	gratis
Pressemitteilung.ws	4.720	k. A.	1.645.770	Website	gratis
trendkraft.de/	5480	k. A.	2.330.684	Website	gratis*

* kostenpflichtige Leistungen möglich

Unter der URL https://www.lammenett.de/wp-content/uploads/2018/11/Uebersicht-Presseportale-11-2018.pdf habe ich die vollständige Übersicht mit weiteren Daten zu den jeweiligen Portalen für Sie bereitgestellt.

Servicelink: www.lammenett.de/81

15.3 Zusammenfassung

Online-PR hat mehrere Ausprägungen. Eine davon liegt sehr nah an der klassischen PR. Eine Ausprägung hat eine starke Nähe zum Content-Marketing und die dritte orientiert sich mehr daran, über Suchmaschinen oder soziale Netzwerke Aufmerksamkeit für ein unternehmensrelevantes Thema zu generieren. In diesem Kapitel konnte ich nur die

Spitze des Eisberges aufzeigen und für die Möglichkeiten und Problemstellungen der Online-PR sensibilisieren. Dennoch ist deutlich geworden, dass Online-PR ein sehr effizienter Baustein im Online-Marketing-Mix sein kann, wenn man es versteht, eine gute Meldung medienwirksam aufzubereiten.

Social-Media-Marketing, Web 2.0 und Co.
Einordnung und Hintergrundwissen sowie Details zu den wichtigsten Themen

16 Social-Media-Marketing, Web 2.0 und Co.

16.1 Einordnung, Definition und Begriffsabgrenzung

Was genau ist eigentlich Web 2.0, was ist Social-Media-Marketing (SMM)? Tim Berners-Lee, der Begründer des WWW, soll einmal vom Web 2.0 gesagt haben: *„Ich finde, dass Web 2.0 natürlich ein Jargonausdruck ist, niemand weiß wirklich, was er bedeutet."* Und tatsächlich ist es so, dass der Begriff sehr unterschiedlich belegt ist. Fragt man einen Techniker, so wird er von Ajax,[218] von RSS-Feeds und SOA[219] schwärmen. Fragt man jemanden vom Marketing, so wird er von „benutzergenerierten Inhalten" und von „Mitmachweb" reden.

Seitdem der Begriff 2004 von Tim O'Reilly geprägt wurde, entwickelte er sich zum Marketing-Schlagwort. Der Begriff „Web 2.0" hatte relativ großen Wiederhall in den Medien. Tatsächlich bezeichnet er keine spezielle Technik oder gar eine bestimmte Software-Version, sondern vielmehr das Zusammenwirken verschiedener Methoden und Werkzeuge und eine damit einhergehende soziale und wirtschaftliche Entwicklung. Dabei ist ein Hauptaspekt, dass die Benutzer Inhalte selbst erstellen und bearbeiten. Inhalte werden also nicht mehr nur zentralisiert von großen Medienunternehmen erstellt und über das Internet verbreitet, sondern auch von einer Vielzahl von Individuen, die sich mithilfe spezieller Software zusätzlich untereinander vernetzen.

> **Praxisbeispiel**
>
> Typische Anwendungen, die vom Web-2.0-Gedanken geprägt wurden, sind Wikis, Blogs, Foto- und Videoportale (z. B. Flickr oder YouTube), soziale Online-Netzwerke wie MySpace oder StudiVZ sowie Social-Bookmarking-Portale wie Mister Wong.

Social-Media-Marketing hingegen ist das gezielte Marketing über soziale Netzwerke. Tamar Weinberg beschreibt Social-Media-Marketing als Prozess, der es Menschen ermöglicht, für ihre Websites, Produkte und Dienstleistungen in sozialen Netzwerken zu werben. Laut Tamar geht es darum, eine breite Community anzusprechen, die über traditionelle Werbekanäle nicht zu erreichen gewesen wären.[220] Social-Media-Marketing ist also eine Ausprägung des Web 2.0, die sich auf Marketing-Aktivitäten innerhalb sozialer Netzwerke bezieht.

---

[218] Asynchronous Java Script and XML.
[219] SOA = Service oriented architecture.
[220] Vgl. Weinberg, T. (2011). Social Media Marketing, 2. Auflage Köln: O'Reilly, S. 4.

Wer annimmt, dass mit Social-Media-Marketing nur junge Menschen erreicht werden können, der irrt. Laut einer Untersuchung von Community 102[221] bilden die 35- bis 44-Jährigen mit 25 Prozent die aktivste Gruppe über alle sozialen Netzwerke. Die 18- bis 24-Jährigen kommen lediglich auf einen Anteil von 9 Prozent. Den größten Anteil der Facebook-Nutzer bilden die 18- bis 25-Jährigen mit 29 Prozent. Auf Twitter stellen die 26- bis 34-Jährigen mit 30 Prozent den größten Anteil.

Einerseits kann Social-Media-Marketing als eigenständige Marketing-(Teil-)Disziplin angesehen werden – dann nämlich, wenn die Marketing-Aktivitäten nicht darauf abzielen, Besucher auf eine ganz bestimmte Internetseite zu lenken. Andererseits ist Social-Media-Marketing eine Unterdisziplin des Online-Marketings – dann nämlich, wenn die Aktivitäten darauf abzielen, Besucher auf eine ganz bestimmte Website zu lenken.

16.2 Web 2.0 und seine Relevanz für das Online-Marketing

Angesichts der großen Popularität von Wikis, Blogs und Anwendungen wie YouTube gibt es so manchen Marketing-Experten, der durch die Bewegung des Web 2.0 gravierende Änderungen im Marketing sieht. So war beispielsweise schon in der acquisa 9/2007 zu lesen: *„Marken müssen Kontrolle abgeben, die Werbewelt steht heute im Zeitalter von Web 2.0 vor der großen Frage, inwieweit sie alte Steuerungsmuster, die für die klassische Massenmedien sehr gut funktionierten, auf die neuen, interaktiven Medien übertragen kann."* Und das Magazin Oscar.trends schrieb bereits im Februar 2007: *„Die Macht der Nutzer im Web 2.0 – Die Zeiten des Marketing-Monologs der Unternehmen sind vorbei."*

Natürlich wird das sogenannte Web 2.0 das Marketing im Allgemeinen beeinflussen und in Teilen sogar stark verändern. Im Web 2.0 mischen sich Konsumenten in Kaufprozesse ein, reden über Produkte und geben Empfehlungen ab. Deutschland ist laut einer Studie von Fleishman-Hillard & Harris Interactive[222] die Nummer eins bei Veröffentlichungen zum Web 2.0. Unternehmen können diesen Trend weder verhindern noch aufhalten. Und sicherlich wird Web 2.0 auch das Online-Marketing beeinflussen und die Kraftverhältnisse verschieben. So war beispielsweise im Mai 2011 in der FAZ[223] zu lesen, dass der Online-Werbemarkt in Deutschland vor einschneidenden Änderungen steht, die durch Facebook und Co. hervorgerufen werden. Laut Interview mit Tomorrow-Focus-Vorstand Christoph Schuh verlieren E-Mail-Angebote und klassische Reichweitenportale im Bereich der täglichen Nutzung an Bedeutung. Facebook würde zunehmend die Cockpit-Funktion auch im deutschen Internet übernehmen, so die Einschätzung von Schuh. Ne-

---

[221] Vgl. How different age groups interact online, Community 12, 2012.
[222] Vgl. Digital Influence Index Study, Welche Rolle spielt das Internet im Leben der Konsumenten in Deutschland, Großbritannien und Frankreich? Fleishman-Hillard & Harris Interactive, Juni 2008.
[223] Vgl. http://blogs.faz.net/netzwirtschaft-blog/2011/05/10/wenn-facebook-die-werbemaschine-erst-einmal-richtig-angeworfen-hat-2529, Abruf 23.07.2016.

ben Google sei daher das soziale Netzwerk Facebook für die klassischen Anbieter ein Konkurrent, der laut Schuh bisher noch gar nicht richtig Ernst gemacht habe. Heute wissen wir, dass die Prognosen von Schuh eingetreten sind. Facebook ist heute einer der ganz Großen im Online-Display-Werbemarkt. In den USA hat Facebook 2017 einen Marktanteil von rund 35 Prozent. Bei den mobilen Display-Anzeigen sogar 44 Prozent. Für Deutschland weist Facebook keine separaten Zahlen aus. Es gibt jedoch Experten, die Facebooks Marktanteil in Deutschland mittlerweile deutlich über 50 Prozent sehen.

Spannend ist sicherlich auch die heiß diskutierte Frage, ob Unternehmen einen Unternehmensblog initiieren sollen oder nicht. Oder wie Unternehmen auf Blog-Beiträge reagieren sollen, wenn dort das Unternehmen selbst oder seine Produkte negativ besprochen werden. Diese und andere Fragen, die im Rahmen der Möglichkeiten des Web 2.0 auftauchen, würden ein eigenes Buch füllen und können daher hier nicht im Detail behandelt werden. Vielmehr möchte ich mich auf die Frage konzentrieren, ob Elemente des sogenannten Web 2.0 für Zwecke des Online-Marketings genutzt werden können und wenn ja, wie. Diese Fragen werde ich im Sinne meiner Einführung beleuchten. Nochmal zur Erinnerung: Per meiner Definition erfüllt Online-Marketing den Zweck, Besucher auf die eigene Webseite oder eine ganz bestimmte Seite zu bringen, von wo aus direkt oder indirekt Geschäft gemacht werden kann.

16.3 SMM: Was viele Unternehmen falsch machen

Im Grunde erinnert mich das Verhalten vieler Unternehmen in Bezug auf Social-Media-Marketing an die frühen Tage des Internets Mitte der Neunzigerjahre. Damals gab es nicht wenige Unternehmen, die einen Internetauftritt nur deshalb haben wollten, weil ihn der Mitbewerber auch hatte. Auf eine ähnlich unreflektierte Art und Weise steigen heute viele Unternehmen in das Social-Media-Marketing ein und wundern sich, dass nach einem Jahr keinerlei Erfolge eingetreten sind. Ohne eine Strategie zu entwickeln, stürzen sich Unternehmen auf eines oder mehrere Tools, die heute im Social-Media-Marketing gängig sind. Oft landen sie bei Facebook oder Twitter, und häufig liegt der Stein des Anstoßes in einer Mitbewerberaktivität begründet. Selten werden Ziele reflektiert. Und wenn, so lautet das proklamierte Ziel: mehr Umsatz machen. Social-Media-Marketing ist aber nur sehr bedingt geeignet, Umsatz direkt zu steigern. Meistens erfolgt eine eher indirekte Steigerung über Banding-Effekte. Viele weitere Zielsetzungen, die durch Social-Media-Marketing gefördert werden können, werden erst gar nicht erkannt und demzufolge auch nicht in die Betrachtung einbezogen. Die meisten Unternehmen beschäftigen sich zunächst mit rein taktischen Aspekten des Social-Media-Marketings und versäumen, zuerst die strategischen Aspekte in Bezug auf ihr Unternehmen zu analysieren. Werkzeuge und taktische Aspekte sind jedoch nur die Spitze des Eisbergs im Social-Media-Marketing. Es ist daher nicht verwunderlich, dass sehr viele Unternehmen im ersten Anlauf mit Social-Media-Marketing scheitern.

Abbildung 16.1 Werkzeuge und taktische Aspekte sind nur die Spitze des SMM-Eisbergs

Werkzeuge und taktische Aspekte sind nur die Spitze des Social-Media-Marketing-Eisbergs.

- Unternehmensziele / Bereichsziele
- Erfolgsparameter und Messmethoden sowie Kennzahlen
- Richtlinien, Strategie, Schulung und Support
- Redaktions- und Contentplanung
- Aktuelle Reichweite über SM
- Eigenes Know-how und SMM-Kompetenz
- Monitoring-Werkzeuge
- Zielgruppenanalyse

Strategie

Im folgenden Kapitel möchte ich daher einen strukturierten Lösungsansatz aufzeigen, der dazu beitragen kann, die Anfängerfehler beim Einstieg in das Social-Media-Marketing zu vermeiden.

16.4 Strukturierter Lösungsansatz für den Einstieg ins SMM

16.4.1 Schritt 1: Ziele definieren

Fast immer steht am Beginn eines Strategieentwicklungsprozesses die Definition der Ziele. So auch bei der Entwicklung einer Strategie für das Social-Media-Marketing eines Unternehmens. Wer jetzt jedoch denkt: „Das Ziel ist doch klar, es geht um mehr Umsatz", hat weit gefehlt. Abbildung 16.2 macht deutlich, dass Unternehmen mithilfe von Social-Media-Marketing weit mehr erreichen können, als nur dieses eine Ziel zu fördern. Ohnehin ist die unmittelbare Steigerung des Umsatzes eines Unternehmens über Social-Media-Marketing-Aktivitäten eher schwierig. Meistens erfolgt der ROI eher indirekt über eine Steigerung der Bekanntheit der Marke, des Unternehmens oder bestimmter Produkte eines Unternehmens.

Abbildung 16.2 Mögliche Ziele für Social-Media-Marketing

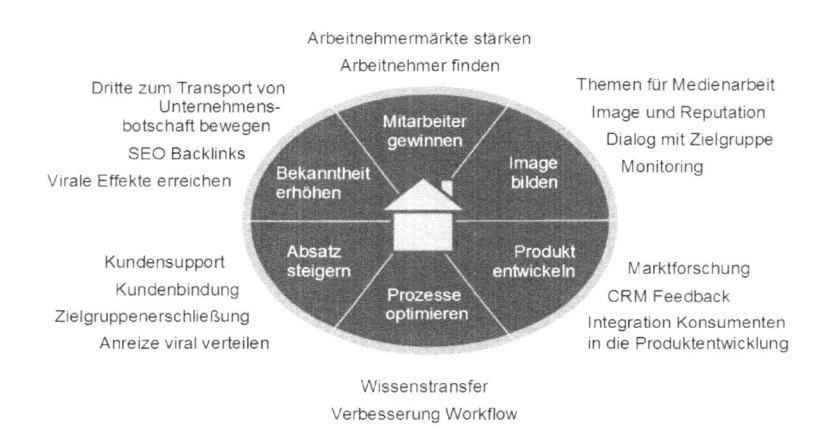

Arbeitnehmermärkte stärken
Arbeitnehmer finden

Dritte zum Transport von Unternehmensbotschaft bewegen
SEO Backlinks
Virale Effekte erreichen

Themen für Medienarbeit
Image und Reputation
Dialog mit Zielgruppe
Monitoring

Mitarbeiter gewinnen
Bekanntheit erhöhen
Image bilden
Absatz steigern
Prozesse optimieren
Produkt entwickeln

Kundensupport
Kundenbindung
Zielgruppenerschließung
Anreize viral verteilen

Marktforschung
CRM Feedback
Integration Konsumenten in die Produktentwicklung

Wissenstransfer
Verbesserung Workflow

Entwickelt und definiert man die Ziele, so empfiehlt es sich, dies möglichst konkret zu tun. Nur, wer konkrete, operativ messbare Ziele definiert, kann nachher auch den erreichten Erfolg beurteilen. Ohne die Definition von operativen Zielen ist eine Erfolgsmessung schlicht unmöglich. Welche Kennzahlen zur Messung des Zielerreichungsgrades herangezogen werden, liegt natürlich am jeweiligen Ziel selbst. Möchte man durch Social-Media-Marketing geeignete Bewerber finden, so wird möglicherweise die Anzahl der eingehenden Bewerbungen über Social-Media-Kanäle ein geeigneter Messwert sein. Möchte man seine Kunden bzw. potenziellen Kunden in den Produktentwicklungsprozess einbeziehen, so kann die Anzahl der vorgebrachten Vorschläge als Indikator für eine Erfolgsmessung herangezogen werden. Je nach Konstellation ist es eventuell sogar möglich, eine Art Zielgebäude für das Social-Media-Marketing zu entwickeln. Bitte vergleichen Sie hierzu die Abbildung 18.4.

16.4.2 Schritt 2: Zielgruppe definieren

Der zweite wesentliche Schritt zur Strategieentwicklung ist die Definition der Zielgruppe. Ist diese primär männlich oder weiblich? Besteht sie aus Teenagern? Rentnern? Best Agern? Oder kann man sie gar nicht in einer Altersgruppe erfassen? Hat sie ein bestimmtes Einkommen? Grundsätzlich ist klar: Je besser Sie Ihre Zielgruppe kennen und beschreiben können, desto präziser kann die SMM-Strategie auf die Zielgruppe ausgerichtet werden.

16.4.3 Schritt 3: Analyse der Zielgruppe

Haben Sie Ihre Zielgruppe definiert, so ist der nächste wichtige Schritt im Strategie-Entwicklungsprozess die Analyse der Gewohnheiten der Zielgruppe in Bezug auf SMM. Eine Kernfrage ist natürlich, auf welchen Kanälen die Zielgruppe primär aktiv ist. Nicht jedermann benutzt Facebook. Auch nutzt nicht jeder Twitter, Google+ oder XING. Begeisterter Blogger ist auch nicht jeder. Es kommt also darauf an, herauszufinden, welche Social-Media-Tools von der Zielgruppe genutzt werden. Wenn Sie Pech haben, stellen Sie an dieser Stelle fest, dass Ihre Zielgruppe sich gar nicht mit den Medien beschäftigt, die Sie ursprünglich im Kopf hatten.

Auch die Frage der Nutzungsgewohnheiten Ihrer Zielgruppe sollte in diesem Arbeitsschritt analysiert werden. Es ist ein Unterschied, ob man die Zielgruppe quasi permanent über Social Media erreichen kann oder ob diese nur einmal pro Woche in Social Media aktiv ist. Es wäre sicherlich auch von Bedeutung, zu wissen, wenn Ihre Zielgruppe nur zu bestimmten Uhrzeiten in den Social Media aktiv ist. Es ist heute nämlich problemlos möglich, Botschaften zeitabhängig zu distribuieren.

Ganz wichtig ist natürlich die Frage der Themen, die innerhalb Ihrer Zielgruppe gerade populär sind. Was bewegt Ihre Zielgruppe im Moment? Wofür interessiert sich Ihre Zielgruppe derzeit? Gibt es aktuelle Themen, die im Kreise Ihrer Zielgruppe heiß diskutiert werden? Nur wenn Sie wissen, was Ihre Zielgruppe gerade bewegt, können Sie auf die Themen einsteigen und wirksam SMM betreiben.

16.4.4 Schritt 4: Abgleich schaffen

Wenn die Ziele, die Zielgruppe, die bevorzugten Kanäle und die Gewohnheiten und Vorlieben der Zielgruppe klar sind, sollte als Nächstes ein Abgleich mit Ihrem Unternehmensimage und einer Priorisierung der Ziele vorgenommen werden. Zunächst steht daher die Beantwortung der Frage „Welches Image hat Ihr Unternehmen bei der Zielgruppe?" im Vordergrund. Social-Media-Marketing funktioniert nur dann, wenn es authentisch und ehrlich ist. Damit Sie keine Bauchlandung mit Ihren ersten SMM-Aktivitäten machen, sollten Sie auf jeden Fall wissen, was Ihre Zielgruppe über Ihr Unternehmen denkt. Was auch immer Sie später planen und durchführen wollen, muss glaubhaft und authentisch sein. Wenn Ihr Image also ganz und gar nicht zu dem passt, was Sie über SMM verbreiten möchten, werden Sie voraussichtlich wenig Erfolg haben. In einem solchen Fall müsste dann zunächst eine imagekorrigierende Kampagne entwickelt werden.

Die Priorisierung der Ziele und die Determinierung der dazu passenden Erfolgsfaktoren sind weitere wichtige Schritte in dieser Phase. In den meisten Fällen möchte man durch SMM nicht nur ein einziges Ziel erreichen, sondern mehrere. Die Frage ist also, welches Ziel Vorrang hat und anhand welcher Kennzahlen die Zielerreichung (Erfolgsfaktor) gemessen werden kann. Beispielsweise könnten im Human-Resource-Bereich zwei proklamierte Ziele die Stärkung des Unternehmens als Arbeitgebermarke sein und die Akquisition geeigneter Bewerber. Die Wahrnehmung eines Unternehmens als positiver Arbeitgeber (Erfolgsfaktor 1) kann man sicherlich durch eine repräsentative Umfrage ermitteln. Die Anzahl der eingehenden Bewerbungen (Erfolgsfaktor 2) kann schlicht gezählt werden.

16.4.5 Schritt 5: Rahmenbedingungen schaffen

Als Nächstes müssen Fakten geschaffen werden. Es muss nun entschieden werden, welche Themen gesetzt werden sollen, mit welchen Kanälen man arbeiten möchte, wer im Unternehmen die Verantwortung für die Themen und deren Distribution über die ausgewählten Kanäle haben soll und welche Budgetgrößenordnung für das SMM eingesetzt werden kann. Ebenfalls sollte die Frage der internen Kompetenzen in dieser Phase beleuchtet werden. Die meisten SMM-Kanäle unterliegen ungeschriebenen Gesetzen. Liegt dem Unternehmen genügend Know-how vor, um sich in den jeweiligen Kanälen sicher und konform bewegen zu können? Haben die Mitarbeiter, die die Verantwortung für das Social-Media-Marketing und die anstehenden Aktivitäten übernehmen sollen, hinreichend Erfahrung? Oder muss zunächst Beratungs-Know-how zugekauft werden? Gibt es einen Plan für ein eventuelles Krisenmanagement im Fall von negativen Kommentaren oder gar einen sogenannten Shitstorm? Steht fest, in welchen Fällen zur Unternehmensleitung eskaliert werden soll?

16.4.6 Schritt 6: Die Planungsebene

Sind die Rahmenbedingungen geschaffen und die Verantwortlichkeiten definiert, so kann in die Planungsphase eingetreten werden. Es stellt sich nun die Frage nach konkreten Maßnahmen und Anreizen, die entwickelt werden müssen. Die Maßnahmen sollten auf der Zeitschiene geplant werden. Die einzusetzenden Kanäle müssen entsprechend aufgebaut werden. Im Hintergrund kann bereits die Entwicklung des benötigten Contents vorangetrieben werden.

16.4.7 Schritt 7: Der Markteintritt

Im letzten Schritt erfolgt der Eintritt in den Markt. Die zuvor entwickelten Inhalte werden über die aufgebauten Kanäle distribuiert. Über geeignete Incentives und parallele Werbemaßnahmen wird versucht, den Dialog und die Kommunikation mit der Zielgruppe anzukurbeln. Es beginnt die operative Phase, in der eine kontinuierliche Bespielung des Kanals und im Idealfall ein permanenter Dialog mit der Zielgruppe angestoßen werden.

16.5 Wo Licht ist, ist Schatten, und wo Chancen sind, gibt es auch Risiken

Der Hype im Social-Media-Marketing ist derzeit groß. Das explosive Wachstum der letzten Jahre hat dazu geführt, dass heute über soziale Medien die Massen erreicht werden können. Einige wenige Zahlen machen dies deutlich. 1999 gab es genau 23 Blogs. 2002 waren es schon rund 500.000, 2006 waren es 35 Millionen und 2011 173 Millionen. Hatte Facebook im Juli 2008 in Deutschland noch rund 600.000 Nutzer, so sind es im Jahr 2018 geschätzte 28 Millionen. Aktuell werden auf YouTube täglich von 1,8 Milliarden Nutzern rund eine Milliarde Stunden Videoinhalte konsumiert. Vor fünf Jahren war es nicht mal ein Hundertstel. Diese wenigen Zahlen zeigen eindrucksvoll, wie dynamisch sich einige SMM-Kanäle entwickelt haben. Und wie immer ist es so, dass dort, wo sich die Massen tummeln, auch kommerzielle Interessen nicht lange fern bleiben. Doch wo es Chancen gibt, gibt es auch Risiken. Das ist ganz besonders im Social-Media-Marketing der Fall. Wenn sich ein Unternehmen über einen oder mehrere SMM-Kanäle öffnet, so muss es gewappnet sein für das, was kommen könnte. Zwar können Unternehmen auch über SMM bestimmte Themen fokussieren – doch die Hoheit über die Themen und damit das, was diskutiert wird, hat das Unternehmen nicht mehr. Es kann also sehr wohl vorkommen, dass im Unternehmensblog kritische Fragen von Verbrauchern auftauchen oder auf der Facebook-Fanpage eine Diskussion angestoßen wird, die das Unternehmen lieber nicht öffentlich führen würde.

Bevor sich ein Unternehmen also in Richtung Social Media öffnet, sollten intern Richtlinien erarbeitet und kommuniziert werden, die beschreiben, wie in welchen Fällen zu reagieren ist. Wie sollte beispielsweise ein Eskalationsplan aussehen, wenn kritische Rückmeldungen über einen Social-Media-Kanal eingehen? Ab welchem Zeitpunkt sollte die Geschäftsführung eingeschaltet werden? Welche Vorkehrungen sind im Vorhinein zu treffen, um einen möglichen Shitstorm erst gar nicht aufkommen zu lassen? Welche Verhaltensmaßregeln sollten eigene Mitarbeiter beherzigen, wenn sie in sozialen Medien aktiv sind und sich als Mitarbeiter des jeweiligen Unternehmens zu erkennen geben? Welche Tonalität sollte bzw. muss getroffen werden, um in den jeweiligen Kanälen ernst genommen zu werden?

Es gibt also eine Menge Dinge zu bedenken, möchte man nicht im Social-Media-Dschungel Schiffbruch erleiden. Beispiele für Pleiten, Pech und Pannen findet man im Internet zuhauf. Unter dieser URL habe ich ein PDF mit einigen Beispielen aus der Kategorie Pleiten, Pech und Pannen hinterlegt: https://www.lammenett.de/wp-content/uploads/2015/03/Pleiten-Pech-Pannen-Social-Media-Marketing.pdf. Die Beispiele stammen aus der Seminarvorlage für mein Seminar „Der Social Media-Marketing-Manager", welches ich gelegentlich für Unternehmen durchführe.

| Servicelink: www.lammenett.de/POM12

Im Zusammenhang mit dem Thema Pleiten, Pech und Pannen kann auch die Fähigkeit eines Unternehmens zum Krisenmanagement entscheidend für den Erfolg- oder Misserfolg eines Engagements im Social-Media-Marketing sein. Im Abschnitt 16.4.5 habe ich das Thema Krisenmanagement bereits angesprochen. Unternehmen können natürlich auch von Krisensituationen anderer Unternehmen lernen und so indirekt profitieren. Das Netz ist voll mit Beispielen für den gelungenen Umgang mit Shitstorms und natürlich noch voller mit Negativbeispielen. Ein nettes Positivbeispiel war im Januar 2017 in der W&V zu finden. Der Comedian Harry G hatte auf seiner Facebook-Seite eine Art „Abschiedsbrief" an die Bahn veröffentlicht. Er hatte sich wohl darüber geärgert, dass sein Zug bei drei von vier seiner Fahrten über 45 Minuten zu spät kam. Folglich kündigte er an, nicht mehr Bahn zu fahren. Das Social-Media-Team der Deutschen Bahn antwortet ebenfalls mit einem offenen Brief per Facebook und sammelt Sympathiepunkte. Die ganze Story kann hier eingesehen werden: https://www.wuv.de/digital/bahn_antwortet_auf_facebook_abschiedsbrief_von_harry_g.

16.6 Instrumente des Social-Media-Marketings

16.6.1 Blogs

Blogs sind ein viel und heiß diskutiertes Thema. Alleine bei Amazon findet man dazu über 30 Bücher, darunter so verheißungsvolle Titel wie „Blog Marketing als neuer Weg zum Kunden" oder „Blog Marketing: The revolutionary new method to increase sales, growth and profits".

Das Geheimnis von Blogs ist, dass sie einfach zu bedienen und untereinander vernetzt sind. Auch die kostenlos erhältlichen Open-Source-Lösungen, allen voran WordPress, sind leicht zu installieren und schnell im Einsatz. Praktisch jedermann kann innerhalb weniger Minuten einen eigenen Blog über einen der unzähligen Hosted-Blog-Services eröffnen und „losbloggen". Dies hat zu Millionen von Blogs weltweit geführt.

Über die Qualität der Beiträge lässt sich sicherlich streiten. Um ehrlich zu sein, gibt es unheimlich viele Müll-Blogs. Allerdings muss man klar anerkennen, dass der Ursprung der „Bloggerei" rein privater Natur war. Es bestand kein Qualitätsanspruch. Blogs im ursprünglichen Sinne waren veröffentlichte Gedanken, Meinungen und Schilderungen von Privatpersonen ohne kommerziellen Hintergrund. Nicht mehr und nicht weniger.

Durch die Vernetzung von Blogs sprechen sich gute und schlechte Meinungen über Produkte und Unternehmen viel schneller herum als bisher.

> **Praxisbeispiel**
>
> Die Verlinkung des Artikels http://www.radsportganser.de/blog/2008-01-31/mallorca-ii im Blog vom Radprofi Markus Ganser in meinem Blogbeitrag zu einem Trainingslager in Andalusien https://www.lammenett.de/triathlon/trainingslager-erfahrungsbericht-

andalusien.html führt automatisch zu einem Kommentar im Blog von Markus Ganser. Jeder, der also den Beitrag von Markus Ganser liest, kann über die Kommentare auch auf meinen Blogbeitrag in meinem Blog stoßen, nur weil ich Gansers Beitrag verlinkt habe.

Die meisten Blogs verfügen ferner über einen sogenannten RSS-Feed. RSS ist ein Service, der – ähnlich einem Nachrichtenticker – die Überschriften mit einem kurzen Teaser-Text und einen Link zur Originalseite enthält. Ein RSS-Feed liefert dem Leser, wenn er einmal abonniert wurde, automatisch neue Einträge. Zum Lesen eines RSS-Feeds dienen herkömmliche Webbrowser oder spezielle Programme, sogenannte Feed-Reader.

Praxisbeispiel

Mein Online-Marketing-Blog https://www.lammenett.de verfügt auch über einen RSS-Feed (https://www.lammenett.de/feed). Betrachtet man den reinen Code, so sieht dieser etwas kryptisch aus, wie der folgende Auszug zeigt. In einem Feed-Reader sehen die Beiträge natürlich wesentlich ansprechender aus und man kann über den entsprechenden Link mit einem Klick zur Originalseite gelangen.

```
<?xml version="1.0" encoding="iso-8859-15" ?>
- <!-- generator="wordpress/2.0.7" -->
- <rss version="2.0" xmlns:content="http://purl.org/rss/1.0/modules/content/"
xmlns:wfw="http://wellformedweb.org/CommentAPI/"
xmlns:dc="http://purl.org/dc/elements/1.1/">
- <channel>
<title>Online Marketing Blog</title>

<link>https://www.lammenett.de</link>
<description>Online-Marketing - Affiliate Marketing - Keyword Advertising - Suchmaschinenoptimierung - Online Werbung - eMail Marketing und Triathlon</description>
<pubDate>Thu, 03 Jul 2018 15:15:09 +0000</pubDate>
<generator>http://wordpress.org/?v=2.0.7</generator>
<language>en</language>
- <item>
<title>Nützliche Tools für SEO</title>
<link>https://www.lammenett.de/2018-07-02/nuetzliche-tools-fuer-seo/</link>
<comments>https://www.lammenett.de/2008-07-02/nuetzliche-tools-fuer-seo/#comments</comments>
<pubDate>Wed, 02 Jul 2016 06:15:33 +0000</pubDate>
<dc:creator>Erwin Lammenett</dc:creator>
<category>Online-Marketing</category>
<category>SEO</category>
<category>Internet-Marketing</category>
<category>Diverses</category>
<guid isPermaLink="false">https://www.lammenett.de/2008-07-02/nuetzliche-tools-fuer-seo/</guid>
- <description>
```

Durch die Einfachheit der Bedienung und die Vernetzung untereinander haben Blogs schnell kommerzielles Interesse geweckt. Rasch erkannten Medienvertreter und solche, die es gerne wären, die „Macht der Blogs" und entwickelten Medien-Blogs. Es wurden Artikel veröffentlicht, die entweder keinen Platz im Printmedium mehr fanden oder anderenorts nie veröffentlicht worden wären. Populäre Medien-Blogs sind beispielsweise http://www.bildblog.de, http://www.blogbar.de und viele andere. Plötzlich standen Blogs im Licht der Öffentlichkeit. Das kommerzielle Interesse von Unternehmen und Medienvertretern war da.

Blogs und ihre Relevanz für Unternehmen

Aus mehreren Blickwinkeln haben Blogs eine Relevanz für Unternehmen:

- Wenn über das Unternehmen oder die Produkte des Unternehmens besonders gut oder besonders schlecht berichtet wird, kann es für das Unternehmen von Interesse sein, Einfluss zu nehmen.

- Unternehmen können proaktiv einen Unternehmensblog initiieren, um in einen offenen Dialog mit Konsumenten und Interessenten zu treten. Die so gewonnenen Informationen können (hoffentlich) in vielfältiger Weise eingesetzt werden, etwa für R&D, für das Beschwerdemanagement, die Marktausrichtung oder zur Ursachenforschung. Beispielsweise konnten die Unternehmen früher erst dann nach den Auslösern suchen, wenn die Umsatzzahlen eingebrochen waren. Der offene Dialog mit dem Konsumenten über das Medium Blog kann diese Ursachenforschung vorverlagern.

- Besonders beliebt sind Blogs bei Betreibern von Online-Shops, die diese Form der Kommunikation nutzen, um Kunden über neue Angebote zu informieren und Rückmeldungen über Produkte einzuholen.

Praxisbeispiel

Die Unternehmen Walther und Frosta bloggen sehr intensiv unter http://www.walthers.de/saftplausch/saftblog/ bzw. http://www.frostablog.de/. Walther berichtete und diskutierte bis 2012 extrem offensiv und kontrovers sogar über das gescheiterte CRM-Projekt. Frosta postet bis heute fast jede Woche zu sehr unterschiedlichen Themen.

Die Hilfsorganisation Plan-Deutschland nutzt gleich zwei Blogs, um über relevante Themen zu berichten und mit Spendern in Kontakt zu kommen bzw. in Kontakt zu bleiben: https://www.plan.de/blog/ und http://www.plan-aktionsgruppen.de.

Der Online-Shop Fair-kaeuflich.de wurde plötzlich mit Bestellungen zum Produkt „Load Ding" überhäuft, obwohl das Produkt nicht aktiv beworben wurde. Die Ursache: Das Produkt wurde in der Blogosphäre heiß diskutiert, wie eine kurze Recherche bei Google.de ergab. Laut Ingo Litta, Inhaber des Shops, spielen Blogs eine enorm wichtige Rolle in der Neukundengewinnung.[224] Das Unternehmen betreibt unter http://www.fair-netzt.de auch einen eigenen Blog.

Im April 2008 versendete Tchibo anonym mysteriöse Päckchen mit einem Handy, einem Nassrasierer und einer Zahnbürste an 100 deutsche Blogger. Diese Aktion war Teil einer viralen Marketing-Kampagne, mit der Tchibo seine neue Ideenplattform fördern wollte und mit der erreicht werden sollte, dass in Bloggerkreisen über die Ideenplattform gesprochen wird. Die Details zu diesem interessanten Fall können Sie hier nachlesen: http://www.connectedmarketing.de/cm/2008/07/case-study-blog.html.

Der Gründer der Hotelgruppe Marriott, Bill Marriott, berichtet auf dem Unternehmensblog der Gruppe http://www.blogs.marriott.com über persönliche Erlebnisse und diverse interessante Themen. Obwohl man wohl kaum davon ausgehen kann, dass er den Inhalt der Einträge persönlich formuliert, wirken diese für den Leser sehr vertrauenerweckend. Die direkte Verbindung zum Gründer der Hotelgruppe stärkt das Image des gesamten Konzerns.[225]

Einen der wohl am intensivsten geführten Blogs der deutschen Unternehmen bietet der Konzern Daimler. Bereits seit Oktober 2007 werden Interessenten unter http://blog.daimler.de mehrere Male in der Woche durch Beiträge über Neuigkeiten und Vorkommnisse informiert. Themen der Beiträge können beispielsweise technisches Hintergrundwissen, Berichte aus dem täglichen Arbeitsleben oder die Vorstellungen von sozialen Projekten sein.[226]

Das in der Schweiz angesiedelte Unternehmen Travelhouse benutzt den eigenen Unternehmensblog https://blog.travelhouse.ch/de auf eine besondere Art und Weise. Die Mitarbeiter des Unternehmens berichten nach ihren Reisen ganz persönlich über ihre Erlebnisse auf dem Blog des Unternehmens. Durch das Lesen dieser vielen Reiseberichte soll beim Leser die Lust auf das Reisen geweckt werden. Ferner werden auf dem Blog Neuigkeiten aus den Filialen und Informationen für Reisende präsentiert.

Ob sich Unternehmen mit dem Thema Blogs auseinandersetzen sollten oder nicht, kann sicher nicht pauschal beantwortet werden. Tatsache ist, dass die Konversation über Unternehmen und Produkte in Blogs stattfindet. Die Unternehmen können letztlich nur entscheiden, ob sie daran teilhaben möchten oder nicht.

Einen Unternehmensblog ins Leben zu rufen, bedeutet Einiges an Arbeit. Ferner lauern auch Gefahren und juristische Fallstricke. Der Bundesverband Digitale Wirtschaft hat 2007 einen passenden Leitfaden herausgegeben, den Sie hier einsehen können: http://www.ovk.de/fileadmin/medien/wissenspool/Leitfaden_Blogs_BVDW_20070326.pdf. Einen jüngeren Leitfaden finden Sie hier: https://karrierebibel.de/corporate-blog/.

---

[224] Vgl. acquisa 12/2007.
[225] Vgl. http://t3n.de/news/10-beispiele-gute-corporate-blogs-424976, Abruf 19.07.2016.
[226] Vgl. http://blog.daimler.de/hier-bloggen-mitarbeiter, Abruf 19.07.2016.

Aus Sicht des Online-Marketings haben Blogs den angenehmen Nebeneffekt, dass sie aufgrund ihrer „natürlichen Vernetzung" in Suchmaschinen häufig gut vertreten sind. Diese Vernetzung kann auch dazu genutzt werden, zusätzliche Besucher auf die eigene oder eine ganz bestimmte Webseite zu leiten (vgl. Praxisbeispiel „Load Ding" auf der vorangegangenen Seite). Insofern können Blogs auch positive Beiträge im engeren Sinne von Online-Marketing erbringen. Es gibt sogar Unternehmen, die ihre konventionelle Webseite gegen eine mit einer Blog-Software erstellte Webseite eingetauscht haben.

16.6.2 Videoportale

Videoportale haben in den letzten Jahren extrem an Popularität gewonnen. Allerdings hat sich der Markt auch schon wieder zu einem guten Teil bereinigt. Noch vor wenigen Jahren gab es etliche bekannte Videoportale. Doch einstmals klingende Namen wie MyVideo, Clipfish oder Sevenload sind heute vom Markt verschwunden. MyVideo wurde im September 2017 eingestellt. Ebenfalls 2017 wurde Clipfish aufgelöst. Die URL verweist nun auf den Nachfolger Watchbox. Watchbox wird von der RTL-Tochter RTL interactive betrieben und widmet sich eher dem Thema „Video on Demand" nach dem Modell von Netflix und Co. Auch Sevenload gibt es heute nicht mehr. Es wurde bereits 2014 eingestellt. Ähnliche Bereinigungsprozesse sind aus dem Segment der Social-Media-Netzwerke bekannt, wo einst Facebook mit StudiVZ, SchülerVZ und MeinVZ um die Vorherrschaft in Deutschland buhlte. 2009 gab Facebook seine deutschen Mitgliederzahlen mit zwei Millionen an. StudiVZ hatte zu diesem Zeitpunkt bereits über 5,5 Millionen Mitglieder. Heute hat Facebook rund 25 Millionen Mitglieder in Deutschland und sowohl StudiVZ als auch SchülerVZ wurden eingestellt bzw. gingen in die Insolvenz.

Marktführer bei den Videoportalen heute ist sicherlich YouTube. Ebenfalls bekannt, und gerne im professionellen Segment eingesetzt, ist Vimeo. Auf Videoportalen kann praktisch jedermann seine selbstproduzierten Filme hochladen und diese so mit Freunden in der ganzen Welt teilen. In diesem Zusammenhang wird daher auch häufig von „User-generated Content" gesprochen. Neben den selbst produzierten Inhalten werden allerdings auch viele urheberrechtlich geschützte Videos Dritter hochgeladen, wie beispielsweise Musikvideos oder Fernsehserien.

Videoportale erfreuen sich seit ca. fünf Jahren einer sehr dynamischen Entwicklung. Sinkende Preise für Internetverbindungen mit nennenswerter Bandbreite und die Entwicklung im Mobil-Sektor sorgten für einen kontinuierlichen Aufschwung. Smartphones mit Kamera und Internetverbindung haben das klassische Handy verdrängt. Bereits im Juni 2008 verlautbarte der US-Netzwerkausrüster Cisco Systems, dass der Ausbau der Infrastruktur nicht mit der rasanten Zunahme des Datenverkehrs Schritt halten könne.[227] In Deutschland wird seit 2009 der Ausbau flächendeckender Breitbandverbindungen vorangetrieben. 2009 etwa versicherte Angela Merkel: 75 Prozent der deutschen Haushalte sollen bis 2014 mit einer Geschwindigkeit von mindestens 50 Megabit pro Sekunde

---

[227] Online-Videos verstopfen das Internet, Financial Times Deutschland, 16.06.2008.

Daten aus dem Netz ziehen können. In den Kapiteln 17 sowie 14 finden Sie weitere Informationen und Zahlen.

Videoportale bewegen Massen. Und überall, wo Massen bewegt und begeistert werden, entsteht ein kommerzielles Interesse. So ist es nicht verwunderlich, dass Unternehmen auf den genannten Portalen Videofilme einstellen, um auf Produkte oder Dienstleistungen aufmerksam zu machen. Doch wer würde sich freiwillig auf Videoportalen Werbefilme ansehen? Richtig, niemand. Darum sind die erfolgreichen Videos auch weniger konventionelle Werbefilme, sondern vielmehr witzige, erstaunliche oder sensationelle Kurzfilme. Denn nur wenn die Besucher der Portale das Video weiterempfehlen oder es hoch bewerten, wird es oft angesehen.

Praxisbeispiel

Berlitz wirbt für seine Englischkurse mit diesem 40-sekündigen Video auf YouTube: http://www.YouTube.com/watch?v=YsCR9Y4Ymvo.

Servicelink: www.lammenett.de/POM13

Das Video wurde 2006 eingestellt und in den ersten zwei Jahren immerhin 114.000 Mal angesehen. Bis August 2016 erreichte es 390.700 Aufrufe. Interessant dabei ist, dass das Video gerade in den letzten Jahren sehr häufig aufgerufen wurde, was in der öffentlichen Videostatistik klar erkennbar ist.

Dass auch kleine lokale Anbieter über dieses Medium erfolgreich sein können, zeigt das Video von Soesman Language Training, einem kleinen niederländischen Anbieter von Sprachkursen: http://www.YouTube.com/watch?v=cUEkOVdUjHc wurde von Mai 2006 bis Juli 2008 fast drei Millionen Mal angeklickt und erreichte bis August 2016 über zehn Millionen Aufrufe. Allerdings fällt dieses Video in die Kategorie „Banned Commercials".

Servicelink: www.lammenett.de/POM14

Die Krönung aus der Kategorie „Banned Commercials" ist das Video von Zazoo, einem belgischen Hersteller von Kondomen. Von September 2006 bis Juli 2008 wurde das Video weit über zehn Millionen Mal angesehen. Bis August 2011 erreichte es sagenhafte 26 Millionen Aufrufe. Im August 2013 waren es 30 Millionen Aufrufe, was zeigt, dass das Video nach über sieben Jahren immer noch rund zwei Millionen Mal pro Jahr aufgerufen wurde. Leider wurde das Originalvideo entfernt. Doch es gibt eine Kopie unter: https://www.YouTube.com/watch?v=bYvLahRzabs.

Servicelink: www.lammenett.de/POM15

Diese Form des Marketings ist in der Regel nicht dem Online-Marketing zuzuordnen, sondern vielmehr dem Viral-Marketing. Würden im Video Links zu einer ganz bestimmten Webseite führen, so könnte man von Online-Marketing im Sinne meiner Definition aus der Einleitung sprechen. Die Einblendung von klickbaren Links in Videos ist mittlerweile bei etlichen Videoportalen möglich, wie das folgende Beispiel zeigt.

Praxisbeispiel

Im YouTube-Video http://www.YouTube.com/watch?v=3Diur19BEPA wirbt das virtuelle Schreibbüro http://www.Schreibbuero-24.com für seine Dienstleistungen. Nach wenigen Sekunden wird in das Video eine klickbare Anzeige eingeblendet. Die Anzeige erscheint nur beim ersten Aufruf. Bei der Anzeige handelt es sich um eine kleine Textanzeige, die über Google AdWords gebucht wurde. Seit dem Kauf von YouTube ermöglicht Google die Erstellung verschiedenster Anzeigenformate auf YouTube (alle buchbar über Google Ads).

Servicelink: www.lammenett.de/POM16

Das zuvor genannte Beispiel stellt eine relativ einfache Form der Integration von klickbaren Links in Videos dar, bei dem pro Video nur ein Link hinterlegt werden kann. Aus technischer Sicht ist heute allerdings schon viel mehr möglich. Stellen Sie sich vor, Sie sehen einen James-Bond-Film. Ihnen gefällt der Anzug, den Herr Bond trägt. Sie klicken mit der Maus auf den Anzug und lesen: „Anzug Marke xyz, € 556,-". Nach einem weiteren Klick landen Sie in einem Online-Shop, in dem Sie den Anzug gleich kaufen können. Später im Film fällt Ihnen die Uhr auf, die Bond trägt. Ein Klick auf die Uhr und Sie sind im Online-Shop, in dem Sie selbige sofort erstehen können. Sie glauben jetzt, das sei ferne Zukunft? Falsch. Die kanadische Firma VideoClix hat eine Anwendung erstellt, mit der Inhalte in Videos anklickbar gemacht werden können. VideoClix bietet Produkte und Dienstleistungen rund um dieses Thema an. Es lassen sich Objekte in Filmen markieren, zu denen man dem Zuschauer nähere Informationen auf Mausklick liefern kann. Hält dieser während des Betrachtens mit der Maus auf den Gegenstand, erscheint eine kurze Beschreibung, z. B. der Produktname. Durch einen Klick auf diesen wird in der Leiste rechts vom Video die Präsentation des Objektes/Produktes geöffnet. Dort lassen sich beispielsweise Bilder, ein erklärender Text sowie Links zu externen Seiten wie einem Online-Shop integrieren. Mittlerweile arbeitet VideoClix für namhafte Kunden wie Adidas, Puma, BMW und viele andere mehr.[228]

Mit der Hinterlegung eines Videos sind die Möglichkeiten von Videoportalen noch nicht erschöpft. Auf den meisten Videoportalen kann man sogenannte Kanäle definieren. Diese können von Besuchern abonniert werden. Kanäle sind kleine Sub-Webseiten, die nur Videos eines Anbieters enthalten. Die Kanäle können visuell angepasst werden und dürfen meistens Links zur eigenen Website oder einer ganz bestimmten Website enthalten. Insofern ist ein solcher Kanal auch ein Online-Marketing-Instrument.

> **Praxisbeispiel**
>
> Greenpeace betreibt auf YouTube einen Kanal: https://www.YouTube.com/user/GreenpeaceDE. Von diesem Kanal aus führen drei Links an prominenter Stelle zur Homepage von Greenpeace bzw. zu Unterseiten. Jedes einzelne Video (z. B. http://de.YouTube.com/watch?v=odI7pQFyjso) ist dem Kanal zugeordnet. Videos führen durch einen Link zum Kanal. Der Kanal wiederum führt zur Homepage oder zu einer Unterseite.

Auch das im Juni 2008 in Deutschland veröffentlichte Partnerprogramm von YouTube eröffnet Marketern ein neues Werbespielfeld. Hobbyregisseure sollen mit ihrem Videocontent bei YouTube Geld verdienen können. Sie sollen an den Werbeeinblendungen partizipieren. Voraussetzung für die Teilnahme am YouTube-Partnerprogramm[229] ist, dass die Videos selbst produziert wurden und frei von Copyrights Dritter sind. Ferner müssen bestimmte Zuschauerquoten erreicht werden.

16.6.3 Wikis

Ein Wiki ist eine Software und Sammlung von Webseiten, die von den Benutzern nicht nur gelesen, sondern meist auch direkt online geändert werden können. Wikis ermöglichen die gemeinsame Arbeit an einem Dokument. Hauptziel eines Wiki ist es, die Erfahrung und den Wissensschatz der Autoren kollaborativ in Texten auszudrücken. Viele Unternehmen setzen Wikis als Instrument für das unternehmensinterne Wissensmanagement ein. Ein großes öffentliches Wiki ist „Wikipedia, Die freie Enzyklopädie" der Wikimedia Foundation (http://www.wikipedia.org). Für das Online-Marketing haben Wikis keine hohe Bedeutung. Sicherlich kann versucht werden, die SEO-Power von Wikis zu nutzen, indem man Informationen zu Produkten oder Unternehmensdaten dort

---

[228] Demo s. unter: http://www.videoclix.tv, Abruf 15.07.2016.
[229] Vgl. https://www.youtube.com/intl/de/creators/benefits/, Abruf 15.11.2018.

verankert und in den Beiträgen auf entsprechende Webseiten verlinkt. Doch werden solche Einträge meistens schnell gelöscht und haben keinen dauerhaften Wert.

16.6.4 Social-Bookmark-Netzwerke

Sogenannte Social-Bookmark-Netzwerke sammeln in der ursprünglichen Form Links (Lesezeichen, engl. Bookmarks). Social Bookmarks sind also im Grunde Internetlesezeichen, die in einem Netzwerk mithilfe eines Browser-Plug-ins oder einer Browseroberfläche gesammelt werden und durch gemeinschaftliches Indexieren ge- bzw. bewertet werden.

Die Mitglieder eines Bookmark-Netzwerkes können eigene Lesezeichen hinzufügen, löschen, bewerten oder kommentieren. Auch die Zuordnung zu bestimmten Kategorien oder die Verschlagwortung von Lesezeichen ist möglich. Die Mitglieder eines Netzwerkes haben meistens Einblick in die Lesezeichen anderer Nutzer und können deren Lesezeichen in die eigene Sammlung übernehmen. Zudem gibt es in vielen Fällen eine Auflistung der von allen Nutzern zuletzt gespeicherten Lesezeichen auf der Startseite sowie eine Liste der beliebtesten Links. Jede dieser Listen lässt sich mithilfe eines RSS-Feeds abonnieren.

Zu den größten Anbietern im englischsprachigen Bereich zählen Del.icio.us, Digg und StumbleUpon. Mittlerweile gibt es auch rein deutschsprachige Services, wie z. B. Mister Wong und Oneview.

Der Vorteil für den Benutzer liegt auf der Hand: Er kann dezentral auf seine Bookmarks zugreifen, nach einer Anmeldung von überall neue Lesezeichen hinzufügen und hat je nach Konstellation die Möglichkeit, Hinweise zu interessanten Lesezeichen von Benutzern mit ähnlicher Interessenlage zu erhalten.

Online-Marketing über Social-Bookmark-Netzwerke
Aus SEO-Sicht, und damit auch für das Online-Marketing, können Social Bookmarks interessant sein. Einerseits leisten Social Bookmarks einen Beitrag zur Bekanntmachung einer Webseite. Andererseits können auch zusätzliche Backlinks entstehen. Allerdings sollte man diese Möglichkeiten nicht überbewerten. Übertriebenes Eintragen der eigenen Webseite in verschiedene Social-Bookmarking-Dienste ist unerwünscht und wird meistens als Spam gewertet. Außerdem verhindern viele Dienste das Weiterverfolgen von Weblinks durch die Nutzung des Nofollow-Attributs.

16.6.5 Soziale Netzwerke bzw. Communities

Soziale Netzwerke gibt es schon lange. Im Grunde ist der Schäferhundverein um die Ecke oder der deutschlandweit agierende Bundesverband Junger Unternehmer ein soziales Netzwerk. Dort organisieren sich Gleichgesinnte und tauschen Ansichten und Erfahrungen aus, begehen gemeinsam Unternehmungen oder treten gegenüber Dritten gemeinsam auf. Neu im Sinne des Web 2.0 ist, dass sich diese Dinge weltumspannend, zeit- und ortsunabhängig und teilweise anonym bewerkstelligen lassen. Möglich wird das durch die Verwendung von Community-Software (Sozialer Software). Mithilfe von Community-Software werden Netzwerke wie XING, LinkedIn oder Facebook betrieben.

Neben den großen und bekannten Netzwerken gibt es unzählige kleine Netzwerke (neudeutsch: Communities). Mittlerweile gibt es Software[230], mit der praktisch jedermann innerhalb von wenigen Stunden ein Netzwerk einrichten und betreiben kann. Anderseits hat bei den großen Netzwerken auch seit einigen Jahren ein Bereinigungsprozess eingesetzt.

Die Ausprägungen der Netzwerke sind sehr verschieden. Sie orientieren sich teilweise an Berufsbildern (z. B. http://www.modelbox.de, ein Netzwerk für Fotomodelle, Fotografen, Visagisten, Schauspieler etc.), an Lebenssituationen (z. B. http://www.schuelerVZ.de, ein Netzwerk für Schüler, welches jedoch im April 2013 vom Netz ging) oder an geografischen Gegebenheiten (z. B. http://www.lokalisten.de, ein Netzwerk, um Freunde in der Region zu finden, welches 2005 gegründet wurde und 2016 seinen Dienst einstellte). Die hier genannten Beispiele stellen nur einen Ausschnitt dessen dar, was heute schon an Netzwerken im Internet zu finden ist. 2016 wurde eine aktualisierte Social-Media-Landkarte veröffentlicht. Dort sind mehr als 260 Social-Media-Webseiten, Apps, Tools, mobile Apps und soziale Netzwerken aufgelistet. Alleine die Anzahl der gelisteten sozialen Netzwerke betrug 2016 über 70.[231]

In Großbritannien nutzten schon 2012 rund 52 Prozent der Bevölkerung soziale Netzwerke. Nach einer Schätzung des Informationsanbieters *Datamonitor* waren bereits 2012 über 27 Millionen Briten in Diensten wie Facebook oder MySpace unterwegs. Laut *Datamonitor* scheinen es die Menschen offenbar besonders zu begrüßen, von zu Hause aus Kontakte zu knüpfen und Beziehungen aufrechterhalten zu können. Zwar stünden hinter den wachsenden Nutzungszahlen vor allem jüngere Leute, aber auch viele ältere Nutzer kämen künftig hinzu. In der gleichen Studie wurde Deutschland im Jahr 2012 noch eine verhältnismäßig geringe Nutzung sozialer Netzwerke attestiert.[232] Doch bereits 2013 konnte man Studien finden, die auch den Deutschen eine sehr intensive Nutzung sozialer Medien bescheinigten. So ist in einer Studie von Bitkom zu lesen: *„Mehr als drei Viertel (78 Prozent) der Internetnutzer sind in mindestens einem sozialen Netzwerk angemeldet. Zwei Drittel (67 Prozent) sind aktive Nutzer. Das mit Abstand am häufigsten genutzte Netzwerk in Deutschland ist Facebook: 56 Prozent der Internetnutzer geben an, Facebook aktiv zu nutzen."*[233] Allerdings sind die Deutschen im internationalen Vergleich gesehen immer noch Social-Media-Muffel, wie der Spiegel in seinem Artikel vom 23. Februar 2016 schreibt.[234]

---

[230] Beispielsweise http://www.ning.com/de/?set-language=1, Abruf 16.11.2018.
[231] Vgl. https://www.der-bank-blog.de/die-social-media-landkarte-2016/studien/social_media/ 21770, Abruf 19.11.2018.
[232] Vgl. http://de.engadget.com/2012/12/20/landervergleich-geringe-nutzung-sozialer-netzwerke-in-deutschla, Abruf 16.11.2018.
[233] Vgl. http://www.bitkom.org/files/documents/SozialeNetzwerke_2013.pdf, Abruf 10.11.2018.
[234] Vgl. http://www.spiegel.de/netzwelt/web/pew-studie-social-media-nutzung-in-deutschland-im-weltweiten-vergleich-niedrig-a-1078787.html, Abruf 16.07.2016.

Globale soziale Netzwerke sorgen für eine bislang nicht gekannte Eigendynamik der Meinungsbildung in der Weltöffentlichkeit. Auch verändern sie das Kommunikationsverhalten in bestimmten Nutzergruppen. Beispielsweise kommunizieren schon heute besonders viele junge Menschen nicht mehr über E-Mail, sondern über Kommunikationsfunktionen der jeweiligen Netzwerke.

Doch nicht alle sozialen Netzwerke werden ein Erfolg. Der Versuch, eine bestimmte Marke durch den Einsatz von Community-Software zu beflügeln, gelingt laut einer Studie von Jupiter Research[235] in den meisten Fällen nicht. Gemeint sind die sogenannten Marken-Communities. Eine Marken-Community versucht, ein soziales Netzwerk um die eigene Marke zu etablieren. Laut Jupiter Research haben mehr als die Hälfte der Marken-Communities in Europa weniger als 1.000 Mitglieder. Die durchschnittliche Zahl der Mitglieder liegt gemäß der Studie bei unter 6.500.

16.6.6 Online-Marketing über soziale Netzwerke

Je nachdem, um welches Netzwerk es sich handelt, kann dieses mehr oder weniger gut für Zwecke des Online-Marketings eingesetzt werden. Business-Netzwerke wie XING dienen natürlich in gewisser Weise der Kontaktanbahnung. Allerdings wird das Anschreiben von Mitgliedern in stark werblicher Form bzw. das Versenden von gleichlautenden Nachrichten an Hunderte Mitglieder dort als Missbrauch gewertet. Dennoch kann man durch ein gut gestaltetes eigenes Profil und gezielte Direktansprache in Kontakt mit potenziellen Kunden kommen. Und natürlich werden potenzielle Kunden sich zunächst das Profil ansehen und von dort auf die zugehörige Website springen. Diese Art des Marketings eignet sich jedoch nur für die Anbahnung neuer Geschäftskundenbeziehungen. Um in Netzwerken B2C-Marketing mit spürbarem Effekt zu betreiben, muss man dort:

- Werbung platzieren (s. Kapitel 12.6.2) und/oder

- einen viralen Effekt erreichen, beispielsweise über Videos oder anderen Content, der sich viral verbreitet (s. z. B. Kapitel 14.5.4.5), und/oder

- eine Fanpage oder vergleichbare Seite aufbauen, die eine kritische Masse an Fans erreicht, um sich selbst zu tragen.

Online-Werbung in sozialen Netzwerken zu schalten, kann sehr interessant werden. Denn hier äußern sich die Teilnehmer häufig über ihre Vorlieben und Interessen. Dies ermöglicht die Einblendung „passgenauer" Werbung. Jemandem, der in einem sozialen Netzwerk Schwabing als Wohnort und als Geschlecht männlich angibt, kann ganz gezielt Werbung von Unternehmen aus Schwabing angezeigt werden, die sich primär an Männer richtet. Jemandem, der angibt, gerne zu reisen, können gezielt Angebote von Reiseanbietern angezeigt werden. Bis 2007 waren solche Möglichkeiten jedoch in Deutschland nicht gegeben. Der Schutz der Privatsphäre stand im Vordergrund. Im Laufe des Jahres 2008 haben jedoch die Änderung der Allgemeinen Geschäftsbedingungen vieler Netz-

---

[235] Vgl. Community, Jupiter Research Corporation, August 2008.

werke und ein aktuelles Gerichtsurteil[236] Bewegung in die Netzwerkszene gebracht. Das Berliner Landgericht hatte die Klage eines Katzenliebhabers abgewiesen, der sein Persönlichkeitsrecht verletzt sah. Das Gericht vertrat die Auffassung, dass jemand, der freiwillig über sich Daten und Fotos ins Netz stellt, sich nicht im Nachhinein auf den Schutz der Privatsphäre berufen kann. Es zeichnete sich ab, dass es zukünftig auch in Deutschland legal werden würde, in Netzwerken „passgenaue" Werbung zu platzieren und je nach Konstellation auch „passgenaue" Werbe-E-Mails über Netzwerke zu versenden.

Bereits zu Anfang des Jahres 2008 zeigte sich, dass das Thema Datenschutz und Privatsphäre ein ganz großes wird und aller Voraussicht nach auch einige Gerichte beschäftigen wird. Die größten deutschen sozialen Netzwerke StudiVZ und XING starteten mit ersten Monetarisierungsversuchen und sorgten in der Community für heiße Diskussionen um Privatsphäre und Datenschutz. Seit 2008 hängt die Teilnahme bei StudiVZ davon ab, dass man die Werberegeln akzeptiert. Dies wurde durch die Änderung der AGBs möglich, die für Furore und teilweise für Empörung sorgte. Das Netzwerk XING, welches nach eigenen Angaben von fünfzehn Millionen (Stand November 2018) Geschäftsleuten und Berufstätigen genutzt wird,[237] wurde ab 2008 exklusiv von Adconion[238] vermarktet. Wer die Werbefläche auf XING heute vermarktet, ist mir nicht bekannt. Auch Facebook stieg in den Werbemarkt ein. Am 7. Oktober 2007 kündigte Facebook an, in allen vorhandenen Nutzerprofilen von mehr als 50 Millionen registrierten Nutzern personalisierte Werbung zuzulassen. Im Februar 2009 änderte Facebook seine Nutzungsbedingungen dahingehend, dass das Unternehmen die Daten von Mitgliedern zeitlich unbegrenzt verwenden durfte, also auch nach Löschung der Daten oder Deaktivierung eines Nutzerkontos. Nach massiven Protesten von Nutzern und Datenschützern wurden die neuen Regelungen zurückgenommen. Im April 2009 brachte Facebook modifizierte Nutzungsbedingungen im Kreise seiner Nutzer zur Abstimmung. Diese besagten, dass Nutzern der Besitz ihrer Informationen zugesichert wird. Eine Mehrheit der Teilnehmer befürwortete die neuen Regeln. Heute sind Facebook und Co. in Deutschland im Display-Werbemarkt an vorderster Front aktiv. 2010 erwirtschaftete Facebook zwei Milliarden US-Dollar durch Werbung.[239] Alleine im ersten Quartal 2016 waren es schon 5,3 Milliarden.[240]

Der Erfolg der sozialen Netzwerke im Bereich der Vermarktung von Display-Werbung ist nicht verwunderlich. Wie eine US-amerikanische Studie[241] vom Februar 2011 zeigt, beginnen 58 Prozent der Konsumenten ihren Kaufentscheidungsprozess mit der Suche via Suchmaschinen, während lediglich 24 Prozent direkt Unternehmenswebsites aufsu-

---

[236] Landgericht Berlin, Urteil (Az.:27 O 602/07).
[237] Vgl. https://corporate.xing.com/de/unternehmen/, Abruf 19.11.2018.
[238] Vgl. http://www.blogtrainer.de/2008/01/03/garantiert-nie-mehr-werbefrei-adconion-vermarktet-xing, Abruf 19.11.2018.
[239] Vgl. http://www.faz.net/artikel/C32206/internet-facebooks-geschaeft-mit-den-grossen-zahlen-30325494.html, Abruf 22.11.2018.
[240] Vgl. http://de.statista.com/statistik/daten/studie/237434/umfrage/umsatz-von-facebook-weltweit-quartalszahlen, Abruf 22.11.2018.
[241] Vgl. The Virtuous Circle: The Role of Search and Social Media in the Purchase Pathway, https://de.slideshare.net/duckofdoom/role-of-search-and-social-media-in-purchase-pathway-7533318, Abruf 19.11.2018.

chen und 18 Prozent Social Media als Startpunkt nutzen. Im weiteren Kaufentscheidungsprozess nutzt dann jedoch nahezu die Hälfte der Konsumenten die Kombination aus Suchmaschinen und Social Media, um zu einer finalen Kaufentscheidung zu gelangen.

Das Thema Werbung über soziale Netzwerke habe ich im Kapitel 12.6.2 näher beleuchtet. Warum Facebook und nicht andere soziale Netzwerke? Wo es doch laut Social-Media-Landkarte 2016 über 70 soziale Netzwerke gibt. Lange Zeit existierten in Deutschland mehrere soziale Netzwerke nebeneinander, ohne dass man seriös von einer Nummer 1 hätte sprechen können. Meiner Beobachtung nach hat sich dieses Bild im Laufe der Jahre 2009/2010 deutlich gewandelt – zumindest was das Segment „private Netzwerke" angeht. Während andere private soziale Netzwerke Marktanteile verloren oder stagnierten, boomte Facebook. Im Juli 2010 verkündete das Unternehmen, in Deutschland erstmals die Zehn-Millionen-Mitglieder-Marke erreicht zu haben. Heute sind es rund 25 Millionen.

Die Entwicklung der Marktanteile ist dabei sehr interessant. Bis 2009 lieferten sich in Deutschland einige Netzwerke mit Facebook ein Kopf-an-Kopf-Rennen. Doch dann begann auch in Deutschland der kometenhafte Aufstieg von Facebook. Ab 2010 orakelte die Branche darüber, wann erste Netzwerke aufgeben. Am 8. April 2013 war es dann so weit. SchülerVZ gab bekannt, dass der Dienst Ende April 2013 eingestellt würde. 2016 stellten die Lokalisten ihren Dienst ein und 2017 meldete StudiVZ Insolvenz an.

Abbildung 16.3 Entwicklung des Marktanteils verschiedener sozialer Netzwerke

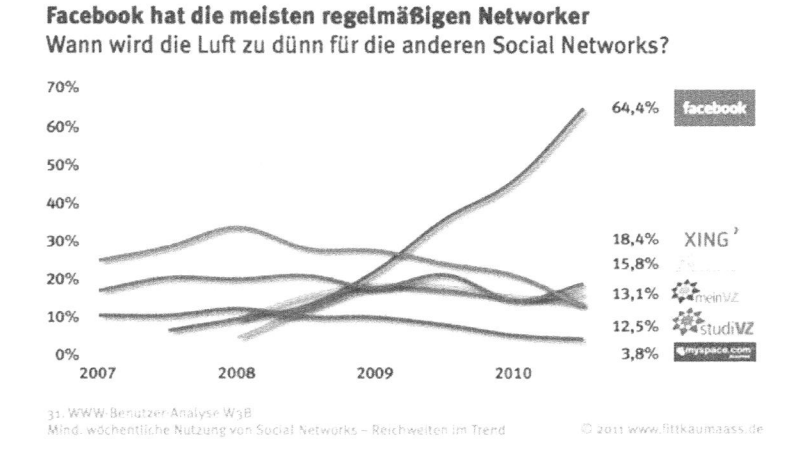

Quelle: Fittkau & Maaß Consulting

16.6.7 Facebook-Commerce ein Flopp

Trotz des gigantischen Erfolgs von Facebook gelingt auch Facebook nicht alles. Mitte/Ende 2010 entwickelte sich innerhalb von Facebook ein Trend, Produkte direkt in einem Facebook-Shop zum Verkauf anzubieten. Dies geschah in der Regel durch die Erweiterung einer Facebook-Fanpage um einen Reiter „Shop". Klickt der Facebook-Nutzer auf den Reiter „Shop", so gelangt er auf eine eigens an die Facebook-Umgebung angepasste Shop-Webseite. Der Begriff „Facebook-Commerce" wurde geprägt. Anbieter, die diesen Gedanken verfolgen, wollen ihren Shop in die Community hineinbringen, was vermeintlich leichter ist, als Community-Mitglieder aus der Community heraus auf die eigene Shop-Anwendung zu führen. Aus Sicht des Marketings schien dies ein sehr cleverer Gedanke zu sein, zumal sich innerhalb einer Community Aspekte des viralen Marketings viel leichter einstellen.

Facebook-Commerce wurde von vielen Experten als der Hype der Zukunft gesehen. Zahlreiche Anbieter stürzten sich auf das Thema und entwickelten Miet-Shop-Lösungen für Facebook und Schnittstellen, um einen Facebook-Shop mit den Produktdaten des Online-Shops automatisch zu versorgen. Auch die Gütesiegel-Anbieter witterten Zusatzgeschäft und nahmen das Thema F-Commerce auf ihre Agenda. Eines der ersten deutschen Unternehmen, die einen Facebook-Shop eröffneten, war die für ihre Innovationskraft bekannte Internetstores AG mit ihrem Shop Fahrrad.de. Schon im Juni 2010 eröffnete die Internetstores AG ihren ersten Facebook-Shop. Das Sortiment in diesem Shop war laut Pressemeldung identisch mit dem des regulären Shops. Im November/Dezember 2010 folgten die Shops Fitness.de und Bikeunit.de. Um den Facebook-Nutzern den F-Shop näherzubringen und sie mit dieser neuen Art des Online-Shoppings vertraut zu machen, hatte die Internetstores AG sogar einen Anreiz in Form von zehn Prozent Rabatt geschaffen.

Anfang 2012 war dieser Hype dann schon wieder zu Ende.[242] Die Facebooknutzer hatten innerhalb von Facebook alles im Sinn – nur nicht Shoppen. Eine in der Theorie geniale Idee wurde vom Markt als völlig deplatziert abgestraft und quasi ignoriert.

16.6.8 Facebook-Fanpages und Facebook-Gruppen

Der Betrieb einer eigenen Social Community in einem sogenannten High-Interest-Bereich kann ein wichtiger Bestandteil im Marketing-Mix eines Unternehmens sein. Bei Facebook wäre man dann bei einer Fanpage oder einer Facebook-Gruppe. Ziel einer solchen Community ist es, immer wieder auf sehr charmante Weise auf die eigenen Produkte aufmerksam zu machen. Natürlich ist eine solche Community nur dann von wirtschaftlichem Vorteil, wenn eine gewisse kritische Masse erreicht ist und eine Eigendynamik entsteht. Der Online-Anbieter http://www.fahrrad.de war einer der ersten in Deutschland, der dies erkannt und auf Basis eigener Technologie eine sehr umfassende

---

[242] Vgl. https://www.businessinsider.com/facebook-commerce-2012-2?IR=T, Aufruf 16.11.2018.

Community rund um das Thema Fahrrad und Radsport erstellt hat. Doch im Frühjahr 2010 schloss Fahrrad.de seine eigene Community und zog um zu Facebook[243]. Durch die Möglichkeiten, die eine Facebook-Fanpage bietet, hat Fahrrad.de offensichtlich keine Veranlassung mehr gesehen, seine Social Community auf Basis eigener Technologie weiterzuführen. Heute betreibt Fahrrad.de unter der Domain http://www.facebook.com/fahrrad.de eine Facebook-Fanpage mit 25.000 Fans.

Eine Facebook-Fanpage ist im Prinzip schnell erstellt. Je nach Anspruch kann eine einfache Fanpage in zwei bis vier Stunden im Netz sein. Doch verhält es sich mit Facebook-Fanpages genauso wie mit konventionellen Communities oder Foren: Nur wenn man regelmäßig etwas zu sagen hat, interessante, witzige oder skurrile Bilder, Videos oder Anwendungen hat, die man mit der Community teilen kann und möchte, hat eine Facebook-Fanpage auch im kommerziellen Sinne Aussicht auf Erfolg. Es gibt mittlerweile Tausende von Facebook-Fanpages, die von kommerziellen Unternehmen oder Institutionen betrieben werden.

Facebook unterscheidet aktuell noch zwischen Facebook-Profilseiten, Facebook-Gruppen und Facebook-Fanpages. Facebook-Profilseiten sind die individuellen Seiten von Personen, zumeist Privatpersonen. Facebook-Gruppen verbinden Benutzer und ermöglichen die Zusammenarbeit unter einem Titel. Fanpages sind meist Seiten von Unternehmen oder Institutionen bzw. von Personen mit Fanstatus. Fanpages und Facebook-Gruppen können als effektives Marketing-Tool einsetzt werden – zumeist zum Aufbau von Wahrnehmung bzw. Bewusstsein um ein bestimmtes Thema. Aufgrund der Sicherheitseinstellungen sind Gruppen jedoch eher auf die persönliche Interaktion ausgerichtet. Bei Gruppen gibt es einen Administrator und ggf. Moderatoren. Diese können sich im Zweifel direkt an die Mitglieder wenden. Dadurch werden Gruppen etwas „privater" als Fanseiten. Darüber hinaus gibt es auch geschlossene und geheime Gruppen, für die es Zugangskriterien gibt. Fanseiten können nur lokal und altersmäßig beschränkt werden. Für Gruppen unter 5.000 Mitgliedern gibt es das Feature, allen eine E-Mail zu schicken. Diese landen dann im Facebook-Postfach des jeweiligen Mitglieds. Generell gibt es weder für Gruppen- noch für Fanseiten eine Beschränkung bezüglich der Größe der Fangemeinde und nur hier besteht die Möglichkeit, spezielle Applikationen zu integrieren. Veranstaltungen können sowohl für Gruppen als auch für Fanseiten erzeugt werden. Hier einige Fanpages bzw. Gruppen:

- https://www.facebook.com/PizzaHut
- https://www.facebook.com/greenpeace.de
- https://www.facebook.com/CDU
- https://www.facebook.com/Starbucks

---

[243] Vgl. http://www.internetworld.de/Heftarchiv/2010/Ausgabe-11-2010/Shop-Communitys-sind-tot, http://www.community-management.de/2010/04/das-ende-der-fahrrad-de-community-und-was-man-daraus-fuer-das-community-management-lernen-kann, Abruf 16.11.2018.

- https://www.facebook.com/group.php?gid=107318385955102
- https://www.facebook.com/groups/76022350686/?fref=ts

Im Grunde wirken Beiträge auf Fanpages wie Empfehlungsmarketing. Im schlechten Fall kann aber natürlich auch das Gegenteil der Fall sein, dann nämlich, wenn Marktteilnehmer sich negativ über ein Produkt oder ein Unternehmen äußeren. Erstellt ein Marktteilnehmer einen Beitrag auf seiner Facebook-Fanpage, so kann dieser Beitrag, je nach „Privatsphäre-Einstellungen" des jeweiligen Marktteilnehmers, seinen Freunden, Freunden von Freunden oder allen Besuchern seiner Fanpage angezeigt werden. Freunde und Freunde von Freunden sehen den Beitrag unter Umständen auch, wenn sie einfach nur die Hauptseite von Facebook aufrufen, auf der entweder „Hauptmeldungen" oder „neueste Meldungen" aus dem Facebook-Netzwerk angezeigt werden.

Auch der Facebook-Button „Gefällt mir", der immer häufiger auf Websites, Shops und Blogs zu sehen ist, stellt eine Art der Empfehlung dar. Klickt ein Besucher einer Seite auf den „Gefällt mir"-Button, so erscheint auf seiner Facebook-Seite ein entsprechender Hinweis, der wiederum für alle seine Freunde, Freunde von Freunden usw. einsehbar ist. Teilweise kann durch den Einsatz solcher Techniken eine enorme Reichweitensteigerung erreicht werden. Abbildung 16.4 verdeutlicht das Prinzip. Geteilt habe ich hier einen Post eines Maklers für Ferienimmobilien auf Lanzarote. Dieser erscheint dann sofort auf meiner Facebook-Seite und wird auch einigen meiner rund 1000 Freunde angezeigt, wie man an den Kommentaren und Likes erkennen kann.

In einem im Mai 2011 erschienenen Artikel im T3N[244] war von Unternehmen die Rede, die 40 Prozent Traffic-Steigerung oder 100 Prozent Umsatzsteigerung nach Einsatz des „Gefällt mir"-Buttons" verzeichnen konnten. Solche Zahlen sind allerdings mit Vorsicht zu genießen. Im August 2011 erschien ein interessanter Artikel in iBusiness, der die Ergebnisse einer Pagelever-Studie zum Facebook-Algorithmus beschreibt. Dort heißt es: *„Viele Unternehmen sitzen beim Facebook-Marketing dem fatalen Irrglauben auf, die Zahl ihrer Facebook-Fans mit effektiver Reichweite gleichzusetzen. Tatsächlich lässt der geheimnisumwitterte Facebook-Algorithmus ‚Edgerank' nur einen Bruchteil der Facebook-Fans die eigenen Updates sehen."*[245]

Meine Beobachtungen gehen 2018 in eine ähnliche Richtung. Wer heute in Facebook eine nennenswerte Reichweite erlangen möchte, muss Facebook-Werbung schalten. Auch bei mehreren hunderttausend Fans ist die Reichweite eines nicht beworbenen Posts heute sehr gering. Wäre es anders, würde Facebook an seiner Werbevermarktung nicht so gut verdienen. Das wiederum macht Facebook richtig gut (vgl. Kapitel 12.6.2).

---

[244] Vgl. http://t3n.de/news/facebook-facts-like-button-wirklich-311177, Abruf 10.11.2018.
[245] http://www.ibusiness.de/aktuell/db/573551jg.html, Abruf 15.11.2018.

Instrumente des Social-Media-Marketings

Abbildung 16.4 Beiträge auf meiner Fanpage

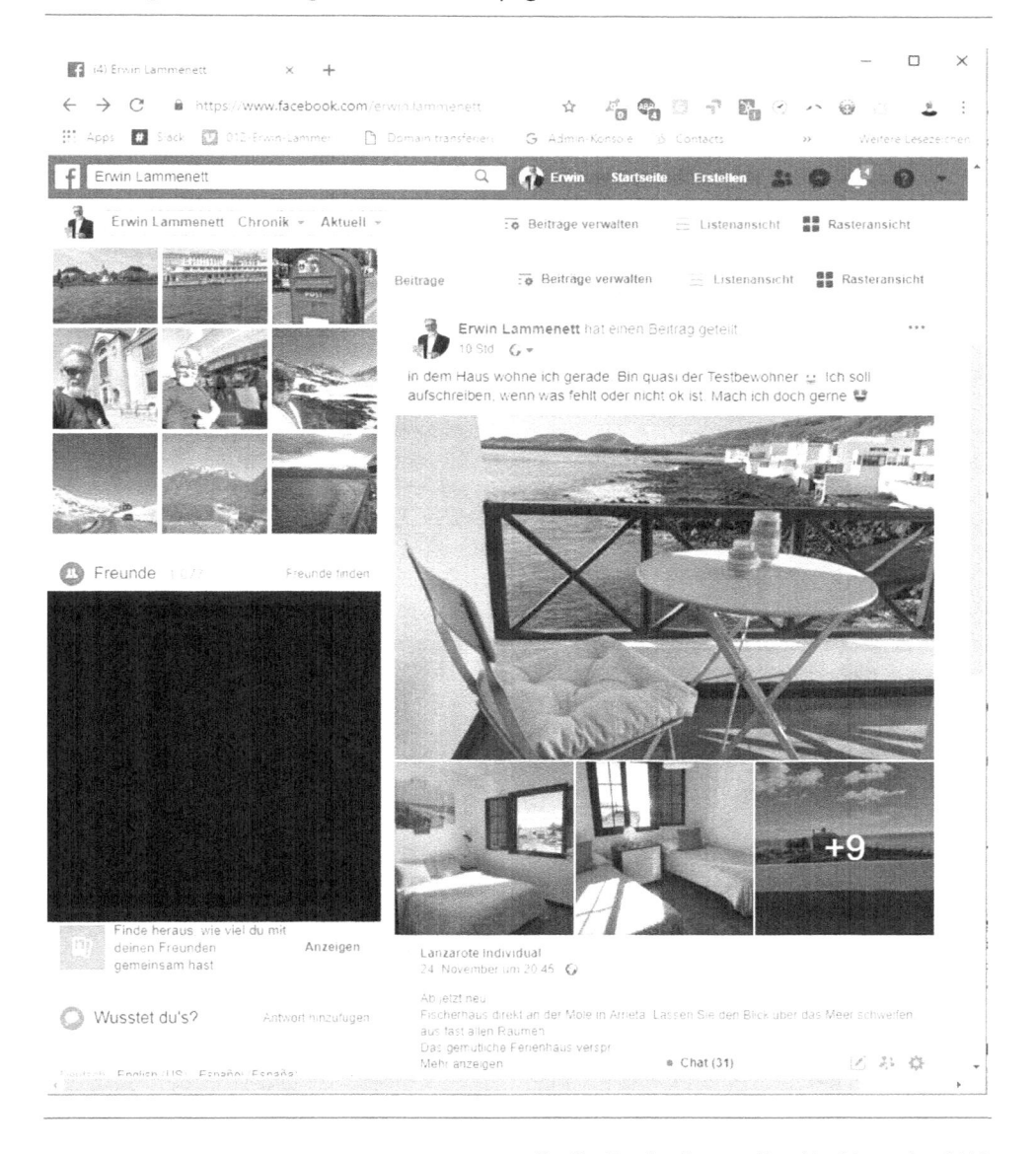

Quelle: Facebook.com, Abruf im November 2018

Aus Marketingsicht kann Facebook für viele Unternehmen sicherlich sehr interessant werden. Keinesfalls sollte man allerdings davon ausgehen, durch den Einsatz einer Facebook-Fanpage innerhalb von kürzester Zeit Umsätze verdoppeln zu können. Die im T3N-

Artikel genannten Steigerungsraten sind sicherlich nicht beliebig reproduzierbar. Diesbezüglich empfehle ich das Studium der Kapitel 16.3 und 16.4. Meiner Beobachtung nach nutzen heute weit mehr Unternehmen SMM und insbesondere eine Facebook-Fanpage erfolgreich zur Stützung von Unternehmenszielen, die nur indirekt etwas mit einer Umsatzsteigerung zu tun haben. Ein Trend, der sich seit 2014 in einigen Branchen abzeichnet, ist die Nutzung von SMM durch die HR-Abteilung. Zielsetzung ist die Stärkung der Arbeitgebermarke über SMM.

16.7 Google wollte was abhaben (hat nicht wirklich funktioniert)

Im Juni 2011 war es so weit: Google betrat den Markt der sozialen Netzwerke. Zuerst waren es nur wenige Auserwählte, die Google+ testen durften. Dann wurde Google+ öffentlich und der Anfangserfolg war gigantisch. Die Software war noch nicht mal im Beta-Stadium, also noch reichlich experimentell, da ging schon die Meldung von über zehn Millionen Nutzern durch die einschlägigen Medien. Bereits im Juli war in der T3N zu lesen: *„Der neue Facebook-Konkurrent Google+ wächst schnell, sehr schnell. Wann immer Google den Invite-Button wieder aktiviert und alle Nutzer, die schon drin sind, neue User einladen können, schnellt die Userzahl in die Höhe. Eine interessante Analyse des Seriengründers Paul Allen führt zu dem Ergebnis, dass Google+ schon sehr bald die 10 Millionen-Nutzer-Marke erreichen könnte. Wow, 10 Millionen Nutzer in nur zwei Wochen und dabei ist Google+ noch nicht mal Beta!"*[246]

Google hat viele gute Gründe, sich gegen Facebook in Stellung zu bringen. Zum einen hat Facebook damit begonnen, sich in Googles angestammten Geschäftsfeldern zu engagieren. So gibt es in Facebook seit Kurzem eine Suchfunktion, die unter bestimmten Bedingungen auch Seiten außerhalb des Facebook-Netzwerkes findet. Des Weiteren wird Facebooks immer größer werdender Marktanteil bei der Display-Werbung sicherlich nicht zur Freude bei Google beitragen. Auch der Umstand, dass Google mit seinem Kerngeschäftsmodell langsam an Wachstumsgrenzen stößt, hat höchstwahrscheinlich zur Entwicklung von Google+ beigetragen. Will Google weiterhin so wachsen wie bisher, müssen neue Geschäftsfelder erschlossen werden. Ein soziales Netzwerk ist da sicherlich eine interessante Alternative.

Anfangs dachte man, dass Google diesmal ins Schwarze getroffen hätte. Die bisherigen Versuche (Buzz, Wave oder Google-Me), sich in Richtung sozialer Anwendungen zu etablieren, waren fehlgeschlagen. Doch Google+ entwickelt sich geradezu spektakulär. Schon im August 2011, also drei Monate nach Veröffentlichung, war zu lesen, dass die Marktforscher von comScore Google+ einen neuen Wachstumsrekord bescheinigen. Der Facebook-Konkurrent schaffte es, 25 Millionen Nutzer in weniger als einem Monat zu generieren. Das hatte laut comScore zuvor noch kein anderer Webdienst geschafft. Zu

---

[246] Vgl. http://t3n.de/news/google-10-millionen-user-zwei-wochen-320409, Abruf 15.07.2016.

diesem Zeitpunkt war Facebook mit über 1.100 Millionen Nutzern zwar deutlich größer, doch einem Unternehmen, das es schafft, in weniger als einem Monat 25 Millionen Nutzer zu generieren, ist alles zuzutrauen.

Seit Mitte 2013, ungefähr zwei Jahre, nachdem Google den Markt der sozialen Netzwerke betreten hat, kann man nicht unbedingt behaupten, dass der anfängliche Wirbel um Google+ gehalten hat, was er einst versprach. Die Lager sind bis heute gespalten. Im Grunde gibt es zwei Sichtweisen. Die einen sagen, „Google+ hat die Erwartungen nicht erfüllt", die anderen „Google+ ist die Zukunft".

Zwar konnte das Netzwerk im Februar 2013 eine Zahl von 360 Millionen Nutzern vorweisen,[247] jedoch dürfte der damalige Marktanteil für Kritiker alarmierend gewesen sein. Unter den ersten zehn Social-Media-Portalen weltweit rangierte Google+ im Juni 2013 abgeschlagen auf dem siebten Rang. Eine Zahl, die noch viel drastischer klingt: Der Marktanteil betrug 2013 gerade einmal 0,28 Prozent. Im deutschen Markt lag der Marktanteil bei nur 0,15 Prozent. Im Vergleich dazu besaß Facebook im Jahr 2013 einen Marktanteil von 80 Prozent.[248] Im November 2018 wird Google+ in der Statistik gar nicht mehr aufgeführt.[249]

Auch im eigenen Hause kamen schnell kritische Stimmen bezüglich der Entwicklung des Netzwerkes auf. Schon im Jahr 2011 postete der Google-Entwickler Steve Yegge u. a.: *„We don't understand platforms. We don't ‚get' platforms."* In besagtem Post macht er seinem Ärger darüber Luft, dass Google den Markt der sozialen Plattformen nicht verstehe.

2013 gab es jedoch auch Stimmen, die Google+ langfristig vor Facebook sahen. Google+ wuchs (Ende 2013) bedeutend schneller als Facebook. Ferner hat Google aufgrund der Marktmacht der Suchmaschine gewisse strategische Vorteile. In diesem Zusammenhang spielt auch die noch im Jahr 2013 angenommene zunehmende Bedeutung von sogenannten Social Signals bei der Suchmaschinenoptimierung eine Rolle. Im Juni 2013 erschien im Blog der Firma Searchmetrics ein Post, der die Zukunft von Google+ ausgesprochen positiv bewertete.[250] Der gleiche Anbieter bezeichnete 2015 allerdings Backlinks aus sozialen Netzwerken als überbewertet in Bezug auf Suchmaschinenoptimierung. Abbildung 16.5 stammt aus dem genannten Blogbeitrag.

---

[247] Vgl. https://www.googlewatchblog.de/2013/05/marktforscher-googleplus-millionen-nutzer, Abruf 19.11.2018.
[248] Vgl. https://ishpc.de/top-10-social-media-portale-weltweit-im-juni-2013/, Abruf 19.07.2016.
[249] Vgl. https://de.statista.com/statistik/daten/studie/241601/umfrage/marktanteile-fuehrender-social-media-seiten-weltweit/, Abruf 19.11.2018.
[250] Vgl. https://blog.searchmetrics.com/us/2013/06/20/social-media-growth-forecast-google-to-overtake-facebook/, Abruf 19.11.2018.

Abbildung 16.5 Wird Google+ langfristig Facebook überholen?

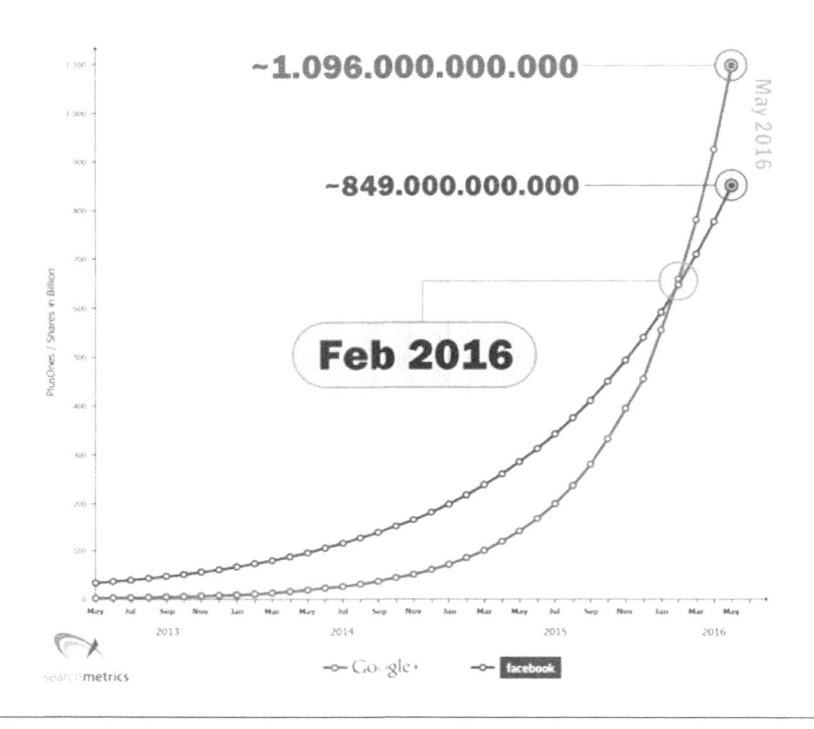

Quelle: https://blog.searchmetrics.com/us/2013/06/20/social-media-growth-forecast-google-to-overtake-facebook/, Abruf 10.08.2016

Aus heutiger Sicht haben die Skeptiker Recht behalten. Nach einer Datenpanne gab Google im Oktober 2018 die Einstellung des Netzwerkes bekannt. Google+ starb einen langsamen Tod. Bereits Ende 2014 war im FAZ.net zu lesen, dass einer der Hauptentwickler von Google Plus, Chris Messina, große Zweifel am Erfolg von Google+ äußerte. Der Artikel titelte: „Warum scheitert Google Plus?"[251] Nur wenige Monate später, im März 2015, war im Heiseticker zu lesen: „*Google+ ist zwar keineswegs eine ‚Geisterstadt' – wie die Google+-Seite von heise online mit bald 106.000 Followern und über 65 Millionen Aufrufen zeigt. Aber so richtig ans Fliegen ist Googles soziales Netzwerk trotz Zwangsumstellung der*

---

[251] Vgl. http://www.faz.net/aktuell/technik-motor/computer-internet/deshalb-scheiterte-google-plus-13295902.html, Abruf 19.11.2018.

YouTube-Kommentare auf Google+-Accounts nicht gekommen. Dass etwas geschehen musste, war spätestens klar, als Google+-Gründer Vic Gundotra Google im vergangenen Jahr verließ."[252]

16.8 Strategische Aspekte und Zusammenfassung

Die Möglichkeiten und Chancen im Social-Media-Marketing sind vielfältig. Die Risiken aber auch. Ein großes Risiko besteht im blinden Aktionismus. Viele Unternehmen haben in den vergangenen Jahren einen hohen Preis dafür bezahlt, dass sie strategische Überlegungen völlig außen vor gelassen haben (vgl. Kapitel 16.3).

Langfristig wird jedoch kaum ein Unternehmen vermeiden können, sich strategisch mit Social-Media-Marketing zu beschäftigen. Die Wahrnehmung von Marken ist heute nicht mehr nur durch einseitiges Markenbranding erreichbar. Kaufentscheidungen werden durch Empfehlungen anderer und durch Kommunikation über soziale Medien beeinflusst. Dies zu ignorieren, stellt mittlerweile ein großes Risiko dar. In manchen Abhandlungen über Social-Media-Marketing ist sogar der Begriff ROI neu definiert worden zu „Risk of Ignoring".

Die steigende Interaktion zwischen Social-Media-Marketing und anderen Disziplinen des Marketings ist ein weiter Grund für die immer größer werdende Bedeutung von Social-Media-Marketing im Gesamtmarketing-Mix eines Unternehmens. Indizien dafür sind beispielsweise die 2015 besiegelte Partnerschaft zwischen Google und Twitter oder die Entwicklungen im Bereich der Social-Video-Portale, die sich teilweise in Richtung Film bewegen und auf die TV-Geräte drängen. Die Zusammenarbeit unterschiedlichster Disziplinen mit Social-Media-Marketing wird sich künftig nicht mehr vermeiden lassen, wenn Unternehmen ihren Marketingerfolg maximieren möchten.

---

[252] Vgl. http://www.heise.de/newsticker/meldung/Google-wird-in-Photos-und-Streams-zerlegt-2564191.html, Abruf 19.11.2018.

Mobiles Internet und Mobile-Marketing
Einordnung, Entwicklung, Trends

17 Mobiles Internet und Mobile-Marketing[253]

17.1 Definition und Begriffsabgrenzung

Um es gleich klar zu sagen: Dieses Kapitel soll keine Konkurrenz für die in jüngerer Zeit erschienene Literatur zum Thema „Mobile-Marketing" oder „Mobile-Commerce" sein. Mir geht es zunächst nur um eine Einordnung in den Gesamtkontext des Online-Marketings und um eine Sensibilisierung meiner Leser für eine Entwicklung, die ziemlich große Kreise ziehen wird. Eine Entwicklung, die viele Geschäftsprozesse und damit auch das Online-Marketing stark verändern wird. Die Rede ist von dem Siegeszug der Smartphones und Tablets in Kombination mit mobilen Internetverbindungen – gleichgültig, ob dabei Funktechnologien wie UMTS/HSDPA, LTE, Wireless LAN, Bluetooth oder DVB-H zur Anwendung kommen.

Laut Wikipedia wurde Mobile-Marketing mit Stand 2018 wie folgt definiert: *„Mobile Marketing bezeichnet jede Art von kommunikativ geschäftlichen Aktivitäten, bei der Anbieter Leistungen auf Basis von Mobilgeräten bereitstellen. Dies können z. B. Media-Inhalte (Spiele, Musik, Videos usw.), Informationen (News, Alerts, Produktinformationen) und/oder transaktionsbezogene Leistungen (online einkaufen, Videostreaming, Zahlungsabwicklung usw.) sein. Ziel ist, damit bei potentiellen Konsumenten Aufmerksamkeit zu erregen und im Idealfall Verkaufsabschlüssen herbeizuführen. Andreas Kaplan definiert mobiles Marketing als ‚jegliche Marketingaktivität die mittels eines ubiquitären Netzwerkes durchgeführt wird und mit dem der Konsument kraft eines mobilen Endgerätes ständig verbunden ist'."*[254]

Aktuell ist in Deutschland ein interessantes Phänomen zu beobachten. Einige Bevölkerungsgruppen sind mit traditionellen Medien wie Print und TV nur noch schwer zu erreichen. Der Konsum von konventionellen Medien nimmt ab, der von Online-Medien nimmt zu, insbesondere der Konsum über mobile Endgeräte. Aber 2016 gaben deutsche Unternehmen weniger als zwei Prozent ihres Werbebudgets für Mobile-Marketing aus. Wie passt das zusammen? Meine These ist, dass Trends in Deutschland langsamer adaptiert werden als in den USA oder in GB. Aber wenn sie erkannt werden, dann geht es mächtig voran. Beispielsweise schätzt Dentsu Aegis das Wachstum für mobile Werbung in Deutschland für 2018 auf 38,3 Prozent. Dentsu Aegis stellt halbjährlich Vorhersagen für weltweite Werbeausgaben zur Verfügung. Diese basieren auf Daten aus 59 Märkten der Welt.

---

[253] Die Inhalte dieses Kapitels stammen aus meinem Buch „Lammenett, E. (2018). Online-Marketing-Konzeption – 2018. O.O.: CreateSpace Independent Publishing Platforms" und sind nicht exklusiver Bestandteil des vorliegenden Werkes.
[254] https://de.wikipedia.org/wiki/Mobile_Marketing, Abruf 09.11.2018.

Eine spannende Frage ist nun, wie sich Mobile-Marketing in das Online-Marketing einordnet. Ist es eher eine Unterdisziplin des Online-Marketings? Oder eher eine eigene Marketingdisziplin? Zur Beantwortung dieser Frage muss man sich zunächst erneut die Definition von Online-Marketing vor Augen führen:

> Online-Marketing umfasst Maßnahmen oder Maßnahmenbündel, die darauf abzielen, Besucher auf die eigene oder eine ganz bestimmte Internetpräsenz zu lenken, von wo aus dann direkt Geschäft gemacht oder angebahnt werden kann.

Per dieser Definition ist Mobile-Marketing in manchen Anwendungen dem Online-Marketing zuzuordnen, in anderen nicht. Beispielsweise ist eine Anzeige, die innerhalb einer sogenannten App erscheint (In-App-Advertising) und die beim Anklicken den Browser öffnet und auf eine Webseite leitet, per dieser Definition dem Online-Marketing zuzuordnen. In diesem Fall wäre also Mobile-Marketing eine Teildisziplin des Online-Marketings. Ein Preisalarm, der den Besitzer eines Smartphones darauf hinweist, dass nun der Preis eines von ihm beobachteten Artikels einen Schwellenwert unterschritten hat, wäre jedoch kein Online-Marketing.

Die Grenzen zwischen Social, Local, Mobile und den klassischen Online-Marketing-Teildisziplinen scheinen immer mehr zu verschwimmen. Immer öfter ist von Marketing-Integration und kanalübergreifenden Strategien die Rede. Und es wird immer schwieriger, klare Abgrenzungen zu definieren. Bitte lesen Sie dazu auch Abschnitt 1.3.6.

17.2 Zahlen und Fakten

Mobile-Marketing ist eng mit der mobilen Internetnutzung verflochten. Egal, wen man fragt – die mobile Internetnutzung nimmt weiterhin stark zu und wächst extrem dynamisch. So verzeichnet die Allensbacher Markt- und Werbeträgeranalyse 2015 (AWA) für das vergangene Jahr einen starken Anstieg der Internetnutzung über mobile Endgeräte. Laut Allensbacher gingen 2014 ein gutes Fünftel der Deutschen per Tablet ins Netz, mit einem Smartphone bzw. sonstigem internetfähigen Handy gingen 2015 rund 45 Prozent ins Internet. 2014 lag dieser Wert noch bei 30 Prozent.[255] Die AGOF-Studie mobile facts 2015-I[256] spricht von rund 34,48 Millionen Personen ab 14 Jahren, die über einen Erhebungszeitraum von drei Monaten mindestens auf eine mobile-enabled Website oder eine mobile App zugegriffen haben.

2018 sind laut D21-Digital-Index[257] fast zwei von drei Deutschen mit ihren Geräten im mobilen Internet unterwegs. Mit mehr als 20.000 Befragungen von über 14-Jährigen ist

---

[255] Vgl. http://www.ifd-allensbach.de, Abruf 05.11.2018.
[256] Vgl. http://www.agof.de/studien/mobile-facts/studienarchiv-mobil/studienarchiv-mobile-2015/#2015-I, Abruf 06.11.2018.
[257] Vgl. https://initiatived21.de/publikationen/d21-digital-index-2017-2018/, Abruf 11.11.2018.

die Studie, die zusammen mit dem Marktforschungsinstitut Kantor TNS erstellt wird, die umfassendste Untersuchung der Webnutzung in Deutschland.

Abbildung 17.1 Siegeszug des Smartphones setzt sich auch in Deutschland fort

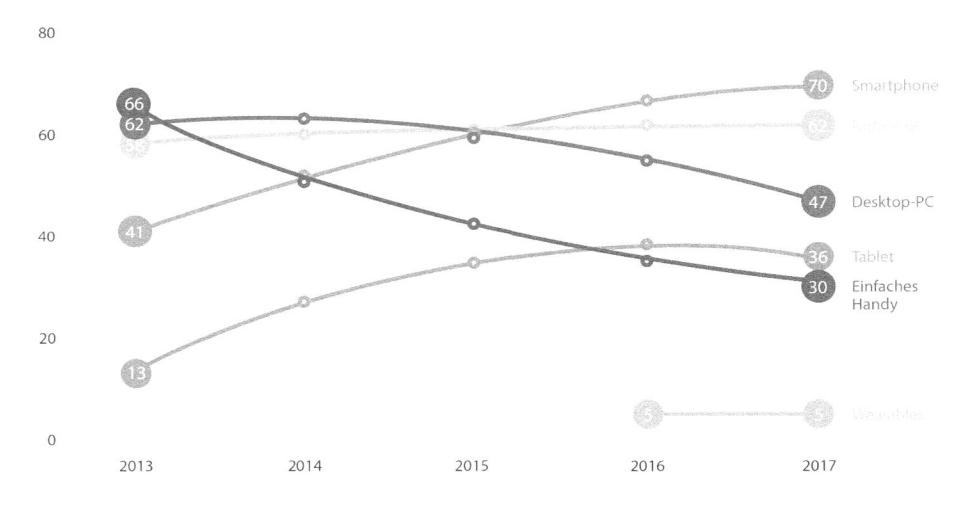

BITTE SAGEN SIE UNS, WELCHE DER FOLGENDEN GERÄTE SIE PRIVAT ODER BERUFLICH NUTZEN?

[Diagramm mit Entwicklung 2013–2017: Smartphone 70, 62, Desktop-PC 47, Tablet 36, Einfaches Handy 30; Ausgangswerte 2013: 66, 62, 41, 13]

Basis: Personen ab 14 Jahren (n = 12.204); Angaben in Prozent

Quelle: Entnommen aus der „Studie D21-Digiatl-Index 2017 / 2018" und zwecks Lesbarkeit in Printmedium leicht modifiziert. Herausgeber und Rechteinhaber ist die Initiative D21 e. V., https://initiatived21.de, Haftung ausgeschlossen. Hier veröffentlicht gem. CC-Lizenz https://creativecommons.org/licenses/by/3.0/de/.

Weltweit setzt sich der Trend weg von der stationären Internet-Nutzung hin in Richtung mobiles Internet ebenfalls ungebremst fort. Laut Ende 2017 veröffentlichten Zahlen und Prognosen der Digital-Agentur Go-Globe mit Sitz in Hongkong soll der Anteil von Mobile am gesamten Internet-Traffic bis Ende 2018 auf stolze 61,2 Prozent ansteigen.

Der Trend zur steigenden Nutzung mobiler Endgeräte hat bereits viele Geschäftsprozesse verändert und wird dies auch weiterhin tun. Teilweise werden das sehr starke Veränderungen sein, die sowohl die Industrie als auch den Handel (alle Handelsstufen) betreffen werden. Einige Beispiele gefällig? Schon heute ist ein Dachdecker, der auf der Baustelle per Handy ein Ersatzteil recherchiert, nichts Besonderes mehr. Oder ein Elektriker, der im Intranet seines Unternehmens einen Schaltplan über Handy einsieht, weil er bei einem Außentermin auf ein Problem stößt. Oder ein Kommissionierer in einem Versandlager, der per Handheld ein Bild der zu kommissionierenden Ware prüft. Oder ein Versicherungsmakler, der im Beratungsgespräch per Handy einen Tarifrechner bedient.

Beim Thema „mobiles Internet" geht es also schon lange nicht mehr nur um den schnöden Einkauf per Handy. Obwohl der natürlich auch stark boomt, wie Abbildung 17.2 zeigt. Bereits 2014 hatten Smartphones einen Anteil von rund elf Prozent am Online-Umsatz. Heute dürfte dieser deutlich höher liegen.

Häufiger noch als um Vertrieb geht es um eine Effizienzsteigerung von wirtschaftlich relevanten Prozessen durch die Bereitstellung von Daten/Informationen an praktisch jedem beliebigen Ort. In Ihrem Auto, in Ihrem Wohnzimmer, am Arbeitsplatz oder auf der Straße. Das mobile Internet hat bereits viele Wirtschaftsbereiche deutlich verändert – und das, obwohl es gerade erst in den Kinderschuhen steckt. Bedenken Sie: Das erste iPhone erschien erst 2007 und das erste Tablet erst im Jahr 2010.

Abbildung 17.2 Online-Umsatz nach Endgeräten

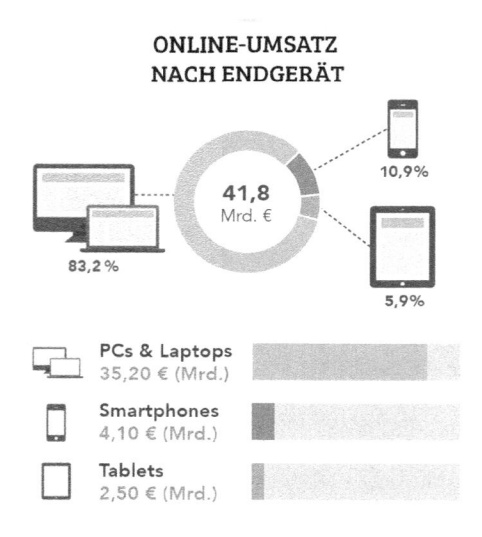

ONLINE-UMSATZ NACH ENDGERÄT

41,8 Mrd. €

- 83,2 %
- 10,9 %
- 5,9 %

PCs & Laptops
35,20 € (Mrd.)

Smartphones
4,10 € (Mrd.)

Tablets
2,50 € (Mrd.)

Quelle: iBusiness Info Grafik http://www.ibusiness.de/upload/bilder/807256SUR.png, Abruf 05.05.2016

17.3 Wie sich Unternehmen auf die Zukunft vorbereiten können

Die Entwicklungen im mobilen Internet bieten viele Chancen. Sie bergen für Unternehmen, die diese Entwicklung verschlafen haben, aber auch Risiken. Zukünftig wird die klassische Mobilstrategie der letzten Jahre in vielen Branchen und Wirtschaftsbereichen wohl nicht mehr ausreichen, um hinreichend Abstand zwischen Ihrem Unternehmen und dem unliebsamen Mitbewerber zu halten. Die Entwicklung im mobilen Sektor ist zu dynamisch, um sie sich aus der Ferne anzusehen und abzuwarten. Das responsive Webdesign war nur der erste Schritt. Und seien wir doch mal ehrlich: Es gibt heute noch sehr viele Unternehmen, die das Thema responsives Webdesign noch nicht bedient haben. Wie soll ein Unternehmen, das ein Kernelement der Mobilstrategie von gestern noch nicht bedient hat, in der mobilen Welt von morgen Wettbewerbsvorteile erzielen?

Die technologische Entwicklung auf dem mobilen Sektor verändert die Erwartungshaltung der Menschen in Bezug auf fast alle wirtschaftlichen Prozesse. Denn jeder hat heute ein Smartphone, für alles gibt es eine Webseite oder eine App, und jeder will heute die Antwort auf seine Fragestellung oder sein Problem jetzt sofort. Das gilt für den Handwerker am Bau, der Einsicht in einen Schaltplan braucht, genauso wie für den Reisenden, der in einer fremden Stadt ein Taxi bestellen möchte, oder für den Sportinteressierten, der Karten für das nächste Spiel bestellen möchte.

In der Industrie wird das Thema mobiles Internet zusätzlich von der Industrie-4.0-Entwicklung begünstigt. Und im Handel wird die Option, sich jederzeit und überall informieren zu können, überall ein Produkt kaufen zu können und es mobil zu bezahlen, in den nächsten Jahren zu fundamentalen Veränderungen führen. Schon heute gehen Marktführer auf die technischen Veränderungen und die damit einhergehende veränderte Erwartungshaltung der Konsumenten ein und proklamieren eine konsequente „Mobile-First"-Ausrichtung. Zalando, Europas größter Online-Modehändler, wird zukünftig konsequent den „Mobile-first"-Ansatz verfolgen. Kein Wunder, denn schon heute suchen und kaufen immer mehr Kunden von Zalando mobil. Schon im ersten Quartal 2015 hatte Zalando mit etwa 52,6 Prozent[258] erstmals mehr Zugriffe über mobile Endgeräte als über den klassischen Desktop-Computer.

Vom Grundsatz her gibt es in Bezug auf das mobile Internet viele Chancen, aber nur ein Risiko. Die Chancen sind vielfältig und vielschichtig, denn über das mobile Internet können sehr viele Prozesse beschleunigt und optimiert werden. Egal ob Logistik, Service, Vertrieb oder Marketing, egal ob Handwerk, Handel oder Industrie. Das Risiko im mobilen Internet liegt darin, die Entwicklung zu verschlafen.

---

[258] Vgl. https://corporate.zalando.de/sites/default/files/mediapool/zalando_2015_q1_de_s.pdf, Abruf 04.04.2016.

Industrie und Handel müssen sich den Herausforderungen des mobilen Internets stellen: technologisch und aus Sicht des Marketings. Die Konsumentenanforderungen werden sich in den nächsten zwei bis vier Jahren weiter stark verändern. Die Erwartungen der Konsumenten ebenfalls. In Bezug auf das Informations-, Kauf- und Zahlungsbedürfnis der Marktteilnehmer werden mobile Endgeräte mehr und mehr in den Vordergrund treten. Hierauf muss sich das Marketing einstellen. Mehr noch: Als Konsequenz aus dieser Entwicklung werden viele Unternehmen ihre Mobilstrategie anpassen müssen. Und die Unternehmen, die bisher das Thema „mobiles Internet" vernachlässigt haben, werden jetzt zügig damit beginnen müssen, sich überhaupt einmal gezielt mit dem Thema auseinanderzusetzen.

17.4 Technischer Hintergrund und Handlungsoptionen

Möchte man erfolgreich Mobile-Marketing betreiben, muss man zunächst den technischen Hintergrund und die Handlungsoptionen verstehen. Technisch und historisch gesehen, gibt es mehrere Lösungsansätze für die Erstellung mobiler Anwendungen oder für die Übermittlung von Informationen auf mobile Endgeräte. Um die Zusammenhänge zu verstehen und Vor- und Nachteile einzelner Alternativen beurteilen zu können, muss man sowohl die historische Entwicklung als auch die technischen Grundlagen verstehen.

Das mobile Internet ist zwingend in Zusammenhang mit mobilen Endgeräten zu sehen. Pionier auf diesem Gebiet war die Firma Apple, die 2007 das erste Smartphone (iPhone) auf den Markt brachte. Zuvor gab es zwar auch schon Endgeräte und Services, die Daten mobil verarbeiteten, doch waren die Möglichkeiten dieser Geräte sehr beschränkt. Zusammen mit dem iPhone kamen die sogenannten Apps (Applications = Anwendungen). Apps sind kleine Programme, die auf das Smartphone geladen werden können. Jede App hat in der Regel einen ganz bestimmten Zweck und ist funktional sehr fokussiert und zugeschnitten auf eben diesen Zweck.

Aufgrund des großen Erfolges des iPhones gab es bald etliche Nachahmer, die ebenfalls Smartphones auf den Markt brachten. Laut Statista[259] gibt es 2018 in Deutschland über 57 Millionen Smartphone-Nutzer (2016 waren es noch 46 Millionen). Da das Betriebssystem des iPhones jedoch ein Apple-eigenes System ist, basieren die Smartphones der Nachahmer auf anderen Betriebssystemen. Das bekannteste ist Android.

Apple entwickelte wenige Jahre später auch ein Tablet (iPad). Anfangs wurde Apple für diese Erfindung belächelt. Doch auch das iPad wurde ein riesiger Erfolg und fand viele Nachahmer. Bis Ende 2012 hatte das iPad im Tablet-Markt einen Anteil von deutlich über 50 Prozent. 2016 waren es noch um die 25 Prozent, 2018 sind es wieder um die 30 Pro-

---

[259] Vgl. http://de.statista.com/statistik/daten/studie/198959/umfrage/anzahl-der-smartphonenutzer-in-deutschland-seit-2010, Abruf 08.11.2018.

zent. Tablets bieten aufgrund des deutlich größeren Displays und der höheren Auflösung mehr Möglichkeiten für die Darstellung von Inhalten und den Betrieb von Anwendungen. Sie sind heute auch WLAN-fähig und verfügen, wie ein Smartphone, über die Möglichkeit, Daten aus dem Internet über UMTS oder LTS zu beziehen.

Technologisch gibt es zunächst zwei Alternativen, um eine internetfähige Anwendung auf das Smartphone oder das Tablet zu bringen:

- Die Erstellung der Anwendung als sogenannte App. Hierbei kann man nach Anwendungen unterscheiden, die ohne aktive Internetverbindung funktionieren, und solchen, die nur mit aktiver Internetverbindung nutzbar sind.

- Die Erstellung der Anwendung als Webanwendung, die über den Browser des Smartphones/Tablets betrieben wird. Hierbei kann man nach Anwendungen unterscheiden, die mit einer fixen Breite eigens für ganz bestimmte Auflösungen programmiert wurden, und nach solchen, die responsiv entwickelt worden sind. Bei responsiven Webanwendungen passt sich die Anwendung der Bildschirmauflösung an.

17.4.1 Apps und ihre Vor- und Nachteile

Der wesentliche Vorteil einer App ist, dass sie auch ohne aktive Internetverbindung funktioniert, wenn keine aktuellen Daten für den Betrieb benötigt werden. Der Markt der Apps ist gigantisch geworden. Mittlerweile gibt es über eine Million Apps für ganz unterschiedliche Problemstellungen. Es gibt heute kaum noch eine Problemstellung, zu der es keine App gibt. Aus kommerzieller Sicht kann man die Apps wie folgt differenzieren:

- Apps, die einen eigenen Zweck verfolgen und entgeltlich oder unentgeltlich abgegeben werden. Beispiele sind Spiele, ein Diktiergerät als App, ein Zeichenprogramm, ein Programm zum Erlernen einer Sprache, eine Scanner-App, die aus einem Foto einen PDF-Scan erzeugt oder, oder, oder …

- Apps, die einen bestehenden Unternehmensprozess unterstützen und nur im Zusammenhang mit diesem Prozess einen Nutzen generieren. Beispiele sind Banking-Apps zur Kontoverwaltung, eine Katalog-App, die den Produktkatalog eines Unternehmens enthält und die Bestellung von Produkten ermöglicht, eine App eines Pizza-Services, der die Bestellung von Pizza ermöglicht, die App einer Fluggesellschaft, die das mobile Einchecken vor Ankunft am Flughafen ermöglicht etc.

- Apps, die aufgrund der technologischen Möglichkeiten moderner Smartphones und Tablets völlig neue Geschäftsmodelle hervorgebracht haben und nun konventionellen Prozessen Konkurrenz machen. Ein Beispiel ist die App von myTaxi, mit der ein Benutzer ein Taxi bestellen kann. Hierbei wird die Position des Nutzers per GPS ermittelt. Diese App erfreut sich steigender Beliebtheit – sehr zum Ärgernis der etablierten Taxizentralen.

Die hier genannten Beispiele stellen natürlich nur einen winzigen Ausschnitt dessen dar, was es heute in einem App-Store zu finden gibt.

Obwohl Apps, genau wie ein Programm auf einem PC, auch ohne aktive Internetverbindung funktionsfähig sind, benötigen heute sehr viele Apps zumindest punktuell eine Internetverbindung, egal ob per WLAN, UMTS oder LTE. Eine Katalog-App ohne eine Möglichkeit zur Absendung der Bestellung ist eben wenig sinnvoll. Über WLAN wäre das zwar zeitversetzt möglich – aber will heute noch jemand warten?

Mittlerweile gibt es an vielen öffentlichen Plätzen kostenlosen WLAN-Zugriff, und die Preise für Internet-Flatrates für Handys sind in den letzten Jahren sehr erschwinglich geworden. Salopp könnte man formulieren: Heute ist das mobile Internet (fast) überall.

Die heutige Verbreitung von Smartphones in Kombination mit der heute (fast) flächendeckenden Internetverbindung macht Apps auch für unternehmensinterne Zwecke interessant. So setzen nicht wenige Unternehmen heute bereits Apps mit unterschiedlichen Zielsetzungen zur Prozessoptimierung ein und stellen diese exklusiv ihren Mitarbeitern zur Verfügung. Da heute fast jeder über ein Smartphone verfügt, muss das Unternehmen die Mitarbeiter nicht einmal mehr mit einem Endgerät ausstatten. Früher war das häufig der Fall, als beispielsweise alle Außendienstmitarbeiter mit Laptops ausgestattet wurden, damit sie vor Ort beim Kunden die unternehmenseigene Angebotssoftware einsetzen konnten.

Ein Nachteil von Apps im Vergleich zu Webanwendungen, die über den Browser eines mobilen Endgerätes abgerufen werden, sind Zusatzkosten für die Erstellung und ggf. für die Vermarktung der App. Denn Apps werden mittlerweile im Universum der App-Stores nicht mehr wie selbstverständlich gefunden und heruntergeladen. Die Programmierung einer App ist ein eigenständiger Prozess und verursacht entsprechende Entwicklungskosten. Möchte man seine App sowohl im App-Store von Apple als auch im Android-Store bereitstellen, so muss die Anwendung, also die App, sowohl für das Betriebssystem von Apple (iOS) als auch für das Betriebssystem Android entwickelt werden. Beides verursacht Entwicklungskosten wie jedes andere Software-Projekt auch.

17.4.2 Webanwendungen für Smartphones und Co.

Die Alternative zu einer App ist eine webbasierte Internetanwendung, die im Browser des Smartphones betrieben wird. In der Regel verfügt jedes Smartphone über einen vorinstallierten Browser. Der Benutzer muss also lediglich die URL (Internetadresse) der Anwendung eingeben. Natürlich erfordert dies eine permanente Internetverbindung. Im Gegensatz zu einer „nativen" App muss eine webbasierte Internetanwendung im Moment des Aufrufs vollständig über eine aktive Internetverbindung geladen werden, was bei schlechter Anbindung ein Nachteil ist.

Grundsätzlich gibt es die Möglichkeit, eine Webanwendung für ein Smartphone mit fixer Breite oder variabler Breite (responsiv) zu entwickeln. Im erstgenannten Fall werden im Grunde zwei Anwendungen entwickelt, die jeweils für unterschiedliche Auflösungen optimiert sind. Im zweitgenannten Fall wird eine Anwendung entwickelt, die sich dynamisch an unterschiedlichste Bildschirmauflösungen anpasst. Man spricht von responsivem Webdesign (RWD). Nun hört sich der Begriff „Webanwendung" vielleicht etwas hochtrabend an. Und tatsächlich gibt es hochkomplexe Webanwendungen, die eigens für die Bedienung auf einem Smartphone entwickelt worden sind. Aber auch die ganz normale Internetpräsenz eines Unternehmens ist eine Webanwendung oder der Online-Shop eines Händlers. Aktuell gibt es noch sehr viele Unternehmen, deren Internetpräsenz oder deren Online-Shop auf mobilen Endgeräten schlicht nicht zu bedienen sind. Woran liegt das?

In erster Linie sind die Vielschichtigkeit und die schnelle Entwicklung der letzten Jahre dafür verantwortlich. Es ist gerade einmal fünf Jahre her, da war die Webentwicklung noch relativ einfach gehalten. Es war gang und gäbe, eine Internetanwendung für eine feste Breite zu entwickeln. Lange Zeit war dies die Auflösung 800*600 Pixel. Diese wurde dann abgelöst durch die Auflösung 1024*768. Beispielsweise hatten im Jahr 2007 noch 54 Prozent der Besucher der Webseite w3schools.com die Auflösung 1024*768. 2010 waren es nur noch 20 Prozent und 2015 nur noch vier Prozent. Zuerst waren es die hochauflösenden Monitore und die Widescreen-Monitore, die Bewegung in die Diskussion über Sinn oder Unsinn einer festen Breite für Internetanwendungen brachten. Dann befeuerte die Entwicklung bei den Laptops, die plötzlich mit unterschiedlichen Seitenverhältnissen daherkamen, die Diskussion um eine feste Breite.

Abbildung 17.3   Die Opfer des Smartphone-Booms

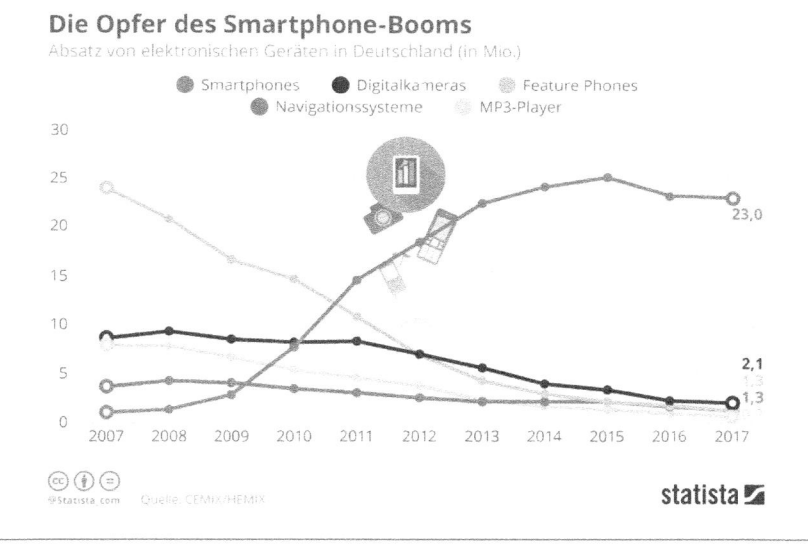

Quelle: http://de.statista.com/infografik/1958/geraete-absatz-im-bereich-consumer-electronics, Abruf 10.11.2018

Ab dem Jahr 2009/2010 war es der Siegeszug der Smartphones. Seit Erscheinen des ersten iPhones im Jahr 2007 entwickeln sich die Smartphones immer stärker zu Allround-Geräten und machen den Anbietern von Digitalkameras, Navigationssystemen oder MP3-Playern das Leben schwer. Das Smartphone übernimmt heute immer mehr Funktionen – und dies gilt für sehr unterschiedliche Geschäftsprozesse, die Benutzer aus Bequemlichkeit auch direkt am Smartphone durchführen möchten. Es ist daher zu erwarten, dass sich diese Tendenz in den nächsten Jahren noch deutlich verstärken wird.

Bedenkt man nun, wie fragmentiert der Markt der mobilen Endgeräte heute ist, wird klar, warum viele Unternehmenswebseiten noch nicht auf jedem Endgerät zu bedienen sind. Es ist technisch komplex und damit teuer, eine Webseite oder eine Webanwendung zu entwickeln, die auf allen Endgeräten einwandfrei bedienbar ist. Alleine im Markt der Android-Geräte gibt es mittlerweile Hunderte Auflösungen, wie Abbildung 17.4 zeigt. Der Schlüssel dazu ist RWD.

Abbildung 17.4 Android-Geräte und ihre Auflösungen

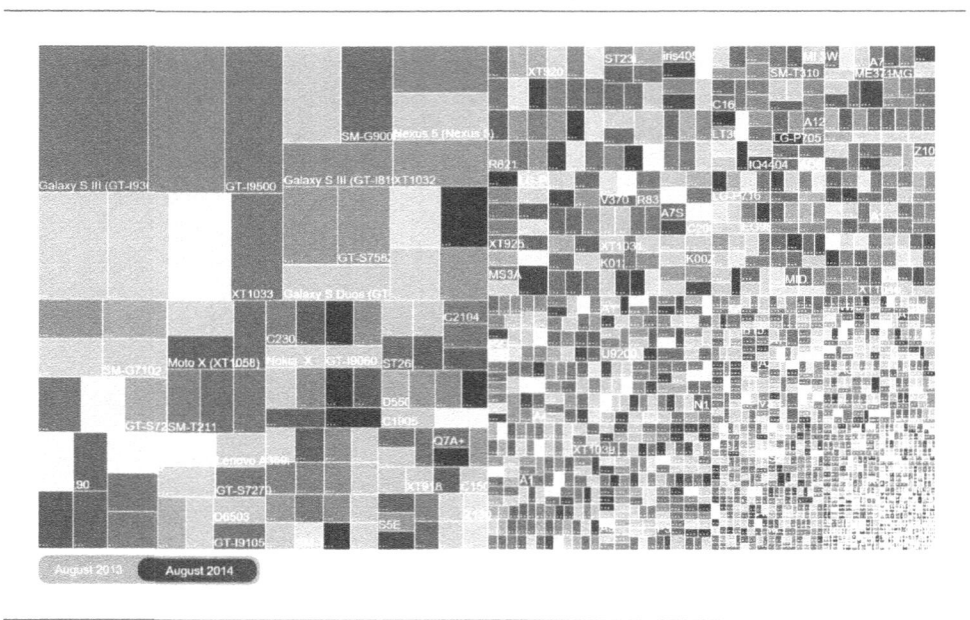

Quelle: https://opensignal.com/reports/2014/android-fragmentation, Abruf 20.11.2018.

Anfänglich wurde RWD im Markt kaum akzeptiert, weil die Entwicklungskosten deutlich höher sind. Das ist der Hauptgrund, warum es heute immer noch viele Webseiten und Webanwendungen gibt, die nicht auf allen mobilen Endgeräten bedienbar sind. Heute wird jedoch kaum noch ein Internetprojekt mit fixer Breite entwickelt. Es wird aber noch einige Jahre dauern, bis die veralteten Webanwendungen aussterben.

Die Erläuterung der Vorteile von responsivem Webdesign und die Veränderung auf den Design- und Entwicklungsprozess von Webanwendungen zu schildern, würde den Rahmen dieses Kapitels sprengen. Daher empfehle ich hierzu folgende Veröffentlichungen:

- http://de.slideshare.net/plobacher/wtc14-rwdworkfloweinpraktischerleitfadenpluswerklobacher
- http://lobacher.de/files/konferenzen/webinale15-RWD-in-a-Nutshell-Pluswerk-Lobacher.pdf
- http://t3n.de/news/responsive-webdesign-potenzial-lobacher-597408/

Hier die passenden Servicelinks zu den Weblinks:

Servicelink: www.lammenett.de/71032

Servicelink: www.lammenett.de/71033

Servicelink: www.lammenett.de/71034

17.5 Handlungsoptionen im Mobile-Marketing

Mobile-Marketing bezeichnet alle Marketing-Aktivitäten, die ganz gezielt und explizit mobile Endgeräte bedingen. Hierbei werden entweder Werbebotschaften auf verschiedene Weise auf das mobile Endgerät gesendet, oder das mobile Endgerät oder eine Teilfunktion des Gerätes (z. B. die GPS-Funktion oder der vorinstallierte Internetbrowser) wird in eine Marketing-Aktion einbezogen. Wie eingangs dieses Kapitels geschrieben, geht es mir hier nicht darum, der in der jüngeren Zeit erschienenen Literatur zum Thema „Mobile-Marketing" oder „Mobile-Commerce" Konkurrenz zu machen. Mir geht es zunächst nur um eine Einordnung in den Gesamtkontext des Online-Marketings und um eine Sensibilisierung meiner Leser für vergleichsweise neuere Entwicklungen mit starkem Online-Marketing-Bezug. Schlussendlich sind diese Entwicklungen bei der Online-Marketing-Konzeption von hoher Relevanz. Sie haben zu zahlreichen neuen Marketing- und Werbemöglichkeiten geführt. Es würde jedoch den Rahmen dieses Buches sprengen, würden diese hier alle vollständig behandelt. Dennoch möchte ich die wesentlichen Entwicklungen hier benennen, um zumindest ein Bewusstsein und eine Sensibilisierung dafür zu erzeugen:

- In-App-Advertising bezeichnet Anzeigen, die innerhalb von Apps geschaltet werden können. Häufig gibt es eine App in einer kostenlosen Version, die aber dafür Werbeeinblendungen hat und sich so teilweise finanziert, und in einer kostenpflichtigen, werbefreien Version. Natürlich eignet sich diese Art der Werbung, um sehr eng an eine bestimmte Zielgruppe heranzukommen. Durch die Nutzung einer ganz bestimmten App gibt der Benutzer bereits eine Information preis, die für sehr gezielte Werbung genutzt werden kann.

- Mobile-Advertising bezeichnet alle Anzeigenschaltungen auf mobilen Endgeräten. Hierbei kann es sich auch um Anzeigen handeln, die über bekannte Online-Marketing-Instrumente lanciert werden. Beispielsweise ist es möglich, über Google Ads eine Keyword-Advertising-Kampagne zu erstellen, die ausschließlich Smartphones bedient. Natürlich gibt es mittlerweile auch Dienstleister, die sich auf die Schaltung von Anzeigen für mobile Endgeräte spezialisiert haben.

- App-Store-Optimierung bezeichnet Maßnahmen zur Verbesserung der Auffindbarkeit und Wahrnehmung einer bestimmten App im App-Store. Da heute 1,4 Millionen Apps im App-Store und 1,5 Millionen Apps im Google Play Store verfügbar sind, ist es nicht mehr selbstverständlich, dass eine App dort gefunden wird.

- In-Game-Advertising bezeichnet Anzeigenschaltungen innerhalb von Spielen. In Bezug auf Mobile-Advertising sind dies natürlich Spiele, die auf einem Smartphone oder Tablet gespielt werden können.

- Als Video-Ads werden Anzeigen bezeichnet, die entweder in Videos selbst oder häufig auch im Umfeld von Videoportalen gebucht werden können. Eigentlich hat das nicht primär etwas mit Mobile-Marketing zu tun, doch erfreut sich die Nutzung von Videoportalen auf Smartphones einer sehr hohen Beliebtheit. Daher ist von einer hohen Relevanz auszugehen.

- Location-based Marketing bezeichnet Marketing-Maßnahmen, die primär eine regionale Wirkung haben sollen. Sie sind zumeist ortsbezogen. Das Prinzip dieser Art Werbung beruht häufig darauf, den aktuellen Aufenthaltsort der Nutzer zu berücksichtigen. Aufgrund der GPS-Fähigkeit von vielen mobilen Endgeräten ist dies problemlos möglich. So können beispielsweise für gewünschte Produkte oder Dienstleistungen das günstigste Angebot oder besondere Aktionen im näheren Umkreis angezeigt werden. Viele weitere Konzepte und Ideen sind vorstellbar. Location-based Marketing steht erst am Anfang einer sicherlich interessant werdenden Entwicklung.

Erfolgsdeterminanten
Zusammenspiel und Beziehungen einzelner Online-Marketing-Instrumente

18 Erfolgsdeterminanten

18.1 Erfolgsdeterminanten: Definition und Begriffsabgrenzung

Es mag durchaus sein, dass in fünf bis zehn Jahren die Erfolgsdeterminante für gutes Online-Marketing die Auswahl der richtigen Marketing-Suite ist. Denn von vielen Experten wird die kanalübergreifende Strategie prognostiziert, die dann nicht mehr manuell, sondern von Marketing-Suites gesteuert wird. Bitte lesen Sie dazu das Kapitel 20. Aber bleiben wir zunächst in der Gegenwart. Denn noch setzt das Gros der Marketeers in Deutschland keine Marketing-Suites ein.

Im Zusammenhang mit den Erfolgsdeterminanten des Online-Marketings möchte ich noch einmal meine Definition von Online-Marketing aus dem ersten Kapitel zitieren und einen wesentlichen Aspekt für den Erfolg deutlich machen. Die Definition lautet: *„Online-Marketing sind Maßnahmen oder Maßnahmenbündel, die darauf abzielen, Besucher auf die eigene oder eine ganz bestimmte Internetpräsenz zu lenken, von wo aus dann direkt Geschäft gemacht oder angebahnt werden kann."* Ihre Aufmerksamkeit möchte ich nun auf den zweiten Halbsatz lenken. Dieser Halbsatz deutet unmissverständlich auf die hohe Bedeutung der beworbenen Website für das Erreichen des eigentlichen Ziels hin. Die Ausgestaltung der Zielwebsite spielt demnach für den Erfolg einer Kampagne eine entscheidende Rolle. Je nach Standpunkt hört Online-Marketing also nicht damit auf, Besucher auf die Zielwebsite zu bringen. Die Website muss so ausgestaltet sein, dass die gewünschte Transaktion auch möglichst häufig vollzogen wird.

Möchte man diesen Gedanken nun auf die Spitze treiben, so könnte man auch noch argumentieren, dass Online-Marketing nicht bei der Website aufhören darf, sondern dass die gesamte Prozesskette auf das Online-Marketing ausgerichtet sein muss. Schließlich haben Online-Kunden ganz besondere Bedürfnisse hinsichtlich Antwortzeit, Bearbeitungs- und Lieferzeit. Tatsächlich richten Firmen, die im großen Stil in Online-Marketing investieren, ihre Website darauf aus oder erstellen eine neue, eigens für Online-Business konzipierte Website und orientieren sich in ihrer gesamten Prozesskette am Bedarf ihrer Online-Kunden.

In diesem Kapitel finden Sie:

- die Erfolgsdeterminanten im Sinne des ersten Halbsatzes der aufgeführten Definition,
- die grundsätzlichen Parameter für erfolgreiches Online-Marketing im engeren Sinne sowie
- die Abhängigkeiten und Beziehungen der einzelnen Erfolgsparameter, was Ihnen eine optimale Ausgestaltung einer Online-Marketing-Kampagne ermöglicht.

Über die Erfolgsdeterminanten der Zielwebsite wird ein grober Überblick gegeben. Auf die Prozesskette wird nicht eingegangen. Eine ausführliche Behandlung der Erfolgsdeterminanten der Zielwebsite oder gar der Prozesskette würde den Rahmen dieses Buches sprengen. In meinem Blog[260] finden Sie jedoch Literaturempfehlungen zu diesen Themenfeldern. Auch werden die Erfolgsdeterminanten der jeweiligen Einzeldisziplinen nicht beleuchtet. Erkenntnisse hierüber können den vorangegangenen Kapiteln entnommen werden.

Schon lange ist der Effekt von Crossmedia-Marketing bekannt. Zahlreiche Studien[261] haben den positiven Effekt von crossmedialen Kampagnen belegt. Unter Crossmedia-Marketing wird im Allgemeinen die Nutzung von verschiedenen aufeinander abgestimmten Kommunikationskanälen zur Bewerbung eines Produkts oder einer Dienstleistung verstanden. Zumeist bezieht sich dies auf klassische Kommunikationskanäle. Die Werbeträger werden unter Berücksichtigung einer einheitlichen Werbelinie (CD/CI) untereinander vernetzt. Es werden die spezifischen Stärken der einzelnen Medien optimal ausgenutzt, um in Summe einen größeren Werbeeffekt zu erzielen. Salopp ausgedrückt ist Crossmedia-Marketing der Versuch, aus 1 + 1 = 2,2 oder gar mehr zu machen.

In der jüngeren Vergangenheit ist auch der hohe Wert der Ergänzung des klassischen Kommunikationsmix um die neuen, elektronischen Medien erkannt worden. Crossmedia-Marketing vernetzt klassische Medien (offline) und die neuen Medien (online). Es herrscht in der Fachwelt kaum noch Zweifel darüber, dass eine crossmediale Kampagne mit gleichem Budgeteinsatz wesentlich bessere Ergebnisse erzielt als ein Maßnahmenbündel, dessen Bestandteile nicht aufeinander abgestimmt und miteinander vernetzt sind. Je nach Literatur bzw. Studienquelle ist von Steigerungsraten zwischen zehn und 30 Prozent die Rede.

So wie durch die Abstimmung und Verzahnung der Werbemedien in der „Offline-Welt" Effizienzsteigerungen beim Werbeergebnis erreicht werden können, ist dies auch in der „Online-Welt" möglich. Dieser Umstand ist ebenfalls keine Erkenntnis der jüngeren Marketinggeschichte. Bereits meine 2006 veröffentlichte Studie[262] belegt dies deutlich. In der Studie sind 129 Marketing-Leiter und Unternehmer aus Deutschland zu ihren Erfahrungen mit Online-Marketing befragt worden. Ein weiterer Untersuchungsschwerpunkt war die Budgetallokation für die unterschiedlichen Marketing-Instrumente innerhalb des Online-Marketing-Mix. Wer angab, mit seiner Online-Marketing-Aktion Erfolge erzielt

---

[260] https://www.lammenett.de.
[261] G+J Electronic Media Sales GmbH, 2004, ErfolgXStories – Neuer Berichtsband von G+J EMS zur Wirksamkeit crossmedialer Kampagnen; G+J Electronic Media Sales GmbH, 2003, Was wirkt wie? – Werbewirkung von Crossmedia- und Online-Kampagnen; T-Online in Zusammenarbeit mit Fittkau & Maaß Consulting, 2005, CrossMedia-Studie; PanteneProV – Online-Werbung steigert Kaufbereitschaft um 20%; Tomorrow Focus AG, Crossmedia-Studie 2005, Erfolgsfaktoren bei der Gestaltung der Online-Werbemittel;; Verband Deutscher Zeitschriftenverleger e.V., 2004, Warum Crossmedia besser wirkt – Ergebnisse einer VDZ-Pilotstudie; Verband Deutscher Zeitschriftenverleger e.V., 2005, Werbewirkung: Mediamix deutlich besser als Mono-Strategien.
[262] Download erhältlich über: https://www.lammenett.de/wp-content/uploads/2015/02/Studie_OnlineMarketing_2006.pdf.

zu haben, wurde auch nach seiner subjektiv wahrgenommenen Begründung für diesen Erfolg gefragt. Erfolg konnte über alle Marketing-Instrumente grundsätzlich in drei Stufen zum Ausdruck gebracht werden:

- Stufe 1 – Steigerung der Anzahl der Besucher auf Website,
- Stufe 2 – Steigerung der Anzahl von Anfragen (Leads),
- Stufe 3 – Umsatzsteigerung.

Schließlich wurde untersucht, ob es Gruppierungen unter den teilnehmenden Unternehmen gibt, die besonders hohe Erfolge mit Online-Marketing zu verzeichnen haben, und falls ja, worin die Gründe hierfür liegen.

Die mit Abstand größten Erfolge erzielten Unternehmen, die einen ausgewogenen Online-Marketing-Mix einsetzten und verstärkt auf eine Vernetzung der Online-Marketing-Instrumente achteten. Das Ergebnis lässt keine Zweifel an der Richtigkeit der Aussage, dass auch im Online-Marketing mit aufeinander abgestimmten und miteinander vernetzten Maßnahmen die besten Ergebnisse zu erzielen sind. Ganz im Geiste von Crossmedia. Wenn dann noch die Offline- und Online-Kommunikationskanäle aufeinander abgestimmt und miteinander verzahnt werden, ist der positive Effekt am größten.

In den folgenden Kapiteln wird das Beziehungsgeflecht der Online-Marketing-Instrumente analysiert und Ansätze für eine Vernetzung werden beleuchtet.

18.2 Beziehungsgeflecht der Online-Marketing-Instrumente

Einige Online-Marketing-Instrumente können intelligent mit anderen verknüpft werden und verbessern so den Marketing-Erfolg. In diesem Kapitel wird das Beziehungsgeflecht der einzelnen Online-Marketing-Instrumente erörtert. Es wird anhand von Praxisbeispielen aufgezeigt, wie durch eine geschickte Vernetzung der einzelnen Instrumente dem Crossmedia-Gedanken auch ausschließlich auf Online-Marketing-Instrumente bezogen Rechenschaft getragen werden kann. Abbildung 18.1 veranschaulicht das Beziehungsgeflecht.

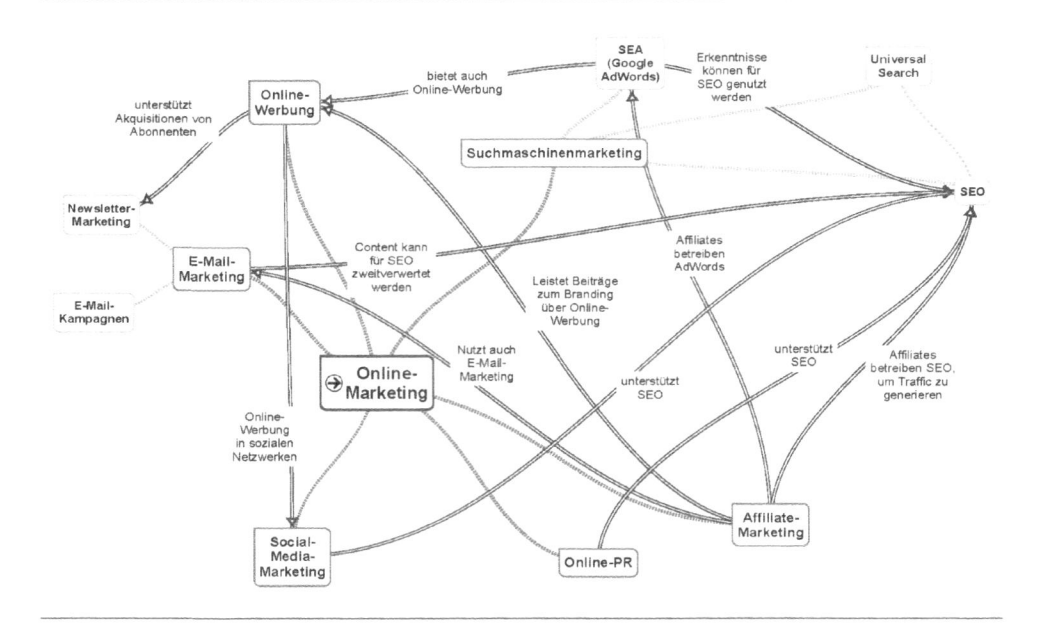

Abbildung 18.1 Beziehungsgeflecht einiger Online-Marketing-Disziplinen

18.2.1 Affiliate unterstützt SEO

Im Kapitel 1 wurde bereits erläutert, dass die auf eine Internetwebsite zeigenden externen Links (Backlinks) einen hohen Stellenwert für die Position der Webseite in einer Suchmaschine haben. Für themennahe, qualitativ hochwertige Backlinks hat sich das auch nach der Diskussion um die Abwertung von Backlinks im Ranking-Algorithmus nicht geändert (vgl. Kapitel 7.5.1). In der Praxis ist es sehr aufwendig und zeitintensiv, eine hohe Anzahl von Backlinks von unterschiedlichen Websites zu erlangen. Besonders dann, wenn diese auch noch von Seiten mit einem hohen Page-Rank stammen sollen. Affiliate-Marketing kann einen wertvollen Beitrag zu Backlinks leisten; wenn nämlich das Affiliate-Programm in Eigenregie umgesetzt und betrieben wird und nicht die Technologie eines Netzwerkbetreibers wie beispielsweise affilinet.de verwendet wird.

Wird eine eigenentwickelte Technologie eingesetzt, so kann die Partner-ID in einem Link verankert werden, der direkt auf die Website des Anbieters führt und somit einen Backlink im genannten Sinn darstellt. Wird hingegen die Technologie eines Netzwerkbetreibers eingesetzt, so wird jedes Werbemittel zunächst mit einem Link des Netzwerkbetreibers verknüpft, damit die notwendigen Zählmechanismen initiiert werden können. Der Netzwerkbetreiber leitet dann automatisch zum jeweiligen Angebot weiter. Gleichgültig wie viele Partner am Programm teilnehmen, gibt es also nur einen Backlink zur Website des Anbieters, nämlich den des Netzwerkbetreibers.

18.2.2 Affiliate unterstützt Online-Werbung

Online-Werbung ist teuer. Wenn auch nicht im direkten Vergleich mit konventioneller Werbung, so schneidet Online-Werbung jedoch in Relation zu anderen Online-Marketing-Instrumenten wie Keyword-Advertising, Suchmaschinenoptimierung oder auch Affiliate-Marketing regelmäßig schlechter ab, sofern als Bewertungskriterium die Kosten je Transaktion herangezogen werden. Für kleine und mittelständische Unternehmen ist daher Online-Werbung häufig nicht die erste Wahl. Doch gerade wenn es darum geht, den Bekanntheitsgrad eines Produktes oder eines Unternehmens zu erhöhen, hat Online-Werbung aufgrund ihrer Möglichkeiten, durch bewegte Bilder und Ton eine erhöhte Wahrnehmung des Betrachters zu erreichen, die Nase vorn. Affiliate-Marketing bietet einen Ausweg aus dem angesprochenen Dilemma. Durch die Bereitstellung von ausgewähltem Werbematerial im Rahmen eines Affiliate-Programmes kann ein Unternehmen auch hervorragende werbliche Effekte erzielen, bis hin zu einem erstklassigen Branding, ohne hierfür ein finanzielles Risiko eingehen zu müssen. Das Unternehmen zahlt nur, getreu dem Motto des Affiliate-Marketings, im Erfolgsfall.

18.2.3 Unterstützung von Affiliate-Marketing durch parallele Maßnahmen

Der Erfolg des Affiliate-Marketings wird durch drei Faktoren begünstigt:

- Art und Anzahl der Affiliate-Partner
- Vergütungsmodell, mit dem Affiliate-Partner bezahlt werden
- Die Qualität der bereitgestellten Werbemittel

Für einen Affiliate-Partner spielt die Bekanntheit eines Merchants bzw. der Produkte eines Merchants eine wichtige Rolle im Entscheidungsprozess, ob er überhaupt und wenn ja, zu welchen Konditionen, er bereit ist, für die Produkte des Merchants zu werben. Denn der Bekanntheitsgrad steht in einem kausalen Zusammenhang zum voraussichtlich zu erzielenden Einkommen durch Werbeschaltungen.

Vor diesem Hintergrund wird der Erfolg von Affiliate-Marketing maßgeblich dadurch unterstützt, dass mit parallelen Maßnahmen die Bekanntheit eines Werbetreibenden erhöht wird und eventuell auch potenzielle Erfolgsaussichten belegt werden können.

Besonders geeignet für die Unterstützung des Affiliate-Marketings ist die Durchführung von Maßnahmen zur Suchmaschinenoptimierung, Keyword-Advertising und Online-Werbung.

18.2.4 Affiliate nutzt E-Mail-Marketing

Jeder Betreiber eines Affiliate-Programms muss das Programm auch vermarkten – sprich Partner akquirieren und laufend animieren, Aktivitäten im Sinne des Affiliate-Programms zu entwickeln. E-Mail-Marketing ist ein probates Mittel, um diese Zielsetzung zu erreichen. Einerseits kann E-Mail-Marketing eingesetzt werden, um neue Affiliate-Partner zu gewinnen, beispielsweise durch die Integration entsprechender Werbebotschaften in andere Newsletter. Wesentlich häufiger ist jedoch der Einsatz von E-Mail-Marketing innerhalb der Gruppe der bestehenden Affiliate-Partner. Erfolg mit Affiliate-Marketing bedingt u. a. eine regelmäßige und zielorientierte Kommunikation mit den Affiliate-Partnern. E-Mail-Marketing ist in diesem Kontext ein ausgesprochen geeignetes Instrument, da eine große Anzahl von Partnern sehr schnell und vor allen Dingen auch differenziert angesprochen werden kann.

18.2.5 Affiliate nutzt SEO und Keyword-Advertising

Je nachdem, wie lukrativ ein Affiliate-Programm finanziell ausgestaltet ist, kann es für den Affiliate interessant sein, Investitionen in Keyword-Advertising oder Suchmaschinenoptimierung zu tätigen. Wenn beispielsweise bei einem Affiliate-Programm eine Vergütung pro Klick gewährt wird, die über dem Preis liegt, den ein Affiliate für ein passendes Keyword bei einer Suchmaschine bezahlen muss, dann ist die Buchung dieses Keywords für den Affiliate finanziell lukrativ. Gleiches gilt aber auch, wenn das Affiliate-Programm eine umsatzabhängige Vergütung gewährt, die in Summe höher ist als die Kosten, die ein Affiliate für die Buchung passender Keywords bei einer Suchmaschine hat. Sicherlich spielt es in diesem Fall eine Rolle, wie hoch die erreichte Conversion-Rate ist, denn schlussendlich hängt der erzielte Umsatz mit der Conversion-Rate zusammen. Tatsächlich hat es in der jüngeren Vergangenheit viele findige Affiliates gegeben, die auf diese Weise mit Affiliate-Marketing Geld verdient haben.

Einige Programmbetreiber sehen solche Aktivitäten ihrer Affiliates jedoch eher negativ und untersagen diese. Ein Hauptgrund für die kritische Betrachtung derartiger Vorgehensweisen durch Affiliates sind Markenrechtsverletzungen. Um ihr Auskommen zu erhöhen, hatten Affiliate-Partner in Keyword-Anzeigen Markennamen von Konkurrenzunternehmen als Keywords gebucht. Die juristischen Implikationen dieser Markenrechtsverletzungen waren auch für den Programmbetreiber negativ, obwohl dieser ja nur indirekt mit der Markenrechtsverletzung in Zusammenhang zu bringen ist. Daher haben viele Programmbetreiber die Buchung von Keyword-Anzeigen durch ihre Affiliates grundsätzlich untersagt, oder aber sie verpflichten ihre Affiliates schriftlich, keine Markenrechtsverletzungen zu begehen und den Programmbetreiber von Ansprüchen durch eventuelle Verletzungen freizustellen.

Auch in puncto Suchmaschinenoptimierung besteht ein kausaler Zusammenhang mit dem finanziellen Erfolg, den ein Affiliate-Programm erwirtschaften kann. Dann nämlich, wenn die Website eines Affiliates in den Suchmaschinen gefunden wird und es dadurch zu entsprechenden Transaktionen kommt. Einige Merchants unterstützen deshalb die Suchmaschinenoptimierungsarbeiten ihrer Affiliates. Es gibt sogar Merchants, die ihren Affiliates Keyword-Datenbanken zur Integration auf ihrer Website anbieten, um die Chance zu erhöhen, in den Suchmaschinen gefunden zu werden. Schlussendlich profitieren beide, der Affiliate und der Merchant.

18.2.6 E-Mail-Marketing unterstützt SEO

Neben vielen anderen Parametern ist relevanter und qualitativ hochwertiger Content auf der Website von Bedeutung für die Suchmaschinenoptimierung. Das aus den Anfängen des Internets bekannte Motto „Content is king" erfährt heute durch die hohe Bewertung von Inhalten in Bezug auf das Ranking in Suchmaschinen eine Renaissance. Im Rahmen von E-Mail-Marketing erstellte Newsletter stellen in der Regel relevanten Content dar. Anstatt diesen Content einfach nur per E-Mail zu versenden, sollte er zusätzlich auf der Website integriert werden, etwa in Form eines Newsletter-Archivs. Durch diese Vorgehensweise in Kombination mit einer geschickten Querverlinkung entsteht ein ausgesprochen positiver Nebeneffekt für die Suchmaschinenoptimierung der Website.

Werden über einen Newsletter relevante und interessante News an einen großen Verteilerkreis versendet, so besteht darüber hinaus die Chance, dass in anderen Websites auf diese News verwiesen wird und dadurch eine höhere Zahl von Backlinks erzeugt wird.

18.2.7 Erkenntnisse aus Keyword-Advertising unterstützen SEO

Bei der Suchmaschinenoptimierung stellt sich häufig die Frage, für welche Suchworte die Website optimiert werden soll. In der Regel sind hier nicht die Suchworte von Bedeutung, die möglichst viele Besucher auf die Website lenken, sondern vielmehr diejenigen Suchworte, die Besucher auf die Website lenken, welche die gewünschten Transaktionen (Kauf, Kontaktaufnahme etc.) vollziehen. In der Regel ist zu Beginn von Optimierungsarbeiten jedoch nicht bekannt, welches diese Suchworte sind. Eine Anlehnung der Suchmaschinenoptimierung an die Erkenntnisse aus einer vorgelagerten Keyword-Advertising-Kampagne kann durchaus ein Ausweg aus diesem Dilemma sein. Durch die Ausgestaltung einer Keyword-Advertising-Kampagne mit möglichst vielen Keywords und gleichzeitiger Integration eines Conversion-Tracking-Werkzeuges kann ermittelt werden, welche Keywords bzw. Suchworte eher Besucher bringen, die gewillt sind, eine gewünschte Transaktion durchzuführen. Eine sich anschließende Suchmaschinenoptimierung würde sich dann natürlich auf diese Keywords konzentrieren.

18.2.8 Keyword-Advertising und Online-Werbung unterstützen E-Mail-Marketing

Gerade wenn Newsletter neu aufgebaut werden sollen, kommt es darauf an, schnell eine gewisse kritische Masse, das heißt eine Mindestanzahl von Abonnenten zu gewinnen. Hierzu kann Keyword-Advertising einen Beitrag leisten. Über entsprechende Anzeigen wird das Abonnement des Newsletters beworben. Finanziell kann es durchaus interessant sein, neue Abonnenten mittels Keyword-Advertising zu generieren. Einige Betreiber von Newslettern versuchen, ihren Newsletter über Affiliate-Marketing zu bewerben und bieten zwischen 10 und 30 Cent pro neuem Abonnenten.

Auch die Vermarktung von Newslettern durch Online-Werbung ist nichts Ungewöhnliches mehr. Durch die zunehmende Popularität von Werbeformaten wie Rich Media ist es beispielsweise möglich, das Abonnement eines Newsletters direkt auf einem transaktiven Banner abzuschließen. Das bedeutet, dass ein Newsletter nicht nur mittels eines Banners beworben werden kann, sondern die E-Mail-Adresse in den Banner hineingeschrieben werden kann und der Prozess des Abonnierens durch Mausklick auf die Senden-Schaltfläche im Banner selbst gestartet wird. Auf diese Weise wird ein Arbeitsschritt ausgespart und der Weg zum Abonnement für den Interessenten verkürzt.

> **Praxisbeispiel**
>
> Das E-Mail-Banner für den Newsletter von Hammer Gel war viele Jahre auf zahlreichen Portalen zum Thema Ausdauer- und Laufsport geschaltet.

Abbildung 18.2 Newsletter-Banner von Hammer Gel

Eine weitere Möglichkeit, die E-Mail-Marketing-Aktivitäten durch Online-Werbung zu unterstützen, ist die Nutzung von Newsletter-Portalen wie beispielsweise http://www.newsletter-kiosk.de. Derartige Portale finanzieren sich u. a. dadurch, dass sie sich für die Gewinnung von Abonnenten für bestimmte Newsletter bezahlen lassen. Die Preise für einen Abonnenten beginnen bei 50 Cent.

Je mehr Abonnenten für einen Newsletter gewonnen werden können, desto attraktiver wird der Newsletter für weitere Abonnenten, denn ist in einer Community bekannt, dass ein bestimmter Newsletter „in" ist, so werden alle Mitglieder der Community diesen Newsletter auch abonnieren.

Durch Keyword-Advertising und Online-Werbung wird die Bekanntheit eines Namens verstärkt und damit auch der über einen Namen vermarktete Newsletter.

18.2.9 Keyword-Advertising unterstützt Online-Werbung

Keyword-Advertising wird tendenziell eher eingesetzt, wenn es um Abverkauf und Interaktion geht. Online-Werbung hingegen hat ihre Stärken, wenn eine bestimmte Botschaft in die Köpfe der Konsumenten gehen soll. Durch die Möglichkeit, bewegte Bilder, Interaktion, Ton und sogar Videosequenzen in ein Werbemittel zu implementieren, erfährt Online-Werbung eine ganz andere Sinneswahrnehmung als eine reine Textanzeige. Trotzdem kann Keyword-Advertising die Ziele der Online-Werbung unterstützen. Sogar zu hervorragenden Konditionen. Denn wenn eine Keyword-Anzeige nicht geklickt, sondern lediglich angezeigt wird, erhält der Werbetreibende mindestens ein „kostenloses Branding" durch die Anzeige eines Textes mit Produkt- oder Firmennamen.

Eine weitere Möglichkeit, Keyword-Advertising zur Unterstützung bzw. Flankierung von typischen Zielen der Online-Werbung einzusetzen, besteht darin, die Klicks aus der Keyword-Advertising-Kampagne auf eine Mikrosite oder eine ganz bestimmte Landing-Page zu lenken, auf der die Werbebotschaft multimedial und emotional ansprechend aufbereitet ist. Dieses Vorgehen ist dann lukrativ, wenn der Preis für 1.000 Klicks günstiger ist als der Preis für 1.000 Einblendungen eines hochpreisigen Werbemittels. Sehr hochwertige Werbeplätze kosten bisweilen 100 bis 180 Euro je 1.000 Sichtkontakte. Die Klickrate liegt dann bei ca. 0,2 bis 0,3 Prozent. Für diesen Preis kann man sicherlich in etlichen Branchen auch Keywords buchen und die Klicks auf eine Landing-Page leiten.

18.2.10 Unterstützung von Online-Werbung durch andere parallele Maßnahmen

Online-Werbung über Bannerschaltung etc. legt in der Regel den Fokus auf das Branding eines Produktes oder eines Namens.

Wird der Bekanntheitsgrad durch begleitende Maßnahmen wie E-Mail-Marketing, Affiliate-Marketing und SEO unterstützt, so tritt im Bereich der Online-Werbung ein positiver Automatismus auf:

- Bannerschaltungen mit bekannten Namen werden erfahrungsgemäß eine höhere Klickrate erzielen.
- Der Erfolg von Werbemaßnahmen, die nach Anzahl der Einblendungen (Ad-Impressions) bezahlt werden, ist umso größer, je höher die Klickrate ist.

18.2.11 Online-Werbung unterstützt SEO

Online-Werbung kann die Bemühungen der Suchmaschinenoptimierung in ganz bestimmten Konstellationen durch Backlinks unterstützen. Auf die Bedeutung von Backlinks für eine gute Position in den Suchmaschinen ist an anderer Stelle bereits ausführlich eingegangen worden.

Im Normalfall werden heute Werbemittel nicht mehr direkt auf einer Webseite implementiert und verlinkt. Heute übernehmen Adserver die Funktion der Einblendung von Werbemitteln (vgl. hierzu das Kapitel 12). Es erfolgt also keine direkte Verlinkung des Werbemittels mit der Zielwebsite. Dementsprechend erhält die Zielwebsite auch keinen Backlink. Viele kleinere Website-Betreiber setzen jedoch keinen Adserver ein. Zumeist sind dies semiprofessionelle Vermarkter, bei denen man ein Banner auf Monats- oder gar Jahresbasis buchen kann. Durch eine Buchung von Werbeplätzen bei diesen Anbietern kann man also gleich zwei Fliegen mit einer Klappe schlagen, denn man erhält neben der Platzierung des Werbemittels auch einen Backlink.

Sicherlich wird durch die Buchung von Bannern oder anderen Werbemitteln auf semiprofessionell vermarkteten Websites kein Millionenpublikum erreicht. Doch gerade wenn es um Neueinführungen von Websites oder Microsites geht, kann die Beimischung von Online-Werbung auf Websites, die einen Backlink liefern, ein kleines Mosaiksteinchen sein. Besonders, wenn die Webseiten inhaltlich zum Thema der eigenen Website passen (vgl. Kapitel 7.5.1).

18.2.12 Online-Werbung unterstützt Keyword-Advertising

Auf den positiven Effekt von Crossmedia-Marketing bin ich zu Beginn des Kapitels eingegangen. Dieser macht sich in vielen Fällen besonders beim Keyword-Advertising bemerkbar. Eigene Tests mit Kampagnen aus dem Assekuranz- und Sportumfeld haben ergeben, dass Online-Werbung den Umsatz, der mit Keyword-Advertising generiert wird, deutlich positiv beeinflusst. Bei einer Kampagne hat die Einstellung von Online-Werbung sogar zu einer Reduzierung des unmittelbar durch Keyword-Advertising erzielten Umsatzes von über 30 Prozent geführt. Erst nachdem die Online-Werbung wieder angefahren wurde, stellte sich erneut das alte Umsatzniveau ein.

18.2.13 Suchmaschinenoptimierung ergänzt Keyword-Advertising

Die Ausführungen aus Kapitel 7.2.1 belegen, dass Unternehmen einen optimalen Output aus ihrem Engagement bei Suchmaschinen erreichen, wenn sie sowohl Suchmaschinenoptimierung als auch Keyword-Advertising betreiben. Suchmaschinenoptimierung und Keyword-Advertising entwickeln also erst ihre volle Wirksamkeit, wenn sie in Kombination eingesetzt werden.

18.2.14 Social Media unterstützt SEO

Nicht umsonst haben viele Hersteller von SEO-Software einen Bezug zu Social-Media-Aktivitäten hergestellt. Einerseits erzeugen Aktivitäten im Social-Media-Umfeld auch Backlinks. Diese werden natürlich auch von Google und Co. wahrgenommen. Andererseits mehrten sich ab 2010 die Spekulationen darüber, wie die großen Suchmaschinen zukünftig den Ranking-Algorithmus verändern werden, um Informationen aus dem Social-Media-Umfeld zu berücksichtigen. Dieses Thema wird mit Stand 2016 leicht kontrovers diskutiert. Im Jahr 2013 wurden sogenannte Social Signals aus dem Social-Media-Umfeld als sehr positiv für das Ranking einer Website angesehen. Namhafte Anbieter von SEO-Werkzeugen wie SeoMOZ oder Searchmetrics kamen in ihren Ranking-Analysen 2013 zu übereinstimmenden Ergebnissen. Searchmetrics schreibt hierzu im Ranking-Report 2013: *„Die Tendenz über die Jahresfrist hinweg ist sehr positiv – und bestätigt damit den Trend, der sich bereits 2012 abzeichnete. Gut positionierte URLs weisen eine hohe Zahl an Likes, Shares, PlusOnes und Tweets auf, wobei besonders URLs auf den ersten Plätzen der Suchergebnisse mit einer sehr hohen Masse an Signalen hervorstechen. Das bedeutet zum Einen, dass die Aktivität in den Social Networks weiter zunimmt, zum Anderen, dass häufig geteilte Inhalte auch immer stärker mit guten Rankings korrelieren."*[263]

Zwei Jahre später bezeichneten die gleichen Unternehmen in ihren Rankingreports Social Signals als „überbewertet". Wir dürfen also alle gespannt sein auf die Veröffentlichung der nächsten Rankingreports.

18.3 Die Zielwebseite

Per Definition aus der Einleitung dient Online-Marketing dazu, Besucher auf eine ganz bestimmte Webseite zu bringen. Dabei kann es sich um die eigene Homepage handeln, um einen Internetshop oder um eine Unterseite einer Website bzw. eines E-Commerce-Shops. Es kann sich aber auch um eine eigens erstellte Landing-Page handeln. Ist der Besucher aufgrund von Aktivitäten, die dem Online-Marketing zuzuordnen sind, auf der Zielwebseite angekommen, so hat das Online-Marketing seine Schuldigkeit getan. Ob der Besucher nun die oder eine der gewünschten Transaktionen ausführt, liegt dann im Wesentlichen an der Zielwebsite.

Hier ein Kapitel über die optimale Ausgestaltung von Homepages, E-Commerce-Shops oder Landing-Pages zu verankern, würde den Rahmen dieses Buches völlig sprengen. Außerdem sind Fragen der Gestaltung von Zielwebseiten ohnehin laut meiner Definition nicht mehr dem Themenkomplex des Online-Marketings zuzuordnen. Dennoch ist das Thema im Zusammenhang mit Online-Marketing-Aktivitäten hochgradig relevant. Denn was nützt das beste Online-Marketing, wenn die Zielwebseite die Leistung oder die Produkte, die es zu vermarkten gilt, nicht verkauft? Daher möchte ich an dieser Stelle zumindest anhand einiger Praxisbeispiele die hohe Bedeutung der Frage nach der optimalen Zielwebseite verdeutlichen und einige Literaturempfehlungen aussprechen.

Im Wesentlichen kann man zwei Typen von Zielwebseiten unterscheiden. Zum einen den Typus, bei dem das primäre Ziel die Generierung eines Kontaktes (Lead) ist. Zum ande-

---

[263] http://www.searchmetrics.com/de/services/ranking-faktoren-2013, Abruf 15.05.2014.

ren den Typus Webseite, bei dem es primär um den Verkauf eines Produktes oder einer Dienstleistung über das Internet geht.

Im ersten Fall geht es häufig um hochpreisige und beratungsintensive Produkte, um Dienstleistungen, die ohne eine persönliche Beratung, einen Vor-Ort-Termin oder eingehende persönliche Gespräche nicht verkauft werden könnten. Es kann sich dabei sowohl um B2B- als auch B2C-Geschäfte handeln. Im zweiten Fall geht es in der Regel um E-Commerce-Shops, meistens um den direkten Abverkauf von Consumer-Produkten über das Internet.

Anhand von zwei anschaulich aufbereiteten Praxisbeispielen möchte ich nun verdeutlichen, welch hohe Bedeutung die Gestaltung der Zielwebseite für die Transaktionsrate hat.

Praxisbeispiel 1: Vokabeltrainer

AZ6-1 war ein universelles Lernprogramm, welches primär als Vokabeltrainer eingesetzt wurde. 2015 wurde das Projekt eingestellt. Bei diesem Geschäftsmodell ging es zunächst darum, den Benutzer zum Download einer kostenlosen Testversion zu bewegen. Grundsätzlich kann davon ausgegangen werden, dass Software im niedrigpreisigen Bereich zunächst einmal angesehen und getestet wird, bevor die Kaufentscheidung fällt. Demzufolge war der Download der kostenlosen Testversion in diesem Geschäftsmodell ein ganz wesentlicher Erfolgsbaustein.

In meinem Test habe ich mit der Homepage und zwei unterschiedlichen Landing-Pages gearbeitet. Jede dieser drei Alternativen hat im Testzeitraum ungefähr die gleiche Anzahl von Besuchern über identische Kanäle erhalten. Das Ergebnis wird Sie erstaunen.

Zum entsprechenden Screencast gelangen Sie über diese URL: https://www.lammenett.de/keyword-advertising/landingpage-versus-homepage.html.

Praxisbeispiel 2: Hilfsorganisation

Misereor ist ein Hilfswerk der katholischen Kirche, welches bereits 1958 gegründet wurde. Die Internet-Seite http://www.misereor.de wird auch genutzt, um Spenden für die zahlreichen Hilfsprojekte zu akquirieren. In einem für Misereor kostenlosen Test habe ich zwei beinahe identische Landing-Pages eingesetzt. Der einzige Unterschied war, dass auf einer der beiden Landing-Pages eine kleine Videosequenz implementiert war. Das Ergebnis ist wiederum hochinteressant.

Den Screencast finden Sie hier: https://www.lammenett.de/keyword-advertising/landingpage-optimierung.html.

Literaturempfehlungen zu Webseiten-Gestaltung

Es gibt sehr viele gute Bücher, Videotrainings und Online-Quellen zu allen Aspekten der Webseiten-Gestaltung (wie Webdesign, Usability …), von denen ich exemplarisch drei hervorheben möchte. Ferner möchte ich auf meinen Blog (https://www.lammenett.de) verweisen, in dem ich immer wieder neue Literatur bespreche sowie Tipps und Hinweise zum Thema gebe.

- „Responsive Webdesign – Workflow" von Patrick Lobacher ist ein Videotraining, welches den Prozess hinter responsivem Webdesign thematisiert und zeigt, warum es essenziell für den Projekterfolg ist, sich an diesen zu halten. Die klassische Vorgehensweise über ein sequenzielles Modell (wie das Wasserfall-Modell) eignet sich für RWD nicht mehr, sodass hier zu einem iterativen/inkrementellen Modell gewechselt werden muss. Das Training versorgt den Zuschauer hier mit der notwendigen Theorie, gibt aber auch immer Tipps zur praktischen Umsetzung.

    URL: https://www.video2brain.com/de/videotraining/responsive-webdesign-workflow

- „Responsive Webdesign: Konzepte, Techniken, Praxisbeispiele" von Kai Laborenz und Andrea Ertl greift eine der wichtigsten Anforderungen für modernes Webdesign auf – eine gute User Experience auf allen Ausgabegeräten zu erlangen. Die mittlerweile zweite Auflage des Bestsellers wurde noch einmal deutlich überarbeitet und vor allem aktualisiert – so finden sich mittlerweile auch Themen wie Responsive HTML-E-Mails, Scalable Vector Grafics und Icon Fonts in dem Standardwerk.

    URL: https://www.rheinwerk-verlag.de/responsive-webdesign_4395/

- „Smashing Magazine" von Vitaly Friedman ist sicher eine der besten und aktuellsten Quellen im Bereich Webdesign. Die Kategorien in diesem oftmals sehr ausführlichen Blog sind Coding, Design, Mobile, Graphics, UX Design und Wordpress und decken somit die meisten relevanten Themen ab. Alle Artikel sind in englischer Sprache, aber immer verständlich geschrieben und reich bebildert.

    URL: https://www.smashingmagazine.com

18.4 Fünf Erfolgsfaktoren

Auf Basis der Erkenntnisse der Online-Marketing-Studie und vieler Praxisbeispiele aus den vergangenen Jahren lassen sich fünf übergeordnete Erfolgsfaktoren für Online-Marketing ableiten, die im Folgenden näher erläutert werden. Sie sind unabhängig von den Erfolgsfaktoren der jeweiligen Einzeldisziplinen zu sehen.

18.4.1 Basissetup muss stimmen

Per Definition ist das Ziel von Online-Marketing, Besucher auf die eigene bzw. eine ganz bestimmte Website zu lenken (Ziel 1). Von dort aus sollen die Besucher im optimalen Fall eine bestimmte Handlung/Aktion ausüben (Ziel 2), also einen Kauf tätigen, eine Botschaft wahrnehmen, ein Abonnement abschließen, Kontakt aufnehmen per E-Mail oder Telefon, Feedback zu einem bestimmten Thema geben, einen Newsletter bestellen oder Ähnliches.

In der Erkenntnis dieser zweistufigen Zielführung liegt bereits die erste Erfolgsdeterminante für gewinnbringendes Online-Marketing. Die einzelnen Maßnahmen des Online-Marketing-Mix müssen auf die Internetpräsenz und das dort verankerte Angebot abgestimmt sein. Es ist in der Regel nicht zielführend, mittels guter Online-Marketing-Maßnahmen viele Besucher auf eine Website zu leiten, die dann enttäuscht wieder abwandern, weil das Angebot nicht zu den Aussagen der Online-Marketing-Maßnahmen passt oder weil die Website ergonomisch so schlecht gestaltet ist, dass ein Besucher nicht zum eigentlichen Angebot findet. Im Gegenteil: Es strapaziert das Budget unnötig.

> **Praxisbeispiel**
>
> Die Suche bei Google.de mit der Suchwortkombination „abtippen Doktorarbeit" resultiert in zwei Anzeigen, die nicht zu einem Schreibdienst für Doktorarbeiten oder einem vergleichbaren Angebot führen. Da die Suchwortkombination „abtippen Doktorarbeit" jedoch klar impliziert, dass der Suchende Hilfe beim Abtippen einer Arbeit benötigt, wird der Suchende die Website enttäuscht wieder verlassen, weil er hier nicht das findet, wonach er sucht.

Abbildung 18.3   Keyword-Anzeigen auf Google bei der Suchwortkombination „abtippen Doktorarbeit" im Juli 2015

Anzeigen

Doktorarbeit
Diplom- & Doktorarbeiten für alle
Bereiche - bei StepStone finden!
www.StepStone.de

Doktorarbeit
Große Auswahl hochwertiger Websites
für **Doktorarbeit**.
www.Jekoo.com/Doktorarbeit

Quelle: www.google.de, Abruf Juli 2015

18.4.2   Ohne Ziele kein Erfolg

Ohne Ziele kann Erfolg nicht beurteilt werden. Erfolg im Marketing ist immer verknüpft mit bestimmten, im Idealfall quantifizierbaren Zielen und der kontinuierlichen Messung des Grades der Zielerreichung. Nur so können bei einer Abweichung des gewünschten Zielerreichungsgrades schnell korrigierende Maßnahmen ergriffen werden, um eine suboptimale Budgetverwendung oder gar eine Budgetverschwendung zu vermeiden. Im Prinzip ist damit schon der Regelkreis erfolgreichen Online-Marketings definiert.

Anders als im klassischen Marketing, wo die Messung von Erfolgsparametern oft sehr teuer und komplex ist, können diese beim Online-Marketing viel genauer und vor allem effizienter kontrolliert werden. Durch die technologischen Möglichkeiten ist es sogar möglich festzustellen, welches Banner oder welches Keyword einer Kampagne zu welchem Umsatz geführt hat. Online-Marketing ermöglicht im Extremfall die Messung der Umsatz- und Gewinnwirksamkeit bis auf die unterste Ebene einer Kampagne. Diese Genauigkeit der Erfolgsmessung ermöglicht ein kosteneffizientes Finetuning von Online-Marketing, welches im klassischen Marketing bis dato nie erreicht worden ist und wahrscheinlich auch nie erreicht werden wird.

Nicht in allen Fällen ist die Umsatzwirksamkeit jedoch das Ziel Nummer 1 von erfolgreichem Online-Marketing. Gerade bei Neueinführungen von Portalen oder neuen Produkten steht die Umsatzwirksamkeit an zweiter Stelle im Zielgebäude und die Erhöhung des Bekanntheitsgrades rückt in den Vordergrund.

> **Praxisbeispiel**
>
> Bei den Online-Marketing-Kampagnen für das Portal http://www.usa.de wurde in der Anfangsphase gänzlich auf Messung der Umsatzwirksamkeit der einzelnen Kampagnenbausteine und -elemente verzichtet. Als vordringliches Ziel wurde die Erhöhung des Bekanntheitsgrades definiert. Als Erfolgsparameter wurden demnach die Anzahl der Besucher der Internetpräsenz, die durch die Kampagne generiert wurden, definiert. Es galt, in möglichst kurzer Zeit möglichst viele interessierte „eindeutige" Besucher auf die Website zu lenken.

Da der Bekanntheitsgrad alleine aber bekanntlich „nicht satt" macht, rückt früher oder später die Umsatzwirksamkeit wieder in den Vordergrund. Im Endstadium eines optimal austaxierten Online-Marketing-Mix steht dann die Gewinnwirksamkeit im Vordergrund.

Bei der Betrachtung der Gewinnwirksamkeit muss natürlich das eingesetzte Budget berücksichtigt werden. Zunächst steht die Frage im Vordergrund, welcher Online-Marketing-Mix den höchsten Gewinn erwirtschaftet. Auf der Detailebene geht es zuerst um die Frage, welche Bausteine des Online-Marketing-Mix den Gewinn erwirtschaftet haben. Dieser Zusammenhang wird im folgenden Kapitel genauer erläutert.

Bei Geschäftsmodellen, die nicht primär direkt über das Internet verkaufen, sondern lediglich Geschäft anbahnen, sind abgeleitete Zielkennzahlen wie beispielsweise der Kundenwert hilfreich zur Erstellung eines Zielgebäudes für einen profitablen Online-Marketing-Mix. Abbildung 18.4 veranschaulicht das Prinzip.

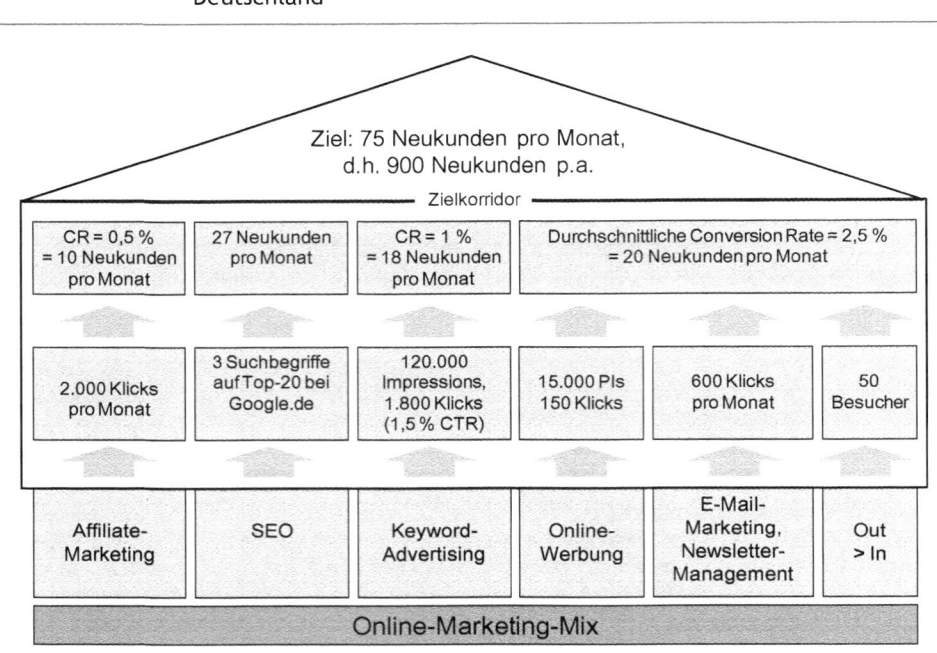

Abbildung 18.4 Beispiel eines Zielgebäudes für einen Versicherungsmakler in Deutschland

Ziel: 75 Neukunden pro Monat, d.h. 900 Neukunden p.a.

Zielkorridor

CR = 0,5 % = 10 Neukunden pro Monat	27 Neukunden pro Monat	CR = 1 % = 18 Neukunden pro Monat	Durchschnittliche Conversion Rate = 2,5 % = 20 Neukunden pro Monat		
2.000 Klicks pro Monat	3 Suchbegriffe auf Top-20 bei Google.de	120.000 Impressions, 1.800 Klicks (1,5 % CTR)	15.000 PIs 150 Klicks	600 Klicks pro Monat	50 Besucher
Affiliate-Marketing	SEO	Keyword-Advertising	Online-Werbung	E-Mail-Marketing, Newsletter-Management	Out > In

Online-Marketing-Mix

18.4.3 Auf den richtigen Mix kommt es an

Maßgeblich für den Erfolg von Online-Marketing sind der richtige Mix der einzelnen Bestandteile und die zielgerichtete Optimierung der Maßnahmen innerhalb eines Bestandteils. Wichtig hierbei ist die Berücksichtigung der Zieldefinition. Lautet das primäre Ziel „Bekanntheitsgrad erhöhen", wird der Mix anders aussehen als bei der Zielsetzung „Gewinnmaximierung".

Was aber ist der „richtige Mix"? Wie viel Keyword-Advertising, wie viel SEO oder wie viel E-Mail-Marketing darf der „richtige Mix" enthalten? Eine eindeutige Antwort auf diese Fragen gibt es nicht. Der „richtige Mix" kann sich von Fall zu Fall stark unterscheiden.

Licht ins Dunkel bringt eine Online-Marketing-Konzeption. *„Aufgabenstellung der* **Online-Marketing-Konzeption** *ist es, die wesentlichen Rahmenparameter abzuklopfen und aus dem Baukasten der einzelnen Online-Marketing-Instrumente den für die jeweilige Situation optimalen Online-Marketing-Mix zu entwickeln. Hierbei müssen relevante Rahmenparameter wie Ziele,*

Mitbewerber, Budgetrestriktionen, strategische Expansionspläne und anderes mehr Berücksichtigung finden."[264]

Hinter diesem Screencast finden Sie ergänzend Ausführungen zur Problemstellung der Ausgestaltung des „richtigen" Online-Marketing-Mix:

| Servicelink: www.lammenett.de/61

In meinen Buch „Online-Marketing-Konzeption – 2018: Der Weg zum optimalen Online-Marketing-Konzept" behandle ich das Thema der Konzepterstellung ausführlich.

18.4.4 Die Guten ins Töpfchen, die Schlechten ins Kröpfchen

Die zielgerichtete Optimierung der einzelnen Maßnahmen innerhalb eines Bausteins des Online-Marketing-Mix ist neben der „richtigen Mischung" der Bausteine untereinander eine weitere, wesentliche Grundlage für erfolgreiches Online-Marketing.

Aufgrund der technischen Möglichkeiten des Online-Marketings kann eine Optimierung einzelner Maßnahmen fast in Real-time durchgeführt werden. Bei großen Kampagnen werden in der Online-Werbung High-End-Adserver eingesetzt, die eine zielorientierte Optimierung quasi automatisch durchführen. Im Keyword-Advertising geben die statistischen Auswertungen der Anbieter oder eventuell zwischengeschaltete Tools Auskunft über die Erfolgswirksamkeit jedes einzelnen Keywords. Beim E-Mail-Marketing sind es die professionellen E-Mail-Marketing-Programme, die Testkampagnen mit unterschiedlichen Betreffzeilen ermöglichen und detailliert Auskunft darüber geben, welche News gelesen werden und welche nicht. Auch beim Affiliate-Marketing kommen entsprechende Auswertungsprogramme zum Einsatz, die eine Optimierung im laufenden Betrieb ermöglichen.

| **Praxisbeispiel**
|
| Der Online-Marketing-Mix von Hammer Gel bestand aus drei Bausteinen. Im Rahmen des Bausteins Online-Werbung wurden mehrere Maßnahmen durchgeführt. Zielsetzung lautete, für ein gesetztes Budget möglichst viele Surfer aus dem Umfeld Ausdauersport auf die in Deutschland neuen Produkte aufmerksam zu machen. Demnach war die Anzahl der Klicks das Hauptkriterium für die Erfolgsmessung. Im vorliegenden Fall generierte Content-Ad 1 eine Klickrate von 0,22 Prozent. Content-Ad 2 generierte 0,33 Prozent. Nach zwei Wochen wurde Content Ad 1 zugunsten von Ad 2 eingestellt.

---

[264] Vgl. Lammenett, E. (2016). Online-Marketing-Konzeption – 2016. O.O.: CreateSpace Independent Publishing Platform, S. 57.

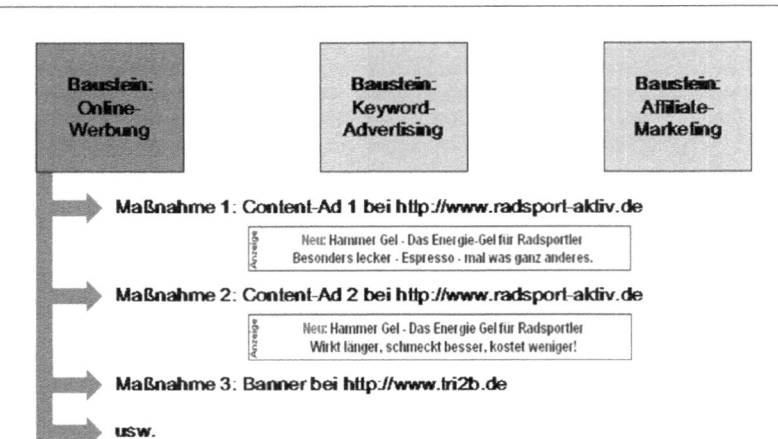

Abbildung 18.5 Online-Marketing-Mix von Hammer Gel

```
┌─────────────┐         ┌─────────────┐         ┌─────────────┐
│  Baustein:  │         │  Baustein:  │         │  Baustein:  │
│   Online-   │         │  Keyword-   │         │  Affiliate- │
│   Werbung   │         │ Advertising │         │  Marketing  │
└─────────────┘         └─────────────┘         └─────────────┘
```

   → Maßnahme 1: Content-Ad 1 bei http://www.radsport-aktiv.de

        Neu: Hammer Gel - Das Energie-Gel für Radsportler
        Besonders lecker - Espresso - mal was ganz anderes.

   → Maßnahme 2: Content-Ad 2 bei http://www.radsport-aktiv.de

        Neu: Hammer Gel - Das Energie Gel für Radsportler
        Wirkt länger, schmeckt besser, kostet weniger!

   → Maßnahme 3: Banner bei http://www.tri2b.de

   → usw.

Praxisbeispiel

Der Online-Marketing-Mix von http://www.schreibbuero-24.com besteht aus mehreren Bausteinen. Ein Baustein ist Keyword-Advertising bei verschiedenen Suchmaschinen. Bei jeder Suchmaschine werden verschiedene Kampagnen mit teilweise unterschiedlichen Keywords gefahren.

Zielsetzung ist Umsatzmaximierung. Um den Erfolg sicherstellen zu können, wird Google Analytics eingesetzt. So ist es möglich, den Erfolg bis auf die Lead-je-Keyword-Ebene zu messen und Keywords, die das Ziel nicht erreichen, zu eliminieren. Lead ist hierbei definiert als die Anmeldung eines Neukunden am System. Abbildung 18.6 und Abbildung 18.7 veranschaulichen das Prinzip.

Im Ergebnis kann auf diese Weise der Umsatz jedes einzelnen Keywords innerhalb einer Kampagne bestimmt werden. Frei nach dem Motto „die Guten ins Töpfchen, die Schlechten ins Kröpfchen" können nun Keywords oder Keyword-Kombinationen, die nicht die angestrebte Umsatzrentabilität erwirtschaften, aussortiert werden. So kann die laufende Optimierung der Kampagne optimal durchgeführt werden.

Grundsätzlich liegt jedoch in der isolierten Betrachtung der Rentabilität einzelner Kampagnenbausteine oder gar einzelner Keywords die Gefahr der Unterschätzung der Werthaltigkeit einer Kampagne. In der Regel ist der direkt über die Kampagne erzielte Umsatz nur die halbe Wahrheit bzw. das absolut unterste Ende dessen, was eine Kampagne oder ein Keyword erwirtschaftet. Generiert eine Kampagne einen Interessenten, der sich z. B. ein Bookmark setzt und Tage später über das Bookmark zur Website kommt und Umsatz tätigt, so wird dieser Umsatz nicht dem Keyword zugeordnet. Gleiches gilt, wenn der Interessent nicht über die Website ordert, sondern schlicht zum Telefon greift, nachdem er die Website gefunden hat oder den Umsatz von einem anderen Rechner aus tätigt, an dem er die URL direkt eingibt.

Fünf Erfolgsfaktoren 491

Abbildung 18.6 Online-Marketing-Mix Schreibbuero-24.com

```
                   Online-Marketing-Mix von schreibbuero-24.com
    ┌──────────┬──────────┬──────────┬──────────┬──────────────┬──────┐
    │ Baustein:│ Baustein:│ Baustein:│ Baustein:│  Baustein:   │ Out  │
    │ Affiliate-│   SEO   │ Keyword- │ Online-  │E-Mail-Marketing,│  -  │
    │ Marketing│          │Advertising│ Werbung │  Newsletter- │  In  │
    │          │          │          │          │  Management  │      │
    └──────────┴──────────┴──────────┴──────────┴──────────────┴──────┘
                              │
                              ▶ Google.de
                                 Kampagne A
                                 Kampagne B
                                 Kampagne C
                              ▶ Overture.com
                                 Kampagne A
                                 Kampagne B
                              ▶ usw.
    Top-Keywords bei Google.de in Q1 ◀
```

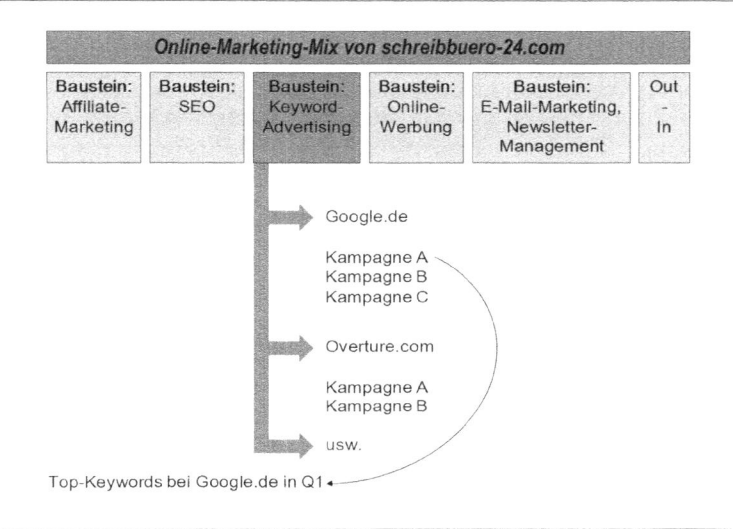

Abbildung 18.7 Top-Keywords bei Google.de im ersten Quartal 2011[265]

Keyword	AdImps	Klicks	Klickrate	Kosten/Klick	Kosten	Umsatz	U'rent
Schreibservice	1053	519	49,30%	0,11 €	54,87 €	253,43 €	362%
Schreibdienst	2750	325	11,80%	0,45 €	145,60 €	182,20 €	25%
...	2864	277	9,70%	0,33 €	92,35 €	66,10 €	28%
...	1967	120	6,10%	0,40 €	48,53 €	86,70 €	79%
...	12959	105	0,80%	0,14 €	15,21 €	17,33 €	14%
...	1196	40	3,30%	0,07 €	2,94 €	5,84 €	99%
...	676						19%
...	559						17%
...	231						148%
...	429						48%
...	71						12%
...	417						23%
...	1855						160%
...	288						25%
...	291						287%
...	741						408%
...	119						1027%
...	121						343%
...	17						132%
...	169						357%

[265] Die nicht lesbaren Angaben wurden absichtlich unkenntlich gemacht.

18.4.5 Immer am Ball bleiben!

Erfolgreiches Online-Marketing ist Permanentgeschäft. Keywords, die heute gute Erträge bringen, sind morgen zu teuer, weil Wettbewerber einsteigen und die Preise hochtreiben. Einträge, die monatelang in einer Suchmaschinen unter den Top 20 gelistet sind, verschwinden urplötzlich, weil die Suchmaschine ihren Ranking-Algorithmus geändert hat. Oder aber sie sinken um mehrere Dutzend Plätze, was im Endeffekt das gleiche negative Ergebnis hat. Banner, die monatelang gute Klickraten erzielt haben, sinken plötzlich ohne erkennbaren Grund in der Gunst der Besucher um mehr als 70 Prozent. Diese wenigen Beispiele zeigen, wie dynamisch das Umfeld von Online-Marketing ist.

Um Online-Marketing erfolgreich zu betreiben, muss man daher immer „am Ball bleiben". Konkret bedeutet das: Es muss ein regelmäßiges und aussagekräftiges Controlling und Reporting installiert sein. Ferner müssen die Bereitschaft und die Kompetenz vorhanden sein, auch kurzfristig korrigierende Maßnahmen umzusetzen.

18.5 Kennzahlen und Controlling

In gewisser Weise ist es schon sehr ironisch: In der Deutschen Fachwelt wird die Steuerung von Marketing-Aktivitäten anhand von harten betriebswirtschaftlichen Kennzahlen (Marketing Performance Management) heiß diskutiert. Doch obwohl technisch möglich und in den USA sehr erfolgreich betrieben, tun sich viel deutsche Unternehmen noch schwer damit. Besonders ironisch ist, dass diese Zeilen schon seit der dritten Auflage dieses Buches hier stehen. Auch nach fast 20 Jahren Online-Marketing erlebe ich Jahr für Jahr bei neuen Projekten oder neuen Mandaten immer wieder völlig absurde Szenarien – von Budgetverschwendung bis hin zu völliger Abstinenz eines sinnvollen Controllings. Zugegeben – die Schere geht weit auseinander. Mittlerweile gibt es auch Unternehmen in Deutschland, die ein sehr gutes Controlling betreiben. Aber wie viele Unternehmen erheben heute noch Daten per Webanalyseprogramm und beschäftigen sich im Anschluss überhaupt gar nicht mit diesen Daten? Die Antwort auf diese Frage würde Sie erschrecken. Und wie viele Unternehmen setzen heute ein Kampagnencontrolling ein?

Häufig wird Marketing-Performance-Management noch „aus dem Bauch heraus" betrieben. Viele Marketing-Verantwortliche sind der Auffassung, dass sie aufgrund ihrer Erfahrung die Wirksamkeit von Werbemaßnahmen hinreichend einschätzen können, und scheuen die Schwierigkeiten der exakten Effizienzmessung und Ausrichtung weiterer Aktivitäten anhand harter Kennzahlen. Nicht selten sehen sie sich in ihrer Kreativität eingeschränkt und bevorzugen klassische Werbeerfolgsmessgrößen und reine Marketing- oder Vertriebskennziffern.

Gerade im Online-Marketing liegt es jedoch sehr nahe, die Aktivitäten mittels betriebswirtschaftlicher Kennzahlen auszurichten. Nicht umsonst firmieren einige Disziplinen des Online-Marketings auch unter dem Begriff „Performance-Marketing". Performance-Marketing in seiner reinsten Form ist komplett erfolgsorientiert. Erfolgreiche Kampagnenbausteine (Texte, Keywords, Werkzeuge, Werbemittel) werden forciert und ausgeweitet. Weniger erfolgreiche werden optimiert und bei weiterem Verfehlen der definierten Ziele eliminiert.

Gedanklich orientiert sich Marketing-Performance-Management eher am ROI-Konzept. Marketing-Budgets werden nicht als Ausgaben, sondern als Investitionen gesehen. Der Return on Investment kann genau wie bei anderen Investitionen errechnet werden.

> **Praxisbeispiel**
>
> Investiert ein Unternehmen 20.000 Euro in eine Online-Marketing-Kampagne, welche nachweislich 250 Produkte verkauft, welche jeweils 100 Euro Gewinn abwerfen, so beträgt der ROI aus dem Invest 5.000 Euro (250 x 100 – 20.000). Die Kampagne hat also einen ROI von 25 Prozent (5.000 / 20.000 x 100) erwirtschaftet.

In der Marketing-Praxis und ganz besonders in der US-amerikanischen Literatur wird dieser ROI auch häufig „Return on Marketing Invest" (ROMI) oder „Return on Advertising Spendings" (ROAS) genannt.

In der Praxis ist die Beurteilung des Marketing-Erfolgs von Kampagnen jedoch deutlich komplexer als in diesem einfachen Beispiel. Folgende Faktoren sind dafür verantwortlich:

- In der Regel werden nicht Kampagnen in ihrer Gesamtheit, sondern einzelne Bausteine, im Extremfall einzelne Elemente eines Bausteins am ROI oder an ähnlichen Kennzahlen gemessen. Nur so lässt sich das Prinzip der permanenten Optimierung effizient durchführen.

- In einer korrekten Betrachtung müssen auch Kosten von eventuellen Retouren und Reklamationen berücksichtigt werden.

- Im Sinne einer Vollkostenrechnung müssen auch die Kosten interner Ressourcen, beispielsweise Personalkosten für die interne Kampagnenbetreuung, berücksichtigt werden.

- Um ein klares Bild über den ROI zu erhalten, ist die Berücksichtigung des Kundenwertes (neudeutsch: Customer Lifetime Value) empfehlenswert. Für jeden Neukunden sollte also ein entsprechender Wert angesetzt werden. Dieser muss natürlich bekannt sein.

Um ein derartiges, an „Leistung" orientiertes Marketing durchführen zu können, bedarf es eines ausgeklügelten Kennzahlensystems und geeigneter Controlling-Tools. Es reicht nicht aus, Kampagnenelemente nur anhand ihrer Kosten zu beurteilen. Dementsprechend haben Kennzahlen wie Cost per Click oder Cost per Order eine untergeordnete Bedeutung. Oft findet man jedoch in der Praxis genau solche Kennzahlen als Hauptbeurteilungskriterium.

Online-Marketing hat den Vorteil, dass werbetreibende Unternehmen quasi in Echtzeit den Erfolg ihrer Kampagne messen können. Professionelle Controlling-Tools ermöglichen eine umfassende qualitative wirtschaftliche Beurteilung des Werbeerfolgs. Im Vordergrund stehen dabei die erzielten Umsätze, die gewonnenen Neukunden und deren Wert, die Anzahl der Bestellungen oder die Anzahl der gewonnenen Kontakte (Leads).

Im Folgenden werden wichtige Kennzahlen für das „Marketing-Performance-Management" in der Online-Welt vorgestellt. Die Liste erhebt keinen Anspruch auf Vollständigkeit. Außerdem werden einige Software-Tools zum Controlling bzw. zur Steuerung der Online-Marketing-Aktivitäten genannt.

18.5.1 Kennzahlen

Tabelle 18.1 Kennzahlen und ihre Erläuterung

Kennzahl	Erläuterung
Anzahl Bestellungen	Anzahl der durch einen Kampagnenbaustein, ein bestimmtes Werbemittel oder gar ein einzelnes Keyword erzielten Bestellungen.
Conversions	Anzahl der Website-Besucher, die eine gewünschte Transaktion durchgeführt haben. Eine Transaktion kann z. B. ein Kauf, das Ausfüllen eines Formulars, das Abonnieren eines Newsletters o. Ä. sein.
Conversion-Rate (CR)	Verhältnis zwischen den erreichten Conversions und der Anzahl der Besucher (Klicks), die durch eine Kampagnenkomponente (Werbemittel, Keyword etc.) auf die Zielwebsite gelenkt wurden. CR = Conversions / Klicks x 100
Cost per Click (CPC)	Die Kosten in Euro, die für einen neuen Besucher (Klick) gezahlt werden (auch Cost per Click-Thru genannt).
Cost per Conversion	Die Kosten, die pro gewünschter Transaktion anfallen. Diese lassen sich i. d. R. auf die unterste Ebene einer Kampagne, also auf das Werbemittel oder das Keyword, herunterbrechen.
Cost per Lead (CPL)	Bezeichnet die Kosten, die zur Erlangung eines jeden neuen Kontaktes anfallen. Dieser Wert ist im Prinzip identisch mit den „Cost per Conversion", da ein Lead auch gleichzeitig eine Conversion darstellt. Die Kennzahl CPL kommt bei Kampagnen zum Tragen, bei denen nicht direkt über das Internet verkauft wird. Beispielsweise im Assekuranzumfeld, wo es lediglich darauf ankommt, Adressen von Interessenten zu gewinnen, da die Produkte zu erklärungsbedürftig sind, als dass sie über das Internet verkauft werden könnten.
Cost per Order (CPO)	Bezeichnet die Kosten, die je Bestellung anfallen. Dieser Wert kann pro Kampagne, pro Baustein einer Kampagne oder pro einzelnem Werbemittel, ja sogar einzelnem Keyword betrachtet werden.
Gewinn je Euro (ROI)	Bezeichnet den Gewinn je eingesetztem Euro Werbebudget. Wiederum gilt, dass dieser Wert pro Kampagne, pro Baustein einer Kampagne oder pro einzelnem Werbemittel betrachtet werden kann.
Klickrate (Click-Through-Ratio, CTR)	Verhältnis zwischen den Einblendungen eines Werbemittels (Impressions) und der Anzahl der Klicks. CTR = I / Klicks x 100

Kennzahlen und Controlling

Kennzahl	Erläuterung
Klicks	Anzahl der Besucher, die auf ein entsprechendes Werbemittel geklickt haben und so auf die Website des Werbetreibenden gelangt sind.
Kosten je Bestellung	Kosten der Kampagne, eines Kampagnenbausteins oder eines Werbemittels geteilt durch die Anzahl der jeweils herbeigeführten Bestellungen.
Kosten je Bestellung durch Wiederkäufer	Kosten der Kampagne, eines Kampagnenbausteins oder eines Werbemittels geteilt durch die Anzahl der jeweils herbeigeführten Bestellungen durch Wiederkäufer.
Kundenwert (Customer Lifetime Value)	Der Kundenwert ist eine wirtschaftliche Kundenlebenszeitbetrachtung. Der Wert geht davon aus, dass ein neu akquirierter Kunde im Laufe seines Kundenlebens nicht nur eine, sondern mehrere Bestellungen tätigt. Der abgezinste Gewinn, der durch diese Bestellungen erzielt wird, stellt den Wert eines Neukunden zum Zeitpunkt der Erstbestellung dar. Dieser Wert lässt sich nur als Durchschnittswert auf der Basis von Vergangenheitswerten ermitteln, ist aber grundsätzlich eine sehr interessante Kennzahl zur Beurteilung von Erfolg oder Misserfolg einzelner Kampagnenbausteine.
Nettokäufe	Anzahl der durch die Kampagne generierten Käufe bereinigt um die Retouren.
Neukontakte (Leads)	Anzahl der durch die Kampagne generierten Neukontakte.
Page Impressions (PIs)	Page Impression (früher auch Page-Views) ist ein Begriff aus der Internetmarktforschung und bezeichnet den Abruf einer Einzelseite innerhalb einer Website.
Retouren	Anzahl der Rücklieferungen. Ein getrenntes Monitoring der Rücklieferungen kann interessant sein, um beurteilen zu können, ob die Kunden, die durch Online-Marketing akquiriert werden, tendenziell höhere Retourenkosten verursachen als der Durchschnitt aller anderen Kunden.
Umsatz	Umsatz, der durch die Kampagne, einen Kampagnenbaustein oder ein einzelnes Werbemittel erreicht wurde.
Umsatz je Bestellung	Umsatz, der durchschnittlich je Bestellung erreicht wird. Dieser Wert kann als Vergleichswert zu anderen, nicht dem Online-Marketing zuzuordnenden Maßnahmen herangezogen werden.
Umsatz je eingesetztem Euro	Umsatz je für die Kampagne eingesetztem Euro. Auch für diesen Wert gilt, dass er pro Kampagnenbaustein oder für einzelne Werbemittel betrachtet werden kann.
Umsatz je Euro mit Wiederkäufer	Von Wiederkäufern getätigter Umsatz je eingesetztem Euro Werbebudget.
Wiederkäufer	Anzahl der Wiederkäufer, also derjenigen Kunden, die durch eine Kampagne oder einen Kampagnenbaustein akquiriert wurden und mehrfach gekauft haben. Diese Kennzahl erlaubt eine Aussage über die Kundentreue der durch die Kampagne erlangten Neukunden.

Mithilfe dieser Kennzahlen können die weitere Ausgestaltung und das Finetuning einer Kampagne effizient gestaltet werden. Die Kennzahlen geben Antworten auf folgende Beispielfragen:

- Welche Werbemittel bringen Kunden? Welche kosten nur Geld?
- Welche Suchbegriffe bringen die besten Conversion-Raten?
- Welche Suchbegriffe bringen die meisten Kunden?
- Was kostet ein Besucher? Was kostet ein neuer Kunde?
- Wie oft bestellt ein neuer Kunde?
- Wie viel und wie oft bestellt ein neuer Kunde im Durchschnitt?
- Woher kommen meine Besucher?
- Welches Werbemittel auf welcher Website bringt die meisten Kontakte oder Neukunden?

18.5.2 Marketing-Controlling versus Web-Controlling

In der Praxis vermischen sich die Begriffe Marketing-Controlling oder Campaign-Controlling und Web-Controlling häufig. Tatsächlich handelt es sich aber um unterschiedliche Fragestellungen.

Mit Web-Controlling bezeichnet man Methoden zur Erfolgskontrolle und Steuerung von Webauftritten. Primär geht es um die Optimierung der Webseite im Hinblick auf eine ganz bestimmte Zielsetzung.

Beim Marketing- oder Campaign-Controlling geht es primär um die Erfolgskontrolle von Online-Marketing-Aktivitäten.

Wie beim klassischen Unternehmenscontrolling auch sollten sowohl das Web-Controlling als auch das Marketing-Controlling regelmäßig durchgeführt werden. In der Praxis setzen jedoch noch relativ wenige Unternehmen ein professionelles Web-Controlling und noch weniger Marketing-Controlling ein. Wie wichtig ein Web-Controlling und ein Marketing-Controlling sein können, zeigt das folgende Rechenbeispiel, welches man auch unter das Motto „kleine Verbesserung – große Wirkung" stellen könnte. Wer tiefer einsteigen will in das Thema Online-Marketing-Controlling, dem empfehle ich die Abschnitte 8.4 und 8.5 aus meinem Buch „Online-Marketing-Konzeption – 2018: Der Weg zum optimalen Online-Marketing-Konzept".

Praxisbeispiel

Bei einer Website mit durchschnittlich 500.000 Besuchern im Monat bedeutet eine Verbesserung der Conversion-Rate von drei auf vier Prozent – beispielsweise für einen Newsletter oder für ein Abonnement – einen Zugewinn von 5.000 qualifizierten Adressen im Monat. Bei einem angenommenen Wert von 20 Euro/Lead ergibt sich ein monetärer Nutzen von 100.000 Euro/Monat. Das macht dann 1,2 Millionen Euro p. a.

In der Folge werden zunächst grundsätzliche technische Verfahren erläutert. Im Anschluss werden einige Software-Tools kurz vorgestellt.

18.5.2.1 Logfile-Analyse

Wenn ein Webserver entsprechend konfiguriert ist, protokolliert dieser den Aufruf eines jeden Objektes einer Website. Ein Objekt kann die HTML-Datei, ein Bild (GIF oder JPG) oder eine PDF-Datei sein. In den meisten Web-Controlling-Programmen wird ein Aufruf als Hit bezeichnet. In der Praxis wird der Messwert „Hit" häufig mit der Besucheranzahl verwechselt. Doch das ist ein Irrglaube. Kommt nämlich ein Besucher auf eine Webseite, die aus drei Objekten (einer HTML-Datei und zwei GIF-Grafiken) besteht, so werden drei Hits gezählt. Dennoch bleibt es bei einem Besucher.

In eine Logdatei werden alle Informationen geschrieben, die der Webserver protokolliert. Dazu gehören z. B. die URL des abgerufenen Objektes, Datum und Uhrzeit des Aufrufs, überweisende URL (http-Referer) und IP-Adresse des PCs, von dem aus die Seite aufgerufen wurde. Diese Logdatei kann nun mittels einer Analysesoftware ausgewertet werden.

Der Hauptvorteil der Logfile-Analyse ist, dass es keines technischen Eingriffs in die Website bedarf. Wenn der Webserver korrekt konfiguriert ist, kann die Logdatei an jedes beliebige Analyseprogramm übergeben und ausgewertet werden. Ein weiterer Vorteil ist, dass es kostenlos erhältliche Logfile-Analyseprogramme wie „awstats"[266] und „webalizer"[267] gibt.

Der Nachteil ist, dass dieses Verfahren primär Aussagen über quantitative Kennzahlen liefert. Qualitative Kennzahlen oder gar wirtschaftliche Kennzahlen können nicht ermittelt werden. Das Verfahren ist rein vergangenheitsbezogen und erlaubt keine Analyse in Echtzeit. Hinzu kommt, dass es aufgrund des heute sehr verbreiteten Einsatzes von Zwischenspeichern (Caching-Mechanismus) zu Messfehlern kommt, die in einzelnen Fällen eklatant hoch sein können.

18.5.2.2 Cookie-Messverfahren oder Cookie-Tracking

Dieses Verfahren wird in manchen Literaturquellen auch Landmark-Messverfahren genannt. Bei dieser Methode wird die Ziel-URL des Werbemittels modifiziert. Der Klick auf das Werbemittel leitet nicht direkt zum eigentlichen Angebot, sondern zu einem Mess-Server. Dieser zählt den Klick und leitet die Anfrage weiter. Zuvor wird vom Mess-Server jedoch ein sogenanntes Cookie gesetzt, welches für die weitere Auswertung benötigt wird.

---

[266] http://www.awstats.org, Abruf 22.11.2018.
[267] http://www.mrunix.net/webalizer, Abruf 22.11.2018.

Gleichzeitig wird auf den Bestätigungsseiten für eine Transaktion (z. B. „Danke für Ihren Einkauf") ein HTML-Code integriert, der eine unsichtbare bzw. transparente Grafik in Form eines Pixels enthält, welche auf dem Mess-Server hinterlegt ist. Wird diese Grafik beim Mess-Server abgerufen, so zählt der Mess-Server eine Transaktion. Gleichzeitig kann der Mess-Server die Transaktion anhand des zuvor gespeicherten Cookies einem Werbemittel zuordnen.

Dieses Verfahren wird in abgewandelter Form häufig beim Affiliate-Marketing eingesetzt (vgl. auch Kapitel 2.5). Es hat in den letzten Jahren an Bedeutung gewonnen, da die Akzeptanz von Cookies deutlich zugenommen hat.

Der Vorteil dieses Verfahrens liegt in der leichten Integrationsmöglichkeit. Es muss lediglich ein kleines Stückchen HTML-Code auf den Bestätigungsseiten integriert werden (Landmark). Ferner erlaubt das Verfahren eine Echtzeitanalyse und die Ermittlung quantitativer Kennzahlen.

Auf der Negativseite ist zu verbuchen, dass die Methode eine Modifikation aller Werbemittel-URLs bedingt. Sie liefert nur sehr rudimentäre Erkenntnisse über das Besucherverhalten auf der Website selbst. Die Messgenauigkeit hängt von der Cookie-Akzeptanz innerhalb der Zielgruppe ab. Beim Ausfall des Mess-Servers erfolgt keine Auslieferung der Werbemittel.

18.5.2.3 Pixel-Messverfahren oder Pixel-Tracking

Beim Pixel-Tracking wird nicht nur die Bestätigungsseite einer Website um ein Stück HTML-Code ergänzt, welches u. a. eine unsichtbare Pixelgrafik enthält, sondern die gesamte Webseite.

Damit dies bei großen Websites überhaupt administrierbar ist, wird der Code zumeist in ein entsprechendes Template im Content-Management-System oder im Shop-System integriert. Beim Aufruf einer jeden Seite wird dann eine transparente Pixelgrafik vom Mess- oder Tracking-Server verlangt. Auf diese Weise erfährt der Tracking-Server sofort, welche Seite wie häufig aufgerufen wird.

Durch Ergänzung von bestimmten Java-Script-Elementen in dem HTML-Code können weitere Informationen abgefragt werden. Beispielsweise welcher Browser verwendet wird, welches Betriebssystem, welche Bildschirmauflösung usw. Cookies müssen nicht eingesetzt werden, finden in der Praxis jedoch Verwendung, wenn zusätzlich Auskünfte über die Wiederkehrhäufigkeit von Besuchern gewonnen werden sollen.

Grundsätzlich ist dieses Verfahren sowohl geeignet, das Verhalten der Besucher auf der Website selbst zu analysieren, als auch eine Erfolgsmessung bezogen auf Werbemittel durchzuführen. Es gibt sehr viele Anbieter am Markt, die auf der Pixel-Tracking-Technologie basierende Dienstleistungen anbieten. Zumeist findet man diese unter den Stichworten „Webstatistik" oder „Web-Controlling".

Der Vorteil dieser Methode liegt in der relativ hohen Messgenauigkeit in Echtzeit, des Weiteren in der Möglichkeit, genaue Analysen über das Besucherverhalten auf der Website und eine Effektivitäts- und Wirtschaftlichkeitsbetrachtung bis auf die Werbemittelebene durchführen zu können.

Nachteil des Verfahrens ist, dass die gesamte Website „verpixelt" werden muss und dass das Verfahren nicht mehr greift, wenn der Mess- oder Transaktionsserver ausfällt.

Der Guru des Web Controllings ist Jim Sterne. Seine grundlegenden Überlegungen zum Thema werden von vielen Anbietern adaptiert. Die Website von Jim Sterne ist ein Startpunkt für alle, die sich mit dem Thema Web-Controlling näher befassen wollen: http://www.emetrics.org.

18.5.3 Analyseprogramme

In den frühen Tagen der Kommerzialisierung des Internets gab es eine klare Trennung zwischen Programmen, die auf Basis der Logfile-Analyse funktionierten, und solchen, die auf andere Techniken basierten. Auf der einen Seite waren dies Webtrends[268] und Co, die auf Logfile-Analyse setzten. Auf der anderen Seite Firmen wie Netstat (2010 von comScore für 37 Millionen US-Dollar übernommen), die als Pionier der Website-Analyse auf Basis der Pixel-Technologie zu sehen sind. Im professionellen Bereich hat sich das Pixel-Messverfahren durchgesetzt. Anbieter von klassischer Web-Controlling-Software auf Basis der Logfile-Analyse haben ihre Produkte erweitert und auch Elemente des Pixel-Messverfahrens integriert. Daneben gibt es eine Reihe von Anbietern, deren Software sich rein auf die Aspekte des Marketing-Controllings konzentriert und die ausschließlich auf das Pixel-Messverfahren und das Cookie-Messverfahren setzen.

Jedoch gibt es einen klaren Trend in diesem Software-Umfeld: Die Lösungen verschmelzen immer mehr. Unternehmen, die ursprünglich Werkzeuge für das klassische Web-Controlling angeboten haben, befassen sich stark mit dem Thema Online-Marketing-Controlling und umgekehrt. Einige Anbieter erweitern ihre Produkte auch in Richtung Marketing-Automation (vgl. Kapitel 20.3) Der Markt ist ständig in Bewegung. Hinzu kommen Angebote mit ähnlicher Ausrichtung von Unternehmen aus dem Umfeld der Website-Vermarkter. Bei einer derartigen Marktlage die für einen ganz bestimmten Anspruch „richtige" Software herauszupicken, ist nicht leicht: Es gibt über 100 Anbieter.

Im Folgenden werden einige Softwarepakete in alphabetischer Reihenfolge kurz vorgestellt. Die Liste erhebt keinesfalls Anspruch auf Vollständigkeit und stellt keine Wertung dar. Sie soll lediglich einen ersten Eindruck geben und einen Einstieg in das Thema erleichtern. Wer tiefer in das Thema einsteigen möchte, dem empfehle ich die Vergleichsanwendung von IdealObserver[269].

Mit steigender betriebswirtschaftlicher Relevanz des Internets bei den meisten Geschäftsmodellen erhält natürlich auch das Thema Web-Controlling einen immer wichti-

---

[268] http://www.webtrends.com, Abruf 22.11.2018.
[269] http://web-analytics-tools.com, Abruf 22.11.2018.

geren Stellenwert. Unternehmen sind daher bei der Einführung eines neuen Web-Controlling-Systems gut beraten, einen systematischen und am tatsächlichen Anforderungsprofil orientierten Auswahlprozess zu initiieren.

18.5.3.1 Google Analytics

Bei Google Analytics handelt es sich um eine ursprünglich von der Firma Urchin entwickelte Web-Controlling-Lösung. Nach dem 2005 erfolgten Aufkauf von Urchin durch Google wurde das Verfahren stark weiterentwickelt und wird aktuell von Google kostenlos zur Verfügung gestellt. Analytics ist mittlerweile ein sehr komfortables und benutzerfreundliches Werkzeug für das Web-Controlling, welches auch Möglichkeiten für das Online-Marketing-Controlling bietet.

Datenschutzrechtlich betrachtet war Google Analytics jedoch lange umstritten. Theoretisch kann Google ein umfassendes Nutzerprofil von Webseiten-Besuchern anlegen. Wird ein anmeldungspflichtiger Google-Dienst von den Besuchern verwendet, so kann dieses Nutzerprofil auch bestimmten Personen zugeordnet werden. Google hat auf die Kritik der Datenschützer reagiert und Möglichkeiten des Opt-outs bereitgestellt.

Trotz dieser datenschutzrechtlichen Bedenken war und ist Analytics auch in Deutschland sehr beliebt und erfreut sich besonders bei kleinen und mittleren Unternehmen hoher Akzeptanz.

| Link: https://marketingplatform.google.com/intl/de_ALL/about/analytics/

18.5.3.2 Clicktracks/LYRIS HQ/Aurea

Clicktracks wurde von John Marshall, einem ehemaligen Netscape-Mitarbeiter, und Stephen Turner, dem Autor des populären Log-Datei-Analyzers Analog, im Jahre 2001 gegründet. Die einzelnen Software-Pakete, die Clicktracks anbietet, haben ihren Schwerpunkt beim Web-Controlling. Die Software erlaubt eine umfassende Analyse des Benutzerverhaltens auf einer Website und hat 2005 den Marketing-Excellence-Award in der Kategorie „Best Web Analytics Tool" gewonnen. 2006 wurde Clicktracks vom Small Business Technology Magazin zum Produkt des Jahres gewählt. Es wird sowohl für die Logfile-Analyse als auch für Pixel-Messverfahren eingesetzt. Im Bereich der Logfile-Analyse ist das Programm im High-End-Bereich anzusiedeln. Das Einzigartige an dieser Software ist, dass sie die statistischen Daten in ein Abbild der Webseite einblendet und so eine sehr ansprechende und leicht nachvollziehbare Visualisierung des Besuchertraffics erreicht. Ferner bietet Clicktracks eine flexible Art des Labelings, z. B. kann man mit wenigen Mausklicks Besucher, die von bestimmten Webseiten gekommen sind, farblich markieren. Die einzelnen Software-Pakete können gekauft oder als ASP-Lösung gemietet werden. Es existieren Import- und Exportfunktionen.

Marketing-Controlling ist 2006 ergänzt worden, spielte aber zunächst eine untergeordnete Rolle. Im Jahr 2007 wurde Clicktracks von Lyris übernommen und die Produktpalette im Laufe des Jahres 2008 in die „Lyris Marketing HeadQuarters (Lyris HQ)" eingearbeitet. Lyris HQ ist ein Werkzeug, welches sich primär dem Marketing-Controlling widmet. 2015 wurde Lyris von Aurea erworben. Die Lösung wurde in die Kernprodukte von Aurea integriert.

Link: http://www.aurea.com

18.5.3.3 Coremetrics

Coremetrics wurde von Brett Hurt gegründet, einem Pionier der Webtraffic-Analyse. Das Unternehmen wurde von drei Venture-Capitalists finanziert und von Joe Davis geleitet, einem ehemaligen Manager von PeopleSoft. Obwohl die Lösungen des Unternehmens eher im High-End-Bereich anzusiedeln sind, hat es in Deutschland erst spät Fuß gefasst. Im April 2006 gab das Unternehmen bekannt, die Nummer 5 im Markt, IBM SurfAid Analytics, erworben zu haben. IBM hat bekanntlich in Deutschland ein starkes Standbein. Meine Vermutung, dass dieser Schachzug dem Unternehmen in Deutschland stark weiterhelfen würde, hat sich nicht bewahrheitet. Im Jahr 2010 wurde Coremetrics von IBM übernommen. Heute ist Coremetrics ein Teil von IBM Enterprise Marketing Management und bietet nicht mehr „nur" eine Web-Controlling-Anwendung, sondern vielmehr einen umfassenden Baukasten von Werkzeugen für das Controlling und die Steuerung von Online-Marketing-Maßnahmen.

Link: https://www.ibm.com/customer-engagement/coremetrics-software

18.5.3.4 Econda

Die Karlsruher Econda GmbH ist ein spezialisierter Anbieter von Web-Controlling-Lösungen. Die Kernprodukte beinhalten u. a. eine Lösung mit Ausrichtung auf das klassische Web-Controlling, eine Lösung für Betreiber eines Internetshops und eine Lösung für das Kampagnenmanagement von Suchmaschinenmarketing-Kampagnen.

Link: https://www.econda.de

18.5.3.5 Etracker

Die Etracker GmbH ist ein in Deutschland führender Anbieter von Web-Controlling-Lösungen und -Services. Das Unternehmen wurde 2000 gegründet und setzte schon sehr früh auf das Pixel-Messverfahren. Alle Programme werden im ASP-Verfahren angeboten. Ursprünglich lag das Hauptaugenmerk auf einer genauen Analyse des Besucherverhaltens auf den jeweiligen Webseiten, also eher auf dem Web-Controlling. Doch Etracker ist ein typisches Beispiel für ein Unternehmen, welches sich weiterentwickelt hat in Richtung Marketing-Controlling bzw. Online-Marketing-Controlling. Heute bieten die Programme von Etracker auch Werkzeuge zur Kampagnenerfolgskontrolle und Wirtschaftlichkeitsanalyse bis hin zur Warenkorbanalyse. Import- und Exportfunktionen sind vorhanden.

Link: https://www.etracker.de

18.5.3.6 Instadia

Instadia wurde 2000 in Kopenhagen gegründet und mithilfe von Venture-Capital seit 2002 kontinuierlich weiterentwickelt 2006 entstand eine deutsche Niederlassung in Düsseldorf. Instadia verstand sich als führender europäischer Anbieter für Web-Controlling und Marketing-Controlling-Lösungen. Laut einer Forrester-Studie aus dem Jahr 2004 war Instadia nach Netstat das zweitgrößte Unternehmen seiner Art in Europa[270]. Instadia wurde 2007 von Omniture übernommen und komplett integriert.

18.5.3.7 Netstat/comScore

Netstat ist ein niederländisches Unternehmen, welches als Pionier des Web-Controllings auf Basis des Pixel-Messverfahrens zu sehen ist. Es hatte seinen Hauptsitz in Amsterdam (Diemen) und weitere Niederlassungen in Antwerpen, Frankfurt, London, Madrid und Paris. Das Kernprodukt der Firma hieß Sitestat und war ursprünglich als reines Web-Controlling-Programm konzipiert. Mit der steigenden kommerziellen Bedeutung von Internetmarketing und Online-Marketing wurde das Produkt um Funktionen des Online-Marketing-Controllings ergänzt.

Netstat bot auch Lösungen für verschiedene Branchen sowie Website-Typen (E-Commerce, Lead-Gewinnung, Service, Content) an. Diese Lösungen basierten alle auf der Technologie von Sitestat.

Im September 2010 wurde das Unternehmen für 37 Millionen US-Dollar von der Firma comScore gekauft.

| Link: https://www.comscore.com

18.5.3.8 Omniture/Adobe

Omniture Inc., mit Firmenzentrale in Orem, Utah, USA, war ein Pionier der Online-Analysetechnologie sowie marktführender Anbieter von Analysesoftware und -dienstleistungen. 2007 erwarb Omniture Instadia und 2008 Websitestroy. Beide Unternehmen waren auch in Europa stark. 2009 wurde Omniture von Adobe für 1,8 Milliarden US-Dollar übernommen.

Omniture/Adobe kombinierte die Nutzung seiner Software mit Beratungsleistungen (Schulung, Geschäftsanalyse etc.), die den Erfolg des Kunden im Sinne eines hohen ROI sicherstellen sollten. Gemessen am Umsatz war Omniture nach Webtrends der größte Anbieter weltweit. In Deutschland war das Unternehmen noch nicht sehr bekannt. Eine deutsche Vertretung existiert zwar, jedoch gibt es keine deutschsprachige Website.

---

[270] Chatham B. Forrester Research, Inc. (2004): Sizing The Web Analytics Market.

Die Kernsoftware hieß SiteCatalyst und war mehrfach preisgekrönt. Sie bot alles, was für professionelles Web-Controlling und Marketing-Controlling benötigt wird. Daneben gab es noch eine Reihe anderer Produkte.

In den darauf folgenden Jahren wurde die Lösung in die Adobe Marketing Cloud integriert. Siehe hierzu das Kapitel 20, in dem es um Marketing-Automation geht. Es werden dort auch Lösungen angesprochen, u. a. die Adobe Marketing Cloud.

Link: http://www.adobe.com/marketing-cloud.html

18.5.3.9 Opentracker

Opentracker wurde 2003 in den Niederlanden gegründet. Hauptfokus wird auf die ansprechende und aussagefähige grafische Darstellung der Daten des Web-Controllings gerichtet. Weiterhin wird besonderer Wert auf das Thema Benutzerfreundlichkeit gelegt. Opentracker verwendet das Pixel-Messverfahren und lässt sich laut Firmenangaben in wenigen Minuten installieren.

Link: https://www.opentracker.net

18.5.3.10 Websidestory

Laut Forrester-Research-Studie aus dem Jahre 2004 war Websidestory der drittgrößte Anbieter von Web-Controlling und Marketing-Controlling-Software weltweit. Die Firma bezeichnete sich selbst als „führender Anbieter von digitalen Marketing-Lösungen in Echtzeit". Diese Aussage machte deutlich, dass die Software ihre Stärke im Bereich Online-Marketing-Controlling hatte. Anfang 2008 wurde Websidestory durch Omniture übernommen und integriert. Allerdings hieß der Anbieter zum Zeitpunkt der Übernahme durch Omniture bereits „Visual Sciences" (nach einer vorherigen Übernahme von „Visual Sciences" durch Websidestory). 2009 wurde dann Omniture von Adobe übernommen.

18.5.3.11 Webtrends

Webtrends ist der Pionier der Web-Controlling-Software. Ursprünglich startete das Unternehmen mit einem auf der Logfile-Analyse basierenden Programm. Als andere Unternehmen mit Programmen auf den Markt drängten, die auf der Pixel-Messmethode basierten, legte Webtrends nach. Webtrends war bis 2006 mit großem Abstand Marktführer. Nach der Einkaufstour von Omniture, welches 2007 Instadia übernahm und Anfang 2008 Websidestory, war der Vorsprung jedoch deutlich geschrumpft.

Die aktuelle Software Webtrends gliedert sich in unterschiedliche Teilmodule und ist eine intuitiv zu bedienende High-End-Lösung, die alle Aspekte des Web-Controllings und des Marketing-Controllings abdeckt. Reportgeneratoren und Exportschnittstellen sorgen für eine nahtlose Integration der Ergebnisse in Unternehmensanwendungen.

Aufgrund seines Pionierstatus und seines Expansionsdrangs ist Webtrends in vielen Sprachen erhältlich.

In Deutschland wird die Software von rund einem Dutzend Vertriebspartnern und Lösungsanbietern vertrieben.

| Link: https://www.webtrends.com

18.5.3.12 Weitere Analyseprogramme aus Deutschland

- „Netmind Business Reporting" stammt von der Esslinger Firma Mindlab und ist eine sehr umfangreiche und flexible Lösung zur Analyse von Online-Traffic und Online-Marketing-Kampagnen.

| Link: https://www.mindlab.de

- Aus Berlin stammt das Produkt des gleichnamigen Unternehmens „Webtrekk". Webtrekk hat sich in den letzten Jahren sehr schnell entwickelt und kann inzwischen auf einige große und namhafte Kunden aus verschiedenen Branchen verweisen.

| Link: http://www.webtrekk.de

18.5.3.13 Webanalyse der besonderen Art

WiredMinds ist eine Analyselösung, die bereits seit 2002 am Markt ist. Das Werkzeug ist vor allem für den B2B-Sektor interessant. Durch eine Verknüpfung mit einer umfassenden Firmendatenbank liefert die Software Firmenname, Postleitzahl, Ort, Land und Anzahl der Page Impressions der Besucher. Des Weiteren werden Informationen darüber gegeben, welche Seiten, Produkte und Dienstleistungen für die jeweiligen Besucher besonders interessant waren. Die Software bietet umfangreiche Filter- und Benachrichtigungsmöglichkeiten. Das Ganze geschieht datenschutzkonform. Bei einem Websitebesuch wird anhand der IP des Besuchers überprüft, ob es in der Firmendatenbank zum Inhaber der IP Informationen gibt. Wenn dies der Fall ist, werden diese Informationen angezeigt. Besonders im B2B-Umfeld kann es sehr interessant sein, wenn der Vertrieb zeitnah erfährt, dass sich ein Vertreter der Firma X gerade sehr intensiv auf der Website im Bereich Y umsieht. Ich überlasse es Ihrer Phantasie, sich auszumalen, wie Sie eine derartige Information gewinnbringend einsetzen könnten.

| Link: https://www.wiredminds.de

Einstieg ins Online-Marketing
Grundsätzliche Erwägungen

19 Einstieg ins Online-Marketing

19.1 Grundsätzliche Erwägungen

In diesem Buch haben Sie bisher jede Menge Hintergrundinformationen, konkretes Zahlenmaterial, praktische Beispiele und Tipps zu Online-Marketing allgemein und zu den jeweiligen Einzeldisziplinen im Besonderen gefunden. Die Erfolgsfaktoren für erfolgreiches Online-Marketing sind ausführlich erörtert und das Beziehungsgeflecht der einzelnen Disziplinen untereinander dargelegt worden. Mit dem in den vorangegangenen Kapiteln präsentierten Know-how und den vermittelten Informationen kann Online-Marketing im Unternehmen professionalisiert und perfektioniert werden. Auch der Einstieg ins Online-Marketing wird durch die vorangegangenen Kapitel erleichtert. Doch aller Anfang ist schwer. Deshalb wird in diesem Kapitel ein strukturierter Ansatz für den Einstieg dargelegt und anhand von zwei Musterszenarien praxisnah erläutert.

Im Einzelnen finden Sie in diesem Kapitel:

- eine Erörterung der grundsätzlichen Erwägungen zum erfolgreichen Einstieg ins Online-Marketing,
- eine Darstellung der Abhängigkeiten der Art und Form des Einstieges von den individuellen Zielen einer Online-Marketing-Kampagne,
- zwei Beispiele für die Grobplanungen einer Online-Kampagne, basierend auf zwei Musterszenarien mit unterschiedlicher Zielsetzung,
- konkrete Zahlenwerte zur überschlägigen Ermittlung der Kosten/Nutzen sowie
- Antworten auf die Frage: „Do it yourself or buy?"

Was macht den erfolgreichen Einstieg ins Online-Marketing aus? Wie im Kapitel 18.4.2 dargelegt, ist im Online-Marketing die Arbeit mit operativen Zielen enorm wichtig. Das gilt natürlich auch für den Einstieg. Zuallererst müssen Sie sich also fragen: Was genau sind die Ziele, die Sie mit Online-Marketing verfolgen?

Mögliche Antworten auf diese Frage können sein:

- den Bekanntheitsgrad Ihrer Firma erhöhen,
- den Bekanntheitsgrad einer ganz bestimmten Marke erhöhen,
- den Bekanntheitsgrad einer Produktgattung oder eines ganz bestimmten Produktes erhöhen,
- den Umsatz mit einem ganz bestimmten Produkt oder einer Produktgruppe erhöhen,
- den Umsatz Ihres Unternehmens erhöhen,

- den Gewinn mit einem bestimmten Produkt oder einer Produktgruppe erhöhen,
- den Gewinn Ihres Unternehmens erhöhen,
- die Marktposition Ihres Unternehmens in der virtuellen Welt verbessern,
- neue Produktvarianten oder -arten im Teilmarkt Internet testen,
- ein neues Produkt möglichst kostengünstig in einen ganz bestimmten Markt (z. B. Deutschland) einführen,
- alle nur erdenklichen Marketing-Maßnahmen durchführen, deren ROI größer eins ist,
- den bisher nicht rentablen Internetshop Ihres Unternehmens in die Profitzone führen oder
- neue Kunden gewinnen, die Sie bis dato nicht erschließen konnten, um zusätzlichen Umsatz zu generieren.

Diese Aufzählung erhebt bei Weitem keinen Anspruch auf Vollständigkeit. Sie gibt lediglich einen Eindruck über die Vielfältigkeit möglicher Ziele wieder. Selbstverständlich sind auch Mischformen möglich.

Sie merken, dass die Ziele, die grundsätzlich mit Online-Marketing verfolgt und erreicht werden können, sehr unterschiedlich sein können. Dementsprechend unterschiedlich kann auch die Art und Weise des Einstiegs in ein erfolgreiches Online-Marketing aussehen. Im weiteren Verlauf wird diese Aussage anhand von Beispielen deutlich gemacht. Die ersten wesentlichen Schritte für den erfolgreichen Einstieg sind demnach:

- Definieren Sie so exakt wie möglich das angestrebte Ziel. Formulieren Sie es als operatives Ziel. Sehen Sie hierzu den Abschnitt 18.4.2.
- Überprüfen Sie eventuell mit einer Pilotkampagne, wie realistisch die von Ihnen gesetzten Ziele sind.
- Passen Sie eventuell die Ziele an die neu gewonnenen Erkenntnisse aus der Pilotkampagne an.

Bedenken Sie bei den Überlegungen zu den operativen Zielen, dass globale Tendenzen beim Online-Marketing besagen, dass ein maximaler Erfolg durch einen besonders ausgewogenen Online-Marketing-Mix erreicht werden kann. Bei der Erstellung eines Zielgebäudes (vgl. hierzu Abbildung 18.4 „Beispiel eines Zielgebäudes für einen Versicherungsmakler in Deutschland") sollten Sie diesen Gedanken berücksichtigen und den Einstieg zunächst relativ breit planen. Auch wenn Sie nachher in der Praxis Abstriche von Ihrem ursprünglichen Plan machen oder aus Budgetgründen machen müssen. Grundsätzlich basiert erfolgreiches Online-Marketing ohnehin auf einer großen iterativen Schleife, die zu einem permanenten Verbesserungsprozess führt.

19.2 Abhängigkeiten des Einstiegs von den definierten Zielen

So unterschiedlich wie die im vorangegangenen Kapitel geschilderten möglichen Ziele sieht auch die Art und Weise des optimalen Einstiegs in das Online-Marketing aus. Denn je nach Ziel ist der Einstieg anders. Im Folgenden wird beispielhaft für drei Ziele der optimale Einstieg skizziert. Es sei jedoch an dieser Stelle ausdrücklich darauf hingewiesen, dass keine Allgemeingültigkeit unterstellt werden kann. Zwar spiegeln die Beispiele eine klare Tendenz für den optimalen Einstieg unter Berücksichtigung der jeweiligen Ziele wider. Jedoch kann es in Einzelfällen individuelle Besonderheiten geben, die zu einem anderen Ergebnis in Bezug auf den „optimalen Einstieg" führen.

Praxisbeispiel: Primärziel Branding

Steht als primäres Ziel die schnelle Einführung einer neuen Marke im Vordergrund, so hat Online-Werbung und in eingeschränktem Maße auch E-Mail-Marketing wegen der Möglichkeiten der Integration von Bild, Ton und teilweise Bewegtbild Vorteile gegenüber Keyword-Advertising und SEO. Online-Werbung leistet wegen der Möglichkeit, multimediale Inhalte zu integrieren, deutlich bessere Beiträge zum Branding. Der Einstieg ins Online-Marketing würde also mit Online-Werbung beginnen.

Auch E-Mail-Marketing eignet sich zur Unterstützung einer Produkteinführungskampagne, und zwar in Form einer „Stand-Alone-Kampagne" (vgl. Kapitel 3.1.1). Beide, Online-Werbung und E-Mail-Marketing, können kurzfristig gebucht und eingesetzt werden. Sie werden also auch dem geforderten Aspekt der Schnelligkeit gerecht.

Je nach Konstellation würde sich die Entwicklung eines Affiliate-Programms anschließen. Erfahrungsgemäß wird hierfür eine gewisse Vorlaufzeit benötigt, weshalb beim Aspekt der Schnelligkeit Abstriche zu machen sind. Grundsätzlich leistet jedoch auch Affiliate-Marketing Beiträge zum Branding, denn jedem Affiliate werden Werbemittel in unterschiedlichster Form zur Verfügung gestellt, und jedes durch einen Affiliate eingesetzte Werbemittel bedeutet eine Art kostenloses Branding.

Da Keyword-Advertising und SEO nur sehr eingeschränkte Beiträge zum Branding leisten, werden sie zunächst untergeordnet behandelt. Es spricht nichts dagegen, als Sekundärmaßnahme auch eine Keyword-Advertising-Kampagne zu starten und die Klicks auf eigens konzipierte Landing-Pages zu lenken, die sowohl unter Sales- als auch Branding-Aspekten ihre Aufgabe erfüllen.

Praxisbeispiel: Primärziel Gewinnsteigerung

Steht Gewinnsteigerung im Vordergrund, so würde der Einstieg ins Online-Marketing von der Maxime getrieben, nur unmittelbar profitable Online-Marketing-Maßnahmen durchzuführen. Das Ziel bedingt, Werbung so nah wie möglich am konkreten Bedarf des potenziellen Kunden zu platzieren und Streuverluste zu minimieren.

Bei einer derartigen Konstellation würde man zunächst auf Keyword-Advertising und SEO setzen. Denn Surfer, die über einen Suchbegriff zu einem ganz bestimmten Angebot gelangen, befinden sich mental im „Suchmodus" und haben mit einer wesentlich höheren Wahrscheinlichkeit einen konkreten Bedarf als Surfer, die zufällig über ein Werbebanner „stolpern". Folgender Einstieg ist daher empfehlenswert:

- **Schritt 1:** Start mit Keyword-Advertising-Kampagne für drei Monate.
- **Schritt 2:** Identifizierung der gewinnbringenden Keywords (Gewinnbringer) mittels Tracking.
- **Schritt 3:** Fortführung der Keyword-Advertising-Kampagne unter Berücksichtigung der „Gewinnbringer" und Eliminierung der unrentablen Keywords.
- **Schritt 4:** Initiierung eines SEO-Projektes und Optimierung der Website für die identifizierten „Gewinnbringer".

Vor dem Hintergrund der Maxime „nur profitable Maßnahmen durchführen" wird wahrscheinlich Affiliate-Marketing das nächste Instrument im Online-Marketing-Mix werden. Beim Affiliate-Marketing erhält der Affiliate nur eine Vergütung, wenn es zur vereinbarten Transaktion (z. B. Verkauf) gekommen ist. Daher hat Affiliate-Marketing gegenüber den verbleibenden Instrumenten E-Mail-Marketing und Online-Werbung zumindest einen klaren Vorteil, denn beim E-Mail-Marketing und bei der Online-Werbung fallen auch dann Kosten an, wenn keine gewünschte Transaktion bewirkt wurde.

Dennoch muss im Einzelfall geprüft werden, ob ein Affiliate-Programm noch rentabel betrieben werden kann. Der Aufwand für die Initiierung und den Betrieb eines Affiliate-Programms darf keinesfalls unterschätzt oder gar in der Kalkulation vergessen werden. Bitte sehen Sie hierzu auch das Kapitel 19.4.

Im nächsten Schritt sollten die verbleibenden Instrumente integriert werden, denn auch Online-Werbung und E-Mail-Marketing können profitabel betrieben werden, wenn es gelingt, das Werbemittel nahe genug — also mit wenig Streuverlusten — bei der Zielgruppe zu platzieren. Um diesbezüglich zielkonform zu arbeiten, würde man zunächst nur Pilotkampagnen fahren und deren Erfolg mit einem Tracking-Werkzeug streng überwachen. Nur Kampagnenelemente, die profitabel sind, werden beibehalten.

Praxisbeispiel: Primärziel Marktanteil ausbauen

Soll durch den Einstieg ins Online-Marketing primär ein Beitrag zum Ausbau des Marktanteils geleistet werden, so gilt die Devise „Umsatz und neue Kunden vor Gewinn". Das Ziel „Ausbau Marktanteil" hat eher strategischen Charakter. Häufig sollen in dynamischer bis aggressiver Manier neue Kundenbeziehungen aufgebaut und bestehende ausgebaut werden, um schnell eine kritische Masse zu erreichen oder einen Wettbewerber in die Knie zu zwingen. Ganz bewusst wird ein temporärer Verlust in Kauf genommen, um nach Erreichen des Wachstumsziels besonders hohe Profite einfahren zu können.

Bei einer derartigen Konstellation kann es keinen schrittweisen Einstieg wie bei den vorangegangenen Beispielen geben. Vielmehr empfiehlt es sich, alle Instrumente gleichzeitig einzusetzen. Parallel sollten ein sehr gutes Controlling-Werkzeug genutzt und die maximalen Kosten je Neukunde definiert werden. Mittels dieser Kennzahl sollten nach einer angemessenen Pilotphase alle Kampagnenmodule bewertet und eventuell angepasst werden.

19.3 Grobplanung einer Online-Kampagne

Im Folgenden werden zwei fiktive Musterszenarien generiert, die sich von der Zielsetzung, aber auch von den Zielmärkten und ihrer strategischen bzw. taktischen Ausrichtung her grundlegend unterscheiden. Es wird deutlich, wie unterschiedlich ein erfolgversprechender Einstieg ins Online-Marketing sein kann.

Musterszenario 1

Ein neuer Laufschuh eines asiatischen Herstellers soll in den deutschen Markt eingeführt werden. Der Laufschuh verfügt über technisch herausragende Eigenschaften, die patentiert sind. Er eignet sich primär für Läufer mit anspruchsvollen Zielen (Marathon unter drei Stunden) bis hin zu Profisportlern. Für Freizeitsportler oder gar übergewichtige Läufer ist der Schuh nicht konzipiert. Daher ist die Zielgruppe in Deutschland relativ klein und eng umrissen. Aufgrund der herausragenden Produkteigenschaften und der Tatsache, dass zwei Weltklasseathleten den Schuh bereits laufen, möchte das Unternehmen den Schritt in den neuen Markt „Deutschland" wagen. Es wurde ein Distributor gewonnen, der jedoch nur sehr bedingt Marketing betreibt und sich primär um den Vertrieb und die Logistik kümmert. Der Hersteller des Schuhs und die Marke sind bisher in Deutschland weitestgehend unbekannt.

Ziel des Online-Marketings

Die Marke des Herstellerunternehmens soll im deutschen Markt bekannt gemacht werden. „Zugpferd" ist der neue Schuh mit patentierten, herausragenden Produkteigenschaften für Profisportler und Semiprofis. Die anderen Produkte des Herstellers sollen ebenfalls vermarktet werden. Diese verfügen jedoch nicht über herausragende Eigenschaften, sondern sind lediglich „Me-too"-Produkte.

Aufgabe des Online-Marketings ist es, eine Markenbekanntheit in Deutschland aufzubauen und eine Nachfrage nach der Marke zu generieren. Zusätzlich zu den ohnehin vom Distributor bedienten Kanälen/Händlern sollen neue Händler gewonnen werden. Um die auftretende Nachfrage schnell bedienen zu können, sollen die Produkte auch online verkauft werden. Hierzu soll ein kleiner Online-Shop eingerichtet werden, der vertrieblich beim Distributor angesiedelt ist, jedoch die Marke des Herstellers in den Vordergrund stellt.

Grobplanung für den Einstieg

1. Online-Werbung: In verschiedenen gängigen Portalen für Laufsport (z. B. http://www.laufcampus.de, http://www.laufforum.de, http://www.laufspass.com, http://www.laufsuche.de usw.) wird für den Zeitraum von zwölf Monaten Werbung geschaltet.

2. Online-PR: Platzierung redaktioneller Beiträge in allen gängigen Online-Magazinen zum Thema Laufsport. Parallel können diese Beiträge auch Printmagazinen angeboten werden.

3. E-Mail-Marketing: Start einer Stand-Alone-Kampagne (vgl. Kapitel 3.1.1). Nach Beendigung der Kampagne Durchführung von punktuellem Newsletter-Sponsorship (vgl. Kapitel 3.1.3).

4. Affiliate-Marketing: Launch eines Partnerprogramms. Bevorzugt über einen oder mehrere große Affiliate-Netzwerkanbieter wie Awin oder CJ.

5. Keyword-Advertising: Es wird zunächst nur der Markenname gebucht, um Interessenten, die über eine andere Maßnahme von der Marke erfahren haben und nun bei Google und Co. danach suchen, aufzufangen. Die Klicks werden auf den Online-Shop geleitet. Später wird die Kampagne ausgeweitet auf Kernbegriffe wie „Laufschuh", „Joggingschuh", „Laufsport" usw.

6. Der Online-Shop wird für Suchmaschinen optimiert. Im Vordergrund der Optimierung stehen die Top-Seller aus Punkt fünf, die durch Tracking ermittelt wurden.

Musterszenario 2

Ein regional tätiger Händler für Computer und Zubehör möchte zukünftig überregional tätig werden und so zusätzliche Umsätze erwirtschaften. Aufgrund beschränkter Marketing-Budgets soll zunächst nur Online-Marketing betrieben werden. Da der überregionale Markt für Computer und Zubehör auch online bereits extrem stark besetzt ist, will der Händler sich zunächst auf sein Spezialgebiet „Laptops" konzentrieren.

Unter dem Namen „Laptop Land" wird ein Online-Shop erstellt, den es nun zu vermarkten gilt. Der Shop bietet gängige Markenprodukte, aber auch eine Reihe interessanter No-Names. Im Vordergrund stehen die gute Online-Beratung und die Angebotsvielfalt.

Ziel des Online-Marketings

Primäres Ziel ist die Generierung von zusätzlichem Umsatz durch den Shop. Nach der Einführungsphase von acht Monaten sollen nur noch Online-Marketing-Maßnahmen durchgeführt werden, die erwiesenermaßen profitabel sind. Strategische Ziele, wie Bekanntheitsgrad des Labels „Laptop Land" oder Marktanteil, werden nicht definiert und können als sekundär eingestuft werden.

Grobplanung für den Einstieg

1. Keyword-Advertising: Es wird eine sehr breit angelegte Keyword-Advertising-Kampagne angelegt. Sämtliche Keywords und Keyword-Kombinationen um den Begriff „Laptop" werden gebucht sowie alle im Shop vertriebenen Markennamen (nach Abstimmung mit den jeweiligen Herstellern, um Markenrechtsprobleme zu vermeiden).

2. Nach vier Monaten wird sukzessive damit begonnen, die Keyword-Advertising-Kampagne zu bereinigen. Keywords, die „nur" Klicks, aber keine Umsätze bringen, werden sukzessive eliminiert.

3. SEO: Nach vier Monaten wird mit der Optimierung des Shops für die Suchmaschinen begonnen. Hierbei werden primär die Begriffskombinationen berücksichtigt (optimiert), die laut Auswertung der Keyword-Advertising-Kampagne die besten Umsätze bringen.

4. Affiliate-Marketing: Launch eines Partnerprogramms. Da zu erwarten ist, dass die großen Affiliate-Netzwerkanbieter wie Awin oder CJ das Programm nicht aufnehmen, wird das Programm in Eigenregie vermarktet. Die entsprechende Technik wird in die Shop-Software eingebaut.

5. Es wird ein eigener Newsletter angeboten, der 14-täglich über die Top-Angebote informiert. Das Top-Angebot wechselt in diesem Turnus.

6. Auf einschlägigen Webseiten wird sehr punktuell Werbung geschaltet. Der konkrete Werbeerfolg wird in Euro über ein geeignetes Tracking-Werkzeug ermittelt. Die Schaltung weiterer Werbung wird konsequent vom Ergebnis abhängig gemacht.

7. Auch Newsletter-Sponsorship (vgl. Kapitel 3.1.3) kann punktuell eingesetzt werden. Analog der Online-Werbung wird auch dieses nur fortgesetzt, wenn die eindeutig auf die Newsletter-Werbung zurückzuführenden Umsätze zufriedenstellend sind.

19.4 Überschlägige Ermittlung der Kosten/Nutzen

Um den Einstieg ins Online-Marketing möglichst zufriedenstellend zu gestalten, sollten die Kosten und der damit erzielte Nutzen in einem gesunden Verhältnis stehen. Machen Sie deshalb nicht den Fehler, nur nach den Kosten zu fragen.

Allzu häufig werde ich in einem Anfangsgespräch zum Thema Online-Marketing gefragt: „Was kostet das?". Diese Frage zeugt nicht unbedingt von großem Sachverstand, denn schlussendlich sind die Kosten (fast) egal, wenn der Nutzen die Kosten übersteigt.

Fragen Sie sich also zuerst, was Ihnen der mögliche Nutzen aus einem Engagement im Online-Marketing wert ist:

- Was ist Ihnen eine neuer Kunde wert?[271]
- Was ist Ihnen ein zusätzlicher Umsatz von 100, 1.000, 10.000 oder 100.000 Euro wert?
- Was ist Ihnen ein um zehn Prozent höherer Marktanteil wert?
- Usw.

Erst wenn Ihnen der Wert des möglichen Nutzens klar ist, können Sie die Kosten-Nutzen-Relation ermitteln und eine fundierte Entscheidung treffen. Die Kosten-Nutzen-Relation kann überschlägig auch je Einzeldisziplin des Online-Marketings, ja sogar je Kampagnenbaustein ermittelt werden. Die folgenden zwei Beispielrechnungen verdeutlichen die Aussage. Beide berücksichtigen jedoch keine strategischen Ziele wie Gewinnung von Marktanteil oder Erhöhung des Bekanntheitsgrades, sondern legen den Schwerpunkt auf die rein finanzielle Betrachtung.

Praxisbeispiel: Rechnung für Online-Werbung

Sie haben gemeinsam mit Ihrer Buchhaltung ermittelt, dass ein neuer Kunde im Durchschnitt einen Wert von 1.500 Euro hat.

Ihre Agentur schlägt Ihnen eine Kampagne vor, bei der Sie für rund eine Million Page-Impressions rund 25.000 Euro zahlen sollen. Es ist mit einer Klickrate von 0,75 Prozent zu rechnen. Demnach gelangen über die Kampagne rund 7.500 Benutzer auf Ihre Webseite bzw. die Zielwebseite. Damit sich der Einsatz dieses Bausteins unter rein finanziellen Gesichtspunkten lohnt, müssen also nun 17 dieser 7.500 Besucher, also 0,023 Prozent, zu Kunden werden. Wie realistisch ist das? Diese Frage kann unter Umständen anhand einer Auswertung der Webstatistik oder anhand von Erfahrungswerten beantwortet werden. Liegen derartige Daten nicht vor, so empfehlen sich die Vorschaltung einer kleineren Kampagne (Testkampagne) und das Monitoring des Erfolgs mittels Controlling-Software. Wegen Mindestbuchungskontingenten wird dies jedoch nicht in allen Fällen möglich sein.

Praxisbeispiel: Rechnung für Keyword-Advertising

Eine Wertanalyse auf Basis des Kundenwertes ist für Sie nicht interessant, da die meisten Ihrer Kunden Ad-hoc-Käufer sind. Sie haben gemeinsam mit Ihrer Buchhaltung ermittelt, dass 1.000 Euro zusätzlicher Umsatz einen Gewinn von 250 Euro erbringen.

Der Google-Traffic-Estimator gibt Ihnen an, dass für die von Ihnen als sinnvoll erachteten Keywords bei einem Gebot von 50 Cent je Klick mit 100 Klicks pro Tag zu rechnen ist. Monatlich hätten Sie also mit rund 1.500 Euro zuzüglich der Personalkosten für das Management der Kampagne zu rechnen. Als interner Personalkostensatz werden 100

---

[271] Es stellt sich die Frage nach dem Kundenwert (Customer Lifetime Value). Ein neuer Kunde bestellt in der Regel im Laufe seines Kundenlebenszyklus nicht nur einmal, sondern mehrfach. Wie hoch sind der durchschnittliche kumulierte Umsatz und der daraus resultierende Gewinn mit einem Kunden?

Euro je Tag angesetzt. Zwei Tage werden veranschlagt. Die Gesamtkosten belaufen sich demnach auf 1.700 Euro je Monat.

Wenn Sie nun von einer Kaufrate von einem Prozent ausgehen, dann dürften Sie mit rund 30 Käufen rechnen. Die Frage ist nun: „Wie hoch ist der durchschnittliche Bestellwert?" Liegt dieser beispielsweise bei 250 Euro, so ergibt sich folgende Rechnung:

30 x 250 Euro = 7.500 Euro Mehrumsatz

7.500 Euro Mehrumsatz bedeuten 1.875 Euro Mehrgewinn.

Demgegenüber stehen Kosten in Höhe von 1.700 Euro. Gemäß dieser überschlägigen Rechnung würde sich der Einsatz also knapp lohnen.

Liegt der durchschnittliche Bestellwert bei 350 Euro, so würde die Rechnung wie folgt aussehen:

30 x 350 Euro = 10.500 Euro Mehrumsatz

10.500 Euro Mehrumsatz bedeuten 2.625 Euro Mehrgewinn.

Demgegenüber stehen nach wie vor Kosten in Höhe von 1.700 Euro. Gemäß dieser überschlägigen Rechnung würde sich der Einsatz nun deutlich lohnen.

Was die reinen Kosten betrifft, so lassen sich allgemeingültig nur grobe Werte beziffern. Diese schwanken teilweise stark, können aber auf sehr einfache Weise konkretisiert werden, wie auf den folgenden Seiten dargelegt wird. Die Personalkosten sind in Personentagen (PT) angegeben. Wenn Sie die angesprochenen Leistungen in Eigenregie erbringen, müssen Sie den internen Kostensatz des Mitarbeiters, den Sie mit der Aufgabe betrauen, ansetzen. Andernfalls den Tagessatz der Agentur, die Sie beauftragt haben.

Tabelle 19.1 Kostenstruktur Affiliate-Marketing

Aktion	Ungefähre Kosten bzw. Aufwand
Anmeldung bei einem oder mehreren Affiliate-Netzwerk(en)	0,5 PT einmalig zzgl. einmalige Einrichtung, je nach Anbieter 0 bis 5.000 Euro
Alternativ: Erstellung einer eigenen technischen Lösung (Abrechnungs- und Tracking-System)	4-10 PT einmalig oder ab 400 Euro Mietpreis
Alternativ: Entwicklung der vertraglichen Rahmenbedingungen	1-2 PT einmalig
Alternativ: Vermarktung (Partnerakquisition)	1-5 PT monatlich, bis Sollzustand erreicht

Aktion	Ungefähre Kosten bzw. Aufwand
Erstellung von Werbemitteln	3-8 PT einmalig, je nach Art und Umfang
Bereitstellung (Integration) der Werbemittel im Partnernetzwerk oder auf der eigenen Website	3-8 PT einmalig, je nach Art und Umfang
Integration des Codes für das Partnerprogramm in Ihre Website	0,5 PT
Auffrischen der Werbemittel	0,5-2 PT monatlich, je nach Art und Umfang
Management des Partnerprogramms, d. h. regelmäßiger proaktiver Kontakt zu den Affiliates, Beantwortung von Fragen, Initiierung von Affiliate-Wettbewerben etc.	1-5 PT monatlich, je nach Art und Umfang

Tabelle 19.2 Kostenstruktur E-Mail-Marketing

Aktion	Ungefähre Kosten bzw. Aufwand
Stand-Alone-Kampagne	Je nach Anzahl, Art und Qualität sind zwischen 5 und 100.000 Euro zu budgetieren.
Eigener Newsletter	Professionelle Newsletter-Software – zwischen 100 und 500 Euro je Monat
	Redaktion des Newsletters zwischen 1 und 4 PT je nach Erscheinungshäufigkeit
	Vermarktung, d. h. Werbung für den Newsletter bzw. für neue Abonnenten – ca. 1 Euro je neue (frische) E-Mail
Newsletter-Sponsorship	Zwischen 100 und mehreren Tausend Euro je platzierter Werbung. Preis richtet sich nach der Anzahl der Abonnenten, der Qualität und der Art der Werbung im Newsletter.

Tabelle 19.3 Kostenstruktur Keyword-Advertising

Aktion	Ungefähre Kosten bzw. Aufwand
Einrichten und Aufsetzen der Kampagne	0,5-2 PT einmalig
Laufende Optimierung der Kampagne	1-10 PT monatlich, je nach Art, Umfang und Komplexität der Kampagne
Klicks je Keyword	Zwischen 5 Cent und 10 Euro, je nach Markt- und Gebotslage

Tabelle 19.4 Kostenstruktur Online-Werbung

Aktion	Ungefähre Kosten bzw. Aufwand
Konzepterstellung	1-5 PT einmalig
Erstellung der Werbemittel	1-15 PT einmalig, je nach Art und Umfang
Buchung und Schaltung der Werbemittel	Zwischen 10 und 100 Euro je 1.000 Page Impressions, je nach Art des Werbemittels und Platzierung

Tabelle 19.5 Kostenstruktur Suchmaschinenoptimierung

Aktion	Ungefähre Kosten bzw. Aufwand
Ist-Analyse der eigenen Website. Erstellung eines Schwächen- und eines Sollprofils.	1-4 PT einmalig
Eventuell Analyse der Website von Mitbewerbern	1-3 PT einmalig, je nach Anzahl und Umfang
Onsite-Optimierung der eigenen Site	Zwischen 2 und 20 PT, einmalig je nach Art und Umfang, dann ca. 0,5 bis 2 PT monatlich
Offsite-Optimierung	Zwischen 100 und 40.000 Euro monatlich, je nach Umfang und Branche
Regelmäßiges Reporting und Optimierung	Zwischen 100 und 1.000 Euro monatlich

Tabelle 19.6 Übergeordnete Kosten

Was?	Ungefähre Kosten bzw. Aufwand
Controlling, insb. Marketing-Controlling und Tracking	100 bis 500 Euro im Monat für die Anmietung einer entsprechenden Software
Projektmanagement und Koordination	0,5-8 PT monatlich, je nach Größe der Online-Marketing-Kampagne

19.5 Do it yourself or buy?

Alles hat seine Zeit. So hat es einmal eine Phase gegeben, in der viele Unternehmen ihrer Werbeagentur den Laufpass gaben und eine sogenannte In-House-Werbeagentur aufgebaut haben, um fortan ihre Kataloge, Broschüren, Produktblätter und andere Werbemedien selbst zu erstellen. Viele dieser Unternehmen habe die In-House-Werbeagentur nach einigen Jahren wieder aufgelöst, weil die erwarteten Kostenvorteile nicht eingetreten sind oder die kreativen Impulse ausblieben.

Ähnlich verhielt es sich auch mit dem Internet. Zunächst wurden Webseiten extern beauftragt und es entstand eine Flut von Internetagenturen. Dann kam die Phase der „Das machen wir selbst"-Websites, die zeitlich zusammenfiel mit dem Platzen der Internetblase. Viele Agenturen verschwanden wieder, doch heute werden sie von vielen Unternehmen nachgefragt.

In Bezug auf das Online-Marketing sind die Würfel noch nicht gefallen. Vordergründig ist Online-Marketing einfach, was viele Unternehmen zur „Do it yourself"-Methode verführt. Doch wird Online-Marketing sowohl technologisch als auch intellektuell immer komplexer und erfordert zunehmend Expertenwissen. Diese Tendenz spricht in den meisten Fällen gegen die „Do it yourself"-Methode. Als Beispiel sei hier an die Ausführungen in den Abschnitten 6.7.1 und 7.3.4 erinnert.

Betreibt man nur eine oder zwei Disziplinen des Online-Marketings, so stehen die Chancen, das notwendige Know-how im Unternehmen vorzuhalten, natürlich besser. Einziges Risiko ist, dass nach Weggang des Know-how-Trägers auch das Wissen nicht mehr im Unternehmen ist und eine Lücke entsteht, die unter Umständen sehr negative wirtschaftliche Konsequenzen hat.

Um Online-Marketing in der Breite qualitativ hochwertig betreiben zu können, werden in der Regel mehrere Experten benötigt. Kleine oder mittelgroße Unternehmen erreichen meist nicht die notwendige kritische Masse, um diese Experten vorzuhalten und beauftragen besser eine spezialisierte bzw. Internetagentur. Für große und sehr große Unternehmen kann die Unterhaltung einer Online-Marketing-Abteilung rentabel sein.

In der Praxis hängt die Beantwortung der Frage „Do it yourself or buy" nicht immer von rein rationalen Überlegungen ab. Viele Unternehmen denken in erster Linie kostenorientiert und vernachlässigen die Nutzenbetrachtung. Daher kommen sie häufig zum Ergebnis, dass die „Do it yourself"-Methode günstiger ist, was in einer reinen Kostenbetrachtung auch stimmt. Doch in den meisten Fällen ist das eine Milchmädchenrechnung. Unter Kosten-Nutzen-Betrachtung (vgl. Kapitel 7.7, 16.5 und 17.4) erzielen Profis in der Regel deutlich bessere Ergebnisse. Ein guter Grund also, dieses Buch sehr sorgfältig zu lesen und den Grundstein für professionelles Online-Marketing zu legen.

Das Online-Marketing von morgen

Marketing-Automation, Marketing-Suites und kanalübergreifende Strategien

20 Das Online-Marketing von morgen[272]

20.1 Online-Marketing im Wandel

Aktuell gibt es viele Aspekte, die darauf hindeuten, dass sich Marketing im Allgemeinen und das Online-Marketing im Speziellen in den nächsten Jahren stark verändern werden. Seit geraumer Zeit kursieren Buzzwords wie „digitale Transformation", „das Internet der Dinge" oder „Industrie 4.0" durch die Medien. Das beeinflusst natürlich auch Entscheider in Unternehmen. Der digitale Wandel beschäftigt derzeit die gesamte Wirtschaft. Keine Branche, keine Organisation oder Institution kann sich davor verschließen. Die Welt wird immer globaler, immer mobiler, immer vernetzter, immer schneller und damit immer komplexer. Je komplexer Sachverhalte und Prozesse werden, desto mehr Vorteile ergeben sich, wenn diese mit technischen Hilfsmitteln gesteuert und optimiert werden. Mit anderen Worten: Die Technologisierung des Marketings ist nicht mehr aufzuhalten.

Stetig kommen neue Kommunikationskanäle sowie -geräte hinzu. Man denke nur an die vielen neuen Entwicklungen und Marketingmöglichkeiten, die das mobile Internet (vgl. Kapitel 17) mit sich gebracht hat. Diese Entwicklung hat gerade erst angefangen. Oder die ersten praktischen Ansätze der Vernetzung von Haushaltsgeräten. Oder das vernetzte Auto, das Daten aus dem Internet empfangen und verarbeiten kann. Auch diese Entwicklungen stehen erst am Anfang.

Durch die Vernetzung entstehen Datenberge. Diese Datenberge werden zunächst im Rahmen von zahlreichen Insellösungen entstehen und anfangs nur auf Umwegen integriert genutzt werden können. Der Werkzeugkasten an erforderlichen Marketing-Tools wird stark wachsen. Doch irgendwann werden die Marketing-Suites für einen immer höheren Integrationsgrad sorgen, und die Art und Weise, wie Marketing praktisch ausgeführt wird, wird sich stark verändern.

Auch die Kundenerwartungen und das Kundenverhalten werden sich deutlich verändern. Schon heute sind Kunden über ihr Smartphone immer online, permanent erreichbar und lokalisierbar. Kunden erwarten heute schon passende Antworten auf Fragen SOFORT. Morgen werden sie Inhalte sowie Angebote entlang der gesamten Customer Journey erwarten, und zwar touchpointübergreifend zur richtigen Zeit und am richtigen Ort. Egal ob im Online-Shop, im Newsletter oder im Rahmen einer Anzeige.

---

[272] Die Inhalte dieses Kapitels stammen aus meinem Buch „Lammenett, E. (2018). Online-Marketing-Konzeption – 2018. O.O.: CreateSpace Independent Publishing Platform" oder aus Beiträgen, die ich in meinem Blog (www.lammenett.de) oder als Gastbeitrag im Blog des eCommerce Instituts Köln veröffentlich habe (http://ecommerceinstitut.de/online-marketing-konzeption/). Sie sind nicht exklusiver Bestandteil dieses Buches.

Die digitale Transformation wird zukünftig Marketingverantwortliche vor große Herausforderungen stellen. Die Marketingaufgaben werden vielschichtiger und komplexer, die Aufgabenbereiche vergrößern sich. Die Grenze zwischen klassischem und Online-Marketing wird immer mehr verschwimmen. Ohne technische Hilfsmittel wird eine lohnende Ausbeute aus dem Marketingbudget irgendwann nicht mehr machbar sein. Und bald werden Marketers mehr und mehr an harten Zahlen gemessen, so wie das im Online-Marketing schon lange möglich und üblich ist. Wie bereits eingangs gesagt: Die Technologisierung des Marketings ist nicht mehr aufzuhalten.

20.2   Speziallösungen versus Marketing-Suites

Es gibt zahlreiche Speziallösungen am Markt, welche einzelne Tätigkeiten im Marketing, insbesondere im Online-Marketing, unterstützen. Das sind beispielsweise Werkzeuge, mit denen Backlinks für die Suchmaschinenoptimierung verwaltet werden können. Oder E-Mail-Marketing-Systeme, mit denen ohne Programmierkenntnisse professionelle E-Mail-Kampagnen erstellt und mit personalisierten Inhalten versendet werden können. Es gibt verschiedenste Webtracking- und Webcontrolling-Werkzeuge oder auch Werkzeuge, die die Social-Media-Arbeit vereinfachen und optimieren sollen. Die Vielfalt der Marketingwerkzeuge ist groß. Häufig werden die einzelnen Werkzeuge von den Marketingverantwortlichen oder deren Agenturen separat bedient. Manchmal sind sie durch separate Entwicklungen miteinander verknüpft. Eine Integration von Daten sowie die Automatisierung von Prozessen sind mithilfe vieler unabhängig voneinander eingesetzter Speziallösungen oftmals nicht möglich oder zu aufwändig und unflexibel.

Noch vor wenigen Jahren war die Arbeit der Suchmaschinenoptimierung ebenfalls geprägt von Speziallösungen. Heute dominieren die sogenannten SEO-Suites wie beispielsweise XOVI oder Searchmetrics den Markt. Diese Lösungen bieten für ganz unterschiedliche Problemstellungen der Suchmaschinenoptimierung einen Lösungsansatz – aus einer Hand, aus einer homogenen, integrierten Suite.

So ähnlich wird es vermutlich zukünftig disziplinübergreifend zugehen. Am Markt haben sich sogenannte Marketing-Suites oder Marketing-Clouds entwickelt, die marketingrelevante Aufgaben, Prozesse und Daten vereinen. Und diese Aussage bezieht sich tatsächlich nicht nur auf das Online-Marketing, sondern auf das gesamte Marketing. Die Rede ist von Marketing-Automation.

20.3   Marketing-Automation – Ein neuer Trend?

Marketing-Automatisierung oder Marketing-Automation ist heute in aller Munde. In den einschlägigen Marketingmedien wird es vielfach als neuer Zukunftstrend beschrieben. Häufig liest man vom Top-Trend Marketing-Automation. Tatsächlich aber ist Marketing-Automatisierung, die in der Spitze in automatisiertem One-to-One-Marketing mündet, kein Trend der jüngeren Digitalgeschichte. Im Grunde ist es ein alter Hut, der in jüngerer Zeit in den Fokus der Marketeers gerückt ist. Zwei Aspekte sollen diese Aussage belegen:

Vor über 17 Jahren hat Wolfgang Stübich, damals Marketingdirektor Deutschland der Firma Digital Equipment Corporation (DEC), bereits Marketing-Automation und One-to-One-Marketing in seinen Vorträgen prognostiziert. Manche Trends sind eben ziemlich langlebig. Den älteren Lesern wird die Firma DEC noch etwas sagen. Sie wurde 1998 aufgelöst. 1990 beschäftigte DEC noch weltweit 126.000 Menschen.

Richtig Fahrt aufgenommen hat das Thema Marketing-Automatisierung ab 2012. Ein starkes Indiz dafür ist der Umstand, dass große und global aktive Marktteilnehmer auf „Einkaufstour" gingen, um sich ein Stück vom „Zukunftstrend" zu sichern. Viele der damals übernommenen Unternehmen hatten zum Zeitpunkt der Übernahme schon mehrere tausend Kunden. Von „neu" kann also gar keine Rede sein. Einige Beispiele belegen diese Aussage:

- 2012 kaufte Oracle die Firma ELOQUA.[273] ELOQUA war eines der führenden Unternehmen für Marketing-Automatisierung.
- 2013 folgte Adobe und kauft Neolane.[274] Neolane wurde bereits 2001 gegründet und gehörte ebenfalls zu den führenden Marketing-Automation-Anbietern mit Büros auf vier Kontinenten in acht Ländern. Die Kaufsumme betrug laut Wikipedia 600 Millionen US-Dollar.
- Ebenfalls 2013 schlug Salesforce zu und kaufte Pardot.[275] Pardot ist eine auf B2B spezialisierte Software zur Marketing-Automation.
- 2014 zog IBM dann nach und kaufte Silverpop.[276] Silverpop hat seine Wurzeln im E-Mail-Marketing und in der Marketing-Automation.

Es kann also festgehalten werden, dass Marketing-Automation kein brandneues Thema ist. Es hat lediglich durch unterschiedliche Faktoren seit 2012 einen enormen Auftrieb erhalten.

20.4 Was genau ist Marketing-Automation?

Die Antwort auf die Frage wird sehr unterschiedlich ausfallen, je nachdem, wem man die Frage stellt. Denn Marketing-Automatisierung ist ein vielschichtiges Feld. Im High-End versteht man darunter am ehesten die Nutzung der von einem Unternehmen gesammel-

---

[273] Vgl. http://www.oracle.com/us/corporate/press/1887595, Abruf 12.11.2018.
[274] Vgl. http://adobe.ly/1apYNbk, Abruf 13.11.2018.
[275] Vgl. https://davidcummings.org/2013/06/04/thoughts-on-salesforce-com-acquiring-exacttargetpardot/, Abruf 13.11.2018.
[276] Vgl. http://www.zdnet.de/88190394/ibm-uebernimmt-marketing-cloud-anbieter-silverpop, Abruf 13.11.2018.

ten Daten zur automatisierten Verbesserung der Unternehmensergebnisse. Unter Daten ist in diesem Fall „Big Data" zu verstehen. Es werden sowohl Daten aus der Online- als auch aus der Offline-Welt berücksichtigt. Was die Online-Welt angeht, so werden Daten aus allen relevanten Kanälen herangezogen (E-Mail, CRM, Webbesuche, Social, Online-Werbung usw.). Die Unternehmensergebnisse werden durch datengetriebenes Marketing bis hin zum One-to-One-Marketing verbessert. Das Marketingbudget wird optimal eingesetzt. Kundenbindung und Kundenzufriedenheit werden gestärkt.

Im Low-End ist mit Marketing-Automatisierung meist ein Teilaspekt des Marketings aus der digitalen Welt gemeint, der automatisiert wird. Beispielsweise die Kommunikation mit Kunden eines Online-Shops, die regelbasiert aufgrund der unterschiedlichen Verhaltensweisen von Kunden automatisch gesteuert wird. Hierbei wird das Verhalten der Kunden über Webtracking analysiert. Kunden werden auf Basis dieser und anderer Informationen in Segmente eingeteilt. Werbebotschaften und Nachrichten werden auf Kundensegmente zugeschnitten.

Gleichgültig ob High-End oder Low-End, im Kern geht es um die Nutzung von Vorteilen im Marketing durch Zeitersparnis, Effizienz und bedarfsgerechtere Ansprache von potenziellen Kunden und aktuellen Kunden. Unter bedarfsgerechter Ansprache ist in diesem Kontext mindestens eine kundensegmentspezifische Ansprache zu verstehen und maximal eine kundenindividuelle, personalisierte Ansprache. Bei einem B2B-Unternehmen umfasst Marketing-Automation meistens die Lead-Generierung, die Lead-Pflege sowie das Management der Lead-Lebensdauer bzw. der Kundenlebensdauer. Bei B2C-Unternehmen stehen der optimale Einsatz des Marketingbudgets entlang der Customer-Journey, Cross- und Up-Selling sowie Kundenbindung im Fokus. Auch im B2C geht es um eine Segmentierung von Kunden und potenziellen Kunden mit dem Ziel einer optimalen Ansprache. Hierbei bezieht sich der Terminus „optimale Ansprache" sowohl auf den Zeitpunkt als auch auf den Inhalt.

> Marketing-Automation ermöglicht die automatische Ausspielung von mehrstufigen Kampagnen mit zielgruppenspezifischen oder vollständig individualisierten Informationen (Werbung, Content, Servicenachrichten etc.).

Für alle Unternehmen spielt am Ende des Tages der Return on Investment (ROI) eine Schlüsselrolle. Datengetriebene Marketing-Automatisierung strebt in der Spitze nach einer permanenten Verbesserung des ROI.

Grundsätzlich kann fast jedes Unternehmen sein Marketing durch Automatisierung verbessern und optimieren. Bei einigen Unternehmen wird sich sicherlich die Frage nach dem Kosten-Nutzen-Verhältnis stellen. Für andere Unternehmen wird es überlebensnotwendig werden. Frühe Anwender waren in unterschiedlichen B2B-Branchen zu finden. Allen voran die Softwarebranche und die Agenturen. In zunehmendem Maß wird Marketing-Automatisierung jedoch für Unternehmen aller Art von Bedeutung sein.

20.5 Erfolgsfaktoren der Marketing-Automation

Am Ende des Tages erfindet Marketing-Automation das Marketing nicht neu. Es beschleunigt und segmentiert bekannte Marketingansätze für mehr Leads, höhere Kundenbindung, größere Identifikation des Kunden mit dem Produkt oder dem Unternehmen und mehr Abverkauf. Marketing-Automation ermöglicht einen verbesserten und optimierten Einsatz des Marketingbudgets. Aber es ersetzt nicht das Fachwissen erfahrener Marketeers oder gar deren Kreativität.

> Die erfolgreiche Unterstützung durch Marketing-Automation ist von der Kreativität und dem Fachwissen des Marketeers abhängig.

Neben dem Fachwissen und der Kreativität in Bezug auf die Ausgestaltung des Marketings für ein Unternehmen, ein Produkt, eine Marke oder eine Dienstleistung ist die Auswahl der „richtigen" Marketing-Automation-Software sicherlich ein wesentlicher Erfolgsfaktor. Hier hat der Marketeer die Qual der Wahl, wie der folgende Abschnitt belegen wird.

> Exkurs: Ich habe im Frühjahr 2016 ein Whitepaper zum Thema „ERP Auswahl im Zeitalter der digitalen Transformation" veröffentlicht. Grundsätzlich sind die darin skizzierten Prinzipien und Methoden auch für die Auswahl einer Software zur Marketing-Automation anwendbar. Das Whitepaper ist unter dem folgenden Servicelink abrufbar:

Servicelink: www.lammenett.de/5821

20.6 Ursprung von Marketing-Automation-Software

Wie in Kapitel 20.2 bereits erläutert, gibt es zahlreiche Marketing-Suites oder Marketing-Clouds.

> Die Erwartungen an Marketing-Strategien sind durch neue Kanäle, neue technische Möglichkeiten und veränderte Kundenbedürfnisse gestiegen. Marketing-Automation-Tools unterstützen die Marketeers dabei, diese Erwartungen zu erfüllen.

Aktuell sind die Lösungen der Hersteller noch sehr heterogen. Der Markt ist noch sehr jung. Manche Anbieter haben ihren Ursprung im Bereich Business Intelligence, manche im Analysebereich, manche im Bereich Content-Management, andere kommen aus dem Customer-Relationship-Management oder aus dem E-Mail-Marketing-Segment. Drei Beispiele sollen diese Aussage verdeutlichen:

- **Webtrekk:** Webtrekk wurde 2004 in Deutschland gegründet und befasste sich ursprünglich mit **Webcontrolling und Webanalyse**. Heute bietet das Unternehmen auch Marketing-Automatisierung. Siehe: https://www.webtrekk.com/de/loesungen/marketing-automation/

- **Liana Technologies:** Liana Technologies wurde ebenfalls 2004 in Finnland gegründet. Das Unternehmen befasste sich zunächst mit der Erstellung und Vermarktung eines Content-Management-Systems. Dann kam ein **E-Mail-Marketing-System** hinzu. Heute bietet das Unternehmen auch eine Lösung für Marketing-Automatisierung. Siehe: http://www.lianatech.com/solutions/lianacem.html

- **AgileCRM:** AgileCRM ist eine sehr junge SaaS-Lösung aus Indien, die ihren Fokus zunächst auf **Customer-Relationship-Management** legte. Recht zügig wurde die Software um Komponenten der Marketing-Automatisierung erweitert. Siehe: https://www.agilecrm.com/marketing

Eine hohe Integrationsdichte weisen die sehr mächtigen Suites von Adobe, Oracle und IBM auf. Sie gehören zu den vollständigsten Lösungen für das automatisierte Online-Marketing am Markt. Die einzelnen Module und Werkzeuge sind miteinander verzahnt, Prozesse lassen sich vereinfacht modulübergreifend automatisieren und analysieren. Doch es gibt noch viele weitere Angebote, wie der Abschnitt 20.9 belegen wird.

Da der Markt dieser Softwaregattung noch sehr jung ist, sind die Lösungen sehr heterogen und nicht unbedingt miteinander vergleichbar. Einen guten Eindruck über die Funktionsvielfalt vermittelt ein Video, in dem Matt Langie, Director Product Marketing bei Adobe, über die Adobe Digital Marketing Suite spricht: http://tv.adobe.com/watch/learn-adobe-digital-marketing/digital-marketing-suite-overview/ (Abruf 08.05.2016).

20.7 Datenschutz und Marketing-Automation

Um es gleich vorweg klar zu sagen: In Deutschland setzen die meisten Funktionen der im vorangegangenen Abschnitt aufgeführten Tools die datenschutzrechtliche Zustimmung der Kunden voraus. Provokant ausgedrückt bedeutet das: Wenn Sie sich an den deutschen Datenschutz halten, können Sie Marketing-Automation im Sinne der genannten Tools im Grunde nur mit angezogener Handbremse anwenden.

Es ist daher nicht verwunderlich, dass Marketing-Automation-Tools in vielen Ländern dieser Welt wesentlich weiter verbreitet sind als in Deutschland. Der deutsche und der europäische Datenschutz sind in Bezug auf das Internet sehr streng geworden. Die meisten Unternehmen in Deutschland halten sich an die jeweils aktuelle Gesetzgebung. Ob das in ganz Europa auch so ist und inwieweit es ein Wettbewerbsnachteil ist, wenn in anderen europäischen Ländern der Datenschutz nicht so genau genommen wird, möchte ich an dieser Stelle nicht thematisieren.

Für Deutschland gilt, dass nur derjenige persönliche Daten erheben darf, der zuvor eine explizite Einwilligung des Ansprechpartners eingeholt hat. Im Zweifel muss diese Einwilligung nachgewiesen werden können.

Auch Cookies dürfen entsprechend einer EU-Richtlinie 2009/36/EG[277] nur nach einer expliziten Einwilligung des Webseitenbesuchers auf seinem Rechner gespeichert werden. Diese Richtlinie ist nicht explizit in deutsches Recht umgesetzt worden. Der deutsche Gesetzgeber blieb auch über die Umsetzungsfrist, die 2011 endete, untätig. Auf Nachfragen der Europäische Kommission nahm die Bundesregierung jedoch Stellung und erklärte, die Richtlinie müsse nicht eigens umgesetzt werden, da die in ihr enthaltenen Neuregelungen in Deutschland bereits durch das Telemediengesetz (TMG) abgedeckt seien. Daraufhin mehren sich seit zwei Jahren die Webseiten mit entsprechenden Hinweisen auf Cookies. Spätestens seit 28. Mai 2018 ist dieses Thema aber nun einheitlich in Europa geregelt. Seit diesem Datum gilt EU-weit die neue Datenschutz-Grundverordnung (DGSVO).

Da die erhobenen Daten auf den Servern des Anbieters der Marketing-Automation-Cloud gespeichert werden, sollten deutsche Unternehmen bei der Auswahl eines Marketing-Automation-Tools ggf. darauf achten, dass der Anbieter seine Server in einem Land betreibt, das mit dem deutschen bzw. europäischen Datenschutz konform geht. Gegebenenfalls können auch Anbieter eingesetzt werden, die das sogenannte „Save-Harbor-Abkommen" unterschrieben haben. Dadurch verpflichtet sich der Anbieter freiwillig, personenbezogene Daten ähnlich wie europäische Provider zu behandeln, auch wenn er seine Server in einem anderen Land betreibt.

20.8 Grundsätzliche Funktionen von Marketing-Automation-Software

20.8.1 Analyse-Funktion

Kernfunktion von Marketing-Suites bzw. Marketing-Clouds ist häufig die Analyse marketingrelevanter Daten. Dabei können die Daten teildisziplinübergreifend aggregiert und analysiert werden. Dank einer engen Verzahnung der einzelnen Module und ggf. mit Drittsoftware (bitte sehen Sie hierzu auch das Kapitel 20.8.5) wird das möglich.

So können beispielsweise personalisierte Angebote oder individuelle Kampagneninhalte an Kunden automatisiert ausgespielt und analysiert werden. Natürlich können auf Basis der vorliegenden Daten auch homogene Kundengruppen identifiziert werden. Mittels einer sogenannten Customer-Journey-Analyse lassen sich relevante Zusammenhänge

---

[277] Vgl. http://eur-lex.europa.eu/LexUriServ/LexUriServ.do?uri=OJ:L:2009:337:0011:0036:de:PDF, Abruf 27.11.2018.

zwischen den einzelnen Werbekanälen (on- und offline) und deren Bedeutung für das Endergebnis (im Idealfall ist das eine Conversion) ermitteln.

Die Analyse-Module großer Marketing-Suites sind sehr komplex und bieten umfassende, flexible und mehrschichtige Analysemöglichkeiten. Dabei können On- und Offline-Kanäle berücksichtigt werden. Hinzu kommen Funktionen der Vorhersage, die wiederum für die Planung und das Ausspielen weiterer Marketingmaßnahmen herangezogen werden können.

20.8.2   Targeting-Funktion

Ein wesentlicher Funktionsbereich von Marketing-Suites ist das sogenannte Targeting. Darunter versteht man, treffende Inhalte an Personengruppen oder gar Einzelpersonen auszuspielen.

Das Ausspielen beschränkt sich dabei nicht nur auf die einfache Distribution von Werbebotschaften. Mithilfe von A/B- und multivariaten Tests unterschiedlicher Darstellung von Inhalten kann das Ergebnis optimiert werden.

Manche Systeme haben sich auf Fahne geschrieben, „selbstlernend" zu sein. Das heißt, dass auf Basis der vorliegenden Daten individualisierte Inhalte, Angebote sowie Cross- oder Up-Selling-Angebote laufend optimiert und ausgespielt werden.

20.8.3   Kampagnen-Management-Funktionen

Wie der Name schon sagt, können mithilfe der Kampagnen-Management-Funktionen Inhalte kanalübergreifend entworfen, verwaltet und in Form einer Kampagne ausgespielt werden. Hierbei kann es sich durchaus auch um personalisierte Marketingkampagnen für unterschiedlichste Kanäle wie E-Mail, Internet, Social Media, Mobile, Directmail, Callcenter oder PoS handeln.

20.8.4   Social-Media-Management-Funktion

Im Grunde handelt es sich hierbei um Funktionen, die sonst auch in Social-Media-Management-Software wie Hootsuite und Co. zu finden sind. Diese ermöglichen ein integriertes Posting auf mehreren sozialen Netzwerken sowie eine Beobachtung und die Analyse von marken- oder produktrelevanten Aktivitäten in sozialen Netzwerken. Daraus lassen sich ggf. erfolgsrelevante Trends, Chancen oder Risiken ableiten.

20.8.5 Datenaustausch und Schnittstellen

Marketing-Suites bieten ferner Standardschnittstellen zu zahlreichen Drittsystemen, um so ihre Datenbasis und den Funktionsumfang zu erweitern. Dabei kann es sich um sehr unterschiedliche Systeme aus der On- und Offline-Welt handeln wie beispielsweise E-Mail-Marketingsysteme, Adserving-Systeme, CRM-Systeme, Kassensysteme in Filialen, Suchsysteme und dergleichen mehr.

20.9 Softwarelösungen

In der Folge werden einige Softwarelösungen aufgelistet und kurz besprochen. Die Liste hat keinen Anspruch auf Vollständigkeit.

20.9.1 High-End-Lösungen

Oracle ELOQUA
ELOQUA gehörte bereits vor dem Kauf durch Oracle im Jahr 2012 zu den führenden Unternehmen für Marketing-Automatisierung. Die monatlichen Kosten für die Nutzung der Software beginnen bei 2.000 US-Dollar.

https://www.oracle.com/marketingcloud/products/marketing-automation/, Abruf 15.11.2018

> Servicelink: www.lammenett.de/5851

Adobe Marketing Cloud
Die Adobe Marketing Cloud besteht aus einer Vielzahl von Modulen. Mit Stand Juni 2016 sind es acht. In Summe dürfte die Suite zu den vollständigsten Angeboten am Markt gehören. Preisangaben sind auf der Website nicht zu finden. Dafür aber klingende Namen bei den Referenzen.

https://www.adobe.com/de/marketing-cloud.html, Abruf 15.11.2018

> Servicelink: www.lammenett.de/5852

Salesforce Marketing Cloud
Ebenfalls ein Schwergewicht unter den Marketing-Automation-Suites ist die Salesforce Marketing-Suite. Bis 2014 war diese Lösung unter dem Namen ExactTarget bekannt und gehörte schon damals zu den führenden Enterprise-Lösungen dieser Softwaregattung. Als Salesforce im Jahr 2013 die Firma Pardot übernahm, die ebenfalls eine High-End-

Lösung für Marketing-Automation bot, entstand sukzessive eine sehr umfassende Marketinglösung. Entsprechend bietet Salesforce unterschiedliche Module und Preismodelle. Diese beginnen bei 320 Euro pro Monat.

https://www.salesforce.com/de/marketing-cloud/overview/, Abruf 15.11.2018

| Servicelink: www.lammenett.de/5853

IBM Marketing Cloud
Das Angebot von IBM gehört ebenfalls zu den Enterprise-Lösungen. Sie basiert auf der im Jahr 2014 von IBM erworbenen Firma Silverpop. Auch heute noch ist sie unter der URL http://www.silverpop.com erreichbar. Silverpop hat seine Wurzeln im E-Mail-Marketing und in der Marketing-Automation.

https://www.ibm.com/watson/marketing-automation, Abruf 15.11.2018

| Servicelink: www.lammenett.de/5854

20.9.2 Lösungen für kleine und mittlere Unternehmen

Falls Sie sich für Details hinter den jeweiligen Links interessieren, habe ich eine klickbare Linkliste hinter diesem Servicelink für Sie hinterlegt:

| Servicelink: www.lammenett.de/5855

Firma/Lösung: Act-On Software Inc.
Kurzbeschreibung: Das Unternehmen wurde 2004 gegründet, die Software erstmals 2008 als BETA veröffentlicht. Ursprünglich wurde die Software exklusiv über Cisco angeboten. Cisco finanzierte das Unternehmen zu dieser Zeit. Die ursprüngliche Wurzel lag in der Verbindung Webkonferenz und Marketing-Automation. Cisco hatte 2007 die Firma WebEx übernommen, einen führenden Hersteller für Webkonferenz-Software. Durch mehrere Finanzierungsrunden entwickelten sich das Unternehmen und die Software in den letzten Jahren sehr gut. Laut G2 Crowd, einer der führenden Plattformen für Softwarevergleiche, erreicht Act-On eine hohe Kundenzufriedenheit.

Kunden: Über 3.000, die meisten in den USA. In Deutschland bekannte Kunden sind z. B. Swarovski, Xerox und American Express.

Preis: Ab 600 US-Dollar pro Monat aufwärts.

Domain: https://www.act-on.com

Ursprungsland der Software: USA

Firma/Lösung: Apecto Ltd.
Kurzbeschreibung: Das Unternehmen stammt aus England und hat seit 2012 eine Niederlassung in Frankfurt. Im Kern beschäftigt es sich mit Datenanalyse. Spezialgebiet ist die Auswertung von großen Datenmengen aus verschiedenen Quellen. Ziel ist, tiefe Einblicke in das Verhalten der Kunden zu erhalten und so die jeweils richtige Marketingbotschaft auszuliefern. Natürlich bietet das Unternehmen auch eine Kampagnenmanagement-Software – womit wir beim Thema Marketing-Automation wären.

Kunden: Vornehmlich Kunden aus UK. In Deutschland bekannte Kunden sind z. B. Kärcher, Weltbild und KIA.

Preis: Keine Angabe auf der Website.

Domain: https://www.apteco.de

Ursprungsland der Software: UK

Firma/Lösung: AgileCRM
Kurzbeschreibung: Das Unternehmen wurde 2012 gegründet. Die Software richtet sich an kleinere Unternehmen. Das Unternehmen selbst bezeichnet seine Software als „CRM mit Marketing-Automation". Entwickelt wird primär in Indien. Der Gründer stammt auch aus Indien. Offiziell ist die Zentrale aber in den USA ansässig.

Kunden: Laut eigener Aussage über 7.000 Kunden.

Preis: Ab 9 US-Dollar pro Monat.

Domain: https://www.agilecrm.com

Ursprungsland der Software: Indien

Firma/Lösung: EMMA MOBILE SOLUTIONS, S.L.
Kurzbeschreibung: Die Software ist spezialisiert auf Mobile-Marketing-Automation.

Kunden: Viele namhafte Kunden, zumeist größere Konzerne.

Preis: Keine Angabe.

Domain: https://emma.io

Ursprungsland der Software: Spanien

Firma/Lösung: Hubspot Inc.
Kurzbeschreibung: Hubspot wurde bereits 2006 gegründet und ist bis heute unabhängig. Das Unternehmen hat nach eigenen Angaben rund 15.000 Kunden. Selbst nutzt das Unternehmen gerne die Terminologie „Inbound-Marketing Company". Tatsächlich geht es bei Hubspot primär um Leads und Inboundmarketing. Hubspot betreibt fünf Büros auf vier Kontinenten. Ein Büro in Deutschland gibt es jedoch noch nicht. Dafür aber über 2.000 Partneragenturen aus 65 Ländern. Laut G2 Crowd, einer der führenden Plattformen für Softwarevergleiche, erreicht Hubspot eine hohe Kundenzufriedenheit.

Kunden: Viele Kunden aus den USA und anderen Teilen dieser Welt. Bekannte deutsche Kunden konnte ich auf der Website bisher nicht ausmachen.

Preis: Ab 200 US-Dollar pro Monat.

Domain: https://www.hubspot.de

Ursprungsland der Software: USA

Firma/Lösung: iContact (Vocus)
Kurzbeschreibung: iContact wurde 2003 gegründet und 2012 von Vocus übernommen. Ursprünglich konzentrierte sich iContact auf E-Mail-Marketing. Vocus war auf Marketing-Automation spezialisiert. Zwei Jahre später ging Vocus mit Cision zusammen.

Kunden: Primär aus den USA.

Preis: Ab 99 US-Dollar pro Monat.

Domain: https://www.icontact.com

Ursprungsland der Software: USA

Firma/Lösung: Impartner
Kurzbeschreibung: Impartner wurde bereits 1997 gegründet. Das Unternehmen hat seinen Sitz in den USA. Die Software ist sehr umfangreich und legt den Fokus auf Partner-Relationship-Management und Marketing-Automation. Es existieren außerhalb der USA keine Niederlassungen.

Kunden: Namhafte Kunden aus den USA.

Preis: Keine Angaben auf der Website zu finden.

Domain: https://www.impartner.com

Ursprungsland der Software: USA

Firma/Lösung: Lianatech
Kurzbeschreibung: Liana Technologies wurde 2004 in Finnland gegründet. Es existieren Büros in Berlin, Hamburg, Dubai, Paris, Hongkong und Stockholm. Ebenfalls existiert

eine deutschsprachige Website. Das Unternehmen bietet Lösungen für E-Mail-Marketing, Content-Management und E-Commerce. Marketing-Automation kam später hinzu.

Kunden: Weltweit über 3.000 Kunden nach eigenen Angaben. In Deutschland bekannte Kunden sind z. B. Bosch, Mazda, Avis, SAP und Hertz.

Preis: Keine Angaben auf der Website zu finden.

Domain: https://www.lianatech.com/solutions/lianacem.html

Ursprungsland der Software: Finnland

Firma/Lösung: Marketo

Kurzbeschreibung: Marketo gehört zu den bekannteren Lösungen aus dem Segment Marketing-Automation. Das Unternehmen wurde 2006 gegründet und war einer der letzten großen unabhängigen Anbieter seiner Art. Im Mai 2016 wurde jedoch bekannt, dass das Unternehmen einer Übernahme durch Vista, ein Private-Equity-Unternehmen, zugestimmt hat. Der Übernahmepreis soll 1,70 Milliarden US-Dollar betragen. Die Software ist sehr ausgereift und umfangreich. Es existieren außerhalb der USA Niederlassungen in acht Ländern auf vier Kontinenten. In Deutschland besteht keine Niederlassung. Es existiert jedoch eine deutschsprachige Website.

Kunden: Mehr als 4.100 Kunden aus 36 Ländern. Darunter sehr viele namhafte Unternehmen aller Größen.

Preis: Keine Angaben auf der Website zu finden.

Domain: https://de.marketo.com

Ursprungsland der Software: USA

Firma/Lösung: Webmecanik SAS

Kurzbeschreibung: Die Firma wurde 2006 gegründet. 2013 kauften sich ehemalige Manager von IBM und Oracle ein. Das Unternehmen verkauft seine Lösung ausschließlich über Partneragenturen. Die Lösung kann auch als sogenannte White-Label-Lösung an Kunden der Partneragenturen weiterverkauft werden. Interessant ist, dass die Software auf dem Open-Source-Framework Mautic basiert und von daher sehr offen ist. Das Unternehmen betreibt noch keine Büros außerhalb von Frankreich. Es verfügt jedoch über eine deutschsprachige Website.

Kunden: Keine Angabe.

Preis: Keine Angabe.

Domain: https://www.webmecanik.com/de

Ursprungsland der Software: Frankreich

20.9.3 Noch mehr Marketing-Automation-Tools

Hier eine Liste mit weiteren Tools, allerdings ohne Kurzbeschreibung. Eine klickbare Linkliste aller in diesem und dem vorangegangenen Abschnitt aufgeführten Systeme finden Sie unter diesem Servicelink:

Servicelink: www.lammenett.de/5855

- https://autopilothq.com
- https://leadlife.com
- https://www.net-results.com
- https://www.salesfusion.com
- https://www.salesmanago.de
- https://www.teradata.de
- https://www.webtrekk.com/de/loesungen/marketing-automation
- https://www.hatchbuck.com
- https://www.infusionsoft.com

Glossar

4Cs – Beschreibt einen Definitionsversuch von Online-Marketing-Mix „vom P zum C". Der Definitionsversuch stammt von Kolibius. Er differenziert nach:

> **Content** – Das P für Product aus dem klassischen Marketing-Mix wird zum C für Content im Online-Marketing-Mix.
>
> **Commerce/Convenience** – Das P für Price aus dem klassischen Marketing-Mix wird zum C für Commerce im Online-Marketing-Mix.
>
> **Co-location** – Erfolgsfaktor für das Online-Marketing im E-Commerce ist laut Kolibus weniger das „P" für Place aus dem klassischen Marketing-Mix als vielmehr das „C" für Co-location, das heißt möglichst nahe beim Kunden sein.
>
> **Communication/Community** – Das P für Promotion wird durch das C für Communication/Community ersetzt.

4Ps – Bezeichnet die vier Instrumentarien des klassischen Marketing-Mix: Price, Product, Placement, Promotion.

.htaccess – (englisch Hypertext Access, deutsch „Hypertext Zugriff") ist der Name einer Konfigurationsdatei, mit der der Zugriff auf Webserver (z. B. Apache) kontrolliert und beschränkt werden kann.

Ad-Impressions – Anzahl der Einblendungen eines Werbemittels.

AdSense – Google AdSense ist ein Anbieter von Werbung auf Webseiten und gehört zum Werbedienst des Unternehmens Google Inc. AdSense stellt inhaltsbezogene Anzeigen außerhalb des Google-Netzwerkes zur Verfügung.

Affiliate-Marketing – Bezeichnet ein Online-Marketing-Instrument. Affiliate-Marketing ist Online-Handelsmarketing. Der Partner (Affiliate) bewirbt Produkte oder Dienstleistungen anderer Unternehmen (Merchant) auf seiner oder einer ganz bestimmten Website. Er erhält für jede Transaktion oder jeden Verkauf, der durch seine Werbemaßnahme generiert wird, eine Provision.

Affiliate-Netzwerk – Bezeichnet ein Unternehmen oder eine Institution, die Merchants und Affiliates zusammenbringt, zumeist auf einer Internetplattform mit zahlreichen Vermittlungs- und Service-Funktionen.

Affiliate-Programm – Bezeichnet das vom Merchant entwickelte Gesamtangebot.

Affiliate(-Partner) – Person, Unternehmung oder Institution, welche auf ihrer Website die Produkte des Merchants bewirbt.

Backlink – (deutsch „Rückverweis") ist ein Link, der auf die eigene Webseite zeigt. Die Zahl der Backlinks ist ein Indiz für die Popularität oder Wichtigkeit einer Webseite.

© Springer Fachmedien Wiesbaden GmbH, ein Teil von Springer Nature 2019
E. Lammenett, *Praxiswissen Online-Marketing*,
https://doi.org/10.1007/978-3-658-25135-2

Barrierefreiheit – Im Kontext des Internets bezeichnet Barrierefreiheit zumeist eine Form des Webdesigns, die behindertengerecht ist. Die wesentlichen Kriterien für ein barrierefreies und somit auch behindertengerechtes Webdesign werden durch die „Barrierefreie Informationstechnik-Verordnung" (BITV) geregelt, die am 24. Juli 2002 in Kraft trat.

Blog – Ein Blog oder auch Web-Log ist ein auf einer Website geführtes und damit meist öffentlich einsehbares Tagebuch oder Journal, in dem mindestens eine Person, der Web-Logger, kurz Blogger, Aufzeichnungen führt, Sachverhalte protokolliert oder Gedanken niederschreibt.

Branding – Im Kontext der Unternehmenskommunikation bezeichnet das Branding oder Corporate Branding Aktivitäten zum Auf- oder Ausbau von Marken bzw. Markenbekanntheit.

CD/CI (Corporate Design/Corporate Identity) – Das Corporate Design bezeichnet einen Unterbereich der Corporate Identity. Es regelt das gesamte visuelle Erscheinungsbild eines Unternehmens nach außen vom Türschild bis zum Fernsehspot. Die Corporate Identity hingegen versucht, Einfluss auf die gesamte Identität, die „Persönlichkeit" eines Unternehmens zu nehmen. Hierzu zählen auch das Auftreten und die gesamte Darstellung in der Öffentlichkeit, also nicht nur der rein visuelle Aspekt.

Click-Through-Rate (CTR) – Anteil der angeklickten Anzeigen einer Kampagne. Anzeigen können Werbebanner oder Textanzeigen sein, aber auch Platzierungen in Newslettern oder Keyword-Ads.

Content-Management – Bezeichnet im Internetumfeld die organisatorische Handhabung von Inhalten auf einer Webseite. Heute wird dieser Prozess mittels Content-Management-Systemen (CMS) unterstützt.

Conversion-Rate – Bezeichnet den prozentualen Anteil der als Conversion definierten Aktionen an der Click-Through-Rate, z. B. Abverkauf, Lead, Download, Registrierung.

Cookie (englisch für „Keks") – Eintrag in eine kleine Datenbank oder Textdatei auf der Festplatte den Nutzers. Der Eintrag dient dem Austausch von Informationen zwischen Computerprogrammen, zumeist einem Browser. Cookies ermöglichen u. a. die Identifikation eines Besuchers einer Webseite bei einem Folgebesuch.

CPC (Cost per Click) – Bezeichnet die Vergütung, die ein Werbetreibender für einen Klick (Klick = Besucher) zahlt. Durch Verankerung eines Werbemittels, welches direkt oder indirekt auf die Webseite des Werbetreibenden verlinkt ist, vermittelt der Werbende bei jedem Klick auf das Werbemittel einen Besucher an den Werbetreibenden. Hierfür erhält der Werbende dann eine Vergütung.

CPL (Cost per Lead) – Vergütung für die Vermittlung der Kontaktdaten eines potenziellen Kunden. Zumeist ist dies die E-Mail- oder die komplette Adresse. Der Werbetreibende zahlt einen fixen Betrag pro gewonnener Adresse an den Werbenden.

CPM (Cost per Thousand Impressions) – Bezeichnet bei Google die Kosten je tausend Einblendungen eines Werbemittels. Das CPM-Preisfestsetzungssystem bedeutet, dass Kunden pro erhaltenen Impressionen bezahlen.

CPO (Cost per Order – Kosten je Bestellung) – Bezeichnet eine Kennzahl für das Marketing-Controlling: die Kosten einer Kampagne, eines Bausteins oder eines Keywords dividiert durch die Anzahl der auf den jeweiligen Baustein oder die gesamte Kampagne zurückzuführenden Bestellungen.

CRM (Customer-Relationship-Management) – Bezeichnet den Umgang mit Kundenbeziehungen, insbesondere im Hinblick auf Kundenansprache und Kundenbindung. In großen Unternehmen wird diese Aufgabe softwareseitig unterstützt durch CRM-Software oder sogenannte CRM-Lösungen.

Crossmedia-Marketing – Der Begriff „Crossmedia" stammt ursprünglich aus dem Online-Publishing-Umfeld. Er bezeichnet im Marketing die zeitnahe Kommunikation über mehrere Kanäle. Dabei sind die Kanäle inhaltlich und/oder gestalterisch miteinander verknüpft. Mittlerweile ist wissenschaftlich nachgewiesen, dass Crossmedia-Marketing eine höhere Response-Rate erbringt als einzelne Marketing-Maßnahmen, die nicht aufeinander abgestimmt sind.

Customer-Care-Potenzial – Bezeichnet das Potenzial, welches durch Kundenbetreuung gehoben werden kann.

Dilemma SEO – Bezeichnet den Konflikt innerhalb der Suchmaschinenoptimierung, dass nur die ersten 20 Einträge eine betriebswirtschaftliche Relevanz haben und am liebsten alle unter den Top 20 erscheinen wollen; was natürlich nicht möglich ist.

DIV-Layer – DIV-Layer sind Bildschirmbereiche/Blöcke, die mit CSS beliebig positioniert und formatiert werden können und sich z. B. auch wie einzelne Seiten verhalten können (Scroll-Leisten etc.)

Doorway-Pages – Der Begriff Brückenseite oder englisch Doorway-Page (auch Jump Page, Satellitenseite oder Spiegelseite genannt) bezeichnet für Suchmaschinen optimierte Internetseiten, die als Zwischenseiten fungieren und auf die eigentliche Webpräsenz verweisen. Die Verwendung von Doorway-Pages ist seitens der Suchmaschinenbetreiber verboten.

Double-Opt-in – Beim „Double-Opt-in" muss der Eintrag in die Abonnentenliste in einem zweiten Schritt bestätigt werden. Meist wird diese Technik bei Newslettern verwendet. Hierzu wird eine E-Mail-Nachricht mit Bitte um Bestätigung an die eingetragene Kontaktadresse gesendet. Handelt es sich um ein echtes, das heißt erwünschtes Opt-in, bekommt der Abonnent eine Bestätigung seiner angegebenen Kontaktdaten. Handelt es sich dagegen um einen missbräuchlich erfolgten Eintrag, kann sich der unfreiwillige Abonnement-Kandidat vor einem Eintrag in die Abonnementliste schützen, indem er auf die Bestätigungsanfrage nicht reagiert. Eine Registrierung wird erst dann wirksam, wenn sie bestätigt wird.

E-Mail-Client – Programm zum Senden und Empfangen von E-Mails, beispielsweise Outlook, Eudora oder Pegasus Mail.

E-Mail-Responder – Bezeichnet die Antwort auf eine E-Mail. Häufig wird der Begriff „Auto-Responder" verwendet, der für eine automatisch generierte Antwort auf eine E-Mail steht.

Enhanced Newsletter – Eine vom Autor entwickelte Form des E-Mail-Marketings, bei dem ein Newsletter nicht von einem einzelnen Unternehmen/Institution betrieben wird, sondern von mehreren, die sich die Kosten teilen. Diese Unternehmen stehen in der Regel nicht in Konkurrenz zueinander, bemühen sich aber um die gleiche Zielgruppe.

Erfolgsdeterminanten – Parameter, die über Erfolg oder Misserfolg von Marketing-Maßnahmen bestimmen.

Eye-Tracking – Untersuchungsmethode im Labor, bei der eine Kamera am Kopf der Probanden beobachtet und protokolliert, auf welche Stellen am Bildschirm die Probanden zuerst sehen bzw. wie lange sie wohin sehen.

Fanpage (umgangssprachlich für Fansite) – bezeichnet eine Website, auf der gezielte Informationen über eine Person des öffentlichen Lebens oder ein bestimmtes Hobby bereitgestellt werden. Ziel der Autoren solcher Websites ist es, das eigene Interesse mit Gleichgesinnten zu teilen oder bei Leuten, welche sich mit dem entsprechenden Thema noch nicht auseinandergesetzt haben, Interesse dafür zu wecken. Die individuellen Seiten von Facebook-Mitgliedern werden auch Fanpage genannt.

F-Commerce – Bei F-Commerce handelt es sich um die zusätzliche Nutzung der Facebook-Möglichkeiten. Entweder als Ergänzung oder als Ersatz zur Nutzung eigener Technologie.

Fake-Banner – Das Fake-Banner ist einer Systemfehlermeldung nachempfunden und als statisches, manchmal auch dynamisches Banner realisiert. Ziel ist es, durch die Nachbildung die Klickrate zu erhöhen.

Flying-Banner – Das Flying-Banner fliegt quer über den Bildschirm und setzt sich an eine vordefinierte Stelle.

Franchise-Programme – Der Begriff Franchising bezeichnet eine Geschäftsmethode, bei der ein Franchise-Geber einem Franchise-Nehmer die Nutzung eines Geschäftskonzeptes gegen Entgelt zur Verfügung stellt. Es handelt sich um eine Art Konzessionsverkauf, der häufig im Einzelhandel zu finden ist.

Freelancer – Freiberuflicher Mitarbeiter.

FTP – Das File Transfer Protocol ist ein Netzwerkprotokoll zur Übertragung von Dateien.

Geo-Targeting – Bezeichnet die Möglichkeit, die geografische Position eines Internetsurfers zu bestimmen und diesem in Abhängigkeit von seiner Position Werbemittel anzuzeigen.

Google-Falle– Bezeichnet den Sachverhalt der unsachgemäßen Buchung von Keyword-Anzeigen. Es werden zu viele, die falschen oder zu teure Keywords eingekauft.

Groupware(-Server) – Bezeichnet eine Software-Gattung bzw. einen Server, der die Zusammenarbeit einer Gruppe über zeitliche und räumliche Distanzen hinweg fördert bzw. erst ermöglicht.

HTML – Die Hypertext Markup Language ist ein Dokumentenformat zur Auszeichnung von Hypertext im World Wide Web und wurde 1989 von Tim Berners-Lee am CERN in Genf festgelegt.

HTML-Tag – Bezeichnet einen HTML-Befehl.

> **Title** – Bezeichnet den Titel eines HTML-Dokumentes. Dieser wird zumeist im Browser ganz oben im blauen Balken angezeigt. Der Titel steht immer innerhalb des Title-Tag (z. B. <title>Das ist der Titel</title>)
>
> **Meta-Keywords** – Meta-Tags wie die Meta-Keywords sollen vor allem die Durchsuchbarkeit einer einzelnen Webpräsenz verbessern. Mithilfe von Meta-Tags lassen sich spezielle Anweisungen zur Steuerung der Suchroboter bzw. Suchmaschinen notieren. Jedoch haben Meta-Tags heute keine hohe Bedeutung mehr für die Suchmaschinenoptimierung.
>
> **Meta-Description** – vgl. Meta-Keywords.
>
> **H1/H2 (Überschriften)** – Bezeichnet einen Tag zur hierarchischen Strukturierung von Überschriften.

Index-Spamming – Unter Index- oder Suchmaschinenspamming werden alle Handlungen verstanden, die dazu führen, dass auf den ersten Ergebnisseiten einer Suchmaschine keine verwertbaren oder relevanten Verweise zu finden sind oder aber nur Verweise eines einzigen Anbieters.

Influencer – Als Influencer werden Menschen bezeichnet, die in sozialen Netzwerken eine nennenswerte Reichweite haben. Durch ein hohes Ansehen und eine starke Präsenz haben sie einen großen Einfluss auf ihre Follower. Im Rahmen des sogenannten Influencer-Marketings berichten sie entgeltlich über Marken oder präsentieren Produkte.

Internetmarketing – ist die Marketing-Arbeit, das heißt die zielgerechte Nutzung der Internetdienste (WWW, E-Mail, Usenet, FTP etc.) für das Marketing. Hauptbestandteil des Internetmarketing-Mix ist in der Regel die eigene oder eine ganz bestimmte Internetseite. Der Internetmarketing-Mix ist im Idealfall integraler Bestandteil eines Gesamtmarketing-Mix.

IP-Adresse – Die Internet-Protocol-Adresse ist eine Zahl, welche die logische Adressierung von Netzwerkdiensten in IP-Netzwerken erlaubt. Eine IP-Adresse ist, salopp ausgedrückt, die Telefonnummer einer Hardware-Einheit (Router, PC), unter der diese im Netzwerk erreichbar ist.

ISP (Internet Service Provider) – Anbieter von Internetdienstleistungen (Gmx.de, Web.de als Mail-Anbieter) oder Anbieter von Internetverbindungen wie T-Online.de.

Keyword-Ads/-Advertising – Stichwort- bzw. suchwortbezogene Werbung im Internet. Den Nutzern wird in Abhängigkeit von ihrem Suchwort eine oder mehrere dazu passende Anzeige(n) gezeigt.

Klassisches Marketing – Marketing, welches sich klassischer Kommunikationsmedien und -instrumentarien wie Print, Radio, Roadshow oder TV bedient.

KMUs – Kleine und mittelständische Unternehmen.

Landing-Page – Bezeichnet die Seite, auf die ein Internetbenutzer unmittelbar nach dem Klick auf ein Werbemittel gelangt.

Lead – Kontakt zu einem potenziellen Kunden.

Lifetime-Provision (deutsch: „Lebenslange Provision") – Der Vermittler erhält auf alle Umsätze, die ein vermittelter Kunde im Laufe seines Kundenlebenszyklus tätigt, eine Provision.

Link/URL – Uniform-Resource-Locater identifiziert eine Ressource über ihren primären Zugriffsmechanismus wie beispielsweise http oder ftp und den Ort der Ressource im Netzwerk. Ein Beispiel für eine URL zu einer Webseite ist https://www.lammenett.de.

Logfile-Analyse – Bezeichnet die gezielte Analyse der Logfiles, die ein Internetserver schreibt. Zweck der Analyse ist zumeist die Gewinnung von Erkenntnissen für das Marketing bzw. die Identifikation von allgemeinem Verbesserungspotenzial bezogen auf die analysierte Webseite.

Magento – Magento ist eine Open-Source-E-Commerce-Plattform, welche seit 2008 für Furore im E-Commerce-Markt sorgt. Ihr Funktionsumfang ist ausgesprochen groß und stellt bisher dagewesene Open-Source-Systeme in den Schatten.

Merchant – Anbieter eines Affiliate-Programms, auch Publisher genannt.

Microsite – Wie Nanosite, jedoch öffnet sich die Microsite in einem eigenen Browserfenster und hat häufig mehrere Seiten.

Mouse-over-Banner – Diese Bannerform gibt es in verschiedenen Nuancen, die unter blumigen Namen wie Confetti-Banner, Explosion-Banner, Blend-Banner oder Expanding-Banner firmieren. Das Prinzip ist immer identisch. Gelangt man mit der Maus zufällig oder beabsichtigt über das Banner, so verändert es seine Form. Ziel ist eine erhöhte Aufmerksamkeit.

Multipart (MIME) – Bezeichnet eine technische Form einer E-Mail, bei der im Grunde zwei E-Mails in einer versendet werden: eine reine Text-E-Mail und eine HTML-Mail.

Nanosite – Nanosites bzw. Nanosite-Banner sind Werbeflächen, die sich durch einen hohen Grad der Interaktivität auszeichnen. Sie präsentieren beispielsweise Ergebnisse in Abhängigkeit einer vorherigen Eingabe und bieten hierzu jeweils unterschiedliche Links an.

Newsletter-Management – Bezeichnet die inhaltlichen und organisatorischen Festlegungen bezogen auf die Redaktion eines Newsletters.

Newsletter-Sponsorship – Werbeform, bei der ein Werbetreibender gegen Entgelt Werbeflächen in einem etablierten Newsletter erhält.

Offsite-Optimierung – Als Offsite-Optimierung werden Maßnahmen zur Suchmaschinenoptimierung bezeichnet, die auf fremden Websites durchgeführt oder initiiert werden.

Online-Dienst – Als Online-Dienst oder Online-Service bezeichnet man einen kommerziellen oder gemeinnützigen Anbieter, der seinen Kunden die Einwahl in ein (eigenes oder offenes) Computernetz und eigene Inhalte in diesem Netz anbietet. Beispiele waren Compuserver oder BTX.

Online-Marketing – Oberbegriff für Maßnahmen oder Maßnahmenbündel, die darauf abzielen, Besucher auf die eigene oder eine ganz bestimmte Internetpräsenz zu lenken, von wo aus dann direkt Geschäft gemacht oder angebahnt werden kann.

Online-PR (Online-Public-Relations) – Bezeichnet eine Form der Öffentlichkeitsarbeit, bei der das Publikum nicht über Rundfunk- und Printmedien erreicht wird, sondern über das Internet.

Online-Werbung – Werbung durch die Schaltung verschiedenster Werbemittel auf dritten Websites. Werbemittel können verschiedene Bannerformate sein, aber auch Textnachrichten, Pop-ups u. v. m.

Onsite-Optimierung – Als Onsite-Optimierung werden alle Maßnahmen der Suchmaschinenoptimierung bezeichnet, die auf der zu optimierenden Website selbst durchgeführt werden. Dies ist in der Regel eine Optimierung des Textes, der Struktur und des Programmiercodes der Website. Im Gegensatz hierzu steht die Offsite-Optimierung.

Open Source – Bezeichnet Software, deren Quelltext offenliegt und frei zugänglich ist. Zumeist wird diese Software unter der GNU (General Public Licence der Free Software Foundation) oder der LGPL (Lesser General Public Licence) herausgegeben.

Page-Rank – Der Page-Rank geht zurück auf Larry Page, einen Mitbegründer von Google.com. Der Page-Rank bezeichnet einen Algorithmus, mit dem eine große Menge verlinkter Webdokumente bzw. Webseiten anhand ihrer Struktur bewertet bzw. gewichtet werden kann.

Performance-Marketing – Bezeichnet Marketing-Formen, bei denen die Vergütung für die Schaltung in unmittelbarer Abhängigkeit zum Ergebnis der Werbebemühung steht. Nur messbare Reaktionen bzw. Transaktionen werden vergütet.

Permission-Marketing – Der Begriff stammt aus dem E-Mail-Marketing und bezeichnet die erlaubnisbasierte Versendung von Werbebotschaften per E-Mail.

Pop-up/Pop-under – Banner, welches beim Aufruf einer Website in einem separaten Browser geöffnet wird. Das Pop-under ist eine modifizierte Form, welche sich beim Aufruf hinter den aktuellen Browser legt und erst sichtbar wird, wenn dieser geschlossen wird.

Proprietäre Software – Software, an der ein Individuum oder eine Firma die exklusiven Rechte hält und die anderen den Zugang zum Quelltext verbietet sowie das Recht, die Software zu kopieren, zu verändern oder zu studieren. Es wird in der Regel lediglich das Nutzungsrecht der Software veräußert.

Rechtsvorschriften (UWG, MDStV, TDG, TDDSG, BGB, EU-DSGVO) – Rechtsvorschriften, die eine Relevanz für E-Mail-Marketing haben. Dazu gehören das Gesetz gegen den unlauteren Wettbewerb (UWG), der Mediendienste-Staatsvertrag (MDStV), das Teledienstegesetz (TDG), das Teledienstedatenschutzgesetz (TDDSG), das Bürgerliche Gesetzbuch (BGB) und die im Mai 2018 in Kraft getretene Datenschutz-Grundverordnung (EU-DSGVO).

Rich Media – Bezeichnet Werbemittel wie Banner, die Video-, Audio- oder andere Animationssequenzen enthalten oder aber zur Datenerfassung dienen bzw. anders geartete interaktive Merkmale haben.

Robots.txt – Nach der Übereinkunft des „Robots Exclusion Standard"-Protokolls liest ein Webcrawler bzw. eine Suchmaschine (Robot) beim Auffinden einer Webseite zuerst die Datei robots.txt im Stammverzeichnis (Root) einer Domain. In dieser Datei kann festgelegt werden, ob – und wenn ja wie – die Webseite von einem Robot durchsucht und indiziert werden darf.

ROI (Return on Investment) – In der Marketing-Praxis und ganz besonders in der US-amerikanischen Literatur wird der ROI auch häufig „Return on Marketing Invest" (ROMI) oder „Return on Advertising Spendings" (ROAS) genannt.

SEA (Search-Engine-Advertising) – Bezeichnet das entgeltliche Schalten von Werbung bei Suchmaschinen, beispielsweise Google Ads.

SEO (Search-Engine-Optimization, deutsch: Suchmaschinenoptimierung) – Bezeichnet Maßnahmen, um Webseiten im Suchmaschinenranking auf besseren Plätzen erscheinen zu lassen. Suchmaschinenoptimierung ist ein Teilgebiet des Suchmaschinenmarketings.

SERP (Search-Engine-Result-Page) – Das Suchmaschinenranking bezeichnet die Reihenfolge, in der die bei der Benutzung der Suchmaschine ermittelten Ergebnisse aufgeführt werden. Diese Rangordnung wird durch den Suchmaschinenbetreiber festgelegt und hat das Ziel, dem Suchenden Seiten mit größtmöglicher Relevanz zu präsentieren. Die Seiten, auf denen die Suchergebnisse dargestellt werden, werden auch Search-Engine-Result-Pages (kurz SERPs) genannt.

Site-in-Site – Eine Technologie, die eine Webseite oder bestimmte Inhalte einer Webseite auf einer dritten Webseite einblendet oder installiert. Sie wurde Anfang 2000 von der Firma Sevanval AG entwickelt und patentiert, hat sich jedoch nie durchgesetzt.

Smart Content – Bezeichnet einen „intelligenten" Werbemittel-Typus, der dynamisch ist und sich selbst aktualisiert.

Social-Media-Marketing (SMM) – Beschreibt die Nutzung sozialer Netzwerke für Marketing-Zwecke. Fallweise wird die Interaktion bekannter Marken mit ihren Fans und Kritikern auch als Netzwerk- oder Mitmach-Marketing bezeichnet.

Social Network/Soziales Netzwerk – Soziale Netzwerke im Internet sind Netzgemeinschaften bzw. Webanwendungen, die Netzgemeinschaften beherbergen. Handelt es sich um Netzwerke, bei denen die Benutzer gemeinsam eigene Inhalte erstellen (User-Generated Content), bezeichnet man diese auch als soziale Medien. Facebook oder StudiVZ sind typische Vertreter.

Spam – Bezeichnet beim E-Mail-Marketing unverlangte Massen-E-Mails. Im Kontext der Suchmaschinen wird der Ausdruck „Spam" häufig für Index- oder Suchmaschinenspamming genutzt.

Sticky-Ad – Bezeichnet eine Anzeige, die sich beim Scrollen nicht aus dem Sichtbereich bewegt, sondern stets an derselben Stelle im Browserfenster bleibt. Sie „schwebt" quasi über dem im Browserfenster angezeigten Inhalt.

Suchmaschinenmarketing/Search Engine Marketing (SEM) – Bezeichnet ein Teilgebiet des Online-Marketings und umfasst alle Maßnahmen zur Gewinnung von Besuchern für eine Webpräsenz über Websuchmaschinen. Suchmaschinenmarketing gliedert sich in die Teildisziplinen Suchmaschinenoptimierung (Search-Engine-Optimization, SEO) und Keyword-Advertising (Search-Engine-Advertising, SEA), oft auch Sponsorenlink (Paid Listing) genannt.

Template – Schablone, in die Inhalte eingefügt werden können. Zumeist arbeiten Content-Management-Systeme (CMS) auf Basis von Templates. Der Redakteur trägt seine Inhalte in ein Formular ein, ohne sich Gedanken über das Aussehen machen zu müssen. Das Aussehen der Seite wird vom Template bestimmt und automatisch generiert.

TKP (Tausender-Kontakt-Preis) – Bezeichnet den Preis für 1.000 Sichtkontakte eines Werbemittels.

Tracking-Verfahren/Tracking-Werkzeuge – Tracking bezeichnet zumeist eine Methode zur Nachverfolgung des Userverhaltens auf einer Webseite. Es gibt eine Reihe technischer Verfahren, um ein Tracking zu realisieren.

Transactive-Banner – Dieser Bannertypus erlaubt Transaktionen auf dem Banner selbst, also auf der eigentlichen Werbefläche.

Transmission Control Protocol/Internet Protocol (TCP/IP) – Bezeichnet eine Familie von Netzwerkprotokollen und wird wegen ihrer großen Bedeutung für das Internet auch als Internetprotokollfamilie bezeichnet.

TYPO3 – TYPO3 ist ein freies Content-Management-Framework für Websites, das ursprünglich von Kasper Skårhøj entwickelt wurde. TYPO3 basiert auf der Skriptsprache PHP.

Universal Search – Die Universal Search von Google steht für die immer weiter steigende Detailausgabe von Suchergebnissen in Suchmaschinen. Inhalte aus ehemals separaten Diensten werden auf der Suchergebnisseite von Google eingeblendet.

Usenet – Unix-User-Network ist ein weltweites elektronisches Netzwerk, welches aus Newsgroups besteht.

Vergütungsmodelle – Entlohnungssysteme im Rahmen von Affiliate-Marketing regeln, welche Transaktion vom Merchant vergütet wird.

> **Pay per Sale** – Der Affiliate erhält eine Beteiligung am Umsatz, der durch seine Werbeaktivitäten erzielt worden ist. Vergütet wird die Transaktion „Umsatz".
>
> **Pay per Lead** – Der Affiliate erhält pro vermitteltem Lead eine fixe Vergütung. Vergütet wird die Transaktion „Vermittlung einer Kontakt- bzw. E-Mail-Adresse".
>
> **Pay per Click** – Der Affiliate erhält eine fixe Vergütung je Klick, der durch seine Aktivitäten auf die Webseite des Merchants führt. Vergütet wird die Transaktion „Klick".
>
> **Pay per E-Mail** – Unterform von „Pay per Lead". Vergütet wird die Vermittlung einer E-Mail-Adresse.

Video-Banner – Das Video-Banner versucht, die Aufmerksamkeit des Betrachters durch bewegte Bilder und Ton zu erlangen. Es ist im Grunde keine eigene Bannerform, sondern vielmehr der Versuch, eine beliebige Bannerform mittels Videosequenz noch attraktiver zu gestalten.

Videoportal – Ein Videoportal ist eine Website, die Videos zur Ansicht im Internet via Streaming und/oder zum Herunterladen bereitstellt. Man spricht bei dieser Methode auch von Video-on-Demand, da die Inhalte jederzeit individuell abrufbar („bottom-up") sind und nicht zu einem festen Zeitpunkt gesendet werden („top-down").

W3C – World-Wide-Web-Consortium ist ein Gremium zur Standardisierung der im WWW verwandten Techniken.

Web-Crawler – Auch Spider, Robot oder Bot genannt, sind Computerprogramme, die automatisch das Internet durchsuchen. Sie werden hauptsächlich von Suchmaschinen verwendet, um deren Verzeichnisse aufzubauen bzw. zu aktualisieren.

Werbemittel – Oberbegriff für verschiedene Formen der in der Online-Werbung eingesetzten Medien.

Wiki – Ein Wiki ist ein Hypertext-System für Webseiten, deren Inhalte von den Benutzern nicht nur gelesen, sondern auch online direkt im Browser geändert werden können. Diese Eigenschaft wird durch ein vereinfachtes Content-Management-System, die sogenannte Wiki-Software oder Wiki-Engine, ermöglicht.

Web 2.0 – Web 2.0 ist ein Schlagwort, das für eine Reihe interaktiver und kollaborativer Elemente des Internets, speziell des World Wide Webs, verwendet wird. Es umfasst einerseits Techniken, andererseits aber auch eine Mitmachbewegung. Inhalte werden von Benutzern (Usern) generiert. Durch die technische Vernetzung können solche Inhalte eine enorme Reichweite erreichen.

WWW (World Wide Web) – ist ein weltweites Hypertext-System bzw. Netzwerk. Im allgemeinen Sprachgebrauch wird das WWW oft fälschlicherweise dem Internet gleichgesetzt. Tatsächlich verfügt das Internet aber über viele Dienste, die älter sind als das WWW, z. B. E-Mail oder FTP.

Abbildungsverzeichnis

Abbildung 1.1	Der Stammbaum des interaktiven Marketings lt. HighText Verlag	33
Abbildung 1.2	Online-Marketing im Gesamt-Marketing-Mix	40
Abbildung 1.3	Online-Marketing-Disziplinen	41
Abbildung 1.4	Jahresumsatz Affiliate-Marketing in Deutschland bis 2013	49
Abbildung 1.5	Entwicklung der Klickrate laut Inxmail ab 2013 bis 2017	53
Abbildung 1.6	Googles weltweiter Jahresumsatz	55
Abbildung 1.7	Jahresumsatz der klassischen Online-Werbung in Deutschland	56
Abbildung 1.8	Umsatz und Umsatzprognose für Videowerbung in Deutschland laut Statista	58
Abbildung 2.1	Cookie-Verwaltung im Firefox 62.0	66
Abbildung 2.2	Häufig über das Internet gekaufte Güter 1	69
Abbildung 2.3	Häufig über das Internet gekaufte Güter 2	70
Abbildung 2.4	Beispiel Affiliate-Marketing mit redirect über Netzwerk-Tracking-Link	72
Abbildung 2.5	Beispiel Affiliate-Marketing ohne Netzwerk als Vermittler	72
Abbildung 2.6	Suchformular als Werbemittel	80
Abbildung 3.1	Beispiel für den klassischen Aufbau eines E-Mailings	98
Abbildung 3.2	Beispiel für den Aufbau eines E-Mailings mit großflächigem Bild	99
Abbildung 3.3	Beispiel für den Aufbau eines E-Mailings mit großflächigem Bild und Gutscheincode	99
Abbildung 3.4	Massen-E-Mailing in der Anmutung einer „normalen" E-Mail	100
Abbildung 3.5	Darstellungstest in rapidmail	111
Abbildung 3.6	Bericht zur Klickreaktion eines Newsletters in rapidmail	114
Abbildung 3.7	Darstellung zweier Grundschemata für den Newsletter-Aufbau	122
Abbildung 3.8	Beispiel eines Newsletters mit Bildern der Marit AG	123
Abbildung 3.9	Schematische Darstellung der Response-Rate in Abhängigkeit von Versandfrequenz und Inhaltsqualität	132
Abbildung 3.10	Newsletter mit automatisch integrierten Produkten	134

Abbildung 3.11	Regelbasierter Auswahlfilter in StoreMail	135
Abbildung 4.1	Influencer-Marketing im Vergleich zu anderen Online-Marketing-Disziplinen	142
Abbildung 4.2	Firma Oliver nutzte Henry Ford im Jahr 1918 als Testimonial	144
Abbildung 4.3	Typisierung von Influencern nach Deges (2018)	151
Abbildung 4.4	Ad-Blocker in Deutschland	152
Abbildung 4.5	Mobile Ad-Blocker auf dem Vormarsch	153
Abbildung 4.6	Vertrauen der Deutschen in verschiedene Werbeformen	154
Abbildung 4.7	Influencer-Marketing im Kaufentscheidungsprozess	156
Abbildung 4.8	Beeinflussung durch Influencer bei der Produktsuche	157
Abbildung 4.9	Milka macht mobil mit Influencer-Kampagne	163
Abbildung 5.1	Wechselwirkung bei Kaufentscheidung durch das Internet	176
Abbildung 5.2	SERP mit unterschiedlichen Informationsquellen	178
Abbildung 6.1	Keyword-Advertising bei Google.de	184
Abbildung 6.2	Googles Suchergebnisse in Web.de	187
Abbildung 6.3	Integration von Google-Anzeigen auf der Seite eines deutschlandweit arbeitenden virtuellen Schreib- und Übersetzungsbüros	189
Abbildung 6.4	Variable Reichweitengestaltung bei Google.de	190
Abbildung 6.5	Googles Keyword-Plan	197
Abbildung 6.6	Keyword-Anzeigen mit deutlich unterschiedlichem Erfolg in Bezug auf die Klickrate von www.lanzarote-individual.de	198
Abbildung 6.7	Keyword-Anzeigen mit deutlich unterschiedlichem Erfolg in Bezug auf die Klickrate von www.schreibbuero-24.com	198
Abbildung 6.8	Welche Keywords bringen Umsatz?	200
Abbildung 7.1	SERP aus verschiedenen Quellen beim Suchwort „Lammenett"	218
Abbildung 7.2	Golden Triangle — Eye-Tracking-Studie von 2005	219
Abbildung 7.3	Goodbye Golden Triangle — Eye-Tracking-Studie von 2009	220
Abbildung 7.4	Entwicklung Sichtbarkeitsindex der Domain sushilinks.com in Google für die USA	230
Abbildung 7.5	Übersicht weiterer SEO-Tools	239
Abbildung 7.6	Link-Struktur einer Website	247

Abbildung 7.7	Title-Tag und Meta-Description als Gestaltungselement auf der SERP	250
Abbildung 7.8	Verwendung von Sonderzeichen und Handlungsaufforderung in Title-Tag und Meta-Description am Beispiel von timezone-shop.de	250
Abbildung 7.9	Kennzeichnung der Mobilfähigkeit einer Website auf Smartphones durch Google im Jahr 2015	254
Abbildung 7.10	Beispiel für ein natürlich gewachsenes Linkprofil	259
Abbildung 7.11	Anlage einer Disavow-Analyse in XOVI	268
Abbildung 7.12	Anlage einer Disavow-Analyse in XOVI – Regeln	269
Abbildung 7.13	Ergebnis einer Disavow-Analyse in XOVI	270
Abbildung 7.14	Analyse der Umsatzstärke einzelner Keywords aus SEO-Arbeit	272
Abbildung 7.15	Klickverteilung — Sistrix-Studie aus 2015	273
Abbildung 8.1	Pressetext als News-Einblendung auf der SERP	279
Abbildung 8.2	Einblendung von Videos auf der SERP beim Suchwort „ecommerce berater" auf einem iPad	281
Abbildung 8.3	Einblendung aus dem Google Merchant Center auf der SERP vor Juli 2012	285
Abbildung 8.4	Googles Zwischenseite, ähnlich einem Preisvergleichsportal aus der Zeit um 2012	286
Abbildung 8.5	Reichweite von Shopping-Vergleichsportalen in den USA in 2017	287
Abbildung 8.6	Aussehen von Google-Shopping-Anzeigen im November 2018	288
Abbildung 8.7	Aussehen der eigentlichen Vergleichsseite im November 2018	289
Abbildung 8.8	Google-Maps-Einblendungen auf der SERP	290
Abbildung 8.9	Einblendung auf SERP ohne Städtenamen im Suchbegriff	291
Abbildung 9.1	Amazons Marktanteile in Deutschland in ausgewählten Branchen	297
Abbildung 9.2	Amazon Buy-Box (mit drei Pfeilen gekennzeichnet)	302
Abbildung 9.3	Grobe Skizze der Amazon-Quellen aus Programmsicht	303
Abbildung 11.1	Content-Marketing in Google Trends im November 2018	319
Abbildung 11.2	Keyword- und Themenrecherche in Contentbird	326
Abbildung 11.3	Erstellung von Content in Contentbird	326

Abbildung 11.4	Das Analysemodul in Contentbird	327
Abbildung 12.1	Google-Tool zur Erstellung von Display-Anzeigen	341
Abbildung 12.2	Google-Tool zur Erstellung von Display-Anzeigen bei Auswahl einer Grundoption	342
Abbildung 12.3	Illustration der Größenverhältnisse einiger Standard-Werbeformate	349
Abbildung 12.4	Beispiel eines Berechnungsmodells für den maximalen Einkaufspreis von Online-Werbung	355
Abbildung 12.5	Beispiel eines Berichtes „Umsatz nach Quelle" in Google Analytics	356
Abbildung 13.1	Werbeumsätze von Facebook in der Entwicklung	364
Abbildung 13.2	Werbeanzeigenmanager in Facebook, Aug. 2016	368
Abbildung 13.3	Werbeanzeigenmanager in Facebook, November 2018	369
Abbildung 13.4	Zielgruppendefinition für Werbekampagnen bei Facebook	371
Abbildung 13.5	So sah das Interface des Atlas Servers im September 2016 aus	379
Abbildung 14.1	Internet-Video-Marketing im Kontext anderer Online-Marketing-Disziplinen	385
Abbildung 14.2	Wöchentliche Nutzung von Online-Videos in Deutschland 2018	386
Abbildung 14.3	Entwicklung der Video-Uploads auf YouTube bis 2014	388
Abbildung 14.4	Textwerbung im Video selbst oder im Umfeld eines Videos bei YouTube. Der Text oben ist ein sogenanntes Call-to-Action-Overlay.	392
Abbildung 14.5	Overlay- und Display-Anzeigen auf YouTube	393
Abbildung 14.6	Neuer Call-to-Action-Button im Video bei YouTube	396
Abbildung 14.7	Aussteuerung auf Basis von Lebensereignissen	397
Abbildung 14.8	Videowerbung ausgesteuert auf Basis des Verbraucherverhaltens	398
Abbildung 14.9	Aussteuerung von Videoanzeigen auf Basis von Suchanfragen in der Google-Suche	399
Abbildung 14.10	Traditioneller Handlungsbogen versus moderner Online-Handlungsbogen	401
Abbildung 14.11	Video mit dem Wort „Video" in der Betreffzeile und einem Call-to-Action-Button	406

Abbildung 16.1	Werkzeuge und taktische Aspekte sind nur die Spitze des SMM-Eisbergs	430
Abbildung 16.2	Mögliche Ziele für Social-Media-Marketing	431
Abbildung 16.3	Entwicklung des Marktanteils verschiedener sozialer Netzwerke	447
Abbildung 16.4	Beiträge auf meiner Fanpage	451
Abbildung 16.5	Wird Google+ langfristig Facebook überholen?	454
Abbildung 17.1	Siegeszug des Smartphones setzt sich auch in Deutschland fort	461
Abbildung 17.2	Online-Umsatz nach Endgeräten	462
Abbildung 17.3	Die Opfer des Smartphone-Booms	467
Abbildung 17.4	Android-Geräte und ihre Auflösungen	468
Abbildung 18.1	Beziehungsgeflecht einiger Online-Marketing-Disziplinen	476
Abbildung 18.2	Newsletter-Banner von Hammer Gel	480
Abbildung 18.3	Keyword-Anzeigen auf Google bei der Suchwortkombination „abtippen Doktorarbeit" im Juli 2015	486
Abbildung 18.4	Beispiel eines Zielgebäudes für einen Versicherungsmakler in Deutschland	488
Abbildung 18.5	Online-Marketing-Mix von Hammer Gel	490
Abbildung 18.6	Online-Marketing-Mix Schreibbuero-24.com	491
Abbildung 18.7	Top-Keywords bei Google.de im ersten Quartal 2011	491

Tabellenverzeichnis

Tabelle 1.1	Umsatz durch Affiliate-Marketing im deutschen Online-Handel	50
Tabelle 1.2	Umsatz durch Affiliate-Marketing auf Basis mobiler Transaktionen im deutschen Online-Handel	50
Tabelle 2.1	Die wesentlichen Unterschiede der beiden Formen des Affiliate-Marketings	71
Tabelle 2.2	Affiliate-Netzwerke Top-8-Ranking, Oktober 2018	81
Tabelle 3.1	Beispiel Stand-Alone-Kampagne	101
Tabelle 4.1	Klassifizierung von Influencern	150
Tabelle 6.1	Keyword-Advertising: Auswertung verschiedener Kampagnen über sechs Monate	185
Tabelle 6.2	Keyword-Advertising-Anbieter und ihre Partner (Stand November 2018)	188
Tabelle 7.1	Organic Ranking Visibility (shown in a percentage of participants looking at a listing in this location)	220
Tabelle 8.1	Online-Presseportale	278
Tabelle 8.2	Analyse Google Pictures	283
Tabelle 9.1	Programme bei Amazon und grobes Businessmodell dahinter	301
Tabelle 11.1	Inbound-Marketing versus Outbound-Marketing	317
Tabelle 12.1	Online-Vermarkter	337
Tabelle 14.1	Mittel der Marketingkommunikation und ihre Eignung für das Viral-Marketing	403
Tabelle 15.1	Kostenpflichtige Presseportale	422
Tabelle 15.2	Kostenfreie Presseportale	423
Tabelle 18.1	Kennzahlen und ihre Erläuterung	494
Tabelle 19.1	Kostenstruktur Affiliate-Marketing	515
Tabelle 19.2	Kostenstruktur E-Mail-Marketing	516
Tabelle 19.3	Kostenstruktur Keyword-Advertising	517
Tabelle 19.4	Kostenstruktur Online-Werbung	517
Tabelle 19.5	Kostenstruktur Suchmaschinenoptimierung	517
Tabelle 19.6	Übergeordnete Kosten	518

© Springer Fachmedien Wiesbaden GmbH, ein Teil von Springer Nature 2019
E. Lammenett, *Praxiswissen Online-Marketing*,
https://doi.org/10.1007/978-3-658-25135-2

Literaturverzeichnis

Wichtige Anmerkung: Alle Online-Literaturquellen waren zum Zeitpunkt der Erstellung dieses Buches erreichbar. Theoretisch besteht die Möglichkeit, dass diese Quellen von den jeweiligen Anbietern aus dem Netz genommen werden oder sich der Link ändert. Fragen Sie bitte in solchen Fällen beim Anbieter direkt nach.

[1] AGOF – Arbeitsgemeinschaft Online Forschung e.V.: Studie Internet Facts 2013. Frankfurt. Zugriff unter: http://www.agof.de/studien.566.de.html

[2] Bager, J. (2004): Gerangel an der Bande – Google AdWords Werbung mit Risiken. Hannover. c't 13/2004.

[3] Becker, J. (2009): Marketing-Konzeption (6. Auflage). München: Vahlen.

[4] Biermann, R. (2004): Direktmarketing in Echtzeit: Richtig werben in Google mit Google Adwords. (1. Auflage). Göttingen: BusinessVillage.

[5] Bischoff, D. (2007): Marken müssen Kontrolle abgeben. Acquisa. Das Magazin für Marketing und Vertrieb. Ausgabe 09/2007, S. 68 ff.

[6] Breyer-Mayländer, T. (2004): Online-Marketing für Buchprofis: E-Commerce, Internet. Frankfurt: Bramann.

[7] Bundesverband Digitale Wirtschaft (BVDW) e.V. (2004): Kommerzielle deutsche Webseiten 2004. Eine Untersuchung des BVDW im Auftrag des EU-Projektes European Multimedia Accelerator (EMMA). Düsseldorf.
Zugriff unter http://www.bvdw.org/de/data/pdf/studie_06.pdf

[8] Bundesverband Digitale Wirtschaft (BVDW) e.V. (2013): OVK Online-Report 2013: Zahlen und Trends im Überblick. Düsseldorf.
Zugriff unter http://www.bvdw.org/medien/ovk-online-report-2013-01---kostenfreier-download?media=4611

[9] Bundesverband Digitale Wirtschaft (BVDW) e.V. (2013): Handlungsempfehlung für rechtssicheres E-Mail-Marketing und Newsletter-Versand. Düsseldorf.
Zugriff unter http://www.bvdw.org/medien/bvdw-veroeffentlicht-kostenloses-whitepaper-fuer-rechtssicheres-e-mail-marketing-und-newsletter-versand

[10] Deges, F. (2018): Quick Guide Influencer Marketing (1. Auflage). Wiesbaden: Springer Gabler

[11] Düweke, E./Rabsch S. (2012): Erfolgreiche Websites: SEO, SEM, Online-Marketing, Usability (2. Auflage). Bonn: Galileo Computing

[12] Eisinger, T./Rabe, L./Thomas, W. (2005): Performance Marketing: Online-Werbung – messbar, transparent, erfolgsorientiert. Göttingen: BusinessVillage.

[13] Ernst, S. (2004): Suchmaschinenmarketing im Wettbewerbs- und Markenrecht. WRP – Wettbewerb in Recht und Praxis. Ausgabe 3/2004, Seite 278.

[14] Falkenberg, V. (2014): Pressemitteilungen schreiben: In 10 Schritten zum professionellen Pressetext. Frankfurt: Frankfurter Allgemeine Buch.

[15] Fischl, B. (2005): E-Sportbusiness: Online-Marketing und -Management für Sportvereine. Heidelberg: Fischl.

[16] Fleischmann-Hillard Germany GmbH (2012): Digital Influence Index 2012: Nach Freunden und Familie ist das Internet wichtigste Entscheidungshilfe der Deutschen.

© Springer Fachmedien Wiesbaden GmbH, ein Teil von Springer Nature 2019
E. Lammenett, *Praxiswissen Online-Marketing*,
https://doi.org/10.1007/978-3-658-25135-2

Zugriff unter http://fleishman.de/2012/03/digital-influence-index-2012-nach-freunden-und-familie-ist-das-internet-wichtigste-entscheidungshilfe-der-deutschen

[17] Fritz, W. (2000): Internet-Marketing und Electronic Commerce. Wiesbaden: Gabler.

[18] Gesellensetter, C. (2007): Unternehmer setzen auf Weblogs. Handelsblatt 2007, Ausgabe Mittwoch, 7. Februar 2007.

[19] Gottschling, S. (2008): Stark texten, mehr verkaufen. Wiesbaden: Gabler.

[20] Grant, C. (2005): Young Peoples' Relationships with Online-Marketing Practices: An Introduction Too Far? Journal of Marketing Management. 21/2005. Page 607-623.

[21] Hedemann, F. (2009): Personalisierte Suche: Googles radikaler Schritt, den kaum jemand beachtet hat. Hannover. T3-Magazin. Zugriff unter: http://t3n.de/news/personalisierte-suche-googles-radikaler-schritt-kaum-262672

[22] Jansen, E./Resnick, M. (2006): An Examination of Searchers's Perceptions of Non-sponsored and Sponsored Links During Ecommerce Web Searching. Journal of the American Society for Information and Technology, 57(14), 1949–1961.

[23] Kahan, S. (2004): Marketing your Practice Online. Special Report – Guide to Marketing. May 2004.

[24] Kaiser, T. (2004): Effizientes Suchmaschinen-Marketing: Erfolgreiches Direktmarketing mit Suchmaschinen und Paid Placements (1. Auflage). Göttingen: Business Village.

[25] Karzauninkat, S. (2007): Google geht gegen Linkhandel vor. heise online. Zugriff am 26.10.2007 unter http://www.heise.de/newsticker/meldung/print/98042

[26] Kollbrück, O. (2013): Erfolgsfaktor Online-Marketing: So werben Sie erfolgreich in Netz – E-Mail, Socia Media, Mobile und Co. richtig nutzen (1. Auflage). Frankfurt: Deutscher Fachverlag.

[27] Kotler, P./Bliemel, F. (2001): Marketing-Management (10. Auflage). Stuttgart: Schäffer-Poeschel.

[28] Koschorreck, K. (2010): Vorsicht bei Verwendung fremder Marken. Köln: PSI-Journal 7-8/2010

[29] Kreutzer, R. T. (2014): Praxisorientiertes Online-Marketing: Konzepte – Instrumente – Checklisten (1. Auflage). Wiesbaden: Gabler Verlag / Springer Fachmedien

[30] Lammenett, E. (2008): Online den Verkauf forcieren, Einsatz und Kosten. Serie: Online-Marketing. salesBUSINESS, Ausgabe Dezember 2007.

[31] Lammenett, E. (2008): Instrumente, Einsatz und Kosten. Serie: Online-Marketing. salesBUSINESS, Ausgabe Januar/Februar 2008.

[32] Lammenett, E. (2008): Die Mischung macht's. Serie: Online-Marketing. salesBUSINESS, Ausgabe März 2008.

[33] Lammenett, E. (2011): Online-Marketing Quick-Wins (2. Auflage). Aachen: Mainz.

[34] Lammenett, E. (2011): Online-Marketing Essentials für Online-Shop Betreiber (1. Auflage). Aachen: Mainz.

[35] Lammenett, E. (2018): Online-Marketing-Konzeption – 2018. O.O.: CreateSpace Independent Publishing Platforms.

[36] Langner, S. (2009): Viral Marketing. Wiesbaden: Gabler.

[37] Maas, M. (2005): Web Companies Offer Primer on Marketing. Publishers Weekly. 31.01.2005.

[38] One to One Book (2008) Ausgabe 7. J&S Dialog-Medien Verlag.

[39] OVK (Online-Vermarkterkreis im BVDW) (2011): OVK Online-Report 2011/02. Zugriff unter http://www.bvdw.org/fileadmin/bvdw-shop/ovk-report-2011-2.pdf
[40] Puttenat, D. (2012): Praxishandbuch Presse- und Öffentlichkeitsarbeit (2. Auflage): Eine Einführung in professionelle PR und Unternehmenskommunikation. Wiesbaden: Gabler.
[41] Puttenat, D. (2012): Praxishandbuch Presse- und Öffentlichkeitsarbeit: Der kleine PR-Coach. Wiesbaden: Springer Gabler.
[42] Reese, F. (2009): Web Analytics – Damit aus Traffic Umsatz wird (2. Auflage). Göttingen: BusinessVillage.
[43] Roddewig, S. (2003): Website Marketing. So planen, finanzieren und realisieren Sie den Marketing-Erfolg Ihres Online-Auftritts (1. Auflage). Wiesbaden: Vieweg.
[44] Schmengler, K. (2003): Online-Marketing bei klein- und mittelständischen Handelsunternehmen. Hamburg: Verlag Dr. Kovac.
[45] Schmidt, H. (2011): Facebook wird eine große Bedrohung, sobald die Werbemaschine richtig läuft. Frankfurt. FAZ.net Blog. Zugriff unter http://blogs.faz.net/netzwirtschaft-blog/2011/05/10/wenn-facebook-die-werbemaschine-erst-einmal-richtig-angeworfen-hat-2529
[46] Schulz-Bruhdoel/N. Fürstenau, K. (2013): Die PR- und Pressefibel: Zielgerichtete Medienarbeit (6. Auflage). Frankfurt: Frankfurter Allgemeine Buch.
[47] Schwarz, T. (2004): Leitfaden E-Mail Marketing und Newsletter Gestaltung, Waghäusel: Absolit, Dr. Schwarz Consulting.
[48] Schwippl, U. (2005): Top Ranking bei Google & Co. Mammendorf: pro literature.
[49] Searchmetrics GmbH: Studie Ranking Faktoren 2013 –SEO Ranking-Faktoren 2013 für Google Deutschland. Berlin
Zugriff: http://www.searchmetrics.com/de/services/ranking-faktoren-2013
[50] Seda, C. (2004): Search Engine Advertising: buying your way to the top (1. Auflage). Indianapolis: New Riders Publishing.
[51] Stolpmann, M. (2001): Online-Marketingmix (2. Auflage). Bonn: Galileo Press.
[52] Stuber, L. (2004): Suchmaschinen-Marketing (1. Auflage). Zürich: Orell Füssli.
[53] Tiedtke, D. (1998): Bedeutung des Online-Marketing für die Kommunikationspolitik, in: Link, J. (Hrsg.): Wettbewerbsvorteile durch Online-Marketing, Berlin/Heidelberg: Springer, S. 77ff.
[54] Ulamec, D. (2002): Online-Marketing: Kundenbindung im Internet. Telemarketing/Internet/Kundenbindung. Hamburg: Diplomica.
[55] Weinberg, T. (2011): Social Media Marketing (2. Auflage). Köln: O'Reilly.

Stichwortverzeichnis

.htaccess 537

A

A.T.-Kearney-Studie 161
A/B-Test 206
Ad Impressions 332, 537
Ad-Blocker 153
Adobe Marketing Cloud 503
Ads 177
AdSense 189, 230
Adserver 333, 334, 335, 359, 366, 376, 482, 489
Adserving-System 531
Advocacy-Marketing 145
Advocate 146
AdWords 178
Affiliate 37, 63, 64, 65, 67, 72, 73, 74, 75, 76, 77, 78, 79, 80, 83, 84, 86, 87, 88, 89, 90, 93, 227, 229, 230, 231, 262, 332, 415, 476, 478, 480, 481, 489, 498, 509, 510, 512, 513, 515, 516, 537, 542, 546
Affiliate-Marketing 37, 48, 73, 84, 477
Affiliate-Netzwerk 48, 537
Affiliate-Programm 64, 89, 262, 476, 510, 537
Algorithmus 161
Algorithmus von Amazon 305
Amazon 179, 295, 296, 302, 305, 307
Amazon als Suchmaschine 295
Amazon Marktplatz 303
Amazon Prime 299
Amazon Vendor Central 301
Amazon-Programm 299
Android 464, 466, 468
Android-Store 466
Anreize 93, 118, 126
App 465, 466, 470
App-Store-Optimierung 470
Arten von Influencern 148
ASP 500, 501
Atlas AdServer 365

B

B2B 132
Backlink 178, 216, 229, 258, 261, 265, 266, 320, 419, 476, 479, 481, 537
Backlink Spider 236
Backlinkprofil 266
Banner und Buttons 78
Bannerformate 37, 349
Barrierefreies Web-Design 248
Basissetup 485
Behavioural Targeting 211
Bekanntheit 149, 168
Berufsinfluencer 161
Besucherqualität 270
BGB 114, 544
BGH 115
Big Data 357, 526
Blacklist 104
Blog 44, 434, 435
Boom der Internet-Videos 389
Bounces 112
Brand-Bidding 201
Branding 90, 107, 118, 193, 196, 201, 481, 509, 538
Breitbandanschluss 389
Breitband-Internetzugang 32
Briefing 169
Browser 65, 66, 68, 76, 248, 250, 252, 350, 498, 538, 541, 544
Budgetallokation 58, 358, 474
Bundesdatenschutzgesetz (BDSG) 51
Bundesverband Digitale
  Wirtschaft (BVDW) 336, 337
Business-Netzwerk 445
Buy-Box-Optimierung 304

C

Call-to-Action 169, 170, 406
Celebrity-Influencer 143, 149
Click Fraud 204

Click Spamming 204
Click-Through-Ratio (CTR) 494, 538
Clipfish 439
Co-location 36, 537
Commerce 36, 88, 118, 502, 537
Communication 36, 537
Community 36, 480, 537
Community-Software 444, 445
Content 36, 79, 118, 128, 129, 190, 196,
    246, 479, 489, 498, 502, 537, 538, 545
Content-Farm 261
Content-Marketing 178, 247, 317, 318,
    319, 320, 324, 384, 389, 404, 405, 407
Content-Marketing-Strategie 324
Content-Marketing-Ziele 320
Contracting 170
Controlling 137, 171, 183, 215, 234, 236,
    270, 271, 331, 332, 333, 335, 336, 347,
    353, 354, 357, 492, 493, 494, 496, 497,
    499, 500, 501, 502, 503, 511, 514, 518
Convenience 36, 537
Conversion 67, 190, 193, 196, 199, 203,
    205, 208, 209, 210, 228, 243, 334, 353,
    479, 494, 496, 538
Conversion-Tracking 209
Cookie 64, 65, 67, 76, 497, 498, 499, 538
Cookie-Dropping 357
Cookie-Tracking 64, 65, 67, 497
Corporate Design (CD) 474, 538
Corporate Identity (CI) 474, 538
Cost per Click (CPC) 186, 191, 201, 202,
    203, 493, 494, 538
Cost per Lead (CPL) 494, 538
Cost per Order (CPO) 203, 494, 539
Cost per Thousand Impressions
    (CPM) 539
Crawler 235, 547
Crossmedia 474, 475, 482, 539
Crossmedia-Marketing 474, 539
CSV-Datei 78
Customer Audience 370, 374
Customer Lifetime Value 271
Customer-Care-Potenzial 35, 539

Customer-Journey-Analyse 357, 378
Customer-Relationship-
    Management (CRM) 109, 128, 539

D

Datenbank-Tracking 64, 67
Direktmarketing 102
Disavow-Tool 266, 267
Display-Netzwerk 190, 339, 340, 343
Display-Werbung 34
DIV-Layer 241, 539
Doorway-Page 59, 246
Double Opt-in 51
DoubleClick 179, 377

E

eCommerce 35
Einordnung von Internet-Videos 384
E-Mail-Client 106, 107, 110, 111, 113,
    137, 540
E-Mail-Marketing 35, 37, 51, 52, 97,
    101, 102, 108, 109, 110, 114, 115, 117,
    118, 119, 120, 122, 124, 126, 127, 128,
    131, 132, 135, 136, 137, 332, 406,
    479, 540
E-Mail-Marketing-Software 134
E-Mail-Responder 102, 540
Emotional Storytelling 389, 390, 408
Empfehlungsmarketing 147
Enhanced Newsletter 101
Erfolgsdeterminanten .. 126, 215, 473, 540
Ermüdungseffekt 133
Eye-Tracking 219, 540

F

Facebook 146, 149, 162, 179, 345,
    363, 365, 371, 373, 375, 378, 403, 411,
    444, 446
Facebook-Commerce 448
Facebook-Fanpage 416, 449
Facebook-Gruppe 448, 449
Facebook-ID 378, 379

Facebook-Profilseite 449
Fake-Banner 351, 540
Fanbase 162
Fanpage 40, 146, 162, 448, 450
FBA-Produkte 306
Fernsehwerbung 143
Firewalls 102
Flickr 427
Flying-Banner 351, 540
Follower-Bots 161
Formulare 79, 125
Freelancer 271, 540
Franchise 64, 540
Frequenz 132, 133, 135, 137
Froggle 284
FTP 39, 540, 541, 547
Fulfilment by Amazon (FBA) 299, 306

G

Gekaufte Backlinks 263
Geo-Targeting 211, 333, 541
Geo-Targetingmöglichkeiten 32
Gesamt-Marketing-Strategie 160
Gestaltung 106, 118, 119, 120, 122, 123, 126, 198, 199, 247, 346, 353, 356
Glaubwürdigkeit 142
Globale soziale Netzwerke 445
Google Ads 205, 384, 392
Google Analytics 209, 391
Google Base 284
Google Business 292
Google Instant 223
Google Maps 290, 291
Google Merchant Center 284
Google News 217
Google Places 277
Google Products 284
Google Search Console 405
Google Shopping 284
Google Suggest 222
Google Universal Search 60
Google Video 280
Google Webmaster Tools 247

Google+ 222, 432, 452, 453
Google-Bildersuche 283
Google-Branchenbuch 290, 291
Google-Falle 207, 541
Google-Partnerseiten 339
Google-Sitemap 405
GPS-Fähigkeit 470

H

H1-Überschrift 251
Hardbounces 112
Hashtag 169, 171
Hashwerte 375
HTML-Code 64, 67, 107, 248, 498
HTML-Newsletter 51
HTTPS 255
HTTPS-Protokoll 256

I

Impressions ... 186, 192, 203, 333, 334, 481, 494, 495, 514, 517, 539
In-App-Advertising 32, 40, 460, 470
Inbound-Marketing 317, 404
Inbound-Marketing-Strategie 404
Index-Spamming 229, 541
Influencer-Arten 149
Influencer-Marketing-Software 169
Infobox 201
In-Game-Advertising 470
Instagram 143, 145, 149, 160, 165, 168
In-Stream-Video 394
Interaktion 107, 125, 352, 481
Internet Service Provider (ISP) ... 103, 542
Internet-Marketing 35, 36, 37, 39, 541
Internet-Ökonomie 36
Internet-Video-Marketing 383
iPad 464
iPhone 462, 464

J

Jeff Bezos 295
Juristische Aspekte 86, 193

K

Kampagnencontrolling 492
Kampagnengut 402
Kampagnen-Management-Funktion .. 530
Kanalübergreifende Strategie 40
Kennzahlen 183, 203, 487, 492, 493, 494, 496, 497, 498
Keyword Density 245
Keyword-Advertising 35, 36, 54, 63, 183, 185, 187, 192, 193, 196, 197, 199, 200, 201, 202, 203, 204, 205, 207, 210, 211, 212, 215, 227, 228, 242, 243, 273, 332, 479, 480, 481, 482, 488, 489, 490, 509, 510, 513, 514, 517
Keywords 80, 183, 186, 192, 193, 196, 197, 198, 199, 200, 203, 207, 208, 209, 211, 242, 250, 304, 479, 489, 490, 491, 492, 493, 510, 513, 514, 539, 541
Klassisches Marketing 542
KMUs 117, 135
Kosten/Nutzen 135, 136, 271, 507, 513, 514

L

Landing-Page 97, 102, 206, 280, 407, 481, 483, 542
Landing-Page-Gestaltung 206
Leads 67, 75, 199, 202, 203, 209, 243, 354, 356, 475, 494, 495
Leitfaden für Werbeanzeigen 373
Lifetime-Provision 65, 75, 76
Link Popularity Check 236
Link-Händler 263
Link-Popularität 236, 256, 259, 260, 261, 265
Local-Marketing 32
Location-based Marketing 470
Logfile-Analyse 235, 497, 499, 500, 503, 542
Lookalike Audience 370, 375, 376

M

Make or buy 135
Markenrecht 87
Marketing-Automation 499, 503, 524, 525, 527
Marketing-Automation-Cloud 529
Marketing-Automation-Tools 528
Marketing-Automatisierung 358, 526
Marketing-Cloud 524, 529
Marketing-Mix 35, 36, 37, 39, 359, 537, 541
Marketing-Suite 358, 473, 529, 530, 531
Marktentwicklung 63, 183, 194, 215, 227, 332
Marktplatz 170
Masterhead 393
Masterplan 207, 208
MDStV 544
Merchant 63, 64, 72, 73, 74, 75, 76, 77, 78, 79, 80, 84, 87, 537, 542, 546
Meta 249, 250, 541
Meta-Netzwerk 84
Meta-Publisher 85
Micro-Influencer 149
Microsite 542
Mid-Level- oder Power-Influencer 149
MIME-Multipart-Format 108, 113
Mitbewerber 166
Mobile first 365, 463
Mobile-Advertising 46, 470
Mobile-Commerce 459, 469
Mobile-first-Strategie 223
Mobile-Marketing 32, 40, 41, 46, 459, 460, 464, 469
Mobiles Internet 179, 462, 463, 466
Mobile-Werbung 357
Mobilstrategie 463
Monitoring 353, 495, 514
Mouse-over-Banner 351
Multiplikator 402
Mummy-Blogs 145
MySpace 44
MyVideo 403, 439

N

Nanosite Banner 350
Newsletter 37, 39, 67, 77, 100, 101, 110, 112, 113, 115, 118, 119, 120, 122, 123, 126, 129, 131, 132, 133, 136, 137, 202, 479, 480, 486, 496, 512, 513, 516, 540, 543
Newsletter-Management........................35
Newsletter-Sponsorship 100, 101, 512, 513
Newsletter-Template 119
Newsletter-Tool 134
Nielsen-Studie................................143, 154

O

Offline-Writing 106
Öffnungsrate 53, 103
One-to-One-Marketing 524, 525
Online-Marketing 34, 35, 36, 37, 39, 40, 45, 97, 126, 127, 228, 358, 473, 474, 475, 485, 486, 487, 488, 489, 490, 491, 492, 493, 494, 495, 499, 501, 502, 503, 507, 508, 509, 510, 512, 513, 518, 519, 537, 543
Online-Marketing-Disziplin..................163
Online-Marketing-Konzept..........160, 164
Online-Media-Agentur 347
Online-Mediakampagne........................353
Online-Medien 36
Online-PR 415
Online-Pressearbeit 417
Online-Presseportal.......................415, 416
Online-Video 388
Online-Video-Marketing 383
Online-Werbung 35, 56, 58, 186, 191, 192, 331, 332, 335, 338, 346, 353, 356, 357, 358, 359, 480, 481, 482, 489, 509, 510, 512, 513, 514, 517, 543, 547
Online-Writing......................................106
Onsite- und Offsite-Optimierung 241
Open Source 543

P

Page-Rank 60, 260, 261, 265, 422, 476, 543
Paid Placement....................................... 183
Partnerlinks... 262
Partnerprogramm-Software 85
Pay per Click....... 43, 63, 75, 204, 229, 230, 231, 546
Pay per E-Mail................................. 75, 546
Pay per Lead 63, 74, 75, 546
Pay per Sale................................. 43, 74, 546
PDF... 121, 126, 497
Performance-Marketing................ 43, 180, 183, 186
Permission-Marketing................... 130, 544
Pixel-Tracking 64, 67, 498
Placement-bezogene Textanzeige....... 339
Plattform-Economy 307
Pop-under 350, 544
Pop-up-Blocker............................. 334, 350
Potenziale von Videos........................... 407
Preisalarm 40
Preissuchmaschine................ 284, 287, 311, 312, 313
Preisvergleichsportal............ 284, 312, 313
Pressearbeit.. 415
Presseportal 278, 421
Produktionskosten 137
Promotion 35, 36, 537
Proprietäre Software 36
PT 515, 516, 517, 518
Publisher 48

R

Ranking auf Amazon 303
Ranking-Algorithmus 252, 476
Ranking-Analyse.................................... 265
Ranking-Faktor 229, 245, 252
Ranking-Optimierung........................... 304
Reichweite..... 143, 144, 145, 146, 149, 150, 158, 160, 162, 167, 171
Response-Rate 107, 110, 112, 126, 131, 539
Responsives Webdesign (RWD) 463, 467,

468, 469, 485
Return on Advertising
  Spendings (ROAS) 493, 544
Return on Invest (ROI) 193, 203,
  204, 209, 211, 271, 430, 493, 494, 502,
  508, 544
Return on Marketing Invest
  (ROMI) 493, 544
Rich Media 34, 335, 349, 350, 352,
  480, 544
Robots.txt 235, 544
RSS-Feed 422, 436
Rückläufer 112, 121

S

Search Console 247, 405
Search Engine Marketing (SEM) 175
Search Engine Optimization (SEO) 175,
  271, 274, 476, 478, 479, 481, 488, 509,
  510, 513, 539
Search Engine Result Page (SERP) 43,
  177, 218, 221, 223, 273, 278, 405
Seeding 317, 402, 403
Seller Central 305
SEO-Suite 524
SEO-Tool 237, 267
Session Tracking 64, 66
Setup Fee 73, 88
Site in Site 68
Skyscraper 348
Smart Content 79, 545
Smartphone 46, 114, 357, 389, 462, 464,
  466, 468
Social Advertising 34
Social CRM 34
Social Signals 453, 483
Social-Bookmark-Netzwerk 443
Social-Influencer-Marketing 145, 146,
  147, 148, 151, 153, 155, 158, 159, 160,
  161, 164, 166, 167, 170, 171
Social-Media-Marketing (SMM) 32, 40,
  44, 45, 317, 353, 427, 428, 429, 430, 432,
  434, 452, 455

Social-Media-Marketing-Kanäle 433, 434
Social-Media-Marketing-Strategie 431
Softbounces 112
Soziales Netzwerk 446, 453
Spam 51, 104, 106, 109, 115, 125,
  127, 545
Spamfilter 51, 102, 103
Sponsored Links 183
Stand-Alone-Kampagne 100, 101, 509,
  512, 516
Sticky-Ad 348, 350, 545
Storytelling 408
StudiVZ 44, 345
Stylesheets 107
Suchmaschinenmarketing (SEM) 43,
  175, 180, 317
Suchmaschinenoptimierung 35, 36,
  81, 175, 215, 221, 226, 227, 228, 229,
  234, 240, 241, 244, 245, 246, 247, 248,
  270, 271, 272, 274, 317, 319, 320, 332,
  384, 405, 419, 476, 479, 481, 482, 517,
  539, 541
Suchmaschinen-PR 416
Surf-Modus 190

T

Tablet 464
Tablet-Markt 464
Tag-Management 378
TCP/IP 36
TDDSG 544
TDG 544
Template 498, 545
Testimonial 143, 146, 162
Text-Links 77
Title-Tag 248, 541
TKP 331, 332, 335, 354, 545
Top-Tier-Influencer 149
Tote Links 236
Tracking-Software 85
Transaktive Banner 350
Twitter 45, 364, 428, 432

U

Universal Search 44, 175, 216, 217, 221, 274, 277, 353
Urheberrechtsverletzung........................87
URL................64, 67, 78, 246, 251, 262, 490, 497, 542
URL Tracking 64
Usenet.......................................39, 541, 546
User Experience 224
User-generated Content 383, 387, 390
UWG...114, 115, 544

V

Valider Code 248
Vergleichsportal.....................................311
Video 407
Video Banner.................................351, 546
Video-Ad 390, 470
Videoanzeigenformate..........................393
Video-Boom...353
Video-Marketing 357, 383
Videoportal............353, 383, 387, 390, 403, 439, 441
Videos in Online-Shops 407
Video-Sitemap.......................................405
Vier Cs..36
Vier große Ps 35
viraler Effekt..158
Viral-Marketing 324, 384, 390, 401, 402, 403
Viral-Marketing-Kampagne..................402
Viral-Marketing-Ratgeber 411
Voice Over IP 131

W

W3C 248, 547
Web 2.0...................................427, 428, 429
Webcontrolling-Werkzeuge.................524
Weblog..415
Web-Marketing 43
Web-Promotion 228
Web-Ranking 228
Webverzeichnis.....................................259
Web-Video-Marketing 383
Werbeanzeigen in Facebook................372
Werbeanzeigenmanager 366
Werbebotschaft.............. 101, 347, 359, 481
Werbeformate..........................37, 348, 349
Werbemittel 37, 63, 68, 77, 79, 87, 88, 90, 93, 333, 334, 348, 356, 357, 359, 476, 481, 482, 493, 494, 495, 496, 497, 498, 509, 510, 516, 517, 538, 541, 542, 543, 544, 545, 547
Werbenetzwerk 345
Werbevermarkter..................................367
What-if-Analyse 354
WhatsApp 357, 371
Wiki................................... 44, 428, 442
Word-of-Mouth-Marketing 145
Wunsch-Influencer 167
WWW 35, 39, 541, 547

X

XING 45, 345, 432, 444, 445, 446
XOVI-Suite..267

Y

Yandex..244
YouTube .. 44, 143, 144, 149, 158, 165, 168, 280, 357, 384, 387, 392, 393, 403, 427, 428, 439, 440
YouTube-Kampagne 390
YouTube-Partnerprogramm................442

Z

Zielgruppe 432
Zielpyramide 171

Printed by Printforce, the Netherlands